凌雲集

薛天緯教授八十華誕學術紀念文集

新疆师范大学『中国语言文学』博士点研究文丛

赵立新　海滨　主编

凤凰出版社

图书在版编目（ＣＩＰ）数据

凌云集：薛天纬教授八十华诞学术纪念文集 / 赵立新，海滨主编. -- 南京：凤凰出版社，2022.10
（新疆师范大学"中国语言文学"博士点研究文丛）
ISBN 978-7-5506-3760-3

Ⅰ．①凌… Ⅱ．①赵… ②海… Ⅲ．①薛天纬—纪念文集②古典诗歌—诗歌研究—中国—文集 Ⅳ．①K825.46-53②I207.22-53

中国版本图书馆CIP数据核字(2022)第202562号

书　　　名	凌云集:薛天纬教授八十华诞学术纪念文集	
主　　　编	赵立新　海　滨	
责 任 编 辑	李相东	
装 帧 设 计	徐　慧	
出 版 发 行	凤凰出版社(原江苏古籍出版社)	
	发行部电话025-83223462	
出版社地址	江苏省南京市中央路165号,邮编:210009	
照　　　排	南京新洲印刷有限公司	
印　　　刷	南京新洲印刷有限公司	
	江苏省南京市六合区雨花路2号,邮编:211500	
开　　　本	718毫米×1005毫米　1/16	
印　　　张	38.5	
字　　　数	711千字	
版　　　次	2022年10月第1版	
印　　　次	2022年10月第1次印刷	
标 准 书 号	ISBN 978-7-5506-3760-3	
定　　　价	258.00元	

(本书凡印装错误可向承印厂调换,电话:025-57500228)

薛天纬先生主要著述书影封面集锦

薛天纬先生七十寿辰时学生为其制作的小泥人(左)及主要著述书脊集锦

2015年10月于故乡黄河壶口瀑布岸边

1963年入疆的同班同学于2013年7月在新疆师范大学昆仑校区家属院合影
左起：周绍祖、张玉声、冯曙霞、马桂濂、胥惠民、薛天纬、李沛、王佑夫，前排少年为薛雨铮

2016年北京大学未名湖畔全家福

2011年受聘中国人民大学国学院
左起：朱玉麒、薛天纬、冯其庸、王炳华、孟宪实、荣新江、沈卫荣

2010年12月在台湾大学讲学期间拜谒罗联添先生

2016年11月访问釜山大学校期间与金世焕先生合影

2013年在中央民族大学"中国李白研究会第十六届年会暨李白国际学术研讨会"大会致辞

2015年在吉尔吉斯斯坦"李白与丝绸之路"国际学术研讨会上发言

2021年6月在河南大学文学院为研究生做讲座《丝绸之路上的唐诗悬案》

2019 年 11 月在浙江新昌县白云山庄漫谈《梦游天姥吟留别东鲁诸公》
左起： 前排薛天纬、徐跃龙，后排陈才智、沈文凡、李芳民、海滨、和谈

陪同西北大学校友张维迎参观黄文弼特藏馆（2021 年）

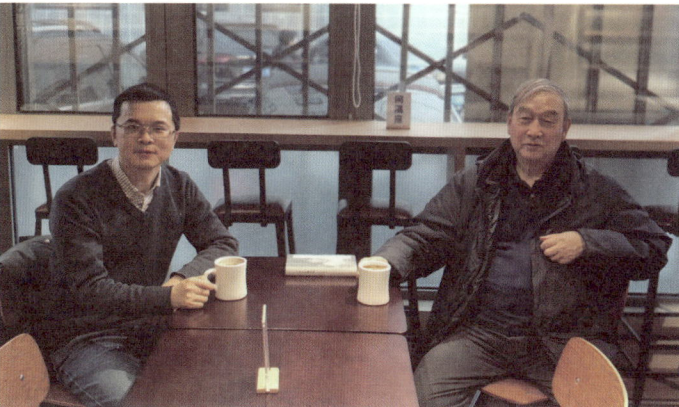

2022 年 1 月 13 日与《李白诗选》责编李俊在北京灿然书屋

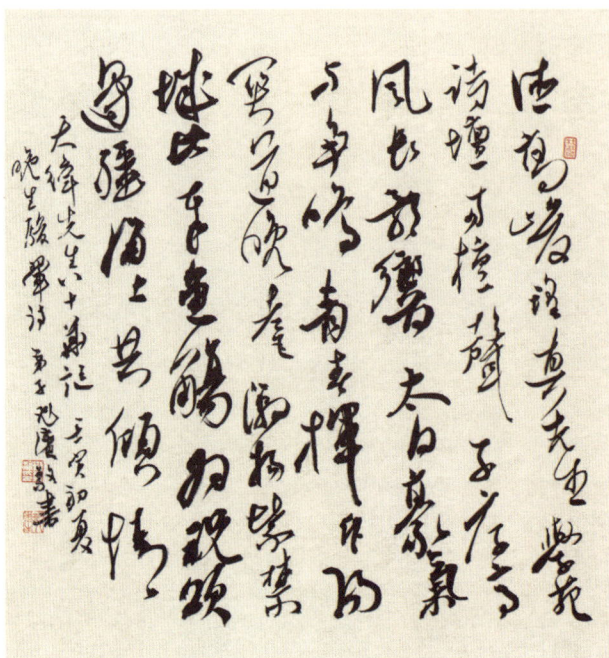

刘飞滨书张骏翚贺寿诗歌

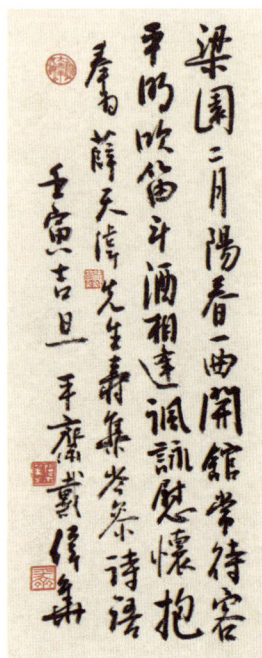

戴伟华贺寿

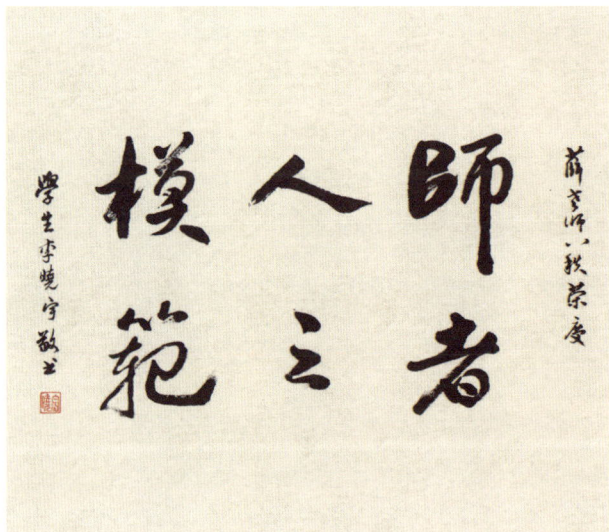

李晓宇贺寿

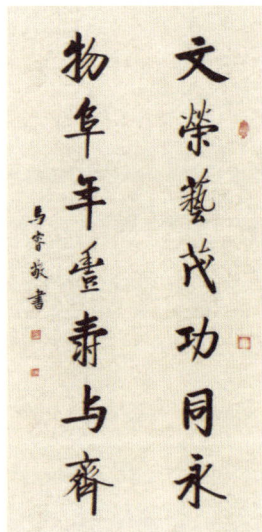

马睿贺寿

目　录

1

学海弦歌

书评辑录

序

刘宏宇

一

2012年,新疆师范大学原文学院成立的第三年,当时在学院工作的周珊、朱玉麒等师大同仁会同赵立新、海滨等薛天纬教授门下高足共同提议和组织编撰了一部学术集刊——《力耕集》,作为奉赠给薛天纬教授七十寿辰的礼物。取名"力耕",源于陶潜《移居》诗云"衣食当须纪,力耕不吾欺"和刘过《书院》诗言"力学如力耕,勤惰尔自知"。"力学力耕"是薛老师躬耕学术园地,收获累累硕果的朴素再现,也展现了老一辈中文人的朴实学风和治学态度。

追溯文学院的过往,是原人文学院中文系。虽然称呼和管理体制不同,但中文人的核心精神却是共通的,老一辈师长们以艰苦奋斗的作风和披荆斩棘的精神,开创了一个研究领域宽广而又特色鲜明的学术局面,正如张良杰教授所说的"中文系开创之际,主持领导工作的胡剑先生即大力提倡学术研究",从那时起,中文人便秉持着这样的学术传统一代代传承不息,先后涌现出了胡剑教授、薛天纬教授、张良杰教授、饶尚宽教授、王星汉教授、艾光辉教授、朱玉麒教授、栾睿教授等一批国内外知名的专家、学者,在他们的带领下,产出了疆内外领先的重要学术成果,在中国少数民族文学理论批评研究、西域文学研究、边疆古典文献研究等领域占据了高地,并且一直薪火相传、绵延至今。

时光荏苒,距离《力耕集》出版已过去整整十年了,学院也于2020年正式更名为中国语言文学学院,较以前学科更加齐全、师资规模更加壮大,但无论名称如何更换、管理方式如何改变,我们都将永远铭记以薛天纬教授为代表的老一辈中文人的创业之艰与传承之功。

二

而今,我们再邀薛天纬教授的同事、学生及学界同仁,共同为薛教授编撰八十寿辰暨从教六十周年纪念文集——《凌云集》,为薛老八秩华诞颂寿。

《史记·司马相如传》中言《大人赋》作,飘飘有凌云之气。薛天纬教授是国内外负有声望的唐诗研究专家、李白研究的领军人物,笔耕不辍,文当凌云。薛老师

1

先后合著、独著、主编过多部学术著作,出版了《李白年谱》《李诗咀华》《李白全集编年注释》《李太白论》《唐代歌行论》《高适岑参诗选评》《李白·唐诗·西域》《从长安到天山:丝绸之路访唐诗》等著作;发表了学术论文数十篇;《唐代歌行论》曾获自治区哲学社会科学一等奖;他还先后独立完成国家社科基金项目2项,成为自治区最早的专家匿名评审全优项目。

于新疆师范大学,薛天纬老师先后任中文系系主任、教务处处长、副校长等职务,是"全国优秀教师"称号获得者。于社会学术团体,薛老师曾任中国唐代文学学会理事、中华文学史料学学会常务理事、中国李白研究会会长。薛老师所取得的成就及他对新疆师范大学中文系的贡献,原新疆师范大学中文系系主任、教务处处长、新疆财经大学副校长艾光辉教授曾评价:"把中文系学术研究金字塔的顶端提升到全国先进水平高度的薛天纬教授,他是中文系第一个能够与全国一流学者在同一个层次上对话的人。"

三

《凌云集》是献给薛天纬教授八十寿辰的贺寿文集,其内容主要分为三个部分:第一部分是"学术原创"编,收录薛老师的同事或弟子们撰写的有关古代文学、传统文化、文学批评等方面的代表性学术论文;第二部分是"学海弦歌"编,集中刊发薛老师的弟子友朋们介绍薛师学术道路、学术思想、学术成就或人格魅力的文章,或是在薛师门下求学、问学的经历,或是与薛师交往的趣事;第三部分是"书评辑录"编,收录薛教授弟子们对薛师学术著作的评论,让读者从多个方面深入了解薛天纬教授的学术成果。

当然,这部书的作者,不仅仅局限于在新疆师范大学工作的薛教授的同事、弟子,也包括校外与薛老师有联系的相关学者和学界晚辈,因为薛天纬教授还曾担任华东师范大学博士生导师、西北大学国际唐代文化研究中心兼职研究员、中国人民大学国学院特聘教授暨博士生导师,故为此文集积极撰稿的友人遍布大江南北,我们在此感谢同仁们的赐稿,得以为薛教授寿辰举觞共贺。

薛天纬教授于2009年在新疆师范大学退休,旋即受聘于中国人民大学国学院,继续着他的学术生涯和国学传播,近年来薛教授仍活跃在学术圈里,也时常到我校调研、讲学并指导工作。同时,作为年已杖朝的长者,薛教授笔耕不辍,近年来相继出版了《李白诗选》《从长安到天山:丝绸之路访唐诗》《八里桥畔论唐诗》等著作,是我们后辈学人学习的楷模。

"教授文章老更成,凌云健笔意纵横",最后,我们衷心祝愿薛天纬教授健康、长寿!

2022年5月8日

(作者现任新疆师范大学中国语言文学学院院长)

学术原创

李白·唐诗·西域

——唐代文学研究专家薛天纬先生的学术成就

海　滨

这篇文章的主标题来自薛天纬先生的著作《李白·唐诗·西域》，副标题则是笔者反复拜读薛先生所有著述后最简约也最真实的总结——虽然先生的学问可以做到无往而不适，但他却几乎没有越出唐代文学研究的"藩篱"一步，没有旁逸斜出，没有左顾右盼，肉眼可见的沿洄溯游也万变不离其宗；他始终在唐代文学这个专门领域进行专心专意的研究，成为一位纯粹的唐代文学研究专家；薛先生在唐代文学研究领域的学术成就是以李白、唐诗、西域为基石而形成的一系列重要学术观点与成果、一系列学术理念与方法。

薛先生以清醒的理性热爱、钟爱、酷爱李白，既巧妙地置李白研究于唐诗研究中，又智慧地把握李白研究的相对独立性，以进行李白诗文编年、撰著《李白诗解》、选注《李白诗选》等重要学术贡献而成为李白研究的卓然大家；薛先生始终关注着唐诗研究宏大的诗学选题，如歌行研究，重要的诗人话题，如杜甫"陷贼"辨、高岑边塞诗，以及为学者所习焉不察甚至忽视的一些重要细节如"歧路""乌纱帽""云母粥"，成为唐诗研究的通人；薛先生戴天山明月行走四海八荒，以其西域文史研究的重要成果助力李白研究、唐诗研究，解决了聚讼纷纭的"轮台"问题，疏通了从长安到天山的研究路径，成为西域研究的达人。同时，薛先生长期在中国李白研究会、中国唐代文学学会孜孜矻矻而又不求闻达地深耕细作，又为李白研究学术史、唐诗研究学术史的梳理做出了难以替代的重要贡献，是裨益当下、沾溉后学的"两会"资深"老人"，他将森严冷峻的文献研究、锦心绣口的文学研究与丰富而细致的实地考察、深入而频繁的学术交流相结合，逐渐形成了足以启迪后昆的学术理念与治学方法，成为将"诗内功夫"与"诗外功夫"熔融一体的治学典范。

李白研究

薛先生的李白研究，可以"一条主线、两类问题、三部著作"来概括。

一条主线，即李白作品编年。薛先生师从安旗先生，硕士研究生期间，在安旗先生指导下，完成了《李白年谱》（1982年8月，齐鲁书社），奠定了李集编年的史学基础。1983 年,安旗先生读到日本早稻田大学大野实之助教授将李诗进行编年的著作《李太白歌诗全解》,对日本同行钦敬之余,发愿要自己完成一部李白作品编年集。1984 年,《李白全集编年注释》项目启动,安旗先生携薛天纬、阎琦、房日晰三位先生,"夏战三伏,冬战三九",备极艰辛,用六个年头克竟其功,成果由巴蜀书社1990 年首度付梓,2000 年修订再版;后由中华书局 2015 年列入"中国古典文学基本丛书",易名《李白全集编年笺注》修订出版,2020 年修订重版。从 1982 年《李白年谱》出版到 2020 年《李白全集编年笺注》重版的近四十年间,薛先生全程参与李集编年,既有赞襄策划的宏观设计,又有逐字逐句的篇章把脉;既有与学术演进同步的拾遗补缺、修订完善,又有幕府记室般的一篇又一篇编辑、修订与说明。

　　正是在这深度沉潜的李集编年过程中,薛先生李白研究的两类问题陆续展开。一类是文献考证型的,以认知的准确性为目标;一类是文化探究型的,以理解的合理性为目标。当然还有两类交织兼美的。文献考证型的问题,如《李白出蜀漫议》《李白一入长安事迹之我见》《李白幽州之行探》《李白与唐肃宗》《关于李白卒年问题的再讨论》《请让"诗仙"李白的生命延续一年》等文章实证李白的生平行迹,《〈别匡山〉确系李白少作》《漫说李白"学剑来山东"》《〈上皇西巡南京歌〉诗旨考索》《李白诗四解》等文章考证李诗的具体创作背景或者旨归,这一类问题是李集编年得以实证建构的骨骼与基础。文化探究型的问题,从薛先生的硕士学位论文《李白诗歌思想综论》就已经开启了,其后的文章如《黄河落天走东海,万里写入胸怀间——李白诗歌与盛唐气象》《巨笔一挥,就是一个盛唐——大唐盛世在李白诗中的直接映照》《山苗落涧底,幽松出高岑——李白对"左思之叹"的历史性回答》《大唐盛世与李白的人性追求》《人性与李白的爱情观》《帝欲长吟哦,故遣起且僵——李白批判现实的个人抒情诗》《社稷苍生,常系心怀——李白诗歌中的传统现实主义内容》《追寻清都幻境,挥斥人生幽愤——李白的游仙诗》《高吟大醉三千首,留著人间伴明月——"太白遗风"及李白的饮酒诗》《道教与李白之精神自由》《〈把酒问月〉与李白的宇宙人生观》《天姥山的文化高度》《敬亭山情思》《嘤其鸣矣,求其友声——关于李白情系谢朓的解说》《一回拈出一回新——重读〈将进酒〉》等,从各个方面拓展我们理解李白的厚度、深度、温度与柔韧度,而这样的探索恰恰是李集编年得以脉络贯通的血肉与气韵。将两类问题交织兼美者则以《蜀道难》《静夜思》《梦游天姥吟》《古风》(其一)的研究为代表,既能工笔为细,精研章句,考据"微言",又善写意雕龙,穷究义理,纵论"大义";代表性成果如《漫说〈静夜思〉》《〈静夜思〉的前话与后话》《〈静夜思〉的讨论该划句号了》与《〈梦游天姥吟留别〉诗题诗旨辨》《〈梦游天姥吟留别〉诗题辨误》两组系列文章,以及《也谈〈蜀道难〉寓意》《圣代复元古　大雅振新声——李白〈古风〉(其一)再解读》两篇文章。以《圣代复元古　大雅振新声——

李白〈古风〉(其一)再解读》为例,薛先生认为:此诗从社会与文学两方面标举的最高理想是西周,其文学为大雅;其次是在历史上亦堪称盛世的汉武帝时代,其文学为扬、马之赋;与此同时,诗人对唐王朝的盛世寄予极高期望,既望其政治清明,亦望其文学昌盛;他明显是将"圣代"拟为西周,又将诗歌在当代的振兴拟为"大雅"重现,即"圣代复元古,大雅振新声"。得出这一结论的关键环节是对"扬马激颓波"中"激"的理解,作者在袁行霈、林继中等先生推倒众家贬语旧说而正面解读"扬马激颓波"意涵的基础上,引经据典,详尽辨析,认为此处"激"字当作"遏制"解,"扬马激颓波"即扬、马以其宏大的辞赋成就遏制了文学衰颓的趋势。此句含义由是通达,上下诗句各得其所,全篇意脉自然连贯,可谓千载疑案一朝遽解。

将一条主线、两类问题融汇到一起的,是《李白全集编年笺注》《李白诗解》《李白诗选》三部著作。由安旗先生主编,安旗、薛天纬、阎琦、房日晰诸先生笺注的《李白全集编年笺注》,以清通简要的校勘、精警畅达的笺注、条贯融通的年谱、雄健飞扬的序跋,具足四美;编著者直面李白集编年之繁难、工作坊模式之艰难,始则筚路蓝缕以启山林,继以扫叶拂尘、踵事增华,三十春秋,如琢如磨,三次付梓,精益求精,大面积解决了李白诗文"归队"定位的编年问题,并以一条红线将李白的人生、思想、创作连缀贯穿起来,系统地为李白诗文的"费解"提供了比较信实的参考答案,或者比较有效的解决方法,终成今日之格局——"李白其人及其诗,在很大程度上,以我们前所未窥的新面目呈现出来"(安旗《李白诗秘要》前言,安旗《李白诗秘要》,三秦出版社 2001 年版)。笔者有《四美具 二难并——评〈李白全集编年笺注〉》专文研讨,兹不赘述。

薛先生所著《李白诗解》,中国社会科学出版社 2016 年 11 月出版。对 20 世纪及 21 世纪前 10 年学界诸家著述中涉及李白诗歌的实证性研究,以及立足于实证性研究的诗旨阐释的成果,作了尽可能全面的检视,广泛汲取各家原创型成果,并融汇自己的研究所得,对所涉及的李白诗歌做出了不同程度的新解读,以集大成、实证性、画句号、善创新的明显特征,洵为李白研究学术史上具有标志性意义的重要成果。全书选入李白诗歌 298 题 484 首,约为李白诗歌总数的一半。入选解读的诗歌,涉及了李白研究的上千个各类实证性问题,其中,李白研究学术史上最主要的问题有 27 个。薛先生进行的实证性研究,具体有三大类:诗篇所涉及史实与诗人事迹的考订、诗中语词的训释、诗篇题旨的探究。正是薛天纬先生对李白、对李白诗歌、对李白研究动态的熟稔与精深,不少李白研究的重大问题才有可能在《李白诗解》中"截断众流"或者"画上句号"。笔者另有专文《李白研究学术史上的标志性成果——评薛天纬〈李白诗解〉》,恕不一一。

薛先生选注《李白诗选》,人民文学出版社 2017 年 1 月出版。此书列入"中国古典文学读本丛书",至 2021 年 10 月已累计印刷 7 次。薛先生《李白诗选》选诗 289 题 343 首,为李白传世诗作的三分之一强;按照责编李俊先生的评价,此书具有诗歌编年更加准确,充分吸收学界文献、名物、史迹研究新证和烛幽照微地细读文本三大突出优势。2021 年 3 月 3 日,全国古籍整理出版规划领导小组办公室公布首批向全国推荐的 40 种经典古籍及其 179 个优秀整理版本,《李白诗选》即在推荐目录中,可见薛选李集的学术权威性与影响力。

这三种著作出版顺序,《李白诗选》最新,其字斟句酌的《前言》六千余言亦可视为薛先生李白研究成果的最新最全面的高度浓缩与提炼。臠括这篇苦心经营、笔力千钧、思理绵密、持论公允的文字,可以得到如下认识。

薛先生研判:李白(701—763),字太白。祖籍(族望)陇西,汉飞将军李广之后,凉武昭王李暠九世孙,李白与王室同宗,先世于隋末窜于碎叶,其家于中宗神龙之初(705)潜回蜀地,居住广汉。李白的生平经历可分为六个时期,即蜀中时期、"酒隐安陆"及"初入长安"前后、移家东鲁及供奉翰林时期、去朝十年、从璘及长流夜郎前后、晚年。贯穿其一生的,是为了实现从政理想而发生过的初入长安、供奉翰林、北游幽州、入永王军幕、投李光弼军五次重大行动。广德元年冬,李白逝于当涂,初葬于龙山,范传正为其迁葬谢家青山,成全了他的"终焉之志"。

薛先生认为:李白诗歌以书写人性为主。李白诗歌传世约千首。李白的优秀诗篇之所以不朽,是因为它张扬了人性。李白属于"主观之诗人"。他的作品大多是以"我"为主体的抒情诗。李白的诗歌崇尚本真,绝去人工,绝去雕饰,追求天然真率之美。他抒写情感,一任真情流注,没有任何顾虑,不受任何成规约束,甚至看不出艺术上的追求而独臻大匠运斤之境。他最擅于歌行与绝句这两种利于自由抒写的诗体。他的歌行随手挥洒,恣意铺张,浑灏流转,起落无迹;他的绝句脱口而出,信手而成,清澈如水,流转如珠。李白的诗无从效仿,无法复制,真正是自由的艺术、解放的艺术、高度人性化的艺术。

薛先生总结:天才诗人李白以其独特的人格才情与艺术个性创造了既反映时代精神、又张扬人类本性的不朽诗篇,诗人因而站上了中国古典诗歌艺术的顶峰。他的诗歌则成了中华民族、乃至全人类"垂辉映千春"的宝贵文化遗产。

这篇序言的这些学术观点和结论,是薛先生李白研究成就的简约概括;薛先生表述这些看法时的审慎拿捏、精准判断,则是他唐代文学研究一以贯之的科学精神。

唐诗研究

薛先生的唐诗研究,可以概括为四方面:潜心歌行研究,力求"实至名归";探讨干谒现象,直指诗人心态;聚焦李杜双曜,互通互补;关注一流诗人,佳作纷呈。

潜心歌行研究,力求"实至名归"。对于很多人来说,作为诗体的歌行,与乐府性质相类,大概率是这样——人人都能说几句,人人都难以说清、说透、说通。所以薛先生在其著作《唐代歌行论》的"引论"中感叹:"歌行这种诗体似乎与生俱来地具有某种质的不确定性,使人们对它的认识在很大程度上处于模糊状态。"《唐代歌行论》,由人民文学出版社 2006 年 8 月出版,列入"中国古代文学研究丛书";全书 38 万字的篇幅,分为"溯源""衍流"和"正名"三篇。《唐代歌行论》解决的就是唐代歌行的"实至名归"问题。"溯源"篇梳理了从"古歌"在先秦出现,"乐府歌行"在汉代流传,到"文人歌行"在魏晋形成并在南北朝和隋代发展,最终在唐代实现歌行诗体独立的诗学历程,厘清了歌行的"实至"过程。"衍流"篇以"四唐"为序,详尽展开了唐代歌行"实至"的具体细节,在研讨唐代歌行创作盛况、解析唐人歌行观念的同时,深入探究唐代歌行衍变流播进程中所体现的诗体学之"实",水到渠成地进入"正名"篇。"正名"篇深入对比研究古今中外诗人、学人对歌行的诗体学认识,辨析了四种"小歌行"观的合理性与局限性,创造性地提出了"大歌行"观,给歌行做了精准的"名归"即诗体学定义——歌行是七言(及包含了七言句的杂言)自由体诗歌。歌行研究的"实至名归",为唐诗诗体学研究填补了空白,拓展了空间,很快引起学界重视,"大歌行观"已成为唐诗学界多数人的共识。胡可先教授与陶然教授在其著作《唐诗经典研读》(商务印书馆 2015 年版)提出了《唐诗经典研读推荐阅读书目100 种》,50 种为文献类,50 种为研究类,《唐代歌行论》被列入研究类。薛先生又把《唐代歌行论》中关于歌行诗体的内容抽绎、概括成《歌行诗体论》一文,在《文学评论》2007 年第 6 期发表;嗣后,这篇文章又被陈平原先生收入他主编的《中国文学研究前沿》2010 年第 5 期(英文版),题目作《释"歌行"》。

与薛先生唐代歌行研究相伴而生的诸多话题中,薛先生曾专文讨论过一个别有意味的现象。他发现,唐代歌行中有一类作品,形如七律,是七言八句,但却并非七律,在《全唐诗》中竟有 300 首之多。薛先生将这类貌似七律而实非七律的歌行命名为"反七律体",并在《唐诗之反七律体说略》一文中论述这是唐诗作者们在创作实践中自觉或不自觉地使用着的一种与格律严整的七律情趣迥异的诗歌形式,其客观存在的实践意义比理论价值更大,充分显示了唐诗创作的丰富性。

探讨干谒现象,直指诗人心态。薛天纬先生的"唐代干谒与诗歌"研究,与傅璇琮先生的"唐代科举与文学"研究、王勋成先生的"唐代铨选与文学"研究相类,都是着眼于研究唐诗创作的内外部关系。无论是否参加科举考试及接受铨选,大多数唐代诗人步入仕途都有过干谒经历,科举、铨选、干谒三类活动都直接关联着诗人的身世沉浮、心态抑扬,并进而影响诗歌创作。相对来说,科举与铨选有着明确的制度化保障,有大量的案例为史书、政书记载,也是笔记、小说的热门话题,现象层面的研究做实了,本质层面的问题自然可以顺藤摸瓜;而干谒则是实际存在但又难以说清、更缺乏大量史料支撑的问题,与科举、铨选问题足够丰富的"旁证""他证"相比,干谒更需要诗人的"自证",而这样的"自证"恰恰也是当事人最不愿留下的。干谒现象的研究难度大,更偏向"务虚",而这种难以名状的"务虚"则更加接近诗人的心态的本真,也就更加接近诗歌缘情言志的本质。薛先生的研究成果,是发表于《西北大学学报》1994年第1期、并为中国人民大学复印报刊资料《中国古代、近代文学研究》1994年第4期转载的《干谒与唐代诗人心态》一文。文章认为"干谒的实质是本身才具的自鬻,它当然不能没有一定的才具为资本。但有才者未必能被当权者赏识,未必干谒有成,起决定作用的,往往是难于说清楚的人为因素,其中并无公道可言。正因为如此,从事干谒的士子们的遭遇境况和感情动荡,较之单纯的科场应试就要激烈得多,复杂得多……围绕干谒考察其感情活动,是我们了解唐代诗人内心世界的一个重要窥孔"。薛先生创造性地提出了"自矜与躁进""委屈与自饰""感激与感愤"三组概念来探析诗人干谒活动现象背后的复杂心态,建构了"唐代干谒与诗歌"研究的基本框架,为更多后来者研究这一选题奠定了基础,指点了方向,示范了方法。这一重要学术贡献,不仅至今鲜活生新,未来尚有相当大的踵武空间。

聚焦李杜双曜,互通互补。李杜齐名,万古流芳。如何认识和评价李杜,几乎成为所有唐诗研究者必须直面的问题。薛天纬先生虽然以李白研究为重点,亦酷爱杜甫并长期关注杜甫研究,近年来发表若干杜甫研究的重要学术成果,引起学界不同程度的关注。

一是《杜甫"陷贼"辨》。杜甫善陈时事,世号"诗史",安史乱起,杜甫入、出长安城的经历以及由此引发的诗歌创作,更是弥足珍贵。天宝十四载(755)十月,杜甫得授京中八品下的微官——右卫率府胄曹参军,十一月初,杜甫从长安到奉先县探家,写下《自京赴奉先县咏怀五百字》。同月九日,安禄山在范阳起兵作乱;十五载(756)六月,安史叛军破潼关,入长安;杜甫携家北上避乱。至德元载(756)七月,肃宗在灵武即位,杜甫奔赴灵武行在不果,约九月间又出现在长安,到至德二载(757)四月,出京奔赴凤翔行在。从至德元载九月到二载四月,杜甫是以何种身份居留长安的?自北宋王洙在《杜工部集记》中提出杜甫"陷贼"之说,至《新唐书·杜甫传》更为明确表述为"为贼所得",关于杜甫在安史之乱中这段经历的叙述已成为千年来学界共识。

如果以"为贼所得"的角度,细绎这一时期杜甫的诗作,却又生出很多疑惑甚至矛盾。如果杜甫是在只身投奔灵武行在过程中为叛军俘获带到长安城,其家人恐怕无从知悉这个消息，《春望》中"烽火连三月，家书抵万金"的"家书"也许是泛指，但《月夜》写"遥怜小儿女，未解忆长安"，妻子所思忆的丈夫杜甫在长安则是确指的，类似问题还有不少。所以，杜甫"陷贼"需要重新辨析，寻找更为合理的解释。

薛先生积年读杜，对这个"路漫漫其修远兮"的问题进行了长期的"上下而求索"，提出了杜甫"潜回"长安的见解。

薛先生从三个方面进行辨析。

第一，还原杜甫被"陷贼"说法的历史形成过程。记载杜甫生平最早的文献如唐代樊晃《杜工部小集序》、元稹《唐检校工部员外郎杜君墓系铭》、五代后晋刘昫《旧唐书·杜甫传》均未有"陷贼"之说。杜甫自己的诗句回忆这段经历称"没贼中""堕胡尘""在贼"，都是表达自己身处安史叛军占领的长安城中，并未有"为贼所得"的说法或者语气。那么，从现有文献看，杜甫被"陷贼"的说法是如何形成的呢？北宋王洙在宝元二年（1039）编就《杜工部集》，并在其撰写《杜工部集记》中综观杜甫诗，得出"以家避乱鄜州，独转陷贼中"的结论；二十年后，嘉祐四年（1059），在王琪主持下，《杜工部集》经裴煜覆视（终审）而刊行，"陷贼"说在集部被写定。裴煜覆视极其认真，并为补遗诗文 9 篇，可见其工作细致深入。次年，嘉祐五年（1060），《新唐书》撰成，宋仁宗任命裴煜校勘，经裴煜勘定的《新唐书》刊行，其《杜甫传》中的"为贼所得"在史部被写定。此说在杜集祖本和正史中被写定后，相沿千年，未见异议。既然"陷贼"说有这样一个被写定的过程，那么，对此说进行质疑、辨析乃是非常必要的。

第二，薛先生从《资治通鉴》等史书对安史之乱的详细记载入手，结合杜甫诗歌中的自述，详尽梳理了天宝十五载五月至至德二载八月的三条线索。线索一是安史叛军如何推进并占领长安城、如何对待唐朝皇族与文武官员和百姓，以及是否实际有效地掌控"沦陷区"；线索二是玄宗、肃宗如何进行皇权更替，唐朝军队如何抵御安史叛军，以及有关"沦陷区"的百姓实际生存状态；线索三是杜甫及其家人的颠沛流亡历程、苟且安居状态，以及杜甫试图奔赴灵武行在未果转念又勇赴长安城的努力情况。三条线索整合，就比较清晰地再现了杜甫此间的时空定位与活动轨迹，也从客观上排除了杜甫"为贼所得"的可能性。

第三，薛先生从两个方面论证了杜甫"潜回"长安的观点。一方面，杜甫关切时局、心系朝堂的人臣情怀，使他不会在小小山村安住下来避乱；他于至德二载八月奔灵武行在，次年四月奔凤翔行在，真可谓每饭不忘君国，在这一以贯之的情怀和行动链条中，他九月"潜回"长安是合理的。另一方面，杜甫的"潜回"长安也是基于对当时形势的了解与评估，安史叛军在长安以抢掠财物为主，并未大开杀戒，所杀对象也不是以"长安民"为主；杜甫"潜回"长安有些冒险，但不一定是冒死，所以，他在奔灵武行在未成后,回鄜州安顿家人并交代了赴京计划后,才有所行动。"潜回"长安说证成,不仅类似"未解忆长安"的疑窦自然冰释,其长安诸诗所记录的杜甫邂逅故人、过访友朋等情节也就比较合理了。正因为如此,杜甫在长安城里作"长安民",不仅创作了大量安史之乱的"实录""诗史"性作品,而且当平叛形势发生转折、肃宗移驾距离长安更近的凤翔时,杜甫就冒险逃出长安城奔赴凤翔行在。战乱之中,"潜回"并逃出长安当然是有危险的,但这危险并不是从叛军羁押下逃脱的冒死惊险,否则,"陷贼"而大难不死的杜甫恐怕当有更多诗作回顾其惊心动魄的经历。

在以上论述过程中,我们似乎看得出薛先生在进行李白诗歌编年时的诗内功夫与诗外功夫相结合、相融合的研究方法和思路(详后),这也可以视为李、杜研究互通的典范。

薛先生在发表《杜甫"陷贼"辨》一文论证了上述观点后,认为我们确实不能低估了杜甫的胆识和勇气,并表示稍后还要就这个题目再写一篇续作,以缮其说。我们期待薛先生的后续成果。

二是《李杜互通互补论》。薛先生认为,"互通"是指李、杜之间的共同性,"互补"是指李、杜之间的差异性。李杜互通的基础有三:一是时代,二是文化传统,三是人性。李杜互补,则源于李、杜性格与艺术趣味的差异。

在思想倾向方面,李、杜以互通为主。他们都具有强烈的用世热情和宏伟的功业抱负,这是盛唐时代精神的反映,也是对儒家传统的继承与实践,又从本质上体现着人性之"发展"欲望;他们都渴望精神自由,坚持人格独立,而李白显得更为突出,这与开明向上的盛唐时代有关,与道家遗世独立的思想意识有关,更来源于人类摆脱约束、自由生存的天性。

在诗歌内容方面,李、杜的主导倾向是互补。李白是"主观之诗人",诗歌抒写自我,铸就"诗仙",读李白,我们知道了人应该有怎样的生活;杜甫是"客观之诗人",诗歌反映社会,著就"诗史",读杜甫,我们知道了人实际上是怎样生活的。李白表现着冲破世俗约束的解放精神,杜甫体现着"仁者"的伟大情怀;二者都是出于人性。前者针对自己,针对个体,后者针对他人,针对群体,二者互为补充。当然,"主观之诗人"李白笔下也会有客观展示,"客观之诗人"杜甫不少作品中的狂放激情也丝毫不让李白。这又是二者的共通之处。

就诗歌艺术风貌而言,李、杜个性鲜明,区别明显,是互补的,但也不乏互通的一面。李擅七绝,杜长七律,李杜皆以歌行为胜,二者在诗体方面互补互通;李以乐府旧题书写个人怀抱,杜则以新题写时事,互相分工补充,又共同推动乐府诗的创新;李白诗风飘逸,杜甫诗风沉郁,互补的诗风又统一在他们作为盛唐诗坛领袖的大气——这是在政治开明、思想解放的时代,诗人真实性情的自由表达,真实感情的自由宣泄,是诗人艺术天才与艺术创造力淋漓尽致的发挥。

关注一流诗人,佳作纷呈。薛先生在为郑慧霞博士《卢仝综论》一书作序《文献学与文艺学研究的结合》中表述,在其心目中,李白、杜甫是"顶极作家",王维、孟浩然、高适、岑参、韩愈、白居易、杜牧、李商隐等是"一流作家",而该书所研究的对象卢仝可列为"二流作家";而且,他主张作家研究大体应止于"二流"。

薛先生是这样说的,也是这样做的。薛先生的唐代作家(诗人)研究,除了李白、杜甫之外,还涉及了王维、孟浩然、高适、岑参、白居易、李商隐等一流诗人。

《高适岑参诗选评》是薛先生应三秦出版社"名家注评古典文学"系列丛书而作,2010年9月出版。在笔者看来,这是一部关于高、岑诗作的宝藏选本。其可宝可藏之处,在于一篇高屋建瓴的导言与二百余首高、岑佳作的独特注释与评点。

"高屋建瓴"一词,出自《史记》,《高祖本纪》载:"秦,形胜之国,带河山之险,县(悬)隔千里,持戟百万,秦得百二焉。地势便利,其以下兵于诸侯,譬犹居高屋之上建瓴水也。"瓴在高屋之上,俯瞰全局,水则倾泻而下,势不可挡。《高适岑参诗选评》长达一万三千言的导言《高、岑与盛唐边塞诗的人性内涵》,以极其简约的干货文字,清清楚楚、明明白白地梳理了"边塞诗"学术史;又以高、岑人生经历与诗歌创作为例,高度概括了盛唐边塞诗的人性内涵,道出了什么是"高岑"、什么是边塞诗的本质,以"高屋建瓴"来概括,的确不为过。

《高、岑与盛唐边塞诗的人性内涵》分为九个部分,第一部分是《导言》之导言:

> 这个选本之所以把高适、岑参的诗放在一起来评注,不言而喻,是因为高、岑是盛唐(及唐代)边塞诗的代表作家。或曰:既然如此,何不径做一本《唐代边塞诗选评》,这样不是可以使主题更为突出、鲜明吗?

> 不错,这个选本原来确实打算名为《唐代边塞诗选评》,但几经斟酌,还是决定做成《高适岑参诗选评》。之所以如此,是因为"边塞诗"是一个后起的说法,而高、岑并称,则更具有原创意义。换句话说,文学史上先有"高岑"的说法,而后,才由"高岑"演化出了"边塞诗派"和"边塞诗"。展现一种事物、一种现象,总是从头、从"原典"说起为好,因此,仍把选评的对象锁定为高、岑之诗。

第二部分,堪称"边塞诗"学术史,正本清源,梳理从"高岑"并称首见于杜甫诗句"高岑殊缓步,沈鲍得同行"的原貌直至现当代刊行的古代文学史著作中出现"边塞诗派""边塞诗"说法的来龙去脉,是对第一部分核心内容的全面展开。

第三部分,是导言题目《高、岑与盛唐边塞诗的人性内涵》的总说。盛世是人性解放的时代,人性总能在历史所提供的条件下得到最大程度的实现,人性的要素之一就是在满足了衣食生存之需后,实现发展——在现实社会环境中发挥自己的才能,有所作为,追求理想,造就人生价值。而盛唐时代的边塞(主要是西北边塞)是实现人生功业理想最令人神往的地方,也是谋求人性之发展欲望得以充分实现的最具吸引力和感召力的地方。因此,边塞诗的创作正是上述这一人性内涵的文学表达。

第四、五两个部分,梳理了高、岑二人赴边前类似的人生经历和从戎入幕的基本情况。恰恰是仕途的艰难无望,迫使他们选择了边塞;也恰恰是边塞生活引发的系列创作,玉成了他们在诗坛上的重要地位。高、岑以及更多盛唐诗人的边塞名篇,体现着共同的意义内涵——边塞情怀、风物与战事。高、岑的边塞经历与创作恰恰凸显了第三部分的逻辑。

第六、七两个部分详尽讨论了高、岑的边塞情怀之两端,即以功业理想为主要内容的英雄豪情,以伤感悲壮为主要风格的悲慨人情。第八部分,讨论高岑边塞诗歌书写雄奇壮伟的边塞风物所体现的人性中逐新、好奇的常心。第九部分,讨论高、岑以战争为题材的诗歌价值在于其"胜概"与"非战"的战争观所包涵的人性意义。

边塞情怀、风物与战事三类内容及其人性内涵讨论完毕,导言戛然而止。

所谓独特注释与评点,是指薛先生对《高适岑参诗选评》所选高适82题98首、岑参127题134首诗歌所作的异乎寻常注本的疏解。这些疏解,超越了常见选注读本为受众助读的基本功能,实现了助解、助学乃至问一得三的更高目标。以《走马川行奉送封大夫出师西征》为例,薛先生是这样注释"一川碎石大如斗"之"斗"字的:

> 斗,作为器物有二义:一为量器,《汉书·律历志》:"十升为斗。"一为酒器,汉·王褒《僮约》:"欲饮美酒,唯得染唇渍口,不得倾盂覆斗。"今所见戈壁滩实况,地面铺满碎石,其大如拳。可知岑诗所谓"斗"应指酒杯。

车载斗量之"斗"是十升之斗,倾盂覆斗之"斗"是盈手之斗。对于岑参笔下碎石的喻体,受众可能会非常自然地将比喻效果扩大到极致——十升之斗,但薛先生结合大半生新疆生活经历所见,注释为盈手之斗——酒杯,十分恰切,也很自然照应到了下一句"随风满地石乱走",堪称"奇而实确"。这是典型的助读。

那么助解呢?我们接着研读薛先生对这首诗的点评文字:

> 此篇与下面的《轮台歌奉送封大夫出师西征》《白雪歌送武判官归京》,被视为岑参边塞诗鼎足而三的代表作。
>
> 诗中显示,诗人有两副笔墨:写实的与喻指的。表现西域自然风光和军旅生活景况,为写实。西域自然风光最突出的特点,是奇。翁方纲曰:"嘉州之奇

峭,入唐以来所未有。又加以边塞之作,奇气益出。"(《石洲诗话》卷1)曾经亲历西域的清代诗论家洪亮吉讲他读诗的感受,说:"诗奇而入理,乃谓之奇。……又尝以己未冬杪,谪戍出关,祁连雪山,日在马首,又昼夜行戈壁中,沙石吓人,没及踝膝,而后知'一川碎石大如斗,随风满地石乱走'之奇而实确也。大抵读古人之诗,又必身亲其地,身历其险,而后之心惊魄动者,实由于耳闻目见得之,非妄语也。"(《北江诗话》卷5)这些写实的诗句,构成岑参边塞诗最具特色的奇观和绝唱,给人以强烈的感官刺激和精神震撼。

歌颂主将,则是喻指。诗人并不着意为战争留下历史的真实记录,所以,他只是用唐诗中常见的"以汉代唐"的写法歌颂主将出征,以致我们无法确知诗中所写到底是哪一次战事。然而这种历史记录的缺失,并不影响后世读者对诗篇的艺术欣赏,不会减弱诗篇对人们的精神震撼力。

适应着内容表达的特殊需要,此诗三句成一小节,如沈德潜所云"势险节短"(《唐诗别裁集》卷5),读之如闻千军万马急驰而来,排山倒海,势不可挡。

薛先生以两副笔墨的分析,结合洪亮吉知行相济的感受,帮助受众更加深入理解令人震撼的诗歌内容;又以三句成节、势险节短的形制特点的解析,帮助受众更好地理解诗歌的"形式主义"优势,以及文与质相得益彰的审美效果。这是典型的助解。

薛先生还在疏解文字中时不时带领和帮助受众学习唐诗艺术。如高适《信安王幕府诗(并序)》的点评文字道:

这是一首五言排律,就格律言,五排是扩大了五律的中间两联,像手风琴一样,有一个拉长了、可以伸缩的风箱。其写法特点是铺排,但铺排是有讲究的,正如沈德潜所说:"长律所尚,在气局严整,属对工切,段落分明,而其要在开阖相生,不露铺叙、转折、过接之迹,使语排而忘其为排,斯能事矣。"(《说诗晬语》卷上)高适之作相当充分地体现了上述艺术要求。

薛先生在这里顺便普及了五言排律的基本规律与特征,为读者举一反三的学习拓展了空间。再如岑参《题铁门关楼》点评文字道:

此诗五言八句,类似五律,但用仄韵写成,姑称之为"反五律体"。本书所选高适诗,有《九月九日酬颜少府》,曾称之为"反七律体",可互参。五律的一般特征是"贵乎沉雄温丽,雅正清远"(顾璘《批点唐音各体叙目》),"反五律体"则适宜表达奇崛峭傲、郁勃不平的感情。杜甫早年所作名篇《望岳》就是"反五律体"的典范,岑参此诗感情极度压抑,故选用了这种特殊诗体。

薛先生从唐诗格律形态的丰富性出发,曾专文研讨"反七律体"(见前),此处则从岑参的"反五律体",关联到本书所选高适的"反七律体",再延伸至杜甫的"反五律体"典范,总结出这种"反体"的艺术特质,令受众在大开眼界的同时,增强了读诗、解诗的问题意识,进入一种更高阶的学习状态。

如此种种,所在多有,皆可谓助学者也。

助读、助解、助学,问一而得三。这是薛先生宏博阔大的学术格局、细腻微妙的阅读感悟、严谨精审的考证功夫、自出机杼的问题意识在高、岑研究领域水到渠成、瓜熟蒂落的自然流露。

同时,薛先生围绕王维研究作《诗意与禅意——王维〈过感化寺昙兴上人山院〉赏析》《家贫才食粥》,围绕孟浩然研究作《重读〈孟浩然〉》《杜甫咏孟浩然诗一首臆读》《孟浩然爽约事平议》,围绕白居易研究作《白居易的"大裘"》《何物"云母粥"》,围绕李商隐研究作《义山诗的清境》,近来又为李贺故里河南宜阳县撰成《李贺新墓碑》……这些成果或考证诗人生平,或推敲章句解读,或探究情辞义理,或追索诗歌境界,皆有感而发,有为而作,分别放在王维、孟浩然、白居易、李商隐、李贺研究界也都是上乘的佳作。

如果要非常机械地为薛先生用"金箍棒"给自己划定的唐诗研究寻找"出格"之处,那就是溢出边界的《师范渊明 唯取一适——苏轼为什么要写〈和陶诗〉》了。然而,李太白礼敬陶渊明,苏东坡独爱陶渊明也激赏李太白,从某种意义上说,渊明、太白和东坡只不过是前后生关系而已。薛先生另有《苏轼诗中的"饭颗山"》,恰恰为李白三入长安说的名物考证提供了新材料。

天姥山文化研究,是当代唐诗之路研究的学术生长点。说到底,唐诗之路是文化之路,其度量方法应该是文化考察的而非地理实测的。在这方面,先生做出了非常精彩的示范。例如,天姥山到底有多高?1999 年,薛天纬先生以一篇《天姥山的文化高度》做了"精准"的丈量,当年薛先生自称"杜撰"的"文化高度"这个语词,如今恰恰成为我们观光、讨论、研究天姥山甚至古代名山大川的基本说法。薛先生这自出机杼的学术观点,迅速被"官宣",1999 年 5 月 22 日,中共新昌县委副书记陆熙在"天姥山"碑揭碑仪式上的讲话如是说:

> 大家都熟悉李白"天台四万八千丈,对此欲倒东南倾"的诗句。有许多人认为这是诗人的夸饰。从地理学上说,天台山确实比天姥山高。这次"李白与天姥"国际学术研讨会,很多学者发表了许多精辟的观点,其中,有中国李白研究会副会长、新疆师范大学副校长薛天纬教授的论文,说李白不是从地理的实际高度,而是从文化积淀的高度作比较的。这真是宏论恢廓,一言中的。

西域研究

薛天纬先生的西域研究,可以概括为廓清唐代轮台迷雾,贯通西域唐诗之路。

廓清唐代轮台迷雾。薛先生长期关注唐轮台这个千百年来扑朔迷离、聚讼纷纭的问题。薛先生概括《通典·州郡四》《元和郡县图志·陇右道下》、新旧《唐书》之《地理志》,又多次就唐轮台位置进行实地踏勘考察,逐渐形成了比较清晰的认识。薛先生在《文学遗产》2005年第5期发表《岑参诗与唐轮台》一文,还原了历史真相,廓清了轮台迷雾。此后,又由此衍生出《寻找诗意轮台》《八月梨花何处开?——岑参诗"轮台"考辨》二文,进一步申明其关于岑参诗中"轮台"的判断。

薛先生认为,岑参诗中的轮台,就是今吉木萨尔县境内的全国重点文物保护单位"北庭故城"。关于"轮台",事实上存在五个既有联系又有区别的概念,辨明五个"轮台",才能明白岑参诗中的轮台所指何处。

第一个是汉轮台,今天山南麓、塔里木盆地北沿有轮台县;与今轮台县地理位置相对应的是汉代的轮台国;这个汉代的西域小国,后来演化为一个具有军事象征意义的典故,指代西北边地,甚至泛化为一般意义上的边地。

第二个是唐轮台县,这是唐代天山北麓的庭州属下县名,唐平高昌北庭后置,其名取自汉轮台,轮台县在州治金满县之西,驻静塞军等。

第三个是唐人语汇中的轮台。唐人说到"轮台",绝少指轮台县,而是汲取汉轮台的典故意义,极具象征性地指称军事地位最重要的地方。大体说来,以长安二年(702)设置北庭都护府为界线,此前人们是以"轮台"指称西州。之所以称西州为"轮台",是因为西州一度是安西都护府驻地。骆宾王《秋日饯麴录事使西州序》曰:"麴录事务切皇华,指轮台而凤举;群公等情敦素赏,临别馆以凫分。"赠序明确是送麴录事前往西州的,文中却说他"指轮台而凤举"。李峤拟《授高昌首领子麴元福蒲类县主簿制》曰:"敕。麴元福拔迹轮台,策名会府。宜受芝泥之命,往参蒲海之邑。可将仕郎守北庭蒲类县主簿。"高昌首领麴氏之后裔麴元福,其拔迹之地宜在西州,但制书却说他"拔迹轮台"。安西都护府自贞观十四年至显庆三年的19年间曾驻于西州,所以,用"轮台"来指称。长安二年庭州改为北庭都护府,成为天山东段三个州的军事指挥中心,于是,朝廷内外就转而将北庭称"轮台"。及至开元二十一年又改北庭都护府为北庭节度使,更强化了它的军事地位,"轮台"毫无疑义地成了北庭的专属称谓。可见,唐人语汇中的"轮台"所指,是根据军事地位重要性而变化的,哪里重要指哪里。

第四个是岑参诗中的轮台,岑参《北庭贻宗学士道别》,赠别之地在北庭,但诗中却写道:"忽来轮台下,相见披心胸。饮酒对春草,弹棋闻夜钟。今且还龟兹,臂上悬角弓。平沙向旅馆,匹马随飞鸿。孤城倚大碛,海气迎边空。四月犹自寒,天山雪蒙蒙。"闻一多颇惑于此:"诗曰见宗于轮台,而题曰北庭,何哉?"类似的岑参诗尚有若干。《赴北庭度陇思家》曰:"西向轮台万里余,也知乡信日应疏。陇山鹦鹉能言语,为报家人数寄书。"《发临洮将赴北庭留别》曰:"闻说轮台路,连年见雪飞。春风不曾到,汉使亦应稀。"《临洮泛舟赵仙舟自北庭罢使还京》曰:"白发轮台使,边功竟不成。云沙万里地,孤负一书生。"《北庭西郊候封大夫受降回军献上》曰:"胡地苜蓿美,轮台征马肥。大夫讨匈奴,前月西出师。"《登北庭北楼呈幕中诸公》曰:"尝读《西域传》,汉家得轮台。古塞千年空,阴山独崔嵬。"哪里重要指哪里,岑参供职西域,正是北庭都护府军事地位重要性日益突出的时候,这一组诗歌当然就以轮台径称北庭。《使交河郡郡在火山脚其地苦热无雨雪献封大夫》曰:"奉使按胡俗,平明发轮台。暮投交河城,火山赤崔巍。"《白雪歌送武判官归京》曰:"轮台东门送君去,去时雪满天山路。山回路转不见君,雪上空留马行处。"《天山雪歌送萧沼归京》曰:"交河城边鸟飞绝,轮台路上马蹄滑。"无论是岑参自己出使西州,还是武判官、萧沼别幕归京,均应始发于北庭都护府驻地即今吉木萨尔县城北 11 公里处的"北庭故城遗址"。

第五个是轮台州都督府,北庭都护府下设有十六番州,当为安置当地游牧部落而设的羁縻州府,轮台州都督府即在其中。

贯通西域唐诗之路。薛先生于 2020 年 9 月在北京大学出版社出版《从长安到天山:丝绸之路访唐诗》,这本书貌似摇曳多姿的游记,实则不啻一本图文资料翔实、史地考证严谨、诗史相参相证、精彩创见迭出的新文科学术著作。这本书最大的成就在于以科学的、实证的笔触贯通了从大唐长安城到中亚碎叶城的西域唐诗之路,又以鲜活的诗意的文字带领读者神游这条唐诗之路。

本书从今天的西安启程,内容涉及唐代长安城、大明宫、兴庆宫、大雁塔、大唐芙蓉园、曲江池、华清宫、西市、终南山、杜公祠、乐游原、青龙寺与渭城等重要的历史文化遗迹;一路迤逦西去,在天水境内,记录了陇山、秦州(天水郡)、南郭寺、同谷、麦积山、成纪等胜景;进入河西走廊,凉州(武威郡)、甘州(张掖郡)与居延、肃州(酒泉郡)、沙州(敦煌郡)、玉门关、阳关等历史地名与唐诗故实接踵而来;在新疆境内,盘桓过哈密的伊州(伊吾郡)、蒲类津、大河古城与甘露川,沿天山北麓,访达吉木萨尔的北庭,沿南麓西行至吐鲁番的火焰山和交河、高昌两座故城,天山路(他地道)则连着天山南北的城池,出了交河城继续西南行,则可造访库尔勒的铁门关、库车的龟兹;翻越或飞越西天山,最终抵达吉尔吉斯斯坦的碎叶城与碎叶川(热海)。

这本书的打卡路线,与严耕望先生《唐代交通图考》中《唐代长安西通陇右河西道图》和《唐代瓜州、伊、西、安西、北庭交通图》的地理交通路线基本重合,我们可以看到一条非常清晰的西域唐诗之路。

这本书的副标题是《丝绸之路访唐诗》,唐诗是贯通地理线路的最重要的元素。全书九章三十七个小节(篇)的标题都以唐人诗句命名,正文中李白、杜甫、王维、高适、岑参、白居易等诗人的名篇奔竞而来,李世民、骆宾王、王之涣、王梵志等诗人的佳句层出不穷。更重要的是,薛先生以自己长期从事唐诗研究尤其是李白研究的开阔视野、硬核学问与学术新鲜感,为读者进行了很有趣味的唐诗导读。作者在长安城的翰林院里梦李白,展示李白《清平调》所蕴蓄的大唐王朝文化软实力;在解析李白哭晁衡诗作的来龙去脉后,感叹李白的泪虽然白流了,但却意外地收获了诗;在解读祖咏的《终南望余雪》时顺便讨论了唐朝空气的能见度;在流连于西安的大唐西市博物馆时,提及馆藏碑刻《许肃之墓志》经学者解读后刷新了学界对李白与许氏夫人婚姻状况的认识;在鏊屋话及白居易《长恨歌》时,不经意举出 CCTV 电视节目《经典咏流传》关于上海老中医王之炀谱曲《长恨歌》瞬间走红全网的案例;在探讨杜甫于天水写作"罢官亦由人,何事拘行役"时,顺手普及了"罢官"有罢官和被罢官两种理解的学界讼案;在《成纪》篇中,除了普及李白身世之外,更以谚语"秦安的褐子清水的麻,天水出的白娃娃"聊了聊"释褐"话题;在《凉州》篇,围绕高适《无题》"一队风来一队砂",作者补充了两个硬核知识点:传世《高适集》原无此诗,孙钦善《高适集校注》据敦煌残卷伯 3619 补入;"一队"就是"一阵",诗人这里用了西北方言。再比如,关于"长河落日圆"中长河所指为弱水、"黄沙(河)远上白云间"、骆宾王从军西域、唐玄奘与高昌国王麴文泰、李白出生地碎叶等一系列学术问题的研讨成果,在作者笔下都如盐入水一般,在润物无声中流露出一种学术风骨与魅力。

却顾所来径

如果从薛先生 1982 年研究生毕业返回新疆师范大学算起,薛先生从事学术研究至今整整 40 年。薛先生在李白研究、唐诗研究、西域研究领域成果丰硕,蔚为大家,虽然与先生之天性颖悟、精力充沛、阅历丰富、勤奋超于常人有关,但也不能忽略先生长期坚持的学术理念与治学路径。

师范前贤风标,开拓学问格局。薛先生总角求学云岩,得沐横渠遗风;中学受教于赵师如彬、焦师君良,练就背诵功底;本硕依傅庚生、安旗二先生,器识学问精进;专治李白,更以李长之、詹锳、裴斐诸先生为楷模,以赵昌平、郁贤皓、董乃斌诸先生为学友,以阎琦、詹福瑞、葛景春诸先生为同道,海内天涯,切磋琢磨,道之所存,师友之所存焉。诸先生中,薛先生尤景仰傅庚生、安旗二位本师,及李长之、詹锳、裴斐先生,曾分别撰文记述诸先生人品学问。其《永难忘怀的傅庚生先生》,忆及先生首届研究生入学,屡屡感慨"得天下英才而教育之",教众弟子"做人不能俗",做学问"伤其十指不如断其一指";其《安旗教授五十年学术历程和李白研究》《花开花飞九十秋——记著名李白研究专家安旗教授》记述安旗先生的私塾功底、西学影响、军旅生涯、宦海沉浮、浩劫坎坷、文艺研究、大学执教、文博金石、杂学旁收,尤其细数了安旗先生从事李白研究"短羽离褷""偕诸君登堂入室""我以双目奉太白"三个阶段始终不变的坚定与执着;其《生命与生活之歌——解读〈道教徒的诗人李白及其痛苦〉》一文从人性角度集中讨论了李长之《道教徒的诗人李白及其痛苦》的重要学术建树;其《詹锳先生李白研究的学术特色——以〈蜀道难〉解读为例》重点介绍了詹锳先生以细读文本方式开展李白研究对薛先生治学的重要启示;其《立马文场凛有威——从李白诗歌及"盛唐气象"的讨论看裴斐先生的学术品格》《裴斐先生的"逸情"》则以薛先生为裴斐先生所拟挽联"得太白三分傲骨三分逸情三分才气,留世间一品风标一品人望一品文章"为贯穿,回顾了裴斐先生从二十世纪五十年代开始的李白研究历程与学术成就,尤其是他关于李白与"盛唐气象"的争鸣。这几篇文章,既是人生小传,也是学术总结,更是弥足珍贵的李白研究学术史文献。

时下研究生培养,开题报告的重要组成部分是文献综述,文献综述的目的是深入了解和掌握本选题的前期研究成果和前沿现状。薛先生几乎一直在进行这样的文献综述,在客观上为当代研究生的文献综述做出了绝佳的示范:其《论李白诗研究中的泛政治化倾向》《李白精神的历史认识过程》是专题性综述,其《"李白热"的反思与期待》《纪念中国李白研究会成立 20 周年学术总结报告》是阶段性综述,其《李白文化研究与实证研究——〈李白文化研究〉序》是专辑性综述,其《〈识小集〉序》《〈李白与地域文化〉序》《〈李白诗歌背景〉序》也都可以视作小型的专题综述,甚至作为学会负责人所发表的《在湖北省李白研究会成立大会及首届"李白文化论坛"开幕式上的讲话》《中国李白研究会第十五届年会暨李白国际学术研讨会开幕词》《中国李白研究会第十六届年会开幕词》,作为嘉宾发表的《有初有终,巨制晚成——关于〈杜甫全集校注〉的记忆与初读感受》《"杜甫文化接受与传播全国学术研讨会及四川省杜甫学会第十八届年会"上的书面发言》《四十年前草堂会议的记忆》《乐府学会成立贺信》《〈刘学锴文集〉申贺三题》《身历唐会四十年》也都不是应景的程序性表达,而是具有综述性质或者学术史性质的宝贵文献。薛先生这种做文献综述的态度与成果,想来是值得后辈认真学习仿效的。

这些文献,既是李白研究、唐诗研究的学术档案,更是薛先生受前辈人品学问沾溉、与同行切磋交流的进学实录。正是在这样海纳百川的历程中,薛先生的学问格局日益拓展,学术气象日益宏大。

立足文学鉴赏，重视细读文本。薛先生回忆傅庚生先生的教诲，让他至今铭记在心的是："不懂得鉴赏的人，与文学永远绝缘。"在《于平易中见高深——评霍松林〈唐宋诗文鉴赏举隅〉》《说"鉴赏"——华桂金〈古典诗词艺术鉴赏〉序》这两篇序文中，薛先生也一再强调文学鉴赏的重要性。文学鉴赏，从内来说，需要心灵的感悟，从外来说，就需要细读文本，细读文本则需要从认字断句、识物辨义开始。饱学博闻如薛先生，在这方面也毫不含糊。薛先生在《詹锳先生李白研究的学术特色——以〈蜀道难〉解读为例》写道：

> 以上以《蜀道难》解读为例所总结的詹锳先生李白研究的学术特色，具有方法论的普遍意义。因为"文本细读"实为研究李白作品的基本路径和不二法门。后来者的研究实践都离不开"文本细读"之法。比如，20世纪60年代初稗山先生发表《李白两入长安辨》一文，首倡"两入长安"说（朱金城先生此前曾与稗山讨论这一问题），即是凭借对李白若干诗篇的细读而发现问题和提出新见。我自己在读研究生时期曾认真研习詹锳先生两部著作（即《李白诗文系年》《李白诗论丛》），在协助安旗先生编纂《李白年谱》时，不但将詹锳先生的《李白诗文系年》作为主要参考文献，而且在研究过程中自觉采用了"文本细读"法。《李白年谱》出版后，应上海辞书出版社之约，由我执笔撰写、我与安旗师共同署名，在《辞书研究》1989年第1期发表了《作品分析与〈李白年谱〉的编写》一文，总结了我们的研究心得，所谓"作品分析"，乃是"文本细读"的同义语。这正是詹锳先生的学术思想及研究实践沾溉后人的一个例证。

正是在细读文本的过程中，薛先生发现王维《田家》诗句"老年方爱粥"的传统理解与原诗语境不谐，发现李白诗《答友人赠乌纱帽》中的"乌纱帽"实与官帽无关，发现李白《行路难》（金樽清酒斗十千）诗句"行路难，行路难，多歧路，今安在"中的"歧路"不宜做岔路、错路、离别之路解，发现白居易《晨兴》诗句"一杯云母粥"的云母粥古来注释无确解，而《汉语大词典》则给出了错误解释，于是孜孜以求正解，后来发表的《家贫才食粥——王维"老年方爱粥"句解》《"乌纱帽"小考》《"歧路"解》《何物"云母粥"》其实都是细读文本时的读书笔记，有的笔记积累达10年以上才确信找到了最合理的说法。

李白有自制新题乐府诗《幽涧泉》，诗曰：

> 拂彼白石，弹吾素琴。幽涧愀兮流泉深。善手明徽高张清心寂历似千古松飕飗兮万寻。中见愁猿吊影而危处兮，叫秋木而长吟。客有哀时失志而听者，泪淋浪以沾襟。乃缉商缀羽，潺湲成音。吾但写声发情于妙指，殊不知此曲之古今。幽涧泉，鸣深林。

其中,"善手明徽高张清心寂历似千古松飗飗兮万寻"19字,历来断句称难,大体有三种:

> 善手明徽,高张清心。寂历似千古,松飗飗兮万寻。
> 善手明徽高张清,心寂历似千古,松飗飗兮万寻。
> 善手明徽,高张清心,寂历似千古松,飗飗兮万寻。

薛师反反复复细读文本,沉吟拿捏,认为第三种即严羽评点《李太白诗集》的断句比较合理,朱谏《李诗选注》的阐发亦比较完善,于是得出倾向性结论曰:

> 依严羽的断句及朱谏对诗意的解释,"寂历似千古松,飗飗兮万寻"二句,"松"居于诗句的核心位置:前句"寂历似千古"可视为"松"的定语;后句则承前省略了主语"松","飗飗兮万寻"写松的状态,是谓语。"寂历"用以形容树木,已见上举诸多诗例。"飗飗"为风声,此指松风。"松"字一旦属上,这两句读起来就完全摆脱了前述第二种断句所造成的对仗句式,获致了更为自由的表达。对比之下,笔者倾向于对第三种断句的肯定,因为这样断句既避免了第一种断句所造成的"寂历似千古"句子不完整的缺憾,又避免了第二种断句"清"字出韵的疑惑。

查《新版李白全集编年注释》(巴蜀书社2000年版),《幽涧泉》19字断句作上述第二种,《李白全集编年笺注》(中华书局2015年版),断句更改为第三种。

接着,薛先生又提及另一个值得注意的治学方法的问题——托名伪作也具备相当的认识价值:

> 至于严羽评点《李太白诗集》是否托名伪作,是可以讨论的另一个学术问题,如陈良运先生发表于《文艺理论研究》2002年第5期的《读严羽〈评点李太白诗集〉献疑》一文,颇可一读。但即使此书非出严羽之手,其学术见解却是客观存在,更何况得到了后来者如朱谏及詹锳先生等所认可。

薛先生这种细读文本的认真严谨态度,可谓无处不在,1995年第2期《文史知识》所刊登的薛先生来信如是说:

> 贵刊今年第9期所刊刘鑫全《〈秦妇吟〉的艺术成就》一文,有一处资料引用的错误。该文第一段写道:"许多人家的屏风、幛子上都写有这首诗,'流于人间,疏于屏壁','冬寒夏热,入人肌骨,不可除去'。"杜牧所撰这篇《唐故平卢军节度巡官陇西李府君墓志铭》,转述李戡的话是:"尝痛自元和以来有元、白诗者,纤艳不逞,非庄士雅人,多为其所破坏。流于民间,疏于屏壁,子父女母,交口教授,淫言媟语,冬寒夏热,入人肌骨,不可除去。"(《樊川文集》卷9)显然,李戡批评的是"元、白诗",而不是《秦妇吟》。

细读文本,心细如发,才能细读;反复涵泳,才能细读。细读有所得,即付诸治学实践,这种精益求精以达至善的态度和做法同样是值得我们认真学习取法的。

有了细读文本的基础,才有文学鉴赏的可能;基于文学鉴赏的感悟与疑惑,才有提出问题、深入探究的可能。1991年,薛先生发表《〈梦游天姥吟留别〉诗题诗旨辨》,以细读文本、鉴赏批评为基础,提出了一个重要问题:梦中的仙境如何理解?今人有一种流行看法,认为梦中仙境是光明的象征,是黑暗现实的对立面,是诗人理想所系。薛先生通过自己对这首诗的细读,结合其为李白诗歌编年所形成的整全思维,考察李白的创作心态,对比古今评论的差异,认为"如果仙境是光明的象征、理想的寄托,诗人怎么好以这样轻蔑的语气把它与'世间行乐'、与'古来万事'一起加以否定呢",并由此进入诗旨的辨析。大量类似的文学鉴赏案例,是薛先生治学的鲜活而牢固的实践基础。

固守文献根基,开拓文献视野。薛先生在《文献学与文艺学研究的结合——郑慧霞〈卢仝综论〉序》中认为,文献学研究要靠资料说话,资料占有充分,立论就有了依据,而文献学又是文艺学的基础。薛先生的唐代文学研究正是建立在牢固的文献根基之上的。例如,关于李白"古风"组诗的命题及编集者问题,薛先生《李白诗解》在介绍了两种观点对立但学理自成体系的判断之后,以"纬按"的方式洞幽烛微、厘清源流,认为是李白自己命题和编集了《古风》,但当时未必即编就"五十九首"的格局;进而条分缕析地梳理了从李白"枕上授简"于李阳冰以来,在李白别集经乐史、宋敏求、曾巩、晏知止等渐次编辑刊刻过程中,《古风》逐步扩容并有个别篇章出入变动的整个过程。这是截至目前学术界对这一聚讼纷纭的问题所做的体系完整、线索清晰、逻辑严密、考证细致的最彻底的一次文献学梳理。特别值得注意的是,作者还为这一过程提出了非常重要的旁证:成书于北宋大中祥符四年(1011)的姚铉编《唐文粹》中所收李白《古风十一首》,其排序依次为王注本《古风五十九首》的第1、8、9、10、11、14、15、18、21、27、49篇,而此序列排定于乐史与宋敏求所业之间,可知,在宋敏求《李太白文集》编成之前,"古风"至少已有四十九首,而且已排定后世所见编次。

名不正则言不顺,诗名的归正既是文献研究的问题,也是文学研究的问题。孟浩然《春晓》,题目一作《春晚》,《春晓》着眼于清晨(晓),《春晚》着眼于暮春(晚),两解皆通且各擅胜场。但是,李白《梦游天姥吟留别》则是个明显有瑕疵的题目,在当下的大中学课堂上,不仅仅大多数学生会错误地断句为"梦游—天姥—吟留别",多数老师也不能幸免。与其反复强调让师生正确地读作"梦游天姥吟—留别",不如让诗名归正为《梦游天姥吟留别东鲁诸公》。这样一来,稍有常识的人都不会读作"梦游天姥吟留别—东鲁诸公",而会读作更为合理的"梦游天姥吟—留别东鲁诸公"了。题目通顺了,"吟"不是"吟留别",而是"梦游天姥吟";"留别"不是被吟的,而是与东鲁诸公留别;诗的内容也就若合符契了:"别君去兮何时还"之前是"梦游天姥吟",之后则是"留别东鲁诸公"。那么这个看似合理的《梦游天姥吟留别东鲁诸公》的诗名有无文献依据呢?薛先生以 1991 年发表的《〈梦游天姥吟留别〉诗题诗旨辨》和 2013 年发表的《〈梦游天姥吟留别〉诗题辨误》两篇文章详细讨论了这个问题,后文更是从文献学角度详细考察了《河岳英灵集》题作"梦游天姥山别东鲁诸公",李集当涂本题作"梦游天姥吟留别诸公",一作"梦游天姥吟留别东鲁诸公",李集蜀刻本题作"梦游天姥吟留别",一作"梦游天姥吟留别东鲁诸公",《李诗通》题作"梦游天姥吟留别东鲁诸公"等状况,考镜辨章,斟酌比勘,认为此诗名应依《李诗通》所题"梦游天姥吟留别东鲁诸公"。

当然,薛天纬先生更多的文献学研究成果可见于前揭诸著作,不一一。值得注意的是薛先生也一直在不遗余力地为开拓文献视野做揄扬、呼吁。明代张含(字愈光)曾辑《李诗选》,眼光独特,剪裁得体,曾被凌濛初与杜少陵诗选合刻,《四库全书总目》"存目"载录。群众出版社藏有《李诗选》,薛先生专门为作《〈李诗选〉出版说明》予以揄扬,详细说明文献版本流传情况,介绍选本优势特点,以期扩大李白研究者的文献视野,苦心可鉴。薛先生从来不拒绝新事物,对于电脑、网络、数据库、APP 等都能够从容接受,娴熟使用,也正是得益于现代科技助力古代文学研究,薛先生在古籍数字化方面始终持积极态度,在第四届中国古籍数字化国际学术研讨会上,他提出关于建立《唐代文学研究数据库》的设想,不仅论证了建设数据库的必要性,还推荐了十一类、一百多种拟入库的文献目录。

倡导问题意识,力求言之有物。薛先生自述其治学原则曰:我做研究、写文章,坚持一个原则,就是言之有物,不说无谓的话,不说无个人看法的话。因此,我做的题目无论大小,写的文章无论长短,自己觉得绝无虚文。

细数薛先生的学术成果,的确都是"有问题的"。薛先生带着强烈的问题意识阅读文献感悟作品,发现或提出问题;薛先生带着强烈的问题意识阅读古往今来学人的研究成果,发现或提出问题;问题包含问题,问题带出问题,小问题汇聚成大问题。有了问题,薛先生遵从傅庚生先生遗训——"做研究,抓住一个问题,一定要研究透彻,而不要把面铺得太开,浮光掠影,最终什么问题都没解决"。

薛先生正是这样在李白研究、唐诗研究、西域研究领域解决了一个又一个问题,贡献了一个又一个具有影响力的学术观点,有的观点堪称定谳。其中的大问题如唐代歌行的界定、唐代干谒对诗人的影响、边塞诗的前生后世与本质、杜甫非"陷贼"而是"潜回"长安、唐轮台考定、李白"两入长安"的证成、李白卒年的论证、李白"行路难"主题创作的解读、《梦游天姥吟留别东鲁诸公》诗题、诗旨之辨;《静夜思》

文本演变、《古风》其一（大雅久不作）的解读、李白从璘获罪相关作品的解读等等，都已经或正在成为唐代文学研究界的共识，有的则有必要成为国民新常识。

比如《静夜思》文本演变，是引起多方持续关注的问题。38 年前，薛先生在《文史知识》1984 年第 4 期发表论文《漫说〈静夜思〉》，讨论过几种宋元刊本中《静夜思》第一句均作"床前看月光"、第三句均作"举头望山月"的问题。14 年前，因为一位在日本留学的华裔中学生在教科书中读到如上版本的这首诗而质疑中日传本不同，引起媒体跟风炒作，时职中国唐代文学学会会长的陈尚君先生发表了《李白〈静夜思〉不存在中日传本的差异》，职中国李白研究会会长的先生发表了《关于〈静夜思〉的前话与后话》，二位先生克尽守望之责，回应了媒体与读者大众的关切。因为这首《静夜思》已成为国民唐诗的特殊性，薛先生索性为之进行了更加彻底的学术史梳理，撰写了长文《〈静夜思〉的讨论该划句号了》，刊于《文史知识》2011 年 12 期，在详细梳理该诗版本流传变化的基础上，结合薛顺雄及森濑寿三等学者关于《静夜思》的研究成果，融汇自己的研究心得，进行了充分的解读，重点讨论了为大家所关切的"明月"和"床"，得出的结论是：《静夜思》文本两个"明月"的出现，从文献角度可追溯至署名明代李攀龙的《唐诗选》，而《静夜思》"民间口传本"实际上是后世大众读者"再创造"的产物。至于诗中的"床"，因为《静夜思》是李白自创的"新乐府辞"，乐府诗的传统写法是"拟"前代之作，而"乐府古辞"以下的前代相关文人诗作及乐府民歌无不将"明月"与"卧床"相联系，所以，《静夜思》中的"床"只能理解为"卧床"。至此，《静夜思》实证性研究的问题才算的确画上了"截断众流"的句号。薛先生发表在《光明日报》2021 年 4 月 12 日 13 版的《〈将进酒〉文本演进"三部曲"》亦可作如是观。

李白到底几入长安是一个聚讼纷纭的大问题。薛先生在《李白诗解》中，进行了条理清晰的解读与论证。一方面，引诸家独创成果，如瞿蜕园、朱金城先生推测李白可能有天宝初年之前的另一次入关进京之行；1962 年，稗山先生发表《李白两入长安辨》，从诗歌内部的感悟理解角度入手，认为《酬坊州王司马与阎正字对雪见赠》等作品"表现为穷愁潦倒、渴望遇合，显示出进身无门、彷徨苦闷"的思想感情，"这和他那些待诏金门、春风得意的作品，固然迥不相同，就是和那些受谗被放以后之作，也有严格的区别"，再加以逻辑推理，比较系统地提出了李白两度入长安的说法，将瞿朱说法坐实并向前推进一步；郭沫若在《李白与杜甫》一书中将李白初入长安定为开元十八年事；郁贤皓先生撰写《李白两入长安及有关交游考辨》《李白与张垍交游新证》等系列论文，对李白"一入长安"问题做了进一步研究，不但坐实了"一入长安"的时间为开元十八年，而且明确了李白此次入京的干谒对象是张垍，这是确立"两入长安"说的突破性进展。另一方面，融入个人研究所得，薛天纬先生认为，李白自安陆入长安之前作《上安州裴长史书》曰"何王公大人之门，不可以弹长剑乎"，其在京畿等待干谒机会时作《玉真公主别馆苦雨赠卫尉张卿》曰"弹剑谢公子，无鱼良可哀"，其在干谒无成将出长安时作《行路难》其二曰"弹剑作歌奏苦声，曳裾王门不称情"，先后三用冯谖客孟尝君弹剑作歌的典故，情绪由自信、抱怨到悲愤，正昭示了李白"一入长安"以干谒求仕进的初怀、遭遇和结局。作者由此进一步论证，"一入长安"的失败，给李白身心带来初次重创，因而也造成了他的一个创作高潮，高潮的主题就是"行路难"。由此，学界关于李白"两入长安"之说得以坚实透辟地证成。

薛先生始终在关注李白入长安问题，其《李杜重逢饭颗山——关于李白"三入长安"的再讨论》一文正是对这一问题的最新推进。

正因为时时处处以问题为导向，力求言之有物，薛先生在研究过程中也会进行"自我革命"——修正或者完善自己的往昔观点。比如，他在《唐代歌行论》的终章中提出了"大歌行"观，并与四种"小歌行"观进行了比较。在介绍第四种"小歌行"观即松浦友久先生的观点时，薛先生在本书最后一个注释，说明了自己调整学术观点的过程：

　　笔者早先曾持这种"小歌行"观，见于发表过的两篇文章：《李杜歌行论》，载《文学遗产》1999 年第 6 期；《盛唐歌行本质论》，载《唐代文学研究》第八辑（广西师范大学出版社·2000）。本书吸收了原来的某些看法，但总体上则不再坚持这种"小歌行"观。

崇尚人性视角，观照文学研究。薛先生认为，人性是普天之下、从古到今恒久不变的，是人人相通的，对于古代文学作品来说，是否表现了人性以及表现的程度如何，是决定其价值的关键。因此，薛先生在诗人诗作研究方面，总是崇尚和倡导以人性视角切入，以同情的理解展开探讨，这贯穿、渗透在前述李白、杜甫、王维、孟浩然、高适、岑参、白居易、李商隐诸诗人诗作的研究中，尤其是李、杜、高、岑为代表。前揭杜甫"潜回"长安说，高、岑与盛唐边塞诗本质都是这方面的典型案例，我们再以李白为例略作讨论。

薛天纬先生《李白诗选》前言就认为李白的诗歌书写和张扬了人性，他说，人性的基本内容，一是在生存温饱解决之后，希望生活得更幸福；二是要施展其才能抱负，谋求事业的发展与成功，在为社会群体做出贡献的同时，实现自己的人生价值；三是要维护人格独立和保持个人精神自由。李白把建功立业视为人生头等大事，又极端地坚持了人性之另一面，即人格独立和精神自由。李白终生都在追求建功立业与坚持精神自由的矛盾中跌宕拼搏，这种无法调和、克服的矛盾，具有普遍性和恒久性,普通人也会遇到同样的矛盾,李白与普通人的区别,正如李长之所说:"就质论,他其实是和一般人的要求无殊的,就量论,一般人却不如他要求得那样强大。"所以,李白的诗篇就产生了打动人心的力量,李白就成了从古到今人们心中的精神偶像。李白也有许多诗篇抒写饮酒之乐,充溢着"人生得意须尽欢,莫使金樽空对月"的生活热情,这是对人性之另一侧面的表现,即人在世间总是希望生活得更幸福、更快乐。李白那些表现乡情、友情、亲情和爱情的诗篇,从本质上说,也是对追求生活幸福之人性的表达。

正是涵蕴着人性的光辉,薛先生面向普通读者的《一回拈出一回新——重读〈将进酒〉》《怎样读李白诗》《"诗仙"李白其实离我们很近》等文章广受欢迎。

薛先生高度重视人性,既是出于其仁厚长者的天性,也颇受李长之先生的影响,我们认真阅读薛先生《生命与生活之歌——解读〈道教徒的诗人李白及其痛苦〉》,可以强烈而深刻地感受到这一渊源。

如果对薛先生以上五个方面的学术理念与治学路径进行一段总结,莫过于薛先生与安旗先生编撰《李白年谱》过程中的切身体验。李白属于王国维所谓"主观之诗人",对于李白这样的诗人,既要重视和发掘其现有史料的价值和意义,做足"诗外功夫",又要充分考虑到文学作品的文学性,从诗文本身入手,做足"诗内功夫"。正是兼修诗内诗外两种功夫,将文学的方法与非文学的方法结合,才有了《李白年谱·前言》的这段思考:

> 李白事迹及作品多无确实年月可考。……然窃以为诗为心声,李白之诗尤多系至情之流露,而至情之流露又多缘感遇而发。其笔底之波澜,即胸中之块垒;其胸中之块垒,即生活之坎坷;其生活之坎坷,即时代之潮汐。吾人循其声则得其情,循其情则得其实,虽不中,当亦不远。

(作者单位:海南大学人文学院)

论《史记》在日本的传播与影响

杨绍固

　　《史记》是中国古代集史学价值与文学价值于一体的经典作品,受到历代统治者及研究者的重视。作为古代中国文化的重要代表,《史记》最早亦在受汉文化影响的东亚国家间传播,并在一些国家与地区间产生了深远的影响,日本便是其中之一。日本与中国隔海相望,这为彼此间的文化交流打开了通道,《史记》正是借助这个通道和其他中国史籍一起传入日本的。《史记》传入日本后很受重视,其在日本的传播亦自然而然的发生,并由此为开端在日本产生了广泛且深远的影响。

一、中日之间的文化交流

　　《史记》在日本的传播始于中日之间的文化交流,不同文化的交流带来彼此之间的认同,文化的认同才能使文化的传播成为可能,因此,我们有必要了解中日之间文化交流的过程。中国与东边近邻的文化交流最早可以追溯到西汉武帝时期,班固在《汉书·地理志》中有过描述:"乐浪海中有倭人,分为百余国,以岁时来献见云。"[①]由此,中国与跨海相望的日本开始了正式的接触和了解,甚至于对日本人形象的描绘也出现在中国的文献中:"男子皆露紒(读 jì,意为束发),以木棉招头,其衣横幅,但结束相连,略无缝;妇人披发屈紒,作衣如单被,穿其中央,贯头衣之。"[②]这段出自《魏书·东夷列传》的记载,描述的是日本筑紫一带的倭人形象。此外,在《后汉书》《隋书》等文献亦设《东夷传》记述朝鲜、日本等国家,可见中日之间在古代往来密切。隋唐时期,大量日本学者、僧侣来到中国学习,称为遣隋使、遣唐使,他们在中国学习、生活,接受包括"三史五经、名刑算术、阴阳历道、天文漏克、汉音书道、秘术杂占"[③]在内的多种技能的教育,甚至担任唐朝的官职,回国后自然也将中国的情况介绍到日本,成为中日之间文化交流的重要纽带。诗歌是唐代最具代表性的文学体裁,日本遣唐使亦受此潮流影响而创作唐诗,据统计,唐代中日文人之

---

　　① 班固《汉书》,中华书局 1975 年版,第 1658 页。
　　② 陈寿撰、裴松之注《三国志》,中华书局 2009 年版,第 510 页。
　　③ 经济杂志社编《日本逸史　扶桑略记》,东京杂志社 1901 年版,第 558 页。

间的汉诗往来作品多达 129 首①。此后中日之间的文化交流更是没有间断。中国古籍最早传入日本的记录是"王仁传入说",王仁是朝鲜百济王朝的五经博士,从民族身份上来说可能是生活在朝鲜半岛的汉族移民或是其后裔。王仁所献书中包括《千字文》和《论语集注》中的郑玄注解和何晏集解,但不包括《史记》②。中日之间的政治及文化交流增进了两国间的了解,也为汉籍传入日本创造了良好的基础。正是因为有了这样彼此交流的通道,以《史记》为代表的汉籍才能传入日本并引起日本统治者的关注,进而产生影响。

二、《史记》在日本的传播

(一)《史记》文本在日本的传播

《史记》传入日本的具体时间没有明确的记载,但根据一些文献的引用情况可以做出合理的推测。公元 604 年,即日本推古天皇十二年,颁布《宪法十七条》,其中出现了多处对中国经典古籍的引用:如第一条"以和为贵"、第三条"四时顺行"和第十六条"使民以时"出自《论语》,第八条"公事靡盬"出自《诗经》,此外还出现了出自《礼记》的"国非二君,民无二主"和出自《孝经》的"上和下睦",其中最重要的莫过于出现了出自《史记·田单传》的"如环之无端"③。这不仅说明在当时日本已经有大量汉籍传入,更说明"至迟在公元 6 世纪,《史记》已传入日本"④。在此基础上,我国学者覃启勋先生考证后认为,"《史记》是在公元 600—604 年之间由第一批遣隋使始传入日本的"⑤。

南宋刻书家黄善夫刊刻的《史记》是现存最早的三家注合刻本,该刻本在国内已经遍寻不到,但日本国立历史民俗博物馆却有藏本,足见《史记》在日本的传播不仅在时间上较早,而且接受的《史记》文本在内容上是非常完整的。笔者还找到了一部现存于东京大学东洋文化研究所的黄善夫《史记》刻本残卷,图书信息显示书名为《史记残二卷 庆元中建安黄善夫刊本》,"汉司马迁撰,刘宋裴骃集解,唐司马贞索引,唐张守节正义(未标明刊刻年份)"。该卷封面题"宋版史记",共存两卷,内容为《夏本纪》与《殷本纪》,并附《史记索引》后序。正文前无目录,有页码,夹注中集解、索引与正义内容较为完整。从刊刻情况来看,与黄善夫版《史记》相差无几,

① 参见张步云《唐代中日往来诗集注》,陕西人民出版社 1984 年版,第 3 页。
② 参见王坤《传播学视角下的古代中日文化交流》,《唐都学刊》2013 年第 6 期,第 109—113 页。
③ 参见[日]阪本太郎、[日]家永三郎、[日]井上光贞、[日]大野晋校注《日本书纪》(下),岩波书店 2000 年版,第 181 页。
④ 《中国史学在日本》,载蔡毅编译《中国传统文化在日本》,中华书局 2002 年版,第 12 页。
⑤ 覃启勋《史记在日本》,《文史知识》1988 年第 12 期。

但似乎不是官方版本。此外,东洋文化研究所亦有一部完整《史记》留存,该书书名为《史记一百三十卷 庆长元和间古活字印本》,"汉司马迁撰,刘宋裴骃集解,唐司马贞索引,唐张守节正义(未标明刊刻年份)",共存 15 卷,有完整目录,每页标注有页码,正文夹注皆有句读标志,夹注中集解、索引与正义内容较为完整。从内容上来看,该 15 卷并不完整。卷一为引导性文字,其中包括《索引序》《索引后序》《正义序》《补史记序》《集解序》《正义论例谥法解》,目录以及唐司马贞补作的《三皇本纪》,单纯以卷一所收录的篇目来看,此刊本可谓集经典《史记》研究成果于一体,足见《史记》文本在日本流传过程中不仅保留了《史记》原文,更接受了中国经典的《史记》研究成果。其他 14 卷收录的内容是:《五帝》《夏》《殷》《周》《秦》《秦始皇》《项籍》《高祖》《吕后》《孝文》《孝景》《孝武》等本纪 12 篇和《三代世表》《十二诸侯年表》《六国表》等表 3 篇。此外,有一点值得注意,即《秦始皇本纪》一卷中前后字体不一,如此不规范的活字印刷本,应该不是官方刊刻。根据年代来看,庆元(1195—1201)是南宋宁宗年号,而庆长与元和是日本历史上相连的两个时期的年号(1596—1615)。因此可以推测,此两版在日本流传的《史记》,前者为南宋传至日本的刻本残卷,后者为日本后阳成天皇庆长年间与后水尾天皇元和年间这一时间段内出现的活字印本。以此为缩影,我们可以看出《史记》文本在日本的传播过程,即由中国版本传入,后在日本引起关注,遂产生了日本本土的印本,可见《史记》在日本的传播是呈逐步扩大化的趋势的。

这也正对应了日本史料中对于《史记》的记载,日本奈良朝(710—794)与平安朝(794—1192)时期,《史记》就已经在日本贵族中被广泛传阅,奈良时期,嵯峨、清和、醍醐天皇甚至将《史记》作为学习的内容。而且据醍醐天皇昌泰三年(900)的《意见封事》载,当时日本贵族已经开始学习"五经""三史"(《史记》《汉书》与《后汉书》)、明法、算术、音韵、籀篆等六道①。日本统治者如此看重《史记》,其在民间的传播也是可以预见的。总而言之,《史记》文本在日本的流传应该是一个自上而下,最终形成强大影响力的现象。

《史记》在日本引起关注后,日本学者也开始了这方面的研究,从而使《史记》在日本的传播进入了一个新的阶段。首先,在《史记》资料整理方面做出突出贡献的是泷川资言和有井范平。前者所著的《史记会注考证》内容完善,不仅附有包含太史公事历、《史记》记事、《史记》体制等内容的《史记》总论,而且整合了我国学者及日本学者对《史记》研究的注释百余种。后者以我国明代《史记评林》为底本,补充

---

① 参见[日]池田英雄著,张新科、朱晓琳译《从著作看日本先哲的史记研究——古今传承 1300 年间的变迁》,《唐都学刊》1993 年第 4 期。

了我国清代学者和作者自己的评语。两部作品博采众家之长，在研究《史记》的领域中进行了内容的整合，更方便了研究《史记》的内容积累，不仅在日本具有很强的权威性，更拓宽了中国学者的研究视野。其次，《史记》在日本的传播过程中，对司马迁和《史记》进行评论的作品也越来越多的出现在我们的视野中。日本学者佐藤武敏的《司马迁の研究》就从司马迁的家世、游历、为官经历和改变其命运的李陵之祸为出发点，结合《史记》的体例、内容、作者对历史人物的态度等方面评述了司马迁与《史记》①。由此可见，《史记》在日本的传播并不是仅仅停留在被广泛阅读的浅层，而是进入了被关注、被研究的深层，当然这是一个循序渐进的过程。

笔者找到了现存东京图书馆的一册《标注史记读本》（刻本，藏书编号为M14ACC—1979），"司马迁著，广部鸟道标注（1880年左右刊本）"，该刻本为该系列首卷，内容为自《五帝本纪》至《周本纪》四篇，另附有《标注史记序》《后序》和《自序》各一篇，三篇所附文章为汉字写成，但笔迹不一。目录包含《史记》一百三十篇全部篇目，正文有句读符号，无夹注，但眉批甚多，可与正文结合阅读。另有标明：西汉司马迁子长著，日本广部鸟道标注。经笔者查，与此刻本标注者相同的刻本为全21册的日本广济堂藏版，于1882年刊刻。由此刻本可知，《史记》在日本的传播不仅保留了其文本的完整性，更吸引了日本学者们对其进行研究，自作序言并整合《史记》文本。

《史记》文本在日本的传播经历了自上而下、从接受到独立研究从而形成研究成果的过程，这不仅展示了《史记》这一文本不朽的历史和文学价值，更体现出古代中国在东亚地区非凡的影响力。

（二）《史记》内容在日本的传播

如前所说，《史记》文本在日本的传播经历了由浅入深的过程。在这一过程中，《史记》的内容也引起了众多的关注，甚至与日本的传统观念产生了千丝万缕的联系。《史记》内容的传播主要体现在两个维度：一是《史记》中记载的中国历史人物在日本的流传及其变化，二是日本史学和文学作品对《史记》内容的接受和运用及其体现出的独特特征。

首先是《史记》中历史人物在日本的流传，其中典型非樊哙莫属。樊哙是西汉的开国元勋，在《史记·项羽本纪》的"鸿门宴"一段中曾给读者留下深刻的印象。《史记》传入日本后，樊哙英勇无畏的形象亦给日本读者以冲击，出现借《史记》所述情节来描写他的日本诗歌（原文为繁体，现统一为简体）：

---

① 参见［日］佐藤武敏《司马迁の研究》，汲古书院1997年版。

> 衋肩肉赤凝脂白，登俎更待庖丁手。
>
> 銮刀磨石更刃霜，坐客看之相嚼久。
>
> 盐梅初和人争吃，口饱情闲何欲有。
>
> 君不见汉家一壮士，拔剑宁辞一杯酒。①

此诗中的"汉家壮士"很明显是指樊哙，描述的是其在鸿门宴中的表现。作为《史记》中记载的历史人物，樊哙出现在了日本的文学作品中。另据《歌舞伎年表》第一卷的记载，日本江户时期有一部名为《日本今樊哙》的剧目，该剧目的表演者团十郎是日本"荒事艺"的开创者，以表现怪力勇猛的武士和能力不凡的鬼神为代表②。因此，我们可以想象日本读者心中的"樊哙"形象定是一位超乎常人的"武士"。根据这两条线索，我们可以明显的察觉到，"樊哙"这一形象在日本的流传虽来源于《史记》却又显示出不同于文本的特征。在《史记》中，樊哙虽然忠诚勇猛，却远远没有达到拥有非凡"神力"的地步。在日本的流传使这一形象的勇猛特征被夸大了。"怪力勇猛"成为"樊哙"这一形象在日本流传的标签。

创作于十世纪初的《竹取物语》有一篇名为《樊哙》的小说，故事的大概内容是这样的：大藏是一个农民，力大无穷，喜赌博、爱逞能。因为盗取家中钱财起了冲突，大藏杀死了父亲和哥哥。在无助中他遇到了强盗头子村云，入了伙。在妓院他被一个唐人称呼为"樊哙"，于是改名樊哙。为了方便打家劫舍，樊哙通过贿赂，剃度成为僧人，干了许多荒唐的事。后来在一个高僧的点化下忏悔修行，成为高僧③。在这个故事中，我们可以看到"樊哙"这一形象继续沿着"怪力勇猛"的标签发展，已经达到了"撞破铁门"的程度。可以说，这种"无上的力"并不是源于作品本身所创作出来的角色，而是源于由《史记》为开端的樊哙这一形象在日本的传播。这是由许多因素杂糅而形成的结果，但其中最重要的莫过于两点：其一当然是《史记》文本，其二是日本读者对"樊哙"与"神力"两个要素的捆绑接受。两者共同作用，使樊哙这一形象在日本的传播过程中逐渐成为一个标签式的人物。此外，在这一故事中，我们还可以看到一些其他的中国元素，比如女子因为异常的梦境而怀孕，又如被当作祭品的少女，很明显都是受到中国文学作品的影响而创作。结合中国古代因为异常梦境而出生的人皆有所为的惯例，樊哙的形象更增加了几分未知的神性。这样的神性与神力相结合，更体现出日本创作者和读者对原始的樊哙形象的一种认同和崇拜。此后，日本作家上田秋成写了一篇名为《樊哙》的小说，但在此篇中樊

---

① 国民图书株式会社编《日本文学大系》，国民图书株式会社 1928 年版，第 340 页。

② 参见伊原敏郎《歌舞伎年表》，岩波书店 1958 年版。

③ 参见佚名氏著《竹取物语》插图本，云南人民出版社 2002 年版，第 386—415 页。

哙只是角色的绰号,完全与《史记》中的人物无关①。这恰恰说明,在日本文学作品中,樊哙已经被概括为一个具有定式性格的人物,更体现其在日本被广泛传播与接受。

可以说,樊哙这一形象在日本的流传源于《史记》内容在日本的传播,此后日本的创作者和读者在接受这一形象在《史记》中的表现的同时,又在他身上杂糅了更多的中国要素来彰显其杰出的魅力。这一方面是由于这一形象本身的良好质量,另一方面也与日本创作者和读者的情感认同有关。司马迁在《史记》中对樊哙寥寥数语的刻画,使这一形象在东渡之后被了解接受,逐步变化,成为跨越中日国界、超越古今时空的共同记忆。

其次,《史记》的内容在日本的传播也包括日本史学和文学作品对《史记》内容的接受与运用及其体现出的独特特征。《史记》传入日本后,其中的内容经常被日本作品引用,经典的日本古典文学作品《太平记》就是其中的代表。经统计,其中取材于《史记》的故事达六十二则②,而日本英雄传记物语《曾我物语》《义经记》中也出现取材于吴越相争、赵氏孤儿、李广等人的英雄故事。这些都体现了日本文学对《史记》的直接接受和直接引用,使未读过《史记》的日本读者受到了《史记》内容的潜移默化的熏陶。此外,另一个层面引用《史记》内容的功能体现在让引用的内容与日本作品形成对照,以引导正确的情感方向。如《太平记》中,在叙述上杉重能、昌山直宗嫉妒师直、师泰的权势时提到了廉颇、蔺相如不重个人恩怨而重国家利益的情节,以此来作为前者的对照,启示读者个人利益应服从于国家利益。也是在《太平记》中,作者以商纣王的故事来揭示"其德缺,虽有位则不持""其德违,虽有威则不保"的观点,以中国的史实来劝诫日本的统治者。其中的原因莫过于这样的故事太典型,较之于华丽的话语或是日本的故事更具有说服力,更能产生正面的效果。相较于单纯的引用《史记》内容或是描写取材于《史记》的故事,这样的运用更具功能性,也体现了《史记》内容在日本的进一步传播。

在此基础上,《史记》内容中的人物精神开始与日本的传统文化产生密切的联系,二者找到了彼此接洽融合的节点,这就是日本古代的武士精神。《史记》中的英雄人物往往带有抹不去的悲剧色彩,这种悲剧精神与人物本身的传奇性相结合,在某种程度上正与尚武重名、推崇绝对忠诚的日本古代武士精神相融相和。《太平记》中在写到发生于元弘三年(1333)的吉野城大战时,描写了日本武将们面对重重

---

① 参见[日]上田秋成著、阎小妹译《樊哙》,叶水夫主编、唐月梅选编《世界短篇小说经典·日本卷》,春风文艺出版社 1994 年版,第 29—53 页。

② 参见[日]增田欣《〈太平记〉の比较文学的研究》,东京角川书店 1976 年版。转引自赵乐甡主编《中日文学比较研究》,吉林大学出版社 1990 年版,第 110 页。

围困,在领导者大塔宫亲王面前慷慨高歌的场景,并附评:"汉楚鸿门会时,楚项伯与项庄拔剑起舞,樊哙立于庭,披帷幕睨视项王,其势盖见同此也。"(笔者译)①这无疑是将慷慨高歌的将士与樊哙相较,体现其忠诚和勇敢。接下来文中又提到一位名为村上彦四郎义光的人物,他见局势严重,正面顽抗只能徒增死伤,便请求大塔宫脱下金甲,他要"犯君之讳诳敌"②。大塔宫不愿,义光便道:"汉高祖围于荥阳之时,纪信请求扮作高祖诳楚,高祖岂不许哉?"(笔者译)③由此段可知,"义光"这一人物是模仿了《史记》中纪信的行为,但其举动又不同于纪信。在获得大塔宫准许后,义光登上城楼,抛下大塔宫的铠甲剖腹自尽,使敌人误以为大塔宫自尽,其他人得以突出重围。在这一故事中,既有《史记》的因素,也有日本古代武士精神的因素。首先,义光模仿纪信的举动,明显是受到《史记》的影响,而大塔宫之所以同意他的做法也是因为"纪信献身"这一故事不容辩驳的价值。其次,义光剖腹自尽的方式,是日本古代武士的精神准则,在这个故事中体现了其舍己救主的牺牲精神。以这个故事为例,我们可以明确《史记》的内容,尤其是英雄传奇的内容在传播的过程中与日本本土的古代武士精神产生了碰撞融合,这种融合是基于二者统一的精神内核所产生的。在日本文学中虽算不上什么重大的影响,但也从侧面体现出了《史记》的内容在日本被广泛接受的事实。

《史记》作为古代中国的经典文本,在东渡日本后依然显示出强大的生命力,其文本的传播由浅入深逐步被日本读者接受,其内容也受到了广泛的关注和引用。由此,《史记》也成为中日两国共同的文化记忆。

三、《史记》在日本的影响

随着《史记》在日本的传播,其影响力也逐渐扩大,不但文本在日本被广泛传播,而且《史记》中的人物和精神也被日本文化所吸收,成为日本文化的一个侧面,如前文所提到的古代武士精神中的崇高悲剧性。这当然可以视为《史记》在日本产生的影响,但这类影响并没有生发出实际的结果,仅仅只是成为日本文化中的一些小分子,随着时间的推移,更多的显示出日本本土化的特征,因此不再赘述。此处所谈的影响是那些在接受《史记》后产生了具体成果,主要体现在日本的教育和史籍编撰两方面。

首先,在教育方面,日本于孝德天皇大化二年(646)八月设立大学寮,其中科目

---

① [日]长谷川端校订、译《太平记(2)》,《新编日本古典文学全集》第 54 册,小学馆 1994 年版,第 331 页。

② 司马迁撰、裴骃集解、张守节正义《史记》,中华书局 1959 年版,第 326 页。

③ 参见[日]长谷川端校订、译《太平记(2)》,第 332 页。

涉及明经、明法、史学、纪传、算道等,纪传一门专研讲习历史,学习内容便是包括《史记》在内的中国典籍。学生学成后,或担任要职,成为公卿,直接参与政治活动;或被分派到修史的部门,参与国家的史书编撰工作。可以说,在政治和文化这两个对国家至关重要的领域,都彰显出了《史记》在日本社会中产生的影响。在政治上,执政者把握国家的大政方针与发展方向,不免要以史为鉴,因此以《史记》为代表的中国典籍作为整个执政阶级所学习的内容,必然成为其管理国家的指导思想,影响日本的政治发展轨迹。在文化上,《史记》的传入引导日本统治者开始树立起"修史"的意识和史书的书写规范,这填补了日本历史的空白。室町时代(1338—1573),幕府设立的足利学校走向兴隆。这一时期,学校规定,"不得讲除了'三注''四书''六经'《列子》《庄子》《老子》《史记》《文选》之外的其他内容"①,《史记》作为日本教科书的地位再次被提高。明治天皇时期,《史记》更成为日本上至天皇、下至幼童都在阅读的书籍,甚至学生入学还要参加包含有《史记》内容的考试。

　　笔者找到了一部现存于日本国立国会图书馆的《史记传抄(中学汉文)》②"平井参(1902)"的影印本,书籍内标明"帝国图书馆藏",该馆于1947年改称"国立图书馆",后与日本众议院图书馆合并,称"日本国立国会图书馆"。该书由日本人平井参于明治三十五年(1902)编次,其中编者所写的《例言五则》中指出该书为当时中学教材,而书名中的"中学汉文"亦表明当时日本中学课程中有汉文科目,且以《史记》为学习内容。该书共两卷,一共选取《史记》中18篇列传,正文有页码和句读标识,选取《史记》原典原文,无夹注,有眉批且标注内容皆为辅助阅读的信息。如此精简的编排的确非常适合作为学生的教科书使用。这部书的存在证明了《史记》在日本被视为教科书的事实,也体现了日本教育对《史记》的重视。

　　结合上述信息,我们不难看出《史记》在日本教育界的重要地位及其在漫长的历史时期里对日本教育的影响。首先,作为日本学生要学习的课程内容,《史记》的思想在一代代日本学生的脑海中生根发芽,成为他们人生的精神指引;其次,作为被执政者喜爱并且必须掌握的内容,《史记》为日本历代统治者树立了政治思想和个人行为道德的典范;再次,作为日本专研历史的人才所必须研读的经典文献,《史记》为日本史书编撰者树立了"史"的观念,成为其著书修史所信奉的圭臬。无论从何种角度来分析,《史记》都应该被视为对日本教育产生深远影响的一部作品。

　　除了教育领域,《史记》的传入还影响了日本的史籍编撰。在此之前,日本对于史学的精神和史书书写的形式都没有概念性的意识,而《史记》的传入改变了日本

---

① 孙卫国《史记曾是日本古代教科书》,《政府法制》2015年第23期。
② 参见[日]平井参《史记传抄》,日本国立国会图书馆藏本,1902年版。

史学的格局。以《太平记》为例，试看序言中的这段话：

> 蒙窃采古今之变化，察安危之来由，覆无外，天德也，明君体之保国家；载无弃，地道也，良臣择之守社稷。若夫其德缺，则虽有位不持，所谓夏桀走南巢，殷纣败牧野；其道违，则虽有位不保，曾听赵高死咸阳，禄山亡凤翔，是以前圣慎得垂法于将来，后昆顾而不取诫于既往乎？① （笔者译）

这段话中有两个重要的信息点。其一，"窃采古今之变化，察安危之来由"与司马迁所概括的《史记》的写作主旨，即"究天人之际，通古今之变，成一家之言"有异曲同工之妙。而这样的史学精神在当时的日本是不可能自然形成的，很明显是受到了《史记》的影响。作为一部著作中提纲挈领的序言，这段话实际上代表了日本的修史者已经认可并且接受了《史记》最核心的史学精神，同时也秉持着相同的精神去完成本国的史书。其二，在论述核心观点时，作者用中国的历史事件和历史人物来佐证观点，不仅再次证明作者接受了《史记》的史学精神，而且可以看出日本修史者对中国史籍的内容，尤其是对《史记》内容惊人的熟悉程度。这两点足以证明《史记》的史学精神对日本修史的影响。

此外，在《史记》传入日本前，日本并没有国史。而此后日本国史的书写无论从体例还是内容上都有借鉴《史记》的痕迹。日本的第一部国史《古事记》是其第一部官修史书，成书于公元712年，记载了从开天辟地到推古天皇的历史。虽然从体例上来说是编年体史书，但此书的内容无论是开天辟地还是伏羲与女娲的故事都借鉴了《史记》的描述。但值得注意的是，《古事记》中将伏羲与女娲之间的关系描述为兄妹相恋，而且将其结合描述为保持血统纯净的婚嫁。结合日本皇室的婚姻传统可知，这一点是符合日本实际情况的特殊化描写。《古事记》之后，日本出现了编撰于奈良、平安时期的六国史，其中需要注意的是成书于公元720年的《日本书纪》。它是日本第二部国史，共二十卷，以汉文写成，体例上借鉴了《史记》，按天皇立卷，编年记事。在内容上也吸收了《史记》所倡导的正统思想，因此把天皇描写为神的后代，与其他平民区别开来。江户时期，记载从神武天皇继位到南北朝终结的《大日本史》编纂完成。该书是日本历史上最重要的纪传体史书，全书用汉文写成，共三百九十七卷，包括本纪七十三卷，列传一百七十卷，志一百二十六卷，表二十八卷，在体例上与《史记》并无大异，内容上则将万世一系的皇统视为正统，不同于中国顺应朝代的更迭。

纵观日本从古至今的各类史书，都能找到《史记》的痕迹。就此来看，日本的史

---

① ［日］长谷川端校订、译《太平记（1）》，第19页。

书在史学精神、体例和内容上都受到了《史记》的深刻影响,有的史书还会直接引用《史记》中的句子或借鉴其中人物来晓谕世理。当然,日本修史并未对《史记》进行全盘的模仿,还是具有一些富有其本国特色的润色,但即使如此,《史记》对日本史书编撰的影响还是显而易见的。

结　语

《史记》作为在日本最受关注、接受度最高的中国古籍之一,在传入日本后恰恰填补了其在教育和史书编纂方面的空白,因此才能够在日本产生如此直接的影响。当然,除了教育与史籍编撰,《史记》还为日本的文学创作提供了故事的来源和创作的灵感,以此诞生的人物除前文所提及的"樊哙"之外还有很多。《史记》作为外来的典籍,能够在日本产生如此深远的影响,不仅显示出日本文化的强大包容性,更体现了中国典籍的完善和中国史书编撰的高超技巧,《史记》是中日两国文化互相交流影响的典型范例。

综合来看,《史记》在日本的传播始于中日两国间的文化交流,成于日本统治者对其的重视,最终得以在东渡之后显示出其强大的生命力,并继而在日本产生深远的影响。《史记》作为最具代表性的中国典籍之一,其在日本的流传和产生的实际影响为我们提供了一个新的审视中国古籍和文化的角度,使我们有机会站在更高的层面去探索更好的文化输出的方式,这在全球化的当今社会是十分必要的。

（作者单位：延安大学文学与新闻传播学院）

被拒的单于:"昭君"书写中的游牧"他者"

刘振伟

我国古代有所谓"四大美女":西施、貂蝉、王昭君、杨贵妃。其中后两人的命运均与游牧民族牵连甚重:王昭君是汉与匈奴和亲的众多女子之一,前往异域,埋骨他乡;杨玉环则受安禄山叛唐的影响,惨死于兵变。"四大美女"衍生出的文学作品,也以昭君与玉环较多,所谓二者身世遭遇虽不同,而影响于中国文学界均甚巨也①。昭君之所以产生如此巨大而深远的影响,大概是因为她身为一个柔弱女子,承担了她本不该承担的重担,但是在客观上对"汉匈之间的友谊做出了突出贡献"②,故为后人所怀念与同情。而关于她的历史记载又是如此的简陋,比较适宜于文学的想象与发挥。在这些衍生出来的文学作品中,昭君的形象不断地发生变化。变化的实质是由于时代、人事的不同而产生的不同观念在昭君身上的投影。因而,昭君形象变化的历史,其实也是一部"观念史"。我们即将要讨论的,是将焦点集中于昭君叙事中另一个人物——呼韩邪身上,从他在关于昭君的历史叙事以及文学叙事中的变化来探讨古人看待游牧民族的视角与观念。

一、历史记载中的呼韩邪

昭君出塞的历史记载,先后见于《汉书》《后汉书》。《汉书》记载较为简略:

> 竟宁元年春正月,匈奴呼韩邪单于来朝。诏曰:"匈奴郅支单于背叛礼义,既伏其辜,呼韩邪单于不忘恩德,乡慕礼仪,复修朝贺之礼,愿保塞传之无穷,边垂长无兵革之事。其改元为竟宁,赐单于待诏报庭王樯为阏氏。"③

在后面的《匈奴传》中班超又云:

> 单于自言愿婿汉氏以自亲。元帝以后宫良家子王墙字昭君赐单于。

并交代了昭君出塞后的结局:号宁胡阏氏,生一男伊屠智牙师,为右日逐王,然而不

---

① 梁乙真《中国妇女文学史纲》,上海书店 1990 年影印开明书店 1932 年版,第 57—58 页。
② 崔明德《中国古代和亲通史》,人民出版社 2007 年版,第 89 页。
③ 班固《汉书》卷九《元帝纪》,中华书局 1962 年版,第 297 页。

久后,呼韩邪单于死,其子雕陶莫皋立,为复株累若鞮单于。按匈奴俗,复株累若鞮单于复妻王昭君,生二女,长女云为须卜居次,小女为当于居次①。

在班固的记载里,昭君不过是一个不能左右自己命运的小小宫女,并没有自己的意志、情感,也没有发出任何的声音。她是一件工具,被用于汉元帝与呼韩邪单于之间的一场政治交易。很有意思的是,呼韩邪的情感与心理倒是两次被提及:呼韩邪听说其兄郅支单于被汉朝军队杀掉的消息后,"且喜且惧"②。喜的当然是政敌被除,匈奴结束分裂支离的状态,他成为匈奴唯一的单于;惧的却是在汉朝强大的威慑下,如何自处的问题。尽管汉廷待他不薄,但此时的处境,他不能不有所顾虑。大概正是出于这种顾虑,他提出了和亲的请求。在得到肯定的答复后,"单于欢喜"③。从"且喜且惧"到"欢喜",无疑反映了其复杂的心理进程。也许,求亲只是一种对汉廷小心翼翼地试探,却得到了对方完美的反馈。由此可见,呼韩邪想要的"爱",并不是王昭君的,而是汉元帝的,或者说是汉朝的。王昭君不过是适逢其时,成为"爱的表征"与馈赠。即便如此,昭君的意义就已经不小了,她是一个符号,是汉匈双方和平友好的象征。后世的叙事中,这个符号及其重要性被根据需要不断想象、加强、变形、重构,形成一个个与原型迥然不同的"昭君"。

值得注意的是,作为求亲的"男一号",呼韩邪是在第三次觐见汉朝皇帝时提出来的,此时距离他降汉已经过了近二十年。甘露元年(前53),呼韩邪被其兄郅支攻击,大败溃逃,几乎处在走投无路的境地④。呼韩邪决定降汉,"引众南近塞,遣子右贤王铢娄渠堂入侍",并在两年之后(前51)亲自到长安朝见汉宣帝⑤。这个历史事件的意义,自是不同凡响,是西汉"对匈奴战争的一次决定性的胜利,因此郊告天地,天下欢庆"⑥。因为这个自汉立国以来就与之并驾齐驱的游牧政权,这个曾经令汉觉得屈辱、憋屈、恐惧的最为强大的敌人,终于俯首了,这是汉武帝也不曾做到的。汉宣帝自然得意而且高兴,给了呼韩邪极高的礼遇:

> 单于正月朝天子于甘泉宫,汉宠以殊礼,位在诸侯王上,赞谒称臣而不名,赐以冠带衣裳,黄金玺盭绶,玉具剑,佩刀,弓一张,矢四发,棨戟十,安车一乘,鞍勒一具,马十五匹,黄金二十斤,钱二十万,衣被七十七袭,锦绣绮縠杂帛八千匹,絮六千斤。礼毕,使使者道(导)单于先行,宿长平。上自甘泉宿池阳宫。

① 班固《汉书》卷九十四下《匈奴传》,中华书局1962年版,第3806页。
② 班固《汉书》卷九十四下《匈奴传》,中华书局1962年版,第3803页。
③ 班固《汉书》卷九十四下《匈奴传》,中华书局1962年版,第3797页。
④ 刘学铫《匈奴帝国》,陕西人民出版社2019年版,第112页。
⑤ 班固《汉书》卷九十四下《匈奴传》,中华书局1962年版,第3797页。
⑥ 陈序经《匈奴史》,中国人民大学出版社2009年版,第308页。

上登长平，诏单于毋谒……①

这是"以客礼待之"②，不把呼韩邪视为臣子。巴菲尔德据此发表看法："作为一位合法的单于，哪怕是敌手，也几乎与汉地皇帝平起平坐，这是合约中在双方相处方面所出现的重大转变。他竟不需要在皇帝面前磕头，也不必接受任何汉朝头衔，这表明，单于并非汉朝行政结构的一部分。"③并认为呼韩邪单于只是接受并利用了汉朝华而不实的朝贡体系④。巴氏的解读，有一定的道理——呼韩邪不可能没有自己的算计，但显然巴氏对当时的汉匈关系有所误会。因为从当事双方来看，呼韩邪一直保持着必要的谦恭，不曾忘记自己"称臣入朝事汉"的身份，而无论是汉宣帝，还是其后继者汉元帝，也并未将呼韩邪视作同等身份的人对待。单于对汉宣帝的跪拜与否，并不是出于呼韩邪的自主，而是"诏"的结果，而后来面对呼韩邪的求取和亲，汉元帝用"赐"字表明了态度。可见礼仪上的平等与事实上的平等是两回事。而汉元帝之所以如此积极地回应呼韩邪单于，极为重要的原因可能是呼韩邪这次觐见的意义又不同于他第一次的前来，因为这一次，呼韩邪代表的是完整的匈奴政权——从这个意义上讲，使匈奴投降最终完成的荣耀与功劳，是要算到元帝头上的。

汉、匈对峙以来，双方都重视并重用对方的叛臣与降将，作为军事以外政治斗争的一种方式。汉人投降匈奴者如中行说、卫律、李陵等，均受到重用，而仅在武帝时期，匈奴人降汉封侯者，就有二十多人⑤。这其中，有降了以后便忠心耿耿的，也有反复者。呼韩邪属于忠心的这一类，自投降之后，就没有考虑要再叛出汉朝，终其余生，也都保持了对汉朝的忠诚。这种态度，在匈奴人中影响极大，形成了亲汉的群体。他的儿子雕陶莫皋且不用说，继续保持了与汉朝的关系。直到东汉光武帝建武二十四年（48），匈奴再次分裂，南匈奴八部共同推举右奥鞬日逐王比为呼韩邪单于，他是呼韩邪单于的孙子，而他被推举的原因是"以其大父尝依汉得安，故欲袭其号"⑥。足见呼韩邪在匈奴人中影响之深远。

不管如何，呼韩邪这次朝见，算得上成功。他是不是喜欢或者爱王昭君，至少在班超的记载中我们看不出端倪，但是他对汉朝，却有着忠诚与热忱。因此我们可以推测，虽然昭君在呼韩邪的阏氏中排名第五，但由于对汉朝的特殊感情，无论在呼韩邪那里，还是其子复株累若鞮那里，昭君被厚待，是理所当然的。班固的视角

---

① 班固《汉书》卷九十四下《匈奴传》，中华书局 1962 年版，第 3798 页。
② 班固《汉书》卷七十八《萧望之传》，中华书局 1962 年版，第 3283 页。
③ ［美］巴菲尔德《危险的边疆：游牧帝国与中国》，袁剑译，江苏人民出版社 2011 年版，第 80 页。
④ 参见［美］巴菲尔德《危险的边疆：游牧帝国与中国》，第 79—85 页。
⑤ 参见陈序经《匈奴史》，中国人民大学出版社 2009 年版，第 266—279 页。
⑥ 范晔《后汉书》卷八十九《南匈奴列传》，中华书局 1956 年版，第 2942 页。

相对客观,因此,我们看到的是,在这一版本的昭君出塞中,尽管后世"昭君"文学书写中的几个主要人物形象、性格均不是那么具体、鲜明,但是呼韩邪作为主角,是没有太大问题的。

总之,对于班固版本中的呼韩邪单于,我们应该记住以下几点。第一,呼韩邪单于是来投降汉朝的,做好了"臣妾"事之的准备——他与他的大臣有过关于是否投降以及投降以后的后果的相关讨论:

> 呼韩邪之败也,左伊秩訾王为呼韩邪计,劝令称臣入朝事汉,从汉求助,如此匈奴乃定。呼韩邪议问诸大臣,皆曰:"不可。匈奴之俗,本上气力而下服役,以马上战斗为国,故有威名于百蛮。战死,壮士所有也。今兄弟争国,不在兄则在弟,虽死犹有威名,子孙常长诸国。汉虽强,犹不能兼并匈奴,奈何乱先古之制,臣事于汉,卑辱先单于,为诸国所笑!虽如是而安,何以复长百蛮!"左伊秩訾曰:"不然。强弱有时,今汉方盛,乌孙城郭诸国皆为臣妾。自且鞮侯单于以来,匈奴日削,不能取复,虽屈强于此,未尝一日安也。今事汉则安存,不事则危亡,计何以过此!"诸大人相难久之。①

投降是"相难久之",经过了反复思考与讨论后的决定,意味着如"乌孙城郭诸国"那般被汉朝对待,是没有问题的。第二,呼韩邪对汉没有反叛之心。不仅他自己保持了对汉朝的忠诚,而且他的态度影响到他周围的很多人,形成了匈奴中的"亲汉"群体,并产生了持续的影响。

然而,同样是历史书写,在范晔那里,情况有了变化:

> 昭君字嫱,南郡人也。初,元帝时,以良家子选入掖庭。时呼韩邪来朝,帝敕以宫女五人赐之。昭君入宫数岁,不得见御,积悲怨,乃请掖庭令求行。呼韩邪临辞大会,帝召五女以示之。昭君丰容靓饰,光明汉宫,顾景裴回,竦动左右。帝见大惊,意欲留之,而难于失信,遂与匈奴。生二子。及呼韩邪死,其前阏氏子代立,欲妻之,昭君上书求归,成帝敕令从胡俗,遂复为后单于阏氏焉。②

我们看到,王昭君的形象与性格得到了极大的加强,单于和汉帝,尽管他们才是昭君命运的决定者,但都成了配角。

二、"昭君"文学书写中的呼韩邪

严格地讲,范晔的版本属于文学书写的范畴,在历史的基础上,综合了汉魏以

---

① 班固《汉书》卷九十四下《匈奴传》,中华书局 1962 年版,第 3797 页。
② 范晔《后汉书》卷八十九《南匈奴列传》,中华书局 1965 年版,第 2941 页。

来"昭君出塞"的相关文本,受蔡邕《琴操》、葛洪《西京杂记》之影响尤大①。且明显有历史事件的"移花接木":呼韩邪死后,昭君遵照匈奴习俗,嫁给了他的儿子,是事实,但是"昭君上书求归,成帝敕令从胡俗"的情节明显移植自细君公主的故事:"昆莫年老,欲使其孙岑陬尚公主。公主不听,上书言状,天子报曰:'从其国俗,欲与乌孙共灭胡。'岑陬遂妻公主。"②虚构叙事与历史故事,历史记忆与另一个历史记忆,奇妙地叠加在一起,"改写"了历史。历史的改写多少还是有限度的,因为毕竟还要遵守历史书写的原则。而文学,则更加"自由"地对"昭君"这一原型人物,"昭君出塞"这一原型事件,进行着"时代"与"心灵"的书写。在这些衍生出来的叙事中,呼韩邪单于这个人物发生了如下极其令人深思的转变。

第一,角色的淡出。

前文已经讨论过,在《后汉书》的昭君书写中,呼韩邪单于已经不是主角,受到《琴操》的影响。《琴操》已佚,目前所能见到的最早引述《琴操》中王昭君事的,是刘孝标《世说新语注》:

> 《琴操》曰王昭君者,齐国王穰女也。年十七,仪形绝丽,以节闻国中。长者求之者,王皆不许,乃献汉元帝。帝造次不能别房帷,昭君惠怒之。会单于遣使,帝令宫人装出。使者请一女,帝乃谓宫中曰:"欲至单于者起。"昭君喟然越席而起,帝视之大惊悔。是时使者并见,不得止,乃赐单于。单于大说,献诸珍物。昭君有子曰世违。单于死,世违继立。匈奴之俗,父死妻母。昭君问世违曰:"汝为汉也,为胡也?"世违曰:"欲为胡耳。"昭君乃吞药自杀。③

这里作为当事人的单于的文字占比极少,只是作为昭君命运变化以及故事情节转变的线索。《西京杂记》更宕开一笔,加入了毛延寿等诸画工人物,至于单于,仅用"匈奴入朝,求美人为阏氏"一笔带过④。石崇的《王明君辞并序》当为咏昭君最早的诗歌作品之一:

> 我本汉家子,将适单于庭。辞决未及终,前驱已抗旌。仆御涕流离,辕马为悲鸣。哀郁伤五内,泣泪沾朱缨。行行日已远,乃造匈奴城。延我于穹庐,加我阏氏名。殊类非所安,虽贵非所荣。父子见凌辱,对之惭且惊。杀身良未

① 屈雅君等《中国文学:关于女性的叙事》,人民出版社2014年版,第565—567、569—574页。陈序经《匈奴史》,中国人民大学出版社2009年版,第315—316页。
② 班固《汉书》卷九十六下《西域传》,中华书局1962年版,第3904页。
③ 刘义庆撰《世说新语》,刘孝标注,余嘉锡笺疏,上海古籍出版社2003年版,第665页。
④ 葛洪《西京杂记》,刘歆撰、王根林等校点《西京杂记》(外五种),上海古籍出版社2012年版,第16页。

易,默默以苟生。苟生亦何聊,积思常愤盈。愿假飞鸿翼,弃之以退征。飞鸿
不我顾,伫立以屏营。昔为匣中玉,今为粪土英。朝华不足欢,甘为秋草并。
传语后世人,远嫁难为情。①

通篇对昭君进行心态模拟,建构了"汉家—匈奴""内地—塞外""昭君—单于""昔—
今"等一系列二元结构,通过时间、空间、身份、文化等对立立场的变更突出昭君巨
大的心理落差,以显示身在局中的昭君的无能为力,突出其悲剧色彩。应该说,这
种结构和立意,对后世的咏昭君诗歌产生了巨大影响。在诗中,单于处于对立的位
置,但笔墨并不多,而且"父子见凌辱,对之惭且惊",在婚姻文化上的巨大差异,导
致给予昭君的爱,对昭君而言却是尴尬与难堪。

这以后的历代昭君诗中,提及单于的诗歌并不多,即使在提及单于的诗歌中,
或者对其加以谩骂或者丑化,其以元人的创作为多,如"呼韩生全恩已殊,翻令画史
图名姝。……粪溷飞花尚可惜,久矣胡人轻汉室。肯援骨肉饧饿狼……"②视之为
忘恩负义的豺狼。再如"呼韩须鼻板殊状,黄羊靴酪越裘帐"③,这是直接在外貌上
加以贬低了。或者,仅是将其作为背景出席了诗歌而已,如"掩泪辞丹凤,衔悲向白
龙。单于浪惊喜,无复旧时容"④,"北望单于日半斜,明君马上泣胡沙。一双泪滴黄
河水,应得东流入汉家"⑤,"自嫁单于国,长衔汉掖悲。容颜日憔悴,有甚画图时"⑥。
其他则或以"胡尘""胡虏""胡月""胡风"等意象代之,或者干脆作为隐形的背景不在诗
中出现,成为缺席的在场了。中国古代诗歌多以抒发内心机枢为主,兼之篇幅有限,
因而,省略相关题材中的人物或者故事情节均情有可原。然而,我们从昭君题材中被
吟咏的对象来看,与昭君相关的其他人物,如汉元帝、毛延寿等均有作为主要对象(尽
管多为批判)被吟咏过,但是单于却几乎没有,这本身似乎也说明了一些问题。

第二,形象的丑化。

单于形象的被丑化,实际上从《琴操》中就开始了。上引文中讲到昭君自杀的
原因,在有限的篇幅里突出地给了这么一个细节描写,很是意味深长。应该成为历
史常识的史实在这里至少被改写了两条。一,王昭君先后嫁给了呼韩邪父子,这在
内地视角看来是不可接受的,是乱伦,但是王昭君又是他们出于各种原因喜爱书写

---

① 逯钦立辑校《先秦汉魏晋南北朝诗·晋诗》卷四,中华书局 1983 年版,第 642—643 页。

② 徐履方《明妃曲》,可永雪、余国钦编撰《历代昭君文学作品集》,内蒙古人民出版社 2004 年版,第
63 页。

③ 方夔《明妃曲》,杨镰主编《全元诗》第十四册,中华书局 2013 年版,第 98 页。

④ 东方虬《昭君怨三首》之二,中华书局编辑部点校《全唐诗》(增订本),中华书局 1999 年版,第
1071 页。

⑤ 王偃《明君词》,郭茂倩编《乐府诗集》,中华书局 2017 年版,第 634 页。

⑥ 郭元振《王昭君三首》之一,郭茂倩编《乐府诗集》,中华书局 2017 年版,第 627 页。

的题材,怎么办?——让她死好了。所以王昭君就不顾历史事实地被写死了。二,昭君与其子世违的对话,凸显了昭君的死因在于"汉""胡"之间婚姻文化价值观的巨大差异:昭君因为不能接受要嫁给自己的亲生儿子而自杀,而世违作为昭君的亲生儿子(但却是匈奴人)却认为娶自己的母亲理所当然。然而,这段话明显是对匈奴婚俗的歪曲,因为史书上说得很明白,匈奴传统婚俗是"父死,妻其后母,兄弟死,尽取其妻妻之"①的收继婚制度,但《琴操》中却变成了"父死妻母"。由"父死妻其后母"变为"父死妻母",文字上变化不大,但实际上的谬误何止千里?客观上,这种文字的流播对于不明真相的读者而言,存在着较大程度的误导,流毒甚广,宋末元初有诗云"胡俗或妻母,何异豺与狼"②便是明证。这种有关匈奴"妻母"的"不当人子"的话语传播,扩散和加深了异族"非人"的印象。因而,不管此段文字是否有意为之,它都是对"匈奴"的一种在人伦与文化上的傲慢与偏见,而昭君宁愿死也不妥协的行为,则是对对方人格精神上的蔑视。通过这样的表述,完成对对方的"降维打击",将其非人化,从而为对游牧民族存有偏见的人群攻击游牧民族或其他被目为异族之人提供"理论"依据。总之,这种贬低并不是针对呼韩邪个人而发,而是通过贬低其所在的人群整体的文化和形象来降低其中的个体。在这样的贬低中,呼韩邪单于跌入"非人"的异类,因而他无论如何努力,也只能"殊类非所安,虽贵非所荣",徒劳而已。

对单于的另一重的丑化,在石崇的《王明君辞并序》中被书写出来:"匈奴盛,请婚于汉。"这对昭君出塞时的汉匈形势是一种颠倒。然而这个颠倒,大概比较符合历代屡遭游牧民族侵扰的汉人群体的心理认知,也较为符合石崇所处的时代北方游牧民族日渐强大的历史语境,更与后来游牧民族与农耕民族分庭抗礼,以至于和元、清统一中国的历史情况暗合,故而后来的昭君题材书写者,大多采用了"匈奴盛"的历史背景。这让单于从"求婚者"变成了"逼婚者",恃强凌弱是汉民族传统道德里历来指责的,因而,单于原本正当的求婚就成为令人反感的行为。这在《汉宫秋》中得到淋漓的体现。且看他的求亲话语:

> 如今就差一番官,率领部从,写书与汉天子,求索王昭君,与俺和亲。若不肯与,不日南侵,江山难保。

连他派的使者,也是这般:

> 陛下若不从,俺有百万雄兵,刻日南侵,以决胜负。③

---

① 司马迁《史记·匈奴列传》,中华书局 1959 年版,第 2205 页。
② 赵文《昭君词》,杨镰主编《全元诗》,中华书局 2013 年版,第 9 册,第 229 页。
③ 马致远《汉宫秋》,叶桂刚、王贵元主编《中国古代十大悲剧赏析》,北京广播学院出版社 1993 年版,第 76、78 页。

何其不讲道理!可谓欺人太甚。到明人所著的《和戎记》中,呼韩邪成为残忍、狡诈而且暴虐的暴君形象。在清代戏剧《吊琵琶》《琵琶语》以及小说《双凤奇缘》中,呼韩邪的形象也较为不堪。

第三,情感的拒斥。

下引这首诗是个特例,写得极为婉转柔媚,荡气回肠:

> 辛苦风沙万里鞍,春红微淡黛痕残。单于犹解怜娇色,亲拂胡尘带笑看。①

这是目前看到的最温柔的单于了,应该是描述双方奔马北去的途中场景,路途遥远而辛苦,"春红微淡黛痕残",想来是旅途奔波导致的疲惫,也可能是昭君刚哭过,单于温柔而微笑地凝视她并为她拂去尘土。诗里虽然没有提及昭君对单于的动作的反应,但这温馨浪漫的一瞬,依然有着极为动人心弦的艺术力量,让读者相信其结果是美好的。在这首诗歌中,爱打破了单于与昭君之间民族的藩篱,让他们像恋人一样,散发出柔和与美的光辉。然而这毕竟是特例。在其他关于昭君出塞的书写中,不论作者所抒发的情怀有什么不同,也不管人们对和亲的态度如何,这些不同的文本有着惊人的统一性,那就是单于的深情,从来没有被接受。

似乎石崇"远嫁难为情"开了这个头,后来的昭君书写中,大都表达昭君离乡远嫁的悲伤,而对单于的情感,显然无人在意。

前引石崇的诗中,其实也提及了单于待昭君不薄:"延我于穹庐,加我阏氏名。"然而这种种好并不能消除文化差异带来的隔阂,"殊类非所安,虽贵非所荣",昭君将满腔深情托付汉地,在异域"默默以苟生",悲伤地生活着。后人对此题材加以生发,演绎诸多版本。比如衍生出汉元帝与昭君的爱情故事,把呼韩邪硬生生地由"原配"改写成了横刀夺爱的第三者。呼韩邪单于的悲剧在于,无论他如何付出,付出什么,都注定是得不到汉人女子——昭君的回应,而且这里面的一个趋势是,单于越是深情,就越是悲剧。如储光羲延续了这种书写:

> 西行陇上泣胡天,南向云中指渭川。毳幕夜来时宛转,何由得似汉王边。
> 胡王知妾不胜悲,乐府皆传汉国辞。朝来马上箜篌引,稍似宫中闲夜时。
> 日暮惊沙乱雪飞,傍人相劝易罗衣。强来前殿看歌舞,共待单于夜猎归。
> 彩骑双双引宝车,羌笛两两奏胡笳。若为别得横桥路,莫隐宫中玉树花。②

单于为了让昭君快乐起来,几乎用尽浑身解数,却是徒劳。这类书写在《王昭君变

---

① 徐祯卿《王昭君》,可永雪、余国钦编撰《历代昭君文学作品集》,内蒙古人民出版社 2004 年版,第75 页。

② 储光羲《明妃曲四首》,中华书局编辑部点校《全唐诗》(增订本),中华书局 1999 年版,第 1418 页。

文》中达到高潮。

现存的《王昭君变文》是敦煌遗书残本,上卷残缺,下卷内容完好。下卷主要讲昭君随单于北归后,不习惯异域生活而思念汉地与汉帝(这个文本中,昭君已经是汉元帝的女人),单于对昭君却是情深义重,千方百计地想要昭君高兴起来,然而昭君终究没有接受,郁郁而亡。单于大葬昭君①。这个版本中的单于没有被丑化,文中加大了他的深情与痴情,然而,一如既往,没什么用,他的情感被无情地辜负了。马致远的《汉宫秋》同样也使用了这一套路,只是这次做得比较决绝,单于连人都没有得到:昭君在即将出汉边界的黑龙江奠酒遥拜汉王,为守节跳江而死。然而这里面的单于,对昭君却也是痴情一片。

三、被拒的单于:作为被书写的游牧"他者"

古代中国既有"以中原为中心的汉族文明的中国,也有身处草原、森林和高原等地的少数民族的中国,他们共同构成了中国的历史。一部中国上下五千年的历史,就是一部中原与边疆、农耕民族与游牧民族互动的历史,其中有以夏变夷,也有以夷变夏,最后夷夏合流。到了晚清之后转型为近代的民族国家,并开始凝聚为中华民族的国族整体"②。秦汉以来,游牧民族与农耕民族之间的互动成为中国历史的主要面向,双方你来我往,演绎了一幕又一幕的历史大剧,奠定了今天中华民族共同体的基础。以长程历史的眼光回顾昭君出塞这段历史记忆,我们会发现,呼韩邪单于降汉这一事件,是当时游牧民族与农耕民族接触、融合,加速中华民族共同体形成的绝佳机遇,是所谓历史的拐点。可惜的是,由于汉宣帝、汉元帝及其朝臣们魄力不够,因而对呼韩邪的投降,采取了保留的态度。

前面讨论过,呼韩邪的投降是真心的,而且对汉朝极为忠心。汉朝对于此事也有过讨论,讨论的结果是采用了萧望之的意见,"以客礼待之"。萧望之的意见是什么呢?第一,匈奴向来不尊奉正朔,是与我们对立的敌国,所以不能用对待臣子的礼节约束他,要使他的座次位于诸侯王之上。第二,四周夷狄之国俯首称藩,中国就要礼遇,不要把他们视为臣子,这是羁縻四夷的合理做法,四夷受到尊重,就能与中国共享太平。第三,夷狄反复无常,如果匈奴子孙不长进,不能和我们安居乐业的话,也不至于成为叛乱的力量③。三条意见合起来简单讲就是:匈奴非我族,是他者,我们在礼仪上要予以尊重,但是不能轻易接受他们,因为他们反复无常,难以信任。

---

① 参见黄征、张涌泉校注《敦煌变文校注》,中华书局1997年版,第156—160页。
② 许纪霖《家国天下——现代中国的个人、国家与世界认同》,上海人民出版社2017年版,第26页。
③ 班固《汉书》卷七十八《萧望之传》,中华书局1962年版,第3282—3283页。

萧望之的意见其实源自历史深处，是基于传统的文化偏见下的陈词滥调，内里包含着对游牧民族作为他者的防范、不信任的历史惯性。"非我族类，其心必异"①，持此观点的人大有人在，如韩安国说："今匈奴负戎马足，怀鸟兽心，迁徙鸟集，难得而制。得其地不足为广，有其民不足为强。"②萧望之们站在夷夏之防的传统观念上，用一种将匈奴视为他者的固化的刻板印象，而不是具体问题具体分析，虽然主张尊重他们（这无疑是进步的观念），但也对他者融入我族进行了礼貌但很坚定地拒绝。

所以，尽管呼韩邪的投诚是真心的。班固讲"单于慕义，稽首称藩"③，"呼韩邪单于不忘恩德，乡慕礼义，复修朝贺之礼，愿保塞传之无穷"④，并非虚言，范晔也承认"呼韩附亲，忠孝弥著"⑤，但汉朝的接纳却是有限度的。汉朝对呼韩邪的防范与不信任可以从以下两件事情看出端倪：

一是单于"上书愿保上谷以至敦煌，传之无穷，请罢边备塞卒吏，以休天子人民"。汉朝拒绝了，理由有十条之多，之一是："夫夷狄之情，困则卑顺，强则骄逆，天性然也。"⑥二是呼韩邪北迁之前，再次被迫与汉结盟：

> 昌、猛见单于民众益盛，塞下禽兽尽，单于足以自卫，不畏郅支。闻其大臣多劝单于北归者，恐北去后难约束，昌、猛即与为盟约曰："自今以来，汉与匈奴合为一家，世世毋得相诈相攻。有窃盗者，相报，行其诛，偿其物；有寇，发兵相助。汉与匈奴敢先背约者，受天不祥。令其世世子孙尽如盟。"⑦

尽管韩昌、张猛的这种行为后来受到批评，但不难看出，这种对他者的防范与不信任是根深蒂固的。所以我们看到，呼韩邪的忠心，在历史深处被悄然拒绝了。

虽然历史不能假设，但是我们不妨稍稍假设一下，如果汉朝能够全心全意地接受呼韩邪单于的投诚，不是沿用惯性的理念与惯性的羁縻之制度，而是以积极的态度探讨游牧与农耕共存于一个政权之下的运行机制与制度，中国古代农耕与游牧互动的历史，也许会是另一番景象。

这个拒绝的长远后果是，两百多年后，呼韩邪的子孙们，开始以血腥与暴力的手段，掀开了游牧民族在中国内地建立政权的序幕——304 年，刘渊建立汉赵政权，

---

① 左丘明《左传·成公四年》，中华书局 1981 年版，第 818 页。
② 班固《汉书》卷五十二《窦田灌韩传》，中华书局 1962 年版，第 2398 页。
③ 班固《汉书》卷八《宣帝纪》，中华书局 1962 年版，第 275 页。
④ 班固《汉书》卷九《元帝纪》，中华书局 1962 年版，第 297 页。
⑤ 范晔《后汉书》卷八十九《南匈奴列传》，中华书局 1965 年版，第 2946 页。
⑥ 班固《汉书》卷九十四下《匈奴传》，中华书局 1962 年版，第 3804 页。
⑦ 班固《汉书》卷九十四下《匈奴传》，中华书局 1962 年版，第 3801 页。

开启了五胡十六国的乱世,之后,游牧民族进入中原建立政权的步伐就越来越难以阻挡,游牧民族与农耕民族之间的矛盾自然就越来越激烈,但同时,双方的交往、交流、交融也越来越广泛。

昭君出塞作为历史记忆,成为中国古代文人热心的书写对象,但是他们不是为了去复现这段历史记忆,而是通过这个题材去书写自我境遇、当下历史以及意识,附加诸多的主观元素,因此,有了对昭君故事的各种改写。这些改写,虽然违背了历史常识,但却进入了"观念常识"[①]的领域,形成一段段观念的历史。至少检讨昭君出塞的书写中对待单于的态度与观念,我们看到了这些书写中的拒绝与排斥,进而看到部分中国古人将游牧民族视为他者的态度,体现出的情感拒斥与认同疏离。

当然,超越民族性的书写也是有的,比如康熙:

> 南北分天地,存亡见庙谟。含悲辞汉主,挥泪赴匈奴。目睹当年冢,心怀四海图。葆旌巡远徼,蕃落效驰驱。欲笑和亲失,还嫌饵术迁。开诚示异族,布化越荒途。漠漠龙沙际,寥寥雁塞隅。偶吟因有触,意独与人殊。[②]

站在封建社会的末端,作为一代雄主入主中原的少数民族统治者,他的眼界自然非一般人能比,他说"和亲"与"饵术"都不是正道,对待他族,重要的还是要诚信、诚心。但是如康熙这般具有先进民族思想的人,历史上并不太多。

对这些由历史上的观念形成的观念的历史进行研究是重要而且必要的,因为它反映了古往今来一般人群对待游牧民族或者异族他者的较为普遍的观念形态,经过长久的积淀,也许会成为"日用而不知"的集体潜意识,影响我们对他族做出正确的判断。昭君出塞文本的系列历史观念,针对游牧他者的防范与不信、贬低与蔑视、傲慢与偏见,从根源上讲源于现实,而这些观念一旦形成,陈陈相因,得到巩固与加强,又反过来影响人们的心智,延缓和阻碍民族间的交往、交流、交融,体现了中国古代民族关系思想局限的一面。因此,中国古代虽然不乏像康熙这样具有先进民族关系思想的个体,但是想到和做到并不是一回事。要真正做到民族间的相互平等与尊重,待之以诚,团结各民族,形成真正意义上的中华民族共同体,这在等级森严的中国古代封建社会是断然难以实现的。

(作者单位:烟台大学文学与新闻传播学院)

---

① 所谓"观念常识",是指对事物"大家都认为是这样的"或者"历来如此"的看法,并不追问正确与否,而是由于传统与惯性认为这样的看法"理所应当地正确",具有"不言自明"的特质。

② 康熙《昭君墓》,刘庆德等《中国历代长城诗录》,河北美术出版社 1991 年版,第481—482页。

犍陀罗佛寺的发现及其形制布局方面的研究

李 肖 廖志堂

犍陀罗地区位于中亚地区的中部位置,狭义上指今巴基斯坦白沙瓦(Peshawar)盆地——这也是犍陀罗最核心的地区,喀布尔河(Kabul River)与斯瓦特河(Swāt River)汇流于此,被称作重心之地(le centre de gravité)①。但从历史文化角度来说,"大犍陀罗"地区(Greater Gandhāra)主要包括巴基斯坦西北部和阿富汗东部,这一范围囊括了位于中部的白沙瓦盆地、西北部的斯瓦特盆地和东部的靠近印度河流域的塔克西拉平原地区(Taxila),三个小片区大致呈"三足鼎立"之势(图 1)。限于篇幅,本文所涉及的地理范围为前述三个小片区,阿富汗地区古代佛寺的相关内容拟另撰文讨论。

历史上,从公元前 6 世纪起,犍陀罗地区曾先后不同程度隶属于阿契美尼德王朝(公元前 6 世纪)、亚历山大马其顿帝国(公元前 4 世纪)、孔雀王朝(公元前 4 世纪)、希腊-巴克特里亚王国(公元前 2 世纪)、塞人(公元前 1 世纪)、帕提亚人(公元 1 世纪)、贵霜王朝(公元 1—3 世纪)、萨珊(公元 4 世纪)、笈多贵霜(公元 5 世纪)、

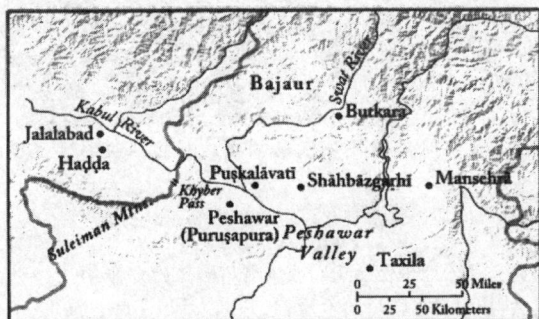

图 1 "大犍陀罗"地理区位示意图②

---

① A. Foucher, *L'art gréco-bouddhique du Gandhâra*, Vol. 1, Paris: Imperimerie Nationale, 1905, p. 13.

② Jessie Pons, "Gandhāran art(s): methodologies and preliminary results of a stylistic analysis", in W. Rienjang and P. Stewart eds., *The Geography of Gandhāran Art: Proceedings of the Second International Workshop of the Gandhāra Connections Project*, *Univeristy of Oxford*, Oxford: Archaeopress Archaeology, 2019, p. 9, Fig. 2.

嚈哒、突厥等多个势力①,多元民族、宗教的文明都曾进入犍陀罗、影响犍陀罗文化的方方面面——其中也包括传播至犍陀罗地区的佛教文化的面貌②。从早期希腊、罗马等域外征服者、入侵者留下的文字记录及建筑遗迹中的遗存风格来看,我们可以发现虽然公元前 3 至前 2 世纪,佛教很可能已经通过一些渠道为中亚地区所"接触"(contact),但此时的犍陀罗佛教还处于最初的萌芽阶段,佛寺发展进程缓慢。直至公元前 1 至公元 1 世纪,原本游牧于草原地带的塞人(Sakas)向南进入中亚期间,犍陀罗地区农业经济的发展带来了城市生活(urban settlement)的发展,佛教及其附属的宗教产物——佛寺建筑——才真正随之进入其"发展"阶段,并在贵霜时期社会稳定、经济发展的背景下出现了佛寺营建、发展的第一个黄金时期③。古代中国的汉文典籍对犍陀罗地区的佛教也有所记载,其中最详细者当推诸多西行求法的僧人的游记或传记,如法显、宋云、义净、玄奘都曾留下关于此地佛教历史、僧团、佛寺、佛事活动等方面的珍贵记载,虽然他们西行往返的路线并不完全相

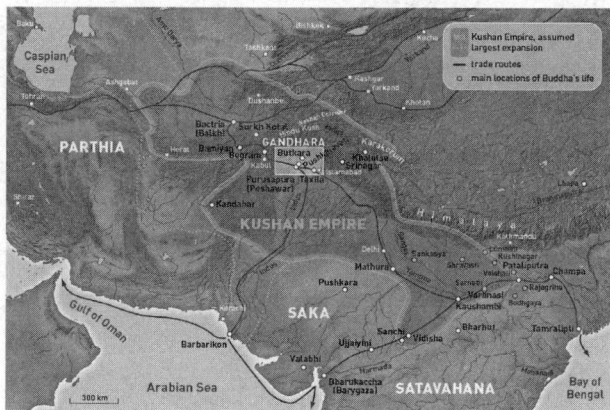

图 2　贵霜时期犍陀罗及其周围地区区位关系示意图④

---

①　加藤九祚:〈ガンダーラの地理と歴史〉,收入樋口隆康ほか編集:〈パキスタン・ガンダーラ美術展〉,東京:日本放送協会,1984 年,第 111—115 頁。

②　关于犍陀罗地区佛教流行时期文化地理面貌的梳理,参见 W. Zwalf, *A Catalogue of the Gandhara Sculpture in the British Museum*, Vol. 1: Text, London: British Museum, 1996, pp. 11 - 19; R. Salomon, Ancient Buddhist Scrolls from Gandhāra: The British Library Kharoṣṭhī fragments, Seattle, British Library and University of Washington Press, 1999, pp. 2 - 7; M. Jansen, "The Cultural Geograpgy of Gandhara", in C. Luczanits ed. , *Gandhara: the Buddhist Heritage of Pakistan*, *Legends*, *Monasteries*, *and Paradise*, Mainz-Bonn: Zabern-Kunst-und Ausstellungshalle der BRD, 2008, pp. 27-35, esp. 27-33。

③　Xinru Liu, "A note on Buddhism and urban culture in Kushan India", *The Indian Economic and Social History Review*, 27, 3, 1990, pp. 351-358.

④　http://sites. asiasociety. org/gandhara/maps/(last accessed 2022. 3. 20).

同①,但其重点朝圣、礼拜的目的地之一即是犍陀罗地区。

　　地理上,犍陀罗地区处于连接印度、中亚、西亚的交通要道上(图 2),是北部的中亚山地、高原地区和南部的印度平原地区之间的"过渡地区"。具体而言,由犍陀罗地区向西南可通向古代印度,向西北也经由苏莱曼山脉(Sulaiman Mountain)的诸多山间通道如开博尔山口(Khyber Pass)进入中亚北部和西亚,北面穿越兴都库什山即到达中亚北部以巴克特里亚(Bactria)为核心的又一佛教兴盛之地,向东可经喀喇昆仑山、昆仑山的数条山间通道进入古代西域后即可与丝绸之路中段的南、北两条大干道相接②,至此,佛教从古代印度出发,经过犍陀罗地区、中亚北部地区后正式进入中国境内,犍陀罗地区正是这一传播路网上最重要的"中转站",不研究犍陀罗地区的古代佛寺,就不能全面地、深入地讨论西域佛寺的形制布局问题;不研究犍陀罗地区的佛寺,就不能厘清进入中国、进入西域的佛教文化的来龙去脉;不研究犍陀罗地区的佛寺,就不能从更广阔的视角考察古代印度佛教与西域、乃至汉地佛教之间的异同及其背后的缘由。犍陀罗地区作为印度佛教传入西域的一个必经之地,无论经过此地的佛教是直接向东还是向北经过中亚北部再进入西域——佛教在当地的传播、发展、变化后形成的具有犍陀罗特色的佛教必然会对西域佛教产生或直接、或间接的重要影响,换言之,古代印度虽然是佛教的起源地,但西域佛教的来源主要是中亚地区的佛教文化圈——尤其与犍陀罗地区息息相关。

一、犍陀罗地区佛寺的考古发掘历史

　　犍陀罗地区的古代佛教遗迹以山地上修建的佛塔和地面寺院(ground monastery)为主,其佛寺考古可根据参与工作的主体及采用的方法的不同分为以下几个阶段。

　　第一阶段是以西方人对犍陀罗佛寺遗迹的调查和相对粗糙的挖掘活动为主。19 世纪中叶起,犍陀罗故地长时间处于英国的殖民统治下,期间犍陀罗考古的"话语权"几乎只属于英国人。早在 19 世纪初期,马森(C. Masson)、霍尼希格(J. M. Hönigherger)、文图拉(J. B. Ventura)、考特(A. Court)、考特利(P. T. Cautley)等人就曾对西北印度——尤其是喀布尔河流域的一些佛塔、佛寺进行小规模的探查

---

① Sh. Kuwayama, "Pilgrimage Route Changes and the Decline of Gandhāra", in Pia Brancaccio and Kurt A. Behrendt eds. , *Gandharan Buddhism: Archaeology*, *Art*, *Texts*, Vancouver: UBC Press, 2006, pp. 107-134.

② S. R. Dar, "Pathways Between Gandhāra and North India during the Second Century B. C. - Second Century A. D. ", in D. Srinvasan ed. , *On the Cusp of an era: Art in the pre-Kusana world*, Leiden: Boston: Brill, 2007, pp. 24-54.

和挖掘,如瓦扎萨发(Khwaja Safa)遗址,主要目的是获取古钱币和舍利遗存。第一个正式对犍陀罗佛寺进行考古发掘的,是印度考古局首任局长坎宁汉,他将这一地域称为优素夫扎伊(Yūsufzai),并在其在任期间对马尼迦拉(Manikyala)①、贾马尔格里(Jamālgaṛhī)②和塔克西拉地区的佛教遗迹进行调查和清理,首次科学记录、描述发现的遗迹和遗物。此后,贝柳(H. W. Bellew)发掘了沙赫里·巴哈劳尔佛寺(Sahrī-Bāhlol),哈罗德·迪恩(H. Deane)发掘了西克里佛寺(Sikri),库勒(H. H. Cole)发掘了上纳头(Upper Nathou)、下纳头(Lower Nathou)佛寺。在外国殖民的背景下,当时很大一部分犍陀罗佛寺遗迹的发现、调查、发掘都"归功"于巴基斯坦或阿富汗的欧洲军官的组织及支持,例如哈尔盖(Kharkai)、萨尔阿尔泰尔(Sawasldher)、沙琪基泰里(Shāh-jī-kī-dherī)、拉尼卡特(Ranigat)等遗址,但他们的发掘报告并不符合规范,且大多散落在个人游记中③。此后,随着英国在印度势力范围的向北扩大,犍陀罗佛寺的考古范围也随之扩大,卡迪(A. E. Caddy)发掘了洛里安坦盖(Loriyān Tangāi),斯坦因(A. Stein)、富歇尔(A. Foucher)等具有考古学、语言学等学科背景的专业人士也到犍陀罗地区进行考察。然而,他们考察的目的主要是为收集更多古代遗物以丰富各大博物馆的藏品——尤其是佛教塑像,随着犍陀罗佛寺在被发现的过程中被破坏,及相关出土遗存流散世界各地,早期探险家所绘制的图画、拍摄的照片和留下的文字记录反而成为如今犍陀罗考古研究中不可取代的原始资料。

第二个阶段,犍陀罗佛寺考古以系统的、科学的发掘工作为主,标志是马歇尔(J. Marshall)担任印度考古局局长。20世纪初叶起,马歇尔大规模运用地层学的方法,亲自主持发掘了塔克西拉等遗址,其中就包括多处古代佛教遗迹,如达摩拉吉卡(Dharmarājika)、莫赫拉·莫拉杜(Mohṛā Morādu)、焦利安(Jauliān)、卡拉宛(Kālawān)、鸠那罗(Kunala)、吉里(Giri)、帕玛拉(Bhamāla)等,并在此基础上整理

---

① A. Cunningham, "Manikyala", in *Archaeological Survey of India*, 5 (1872 - 1873); "Manikyala", *Archaeological Survey of India*, 2(1863-1864).

② A. Cunningham, "Jamal Garhi", in *Archaeological Survey of India*, 5 (1872 - 1873); E. Errington, "Reconstructing Jamalgarhi: The Archaeological Record 1848-1923", in W. Rienjang and P. Stewart eds., The Rediscovery and Reception of Gandhāran Art: Proceedings of the Fourth International Workshop of the Gandhāra Connections Project, *University of Oxford*, Oxford: Archaeopress Archaeology, 2022, pp. 1-42.

③ E. Errington, *The Western Discovery of the Art of Gandhāra and the Finds of Jamāgarhī*, Ph. D. Dissertation, School of Oriental and African studies, London University, 1987; "Numismatic Evidence for Dating the Buddhist Remains of Gandhāra", in *Silk Road Art and Archaeology*, Vol. 8, 2002, pp. 101-120.

完成了图文并茂的考古报告，随文还进行初步但扎实的学术讨论①，至今仍然是犍陀罗佛教考古的案头之作。此外，斯普纳（D. B. Spooner）正式发掘了塔赫特巴希（Takht-i-Bāhī）、巴哈劳尔、沙琪基泰里，哈格里夫斯（H. Hargreaves）进一步清理了这些遗址②。尤其值得关注的是，斯坦因在其第二、三次中亚考察期间，代表英属印度政府对许多犍陀罗佛寺如贡伯图纳（Gumbatuna）、沙赫里·巴哈劳尔进行了清理发掘，并于 1926 年首次对斯瓦特地区的佛教遗迹进行考察③，其后巴格尔（E. Barger）和赖特（Ph. Wright）代表印度考古局于 1938 年对斯瓦特地区的佛寺建筑再次进行了调查和清理④，由此揭开了斯瓦特地区佛寺考古的序幕。

　　第三阶段的犍陀罗佛寺考古以外国与本土学者合作为主。巴基斯坦正式独立后，意大利、日本等外国考古队也开始加入犍陀罗进行古代佛寺的考古发掘工作。意大利考古队（初隶属于 IsMEO：Italian Archaeological Mission od IsMEO，后属于 IsIAO：Istituto Med il par Extreme Orient，现属于 ISMEO）是首个进入巴基斯坦进行考古的外国团队，长期在斯瓦特盆地进行古代遗址的考古工作，这也是此前考古学界关注较少、未曾进行过系统发掘的一个片区⑤。自 20 世纪 50 年代起，图奇（G. Tucci）开始对斯瓦特地区进行基础性的遗迹调查工作，确立了精细发掘法（meticulous methodology）的工作标准。其后，首任队长法切纳（D. Faccena）带领团队与塔代依（M. Taddei）合作发掘了布特卡拉 1 号佛寺（Butkara Ⅰ）外，还主持发掘了班尔 1 号（Pānṛ Ⅰ）和赛度·谢里夫 1 号两处佛寺（Saidu Sharif Ⅰ），这三座

　　① J. Marshall, *Taxila: An Illustrated Account of Archaeological Excavations Carried under the Orders of the Government of India between the Year 1913 and 1934*, 3 Vols., Cambridge: Cambridge University Press, 1951.

　　② H. Hargreaves, "Excavation at Takht-i-Bahi", *Archaeological Survey of India* (1910-1911), 1914, pp. 33-39.

　　③ A. Stein, *On Alexander's Track to the Indus: Personal Narrative of Explorations on the North-West Frontier of India Carried Out under the Orders of H. M. Indian Government*, London: Cambridge University Press, 2015; *An Archaeological Tour in Upper Swāt and Adjacent Hill Tracts*, Memoirs of the Archaeology Survey of India, No. 42, 1930.

　　④ E. Barger, "The Results of the Recent Archaeological Expedition to Swat and Afghanistan in the Relation to the Present Position of the India Studies in this Country", *Journal of the Royal Society of Arts*, 1938, pp. 102-124; E. Barger and Ph. Wright, *Excavation in Swat and Explorations in the Oxus Territories of Afghanistan*, Memoirs of Archaeological Survey of India, Vol. 64, Calcutta: Government of India Press, 1941; F. D. Areil and L. M. Olivieri, "A. Stein and the 'Lord of the Marches': The beginning of Archaeology in and around Swat", *Repertoria ac Bibliographica*, 4, Rome, 2011.

　　⑤ 关于意大利考古队的历史及其项目、出版物，可参见 https://www.ismeo.eu/isiao-library/。又参见卡列宁、菲利真齐、奥利威利编著，魏正中、王倩编译《犍陀罗艺术探源》，上海古籍出版社 2016 年版，第 3—28 页。

大型佛寺的发掘成果较为全面地揭露了斯瓦特地区丰富多样的佛教建筑面貌和演变形态①。第二任队长卡列里(P. Callieri)于 20 世纪 80 年代开始发掘巴里果德(Barikot)遗迹内的佛教遗址②。另一方面,日本考古队的主阵地则是白沙瓦盆地、马尔丹(Mardan)地区。20 世纪 60 年代,水野清一(Mizuno Seiichi)率领的"伊朗-阿富汗-巴基斯坦学术调查队"(后改名"京都大学中亚学术调查队")组织发掘了恰那卡泰里(Chanaka Dheri)③、梅卡桑达(Mekha Sanda)④、塔雷里(Thareli)⑤等山地佛寺,并撰写了多卷考古报告。西川幸治(K. Nishikawa)主持发掘了拉尼卡特遗址⑥。另一支来自东京国立博物馆(Tokyo National Museum)的考古队于世纪之交两次发掘了扎尔泰里(Zar Ḍheri)佛寺⑦。此外,犍陀罗本土的巴基斯坦考古局和白沙瓦大学也重点关注斯瓦特地区的佛寺遗迹,达尼(A. H. Dani)、达尔(S. R. Dar)、穆罕默德(R. M. Muhammad)等人也清理了布特卡拉 3 号(Butkara Ⅲ)⑧、马尔加奈(Marjanai)、尼莫格拉(Nimogram)⑨、沙汗代里(Sheikhan Ḍheri)⑩、安单代里(Andan Dheri)、恰特帕特(Chatpat)、丹科特(Damkot)等佛寺遗迹⑪。近年来,在希奈夏古巴

① M. Taddei, "Ten Years of Research in the Art of Gandhāra 1987-1997", in M. Taddei ed., *On Gandhāra: Collected Articles*, Napoli, 2003, pp. 483-496.

② L. M. Olivieri, "Outline History of the IsIAO Italian Archaeological Mission in Pakistan (1956-2006)", *East and West*, 56, 1-3, 2011, pp. 23-41.

③ 林已奈夫:〈パキスタン,チャナカ・デーリの發掘略報告〉,〈東方學報〉第 31 号,1961 年,第 331—342 頁;内記理:〈ガンダーラ地方チャナカ・デーリの丘の歴史〉,〈東方学報〉第 90 号,2015 年,第 243—276 頁。

④ 水野清一:〈メハサンダ:パキスタンにおける仏教寺院の調査 1962—1967〉,京都:同朋舎,1969 年;樋口隆康:〈シルクロード考古学第 1 巻・インド・中央アジア〉,京都:法蔵館,1986 年,第 241—270 頁。

⑤ 水野清一、樋口隆康:〈タレリ:ガンダーラ仏教寺院址の発掘報告,1963—1967〉,京都:同朋舎,1978 年;樋口隆康:〈シルクロード考古学第 4 巻・西域発掘誌〉,京都:法蔵館,1986 年,第 52—110 頁;水野清一,樋口隆康編:〈タレリ:ガンダーラ仏教寺院址の発掘報告〉,京都:同朋舎,1978 年。

⑥ K. Nishikawa, "Gandhāra 1: Rani Ghat: Preliminary Report on the Comprehensive Survey of Gandhāra Buddhist Sites,1983-1984", in *Kyoto Scientific Mission to Gandhāra*,1988, pp. 81-193;〈ラニガト:1983—1992ガンダーラ仏教遺跡の総合調査:京都大学学術調査隊調査報告書〉,第一、二册,京都:京都大学学術出版会, 1994—1999 年。

⑦ 東京国立博物館パキスタン調査隊:〈ザールデリー:パキスタン古代仏教遺跡の発掘調査〉,東京:東京国立博物館,2011 年。

⑧ A. Rahman, "Butkara Ⅲ: A Preliminary Report", *Ancient Pakistan*, Vol. 7, pp. 152-163.

⑨ Inayat-Ur-Rahman, "Swat Excavations", *Pakistan Archaeology*, No. 5, Lahore,1968, pp. 116-121.

⑩ Ahmad Hasan Dani, "Shaikhan Dheri Excavation 1963-1964: In Search of the Second City of Pushkalavati", *Ancient Pakistan*, Vol. 2,1965-1966, pp. 17-208.

⑪ A. H. Dani, "Chandara Fort and Gandhara Art", *Ancient Pakistan*, Vol. 4,1968-1969; *Bulletin of the Department of Archaeology*, University of Peshawar, 1971;樋口隆康:〈シルクロード考古学第 4 巻・西域発掘誌〉,京都:法蔵館, 1986 年,第 175—184 頁;宫治昭:〈ガンダーラ美術研究の現状〉,〈國華〉1385 号,東京:朝日新聞出版社,2011 年,第 17—32 頁;M. A. Khan, "Research and Excavations in Swat: The Pakistani Contribution", *Journal of Asian Civilization*, Vol. 34, 2011, pp. 35-39.

(Shnaisha Gumbat)、吉纳瓦利代里(Jinan Wali Dheri)①、巴达普尔(Badalpur)②、阿齐兹代里(Aziz Dheri)、纳吉格拉(Najigram)等遗址都新发现了古代佛寺遗迹③,经历过多次发掘的塔赫特巴希遗址又现新佛寺遗迹④。意大利考古队还进行着斯瓦特河谷考古地图的项目(The Archaeological Map of the Swat Valley)⑤。韩国学者莫恩(Moon)也带领东国大学(Donggok University)的考古队对焦利安 2 号佛寺遗址(Jauliān Ⅱ)进行了发掘⑥。

二、犍陀罗佛寺形制布局的研究现状

以 19 世纪 30 年代英国殖民者为"古钱币"而挖掘佛塔为契机,犍陀罗地区的佛教考古工作已陆续进行了近 200 年,英、法、意、德、日、中等各国学者都在此进行过考察、考古工作,出版了丰富的考古报告、研究论著和展览图录,围绕出土钱币、舍利、壁画、雕塑、铭文等方面的研究层出不穷⑦。最受学者关注的是丰富的犍陀罗艺

① M. A. Khan, M. Mushtaq-ul-Hassan, "A New Discovery in Taxila Valley Archaeological Excavations at Buddhist Monastery of Jinan Wali Dheri", in C. Vitali et al. , eds. , *Gandhara: The Buddhist Heritage of Pakistan: Legends, Monasteries, and Paradise*, Miinz, 2008, pp. 302 - 307; Muhammad Waqar, Moahid Gul, Maseeh Ullah, "Excavation at the Buddhist Site of Jinnan Wali Dheri - Taxila A Preliminary Report", *Gandharan Studies*, Vol. 12, 2018, pp. 95-104.

② M. A. Khan, "Fresh Discoveries at the Buddhist Monastic Complex Bādalpur, Taxila Valley", in W. Rienjang and P. Stewart eds. , *The Geography of Gandhāran Art: Proceedings of the Second International Workshop of the Gandhāra Connections Project*, *University of Oxford*, Oxford: Archaeopress Archaeology, 2019, pp. 71-80.

③ 关于近年犍陀罗地区佛寺考古发现,参见 *Archaeological Reconnaissance in Gandhara*, Department of Archaeology and Museums, Pakistan, 1996; Fazal Dad Kakar, "Archaeology Research in the Gandhara Region during the Pre-and Post-Independence Period", in C. Vitali et al, eds. , *Gandhara*, *the Buddhist heritage of Pakistan: Legends, monasteries, and paradise*, Bundesrepublik Deutschland; Mainz: Verlag Philipp von Zabern, 2008, pp. 38-43。

④ M. H. Khan Khattak, "Fresh Research on the Buddhist Monastic Complex of Takht-i-Bāhī", in W. Rienjang and P. Stewart eds. , *The Geography of Gandhāran Art: Proceedings of the Second International Workshop of the Gandhāra Connections Project*, *University of Oxford*, Oxford: Archaeopress Archaeology, 2019, pp. 81-106.

⑤ L. M. Olivieri, M. Viadale et al. , "Archaeology and Settlement History in a Test-Area of the Swat Valley: Preliminary Report on the AMSV Project (1st Phase)", *East and West*, 56, 1-3, 2006, pp. 73-150.

⑥ Muhammd Arif Mahmood-ul-Hasan, "An Overview of Archaeological Research in Gandhara and its Adjoining Regions (colonial and post-colonial period)", *Journal of Asian Civilizations*, Vol. 37, No. 1, 2014, pp. 73-83.

⑦ 相关著作目录,主要参见 Henri Deydier, *Contribution à l'étude de l'art du Gandhara*, Paris, 1950; Pierre Guenée, *Bibliographie analytique des ouvrages parus sur l'art du Gandhara entre 1950 et 1993*, Paris, 1998. 相关学术网站也有收录,参见 https://www. carc. ox. ac. uk/GandharaConnections/bibliography; https://www. orientarch. uni-halle. de/ca/gand/; https://www. oeaw. ac. at/uddiyana/uddyana-a-bibliography/。

术作品,对其造型风格的分析、创作年代的推断、图像内容的判断与释读等均引起热议。关于犍陀罗佛寺形制布局的讨论较少,多穿插于对犍陀罗佛寺材料总体的梳理和介绍,日本学者出于自身的佛教文化传统更加关注相关佛寺的起源和向东传播过程中的演变问题①。相关的研究主要可分为两个阶段。

第一个阶段,从宏观角度对犍陀罗佛寺材料进行总体归纳,且重点区域集中在佛教考古工作较为系统的塔克西拉地区。杰出代表即是犍陀罗地区佛教考古的开创者、塔克西拉遗址的主要发掘者马歇尔,其著作《塔克西拉》(*Taxila: an illustrated account of the archaeological excavations carried out at Taxila under the orders of Government of India between 1913 and 1934*)以佛寺墙体砌筑方式的差异对相关佛寺进行了分期,并以此为年代学基础对塔克西拉地区早期佛寺的基本特征进行了总结。作者认为直至公元1、2世纪在塔克西拉地区才逐渐形成带自成一体的佛寺格局,并注意到僧侣居住区与公众礼拜区逐渐分离的趋势②,虽然其年代分期受到后期学界的多次“批判”。“犍陀罗之父”富歇尔是继马歇尔之后第二个对犍陀罗古代佛寺做出系统性总结的学者,其《犍陀罗的希腊佛教艺术》(*L'art gréco-bouddhique du Gandhâra*)将相关佛寺划分为平地佛寺和山地佛寺两大类,并进一步将平地佛寺的布局划分为“并列式”“插入式”和融合前两者的“三位式”,开创了犍陀罗佛寺类型学分析的先河③。巴基斯坦本土学者达尼在其著作《历史之城塔克西拉》(*The Historic City of Taxila*)中花大篇幅讨论了塔克西拉地区佛寺的发展模式,主张佛寺中的水池很可能是供俗家信徒和拜访者饮水之用,并不具有宗教意义,否则不可能出现后期水池被抛弃的现象④。

日本学者的研究主要以桑山正进(Sh. Kuwayama)为代表。其长期关注塔克

---

① 有关犍陀罗佛教考古的回顾和研究总结,参见蔡枫《印巴犍陀罗艺术研究的三个阶段》,《南亚研究》2012年第1期,第143—155页;宫治昭著,李茹译《犍陀罗美术研究的现状》,《丝绸之路杂志》2015年第8期,第65—72页;刘波《古代中亚及西域地区美术考古活动及研究成果回顾》,《敦煌学辑刊》2019年第2期,第198—208页;蔡阿姆泽著,苏玉敏译《犍陀罗佛教考古综论》;奥利维耶那著,李澜译《意大利与斯瓦特佛教考古》,收入李崇峰主编《犍陀罗与中国》,文物出版社2019年版,第12—59、75—89页;廖彩羽《犍陀罗佛教考古190年》,《石窟寺研究》2020年第10辑,第234—243页。

② J. Marshall, *Taxila: an illustrated account of the archaeological excavations carried out at Taxila under the orders of Government of India between 1913 and 1934*, Vol. I, Cambridge: Cambridge University Press, 1951, pp. 230-391. 汉译本参见马歇尔著,秦立彦译《塔克西拉 I》,云南人民出版社2002年版,第331—545页。

③ A. Foucher, *L'art gréco-bouddhique du Gandhâra*, Vol. I, Paris: Imprimerie Nationale, 1905, pp. 146-204.

④ A. H. Dani, *The Historic City of Taxila*, Paris: UNESCO, 1986, pp. 116-149;汉译本参见达尼著,刘丽敏译《历史之城塔克西拉》,中国人民大学出版社2005年版,第199—251页。

西拉地区的佛寺演变问题,先撰有《塔克西拉佛寺的伽蓝构成》(タキシラ佛寺の伽
蓝構成)一文回顾并修正了马歇尔对佛寺的分期方法,特别强调塔克西拉佛寺配置
具有印度特色,与犍陀罗其他地区佛寺风格有差,不主张将前者的分期方法套用于
后者[1],后在其另一长文《关于犍陀罗-塔克西拉地区佛寺的面貌》(ガンダーラ＝タ
キシラにおける佛寺の様相)中进一步指出塔克西拉地区的早期佛寺仍呈现出印
度与本土风格佛寺并存的局面,但本土方形僧院模式后来居上[2]。另外,桑山正进
还对塔克西拉佛寺中的一些特殊的建筑元素进行了溯源,认为方形塔基、"轮辐状"
墙体均在不同程度上收到了古代罗马陵墓文化的影响[3]。小谷仲男(Odani Nakao)
《塔夫提巴依的佛教遗迹——伽蓝配置》(タフティ・バヒの仏教遺跡——伽蓝配
置)一文将佛寺的讨论范围集中在白沙瓦盆地,并关注佛像的出现带来的佛寺布局
的巨大变化[4]。西川幸治(Nishikawa Koji)等人在《犍陀罗佛教寺院的复原及配置
调查研究》(ガンダーラにおける仏教寺院の復原と整備に関する調査研究)一书
中,将僧房布局分成三类:"三面环绕型"僧房,"前室型"僧房和"并列型"僧房[5]。

第二阶段是对包括斯瓦特地区在内的大犍陀罗地区的佛寺布局的讨论。伯纳
特(Kurt A. Behrendt)所著《犍陀罗佛教建筑》(*The Buddhist Architecture of
Gandhāra*)是目前唯——部研究犍陀罗佛寺建筑的专著,这是其继《塔赫特巴希佛
寺的发展》(*Development of the Buddhist Monastery at Takht-i-bāhī*)一文[6]后对
犍陀罗佛寺发展历程的进一步讨论,并对其中的一些建筑进行了命名如"舍利殿"

① 桑山正進:〈タキシラ佛寺の伽藍構成〉,〈東方學報〉46 号,1974 年,第 327—359 頁。
② 桑山正進:〈タキシラ-ガンダーラの仏教寺院〉,〈パキスタン＝ガンダーラ美術展圖録〉,東京:日本放送協会,1984 年,第 122—127 頁;〈ガンダーラ＝タキシラにおける佛寺の様相〉,〈カーピシー＝ガンダーラ史研究〉,京都:京都大学人文科学研究所,1990 年,第 1—32 頁。又参见作者"Buddhist Establishments in Taxila and Gandhāra A Chronological Review", in *Across the Hindukush of the First Millennium: A Collection of the Papers*, Kyoto: Institute for research in humanities, Kyoto University, 2002, pp. 1-11.
③ 主要参见作者"Tapa Shotor and Lalma: aspects of stupa court at Hadda", *Annali dell'Università degli Studi di Napoli "L'Orientale"*, Vol. 47, No. 2, 1987, pp. 153-176;〈Shah-ji-ki Dheri 主塔の遷變〉,〈東方學報〉67 号,1995 年,第 331—408 頁;〈アウグストゥス靈廟と大ストゥーパ——車輪状構造の由来〉,〈東方學報〉70 号,1998 年,第 506—566 頁。
④ 小谷仲男:〈タフティ・バヒの仏教遺跡——伽藍配置〉,〈佛教藝術〉69 号,1968 年,第 100—104 頁。
⑤ 西川幸治:〈ガンダーラにおける仏教寺院の復原と整備に関する調査研究〉,〈シルクロード学研究〉,Vol. 9,2000 年,第 21—40 頁。
⑥ Kurt A. Behrendt, "Development of the Buddhist Monastery at Takht-i-bāhi", in Robert L. Brown ed., *Living a Life in Accord with Dhamma: Papers in Honor of Professor Jean Boisselier on His Eightieth Birthday*, Bankok: Silpakorn University, 1997, pp. 56-72.

(relic shrine)、"双重佛殿"(double shrine),可惜文中所采用的年代学的标尺基本与马歇尔主张无异①。伯纳特在其另一文章《公元 3 世纪后犍陀罗传统的建筑学证据》(*Architecture Evidence for the Gandhāra Tradition after the Third Century*)集中讨论了公元 1 世纪中叶塔克西拉地震发生后佛寺形制布局的重要变化,指出犍陀罗佛教后期——与通常所认为的衰败情况相反——佛寺营建依旧十分兴盛②。

斯瓦特佛寺研究方面,目前所见佛寺专题研究很少,以意大利学者的成果为主,既有早期大范围的佛寺材料的基础整理汇总③,也有对细小问题的专门讨论,其中 P. Spagnesi《关于斯瓦特佛教建筑的一些方面》(*Aspects of the Architecture of the Buddhist Sacred Areas in Swat*)利用斯瓦特河谷最新的考古发掘及调查成果对古代佛寺的佛塔、僧院的形制进行了分类,着重强调了佛寺形制布局的发展与周围自然、地理、人文环境的密切联系④。

以上外国学者大部分为犍陀罗佛寺遗址的清理发掘者,掌握了丰富的第一手资料,并依靠很多未发表公布的旧藏资料进行研究,至今欧美、日本学者仍然是犍陀罗佛寺研究的领跑者。相较之下,国内学者一直未能参与犍陀罗地区的佛寺考古,但已有不少学者开始利用前人论著进行犍陀罗佛寺方面的初步的梳理和翻译,如晁华山的《佛陀之光——印度与中亚的佛教胜迹》⑤、孙英刚等的《犍陀罗文明史》⑥、张嘉妹等的《犍陀罗的微笑:巴基斯坦文物古迹巡礼》⑦及魏正中(G.

① Kurt A. Behrendt, *The Buddhist Architecture of Gandhāra*, Leiden and Boston: Brill, 2004. 相关书评参见 G. Fussman, "Book Review: The Buddhist Architecture of Gandhara. Handbuch der Orientalistik, section Ⅱ, India, Volume seventeen, Brill, Leiden-Boston", *Journal of the International Association of Buddhist Studies*, Vol. 27, No. 1, 2004, pp. 234-249.

② Kurt A. Behrendt, "Architecture Evidence for the Gandhāra Tradition after the Third Century", in W. Riejang and P. Stewart eds., *Problems of Chronology in Gandhāran Art*, *Proceedings of the First International Workshop of the Gandhāra Connections Project*, *University of Oxford*, Oxford: Archaeopress Archaeoloy, 2018, pp. 149-164.

③ D. Faccenna, "Excavations of the Italian Archaeological Mission (IsMEO) in Pakistan: some problems of Gandharan art and architecture", in B. G. Gafuroy et al., eds., *Central Asia in the Kushan Period: proceedings of the International Conference on the History*, *Archaeology and Culture of Central Asia in the Kushan Period*, Vol. 1, Moscow, 1974, pp. 126-176; M. A. Khan, *Buddhist shrines in Swat*, Lahore: Artico Printers, 1993; D. Faccenna and P. Spagnesi, *Buddhist Architecture in the Swat Valley*, *Pakistan: Stupas*, *Viharas*, *a Dwelling Unit* Lahore: Sang-e-Meel Publications, 2014.

④ P. Spagnesi, "Aspects of the Architecture of the Buddhist Sacred Areas in Swat", *East and West*, Vol. 56, No. 1/3, 2006, pp. 151-175.

⑤ 晁华山《佛陀之光——印度与中亚佛教胜迹》,文物出版社 2001 年版,第 123—214 页。

⑥ 孙英刚、何平《犍陀罗文明史》,生活·读书·新知三联书店 2018 年版。

⑦ 张嘉妹编著《犍陀罗的微笑:巴基斯坦文物古迹巡礼》,生活·读书·新知三联书店 2021 年版。

Vignato)等翻译的意大利考古队成员重要的学术论文①。另有一部分学者如邹飞②在犍陀罗文化与古代中国文化的对比研究中涉及了对犍陀罗古代佛寺布局的分析，分析较为简短且涉及的佛寺样本有限。

三、犍陀罗佛寺的形制布局的研究愿景

犍陀罗地区的佛教历史及其相关的钱币学（numismatics）、图像学（iconography）、文献学（pilology）方面的研究一直是学术研究的热点，但论及犍陀罗佛寺，虽然持续百余年的考古调查、发掘活动及其他相关方面的研究成果已经为佛寺形制布局的研究积累了较为丰富的考古材料及理论基础，但相关的专门研究鲜见于学界。究其原因，一是因为在基数庞大的犍陀罗佛寺中，真正经过科学的、系统的、较为完整的考古发掘的犍陀罗佛寺的数量仍十分有限，且由于早期较为"功利"的"挖掘"及不同时期的"盗掘"行为，一大部分犍陀罗古代佛寺遗迹已丧失了最原始的地层信息，从而带来年代学判断上的困难，加之早期的挖掘工作后，很多佛寺并未得到应有的保护和修复，已丧失其原本的面貌，许多原始材料尚未发表或年代久远、或难以获取。换言之，目前，结合最新的犍陀罗佛寺的考古工作成果，我们很大程度上只能依靠原始的考察、发掘材料来研究这些佛寺的形制布局问题。幸运的是，其中一些保存状况较好的佛寺仍能向我们传递形制布局方面的丰富信息，在前人研究所得到的佛寺年代的大背景下，已经可以对犍陀罗地区古代佛寺的形制布局做出一个较为系统的梳理和分析，藉此可为探查佛寺从印度到西域之间的发展及演变过程提供一个重要的地域类型参考。

犍陀罗地区作为古代印度以外早期佛教最为兴盛的"飞地"，其佛教发展的历史从公元前 3 世纪一直延续至公元 11 世纪。历史上佛陀从未"亲临"此地，但诸多佛本生故事的发生地均被佛教文献"安排"在了犍陀罗地区——甚至佛传故事的起点"燃灯佛授记"（Dipamkara Jataka）的发源地也被"安排"在犍陀罗地区的贾拉拉巴德，由此犍陀罗作为印度佛教"四大圣地"以外的又一佛教"圣地"的合法性和神圣性被"创造"出来③。如前文所述，凭借着优越的地缘优势和多元的文化背景，犍

---

① 多米尼·法切克、安娜·菲利真齐著，魏正中、王姝婧、王倩译《犍陀罗石刻术语——以意大利亚非研究院巴基斯坦斯瓦特考古项目所出资料为基础》，上海古籍出版社 2014 年版；卡列宁、菲利真齐、奥利威利编著，魏正中、王倩编译《犍陀罗艺术探源》，上海古籍出版社 2016 年版。

② 邹飞《论犍陀罗文化对西域地区的影响》，兰州大学博士学位论文，2019 年。

③ 关于燃灯佛授记主题的佛教艺术在犍陀罗地区的起源及其传播，参见廖志堂《印度、中亚与中国新疆的"燃灯佛授记"图像研究》，乌云毕利格主编《西域历史语言研究集刊》2019 年第二辑（总第十二辑），社会科学文献出版社 2020 年版，第 95—155 页。

陀罗地区的佛教文化具有很强的兼容性、创新性,这两点在该地区古代佛寺形制布局方面体现得尤为明显。

目前发现的塔克西拉、白沙瓦、斯瓦特地区的佛寺最早者可追溯至公元前 3 至前 2 世纪,即布特卡拉 1 号、达摩拉吉卡、恰特帕特[①]等佛寺遗址主佛塔的核心部分,从早期佛寺遗址发现的圆形塔基、围绕佛塔的栏楯(或立柱)、倒"U"形的佛殿、成"列状"排列在佛塔以外的僧房等建筑元素来看,犍陀罗地区早期佛寺的形制布局在很大程度上继承并延续了印度本土早期佛寺最传统、最流行、最典型的建筑样式。随着阿契美尼德王朝统治古代犍陀罗地区、马其顿帝国亚历山大大帝东征及后续"希腊化王国"(Hellenized Empires)的陆续建立,公元前的很多一段时间正是伊朗、希腊、罗马等西方文化在西北印度地区传播、发展的"黄金时期",拟人化佛像、希腊罗马式立柱、带有异域特色的动植物纹饰、佛塔的方形塔基及内部呈"轮辐状"墙体被认为直接或间接受到了西方文化的影响,后期"十"字形佛塔的出现很可能是受到了大乘佛教思想的影响而修建或改建的结果(如沙琪基泰里、帕玛拉、沙赫里·巴哈劳尔- G、扎尔泰里、塔卡尔·帕拉- B(Tahkal-Bala-B)[②]、阿欣普什(Ahinposh)、托帕·鲁斯坦(Tope Rustam)[③])。公元 1 至 3 世纪,古代犍陀罗地区处于贵霜王朝的统治范围内,在佛像和大乘佛教蓬勃发展的大背景下,犍陀罗佛寺也进入了新的发展阶段,一方面从远离城镇区域到进入了城市居民的日常生活——多见于塔克西拉及斯瓦特地区[④],并逐渐形成了极具特色的犍陀罗佛寺基本的形制布局特点。正如马歇尔在《塔克西拉》中所言,"覆盖着这些伽蓝的山丘很容易就能辨认出来,因为它们的形状几乎都是一样的,都是在一个圆圈旁边有个平行四边形",在延续古代印度早期佛寺发展特色的基础上,犍陀罗地区的佛寺发展出

① A. Foucher, *L'art gréco-bouddhique du Gandhâra*, Vol. Ⅰ, Paris: Imprimerie Nationale, 1905, pp. 56-59.

② V. N. Aiyar, *Tahkal Bala*, *Archaeological Survey of India Frontier Circle*, *Annual Report*, 1916-1917, pp. 5-6; E. Errington, "Tahkāl: The Ninteenth Century Record of Two Lost Gandhāra Sites", *Bulletin of the School of Oriental and African Studies*, 50, No. 2, 1987, pp. 301-324.

③ A. Foucher, *La Vieille Route de l'Inde de Bactres à Taxila* (*Mémoires de la délégation archéologique française en Afghanistan*, Ⅰ), Vol. 1, Paris: Éditions d'Art et d'Histoire, 1942, pp. 83-98. 复原图参见 S. Mizuno, *Haibak and Kashmir-Smast Buddhist cave-temples in Afghanistan and Pakistan surveys in* 1960, 1962, Kyoto: Kyoto University, p. 58, Fig. 162.

④ P. Callieri, "Buddhist Presence in the Urban Settlement of Swāt, Second Century BCE to Fourth Century CE", in Pia Brancaccio and Kurt A. Behrendt eds., *Gandharan Buddhism: Archaeology*, *Art*, *Texts*, Vancouver: UBC Press, 2006, pp. 60-82; Luca M. Olivieri, "The Last Phases at Barikot: Domestic Cults and Preliminary Chronology. Data from the 2011-2012 Excavation Campaigns in Swat", *Journal of Inner Asian Art and Archaeology*, 6, 2011, pp. 1-40; W. Rienjang, "Religious environs in the Buddhist(?) towns of Taxila", *Gandharan studies*, Vol. 4, 2011, pp. 203-244.

了塔(院)—僧院组合模式:基本元素即为礼拜区域塔(院)和居住区域僧房(院),佛塔方面呈现出体量、数量两方面的增长,僧院方面也呈现出体量、功能两方面的发展。

图3　巴里果德的巴兹拉地区新发现佛寺倒"U"形佛殿俯视图(局部)①

图4　库拉塔萨洞窟发现的佛教壁画(局部)②

　　未来,随着犍陀罗地区更多新的佛寺材料的出土——例如新近的巴里果德的巴兹拉(Bazira)地区新发现的佛寺倒"U"形佛殿(图3),在考古材料积累到一定程度的基础上,利用经过较为科学发掘的古代佛寺材料,结合图像中的犍陀罗佛寺状况——例如库拉塔萨(Kula Tassa)洞窟发现的佛教壁画(图4),我们可以尝试对犍

---

　　①　信息来自 https://www. dawn. com/news/1664783;https://www. livescience. com/early-buddist-temple-pakistan。

　　②　M. Nasim Khan, *Buddhist Paintings in Gandhara*, Peshawar:Printo Graph, 2000, p. 30, Fig. 25. 此书的电子版和相关图片来自邵学成博士,谨致谢忱。

陀罗地区的塔克西拉、白沙瓦、斯瓦特等地数量众多、年代差异较大、功能多样的古代佛寺进行形制布局方面的全面梳理和分析,从这一方面入手对犍陀罗佛寺与佛教发展历史进行探究,无疑具有重要的历史意义和学术价值,也是践行"一带一路"发展战略背景下,进一步深入认知丝绸之路沿线国家和地区文明及其与周边地区文化交流的重要途径。

(作者单位:中国人民大学国学院西域历史语言研究所)

试论鲁迅先生"文学自觉"的时代问题
及陶渊明"自娱"说

张骏翚　张　海

本文要讨论的鲁迅先生"文学自觉"的时代问题,是基于其所提"文学自觉"与曹丕紧密联系在一起而生发的。

"文学自觉"这个概念在中国学界的第一次提出,是鲁迅先生1927年在广州的讲演稿《魏晋风度及文章与药及酒之关系》中:

> 孝文帝曹丕,以长子而承父业,篡汉而即帝位。他也是喜欢文章的。其弟曹植,还有明帝曹叡,都是喜欢文章的。不过到那个时候,于通脱之外,更加上华丽。丕著有《典论》,现已失散无全本,那里面说:"诗赋欲丽","文以气为主"。……

> 后来有一般人很不以他的见解为然。他说诗赋不必寓教训,反对当时那些寓训勉于诗赋的见解,用近代的文学眼光来看,曹丕的一个时代可说是"文学的自觉时代",或如近代所说是为艺术而艺术(Art for Art's Sake)的一派。①

显然,鲁迅先生之所以得出"曹丕的一个时代可说是'文学的自觉时代'"这一结论的一个重要证据,同时也是其立论的基本逻辑前提就是曹丕的诗学(文学)观:"他(曹丕)说诗赋不必寓教训,反对当时那些寓训勉于诗赋的见解。"

鲁迅先生说的曹丕当时那个"寓教训""寓训勉于诗赋的见解",指的其实就是由《毛诗序》所建立的儒家那种把诗(文学)当作政教功用之工具的传统文学观(诗教观):

> 诗者,志之所之也,在心为志,发言为诗。情动于中而形于言,言之不足故嗟叹之,嗟叹之不足故永歌之,永歌之不足,不知手之舞之,足之蹈之也。

> 情发于声,声成文谓之音。治世之音安以乐,其政和;乱世之音怨以怒,其政乖;亡国之音哀以思,其民困。故正得失,动天地,感鬼神,莫近于诗。先王

---

①　鲁迅《魏晋风度及文章与药及酒之关系》,《而已集》,《鲁迅先生全集》卷三,中国文联出版社2013年版,第431页。

以是经夫妇,成孝敬,厚人伦,美教化,移风俗。①

而鲁迅先生所说曹丕对这种传统文学观的"反对",则主要体现于《典论·论文》中他直接谈及文学价值和地位的一段文字:

> 盖文章,经国之大业,不朽之盛事。年寿有时而尽,荣乐止乎其身,二者必至之常期,未若文章之无穷。是以古之作者,寄身于翰墨,见意于篇籍,不假良史之辞,不托飞驰之势,而声名自传于后。②

对曹丕这种于传统"寓教训""寓训勉于诗赋的见解"的"反对"之功,张少康、刘三富所著《中国文学理论批评发展史》较鲁迅先生更有一大段充分肯定、分析的文字,兹录于下:

> 曹丕这里所说的文章价值,其观念和传统儒家的文章价值观,是完全不同的。按照儒家立德、立功、立言三不朽的原则,立言是次于立德、立功而居于最末的地位。但是,曹丕则把它提到了比立德、立功更重要的地位,认为只有文章才是真正不朽的事业,可以使作者声明传之于无穷,而其他一切都是有限的。这种文章价值观是对传统思想的重大突破,它对文学创作和文学理论批评发展的意义是十分巨大的。他不再把文学看作是政治教化之工具,所谓"经国之大业"的具体内容,也并非是指儒家之礼义,而是指实际的治国之理论与见解。……这样,由于文章地位的空前提高,必然也就会对文字写作进行专门的深入的研究,从而使文学理论批评的重心由探讨文学的社会教育作用,而转入研究文学本身的创作规律与各类问题的特征,促进了文学理论批评的深入,并出现了一个繁荣发展的高潮时期。③

由此我们可以更清楚地看到曹丕文论的重要意义。

但问题在于,鲁迅先生所说"文学的自觉",与曹丕对传统"寓教训""寓训勉于诗赋的见解"的"反对"是否就具有那种逻辑上的必然联系呢? 按鲁迅先生的看法,是有此逻辑上的必然联系的。

而关于这个"文学的自觉",鲁迅先生紧接着又补充说明了一句话:"或如近代所说是为艺术而艺术(Art for Art's Sake)的一派。"什么叫为艺术而艺术? 亦即非功利的纯文学、纯艺术观。那按鲁迅先生的逻辑,则曹丕的文学观,亦即这种为艺术而艺术,非功利的纯文学、纯艺术观了。

---

① 郭绍虞《中国历代文论选》第一册,上海古籍出版社 1979 年版,第 63 页。
② 郭绍虞《中国历代文论选》第一册,上海古籍出版社 1979 年版,第 159 页。
③ 张少康、刘三富《中国文学理论批评发展史》,北京大学出版社 1995 年版,第 172 页。

那么,问题在于,曹丕的文学观,究竟是不是这种非功利的纯文学观呢? 对此,张少康、刘三富有不同的观点,他们认为:

> 鲁迅先生说当时是一个"为艺术而艺术"的时代(《魏晋风度及文章与药及酒之关系》),这样讲也许有点过分,因为魏晋虽重艺术,但和不问内容唯求形式之美的倾向还是不同的。①

这里且不论曹丕的创作,只看看其《典论·论文》中体现的文学思想,尤其是鲁迅先生所说的"他说诗赋不必寓教训,反对当时那些寓训勉于诗赋的见解"那段文字(前已引出,兹不赘述),即可看到:其实,在曹丕那里并不存在着所谓非功利的纯文学、纯艺术观。

曹丕所说"盖文章,经国之大业,不朽之盛事",将文章之事(文学)与经国大业相比附,认为作者由此可以"不假良史之辞,不托飞驰之势,而声名自传于后",并成为"不朽之盛事"。这番话,包括两个方面的意思:一是把文学的地位空前提高,二则认为文学本身即可令人至于声名不朽,也有空前重要的意义。但显然还不能因此就得出曹丕具有非功利的纯文学观这一结论。

实际上,曹丕这一论调的实质,仍然属于一种功利态度和功利价值的趋求。相较他人,曹丕只是由把文学视为实现政教功用的手段,文学的价值、意义依附于政教功用之实现而存在,发展到认为文学具有独立于政教功用之外的地位、价值和意义而已。但这个独立,跟纯文学观并没有直接关联。因此,如果由"纯文学观"出发而认为"曹丕的一个时代可说是'文学的自觉时代'",显然还值得商榷。

那么,究竟什么时候才有所谓非功利的纯文学观的出现呢? 我的回答是,直到陶渊明那里才产生了这一观念;而这就是陶渊明提出的文学"自娱"说。

当然,陶渊明并不是严格意义上的诗论或文论家,也没有明确的诗学或文学主张,但在其文学创作中,却实际上涉及了"自娱"说这一文学主张的提出。具体言之,"自娱"一说在陶渊明那里凡两见,一是其《五柳先生传》云:"常著文章自娱,颇示己志。"②二是其《饮酒》组诗前有小序谓:"既醉之后,辄题数句自娱,纸墨遂多。辞无诠次,聊命故人书之,以为欢笑尔。"③

综合两处文献可以看到,陶渊明之所以进行文学创作的动机与目的,丝毫不存在用以实践文学的政教功用,也没有刻意张扬文学的崇高地位与价值的意思,而仅仅在于"自娱","以为欢笑",其次就是"颇示己志";当然,这个"己志",其实也就是

---

① 张少康、刘三富《中国文学理论批评发展史》,北京大学出版社1995年版,第163页。
② 逯钦立《陶渊明集》,中华书局1979年版。
③ 逯钦立《陶渊明集》,中华书局1979年版。

自娱的人生态度之表达和完成:在此意义上,"自娱""以为欢笑"与"颇示己志"完全是一体的。也正因为此,诗人的创作状态是极其随意、散漫,也是极其自由的,以至于造成创作完成之后"辞无诠次"的情形。

可以这样说,陶渊明的"自娱"说,才真正在理论层面将文学或文学创作主体从之前曹丕所高度肯定的文学的社会地位,以及对某种价值与意义的追求中解脱出来,而给予主体以充分的创作之自由,由此也才在真正意义上进入了非功利的纯文学观的表达以及纯文学的创作活动中。

因此,如果按照鲁迅先生所讲的具有非功利内涵的文学理论与文学自觉的逻辑关系,要从这一理论层面讨论文学自觉的话,那么,在文学自觉时代问题上只能得出这样一个结论,即,这种非功利意义上的文学自觉并不是在曹丕那个时代,而是到陶渊明这里,才真正完成了的。当然,这并没有否认在曹丕的时代已经有了文学的自觉。实际上,除了非功利内涵的文学理论层面外,在作家群体、文体的辨析、文学观念的独立、对文学价值的重视等方面,都已有了文学自觉的突出表现。

而且,在陶渊明这里的所谓纯文学观的体现,不仅在其理论上"自娱"说的提出,更在其创作本身以及他的人生活动。就前者言,就是他的自然平淡诗风的表达;就后者言,则是其隐逸的人生态度和实践。本文就此略作讨论一二。

先来谈谈陶渊明自然平淡的诗风。世人论陶,皆在一个"淡"字,或曰平淡,或云冲淡,大旨不差。如葛立方《韵语阳秋》云:

> 陶潜、谢朓诗皆平淡有思致,非后来诗人怵心刿目雕琢者所为也。[1]

《竹庄诗话》亦引秦少游语而云:

> 陶潜、阮籍之诗,长于冲淡。[2]

陶渊明处的"淡"风,可从两方面把握,一是与自然(此乃指作为世界存在方式的自然形态,而非自然而然或朴素自然之义的自然)的关系,一是它所体现的审美旨趣。

先看这种平淡风气与自然的关系。《竹庄诗话》曾引《龟山语录》云:

> 渊明诗所不可及者,冲淡深精出于自然,若曾用力学,然后知渊明诗非著力之所能成。[3]

自然的特征即有朴素冲淡之义,但于作为主体的诗人来说,面对同样的自然,

---

[1]　葛立方《韵语阳秋》卷一,何文焕《历代诗话》下册,中华书局1981年版。
[2]　何溪汶《竹庄诗话》卷五,中华书局1984年版。
[3]　何溪汶《竹庄诗话》卷四,中华书局1984年版。

却因种种原因,而有不同的审美表现。

陶渊明有诗云,"久在樊笼里,复得返自然"。这里的"自然",显然是作为与"樊笼"——亦即向来作为古代文人价值取向的、传统的"仕"途——相对而言的另一种价值选择。由是,陶渊明之所以作出如此选择,既非来自仕途的挫折,亦不是有人说的"耻复屈身后代"①或"耻事二姓"②,乃"性本爱丘山"之性而已矣,即范晔之所谓"性分所至"③是也。故颜延之谓其"道不偶物,弃官从好"④;于陶渊明而言,"弃官从好"是也,但"道不偶物"则非也。另一方面,如前所说,陶渊明最终选择的是虽同属自然,却又与山林旨趣迥然的田园。应该说,相较于山林,田园的存在形态,在更大程度上体现了自然与俗世社会的交融一体。选择田园,遂也象征了既对自然,又对俗世社会同样而有的不离不弃:由此,更进一步,在诗人陶渊明的眼里,作为世界存在方式之一的田园也好,还是喧闹的俗世社会也罢,最终都只是"自然"之义了;如此,则诗人又无适而非自然了。自然之义,即一"真"字。因此,《冷斋夜话》遂有云:

> 东坡每曰:古人所贵者,贵其真。陶渊明耻为五斗米屈于乡里小儿,弃官去;归久之,复游城郭,偶有羡于华轩。⑤

这种自然,这种真,传达于文学领域,则形成其自然平淡之风:这是由其为人为文之统一使然。故,于陶渊明,其为人从自然之性而"弃官从好"于田园之中,其为文则不过"以其平昔所行之事赋之于诗"⑥,乃"不为诗,写其胸中之妙耳"⑦,故从容平淡。

但还须注意的是,显现于陶渊明艺术层面的自然平淡,又绝不能被简单理解为对生活的原生态表现,而当视为对原生态生活现实的深心认同与最终超越。"不以躬耕为耻,不以无财为病"⑧,在躬耕、无财的现实生活中,获得精神上的欣然自得,这就是出于自然而又同于自然的自然平淡之境。达到此境的诗文作品,遂有"真意"存焉;对此"真意"的审美鉴赏和体味之结果,即是获得如张戒所说的那种"味":

---

① 沈约《宋书·隐逸列传》,中华书局排印本 1974 年版。

② 葛立方《韵语阳秋》卷五,何文焕《历代诗话》下册,中华书局 1981 年版。

③ 范晔《后汉书·逸民列传》,中华书局排印本 1965 年版。

④ 颜延之《陶征士诔(并序)》,严可均《全上古三代秦汉三国六朝文·全宋文》卷三八,中华书局 1991 年版。

⑤ 惠洪《冷斋夜话》卷一,《四库全书》影印本,上海古籍出版社 1987 年版。

⑥ 许顗《彦周诗话》,何文焕《历代诗话》上册,中华书局 1981 年版。

⑦ 陈师道《后山诗话》,何文焕《历代诗话》上册,中华书局 1981 年版。

⑧ 萧统《陶渊明集序》,北京大学北京师范大学中文系、北京大学中文系文学史教研室《陶渊明资料汇编》上册,中华书局 2004 年版。

陶渊明之诗,专以味胜。①

味有不可及者,渊明是也。渊明"狗吠深巷中,鸡鸣桑树颠""采菊东篱下,悠然见南山",此景物虽在目前,而非至闲至静之中则不能到,此味不可及也。②

杨万里《诚斋诗话》亦有云:

五言古诗,句雅淡而味深长者,陶渊明、柳子厚也。③

当然,作为中国古代文艺美学传统中的一个重要概念,"味"的内涵及演变历程十分复杂,可详见皮朝纲先生《中国古代文艺美学概要》一著④。从中可知,魏晋南北朝时期,有关"味"的理论探讨和界定,已大致成熟。与陶渊明相去或前或后不远的理论家陆机及刘勰都曾谈到有关"味"的问题:陆机提出了文学创作中的"遗味"⑤问题,而刘勰则更明确地提出"深文隐蔚,余味曲包"⑥的诗学主张,强调为文当"物色尽而情有余"⑦。显然,这些观点,都看到了文学作品必须具有一种含蓄蕴藉、吟咏不尽的余味,即"含不尽之意"⑧,亦即苏轼所谓"质而实绮,癯而实腴"⑨"外枯中膏,似淡实美"⑩,或姜夔"淡而腴"⑪的意思。

陶渊明诗之平淡有"味",其关键实乃在人生与创作的融为一体。文学创作不过是其识尽滋味的"乐夫天命复奚疑"⑫的人生的一部分而已,故其人生与创作看似二,实为一:

环堵萧然,不蔽风日;短褐穿结,箪瓢屡空,晏如也。尝著文章自娱颇示己志。⑬

也正由此,"士大夫学渊明作诗,往往故为平淡之语,而不知渊明制作之妙已在其中矣"⑭,没有对人生的平淡经验和体认,"故为平淡之语"的创作,肯定是不可能

① 陈应鸾《岁寒堂诗话笺注》卷上,四川大学出版社 1990 年版。
② 陈应鸾《岁寒堂诗话笺注》卷上,四川大学出版社 1990 年版。
③ 杨万里《诚斋诗话》,丁福保《历代诗话续编》上册,中华书局 1983 年版。
④ 皮朝纲《中国古代文艺美学概要》,四川省社会科学院出版社 1986 年版。
⑤ 陆机《文赋(并序)》,萧统《文选》卷一七,中华书局影印本 1987 年版。
⑥ 范文澜《文心雕龙注·隐秀》,人民文学出版社 1958 年版。
⑦ 范文澜《文心雕龙注·物色》,人民文学出版社 1958 年版。
⑧ 陈应鸾《岁寒堂诗话笺注》卷上,四川大学出版社 1990 年版。
⑨ 何汶《竹庄诗话》卷四,中华书局 1984 年版。
⑩ 李颀《古今诗话》,郭绍虞《宋诗话辑佚》上册,中华书局 1980 年版。
⑪ 姜夔《白石道人诗说》,何文焕《历代诗话》中册,中华书局 1981 年版。
⑫ 陶渊明《归去来兮辞》,萧统《文选》卷四五,中华书局影印本 1987 年版。
⑬ 陶渊明《五柳先生传》,逯钦立《陶渊明集》,中华书局 1979 年版。
⑭ 周紫芝《竹坡诗话》,何文焕《历代诗话》上册,中华书局 1981 年版。

获得"句雅淡而味深长"的艺术效果的。所以,从文学接受角度言,方有黄庭坚"血气方刚时,读此诗(指陶诗)如嚼枯木。及绵历世事,如决定无所用智"①的评语。

关于平淡境界的追求,苏轼曾云:

> 大凡为文,当使气象峥嵘,五色绚烂,渐老渐熟,乃造平淡。②

葛立方亦云:

> 大抵欲造平淡,当自组丽中来,落其华芬,然后可造平淡之境。③

不过,实际上,就陶渊明人生经历——其实每个人都如此——来说,可谓其由绚烂而至于平淡,但要以此论其诗学,却有不当之处。

而有关陶渊明的隐逸生活、隐士身份与其文学创作的关系,则历来争议很大。如刘克庄所云:

> 士之生也,鲜不以荣辱得丧挠败其天真者。渊明一生惟在彭泽八十余日涉世故,余皆高枕北窗之日。无荣恶乎辱,无得恶乎丧,此其所以为绝唱而寡和也。④

此认为陶就是一个隐士,陶的隐逸行事同其文学创作是全然和谐地融合在一起的。但另一方面,又有相当多的论者提出了相反的意见。如黄彻便曾指出:

> 世人论渊明,皆以其专事肥遁,初无康济之念,能知其心者寡也。尝求其集,若云:"岁月掷人去,有志不获骋。"又有云:"猛志逸四海,骞翮思远翥。荏苒岁月颓,此心稍已去。"其自乐田亩,乃眷怀不得已耳。⑤

元代刘埙在《隐居通议》更进一步认为:

> 世以陶公为幽人隐士,非也。身逢禅代,悲愤不自胜,欲如孔明绍休汉室,思致中兴,而世无英雄如昭烈者可与兴复。既不可为,则姑自放于诗酒而已。晚年以字为名,而别更其字曰元亮,景慕孔明,意可概见。或者但见其弃官彭泽,归逸柴桑,遂以幽隐待之,误矣。⑥

由前面的论述,我们可知这两方面的意见都没有真正理解、把握陶渊明,没有

---

① 葛立方《韵语阳秋》卷三,何文焕《历代诗话》下册,中华书局 1981 年版。
② 周紫芝《竹坡诗话》,何文焕《历代诗话》上册,中华书局 1981 年版。
③ 葛立方《韵语阳秋》卷一,何文焕《历代诗话》下册,中华书局 1981 年版。
④ 《陶渊明集·总论》,《四库全书》影印本,上海古籍出版社 1987 年版。
⑤ 黄彻《䂬溪诗话》卷八,丁福保《历代诗话续编》上册,中华书局 1983 年版。
⑥ 刘埙《隐居通议》卷八,《四库全书》影印本,上海古籍出版社 1987 年版。

看到陶渊明仕或隐的选择背后那种对自由、自然天性满足的渴望和追求,由此,在其文学创作中,无论是写隐居生活的平淡、悠闲、自在,还是写其中遭遇的贫穷、困顿、尴尬,或写念念不忘的少年猛志、政治之事等,其实并没截然之不同,因为诗人从没脱离过世俗社会,他的隐逸选择不是如前人那样在自己与世俗社会之间划出一道鸿沟,而仅仅是以隐逸之方式与世俗社会融合一体而已。也由此,在陶渊明那里,创作不外是他对自己生活所历的娓娓道出而已。故,"自然平淡"四字最能道出他的文学风格:"方宅十余亩,草屋八九间。榆柳荫后檐,桃李罗堂前。暧暧远人村,依依墟里烟","种豆南山下,草盛豆苗稀。晨兴理荒秽,带月荷锄归。道狭草木长,夕露沾我衣"①是自然平淡;"风雨纵横至,收敛不盈廛。夏日长抱饥,寒夜无被眠"②也是自然平淡;"精卫衔微木,将以填沧海。刑天舞干戚,猛志固常在"③以及"说当时政治的"④的《饮酒》等同样是自然平淡。其实,亦一句话,"见万象森罗,莫非真境"⑤是也。显然,这种自然平淡境界,不是刻意追求而至,而是诗人抱着一种置身人世的淡泊心境,自在自得地观察与传达所致。

较之同时的谢灵运,他们二人都有向自然以求心灵安顿的追求,表现于文学创作则如朱自清先生所云,"陶诗教给人怎样赏味田园,谢诗教给人怎样赏味山水,他们都是发现自然的诗人"⑥,看似不过是山水与田园的分别而已。但这种分别其实只是现象上的,而实有质的不同:谢灵运那里的主体心灵与自然山水(或曰山林)最终是对立的,刻意之"隐"遂只是"泄"现实生活中郁郁不得志的手段和方式,而陶渊明则不然,因其没有了主体与外在现实的冲突和矛盾,则喧闹的入境已完全足以安顿下那颗"性本爱丘山"的心灵。

就思想渊源上讲,陶、谢二人都接受有老庄自然思想的影响,但由于他们在仕隐、出处问题上的全然不同,使得他们最终在诗学主张及追求上大异其趣。徐复观曾谈及:

> 老庄思想,尤其是庄子的自然思想,在文学方面的成熟、收获,只能首推陶渊明的田园诗了。⑦

---

① 陶渊明《归园田居》,逯钦立《陶渊明集》,中华书局 1979 年版。

② 陶渊明《怨诗楚调示庞主簿邓治中》,逯钦立《陶渊明集》,中华书局 1979 年版。

③ 陶渊明《读〈山海经〉》,逯钦立《陶渊明集》,中华书局 1979 年版。

④ 鲁迅《魏晋风度及文章与药及酒之关系》,《而已集》,《鲁迅先生全集》卷三,中国文联出版社 2013 年版,第 443 页。

⑤ 葛立方《韵语阳秋》卷四,何文焕《历代诗话》下册,中华书局 1981 年版。

⑥ 朱自清《经典常谈》,生活·读书·新知三联书店 1980 年版。

⑦ 徐复观《中国艺术精神》,华东师范大学出版社 2001 年版,第 137 页。

　　这个"文学方面的成熟、收获",其实不止文学实践层面,还当包括文艺学,或曰诗学方面的内容。

　　综上可见,非功利的观念,贯彻了陶渊明整个人生,从其人生态度、人生活动,到文学层面(又包括文学观念和文学创作),在非功利问题上,这几者是浑然统一为一体的。如此全面观照和讨论,才能彻底理解为什么要说非功利意义上的文学自觉是到陶渊明那里才真正出现了的。

(作者单位:四川师范大学文学院)

行状的内容及其演变

杨向奎

明代王行将墓志的主要内容总结为讳、字、姓氏、乡邑、族出、行治、履历、卒日、寿年、妻、子、葬日、葬地"十三事"①，行状和墓志相类，也有较为稳定的内容，除葬日、葬地外，其他十一个方面，都是行状的主要内容。有关行状内容的研究相对少而且不够系统，本文试图在前人研究的基础上，对行状主要内容的形成与演变进行爬梳，以达到更加深入认识行状文体的目的。

一、行状的主要内容

关于行状，徐师曾云："盖具死者世系、名字、爵里、行治、寿年之详，或牒考功太常使议谥，或牒史馆请编录，或上作者乞墓志碑表之类皆用之。"②其中，世系、名字、爵里、行治、寿年等，都是徐氏认为的行状的主要内容。爵里，即官爵和乡里。行治，应包含行谊治绩、品质才能等。以此来观察早期男性行状，若合符契。如任昉撰《齐竟陵文宣王行状》，开头的"祖太祖高皇帝，父世祖武皇帝"，即为世系；"南徐州南兰陵郡县都乡中都里萧公年三十五行状"一句中，包含了名字、乡里、寿年等内容；"公道亚生知，照邻几庶。孝始人伦，忠为令德，公实体之，非毁誉所至"等，讲的是行治中的品质；从"初，沈攸之跋扈上流，称乱陕服"开始，重点在写官爵和行治中的行谊治绩、才能等③。

这些主要内容，一般情况下都不可或缺。何焯在论说行状时云："首行必书年几岁……《柳河东集》中此体仅存。韩、李为人所刊削，汩乱矣。"姚鼐针对此评论曰："何论太拘。昌黎业以董公乡邑年纪叙入行状之内，则知首行本未题列，非人汩乱也。惟《王荆公集》内行状三篇，不载人祖、父，此必列文前，而雕本者乃妄削去之矣。"④何焯说的是首行必书寿年，而姚鼐兼涉爵里、世系等，二者的分歧仅在于列之文前，还是书于文内，但这些内容不可或缺，对此两人认识却是一致的。若行状文

---

① 朱记荣辑《金石全例》，北京图书馆出版社 2008 年版，第 257 页。
② 徐师曾著、罗根泽校点《文章明辨序说》，人民文学出版社 1982 年版，第 148 页。
③ 萧统编、李善注《文选》，上海古籍出版社 1986 年版，第 2571 页。
④ 姚鼐编、边仲仁标点《古文辞类纂》，岳麓书社 1988 年版，第 534 页。

没有这些内容，宁愿相信是被人所刊削，也不相信是撰者所未写。

纵观历代行状，世系、名字、爵里、行治、寿年等确为行状不可或缺的内容，男性行状几无例外，女性行状也大致如此。如江淹撰《建平王太妃周氏行状》云："伏见国太妃，禀灵惟岳，集庆自远。世擅淮汝，族冠畴代。故以载曜声书，式炳滕牒矣。"其中"世擅淮汝，族冠畴代"，所指虽然模糊，但将之视为乡邑、世系也无不可，而题目中已有"周氏"二字，可视为名字。至于文中"若乃彤管女图之学，纂组绮缟之工，升降处谦之仪，柔静居顺之节，莫不中道若性，不严而成"，以及"而居尊以简，训卑以弘"等，分别书写了周氏婚前婚后的品质才能，可视为行治。女性行状无官爵、无行谊治绩，符合情理，但此文有卒年而无寿年，却是例外①。后代的女性行状绝大多数都比较完整了，如北宋胡宿撰《李太夫人行状》，世系、名字、乡邑、品质、寿年等就无一欠缺了②。

二、婚娶子女的增入

世系、名字、爵里、行治、寿年等，是行状稳定的内容，从早期到后期莫不必备，但有些内容却经历了从无到有的演变。黄宗羲在其《金石要例》"行状例"条云："行状为议谥而作与求志而作者，其体稍异。为谥者须将谥法配之，可不书婚娶子姓，柳州状段太尉、状柳浑是也；为求文者，昌黎之状马韩（笔者按，疑为汇之误）、柳州之状陈京、白香山之状祖父是也。"以请谥为目的的行状，文中可不书婚娶子女，而乞碑志的行状常常书之。就魏晋南北朝隋唐行状而言，黄氏的判断虽然不是定例，但将之视为常例却是没有问题的。除《金石要例》中所举例证外，《昭明文选》所收任昉撰《齐竟陵文宣王行状》，《全唐文》所收大部分请谥的行状，都是不书婚娶子女的③。《全唐文》（不含《唐文拾遗》等）中请谥而书婚娶子女者，仅有两篇。一是韩愈

---

① 胡之骥注，李长路、赵威点校《江文通集汇注》，中华书局 1984 年版，第 367 页。

② 曾枣庄主编《宋代传状碑志集成》，四川大学出版社 2012 年版，第 403 页。

③ 这些行状包括王勃撰《常州刺史平原郡开国公行状》，杨炯撰《中书令汾阴公薛振行状》《左武卫将军成安子崔献行状》，张说撰《兵部尚书代国公赠少保郭公行状》，独孤及《唐故尚书祠部员外郎赠陕州刺史裴公行状》，权德舆《故朝议大夫守太子宾客上轻车都尉赐紫金鱼袋赠太子太傅卢公行状》《太中大夫守国子祭酒颍川县开国男赐紫金鱼袋赠户部尚书韩公行状》《司徒兼侍中上柱国北平郡王赠太傅马公行状》，梁肃撰《朝散大夫使持节常州诸军事守常州刺史赐紫金鱼袋独孤公行状》，顾况撰《检校尚书左仆射同中书门下平章事上柱国晋国公赠太傅韩公行状》，吕温撰《银青光禄大夫守工部尚书致仕上柱国中山郡开国公食邑二千户赠陕州大都督博陵崔公行状》，李翱撰《故正议大夫行尚书吏部侍郎上柱国赐紫金鱼袋赠礼部尚书韩公行状》，元稹撰《故金紫光禄大夫检校司徒兼太子少傅赠太保郑国公食邑三千户严公行状》，沈亚之撰《唐故银青光禄大夫检校户部尚书左金吾卫大将军兼御史大夫上柱国河南县开国公食邑二千户赐紫金鱼袋赠太子少保柳公行状》，杜牧撰《唐故银青光禄大夫检校礼部尚书御史大夫充浙江西道都团练观察处置等使上柱国清河郡开国公食邑二千户赠吏部尚书崔公行状》《唐故尚书吏部侍郎赠吏部尚书沈公行状》，司空图撰《故宣州观察使检校礼部王公行状》等。

撰《故金紫光禄大夫检校尚书左仆射同中书门下平章事兼汴州刺史充宣武军节度副大使知节度事管内支度营田汴宋亳颍等州观察处置等使上柱国陇西郡开国公赠太傅董公行状》，文尾曰："娶南阳张氏夫人，后娶京兆韦氏夫人，皆先公终。四子：全道、溪、全素、灏。"①二是李翱撰《唐故金紫光禄大夫检校礼部尚书使持节都督广州诸军事兼广州刺史兼御史大夫充岭南节度营田观察制置本管经略等使东海郡开国公食邑二千户徐公行状》，文尾曰："前夫人渤海高氏，子皆夭，后夫人扶风窦氏，封国夫人。有子元弼，前右卫仓曹参军，以读书属文为业。"②而与此形成鲜明对比的是，凡为求文者，都书写婚娶子女，共有四篇，即黄宗羲《金石要例》所提到的韩愈撰《唐故赠绛州刺史马府君行状》，柳宗元撰《唐故秘书少监陈公行状》，白居易撰《故巩县令白府君事状》《襄州别驾府君事状》。由此可见黄氏判断之不诬。

但是，唐代以后这种格局被打破，为议谥而作的行状大多也书写婚娶子女了。徐铉代树丕所撰《故朝散大夫守礼部尚书柱国河内县开国男食邑三百户赐紫金鱼袋常公行状》，约作于后周显德五年（958），文尾曰："庶为实录，以俟易名。"可知为议谥而作，文中仅言"以嗣子方幼，诏中使监护其丧"，这还不能算书写了婚娶子女③。欧阳修撰《尚书户部侍郎赠兵部尚书蔡公行状》，文尾云："谨按赠兵部尚书，于令为三品。其法当谥，敢告有司。"可知为议谥而作，文中也不书婚娶子女④。但是这两篇只能算作例外，一是因为不书婚娶子女的行状并不多，二是同时期行状大都与这两篇不同。如宋祁所撰行状，明确为议谥而作的有 6 篇，6 篇都书写婚娶子女⑤。而且，《李郡王行状》曰："今葬有日，史臣被诏，次王行实。敢告有司，请循谥法。"据此可知是奉敕撰文。仍曰："王诸子中，璋、珣、玮先显。璋为神龙卫四厢都指挥使、眉州防御使、玮选尚福康公主，主待年前，拜为滨州刺史、驸马都尉。"⑥这在一定程度上反映了官方对婚娶子女书写的态度。另，李清臣撰《韩忠献公琦行状》也具有代表性。据文可知，此文用于请谥，撰者李清臣熙宁八年（1075）撰文时官"宣德郎、守太常寺、充集贤校理、同知太常礼院"，文中并有"礼官李清臣曰"等语句，而对韩琦夫人崔氏，以及六男、五女、六孙的详细罗列，反映出礼官对婚娶子女

---

① 董诰等编《全唐文》卷五六七，中华书局 1983 年版，第 6 册，第 5735 页。
② 《全唐文》卷六三九，第 7 册，第 6459 页。
③ 徐铉著、李振中校注《徐铉集校注》，中华书局 2018 年版，第 883 页。文尾云："此文与门生树丕作。"从而断定为代作。
④ 欧阳修著、李逸安点校《欧阳修全集》，中华书局 2001 年版，第 554 页。
⑤ 这 6 篇行状分别是《李郡王行状》《孙仆射行状》《杨太尉行状》《石少师行状》《冯侍讲行状》《姜副枢行状》，见曾枣庄、刘琳主编《全宋文》第 25 册。
⑥ 曾枣庄、刘琳主编《全宋文》，上海辞书出版社、安徽教育出版社 2006 年版，第 25 册、第 58 页。

书写的认识与实践①。

至于为求文而撰写的行状,书写婚娶子女的现象在宋元明清非常常见,翻阅相关文献便知,此处不再赘述。总之,黄宗羲的判断适用于魏晋南北朝隋唐行状,宋代以后就不适用了。宋代以后,无论是为议谥而作,还是为求文而作,书写婚娶子女成为行状的常例,除世系、名字、爵里、行治、寿年之外,婚娶子女也成了行状的主要内容。

为议谥而作的行状书写婚娶子女应是受到了为文而作行状的影响。墓志中书写婚娶较早,魏晋南北朝就开始了,子女的书写有一个发展演变过程。中唐以前,单书嗣子为主,中唐以后,诸子悉书成为墓志书写的主流。至宋,诸子、诸女、诸孙悉已是墓志关于后代书写的常见写法②。为文而作的行状以请托墓志为主要创作目的,势必会主动适应墓志创作的需求,墓志中书写婚娶子女,行状当然就提供相应内容了,这或许是为文而作的行状书写婚娶子女的主要原因。北宋以来,乞墓志碑表的行状成为主流,书写婚娶子女自然成了常见现象,常见现象深入人心,慢慢成了定式,为议谥而作的行状也就都书写婚娶子女了。再加上韩愈撰《董公行状》、李翱撰《徐公行状》所具有的示范意义,也为人们书写婚娶子女提供了事实依据。

三、世系、寿年书写位置的演变

除主要内容外,主要内容的排列顺序也是一个值得讨论的问题,排列顺序属于形式的范畴。据传世文献,早期行状的世系、名字、乡里、寿年等,大都罗列于文之前。上揭《齐竟陵文宣王行状》如此,唐代的许多行状也这样。如杨炯撰《中书令汾阴公薛振行状》,先写高祖、曾祖、祖、父之官职、爵位、赠官、谥号等,再接以"河东郡汾阴县薛振年六十二字元超状"一句,才算完成了文章的第一个层次③。独孤及撰《唐故尚书祠部员外郎赠陕州刺史裴公行状》,也是将状主曾祖、祖、父之官职、爵位、赠官、谥号等列于文前,然后再接以"绛州闻喜县崇庆乡太平里裴积年若干行状"一句④。其中"河东郡汾阴县薛振年六十二字元超状""绛州闻喜县崇庆乡太平里裴积年若干行状"里面包含了名字、乡里、寿年等信息。这个开头之后,文章就会重点书写状主的品德、才能、官职迁转、行谊治绩等,一般是按时间先后顺序书写,类似编年史。最后,文章会对状主之品行事迹进行总结,并表示上考功议谥或上作

---

① 《全宋文》,第 79 册,第 38 页。
② 参见拙著《中国古代墓志义例研究》,中国社会科学出版社 2018 年版,第 60—67 页。
③ 《全唐文》卷一九六,第 2 册,第 1985 页。
④ 《全唐文》卷三九三,第 4 册,第 3994 页。

者请撰文的意愿。

这种先写世系、后接某某状的结构模式可能受到过中正官向吏部提供资料的影响。据唐长孺先生研究，中正的任务是品第人物，以备政府用人的根据。一般官职的授受，都要经过中正审查这一道手续。中正给吏部提供的资料有三项，一是家世，二是状，三是品。家世中正那里具有记录，中正的状是一种总的评语，品是根据状决定的①。中正的状虽是总的评语，但对状主的品行事迹是了解的，这点应该毋庸置疑。北魏孝明帝正光五年（524）冬甄琛卒，吏部郎袁翻在驳甄琛谥议文中，对今昔请谥进行了对比，过去"凡薨亡者，属所即言大鸿胪，移本郡大中正，条其行迹功过，承中正移言公府，下太常部博士评议，为谥列上"，而"今之行状，皆出自其家，任其臣子自言君父之行，无复相是非之事。臣子之欲光扬君父，但苦迹之不高，行之不美，是以极辞肆意，无复限量"②。过去行状由中正提供，今则由私家提供，私家行状与中正行状之间存在前后继承关系。而中正向吏部提供家世、状、品，以作政府用人之根据，中正向太常提供状主相关信息，以作请谥之根据，这二者具有很强的相似性。中正向吏部提供的是家世和总的评语，私家向考功太常提供的是家世加品行事迹，而中正总的评价是以品行事迹为基础的，二者结构都是"世系＋状"。中正向吏部提供资料的过程和方式，影响到中正向太常提供资料的过程和方式，中正向太常提供资料的过程和方式进而影响到私家向太常提供资料的过程和方式，这种传递式影响发生的可能性是存在的。

除将世系、名字、乡里、寿年等列于文前外，还有书于文内的情况。检视唐代行状就有几例，如韩愈撰《唐故赠绛州刺史马府君行状》，未列世系于文前，却将寿年也书于文后。白居易撰《故巩县令白府君事状》《襄州别驾府君事状》也大略如此。至于世系什么情况列于文前，什么情况书于文内，大致有规律可循。乾隆年间著名学者沈彤在其《与沈六如论东湖行述书》一文中云："凡所状之曾祖、祖、父与其乡贯，有列于状之前者，将以上太常史馆议谥编录，任彦升之状萧子良，韩退之之状董晋，柳子厚之状柳浑、陈京是也；有疏于状之内者，将以托文章家撰著碑志，韩退之之状马汇、苏子瞻之状其祖序是也。"③据此段文字，上太常议谥、上史馆编录的情况下，世系等列于状之前，请托碑志时，世系书于文之内。纵观六朝隋唐行状，沈氏的判断虽然不能称作定例，但称作常例是没有问题的。韩愈状

---

① 唐长孺《九品中正制度试释》，见《唐长孺文集·魏晋南北朝史论丛》，中华书局 2011 年版，第102 页。

② 魏收《魏书》卷六十八，中华书局 1974 年版，第 4 册，第 1516 页。

③ 沈彤《果堂集》卷四，《清代诗文集汇编》编纂委员会编《清代诗文集汇编》第 264 册，上海古籍出版社 2010 年版，第 377 页。

马汇,白居易状其祖锽、父季庚,确都是为了请托碑志。之所以仅能算作常例,不敢称作定例,那是因为有特例存在。沈彤所谓柳子厚之状陈京以上太常史馆议谥编录,恐有误。柳宗元撰《唐故秘书少监陈公行状》,柳集和清编《全唐文》均有收录,曰:"公姓陈氏,自颍川来,隶京兆万年胄贵里,讳京。"文尾又曰:"宗元,故集贤吏也,得公之遗事于其家,书而授公之友,以志公之墓。"①可知该篇是为请托墓志而撰无疑,沈彤误。而此篇之世系、名字、乡邑、寿年等皆列于文前。请托碑志也列于文前,有违沈氏的判断。但唐代行状大多如沈彤所云,一个反例还不足以影响结论。

北宋以后,以请托碑志为主要创作目的的行状增多,世系书于文内的行状篇数自然也随之增加,这就从总体上打破了六朝隋唐时期世系主要列于文前的格局。但具体层面上,上太常议谥书世系于文前、托文章家撰著碑志书于文内的基本规律并无大的转变。有上太常而不列世系于文前者,数量毕竟不多,而且需要谨慎判断。上文引用的姚鼐评论何焯的话,有"惟《王荆公集》内行状三篇,不载人祖、父,此必列文前,而雕本者乃妄削去之矣"句,颇值得注意。对那些文前无世系,文中也无或有而语焉不详的行状需仔细研判。王安石所撰三篇行状中,《尚书兵部员外郎知制诰谢公行状》《彰武军节度使侍中曹穆公行状》两篇可知不为请谥,前篇状主谢绛官品不够请谥资格,后篇文中有"皇帝为罢朝两日,赠侍中,谥曰武穆"句,已赐谥,无需再请②。故此两篇世系是否如姚鼐所言,为雕本者妄删,尚不敢遽断。但《鲁国公赠太尉中书令王公行状》一篇,据上下文,可证姚鼐无误。开篇曰:"公讳德用,字元辅。其先真定人也。世以财雄北边,而蒋公、刑公皆倜傥喜赴人急,岁饥所活以千计。武康公当太宗时,贵宠任事……"③此处"蒋公""刑公""武康公"是谁,没有前文,是不好这样"横空出世"的。由此判断前有妄削之文,当为不枉。如此这般,情况就很复杂,如宋祁所撰行状,无论请谥与否,文前均无世系,但仔细研读,却不能轻易判定世系书于文内。如《杨太尉行状》曰:"公之曾高,燕蓟人也。家习武经,世封勇爵。暨先正令公,事太宗皇帝,亲信甚笃,谨干见称。"④《石少师行状》云:"公讳中立,字表臣。年十三,居仆射丧,毁而慕。"⑤没有前文的交待,"正令公""仆射"也都颇令人费解。此种情况下也就不敢断定是世系书于文内。排除掉这些难以判断的,在宋代,请谥而将世系书于文内的情况就更为少见了。

---

① 柳宗元著,尹占华、韩文奇校注《柳宗元集校注》,中华书局 2013 年版,第 546 页。
② 《全宋文》卷一四〇九,第 65 册,第 76 页。
③ 《全宋文》卷一四〇九,第 65 册,第 79 页。
④ 《全宋文》卷五二四,第 25 册,第 65 页。
⑤ 《全宋文》卷五二四,第 25 册,第 70 页。

而另一方面,请托墓志的行状,反而将世系列于文前,这种情况却更容易检得。如司马光撰《故处士赠尚书都官郎中司马君行状》,在"君讳沂"之前有"曾祖林、祖政、父炳,皆不仕"的内容,虽然简单,但也是列于文前①。再如苏过撰《河东提刑崔公行状》,文尾曰:"乃状其行事,以告当世君子,庶几采摭以志其墓云尔。""公讳钧"前云:"曾祖讳裔,故赠工部侍郎。祖讳峄,故任刑部侍郎,赠特进。考讳度,故任朝散大夫,累赠宣奉大夫。"②毫无疑问,是为请托墓志而撰行状,世系列于文之前。总之,翻检相关文献,这类情形相对较多,此处不再赘述。

请议谥书世系于文前,乞撰文书世系于文内,虽然这种基本格局在唐宋没有太大变化,但是二者之间还是会发生互相渗透,这种渗透在宋代及其以后表现得更加明显,而在唐代表现较弱。同时二者的渗透不是平衡的,就世系书写位置这一点而言,请谥行状对乞文行状的影响更深入、更明显。请谥的行状是自下而上的上行文书,执行的是官方标准,乞文行状是人们交流的横向文书,遵循的是民间规范,请谥行状对乞文行状的渗透,反映出民间规范向官方标准的主动学习。

世系的位置保持了较为稳定的形态,但列于文前的寿年却是经历了一个由文前向文内的嬗变。魏晋隋唐请谥行状的寿年一般和乡邑、名字列于文前,形成"某州某县某乡某里某某某年若干状"这样的格式,但到了宋代,寿年逐渐隐退到文内。如杨亿撰《故翰林侍读学士正奉大夫尚书兵部侍郎兼秘书监上柱国江陵郡开国侯食邑一千三百户实封三百户赐紫金鱼袋赠兵部尚书杨公行状》,文前云:"建州浦城县乾封乡长乐里。杨徽之,字仲猷,年八十。"③"状"字已经消失,但寿年还在。尹洙撰《故中大夫守太子宾客分司西京上柱国陈留县开国侯食邑九百户赐紫金鱼袋谢公行状》,文前云:"本贯杭州富阳县章岩乡赤松里。谢涛,字济之,年七十四。"④仍是保持了寿年的书写。但到苏舜钦撰《推诚保德功臣正奉大夫守太子少傅致仕上柱国开国公食邑三千三百户食实封八百户赐紫金鱼袋赠太子太保韩公行状》,文前只罗列了世系,而乡邑、寿年都已隐于文内⑤。此后,本贯还有时会列于文前,但寿年列于文前者就比较少见了。如真德秀撰《显谟阁学士致仕赠龙图阁学士开府袁公行状》,"公讳燮"前云:"本贯庆元府鄞县。曾祖灼,左朝议大夫、尚书仓部郎中。姚石氏,封恭人……"曾祖、曾祖姚,祖、祖姚、父、姚一一罗列,但没有寿年⑥。寿年

---

① 《全宋文》卷一二二五,第56册,第261页。
② 《全宋文》卷三一〇三,第144册,第184页。
③ 《全宋文》卷二九七,第15册,第10页。
④ 《全宋文》卷五八八,第28册,第42页。
⑤ 《全宋文》卷八七九,第41册,第93页。
⑥ 《全宋文》卷七一八八,第314册,第33页。

从文前移于文内，和状主卒日放到一起，更符合逻辑，也有利于行文的凝练流畅，这可能是它迁移的主要原因。

结　语

行状主要内容的书写有一个逐渐增加的过程，婚娶子女的书写经历了一个演变：由只见于乞墓志碑表的行状，到请谥行状也详细书写，最后成为行状基本内容。演变背后有文体内部范式之间的相互影响，也有世俗观念、文本传播等因素的作用。世系、寿年的书写，一外一内，趋势相向而行：用于乞墓志碑表的行状受请谥行状的影响，有世系列于文前的走向，而寿年正好相反，由列于文前逐渐移向文内。这些变化大概与文体格式、行文需求相关。一向被视为格套的应用文体也有其产生、发展、演变的生动过程，也经历了礼仪制度、世俗观念、文章体制等因素的熔铸，作为研究对象，和通常认为的文学文体并无本质区别，应该受到一定的重视。

（作者单位：石河子大学文学艺术学院）

唐长安成都江陵交通三角及其文学意义[*]

李德辉

川陕交通在中古文学发展中发挥过重要作用。二十世纪以来,学界围绕其与文学的关系,开展了多方位的探讨,做出了成就的有石润宏、马强、梁中效、李珣、徐希平、李芳民等,经由他们的努力,这一研究推进到了精深的程度,可以考虑进一步的研究了。西南作为一个独立的文化区,交通与文学上有其独特性。如果改以交通圈的视角,会看到,其实是多条路线作用于同一地域。在唐五代,以长安、成都、江陵为中心,分明存在着一个水陆相连的交通三角,三百年来,无数文人经行于此,留下特色鲜明的诗文,具有交通文学的双重价值。过去一直是从单一路线论述的,本文改从交通圈的角度来把握,这么做,或许能让我们看到更多的东西。

本文研究的交通三角,是一个"交通—文学"的整体概念。其间的交通,是在长安、成都、江陵三地间的循环旅行。唐人在这些路线的旅行,有原路往返和另走一路两种情况。原路往返的不属研究对象,循环旅行才是考察范围。在唐代,除了出使外地、进京应举等遵原路往返外,其余都是去程走一路,回程走另一路。作者到达目的地后,不会事毕即返,而是要在那里生活一段时间,然后迁往他处,去程回程往往相隔数年。数年以后,作者已辗转到另一地,其回京自然不会走原路。这种情况也很多见,过去对此了解不多,研究不够,故成为本文的研究对象。

一、路线走向及框架结构

唐长安、成都、江陵之间,存在着一个交通圈,由三大方向的路段组成。

西面一段是秦巴山区陆路。主线从长安,经凤翔、兴州、兴元、利州、剑州、绵州、汉州到成都,长 2010 里^①。以兴元府为界,分南北两段。北段自西向东,有陈仓—散关驿道、褒斜道、骆谷道、子午谷道。南段是金牛道、荔枝道、米仓道,皆连接秦蜀。南面一段从成都沿蜀江水道,经眉、嘉、戎、泸、渝、涪、忠、万、夔、归、峡州,抵

---

* 基金项目:湖南省教育厅创新平台开放基金项目"中国古代行记:作为一种文类的专题研究"(20K053)。

① 李吉甫《元和郡县图志》卷三一,中华书局 1983 年版,第 767 页。

荆州,长 3700 里[①],是唐南方东西交通的主线,蜀中人员物资北运两京的动脉。东面一段是长安至荆南道路,长 1655 里,从长安东南,经蓝田、商州、邓州、襄阳、宜城、乐乡、荆门到荆州,是大陆中部进入川黔的要路。严耕望《唐代交通图考·蓝田武关驿道》及王文楚《古代交通地理丛考·唐代长安至襄州荆州驿路考》有考证。上述三道通过中心城市的凝聚作用,形成"交通—文学"上的互补优势。其他两个方向的人流,经由其中一座城市,又可转入另外两个方向,如此周流往返,形成稳固的人员流动。类似这种远行,在文学上的好处是单一交通路线无法相比的。

都城长安对这个三角的形成起着决定作用。前往山剑滇黔的行旅,多以长安为中心,成都、江陵为支点。从长安看,京西的川陕道路,京东的长安至荆南道路,为文人南下北上提供了不同的选择。去程如自西边南下,回程则可从东边北上,反之亦然。

江陵的作用是作为中西部的结合点,将中东部各个方向的人流引入巴蜀,同时作为南北东西交通的中转站,为文人出蜀提供不同的路线选择。元稹《楚歌十首》其八"江陵南北道,长有远人来。死别登舟去,生心上马回"[②]即写出了江陵作为南北东西交通连接点的这种特殊作用。

成都的作用是作为中心城市,形成以西南为中心的交通三角,让外地文士通过不同路线入蜀。崔信明《送金竟陵入蜀》:"金门去蜀道,玉垒望长安。岂言千里远,方寻九折难。西上君飞盖,东归我挂冠。猿声出峡断,月彩落江寒。从今与君别,花月几新残。"[③]诗中崔、金人入蜀就各走一路。《太平广记》卷三八七引《甘泽谣》:大历末僧圆观、李源"约游蜀州,抵青城、峨嵋,同访道求药。圆观欲游长安,出斜谷。李公欲上荆州,出三峡,争此两途,半年未诀"[④]。两人的游蜀路线,也是洛阳—长安—成都—江陵,其交通是一个三角形框架。可见唐人入川,有水陆、东西两种选择。来时如从西边南下,去时即可从东边北上。这一规律,普遍适用于各类文士。韦庄两次入川就是这么走的,和刘禹锡同时的宇文十、窦巩,也曾走这样的路线多次游蜀。

长安、成都、江陵间交通路线,单独看是不连接的,合起来却正好构成一个交通圈。如果忽略每条路线走向,只从城市空间架构着眼,则是一个三角形架构,一个独立的交通圈。而且也不是单一路线在起作用,而是三座城市间的路线互相衔接,

---

①　严耕望《唐代交通图考》第四卷《成都江陵间蜀江水陆道》,台湾"中央研究院"历史语言研究所1985 年版,第 1079—1080 页。
②　彭定求等《全唐诗》卷三九九,中华书局 1960 年版,第 4476 页。
③　彭定求等《全唐诗》卷三八,中华书局 1960 年版,第 490 页。
④　李昉等《太平广记》卷三八七,中华书局 1961 年版,第 3089 页。

文人周流往返，因而更宜于从城市结构和空间布局这个整体来认识。

二、从交通三角到文学构架的转换

长安—成都—江陵的连接线固然是一个交通三角，但在唐代，还是一个整体性的文学空间构架。

这首先是因为大一统的政治格局。唐代实现了一统天下，疆域辽阔，交通成网，文士众多。巴蜀秦陇地域毗邻，空间广阔，文人又多要入京求名，因而游蜀的文士较多。从历史记载看，唐五代半数以上文人都有过山剑滇黔生活经历，"游蜀"是其一生必经的重要事件。唐人小说中记述文士游蜀、游黔的多达数十篇，《全唐诗》《全唐文》中，送人游蜀、游黔、使滇诗文数以千计。这一切，全是因为唐代建都关中，西南为唐室所倚重这样一种"唐世格局"。这样的环境为这三条路上文学创作的常态化展开提供了可靠保障。旅行虽在巴蜀，来源和去向却是外地，这就保障了这三条路上的人员是一种多样性化的构成，人员的多样性也意味着创作的丰富性。

其次，这个交通三角，还有多项政治制度做支撑。交通路线在明处，政治制度在暗处，并能引导前者，将制度效能转化为文学创作。在这个交通三角行走的，除了商贾、军人、僧道外，就是各类文士了。他们入仕前，为了前途多次应举，然而由于唐代科举制度严苛，很多文人都艰于一第。多年出入科场，常有多次下第，而下第客游，主要方向除了江南外，就是巴蜀了。入仕后多被委任为州县文官。按照当时制度，六品以下官员，都要面临三年考绩难关，任满自动罢任，赴京铨选。如被选授为地方官，还要前往新地赴任。此外又有官员贬谪等，也是入川的重要事由。这当中，还有很多人未能入仕，奔走方镇，谋求职位。由于西南方镇较多，因而前往川黔的也不在少数。科举、铨选、赴任、游幕、迁谪、量移、征召……都面向全体，都有人员调遣功能。多项制度像多只无形的巨手推动着文人行旅，可以保证常年都有文人行走。除了出使地方，探亲访友可数月之内完成外，其余每次都要历时数年，期间必然产生大量文学作品。就这样，交通路线和文人之间，通过多种政治制度紧密结合起来。政治制度的长期性、稳定性、普遍性，保证了这些路上的文学创作可以长盛不衰。

三是由于唐人行旅出入京师的路线规律。在唐代，官员仕宦的出发点和终点站都是长安。文士应举，一举成名的极少，常态就是一轮又一轮的进京往返。下第客游，往往不恒一地。前往川黔的，有可能辗转到江陵、襄阳。官员任职也有邻郡迁转规律。兴元、成都、梓州、荆南、黔中、武昌，都有节度或观察使，地域也邻近，因而朝廷往往根据任职地就近的原则调遣。这些官员都是朝廷派出的，随着职位变动,常年在中央、地方间往返,身份不断转换。无论任职地怎么变,京城都是他的根基所在。此外,官员迁谪量移,也以京城为出发点或目的地。一个官员,即使投荒窜逐数十年,只要他人还在,最终是要回京的。幕僚辗转戎幕,最终也升入朝中。基于上述原因,唐人行旅的规律就是以京城为中心,区域名城为基点,在江湖和廊庙间循环往复旅行。唐人所谓周旋江海从城市结构看,就是一次又一次在长安和成都、襄阳、江陵、扬州间往返,且多不是原路往返,从而形成一个个"交通—文学"的闭合回路。长安、成都、江陵交通三角的形成,与上述规律的作用有很大的关系。

四是由于长安、成都、江陵的中心城市地位,诗文创作传播也在这些路上进行。唐五代很多文人都曾在山剑滇黔漫游、客居、仕宦。期间与外地的文字往返,全都要通过交通路线,经由驿馆差役,这是第一种文学传播形态。唐文人普遍富有才气,旅途行迈,常要赋诗作文。但部分诗稿当时并未带走,而是留在所宿驿馆、旅店、寺庙。作者离开后,这些文稿又为当地人所得,这是另一种传播。此外还有题壁题名,道路、村镇、驿馆、客店也多见,这更是一种文学传播行为。因而这个交通三角,还作为诗文传播的三角存在。

三、长安—成都—江陵交通三角的文学价值

交通三角内的交通行为较之单一的交通路线,优势是明显的。

首先是路线的互补,互相都含有自对方来和到对方去的行旅。顺时针方向看,唐长安至荆南道上行人,就有不少是要在江陵西行入川的。进入川黔的,有不少又走川陕山路回京。逆时针方向看,从川陕山路入蜀的行人,也有不少从三峡水路出蜀。出蜀人员中,有相当多在江陵登陆北上进京。可见这里同时存在着两个方向相反的行旅圈。行旅路线的互补性带来了诗文创作的多样性,也增添了这一区域交通文学的魅力。

二是交通的可循环。交通路线是固在的,来自不同区域的文士,可自由出入于同一路线。同一文人因为多种原因,可能要多次出入于同一路线。举例来说,如果一位巴蜀举子"十上不第",那就要在这个交通三角往返十次。除去寄居京师的不计,也有多次要回原地。在唐代,这样的例子并不鲜见。其他如赴任、迁谪、奉使、佐幕,也存在类似情况。这种循环往复旅行加大了交通密度,文人有更多机会获取丰富创作素材,写出新鲜动人的诗篇。

这个交通三角对唐代文学的价值有五个方面:

首先,是作为一种文学生产力,创作出大量的纪行作品。下文所述唐人入蜀的十种情形,就可这么看。

官员调遣。此类人数最多,影响最大,多为名人,时段以中晚唐居多。乾元二

年，高适自洛阳南奔邓州，后拜彭州刺史，从江陵西行入蜀。宝应元年，转任西川节度使。后入为太子宾客，改从西边陆路回京[①]。他这一轮的出入中外，恰好在这个三角形内走完一圈。大历十四年，贾耽任鸿胪卿。十一月，出任山南西道节度使。建中三年，迁山南东道节度使。兴元元年，入京为工部尚书。他的走法是从东边南下，西边北上，跟高适相反。元和十二年，李逢吉出为东川节度使。十五年，任山南东道节度使。长庆二年，入为兵部尚书。他的出入中外，是从西边南下，东边北上。元和三年八月，窦群出为黔州观察使。六年九月，贬开州刺史。在郡二年，改容州刺史。他这段时间内的行迹，就是长安、成都、江陵。《窦氏联珠集》卷三有武元衡《窦三中丞去岁有台中五言四韵之什未及酬答承领镇黔南途经蜀门百里而近愿言款觌封略间之因追酬囊篇持以为赠》，载明了他的行迹。诗题中的蜀门，据宋人黄鹤《補注杜诗》卷六《木皮岭》旧注，指剑门关。自京赴任黔南而经蜀门，自然是走秦巴陆路南下。以上诸人职位迁转，无论何种走法，都在数年内完成了这个圈的旅行，其诗文创作也因为这种循环旅行而丰富许多。

朝士贬官。唐五代川黔仍是重要贬地，早在隋及初唐就是如此，此后一直延续到晚唐。安史之乱初定，陷贼官以五等定罪，“黔中道此一色尤多……从至德至宝应，向二千人”[②]。其中多有高官名士，如裴冕、张镐、卢象、郑叔清、韦述等。据《高力士外传》作者郭湜晚年回忆，单肃宗朝流贬黔中的，就有三故相、一大夫、六中丞、七御史、三员外、一左丞、一郡王、一开府，散在诸郡，人数众多，不可尽记。及承恩放还，十才二三。谪放者无论生死，最后又要回北方终老，其出入京城路线也是一种交通圈。这使得流贬成为官员出入川黔的重要事由。唐代川黔官员病卒北归，都是这么走的。例如黔州刺史薛舒，大历十四年卒于溪州，其灵柩走水路，经荆州北上。戎昱《哭黔中薛大夫》：“亚相何年镇百蛮，生涯万事瘴云间。夜郎城外谁人哭，昨日空余旌节还。”[③]韦建《黔州刺史薛舒神道碑》：天宝初，拜大理寺丞，“贬青州司户参军……授金州司马，迁夷州刺史……至德初，迁渝州刺史……乃拜黔州刺史”[④]。载明他的职位迁转和归葬洛阳情形。此前，苏味道卒于眉州，其灵柩北归也是走长江入洛，沈佺期《哭苏眉州崔司业二公……》对此有明确记载。

出使川黔。唐代官员奉使川黔，经常从西边陆路南下，事毕改从东边水路回京。张说武后时使蜀就这么走，并留下《被使在蜀》《蜀道后期》《过蜀道山》《再使蜀道》《下江南想夔州》《江路忆郡》《蜀路》诗为证。从这些诗看，其中第一次是春去秋

① 刘开扬《高适诗集编年笺注》卷首《高适年谱》，中华书局 1981 年版，第 22—25 页。

② 丁如明辑校《开元天宝遗事十种·高力士外传》，上海古籍出版社 1985 年版，第 122 页。

③ 彭定求等《全唐诗》卷二七〇，中华书局 1960 年版，第 3023 页。

④ 李昉等《文苑英华》卷九二四，中华书局 1966 年版，第 4863 页。

归,第二次则长达一年,去时都是走西边山路,回程则从三峡出蜀[1],他的事例就很典型。武元衡《送徐员外使还上都》、綦毋潜《送崔员外黔中监选》、李嘉祐《送上官侍御赴黔中》也记载了三个例子,三人都是自朝中派出的,后来又都回京。

赴京应举。陈子昂武后时举进士,旅行路线是梓州—万州—江陵—洛阳,其《万州晓发放舟乘涨还寄蜀中亲朋》等对此有清晰的记载。而其下第还乡则从洛阳取道长安,至陈仓、散关南下入蜀,他有《西还至散关答乔补阙知之》为证,可见他走的是成都—江陵—长安交通圈。陈羽《西蜀送许中庸归秦赴举》诗中的许中庸自西蜀赴举,则是走的川陕山路。在唐代,这样的例子还有多个。

下第游蜀。中晚唐此类事例尤多。例如李洞,昭宗时应举,不第,游蜀而卒。欧阳詹、罗隐下第,都曾游蜀,后又回京。欧阳詹有《蜀门与林蕴分路后屡有山川似闽中因寄林蕴蕴亦闽人也》,罗隐有游蜀诗多首,其中三首题于蜀道驿馆。方干《送姚舒下第游蜀》诗中的姚舒也是不第游蜀。唐人小说中的游蜀文士,有廖有方、平曾、韦弇、许栖岩、吕群、李固言、窦裕等,原因性质,都是"下第游蜀",年代在大历至中和间,这与这段时间科举取士偏少,士子进身艰难有很大的关系。

选人铨选。这主要指在川黔任职,归吏部铨选的六品以下州县官。在唐代,这样的官员有不少。早在武后垂拱中,每年赴京参选的就多达五万人,得官者十才二三,此后选人有增无减[2]。落选者陷入无官守选的状态,这段时间内他是清闲的,选人游蜀,多发生在这期间。《太平广记》卷四四五引《广异记》:"吴郡张链,成都人。开元中,以卢溪尉罢秩,调选,不得补于有司,遂归蜀,行次巴西。"[3]这是盛唐例子,此后则更多。

寻亲访友。窦巩《自京师将赴黔南》写他到黔南,依其兄黔中观察使窦群。据诗题及诗句,他是从京城东南行,到荆州后再西南行。这也代表一类行旅。至于访友的例子,则有喻坦之《送友人南中访旧知》:"水急三巴险,猿分五岭愁。为缘知己分,南国必淹留。"[4]"三巴"一词点明了往游之地在巴蜀,"旧知"应是在巴蜀为官的同窗。

文士漫游。在这方面,蜀中也是重要去向。王勃、杨炯、沈佺期早年都曾游蜀。杨炯有《过巫峡》,沈佺期有《十三四时尝过巫峡他日偶然有思作》,都是实证。同类作品又有孟浩然《岘山送张去非游巴东》、陈羽《梓州与温商夜别》、刘禹锡《洛中送

---

① 熊飞《张说集校注》卷八,中华书局 2013 年版,第 353—363 页。

② 王勋成《唐代铨选与文学》,中华书局 2001 年版,第 106 页。

③ 李昉等《太平广记》卷四四五,中华书局 1961 年版,第 3635 页。

④ 李昉等《文苑英华》卷二八三,中华书局 1966 年版,第 1435 页。此诗《全唐诗》误收入喻凫名下,此从《英华》。

杨处厚入关便游蜀》等。

文士入幕。起于大历以后,事迹常见于唐人送别诗。刘长卿《送任侍郎黔中充判官》、司空曙《送庞判官赴黔中》、顾非熊《送皇甫司录赴黔南幕》中的判官、司录,就都是入蜀中使幕的。所谓使幕,指梁州山南西道、剑南西川、剑南东川、黔中观察使、荆南节度使五个方镇。唐代此五镇文职人数,依次为63、240、55、17、120人。其中西川240人,在唐48个方镇中高居首位。荆南120人,排在淮南、河东、山南东道之后①。其中西川名士最多。可见进入川黔使幕也是和本文主题有关系的。

文人避难。唐五代,山南、剑南由于有秦岭、巴山阻隔,相对安全,因而战乱年代成了避难的重要去处②。所避之地有安康、梁州、成都等。杜甫《三绝句》其二有"二十一家同入蜀,惟残一人出骆谷"③的记载,这二十一家当中,就有士人。文士避难入蜀情况,张仲裁《唐五代入蜀文人考论》、陈瑶《唐僖宗朝文士入蜀情况考论》有专门的研究,其中因避难而入蜀的占不少。

外地人入川黔,不外以上十种类型。这些情况,既可理解为不同人的多次行旅,也可理解为同一人的不同行旅。这是因为唐文人一般都要经过这些环节的。应举、下第、授官、铨选、入幕、迁谪、量移,都是唐代士子必经的重要事件,这意味着即使同一人也有可能多次入蜀。这样就扩大了行旅诗的创作队伍,加大了行旅诗的创作密度。唐代的巴蜀山川和峡江水路纪行诗之所以既多又好,正是基于上述原因。

从效果看,这些交通行为,应当视为因交通行旅而推动的唐代文学生产力④,交通路线是写作场域,纪行、怀古、题壁、寄赠、唱和,是创作形态,诗人受政治制度推动而展开的循环旅行,是文学生产力。由于唐代多项政治制度的长期存在,交通行为得以转换成文学生产力,持续很长时间。

唐代士子出入川黔,不仅路线、方向不同,身份、背景亦异。这些不同,决定了创作心态的差异。举子、选人、刺史、县令、幕僚、谪官、流人,处于不同的人生状态,因此即使面对同一路段,心情也不同。同一人士、事由、景物,旅行时间、环境不同,心态也不一样。元稹元和四年任监察御史,就曾四次使蜀,为此而"七过襄城驿,回回各为情。八年身世梦,一种水风声"⑤,表明他每次路过襄城驿心态都不一样。白居易元和十五年自忠州入朝,沿商山驿道进京,一路赋诗感怀。《棣华驿见杨八题

---

① 戴伟华《唐代使府与文学研究》(修订本),广西师范大学出版社2007年版,第60—67页。

② 冻国栋《中国人口史》第二卷隋唐五代时期,复旦大学出版社2005年版,第329页。

③ 仇兆鳌《杜诗详注》卷一四,中华书局1979年版,第1241页。

④ 参见《贵州社会科学》2015年第3期李德辉《唐人行旅的五个三角形及其文学意义》。

⑤ 彭定求等《全唐诗》卷四一〇元稹《遣行十首》其七,中华书局1960年版,第4554页。

梦兄弟诗》《商山路有感》《商山路驿桐树昔与微之前后题名处》三首绝句,写尽离京六年来的人事沧桑。二人的事例就很能说明问题。身份、背景不同,作品内容和风格就不同,这意味着这些路上的纪行诗是一种差异性较大的创作,多位作者的加入使得这三条路上的纪行诗格外丰富动人。

其次,有利于诗人独特艺术个性的形成。三角形交通框架让唐代文人多次入川,有不同的生活体验,这对其诗歌题材、主题、意境、风格都有影响。比如崔涂,中和元年入蜀举进士,然而未能及第,羁留巴蜀多年。为诗长于体察物象,警句甚多,以风调清深而为人所重。韦縠《才调集》选其《巴南道中》等六首。《文苑英华》卷二九五"行迈七"选四首。赵师秀选入《众妙集》。方回选入《瀛奎律髓》,多着眼于其行旅诗,可见他是一位以行迈诗闻名的作者。他这种工于言行迈的清深诗风,自遣愁怀的悲凉气局,就形成于巴蜀山川羁旅。其《巴山道中除夜书怀》"乱山残雪夜,孤烛异乡春。渐与骨肉远,转于僮仆亲"①二联,《春夕旅怀》"蝴蝶梦中家万里,子规枝上月三更"②一联,书写旅况感人至深,而皆造语自然,有自得之美,《诗话总龟》《苕溪渔隐丛话》《艺苑卮言》《唐音癸签》都加称引。《陇上逢江南故人》《秋日犍为道中》《夷陵夜泊》《途中感怀寄青城李明府》《巫山旅别》皆为巴蜀纪行五律。把这些诗按方位排列,得出的就是他在长安—成都—江陵的旅行路线。在中晚唐,像他这样的作者还有数十位,见于《文苑英华》行迈类。该类诗篇收作者 243 人,诗 608 首,其中很多作者都入过蜀,作品内容也多和巴蜀有关。这些作者工于行迈题材的创作特长,部分原因正是这个交通圈的存在。

第三,形成中西部三条行旅文学长廊。中西部地域辽阔,山川壮伟,行旅诗创作有巨大空间。在唐代,由于长安—成都—江陵水陆相连,因而行旅诗创作也很繁荣。其中长安至成都陆路视为入蜀路,成都至江陵水路视为出蜀路,江陵至长安道路视为进京路。由于路段功用有别,因而文人经过,心态不同。然而唐以前并无很多纪行诗,到唐代,由于国家统一,这些路才有集中连片的诗文。受山川风物感发,都有奇伟壮丽或秀丽妩媚的特征。文学史上著名的蜀道,就是经由唐人书写才渐为人知的。从王勃、杨炯、沈佺期、张说到王维、岑参、贾至,再到武元衡、李绅、郑谷、罗隐、韦庄……构成一个唐人纪行诗的长廊,集中了多数唐诗名家,其诗几乎篇篇奇丽,乃至送别诗如李白、贾岛之作,亦起手不凡。岑参《与鲜于庶子自梓州成都少尹自褒城同行至利州道中作》就是一首上乘的纪行诗,写蜀道山水和蜀地风情,

---

① 彭定求等《全唐诗》卷六七九,中华书局 1960 年版,第 7785 页。此诗《孟浩然集》卷四、《全唐诗》卷一六〇误收为孟浩然诗,题为《除夜》,兹据《全唐诗》卷六七九及《文苑英华》卷二九五。此诗自《英华》以下十多个选本及类书,均作崔涂诗,作孟诗为误收。

② 彭定求等《全唐诗》卷六七九,中华书局 1960 年版,第 7783 页。

气象雄奇。唐人诗篇,凡写剑阁、陈仓散关道、褒斜谷道、骆谷道、沓中、阴平道的,莫不气象峥嵘。《唐会要》卷八六载宣宗大中中诏敕:"蜀汉道古今欹危,自羊肠九曲之盘,入鸟道三巴之外。虽限戎隔夷,诚为要害,而劳人御马,常困险难。"①阅读唐诗,这种感觉就分外强烈。若是按照诗篇系年系地办法,把唐人蜀道纪行诗串联起来,绘成地图,得到的就是一幅幅纵贯于秦岭巴山之间的唐人行旅诗路线分布图。

此外,著名的三峡水路在唐五代,也有无数文士经行,留下众多诗文,内容完整连贯,无异于一条峡江文学长廊。由于巴蜀水陆相接,路线相通,这就增强了通行功能,将文学的触角引入西南腹地,从前极少写到的地带、景点,都进入文学视野。明曹学佺《蜀中广记》按地理分区辑集资料,涪、忠、万、夔四州文学资料最多,多是关于峡江水道的。诗文之外,还有石刻、题名、古迹、故事,多属过路唐人,其中节度使、刺史、左降官、未入仕者诗作较多。元稹贬通州,白居易贬忠州,就一路作诗。元稹《酬乐天东南行诗一百韵并序》、白居易《十年三月三十日别微之于沣上十四年三月十一日夜遇微之于峡中停舟夷陵三宿而别……》两篇诗文,就产生于成都—江陵沿线,元白二人这一轮的往返路线也是长安—成都—江陵。《太平寰宇记》卷一四八归州秭归县:"咸通壬辰岁,令(今)翰林兰陵公自右史审黔南。秋八月二十七日夕,泝三峡,次秭归。时蜀水方涨,横波蔽日……自是抵于黔,又迁于罗……洎公迁(还)于朝,梦神告归……乾符丁酉岁仲春九日,司户参军袁循记。"②例子虽然只有两个,但足以说明问题。之所以这条路在唐代作品多而内容连属,就是因为这个交通三角及其带来的循环旅行。

第四,促进名藩大镇的文学互动。这主要是因为本区名镇较多,名士聚集。任职期间,和外地文士常有诗文唱和。白居易在忠州,有诗文酬寄的多达十几位。元稹在通州,窦群在黔州,武元衡、李吉甫在成都,都有异地唱和。以武元衡为例,他元和二到八年任西川节度使,本府唱和及外地酬寄就比较多。其《窦三中丞去岁有台中五言四韵未及酬报今领黔南途经蜀门百里而近愿言款觌封略间然因追曩篇持以赠之》写西川、黔中两府官员唱和,其中的窦三指窦群。《旧唐书·宪宗纪上》载其元和三年十月,自御史中丞出为湖南观察使。既行,改授黔中观察使。时宰相武元衡镇西蜀,二人有诗唱和。武元衡在成都,还与荆南节度使严绶酬寄诗篇③,其《酬严司空荆南见寄》对两地诗文酬寄情形做了形象描绘。刘禹锡《江陵严司空见示与成都武相公唱和因命同作》:"南荆西蜀大行台,幕府旌门相对开。……不是郢

---

① 王溥《唐会要》卷八六,中华书局 1955 年版,第 1574 页。
② 乐史《太平寰宇记》卷一四八,中华书局 2007 年版,第 2880—2881 页。
③ 陶敏《全唐诗人名汇考》,辽海出版社 2006 年版,第 610、613 页。

中清唱发,谁当丞相揽天才。"①武、刘二诗都提到江陵、成都的重要性及两府文人唱和。这种重要性,缘于两地的中心城市地位。江陵早在东晋南朝就是名镇,《舆地纪胜》卷五四《江陵府·风俗形胜》辑集大量资料,述说此地的重要性。成都在唐代的重要程度更要高于江陵。正因如此,两地才成为西南和中部的关键城市。因为颇具分量,所以总是派遣名臣,精选僚佐。聚集文士一多,诗文唱和就有声有色地开展起来,不但本府文官间有酬赠,异地寄赠也间或有之。刘禹锡诗所说荆南严绶和西川武元衡唱和就是典型。

以上是说西川—黔中,西川—江陵。其实,成都、黔中、江陵、兴元四镇都有这种诗文酬寄,以其中任何一地为中心,都可绘出一幅唱和诗地图,而且各府之间人员往来也是常态化的。这种人才流动对文学资源的聚集,文化底蕴的厚殖,是有好处的。

第五,便于诗人行迹考证和作品系地。由于唐人行旅要从一条路转入另一路,看似不同路线的诗文,却是成于一次远行,时空上是连续的,这就为考察诗人事迹提供了方便,也为一些诗篇的背景考证和内涵阐释提供了可能。如戴叔伦有《经巴东岭》《次下牢镇》,据此二诗,即可确定他早年曾从江陵入蜀。学者将此二诗考定为大历三年秋督运钱粮途中经巴东山岭作,甚是。元稹《褒城驿二首》其一提到戴叔伦在兴元褒城驿留下题壁诗。若将此诗和上文所引二诗联系看,则戴叔伦早年还有过另一次入蜀,且是从西边南下,东边出蜀的,此事则鲜为人知,今存各种唐代诗人生平研究论著都未提及,显然是因为未能掌握这一资料。考戴氏在大历间曾有九年董赋南荆,督运钱谷②。期间或因某事而被诏入京,后又取褒斜道南下,过褒城驿,题壁记事。又如大历贞元诗人杨凭,进士及第前,为躲避战乱,流寓江南,由此而有《巴江雨夜》诗。从诗情看,并非想象之词,而是在荆南、巴峡一带旅行实况的书写,表明他早年也入过巴蜀。但从两《唐书·杨凭传》到今人编的各种唐代诗人考证论著都未提及。这样的例子,还可举出多个,可见从交通三角角度,可以对一些诗人生平事迹再作深挖,值得尝试。

四、结语

唐长安—成都—江陵组成的三角形交通框架,在给唐人出行提供方便的同时,也促进了唐人川黔纪行诗的创作及西南、中部五个方镇的文学互动,带动了行旅文学的深度开展。经由唐人不断书写,最终在秦蜀古道、三峡水路和商於驿路形成了

---

① 陶敏、陶红雨《刘禹锡全集编年校注》卷二,中华书局 2019 年版,第 194 页。
② 见蒋寅《戴叔伦集校注》卷首《前言》,上海古籍出版社 2010 年版,第 3 页。

三条唐人纪行诗的分布带，为古代行旅文学贡献出最具内涵和特色的部分。

　　以今日的学术视角看，这个交通圈内的交通行为，是一种唐代文学的生产方式。秦蜀古道、三峡水路、商於驿路的作用，不仅在于每条道路的文学生产力，还体现在对其他道路创作传播的融通和协同。在接受消纳其他道路人员的同时，也为其他道路提供人员流通。对其他道路而言，它是一个隐性的存在，三条道路你中有我，我中有你，难以截然分开。其本身的创作和传播只是其文学意义的一个侧面，交融和共生是另一侧面，合起来，形成一个生生不息的文学生态。

　　学界对秦蜀、陇蜀、三峡交通与文学做了深入研究，但毕竟是针对单一路线的研究，并未建立交通圈视角，就三条道路的相关性及整体性做论述，有必要站在更高的学术层位论述其文学意义，这么做很有必要，也有条件开展。

（作者单位：湖南科技大学人文学院）

路文化与诗本质

——西域唐诗之路的两个基本问题

海　滨

西域唐诗之路,是以唐诗与西域地理、历史的交集为背景,以诗人多层次、多角度的创作为核心,充分展示唐人关于西域的实际作为、精神风貌和心灵世界的自然景观和文化景观的综合体。路文化与诗本质是西域唐诗之路最基本的问题。

一、路文化的冲击

文化冲击是历史的必然,也是现实的选择。以海纳百川的包容态度对待文化冲击,以自主自信的开放胸襟迎接文化交流,旧染既除,新机重启,扩大恢张,以成其势,这是唐王朝的开放格局,也是西域唐诗之路得以建构的重要原因。

开放的唐代社会格局和唐诗创作格局是唐诗之路接受西域文化影响最重要的前提和背景。唐代政治的开放格局是唐朝社会历史发展的必然趋势。唐朝结束了汉末大动乱以来长达四百年南北分裂的局面,"五胡乱华"的民族纷争实际上是一个"五胡融华"的历史渐变过程,这种民族融合到了唐朝依然在继续。历史事实带来的不仅是四海一家、戎夏混一的世界性观念,更重要的政治外交方面的具体政策:唐朝允许异族内附和入境居住,允许异族参政做官并重用蕃将统军,胡汉法律地位平等并可通婚联姻,朝廷保护通商贸易并接纳传教留学,因之而来的就是市井的衣食住行混杂和王朝的文化开放互融。这对于唐代社会的各个方面必然有着极其强烈的冲击和震撼,这些异族所携带的种族因子和文化因子必然会参与到唐代社会和文化的组合和塑造进程中并发挥其生新异质的影响。所以陈寅恪认为:"李唐一族之所以崛兴,盖取塞外野蛮精悍之血,注入中原文化颓废之躯,旧染既除,新机重启,扩大恢张,遂能别创空前之世局。"[①]唐诗创作的开放胸襟是时代发展和诗歌自身发展成熟的必然趋势。王朝的无比强盛、

---

①　陈寅恪《李唐氏族之推测后记》《陈寅恪文集》之三,《金明馆丛稿二编》,上海古籍出版社 1980 年版,第 303 页。

疆域的空前辽阔、经济的丰裕富足、政治的开明有容不仅为诗人的内心增添了睥睨古今傲视天下的自信与勇气，更为诗人的创作搭建了可以纵横驰骋兼收并蓄的文化平台，而诗歌自身发展到唐代已形成诸体并兴而格律大行的诗体格局状态，进入诗歌创作自由而又有度、恣纵而不失规范的成熟时期，诗人和诗歌对世界是开放的，对古今是开放的，对一切文化艺术是开放的，对于自由的心灵追求和精神舒张尤其是开放的。

西域地理文化、乐舞文化、民俗文化是唐诗之路上影响最大的三类。

西域文化极大地拓展了唐诗创作的视野和范围，丰富了唐诗创作的内容和题材。西域的历史地理文化成为唐代诗人争相表现的题材。连接唐王朝与外部世界的最重要的孔道就是丝绸之路，丝绸之路起于长安，贯通整个西域。西域唐诗之路就是与唐代丝绸之路相伴而生的。西域独特的自然地理，汉唐以来西域持续变迁的交通、行政地理和人文地理等等既是西域文化得以形成的前提条件，而其自身又是诗人们关注的焦点。郭震、骆宾王、李白、岑参、张宣明、武涉、萧沼、殷济等诗人行走西域，对于西域的自然地理、山川形胜、风土人情、社会文化有着切身感受，他们真实的西域经历必然为诗歌创作带来巨大影响，亲历西域不仅为赴边的诗人和赠别的诗人提供了创作契机，从而留下了大量书写西域地理的诗歌，更重要的是亲历西域使得很多诗人直接感受并参与建构了西域的地理文化景观。岑参就是典型的代表。他以自己的特殊经历和天才诗笔，在行走中书写，建构了一条西域唐诗之路。西域是唐代重大政治军事行动和文化交流活动的舞台，同时西域发生的这些事件所释放的辐射力度及范围也遍及社会政治文化思想各方面。身处唐代社会的诗人，无论在哪个阶层地位或身居何方，一般比同时代人敏感，反应积极，都会在不同程度上接受这种影响。于是更多的诗人们，虽然没有亲历西域，但仍以不同方式把空前寥廓的西域地理空间纳入自己的诗歌创作视野，并赋予其更加深厚和丰富的文化内涵。因为历史的外在相似性和内在连续性，唐人的汉代情结普遍而强烈，西域人文地理则是汉代故实和唐朝现实叠加胶合的焦点，楼兰、轮台等语汇复活并形成了独特的地理文化景观。这几方面结合在一起，就为历四唐而不衰的边塞诗创作提供了空前寥廓的历史空间和地理视野，并为边塞诗豪放刚健的整体风貌奠定了坚实的基础。试想一下，如果没有了安西、北庭、碎叶等唐代新出的西域地理语汇，唐代边塞诗的视野将会有多少局限！如果没有了唐王朝成功经营西域的大规模军事政治活动，天山、葱岭、交河、于阗、金微山等地理语汇在唐诗中呈现的风貌、气势也许依然是南北朝的那种虚拟和贫乏，而楼兰、轮台等地理语汇又何以能够复活和迁徙！因为西域历史地理文化的强大影响，唐代边塞诗获得了从文化内涵到艺术风貌的巨大成就，所以人们对于以岑参为代表的边塞诗人及其创作给予了高度评价。严羽说"唐人好诗,多是征戍、迁谪、行旅、离别之作,往往能感动激发人意"①,辛文房说"(岑)参累佐戎幕,往来鞍马烽尘间十余载,极征行离别之情,城障塞堡,无不经行。博览史籍,尤工缀文,属词清尚,用心良苦。诗调尤高,唐兴罕见此作。放情山水,故常怀逸念,奇造幽致,所得往往超拔孤秀,度越常情。与高适风骨颇同,读之令人慷慨怀感,每篇绝笔,人辄传咏"②,杜确《岑嘉州诗集序》则云:"每一篇绝笔,则人人传写,虽闾里士庶,戎夷蛮貊,莫不讽诵吟习焉。"③西域地理文化对于唐诗之路建构的意义是最具基础性的。

西域的地理文化景观无法位移,这在一定程度上限制了唐人接受其影响的广度和深度,但西域其他文化形态则循唐诗之路源源不断地涌入中原尤其是长安。移民是一个城市的活力所在,唐长安是中国历史上外来移民人数最多、最活跃的唯一国都城市,其中最突出的就是来自被称作"胡人"的西域移民及其后裔。我们在西安地区出土大量的陶俑或壁画中可以看到,高鼻深目络腮胡须的胡人形象比比皆是、造型各异,从将军武士、文臣官吏到骑驼商人、歌舞乐人,神态不一又栩栩如生。许多出土墓志也真实记载了西域移民的活动事迹,可以说,长安是一个开放、流动、融合的国际大都市。同时作为国都的长安又以其特殊的政治、经济、文化核心地位吸引着包括诗人在内的大唐子民。一个唐代的诗人,要去西域一睹异方真容也许比较困难,但是到长安城西市的胡店中手把金叵罗、口饮葡萄酒,同时再欣赏胡姬的胡旋舞却是不费力气的。有幸的话,在这里也许还能见到来自撒马尔罕的商人带来的金桃。因此,长安城以一个唐朝境内的首善之区扮演着世界大都市的角色,并为西域文化的汇聚、交融、传播提供了最好的平台。随着帝国的统一和外交活动的频繁,长安城的异族和外国人渐渐多了起来。他们中有波斯、阿拉伯的使臣,有羁縻国人质的王子,有友邦派来的留学生,还是大量的传教士和商人,其来源、貌相、语言、服饰、营生等大多为唐朝人前所未见。从汉代就出现的葡萄、苜蓿在唐代依然新鲜,但是唐代的外来风物之繁多与丰富的确是空前的:昆仑奴、西凉伎、大象、犀牛、鸵鸟、鹦鹉、枣椰树、郁金香、葡萄酒、金叵罗、苏合香、肉豆蔻、水晶、琥珀、瑟瑟、玳瑁等,举凡家畜、野兽、飞禽、皮毛、植物、食物、香料、药物、纺织品、颜料、矿石、宝石、金属制品、世俗器物、宗教器物等几乎生活的每一个细节都有西域或者更远地区的贡献。在诸多的西域唐诗之路文化形态和景观中,艺术与民俗离政治最远,离普通人生活最近。离政治远,则受时代变迁影响小,离生活近,则更富

---

① 严羽著、郭绍虞校释《沧浪诗话校释》,人民文学出版社 1983 年版,第 198 页。
② 辛文房撰、傅璇琮主编《唐才子传校笺》第一册卷三《岑参》,中华书局 1987 年版,第 443 页。
③ 杜确《岑嘉州诗集序》,廖立《岑嘉州诗笺注》卷首,中华书局 2004 年版,第 1 页。

于人性。在一个丰裕开明的王朝里,包括诗人在内的唐朝子民,都希望能充分舒张自己的人性和灵魂,充分享受美好的人生和生活。而这些都是依附和寄托在具体的艺术和风俗细节上的,因此西域艺术文化中的乐舞文化和民俗文化中的葡萄(酒)文化与唐诗创作的关系最密切,对唐诗之路的影响更为深广。

先秦两汉即有四夷之乐或西域胡乐传入中原并流行一时;自北魏起,西域胡乐入华的频率加剧,范围增大,程度增强,呈现出一浪高过一浪的郁郁勃兴的态势。随着突厥皇后入华,西域的龟兹、疏勒、安国、康国、高昌等胡乐大聚长安,已初现了隋朝七部乐、九部乐的规制。进入唐代,开放的文化观念、张扬的个性意识、崇侈尚冶的宴游风气等助长着唐代乐舞文化继续沿着多元化趋势发展。不仅北魏以来传入中原并逐渐积淀的西域乐舞文化焕发出蓬勃生机,而且更多的更新奇、更迷人的西域乐舞文化也陆续迤逦西来,二者互相交融,互相映发,变本加厉,盛况空前。以西域乐器为载体的西域器乐文化占据了乐坛的强势地位,独领风骚,形成了引人瞩目的西域器乐文化景观。唐诗除了客观记录和反映西域器乐文化景观的流行盛况外,还多角度展示了作为文化现象存在的西域器乐的象征意义。西域三大乐舞中,胡腾舞、胡旋舞的西域原生态胡风浓郁,而柘枝舞的华化程度较高。三大乐舞虽然在唐代南北方都有分布,但胡腾舞和胡旋舞的舞者主要为西域胡人,舞服是典型的胡服,舞容带有明显的胡风,表演场景多与胡人饮宴密切相关,汉语语境中的诗人固然会以猎奇或者欣赏的态度观看或者叙写,但终究显得隔膜;而华化程度很高的柘枝舞几乎成为文人士大夫饮酒高会、优游卒岁甚至风月争胜必备的节目,自然会与诗歌发生更多的联系。西域乐舞文化在中原的盛行不仅仅极大地丰富了诗人的创作题材和内容,而且影响着诗歌创作的艺术表达形式甚至催化了词体的诞生。此外,唐诗和西域乐舞文化在艺术灵性和风格气质等方面也往往呈现出相通和渐染的趋势。

西域民俗盛行于唐代,从宫廷王室、达官贵族到民间市井,西域民俗都受到欢迎和追捧;从饮食、宫室等物质民俗到节庆、娱乐等行为民俗以至于审美性比较强烈的服饰妆扮民俗等,几乎各种西域民俗的文化景观都有其流行的天地。在历史文献和考古文物所展现的世界里,西域饮食文化景观、西域服饰文化景观、西域妆饰文化景观、西域宫室文化景观、西域之节庆娱乐文化景观等民俗文化景观不仅是成熟的,而且是丰富的、饱满的,甚至是令人叹为观止的。但是,与诗歌反映的情况两相对照,则是严重不对称的。历史材料建构的民俗文化的绝胜景观在唐诗之路的世界里几乎找不到对应的文学反映,似乎只有寥落的几个民俗事象的景点或个案而已。唯一的例外者就是西域的葡萄(酒)文化。历史文献的记载和考古文物实证都显示出,唐代葡萄(酒)文化是相当成熟和发达的,而唐诗中关于葡萄(酒)的诗歌则数量众多而内容丰富。因为葡萄是一种遍及西域广袤的地理空间、延续数千年而依然生机勃勃的风物,所以在文史典故和诗歌传统中,葡萄(酒)有时就成为西域的代称符号;因为葡萄(酒)在西州、凉州、并州的广泛生产,唐朝诗人有了更多地接触、了解和描摹的机会,葡萄(酒)有时就成为诗人笔下曼妙的歌咏对象;在西域,葡萄(酒)是社会生活中比较常见的风物,在中原,尽管有两次大规模引进的契机,但葡萄(酒)仍然被置于很高的地位,常常作为高贵、珍稀的奢侈物品出现在诗歌中。从表象上看,西域饮酒文化中的一些重要元素如葡萄酒、石榴、琵琶、琥珀、郁金香、琉璃、玛瑙、胡姬、夜光杯、金叵罗等成为唐代饮酒诗创作不可或缺的关键词;从深层次看,历史悠久、丰富多彩甚至非常有趣的西域酒俗的具体内容以及迷恋性、狂欢性和自由性的特征又对唐人饮酒诗创作发挥着巨大影响。

有意味的是,与西域地理文化、乐舞文化、葡萄(酒)文化相对,唐诗之路上的三位诗人岑参、白居易、李白,从诗歌创作的多个角度进行了有意无意的回应,并进而与更多诗人的创作融合在一起,体现出独特诗歌风貌。下文详述。

二、诗本质的回应

唐诗之路上的西域文化对于唐诗创作的视野和范围的拓展、对于唐诗创作的内容和题材的丰富,大多数唐代诗人都有不同程度的回应,堪为代表者当属岑参、白居易和李白。可以说,岑参、白居易、李白的诗歌分别体现着西域历史地理文化、西域乐舞文化和西域葡萄(酒)文化对唐诗创作内容的巨大影响。逆向而观,如果我们从三人的诗集中删去西域历史地理、西域乐舞文化、西域葡萄(酒)的内容,不仅唐诗是残缺的,三位诗人是残缺的,甚至岑参、白居易、李白之所以形成"这一个"诗人形象的理由也失去了依凭和基础,当然唐诗之路也会黯然失色。

西域文化对于唐诗创作更为深远的影响则在于审美情趣和艺术风貌等方面。西域文化现象和唐诗文本之间的表层比附的丰富多彩的空前盛况背后必然隐含着正面或负面、积极或消极、美化或丑化、排斥或包容等复杂的关系,必然隐含着社会历史关系之外的精神心理的关系,也必然隐含着西域文化内在本质和唐诗丰神情韵之间的关系。根据本书的考察,唐诗创作从以下几个方面积极回应。

首先是唐诗之好奇,这与想象力世界的开拓有关。纵观中国诗歌史,探索创新独辟蹊径者不少,但如唐诗这样作意好奇者却不多,诗人们不仅喜欢写奇人奇事奇闻,而且长于表现一种奇异的诗风,给人震撼和耳目一新的感觉。为什么会如此,这与创作心理学有关。一个诗人能够表达什么取决于他接受了什么,唐代社会大量的来自异域的异质的西域文化的涌入,极大地丰富了诗人们的视野,冲击着诗人们的观念,空前拓展了诗人们的想象力。天纵之诗才一旦插上想象力的翅膀,就带来无数精美的好奇之作。当诗人岑参置身于广袤而异样的西域文化的天地间,不论是奇丽壮阔的西域地理文化景观,还是异彩纷呈的西域乐舞与民俗文化景观,对岑参来说,这西域文化的方方面面都充满了新奇感、陌生感,充满了无穷无尽的吸引力,诗人沉寂的思维被激活,他可以无拘无束地展开无边无际的想象和联想,在这样的创作状态中,岑参最大限度地实现了唐代诗人好奇的理想。因此,前人在对比高、岑诗风区别时往往强调岑参的"奇"。王士禛认为:"高悲壮而厚,岑奇逸而峭。"①翁方纲认为:"高之浑厚,岑之奇峭。"②杜确《岑嘉州诗集序》中说,岑参"属辞尚清,用意尚切,其有所得,多入佳境,迥拔孤秀,出于常情"③。所谓"出于常情",正是"岑参兄弟皆好奇"④的自觉的艺术追求所造成的审美效果。好奇的不仅是岑参,白居易对西域三大乐舞态度虽然有别,但洋洋洒洒、出神入化地追摹这乐舞的奇丽绝世之风采却是一致的;更多的诗人在描写西域器乐时极大地发挥了想象力,实现了高妙神奇的审美效果。音乐是转瞬即逝的听觉艺术,没有高科技的录音录像设备和发达的记音记谱手段,再美妙的音乐都无法长久地保留。诗歌是语言的艺术,语言符号具有非常强大的启示、暗示、想象、联想的作用。诗人们通过拟写周围人、物乃至神鬼的反应,也通过语言符号拟音、拟象、拟境的方式凸显和还原西域器乐无与伦比的征服力,从而达到超越人事的惊天地泣鬼神的神奇效果。李贺《李凭箜篌引》将历史典故和神话传说中的女娲、吴刚、江娥、素女、老鱼、寒兔等尽数引来,借以突出和显示李凭箜篌精湛的演奏艺术的绝妙。诗人们纷纷忘情地感叹道,琵琶妙响不仅可以使自然界的动物惘然迷失:"引之于山,兽不能走。吹之于水,鱼不能游。"⑤而且还常常具备超自然的通灵鬼神的力量:"鬼神知妙欲收响,阴风切切四面来。"⑥"因兹弹作雨霖铃,风雨萧条鬼神泣。"⑦"飘飘飒飒寒丁丁,虫豸出蛰神鬼惊。"⑧甚至连神话传说中的仙子灵修都被这绝妙的音乐折服而罢奏手中的乐器:"嬴女停吹降浦箫,嫦娥净掩空波瑟。"⑨中唐以后出现的崇尚奇险怪谲的诗风自有其诗歌发展内在的原因,但也不能排除异端的奇丽的唐诗之路西域文化的直接或间接的影响。

① 王夫之等撰《清诗话》,上海古籍出版社 1999 年版,第 159 页。

② 翁方纲撰《石州诗话》卷一,中华书局 1985 年版,第 5 页。

③ 廖立《岑嘉州诗笺注》,中华书局 2004 年版,第 1 页。

④ 杜甫撰、仇兆鳌注《杜诗详注》卷三《渼陂行》,中华书局 1979 年版,第 179 页。

⑤⑧ 牛殳《琵琶行》,彭定求等编、陈尚君等辑校《全唐诗(增订本)》卷七六七,中华书局 1999 年版,第 8881 页。

⑥ 顾况《刘禅奴弹琵琶歌》,《全唐诗(增订本)》卷二六五,中华书局 1999 年版,第 2941 页。

⑦ 元稹撰、冀勤点校《元稹集》卷二六《琵琶歌》,中华书局 1982 年版,第 304—305 页。

⑨ 李群玉《王内人琵琶引》,《全唐诗(增订本)》,中华书局 1999 年版,第 6640 页。

其次是唐诗之刚健。唐诗的刚健气息形成原因很多,中国北方河朔贞刚之气是重要原因,正如魏徵《隋书·文学传序》说:"江左宫商发越,贵于清绮,河朔词义贞刚,重乎气质。气质则理胜其词,清绮则文过其意。理深者便于时用,文华者宜于咏歌。此其南北词人得失之大较也。若能掇彼清音,简兹累句,各去所短,合其两长,则文质斌斌,尽善尽美矣。"①但这个盛大王朝的国际地位以及接纳西域文化等异族文化的胸襟气度不可忽视,西域文化为中原文化的多样性和多元化带来了新鲜血液和勃勃生机,客观上也增强了唐人的胸襟气度。寥廓的地理空间、辉煌的军政丰碑、恢宏的帝国气势、汉唐的叠加积淀,给诗歌带来开阔的视野、雄放的气势和厚重的历史感。这种豪迈雄浑的气势格调源于汉唐历史文化精神的内在承续与叠加,汉通西域的历史丰碑和张骞、班超等建立的不朽功勋所激荡起的英雄主义的理想依然躁动在唐代诗人的灵魂与血液中,这种气势与格调也是基于唐朝开疆拓宇、经营西域的现实基础上的,在与突厥、阿拉伯、吐蕃等强大势力抗衡与斗争的国际背景下,在风云变幻的西域政治军事格局中,无数镇守西域的将军统领着大唐的军队建立了光耀千古的功勋,这些当下社会中活生生的伟大人物和正在进行的宏大事件无疑又强化了诗人心中的英雄主义理想。在这种内在的丰沛的理想气质的支配下,漫说是在典故与想象中,就是在写实之辞中,西域地理文化景观也呈现出理想化的色彩、英雄主义的格调和恢宏壮丽的气势。生活在开放背景中的诗人,受到时代精神的感召,内心本已充满丰沛的情志和饱满的诗思,西域这寥廓无边难以穷及的空间感又极大地冲击着他们的精神意识,使得胸襟气魄为之而开阔振起,这就为诗歌注入了强大的生命活力,为唐诗充盈的内在气质和唐诗之路大气磅礴的外在风貌的形成发挥了相当重要的作用。

第三是唐诗之扬厉,与唐诗之路西域文化崇尚极致突兀的美学风格有关。唐诗中不乏温柔敦厚或清新飘逸之作,但唐诗中也的确存在一批善于铺张扬厉几乎毫无节制的佳作。这种创作风格明显有悖于中庸和谐的传统审美理念,如果借用孔子的话"乐而不淫"来评价,就是"淫","淫"是一种过度,一种失范,一种对极致之美的追求,这与西域壮美的自然地貌,大喜大悲的宗教情绪,大紫大红的壁画,无休无止的胡旋等都有内在一致性。中原文化根深蒂固的审美观念源于温柔敦厚的风雅传统,这种审美观念并不反对欢愉和悲情,但要乐而不淫,哀而不伤,诗歌必须沿着中和雅正的路子不偏不倚、小心翼翼地去表达,才能最终获得这个文化传统的接纳乃至褒扬。西域文化景观偏偏逆中原传统文化的审美观念而来,但却在很多诗人诗作中得到了反映甚至是张扬。西域三大乐舞中的胡旋舞文化景观很明显散发

---

① 魏徵、令狐德棻撰《隋书》卷七十六《文学列传》,中华书局 1982 年版,第 1730 页。

着乐而且淫的气息,其旋转速度之疾,其回旋次数之多,其舞姿舞容之狂放,其观众反应之激烈,都是极致性的,这就是一种超越了极限的过度的风格。我们可以将胡旋舞的这种极致性的审美风格视为胸怀开放的唐代社会人们表达胸臆舒张、个性张扬的心态的一种客观选择。西域器乐文化景观主要呈现的恰恰是哀而且伤的审美意味。西域器乐在演奏时具有摄人心魄的感染力,这种感染力的导向是悲绝;同时又具有丰富深刻的表现力,这种表现力的导向是激越。悲绝的感染力和激越的表现力相结合就产生了极致性的审美意味:悲绝激越!这种悲绝激越的审美意味看成西域器乐文化景观的内核,正是这内在的审美意味决定了西域器乐文化景观外显的种种表现。也正是这种悲绝激越的内在审美意味和复杂多元的符号象征意义有机结合,共同构成了唐代西域器乐文化景观。我们从大量的诗歌的排比论证可以看出,西域器乐文化景观所表达的悲情早已超越了常态的悲哀悲伤,而是达到了无以复加的悲绝痛绝的顶峰。西域酒俗文化所具有的那种迷恋性、狂欢性、自由性在深层次上与唐诗所追求的性情的发抒、心灵的自由、精神的解放、形骸的超越等具有内在一致性,也是在充分强调极致性的美。西域地理文化景观在唐诗中出现时常常与"万里""穷""远""绝""渺""尽"等语汇相联系,借以强调西域空间之极大、路途之极远。在中原传统文化背景中,这些异质性的极致性的美学趣味显然无法最终被中原传统文化所接受,会受到温柔中和的美学观念或迟或早的排斥。但在唐代社会和唐诗创作的宽容而开放的格局中,这种极致的扬厉的审美追求没有被扼杀——当然也没有得到充分的肯定,于是诗人们程度不同地认可、接受乃至张扬这种审美趣味。这对于唐诗扬厉的格调、风貌的形成发挥着积极的作用。

充满了复杂性、混沌性和开放性的西域文化对唐诗的影响是多方面的,但最突出的是为唐诗创作的审美情趣和艺术风貌朝着好奇、雄健、扬厉方向发展产生了积极有效而深远的影响,促进了唐诗的极致性之美,为唐诗发展的进程注入了活力、生机与异端的因子。如果说,在唐诗之路上,影响唐诗创作的诸多地域文化中,西域文化是最不安分的一种,那么,在唐诗创作的表达形式中,七言歌行也扮演了同样的角色。通过考察,负载本文核心内容最多成就最高的诗体是七言歌行。反映在唐诗之路中的西域文化诸景观,大多呈现出复杂性、混沌性、开放性和极致性的特点。要充分反映和张扬这种特点,最好的诗体就是七言歌行。

诗歌发展到唐朝,古体诗与近体诗都实现了相对自觉。一方面,从汉魏古诗到永明新体直至沈宋,近体诗一步步由声韵意识到格律规范逐渐成熟,最终从古体诗中脱离出来,自成一体,在唐代获得了空前发展;另一方面,唐代古体诗并未因近体诗的蓬勃发展而沉寂衰歇,相反,在与近体诗的比较中,古体诗特有的种种特征和要素逐渐为诗人所体认和强化,因此在形式多元化的唐代诗坛上,古体诗同样获得了空前的发展,其中重要的一类古体诗就是七言歌行。七言歌行在有唐一代既实现了诗体的充分发展,又出现了风格的多样并存的局面,《诗薮》内编卷三这样描绘其盛况:"唐七言歌行,垂拱四子,词极藻艳,然未脱梁陈也;张、李、沈、宋,稍汰浮华,渐趋平实,唐体肇矣,然而未畅也;高、岑、王、李,音节鲜明,情致委折,浓纤修短,得衷合度,畅乎!然而未大也。太白少陵,大而化矣,能事毕矣!降而钱、刘,神情未远,气骨顿衰;元相白傅,起而振之,敷演有余,步骤不足;昌黎而下,门户竞开,卢仝之拙扑,马异之庸猥,李贺之幽奇,刘叉之狂谲,虽浅深高下,材局悬殊,要皆曲径旁蹊,无取大雅;张籍、王建,稍为真澹,体益卑卑;庭筠之流,更事绮绘,渐入诗余,古意尽矣。"①胡应麟的这段话追源溯流条分缕析,既简明扼要又切中肯綮,堪称唐代七言歌行的小史;更为重要和有趣的是,胡氏这段小史中开列的诗人恰恰完全涵盖了本文讨论的主要诗人。这种冥冥中的暗合其实隐藏着这样一条"唐诗之路"的脉络:西域文化的特质、唐诗极致性的美学意味、七言歌行的艺术表现能力在深层次上是相通的。

作为一种有意味的形式,七言歌行的形制具有以七言为主又兼容杂言的句式特征、以自由体为主又呈现律化倾向的声韵特征、以长篇为主也兼容短制的篇幅特征;七言歌行适宜于叙事、抒情、述志;七言歌行还常常表现出格调之古、章法之奇和气势之雄。关于七言歌行体,薛天纬师在《唐代歌行论》中有深刻透辟的论述,兹不展开。这些艺术特质和功能正是诗歌负载和反映西域文化所必需的,但这种艺术特质对诗人的要求其实是很高的,《诗薮》内编卷三道:"诗五言古七言律至难外,则五言长律、七言长歌,非博大雄深、横逸浩瀚之才鲜克办此。盖歌行,不难于师匠而难于赋授,不难于挥洒而难于蕴藉,不难于气概而难于神情,不难于音节而难于步骤,不难于胸腹而难于首尾。"②方东树在《昭昧詹言》卷十一中说:"诗莫难于七古。七古以才气为主,纵横变化,雄奇浑颢,亦由天授,不可强能。"③这种诗体需要相当深度与广度的现实社会生活感受与体验,需要厚重沉实的文化底蕴,需要强烈的感情和充沛的气势,需要发越的气质和解放的精神,需要极大的创造力和开拓性,需要娴熟老成的诗歌章法和文字驾驭能力,还需要讲究格调、贯穿气脉、收纵照应等,一言以蔽之,需要诗人卓越的才情。这种诗体对诗人客观上的限制最终使七言歌行成为荟萃诗家才情高手的领域,优秀的创作主体以大量的诗歌创作实践建构和发展七言歌行的艺术特质及表现力,极具表现力的七言歌行恰恰成为奇丽、寥

---

① 胡应麟《诗薮》内编卷三,中华书局 1959 年版,第 47—48 页。
② 胡应麟《诗薮》内编卷三,中华书局 1959 年版,第 48 页。
③ 方东树著、汪绍楹点校《昭昧詹言》卷十一《总论七古》,人民文学出版社 1961 年版,第 232 页。

廓、美妙、浪漫、张扬的充满无穷魅力和吸引力的西域文化最好的诗歌载体,真可谓诗歌内容与形式相得益彰。也正因为如此,唐诗和西域文化跨越了空间、时间、民族、观念等诸多的障碍和壁垒,在深层次的文化交融领域,在艺术追求和审美理念的终极目标上,实现了内在的沟通和一致。

西域文化与唐诗之路互动交融,落实到诗本质方面,好奇、刚健、扬厉的诗歌风貌,七言歌行体为主的诗歌呈现,是其最重要的表征。

（作者单位：海南大学人文学院）

论陈子昂的怀才不遇

孟宪实

　　陈子昂的文学地位在唐朝已被承认，韩愈"国朝盛文章，子昂始高蹈"的诗句①，足以证明。但是，陈子昂的高才与仕途沮丧，十分不协调，怀才不遇，因而成为众口一词的结论。薛天纬老师著《干谒与唐代诗人心态》②，例举众多唐代诗人故事，虽然没有用到陈子昂的例证，但陈子昂的官场失意，完全可以用干谒失败来归纳。拜读薛老师文章，结合陈子昂所处的时代，他的怀才不遇完全可以作为一种历史现象来理解。

一、黯淡的历官

　　陈子昂，字伯玉，梓州射洪人。应该是由于盛年意外去世，他自己没有留下完整的个人资料。现在所知的陈子昂文集和个人经历，全赖挚友卢藏用整理和记述。卢藏用整理《陈伯玉文集》并作序，序言提及"至于王霸之才，卓荦之行，则存之《别传》，以继于终篇云耳"③。《陈伯玉文集》序言与《陈氏别传》④，属于卢藏用的最初设计，如今《陈子昂集》把《别传》至于"附录"内，是符合卢氏初衷的，至于增加了《新唐书·陈子昂传》和补遗部分，则属于后出转精的进步。卢藏用的《陈氏别传》是《旧唐书》《新唐书》陈子昂传的重要史料来源，而陈子昂的研究，自然从卢藏用始。人生不如意，无友甚于不遇，陈子昂故事最有证明力。

　　陈子昂父亲名元敬，"年二十，以豪侠闻，属乡人阻饥，一朝散万钟之粟而不求报……以明经擢第，授文林郎"。《别传》此说，为《新传》继承："父元敬，世高赀，岁饥，出粟万石赈乡里。举明经，调文林郎。"⑤但《旧传》只一句"家世富豪"而已⑥，虽然简洁，但陈子昂的家庭背景容易因此忽略。陈元敬明经擢第一事，时间不确，在

　　① 韩愈《荐士》，见韩愈著、钱仲联集释《韩昌黎诗系年集释》，上海古籍出版社1984年版，第528页。
　　② 薛天纬《干谒与唐代诗人心态》，《西北大学学报》1994年第1期，收入作者《李白·唐诗·西域》，上海古籍出版社2011年版，第136—152页。
　　③ 卢藏用《陈伯玉文集序》，《陈子昂集》（修订本），徐鹏点校，上海古籍出版社2013年版，第5—6页。
　　④ 卢藏用《陈子昂别传》，收入《陈子昂集》（修订本），徐鹏点校，第264页。
　　⑤ 《新唐书》卷一〇七《陈子昂传》，中华书局1975年版，第4076页。
　　⑥ 《旧唐书》卷一九〇《文苑列传·陈子昂》，中华书局1975年版，第5018页。

此之前,他曾放粮救灾,深得乡里爱戴。《别传》记载他"因究览坟籍,隐居家园以求其志,饵地骨炼云膏四十余年"。《别传》所言,应该来自陈子昂撰写的《我府君周居士文林郎陈公墓志文》。志文记"二十二,乡贡明经擢第,拜文林郎,属忧艰不仕……太岁己亥,享年七十有四,七月七日己未,隐化于私馆"①。如果没有传抄之误,陈子昂的文字当然最为可信。己亥岁,七月七日又是己未,这是圣历二年,公元699年。据此推算,明经擢第之年为二十二岁,当在贞观二十一年(647)②。清人徐松《登科记考》,用陈子昂撰墓志,指出"己亥为嗣圣十六年,逆数之,擢第当在此年"③。

文林郎为文散官,有位无职。根据《唐六典》文林郎为"从九品上",而且唐制还有规定:"凡散官四品已下,九品已上,并于吏部当番上下。"④陈元敬事实上几十年隐居在家乡,显然没有番上。陈家富有,番上的差事应该都纳钱应付了。父亲这番经历为陈子昂打下了一定的政治与社会基础。

陈子昂父子走的都是科举之路,不过父亲是"乡贡",陈子昂是"生徒",而唐代科举制度,考生来源也不过这两个途径而已。《别传》记述陈子昂"年二十一,始东入咸京,游太学",那么陈子昂曾经入读太学吗?《别传》之外,包括《唐才子传》都不言及。罗庸先生《陈子昂年谱》讨论了这个问题,认为作品有"落第"诗,"当在开耀元年入咸京时,盖尝至东都应试不第,遂西归长安,返回故里"⑤。然而,"游太学"多有入学含义,陈子昂难道仅是游历?落第诗是第一次考试失败的证明,当为地方学校推荐参与的考试。既然曾经入乡学,结果是落第,时间在二十一岁之前。⑥

《别传》没有记述陈子昂有过落第经历,这不足为奇,《落第西还别刘祭酒高明府》《落第西还别魏四憬》还是透露了这个事实⑦。那么,这应该发生在什么时间点上呢?罗庸先生认为是二十一岁入京,即开耀元年的时候。分析《别传》,二十一岁之前,有年龄叙述:"始以豪家子,驰侠使气,至年十七八未知书。尝从博徒入乡学,慨然立志,因谢绝门客,专精坟典。数年之间,经史百家,罔不该览。尤善属文,雅

---

① 《陈子昂集》(修订本),第131—132页。

② 如此,陈元敬明经擢第之后,在故乡生活了五十多年,《别传》说四十余年,有些差距。

③ 徐松著、赵守俨点校《登科记考》,中华书局1984年版,第34页。所谓嗣圣是唐中宗年号,公元684年,当年武则天废中宗,立睿宗,改元文明,从此亲自执政。用嗣圣年号计算后来武则天时代的时间,是政治上不承认武则天统治的一种历史表态。

④ 李林甫等撰、陈仲夫点校《唐六典》卷二,中华书局1992年版,第31页。

⑤ 罗庸《陈子昂年谱》,收入《陈子昂集》,第313—349页。

⑥ 与本文理解不同,李凯先生认为陈子昂调露元年入长安,在太学学习,第二年参加第一次科考落第。见李凯《"非但文士之选"又为"唐之诗祖"——〈陈子昂全集校注〉前言》,《成都大学学报》2021年第5期,第62—75页。

⑦ 两首诗,见《陈子昂集》(修订本),第40—41页。

有相如、子云之风骨。初为诗,幽人王适见而惊曰:'此子必为文宗矣。'"如果二十一岁之前陈子昂没有到过京都,王适的意见从何而来?卢藏用亦一代文人,作《别传》不明写落第,直书成功,二十一岁入太学,终于"以进士对策高第"①。

《别传》没有具体描述陈子昂在太学的情景,根据唐代的太学制度,其中也可能存在难言之隐。唐代国子监管理"六学",即国子学、太学、四门学、律学、书学和算学。学子入学有身份规定,比如国子学是"文武三品已上及国公子、孙,从二品已上曾孙";太学生是"文武官五品已上及郡、县公子、孙,从三品曾孙";四门生是"文武官七品已上及侯、伯、子、男之子";律学生、书学生和算学生要求一致,为"文武八品已下及庶人子"②。陈子昂入太学,只能入四门学。律、书、算是培养专门人才的,学生毕业不能参加进士考试。国子学和太学,家长的品级要求太高,陈子昂不够资格。只有四门学有例外,"若庶人子为俊生者"③,可以入四门学。根据《新唐书·选举志》的记载,四门学"生千三百人,其五百人以勋官三品以上无封、四品有封及文武七品以上子为之,八百人以庶人之俊异者为之"④。在梓州地方学校,陈子昂当然是特别优秀的,他的诗作受到王适的肯定,也是俊异表现之一。但是,在公开以父祖官品为条件的太学里,陈子昂父亲的九品,跟庶人没有什么不同,相关规定把八品以下与庶人置于同一个等级之内。

太学里的制度很明确,每年都有考试,每个经典都有学习完成的规定时间。每年的考试,"诸学生通二经,俊士通三经已及第而愿留者,四门学生补太学,太学生补国子学"。这是太学内部的等级。当然,三学内的学生都可以参加科举考试。"每岁仲冬,州、县、馆、监举其成者送之尚书省,而举选不由馆、学者,谓之乡贡,皆怀牒自列于州县"⑤。"诸学生"与"俊士"的学习要求还有差距,俊士的要求更高。陈子昂在太学奋斗了三年,二十一岁入学,二十四岁中进士,他是否参加了四门、太学、国子内部的升迁,已经无从了解。

有关陈子昂进士及第时间,徐松《登科记考》考证为开耀二年(682),其文如下:

> 《唐才子传》:"陈子昂字伯玉,梓州人。开耀二年许且榜进士。"按《永乐大典》引《潼川志》:"陈子昂,文明初举进士。"又赵儋《故拾遗陈公旌德之碑》亦云子昂年二十四,文明元年进士,与《才子传》异。考碑言射策高第在高宗崩之前,当以《才子传》为是。卢藏用《陈子昂别传》:"年二十一,始东入咸京,游太

① 见《陈子昂集》(修订本),第 264 页。
② 《唐六典》卷二十一,第 557—563 页。
③ 《唐六典》卷二十一,第 560 页。
④ 《新唐书》卷三十四《选举志上》,第 1159 页。
⑤ 《新唐书》卷三十四《选举志上》,第 1161 页。

学。由是为远近所称，籍甚，以进士对策高第。"①

徐松特别重视《故拾遗陈公旌德之碑》中的时间顺序，即先言文明元年进士，后言"其年高宗崩于洛阳宫"，所以决定遵从《唐才子传》的开耀二年说。岑仲勉先生认为徐松理解有误，力主文明元年说②。罗庸《陈子昂年谱》也是同一个意见。傅璇琮先生为《唐才子传》作校笺，肯定岑氏说③。

徐松虽然坚持开耀二年说，但在文明元年的资料中，他搜集到一份来自《册府元龟》的陈子昂上疏，并写入文明元年的《登科记考》中④。陈子昂的这份上疏内容是建议朝廷发展太学。这应该再次证明陈子昂确有太学经历。此外，徐松把当年的策问置于陈子昂上疏之前，对比双方的关系，让人不能不怀疑陈子昂的上疏其实是在回答皇帝的策问，相当于考试的试卷。"凡进士，试实务策五道、帖一大经，经、策全通为甲第；策通四、帖过四以上为乙第"⑤，《别传》曾说陈子昂"以进士对策高第"，《故拾遗陈公旌德之碑》也说"射策高第"，应该就是经、策全通。陈子昂这份上疏没有被卢藏用收入《陈子昂文集》，最大的可能是陈子昂自己都没有底稿，上疏只保存在官方档案中，最后被收入《册府元龟》⑥。

陈子昂文明元年（684）举进士，如《故拾遗陈公旌德之碑》已经记载分明，本不该出现疑问。但《登科记考》也有赞同者，如彭庆生先生⑦。从新旧《唐书》的《陈子昂传》看，进士及第与释褐区分都是明显的。岑仲勉先生论文有"子昂及第年"条，注意到《旌德碑》明确写作"文明元年进士"，而《谏灵驾入京书》自称"梓州射洪县草莽臣"，及《尘尾赋序》"甲申岁，天子在洛阳，余始解褐"之辞，这些资料时间上都是吻合的⑧。陈子昂进士及第与释褐为麟台正字发生在同一年，吴明贤文章辨析较详⑨。事实上，在陈子昂的仕宦生涯中，文明元年是太顺利了，进士及第的同年就完

---

① 徐松著、赵守俨点校《登科记考》，第71页。徐松引《别传》，有省略。《故拾遗陈公旌德之碑》，即收入《陈子昂文集》附录中的《大唐剑南东川节度观察处置等使户部尚书兼御史大夫梓州刺史鲜于公为故右拾遗陈公建旌德之碑》，碑文作者为赵儋，碑为大历六年（771）树立。

② 岑仲勉《陈子昂及其文集之事迹》，载《辅仁学志》第十四卷一、二合刊，1946年版，第149—173页。

③ 辛文房著、傅璇琮主编《唐才子传校笺》第一册，中华书局1987年版，第103—105页。

④ 《登科记考》卷三，第74页。来源是《册府元龟》卷六〇四《学校部·奏议第三》，凤凰出版社2006年版，第6962页。

⑤ 《新唐书》卷四十四《选举志上》，第1162页。

⑥ 陈子昂这件上疏，《文苑英华》卷六百七十五记为"武后垂拱初"，《唐会要》卷三五《学校》记为"光宅二年"，都应来自官方档案，但时间记载有差误。

⑦ 彭庆生《陈子昂卒年考》，《社会科学战线丛刊》1980年第2期，收入作者著《彭庆生文集》，新华出版社2018年版，第417—421页。

⑧ 岑仲勉《陈子昂及其文集之事迹》，第154页。

⑨ 吴明贤《陈子昂生卒年辨》，《四川师院学报》1981年第2期，第68—73页。

成了释褐为官。毕竟,唐代官员,"起家"与"释褐"是两个阶段,有的人从"起家"到"释褐"要经历很长的时间。陈子昂第一步就进入中央,没有经过地方县尉等历练过程,先拔头筹①。

陈子昂释褐顺利成为麟台正字。武则天改秘书省为麟台,麟台正字即原来的秘书正字,正九品下。陈子昂政治倾向一直很积极有为,垂拱元年(685)曾经参加刘敬同的行军,但直到天授元年(690),才晋升为右卫胄曹参军(正八品下)。六年才晋升一品,比较缓慢。再过四年为延载元年(694),晋升右拾遗。右拾遗,从八品上。四年之间,官品未升反降。期间,陈子昂有三年孝假居家。另外,右拾遗是谏官,名列中书省,更重要的是拾遗属于清官②。进入清官系列,即使品阶稍低,也应该看作是晋升。

担任右拾遗这一年,陈子昂遭逢牢狱之灾,一年后解放,官复原职,应该是冤枉。万岁通天元年(696),陈子昂第二次参加清边道行军,这次大总管是右武威卫大将军武攸宜。《新传》记载"会武攸宜讨契丹,高置幕府,表子昂参谋"。唐代士人参加行军幕府,是升迁的快速通道,但陈子昂没能获得这个机会,行军结束,又回归原职。班师还朝的第二年(圣历元年,698),请求解官还乡侍亲,获得批准。直到被段简迫害而卒,陈子昂的终生官职止于右拾遗。

二、问题与症结

陈子昂官至右拾遗,仕途可称坎坷。十几年的官场生涯,最终不过八品。八品、九品是官场的最低级。陈子昂自觉无望,归乡隐居,但遭遇更大悲剧,并就此了结一生。如何看待陈子昂的仕宦生涯?从卢藏用开始,怀才不遇的观点便占据主流。那么,如何理解陈子昂的怀才不遇呢?薛天纬老师在《干谒与唐代诗人心态》一文中,一方面指出怀才不遇是当时社会的永恒主题,另一方面把怀才不遇具体化为两种情况,一是科考失利,二是干谒无成③。对比陈子昂的情形,显然属于第二种情况。

任何研究者都承认,陈子昂的才华是不必讨论的,政治立场上也是积极上进的,但最终还是以失败而告终,症结何在?

首先,陈子昂的积极进取令人难忘。进士及第的当年,陈子昂积极上疏,这就是《谏灵驾入京书》。这份上疏,获得朝廷积极回应。《别传》记载:"时皇上以太后

---

① 参见黄正建《唐代的"起家"与"释褐"》,《中国史研究》2015年第1期,第198—200页。
② 参见《旧唐书》卷四二《职官志一》,第1804—1805页。
③ 薛天纬《干谒与唐代诗人心态》,第22页。

居摄,览其书而壮之,召见问状。子昂貌寝寡援,然言王霸大略,君臣之际,甚慷慨焉。上壮其言而未深知也。"《故拾遗陈公旌德之碑》:"公乃献书阙下,天后览其书而壮之,召见金华殿,因言伯王大略,君臣明道,拜麟台正字。"两《唐书》本传也记述的是武则天召见授职。陈子昂一战成名,《别传》记述:"时洛中传写其书,市肆间巷,吟讽相属,乃至转相货鬻,飞驰远迩。"《旌德碑》的记载更文学化:"由是海内词人,靡然向风,乃谓司马相如、扬子云复起于岷峨之间矣。"

通观陈子昂的所有上疏,这篇《谏灵驾入京书》效果最佳。何以如此? 陈子昂的上疏,契合了武则天的心思,所以受到关注与欣赏。唐高宗晚年居住在洛阳,但一直惦念长安,驾崩的当天甚至说:"天地神祇若延吾一两月之命,得还长安,死亦无恨。"①祖陵俱在关中,唐高宗埋葬关中是难以动摇的事。但从后来的情形看,武则天对于传统的关陇政策有自己的看法,所以称帝便把洛阳改成神都,长安之外,另立政治中心。陈子昂的上疏,在武则天尚未显露另立政治中心之前,大篇幅描写洛阳的胜地景象,鼓吹洛阳胜过长安的多方面优点,颇中武则天下怀。

从基本的政治立场来说,陈子昂是武周政治的积极支持者,与武周政治的整体氛围没有违和感。《新传》"后既称皇帝,改号周,子昂上周受命颂以媚悦后",这是后世的政治立场,批评更激烈的也有。这一点,后来叶适的观点比较客观:"子昂始终一武后尔,吐其所怀,信其所学,不得不然,无可訾也。"②武则天多次接见,武攸宜也曾拉陈子昂入幕府,即使入过牢狱,后来也证明属于牵连。总之武周政权对于陈子昂的政治忠诚是不怀疑的。

从武则天用人政策看,对于陈子昂这种类型的人才并非不利。后来的史家,对于武则天用人政策的描述基本一致。

《新唐书》有如此记载:"初,试选人皆糊名,令学士考判,武后以为非委任之方,罢之。而其务收人心,士无贤不肖,多所进奖。长安二年,举人授拾遗、补阙、御史、著作佐郎、大理评事、卫佐凡百余人。明年,引见风俗使,举人悉授试官,高者至凤阁舍人、给事中,次员外郎、御史、补阙、拾遗、校书郎。试官之起,自此始。"③"太后不惜爵位,以笼四方豪杰自为助,虽妄男子,言有所合,辄不次官之,至不称职,寻亦废诛不少纵,务取实材真贤。"④

比较而言,《朝野佥载》的文字更偏重个人资料搜集,但基本倾向还是一致的:"伪周革命之际,十道使人天下选残明经、进士及下村教童蒙博士,皆被搜扬,不曾

---

① 《旧唐书》卷五《高宗本纪下》,第 112 页。
② 叶适《习学记言序目》卷四一《唐书四》,中华书局 1977 年版,第 605 页。
③ 《新唐书》卷四五《选举志下》,第 1175—1176 页。
④ 《新唐书》卷七六《则天武后传》,第 3479 页。

试练,并与美职。"①"乾封以前选人,每年不越数千;垂拱以后,每岁常至五万。"②同书还有如下故事记录:

> 则天革命,举人不试皆与官,起家至御史、评事、拾遗、补阙者,不可胜数。张鷟为谣曰:"补阙连车载,拾遗平斗量。杷推侍御史,碗脱校书郎。"时有沈全交者,傲诞自纵,露才扬己,高巾子,长布衫,南院吟之,续四句曰:"评事不读律,博士不寻章。面糊存抚使,眯目圣神皇。"遂被杷推御史纪先知捉向左台,对仗弹劾,以为谤朝政,败国风,请于朝堂决杖,然后付法。则天笑曰:"但使卿等不滥,何虑天下人语? 不须与罪,即宜放却。"先知于是乎面无色。③

后来的《资治通鉴》显然是把这些资料进行了综合,文字更有概括力:

> (长寿元年)春,一月,丁卯,太后引见存抚使所举人,无问贤愚,悉加擢用,高者试凤阁舍人、给事中,次试员外郎、侍御史、补阙、拾遗、校书郎。试官自此始。时人为之语曰:"补阙连车载,拾遗平斗量;擢推侍御史,碗脱校书郎。"有举人沈全交续之曰:"糊心存抚使,眯目圣神皇。"为御史纪先知所擒,劾其诽谤朝政,请杖之朝堂,然后付法,太后笑曰:"但使卿辈不滥,何恤人言! 宜释其罪。"先知大惭。太后虽滥以禄位收天下人心,然不称职者,寻亦黜之,或加刑诛。挟刑赏之柄以驾御天下,政由己出,明察善断,故当时英贤亦竞为之用。④

《通鉴》的这段文字,具有总结意义,不仅明确了武则天的用人政策,也证明这个政策的正反两方面的作用,负面作用是用人泛滥,难免不会人浮于事;正面意义是人才会很快脱颖而出。也受到"英贤"的欢迎。请注意,在这些资料中,拾遗这个职务是反复被提及的,其中"拾遗平斗量"极具讽刺意味,证明陈子昂担任的拾遗,不仅级别低,也较少受到尊重。

在这个背景下观察武则天与陈子昂的关系,怀才不遇的理解是有可能具体化的。武则天把很多官职给予了莫名其妙的人,大进大出,高速筛选有利于人才选拔。陈寅恪曾指出:"自武则天专政破格用人后,外廷之显贵多以文学特见拔擢之人。而玄宗御宇,开元为极盛之世,其名臣大抵为武后所奖用者。"⑤有研究指出,武

---

① 张鷟撰《朝野佥载》卷一,中华书局 1979 年版,第 7 页。
② 张鷟撰《朝野佥载》卷一,第 6 页。
③ 张鷟撰《朝野佥载》卷四,第 89 页。
④ 《资治通鉴》卷二〇五,中华书局 1956 年版,第 6477—6478 页。
⑤ 陈寅恪《唐代政治史述论稿》上篇《统治阶级之氏族及其升降》,上海古籍出版社 1982 年版,第 21 页。

则天为开元之治准备了人才,平实确论①。可以说,武则天朝廷对于陈子昂这样的人才不可能存在吝啬官职的问题。多次召见陈子昂,说明武则天对陈子昂存在欣赏,抱有希望。《谏灵驾入京书》之后,陈子昂不缺上疏,慷慨文字,常能动人,也多次被召见,但召见之后便没有了下文。《别传》的说法是"上数召问政事,言多切直,书奏,辄罢之",《旌德碑》《新传》继承了这个观点。陈子昂的"言多切直",是否就是不被武则天欣赏的症结吗?即使担任右拾遗,陈子昂的官品依然很低,能够被多次召见,证明上疏还是有作用的,召见当然具有肯定的含义。但仅仅停留在召见上,恐怕失望的不仅是被召见一方。作为人才,陈子昂的才能看来并不全面,比如他的书面表达比口头表达更有魅力。连挚友卢藏用也承认,陈子昂有"貌寝寡援"的问题。"寡援"指政治关系缺乏,"貌寝"是形象问题。《新传》说"子昂貌柔野,少威仪"。口头表达欠佳,加上貌寝,对于面见皇帝,这显然是不利的因素。

《旧传》在言及陈子昂性格时,如是描述:"子昂褊躁无威仪,然文词宏丽,甚为当时所重。"《新传》的说法是:"子昂资褊躁,然轻财好施,笃朋友。"《唐才子传》继承这些观点,写作:"子昂貌柔雅,为性褊躁,轻财好施,笃朋友之义。"②褊躁一词,在唐人的性格描写中常见。如《朝野》的作者张鷟有才华,"然性褊躁,不持士行,尤为端士所恶,姚崇甚薄之"③。如萧颖士"褊躁无威仪,与时不偶,前后五授官,旋即驳落"④。此外,大诗人杜甫也有同样的描写⑤。由此,我们大概可以了解陈子昂的性格特征:狭隘而急躁。用薛天纬老师的表述,这也可以称作"自矜与躁进"。

能够体现陈子昂这种性格特征的事件,莫过于万岁通天元年(696)参加武攸宜的行军。当年五月,契丹孙万荣等叛乱。当月武则天朝廷派出曹仁师等二十八将前往讨伐,但出师不利,八月大败,"九月,命右武卫大将军、建安王攸宜为大总管以讨契丹"⑥。《别传》:"建安郡王攸宜亲总戎律,台阁英妙,皆置在军麾。特赐子昂参谋帷幕。"《新传》:"会武攸宜讨契丹,高置幕府,表子昂参谋。"这是一个难得的仕途发展机会。

唐朝行军制度,将帅是皇帝任命,军队由兵部调配朝廷调动,但指挥机关即将帅幕府中的许多文职官员,则是将帅点名朝廷任命。《新传》说"表子昂参谋",这是

---

① 吴宗国《武则天》,原载《中华文明之光》第二辑,1999 年。收入作者《中古社会变迁与隋唐史研究》,中华书局 2019 年版,第 91—99 页。

② 辛文房著、傅璇琮主编《唐才子传校笺》第一册《陈子昂》,第 109 页。

③ 《旧唐书》卷一四九《张荐传》,第 4023 页。

④ 《旧唐书》卷一〇二《韦述传所附萧颖士》,第 3185 页。

⑤ 《旧唐书》卷一九〇下《杜甫传》,第 5054 页。

⑥ 《旧唐书》卷六《则天皇后本纪》,第 125 页。

武攸宜上表,请陈子昂担任参谋。《别传》说"特赐子昂参谋帷幕",是指皇帝的批准手续。先由指挥官上表,然后皇帝批准。为什么说是一次难得的机会?通常情况下,为官有任职期限,任职期满才会有职务调整,通常是四年。但军事行动属于特殊情况,立功升迁,不受任期时间限制,因战功升迁特别高效。有机会进入将军幕府,是唐代文官特别盼望的升迁捷径,而指挥官指派亲戚朋友参加幕府,相当于指挥官的一种特殊权力,并不会受到指责。

陈子昂被点名进入武攸宜幕府,不管通过什么途径,证明武攸宜和朝廷对陈子昂是欣赏的,否则不会有此任命。最后结果如何呢?陈子昂的性格再次葬送了这次机会。战争发展十分不顺,转年三月再次战败。《旧唐书·王孝杰传》记载:

> 万岁通天年,契丹李尽忠、孙万荣反叛,复诏孝杰白衣起为清边道总管,统兵十八万以讨之。孝杰军至东峡石谷遇贼,道隘,虏甚众,孝杰率精锐之士为先锋,且战且前,及出谷,布方阵以捍贼。后军总管苏宏晖畏贼众,弃甲而遁,孝杰既无后继,为贼所乘,营中溃乱,孝杰堕谷而死,兵士为贼所杀及奔践而死殆尽。时张说为节度管记,驰奏其事。则天问孝杰败亡之状,说曰:"孝杰忠勇敢死,乃诚奉国,深入寇境,以少御众,但为后援不至,所以致败。"于是追赠孝杰夏官尚书,封耿国公,拜其子无择为朝散大夫。遣使斩宏晖以徇。使未至幽州,而宏晖已立功赎罪,竟免诛。[1]

王孝杰应该是武则天朝廷中最有战斗力的将军,几年前在西域战胜吐蕃收复四镇,声望如日中天。这次以王孝杰为先锋官,恐怕也是希望通过他赢得整个战争胜利,而武攸宜可以轻松获得首功。没有想到,苏宏晖畏敌先退,打乱了王孝杰的部署,王身死兵败。这是对武攸宜的灭顶之灾,原本就不具备军事才能,因此陷入更严重的慌乱之中。就在这时,陈子昂提出很具体的建议,《新传》简略内容如下:

> 陛下发天下兵以属大王,安危成败在此举,安可忽哉?今大王法制不立,如小儿戏。愿审智愚,量勇怯,度众寡,以长攻短,此刷耻之道也。夫按军尚威严,择亲信以虞不测。大王提重兵精甲,顿之境上,朱亥窃发之变,良可惧也。王能听愚计,分麾下万人为前驱,契丹小丑,指日可禽。[2]

在这件谏议书中,陈子昂自然是从为武攸宜立功的立场出发的,但对武攸宜的指责之言更加吸引注意。陈子昂最核心的诉求是给自己一万兵为先锋,去打败契丹。王孝杰是举国知名大将,一战而败。陈子昂何许人?武攸宜敢给他一万兵,派他去

---

[1] 《旧唐书》卷九三《王孝杰传》,第 2977 页。
[2] 《新唐书》卷一七《陈子昂传》,第 4077 页。更多内容可见《别传》所引。

当先锋？"攸宜以其儒者,谢不纳。居数日,复进计,攸宜怒,徙署军曹。子昂知不合,不复言",《新传》的这个记载,至少说明武攸宜还没有真的昏聩透顶。但陈子昂的性格如此,反而不休不止,继续"进计"。是陈子昂又有新的计谋吗？应当不是,他在继续坚持自己的计划,不过是反复提出而已。

一万军队,在唐朝是个什么概念,今人或许模糊,陈子昂不该不了解。《唐六典》对于唐朝行军制度有描述:"凡亲王总戎则曰元帅,文、武官总统者则曰总管。以奉使言之;则曰节度使,有大使焉,有副大使焉,有副使焉,有判官焉。若大使加旌节以统军,置木契以行动。凡将帅出征,兵满一万人已上,置长史、司马、仓曹、胄曹、兵曹参军各一人;五千人已上,减司马。诸军各置使一人,五千人已上置副使一人,万人已上置营田副使一人;每军皆有仓曹、兵曹、胄曹参军务一人。"①五千、一万,统兵如此便是总管、大总管之名。军队出发,总管等由皇帝任命。陈子昂要求的相当于总管、大总管职务。此时的唐朝,府兵制度运转正常。府兵基层是折冲府,长官称折冲都尉,根据兵员数量,折冲府分三个级别,上府一千二百,中府一千,下府八百,而上府折冲都尉是正四品上。府兵的各级军官,是职业军官,在行军中他们充任各级指挥员。如今,从来没有担任过任何一级军官、一直体弱多病的陈子昂,忽然提出要指挥一万军队的要求,如何满足他的这个要求呢？如何为他配置一万人的军队,如何为他安排各级指挥官呢？

武攸宜最初的反应是"以其儒者,谢不纳",陈子昂计划的不切实际,因为毫无经验可言,武攸宜还是比较客气的,不接受而已。没想到,陈子昂可不这样认为,几天以后继续提出。武攸宜对陈子昂采取"徙署军曹"的处分。原本是参谋的陈子昂,是可以参与最高军事会议的,但反复提出毫无价值的计划,成了一个制造混乱的因素,只好调离原来的工作岗位。陈子昂在批评武攸宜的时候,一口一个"儿戏"。但看看陈子昂的计划,荒唐的程度恐怕连儿戏都无法称量。虽然荒唐,但他却坚持不懈,这就是性格问题。

参加同一次战争的张说,也是担任文职,为管记,后来成为盛唐的文学领袖,出将入相。张说的第一次历史亮相,就是这次战争。武攸宜派他回朝廷汇报战况,有关王孝杰的战败,条分缕析,清楚明白。不仅为王孝杰争取了荣誉,也给武则天留下深刻印象。从此,张说的仕途几乎是一马平川。陈子昂的文职角色,本来就该如张说一样发挥才是发展正道,但他却异想天开,竟然提出要领兵,而且还十分顽固。后来契丹遭遇背后袭击,武攸宜最后以胜利者的姿态凯旋。论功行赏,自然没有陈子昂的份额。陈子昂只要坚持自己的文职本分,这次战争完全可以成为仕途发展

---

① 《唐六典》卷五,第156页。

的一个大好机会,但性格特点让他成为胜利大军中的一个失败角色。

理解陈子昂性格方面的褊躁,这是一个很典型的事例。就干谒而言,陈子昂的失败,与他性格方面存在的"缺陷"不能没有关系。这样的性格,对于文学创作,或许是个优点,但在唐朝为官,确实难度很大。

在其他方面,比如武则天称帝之前,一直没有鲜明的旗号,而历史也没有提供女性称帝的先例,所以在陈子昂看来,武则天依然是李唐的太后,这个基本判断从后来的历史发展来看,显然不符合武则天的需求。《新传》记载:"后复召见,使论为政之要,适时不便者,毋援上古,角空言。子昂乃奏八科:一措刑,二官人,三知贤,四去疑,五招谏,六劝赏,七息兵,八安宗子。"八条建议中,第一条与第八条,都是武则天正在采取的重要政治行动,而陈子昂显然不明所以,建议不被采纳,人才不被重用,具有思想上的必然性。铲除反对势力,《新唐书》有如此记载:

> 春官尚书李思文诡言:"周书武成为篇,辞有'垂拱天下治',为受命之符。"后喜,皆班示天下,稍图革命。然畏人心不肯附,乃阴忍鸷害,肆斩杀怖天下。内纵酷吏周兴、来俊臣等数十人为爪吻,有不慊若素疑惮者,必危法中之。宗姓侯王及它骨鲠臣将相骈颈就铁,血丹狴户,家不能自保。太后操奁具坐重帏,而国命移矣。①

《旧唐书》的总结也是符合历史实际的,其言为:

> 则天以女主临朝,大臣未附,委政狱吏,剪除宗枝。于是来俊臣、索元礼、万国俊、周兴、丘神勣、侯思止、郭霸、王弘义之属,纷纷而出。然后起告密之刑,制罗织之狱,生人屏息,莫能自固。至于怀忠蹈义,连颈就戮者,不可胜言。武后因之坐移唐鼎,天网一举,而卒笼八荒,酷之为用,斯害也已。②

武则天是需要更多人才加入自己的改朝换代队伍的,为此她采用大进大出的办法选拔人才,为的是发现更多为我所用的人才。陈子昂有性格缺陷,对于武则天的政治事业也缺乏心领神会的聪明,虽然很努力,终于还是不得要领③。

三、死亡及其想象

陈子昂之死,原本的事实并不复杂,但在后人的理解中,逐渐变得复杂起来。

---

① 《新唐书》卷七六《则天武后传》,第 3481 页。
② 《旧唐书》卷一八六上《酷吏列传上》,第 4836 页。
③ 陈子昂反对滥用刑罚,是酷吏政治刚刚兴起的时候,武则天的政治目标尚未达成,所以不能借机叫停。到圣历元年,武则天已经事实上停止了酷吏政策,姚崇的建议就顺理成章地被接受。从后来的结果看,历史学家们很重视陈子昂的先见之明,其实陈子昂更想帮助武则天,但双方的思想距离还是太大。

最初从对陈子昂怀才不遇极尽表达的同情,后来同情不足以表达敬意,逐渐发展到迫害致死的结论。历史认识影响历史事实,在陈子昂研究中再次得到应用。

卢藏用《别传》中,已经抒发了陈子昂怀才不遇的感想。他说陈子昂"立言措意,在王霸大略而已,时人不之知也"①。而在《陈伯玉文集序》中,卢藏用始于孔子终于陈子昂,把陈子昂置于十分突出的地位,也指出:"惜乎湮厄当世,道不偶时。"②这里的怀才不遇,指陈子昂的思想抱负与所处时代不遇,陈子昂的才能没有机会发挥。赵儋《故右拾遗陈公建旌德之碑》,引用鲜于仲通的话:"陈君道可以济天下,而命不通于天下;才可以致尧舜,而运不合于尧舜。悲夫!"③强调陈子昂命运不遇时代,依然是怀才不遇的强化说法。

怀才不遇的人生悲剧,当然令人同情。随着陈子昂文学地位和评价的高企,陈子昂的人生遭遇,越发激荡起后世同情的潮流。白居易有"每叹陈夫子,常嗟李谪仙。名高折人爵,思苦减天年。不得当时遇,空令后代怜"的诗句④。王夫之《读通鉴论》:"陈子昂以诗名于唐,非但文士之选也,使得明君以尽其才,驾马周而颉颃姚崇,以为大臣可矣。"⑤

如此一来,怀才不遇的同情越发不足以表达人们对陈子昂遭遇的不平之感。

现在知道大和初年沈亚之在《上九江郑使君书》中提及:"国朝天后之时,使四裔达威德之令皆儒臣。自乔知之、陈子昂受命通西北两塞,封玉门关,戎虏遁避,而无酬劳之命。斯盖大有之时,体臣之常理也。然乔死于谗,陈死于枉,皆由武三思嫉怒于一时之情,致力克害。一则夺其伎妾以加害,一则疑其摈排以为累,阴令桑梓之宰拉辱之,皆死于不命。嗟乎嗟乎!"⑥其实,沈亚之的书信主要是自辩,引陈子昂故事也是为自辩助力,感情所在并不是研讨陈子昂之死。之所以引陈子昂故事,当因为陈子昂故事已成委屈典型。不过,沈亚之的辩白没有发挥作用,最后还是遭到贬官处分⑦。

沈亚之这封信,却引发了陈子昂之死的新探究,迫害论成为重要论述。原本,

---

① 卢藏用《陈氏别传》,见《陈子昂文集》(修订本),第266页。

② 卢藏用《陈伯玉文集序》,见《陈子昂文集》(修订本),第5页。

③ 见《陈子昂集》(修订本),第270页。

④ 白居易《江楼夜吟元九律诗·成三十韵》,见《白居易集笺校》(朱金城笺注),上海古籍出版社1988年版,第1059页。

⑤ 王夫之《读通鉴论》,中华书局1975年版,第737页。

⑥ 董诰等编《全唐文》卷七三五《沈亚之二》,中华书局1983年版,第7591页。

⑦ 《旧唐书》卷十七《文宗本纪上》:大和三年五月丁亥,"贬沧德宣慰使、谏议大夫柏耆循州司户,宣慰判官、殿中侍御史沈亚之虔州南康尉,以擅入沧州取李同捷,诸镇所怒,奏论之也"。中华书局1975年版,第531页。

首先介绍陈子昂之死的还是卢藏用的《别传》,陈子昂返乡后,先是埋葬父亲,然后就是段简的敲诈勒索,最终丧命。"属段简贪暴残忍,闻其家有财,乃附会文法,将欲害之。"陈子昂虽然企图纳财免灾,但不成功,"数舆曳就吏。子昂素羸疾,又哀毁,杖不能起"。他还自"命蓍自筮","天命不祐,吾其死矣",最后"于是遂绝,年四十二"。这里没有一言涉及段简背后的势力,除了贪婪,也没有言及其他动机。《别传》这个观点,被《新传》全面继承,而《旧传》反而增加了一些新资料:"子昂父在乡,为县令段简所辱,子昂闻之,遽还乡里。简乃因事收系狱中,忧愤而卒,时年四十余。"原来段简的暴行是从父亲陈元敬开始的,对于陈子昂不过是一不做二不休而已。

陈子昂之死,继续沈亚之思路的代有人焉。南宋叶适指出:"子昂名重朝廷,简何人,犹二十万缗为少而杀之,虽梁冀之恶不过,恐所载两未真也。"①所谓"两未真",指的是两《唐书》所载未真,而"未真"所指,暗示有更大背景。这个看法,明人胡震亨直接赞同沈亚之观点:"尝怪射洪以拾遗归里,何至为县令所杀。君读沈亚之《上郑使君书》云,武三思疑子昂排摈,阴令邑宰拉辱,死非命。始怪大力人主使在,故至此。"②指使县令段简辱杀陈子昂的是大人物武三思。这样就可以郑重得出结论:陈子昂死于严重的政治迫害。

对于武三思迫害陈子昂,沈亚之已经提供了理据,但岑仲勉先生并不满足于此,郑重提出疑问:"以武后周来之淫威,子昂未之惧,何独畏夫县令段简,可疑一。子昂居朝,尝陷狱年余(参罗谱),铁窗风味,固饱尝之,何对一县令而自馁若此,可疑二。子昂虽退居林下,犹是省官,唐人重内职,固足与县令对抗,何以急须纳贿,且贿纳廿万,数不为少,何以仍敢诛求无已,可疑三。余由此推想,陈子昂家居时,如非有反抗武氏之计画,即必有诛讨武氏之文字,别传所谓'附会文法',匣剑帷灯,饶有深意。……此一解释,虽纯出推测,然自信尚中于事理。别传殆作于武后之末,自不便明言,唐人因中睿两宗所出,始终认武后临朝为合法,故其事遂终以不彰矣。"③

陈子昂之死,此题上升一大台阶,原来陈子昂回到家乡,书写了反对武周的文章,甚至有推翻武周的计划。虽然岑先生承认这些属于推测,但属于充满自信的推测。后来,葛晓音先生继续这个思路,从"附会文法"入手,认为陈子昂的把柄就是《我府君有周居士文林郎陈公墓志文》,坐实了这件文字狱大案④。

---

① 叶适《习学记言序目》卷四一《唐书四》,第 605 页。
② 胡震亨《唐音癸签》卷二十五《谈丛一》,古典文学出版社(上海)1957 年版,第 218 页。
③ 岑仲勉《陈子昂及其文集之事迹》,第 151 页。
④ 葛晓音《关于陈子昂的死因》,《学术月刊》1983 年第 2 期,第 61—62 页。

就这个问题而言，从证据的视角看，韩理洲先生、王辉斌先生的观点都是值得赞同的，过度解读反而造成了历史事实的变形①。研究者认为段简其人不足怕，而陈子昂表现出的恐惧理应另有深意，这从叶适以来逐渐发展出迫害致死论。段简当初畏惧来俊臣，如今迫害陈子昂，表现出的人格特征是一致的，这就是欺软怕硬。利用手中的权力，任意解释法律来满足一己之私，这不是罪恶官吏的常见行为吗？对于这种恶官，勒索财物有必要需要更高的政治背景吗？段简应该了解陈子昂的境况，虽然在中央工作，但不受朝廷重视，没有前途，本人也是心灰意冷，恰好又家庭富有，还有比陈子昂更合适的勒索对象吗？

卢藏用是当时人，在他的《别传》中，已经明确无误地写出了段简之恶，更重要的是描写了过程，直接点名段简。所以，段简迫害陈子昂案件，在卢藏用写作《别传》的时候已经告破，朝廷应该已经得出了明确结论，否则，卢藏用是不能如此写作的。卢藏用是朝廷命官，不能凭空指责另一位官员犯罪，即使对方是级别不高的县令②。

在资料并不充分的条件下，众多的研究者大胆怀疑陈子昂之死。其实，研究者更重要的心理是不希望陈子昂就这样不明不白地死去。如此伟大的文学家，应该死得其所，死的壮烈，至少敌人要足够强大，才能配得上陈子昂之死。当怀才不遇成为时代的常见现象时，陈子昂之死就是最常见的百姓之死。不管后世的研究者多么不舍，都无法改变这层悲剧色彩。

陈寅恪先生曾言："进士之科虽设于隋代，而其特见尊重，以为全国人民出仕之唯一正途，实始于唐高宗之代，即武曌专政之时。"③讨论武则天时期，进士科如何重要的文字很多，不一而足。事实上，当我们的研究聚光于具体人物时，情况显然更加复杂。陈子昂出身进士，正逢武则天时代，但他的仕途是典型的不成功。这说明，出身仅仅是进入官场的一个门槛，进一步的发展，还需要很多条件，如干谒成功等等。大约正因如此，我们今天阅读《登科记考》会发现大量空白，很多进士并没有留下历史痕迹。比较起来，陈子昂虽然仕途不顺，但他的文学成就了他的历史，甚至从《旧唐书》到《新唐书》，我们都能看到陈子昂在世人心目中地位的显著提升。

（作者单位：中国人民大学历史学院）

---

① 韩理洲《陈子昂行事研究献疑》，《内蒙古大学学报》1985 年第 3 期，第 71—74 页；王辉斌《陈子昂死因及雪狱探究》，《湖南师大社会科学学报》1989 年第 6 期，第 82—84 页。

② 据吴明贤《陈子昂生卒年辨》考证，卢藏用《陈氏别传》的写作时间是景云元年（710）左右，陈子昂已经去世十年，可以信从。此时段简迫害陈子昂的罪恶，应该已经大白于天下。

③ 陈寅恪《唐代政治史述论稿》上篇《统治阶级之氏族及其升降》，上海古籍出版社 1982 年版，第 22 页。

唐员半千其人其文考辨

王 佺

员半千是唐代一位具有传奇色彩的文人,其事迹最早见于唐代元和间人刘肃所撰《大唐新语》,《旧唐书》和《新唐书》均有其传记,《资治通鉴》也载有其部分事迹,足见此人在唐代及后世颇为史家所重视。然而,现存史料对这位传奇人物的生平记载却有许多疑点。意想不到的是,这些年来有关员半千的史料悄然走进了基础教育领域,如《人教版高考总复习文言文阅读》选用了《大唐新语》的传记全文,《人教版高三复习——文言文阅读100题》节选了《旧唐书·员半千传》的原文。北京、福建、江苏、浙江等地的高中文言文阅读和高考模拟试题也选用过关于员半千的上述史料①。员半千既已成为被中学生知晓的历史人物,因此,对其生平事迹做一番认真的考证以廓清其中疑点,就不仅是纯学术性研究的题目,而且兼有对基础教育现实问题的某种关切。此外,《全唐文》收录署名员半千的《陈情表》,更是一篇为后人称道的干谒奇文,目前学界在研究唐代社会风貌、唐人精神气质和文人干谒现象时,也不乏引用《陈情表》的案例,但这篇干谒文的内容却有诸多疑点,乃至真伪难辨。本文也将对《陈情表》的真实性加以考证和辨析。

一、员半千生卒年考

兹将有关员半千的三条史料依次照录如下。

《大唐新语》:

> 员半千,本名余庆,与何彦先师事王义方。义方甚重之,尝谓曰:"五百年一贤,足下当之矣。"改名半千。义方卒,半千、彦先皆制师服。上元初,应六科举,授武陟尉,时属旱歉,劝县令开仓赈恤贫馁,县令不从。俄县令上府,半千悉发仓粟,以给百姓。刺史郑齐宗大怒,因而按之,将以上闻。时黄门侍郎薛

① 近年来,高三文言文阅读和高考模拟试题有关员半千传记的选题情况有三类:其一是选用《大唐新语》的传记原文,如《2012年福建高考模拟试题》《2013年人教版高考总复习文言文阅读》等;其二是节选《旧唐书·员半千传》的原文,如《人教版高三复习——文言文阅读100题》等;其三是节选且合并《大唐新语》和《旧唐书》中员半千的传记内容,如《2009年北京四中高考语文高考模拟试题》《2009年浙江高考文言文专题集成》《2004—2005年度江苏南通市九校高三期末试题》等。

元超为河北存抚使,谓齐宗曰:"公百姓不能救之,而使惠归一尉,岂不愧也!"遽令释之。又应岳牧举,高宗御武成殿,召诸举人,亲问曰:"兵书所云天阵、地阵、人阵,各何谓也?"半千越次对曰:"臣观载籍多矣。或谓:'天阵,星宿孤虚也;地阵,山川向背也;人阵,偏伍弥缝也。'以臣愚见则不然。夫师出以义,有若时雨,则天利,此天阵也。兵在足食,且耕且战,得地之利,此地阵也。卒乘轻利,将帅和睦,此人阵也。若用兵者,使三者去,其何以战?"高宗深嗟赏,对策上第,擢拜左卫渭上(引者按,"渭上"当为"胄曹")参军,仍充宣慰吐蕃使。引辞,则天曰:"久闻卿,谓是古人,不意乃在朝列。境外小事,不足烦卿,且留待制也。"前后赐绢千余匹。累迁正谏大夫,封平凉郡公。开元初,卒。[①]

《旧唐书》本传(节选):

员半千,本名余庆,晋州临汾人(按,《旧唐书·王义方传》谓其"齐州全节人")。少与齐州人何彦先同师事学士王义方……(删节内容略同《新语》)上元初,应八科举,授武陟尉。……(删节内容略同《新语》)寻又应岳牧举,高宗御武成殿,召诸州举人……(删节内容略同《新语》)及对策,擢为上第。垂拱中,累补左卫胄曹,仍充宣慰吐蕃使。及引辞,则天……(删节内容略同《新语》)即日使入阁供奉。证圣元年,半千为左卫长史,与凤阁舍人王处知、天官侍郎石抱忠,并为弘文馆直学士……(删节内容与本文考证无关)则天封中岳,半千又撰《封禅四坛碑》十二首以进,则天称善。前后赐绢千余匹。长安中,五迁正谏大夫,兼右控鹤内供奉。……(删节内容与本文考证无关)上疏请罢之。由是忤旨,左迁水部郎中,预修《三教珠英》。中宗时,为濠州刺史。睿宗即位,征拜太子右谕德,兼崇文馆学士,加银青光禄大夫,累封平原郡公。开元二年,卒。文集多遗失。[②]

《新唐书》本传(节选):

员半千,字荣期,齐州全节人。……(删节内容与本文考证无关)始名余庆,生而孤……(删节内容与本文考证无关)客晋州,州举童子,房玄龄异之,对诏高第,已能讲易、老子。长与何彦先同事王义方……(删节内容略同《新语》)咸亨中,上书自陈:"臣家赀不满千钱,有田三十亩,粟五十石。闻陛下封神岳,举豪英,故鬻钱走京师。朝廷九品无荚莩亲,行年三十,怀志洁操,未蒙一官,

---

① 《大唐新语》卷四"政能第八",中华书局1984年版,第64—65页。
② 《旧唐书》卷一九〇《员半千传》,中华书局1975年版,第5014页。

不能陈力归报天子。陛下何惜玉陛方寸地,不使臣披露肝胆乎?得天下英才五千,与榷所长,有一居先,臣当伏死都市。"书奏,不报。调武陟尉,岁旱……(删节内容略同《新语》)俄举岳牧,高宗御武成殿……(删节内容略同《新语》)既对策,擢高第。历华原、武功尉。厌卑剧,求为左卫胄曹参军。使吐蕃,将行……(删节内容略同《新语》)擢累正谏大夫,兼右控鹤内供奉。……(删节内容与本文考证无关)会诏择牧守,除棣州刺史。复入弘文馆为学士。武三思用事,以贤见忌,出豪、蕲二州刺史。……(删节内容与本文考证无关)睿宗初,召为太子右谕德,仍学士职。累封平原郡公。……(删节内容与本文考证无关)半千事五君……(删节内容与本文考证无关)开元九年……(删节内容与本文考证无关)卒,年九十四。①

《资治通鉴》中员半千的事迹与两《唐书》基本相同,故省略。

员半千生年,诸书均无记载,只能据其卒年推出。而关于员半千的卒年,则有《大唐新语》开元初年(720)、《旧唐书》开元二年(714)和《新唐书》开元九年(721)三种说法。《大唐新语》之"开元初年"与《旧唐书》之"开元二年"实质相近,为了论说方便,不妨统一为《旧唐书》之"开元二年"。后出的《新唐书》,谓员半千卒于开元九年(721),与前二说差距较大,而且明言传主"卒,年九十四",年寿之高,近乎传奇,为唐人所罕见。然而《新唐书》的说法却影响独大,比如,周祖谟主编《中国文学家大辞典(唐五代卷)》(中华书局1992年出版)"员半千"条,即谓其"卒年九十四"。据此推算,员半千的生年应是贞观二年(628)。但《新唐书》所载传主卒年、享年以及由此推算出的生年,却与《新唐书》本传自身的内容相矛盾,传云:"咸亨中,上书自陈……行年三十,怀志洁操,未蒙一官。"假如员半千生于628年,那么咸亨(670—674)中,他至少43岁,而非"上书自陈"所云"行年三十"。如果按其"上书自陈"的时间上推30年,则员半千大约生于贞观十四年(640)。设若将员半千的生年定为此年,而将其卒年依《旧唐书》定为开元二年(714),则传主享年75,似较近常情。这在唐人中已是高寿了。

关于员半千的生年,还可由《大唐新语》及两《唐书》本传所载其与何彦先师事王义方事作进一步推断。据两《唐书·王义方传》,王义方曾于两度贬谪期间聚徒授学:第一次是在贞观二十年(646),张亮被诬告谋反,31岁的王义方受株连被贬儋州吉安(今海南昌江县)期间;第二次是显庆元年(656),41岁的王义方因弹奏李义府奸蠹害政,获罪贬谪莱州(今属山东),任司户参军,岁终不复调,往客昌乐(今属山东潍坊市),聚徒教授。员半千师事王义方,应在王第二次遭贬后于

① 《新唐书》卷一一二《员半千传》,中华书局1975年版,第4161—4162页。

昌乐聚徒教授之时。义方十分赏识他，并为他改名半千，"（半千）事义方经十余年，博涉经史，知名河朔"①。王义方卒于总章二年（669），享年55岁。义方去世，半千与何彦先"为义方制服三年，丧毕而去"②。若员半千生于按《新唐书》说法推算所得的628年，义方卒时他已42岁，据此前推"十余年"，他是近30岁时才开始师事义方，这个年龄开始求学不但太晚，而且改名也显不妥。关于员半千师事王义方时的年龄，《旧唐书》谓半千"少与齐州人何彦先同师事学士王义方"，既曰"少"，当为少年；《新唐书》先记其"举童子"事，接着又记他"长与何彦先同事王义方"，此所谓"长"是针对"举童子"时的年龄而言，即长大后师事王义方。唐制，举童子科须在十岁以下，所以，员半千"举童子"后再去师事王义方，其年龄仍属少年。要之，旧书谓"少"，新书谓"长"，其实并不矛盾。设若半千生于640年，那么由王义方之卒年（669）上推十余年，半千初就义方学当在十几岁时，正与旧书所谓"少"相符。

此外，还有一条旁证。《新唐书·李泌传》记载，神童李泌有一个表兄，是其童年的伙伴，也是个神童，他就是员半千的孙子员俶。这两个孩子很受玄宗皇帝赏识。据《李泌传》原文，开元十六年（728）泌7岁，俶9岁③。若按《新唐书》记载的员半千于开元九年94岁时卒，祖孙二人相差92岁，这样的年龄差似不合常理。若将员半千生年定为640年，则祖孙相差70多岁，应当更合情理。

依上所述，本文将员半千的生年定为贞观十四年（640），卒年取开元二年（714），然后按这个生卒年，并对照《大唐新语》、两《唐书》本传和王义方传记相关史料，重新梳理员半千生平大概如下。

员半千，字荣期，本名余庆，齐州全节（今山东济南章丘）人。贞观十四年（640）生。客晋州，童子及第。显庆元年（656），王义方贬谪莱州，聚徒教授，半千与同乡何彦先同师事王义方，义方嘉重之，尝谓之曰："五百年一贤，足下当之矣！"因改名半千。经十余年，博涉经史，知名河朔。总章二年（669），义方卒，半千与同门彦先皆制服三年，丧毕而去。咸亨（670—674）中，半千上书求官，自陈处境困厄，行年三十，未蒙一官。书奏，不报。上元（674—676）初，应八科举，授武陟尉。因私断赈济之事入狱，黄门侍郎薛元超释之。又应岳牧举，高宗御武成殿，半千对策，擢为上第。历华原、武功尉。垂拱（685—688）中，累补左卫胄曹参军。又充宣慰吐蕃使，及辞行，则天皇后久闻其大名，念及其才华，留之，即诏入阁供奉。证圣元年（695），为左卫长史，又为弘文馆直学士。长安（701—704）中，迁正谏大夫。因上疏请罢右

---

① ② 《旧唐书》卷一八七《王义方传》，第4876页。
③ 《新唐书》卷一三九《李泌传》，第4631页。

控鹤内供奉一职,忤圣上旨意,被贬为水部郎中。中宗时,为濠、蕲二州刺史。睿宗即位,征拜太子右谕德,兼崇文馆学士,加银青光禄大夫,累封平原郡公。开元二年(714)卒,享年 75 岁。共事高宗、则天、中宗、睿宗、玄宗五朝。文集多遗失。

二、《陈情表》真伪考辨

《全唐文》卷一六五收录署名员半千的《陈情表》,堪称一篇干谒奇文。它展示了一个怀才不遇、渴求功名而又高自标持、狂傲不羁的文人形象,读来令人神旺。《陈情表》全文如下:

> 臣某言:臣贫穷孤露,家资不满千钱;乳杖藜糗,朝夕才充一饭。有田三十亩,有粟五十石。闻陛下封神岳,举英才,货卖以充粮食,奔走而归帝里。京官九品,无瓜葛之亲,立身三十有余,志怀松柏之操,不能籴贱贩贵,取利于锥刀。斗酒只鸡求举,将何以辨?投瓯进款,奉敕送天官。捧以当心,似悬龙镜;家乏以守,若戴鳌山。于今立身,未蒙一任,臣恨不能益国,死将以选地,不赐臣一职,剖判疑滞,移风易俗,以报陛下深恩。若使臣平章军国,燮理阴阳,臣不如稷契;若使臣十载成赋,一代称美,臣不如左太冲;若使臣荷戈出战,除凶去逆,臣不如李广。若使臣七步成文,一定无改,臣不愧子建;若使臣飞书走檄,授笔立成,臣不愧枚皋。陛下何惜玉阶前方寸地,不使臣披露肝胆,抑扬辞翰?请陛下召天下才子三五千人,与臣同试诗、策、判、笺、表、论,勒字数,定一人在臣先者,陛下斩臣头,粉臣骨,悬于都市,以谢天下才子。望陛下收臣才,与臣官,如用臣刍荛之言,一辞一句,敢陈于玉阶之前。如弃臣微见,即烧诗书,焚笔砚,独坐幽岩,看陛下召得何人,举得何士,无任郁结之至![①]

《陈情表》的部分内容,在《新唐书》所载"上书自陈"中就已存在。但两相对照,《陈情表》的文字却比《新唐书》繁复了许多。因此,即使可以将《新唐书》之"上书自陈"视为《陈情表》部分内容的出处,后出的《陈情表》也明显经过了加工。下面,将二者文字作列表对照:

| 《新唐书》 | 咸亨中,上书自陈 | 臣家资不满千钱,有田三十亩,粟五十石。闻陛下封神岳,举豪英,故鬻钱走京师。朝廷九品无葭莩亲,行年三十,怀志洁操,未蒙一官,不能陈力归报天子。陛下何惜玉陛方寸地,不使臣披露肝胆乎?得天下英才五千,与榷所长,有一居先,臣当伏死都市。 |

---

① 《全唐文》卷一六五,中华书局 1983 年版影印本,第 1682 页。

（续表）

《全唐文》	《陈情表》	臣贫穷孤露，家资不满千钱；……有田三十亩，有粟五十石。闻陛下封神岳，举英才，货卖以充粮食，奔走而归帝里。京官九品，无瓜葛之亲，立身三十有余……于今立身，未蒙一任，臣恨不能益国……陛下何惜玉阶前方寸地，不使臣披露肝胆，抑扬辞翰？请陛下召天下才子三五千人，与臣同试诗、策、判、笺、表、论，勒字数，定一人在臣先者，陛下斩臣头，粉臣骨，悬于都市，以谢天下才子。

除此之外，《陈情表》的另一些内容则仅见于《全唐文》。编成于清嘉庆年间的《全唐文》，并不标明每篇文章的出处，所以，我们无从知晓《陈情表》的原始文献依据。

综观以上陈情内容，至少有以下三点值得质疑。

第一，"闻陛下封神岳"的表述与史实不符。《新唐书》的"上书自陈"和《全唐文》收录的《陈情表》中均不应出现这句话。

《新唐书》所载"上书自陈"的内容和《全唐文》收录的《陈情表》中均有"闻陛下封神岳，举豪英（英才）"一句。"咸亨"是高宗年号。"神岳"指的是中岳嵩山。高宗即位后，则天皇后多次建议高宗封禅中岳，高宗分别在仪凤元年（676）二月、调露元年（679）七月、永淳二年（683）七月，三次下诏封禅中岳嵩山，但这三次封禅中岳的计划都没有付诸实施，也就是说高宗在位期间并没有封禅中岳①，且高宗在位时，中岳尚未被赋予"神岳"之称。"神岳"的封号和封神岳之举均是武则天所为。《旧唐书·礼仪志》载：

> 则天垂拱四年（688）四月，雍州永安人唐同泰伪造瑞石于洛水，献之。其文曰："圣母临人，永昌帝业。"于是号其石为"宝图"……又以嵩山与洛水接近，因改嵩山为神岳……并为置庙。②

则天称帝后，决定正式封禅神岳。《旧唐书·礼仪志》载：

> 至天册万岁二年（696）腊月甲申，亲行登封之礼。礼毕，便大赦，改元万岁登封，改嵩阳县为登封县，阳城县为告成县。③

《资治通鉴》亦载：

---

① 据《旧唐书》卷二十三《礼仪志三》载：仪凤元年（676）二月高宗作出封禅中岳的决定，后因吐蕃犯塞，被迫取消。调露元年（679）七月，高宗又下诏冬至封禅中岳，又因突厥反叛而取消。永淳二年（683）七月高宗第三次决定封中岳，并下诏于是年十一月封禅，但最终因高宗病情加重而取消，次年，高宗驾崩。则天皇后劝说高宗封禅中岳的计划始终未能实现。

② 《旧唐书》卷二十四《礼仪志四》，第 925 页。

③ 《旧唐书》卷二十三《礼仪志三》，第 891 页。

腊月(696),甲戌,太后(则天)发神都;甲申,封神岳,赦天下,改元万岁登封,天下百姓无出今年租税……甲午,谒太庙。①

由此可知,中岳改称神岳始于武则天时代的垂拱四年(688),此前无此封号。因此,《新唐书》谓员半千"咸亨中,上书自陈"而有"闻陛下封神岳"之语,是完全不符合史实的。《陈情表》中"闻陛下封神岳"如果是针对武则天而言,武则天封神岳是在天册万岁二年(696),同年腊月改元万岁登封。这一年员半千的年龄绝非《陈情表》自述的"立身三十有余"。按照本文考定的640年为其生年,此时员半千已年过56岁(如按《新唐书》推算的628年为其生年,此时他已过68岁)。而且此前员半千已历任武陟尉、华原尉、武功尉、左卫胄曹参军、宣慰吐蕃使(未上任)、入阁供奉、左卫长史兼弘文馆直学士,也不能自谓"未蒙一任"。

第二,"投匦进款"的表述与史实不合,《全唐文》收录的《陈情表》不应出现这句话。

《全唐文》收录的《陈情表》中明言这篇干谒文是"投匦进款"。据史料记载,唐代置匦在垂拱元年(685)或二年(686),《旧唐书·刑法志》载:

则天临朝,初欲大收人望。垂拱初年,令熔铜为匦,四面置门,各依方色,共为一室。东面名曰延恩匦,上赋颂及许求官爵者封表投之。南面曰招谏匦,有言时政得失及直言谏诤者投之。西面曰申冤匦,有得罪冤滥者投之。北面曰通玄匦,有玄象灾变及军谋秘策者投之。每日置之于朝堂,以收天下表疏。②

《旧唐书·职官志》载:

天后垂拱元年,置匦以达冤滞。其制,一房四面,各以方色,东曰延恩,西曰申冤,南曰招谏,北曰通玄。所以申天下之冤滞,达万人之情状。盖古善旌、诽谤木之意也。天宝九年,改匦为献纳。乾元元年,复名曰匦。③

《资治通鉴》载:

(垂拱元年)三月戊申,太后命铸铜为匦:其东曰"延恩",献赋颂、求仕进者投之;南曰"招谏",言朝政得失者投之;西曰"申冤",有冤抑者投之;北曰"通玄",言天象灾变及军机秘计者投之。命正谏、补阙、拾遗一人掌之,先责识官,乃听投表疏。④

---

① 《资治通鉴》卷第二○五"唐纪二十一","万岁通天元年丙申(696)"。
② 《旧唐书》卷五十《刑法志》,第2142—2143页。
③ 《旧唐书》卷四十三《职官志》,第1853页。
④ 《资治通鉴》卷二○三,第6437页。

可知则天朝所置匦有四方,其中"延恩匦"是为士人大开干谒之门,"上赋颂及许求官爵者,封表投之"。投匦干进求官者,并没有身份的限制,既可以是白身之人,也可以是已经取得官资,但未出吏部选门的前进士和大量的六品以下的旨授官。投匦干谒皇帝可能成为他们改变仕途命运的捷径①。然而,这篇《陈情表》若是"投匦进款",必写于垂拱初年(685)之后。按 640 年为员半千的生年,此时他已过 45 岁(如按《新唐书》推算的 628 年为生年,此时他已过 57 岁),而非《陈情表》所谓"立身三十有余"。况且,根据员半千任职经历,上元(674—676)初,应八科举,授武陟尉,此后又历任华原、武功尉等职,《陈情表》也不能说自己"于今立身,未蒙一任"。

第三,《全唐文》收录的《陈情表》的语气和心态不合情理,令人生疑。

这篇《陈情表》的语气与心态之狂傲令人难以置信。如文末所言"望陛下收臣才,与臣官,如用臣刍荛之言,一辞一句,敢陈于玉阶之前。如弃臣微见,即烧诗书,焚笔砚,独坐幽岩,看陛下召得何人,举得何士",完全忽略了皇帝的尊荣和威严,口气之大,可谓空前绝后。现存最能代表大唐盛世文人精神面貌的干谒文,多出自初盛唐文人之手,其中亦不乏露才扬己、自矜狂傲之作,例如王勃的《上刘右相书》和《上吏部裴侍郎启》,王泠然的《与御史高昌宇书》和《论荐书》,任华的《告辞京尹贾大夫书》和《上严大夫笺》,李白的《上安州裴长史书》和《与韩荆州书》等,但这些作品的干谒对象均为政府官员,与《陈情表》之干谒皇帝不同。干谒皇帝,在把握心态和语气的分寸上理应更为谨慎收敛,而《陈情表》的口气却是变本加厉、毫无顾忌,这是难以想象的。我们在现存唐代文献中也找不出第二篇类似情形的干谒文。

此外,《陈情表》中"乳杖藜糗,朝夕才充一饭"的"乳杖藜糗"一语,难以理解,其实是不通,恐非其原文。如果加以推测,四字似应作"杖藜茹糗"。

依上述分析,《新唐书》所载员半千"上书自陈"的内容和《全唐文》收录的《陈情表》是否为《陈情表》原文,或是否为员半千所写,就是一个疑案。关于这个疑案,本文试做如下推断。

第一,关于《新唐书》所载"咸亨中,上书自陈":员半千在高宗咸亨年间,也就是他 30 多岁的时候,的确有过上书干谒的事迹,那时他确实未蒙一任,但那是一次阙下上书行为,而非《陈情表》所谓"投匦进款"。此事或曾引起朝野议论,则天皇后或也有所闻知,正如《旧唐书》本传所载:

> 垂拱中,累补左卫胄曹,仍充宣慰吐蕃使。及引辞,则天曰:"久闻卿名,谓是古人,不意乃在朝列。境外小事,不足烦卿,宜留待制也。"②

---

① 参见王佺《唐人投匦与献书行为中的干谒现象研究》,《云梦学刊》2006 年第 1 期,第 55—58 页。
② 《旧唐书》卷一九〇《员半千传》,第 5014 页。

《新唐书》也有同样的记载。这里"久闻卿名,谓是古人,不意乃在朝列"数语,很可能指的就是咸亨中员半千阙下上书求官之事,只是那时高宗尚主政,武后并未干预此事。后世,阙下上书误传为"投匦进款"。

第二,员半千在696年则天封神岳之时,确实有过献书行为,但那次呈献的不是《陈情表》,而是《封禅四坛碑》十二首。《旧唐书》本传载:"则天封中岳,半千又撰《封禅四坛碑》十二首以进,则天称善。"①后人误将二事撮合,于是《新唐书》的"上书自陈"和《全唐文》收录的《陈情表》中就出现了"闻陛下封神岳,举豪英(英才)"这句话。

第三,或因《旧唐书》本传所谓"文集多遗失",员半千在"咸亨中,上书自陈"的原文并没有完整地保存下来。《陈情表》当是后世文人根据传闻轶事,夸张、润饰、拼凑而成。毕竟员半千在当时是一个传奇人物,他在咸亨年间上书干谒之事或曾一时传为嘉话,唐代文人对士林间传奇逸闻的渲染传播并不鲜见。《新唐书》本传记载员半千上书自陈的内容,虽是今天所能见到的最早有关《陈情表》的记录,但已非《陈情表》原貌。《全唐文》收录的《陈情表》在《新唐书》内容之外,又做了进一步加工,就更加荒诞无稽了。

三、余论

今天,无论开展科学研究服务学术,还是编辑教辅材料服务学生,我们在选择古代文献资料的时候,首先要最大限度地确保真实性这一前提。不能只为别开生面,追求文字内容吸引眼球,去轻易选择那些未被研究或考证过的、貌似精彩且不寻常的历史素材。在当今社会广泛利用古典文学、文献资料开展人文教育和传承传统文化的过程中,我们既需要开阔视野,钩沉出新,又要小心求证,精益求精。尤其对那些有关真实历史人物或事件的材料,我们更需要文献研究和考证的配合,才能更好地古为今用。

(作者单位:对外经济贸易大学国际学院)

---

① 《旧唐书》卷一九〇《员半千传》,第5014页。

《文苑英华》中的张说作品

朱玉麒

引　言

　　本文是一份中古文学史料整理的校勘学报告,是笔者用《文苑英华》校勘《张说之文集》的过程中,对积累下的校勘札记的梳理和总结。

　　《文苑英华》(以下简称《英华》)1000 卷,于太平兴国七年(982)由宋太宗下令编纂,收录梁陈至五代诗文近 20000 篇,成为继《文选》之后中古时期最重要的文学总集。其中唐代作品约占十分之九,更是唐代文学的渊薮,就是在唐代作品的校勘学意义上,也具有着独特的地位。但是,这本初成于北宋雍熙三年(987)的总集,在当时即见疏误,经过水准不高的校订,乖离之处,仍旧不少①,南宋宁宗嘉泰四年(1204),经过周必大、彭叔夏等人的认真校勘,以刻本行世②。而此南宋刻本流传至今,仅存 150 卷。目前能够看到的完整刻本,又是历经三百多年后,于明穆宗隆庆元年(1567)刊行者③。因此,利用《英华》校勘唐代作品,排除本身在传抄刊刻过程中的讹误,也是特别重要的过程。

　　张说(667—731,字说之,封燕国公)是入唐以来传世作品最多的唐代作家,流

---

　　①　周必大《纂修文苑英华事始》:"臣事孝宗皇帝……因及《英华》虽秘阁有本,然舛误不可读。俄闻传旨取入,遂经乙览。时御前置校正书籍一二十员,皆书生稍习文墨者……往往妄加涂注,缮写装饰,付之秘阁,后世将遂为定本。臣过计有三不可……惟是元修书历年颇多,非出一手,丛脞重复,首尾衡决,一诗或析为三,二诗或合为一,姓名差互,先后颠倒,不可胜计。"《文苑英华》影印本卷首"事始",中华书局 1966年版,第 9 页。由于以上种种缺陷,宋人对于《英华》的校勘意义,初不以为意。《四库全书总目》卷一八六"《文苑英华》"条:"书在当时,已多讹脱。故方崧卿作《韩集举正》,朱子作《韩文考异》,均无一字之引证。"中华书局 1965 年版,第 1691 页。
　　②　周必大《纂修文苑英华事始》:"顷尝属荆帅范仲艺均倅丁介,稍加校正。晚幸退休,遍求别本,与士友详议,疑则缺之。凡经、史、子、集、传注、《通典》《通鉴》及《艺文类聚》《初学记》,下至乐府、释老、小说之类,无不参用。……今皆正之,详注逐篇之下,不复遍举。始雕于嘉泰改元春,至四年秋讫工。"《文苑英华》影印本,第 9 页。相关研究,亦可参黄燕妮《宋代〈文苑英华〉校勘研究》,巴蜀书社 2017 年版。
　　③　《文苑英华》成书过程简要的说明,可参中华书局影印组为《文苑英华》影印本卷首所撰的出版说明。又可参凌朝栋《〈文苑英华〉研究》,上海古籍出版社 2005 年版;李致忠《〈文苑英华〉史话》,国家图书馆出版社 2014 年版。

传有绪的家集本《张说之文集》（以下简称《张说集》）三十卷曾在宋代刊刻，但元明以来便似绝迹天壤；以嘉靖年间刊刻的《张说集》二十五卷本为底本的通行本，都系清人苦心孤诣校补而不得要领的增补本。直到民国年间，椒花吟舫影宋钞本《张说集》三十卷的重新发现，才使得宋刻面貌略显端倪①，但是其中的传抄讹误，不一而足，也有待研判。

《英华》所收张说诗文，凡赋 4 篇、诗 127 首、文 142 篇；与《张说集》三十卷本重合者，凡赋 4 篇、诗 127 首、文 121 篇，不见于此别集本的张说文 21 篇；此外，《张说集》所收他人唱和赋 2 篇、唱和诗 91 首、他人与张说合作文 2 篇（卢藏用撰序的《故太子少傅苏公碑铭》、崔湜撰序的《故吏部侍郎元公碑铭》），也在《英华》中收录，在《张说集》整理中具有同等的校勘价值。更重要的是，《英华》嘉泰年间刻本的张说作品，留下了周必大、彭叔夏等人双行小字的校勘记（以下简称"嘉泰校勘"），其中多有"集作"的字样，可见当时是用宋本《张说集》对此总集本文字进行了校对。因此，无论《英华》经历多少鲁鱼亥豕的传刻之误，对于校订影宋钞本《张说集》的传抄讹误、增补别集本外的张说作品、了解张说诗文后世的流传途经，利用《英华》进行张说作品的校勘与研究，都不可或缺。同样，以选收数量和类别丰富的张说作品为个案，探讨《英华》的版本特征，对于《英华》的成书研究也具有不容忽视的典型意义。本文下面的分析，即是希望通过利用《英华》校勘《张说集》的资料，归类总结，在上述两个方面提供基本的信息。

一、《英华》所收张说作品辨析

《英华》的编纂，由于卷帙浩繁、来源分散、以类编排、书成众手②，作品的重出、作者的误署现象，时有出现，因此研究《英华》中的张说作品，首先需要了解张说作品的收录情况，并辨析其中张说诗文的确切归属。

1. 作品重出

在《英华》的嘉泰刻本中，因为分类的关系，修书文臣往往会根据标题中不同的关键词，而将不同来源的同一篇作品分置在不同的卷中。对于这些重出的张说作

① 《张说之文集》宋本流传情况，参朱玉麒《宋蜀刻本〈张说之文集〉流传考》，《文献》2002 年第 2 期；朱玉麒《宋刻张说集残抄本流传考》，《唐代文学研究》第十六辑，广西师范大学出版社 2016 年版。

② 周必大《纂修文苑英华事始》引《三朝国史艺文志注》："太宗太平兴国七年九月，诏翰林学士承旨李昉、学士扈蒙、给事中直学士院徐铉、中书舍人宋白，知制诰贾黄中、吕蒙正、李至，司封员外郎李穆、库部员外郎杨徽之、监察御史李范、秘书丞杨砺，著作佐郎吴淑、吕文仲、胡汀，著作佐郎直史馆战贻庆、国子监丞杜镐、将作监丞舒雅等，阅前代文章，撷其精要，以类分之，为《文苑英华》。其后李昉、扈蒙、吕蒙正、李至、李穆、李范、杨砺、吴淑、吕文仲、胡汀、战贻庆、杜镐、舒雅等并改他任，续命翰林学士苏易简、中书舍人王祐、知制诰范杲、宋湜与宋白等共成之。"《文苑英华》影印本，第 8 页。

品,刻本中的嘉泰校勘记往往会做出说明,并删除重复,但在各卷保留篇题。如:

《张说集》卷六《南中别蒋五向青州》,分见《英华》卷二六七"送行"、二八六"留别",卷二六七题作《南中送蒋五岑向青州》,并于该卷诗后注:"此诗二百八十六卷重出,今已削去。"卷二八六仅存题《南中别蒋五向青州》,题下小字校记:"已见二百六十七卷。"推想《英华》在北宋编辑当时,从不同的文献来历,根据诗题"送""别"的关键词,将该诗编辑到了不同的类别之中。

卷一五《请许王公百官封太山表》,分见《英华》卷五五六"封禅"、六〇〇"请劝进及封岳行幸",后者仅存标题《请许封泰山表》。

卷二七《陈情表》,分见《英华》卷五七九"让起复"、六〇一"陈情",前者题作《让起复除黄门侍郎表》,后者仅存标题《陈情表》。

卷二九《永昌元年对词标文苑科制册问目》,分见《英华》卷四七三"策问"、四七七"策·文苑",前者原有问目,已删。

这种做法,自然是为了节省刊刻的篇幅起见,但也注意保留了原编分类的面貌。同时,校勘者还会把重要的异文用校勘记保留下来,如:卷二七《论灾异表》,分见《英华》卷六二〇、六二四,前者题作《谏内宴至夜表》,后者今存标题《论灾异表》,但在前者的篇后出注:"此篇六百二十四卷重出,今已削去,注异同为'一作'。"因此《英华》卷六二〇的正文中,双行小字的"一作"校记保留了卷六二四被删去的正文中的异文。

不过,嘉泰校勘者也偶有未经发现的重出情况。如《岳州宴别潭州王熊》二首之二,分见《英华》卷二一四"宴集"、二六七"送行"类,两处重出的诗篇都被保留了下来。

2. 作者误署

作者的误署现象,即将张说作品署作他人,或将他人作品署作张说,在张说作品的流传过程中,是一个普遍的现象[①],《英华》本在编辑过程中,亦在所难免,需要注意辨析。

误署的原因,有时是代笔现象造成。如《张说集》卷二四《百官请不从灵驾表》,标题下小字校记"为李峤作",《英华》卷六〇〇收录此篇,题下作者径署"李峤",当是北宋文臣据秘阁收藏的唐代宫中档案上奏的署名编入。既然宋本《张说集》据家集本编入并注明原委,则实际的作者仍当以张说为是。

误署有时也可能是《英华》抄录的底本有歧异。如卷二九《神龙二年七月别汉祖吕后五等论》,《英华》卷七四一收录于李翰名下,题作《汉祖吕后五等论》;北宋同

---

① 相关情况,可参朱玉麒《张说作品重出误收考》,《文教资料》2000 年第 3 期。

期姚铉编辑的《唐文粹》,卷三四收录此篇,同样归于李翰名下,可见这一归属由来已久。但是此篇收入宋本《张说集》,其中标题凿凿言为"神龙二年七月"事,当非虚饰。因此,在总集与别集的署名取舍上,应以集本为准,归此篇于张说名下。

误署也有因《英华》编辑者未能细审文字而造成。如《张说集》不载的《邠王府长史阴府君碑》,编入《英华》卷九〇三,署名"张说",碑主阴府君名行先,系张说妹婿、张均姑父,该篇序文末云:"庶乎时迁陵谷,犹征少女之词;道在宗亲,不昧诸姑之德。大人为颂,俾小子序焉。"则序为张均作,铭为张说作,其义甚明。《英华》中收入张说与他人合作文章,均分别标注,此篇独缺,是未经审核而遗漏合作者姓名所致。

《英华》也多有遗漏作者署名的现象,如卷五九四收入《谢赐药表》一篇,漏署作者名,而此篇之前的作品是署名张说的《谢衣药表》一篇,清人辑佚《张说集》的武英殿本卷一〇、结一庐本补遗卷一和《全唐文》卷二二三"张说"名下,均据《英华》收录,今人整理的《张说集校注》也在补遗卷中列入①。按照《英华》体例,如果此篇为张说作,当在题名处署"前人",此处《英华》各本署名既均阙如,则当存疑。事实上,本文开篇有"于右银台门蒙天恩引对"句,是开元后期右银台内设翰林院之后事,可以旁证此文非开元前期张说所作。

另外一个较多的误署现象,是《英华》原本的编辑者往往混淆了"张说"和"邵说"两位唐代作家,常常将邵说作品归于张说名下。如:

《让吏部侍郎表》,见《英华》卷五七七,署邵说,嘉泰本小字校记:"此表《唐书·邵说传》有之,已注异同。《英华》作张说。非。"嘉泰年间彭叔夏在周必大邀约为《英华》作校勘后,还专门写了《文苑英华辨证》(以下简称《辨证》)一书,归纳其中的校勘义例,其卷五专门指出:"《让吏部侍郎表》见《唐书·邵悦(说)传》,而《文苑》作张说,亦非也。"②

《为文武百僚谢示周易镜图表》,见《英华》卷五九二,署邵说,嘉泰本有小字校记:"开元十八年张说已卒,此表乃代宗时。《英华》作张说。非。"

《谢赐新历日及口脂面药等表》,见《英华》卷五九六,署邵说,嘉泰本有小字校记:"《英华》作张说,非。"其后有《谢墨诏赐历日口脂表》《为郭令公谢腊日赐香药表》,均署"前人",如据《英华》,则均误作张说。以上三条,嘉泰刻本均直接署名改作"邵说",所以就不再属于张说了。

邵说误作张说,在《英华》中也有不改署名而通过小字校记说明其误的现象。

---

① 熊飞校注《张说集校注》,中华书局 2013 年版,第 1604 页。
② 彭叔夏《文苑英华辨证》卷五,《文苑英华》影印本,第 5280 页。

如《英华》卷五九五收录《为田神玉谢端午物表》，署名张说，题下有校记云："田神玉大历中为节度，张说开元十八年卒，此表疑邵说代作，《英华》恐误。"《辨证》卷六也专门提及此文，所考甚确。但是《文苑英华作者姓名索引》（以下简称《索引》）没有注意到小字校记，仍将《为田神玉谢端午物表》归入了张说名下，就引起了误导。

3. 《索引》得失

中华书局影印《英华》，做了很多方便读者的工作，编制《索引》即是重要的一项。在张说名下所列《英华》所收作品，对篇题和作者不符现象，有参考《英华》的钞本和其他书籍做出的纠正①，如《张说集》卷一《应制登骊山写眺》，《英华》卷一七八收录，题作《幸白鹿观应制》，影印明刻本夺作者名，而影宋钞本有之，影印本新编总目录即据以补张说名，并在《索引》张说名下列入该篇。

但是，《索引》也有将错就错者，如：

《英华》卷二一四收录张说《同刘给事城南宴集》《岳州宴别潭州王熊》二首之二、《幽州夜饮》《凤阁寻胜地》《定昆池奉和萧令潭字韵》《药园宴武辂沙将军赋得洛字》《奉萧中令酒并诗》《广州萧都督入朝过岳州宴饯得冬字》《夕宴房主簿舍》《岳州宴姚绍之》《修书学士奉敕宴梁王宅得树字》11篇，署名均作"前人"，虽然《同刘给事城南宴集》之"前人"下有小字校记"一作张说"，而该篇之前的作者是宋之问，《索引》未作核验，即将以上11篇标题均列入了"宋之问"名下。

又如张说与他人合作的碑铭，如《后土神祠碑铭并序》（玄宗御制，张说词）、《太子少傅苏瑰神道碑》（卢藏用序，张说铭）、《故吏部侍郎元公碑铭》（崔湜序，张说铭），分见于《英华》卷八七八、八八三、八九八，《索引》均未在张说名下列目，对于读者据以征引张说作品，也产生了误导。凡所引用，均当慎重。

二、《英华》本张说作品的来源

1. 《英华》收录张说作品，有据《张说集》者

北宋初年编辑《英华》时的文献情况，周必大曾经提及："是时印本绝少，虽韩、柳、元、白之文尚未甚传，其他如陈子昂、张说、九龄、李翱等诸名士文集世尤罕见，故修书官于宗元、居易、权德舆、李商隐、顾云、罗隐辈或全卷取入。"②由此可知《张说集》作为流传不多的别集本，应该也是在《英华》编纂的征引范围中的。

如今可以判别《英华》中直接来自《张说集》的作品，有以下一些特征。

① 《文苑英华》影印本，出版说明，第6页。
② 周必大《纂修文苑英华事始》，《文苑英华》影印本，第8—9页。

（1）《张说集》同类作品收录在《英华》中，顺序全同

《张说集》卷六收录《南中别王陵成崇》《石门别杨六钦望》《端州别高六戬》《南中别蒋五向青州》《南中别陈七李十》5 首，《英华》卷二八六均顺序收录，且与别集本几无异字。类似的情况还有卷三收录玄宗《野次喜雪》《温汤对雪》以及张说的唱和诗作共 4 首，《英华》卷一七三顺序收录，并与别集本文字高度一致。

《张说集》卷二六收录《节愍太子妃杨氏墓志铭并序奉敕撰》《荥阳郡郑夫人墓志铭并序》《故右豹韬卫大将军赠益州大都督汝阳公独孤公燕郡夫人李氏墓志铭并序》《邓国夫人墓志铭》《李氏张夫人墓志铭并序》《张氏女墓志铭并序》6 篇，为《英华》卷九六四末篇、卷九六五前 5 篇依次收录①。

这样的顺序相同之作，还有《张说集》卷一九《唐陈州龙兴寺碑》《唐玉泉寺大通禅师碑铭并序》《玄识阇梨庐墓碑》依次收录于《英华》卷八五六；卷二五《赠吏部尚书萧公神道碑》《赠户部尚书河东公杨君神道碑》依次收录于《英华》卷八九五；卷二八《中宗上官昭容集序》《孔补阙集序》《洛州张司马集序》在《英华》卷七〇〇、七〇一中先后衔接收录，等等。

（2）《张说集》收录张说与他人合作文章，缺失全同

《张说集》卷二八收录《昭容上官氏碑铭》，由崔日用（封齐国公）作序而张说作铭，篇题下标注"齐公叙不录"，《英华》卷九三三收录此铭，也于题下注"齐公序不录"。相同的情况还有《张说集》卷二六收录《邓国夫人墓志铭》，缺序，《英华》卷九六五同样也只收录了张说铭文。可知此二文在《英华》辑入时，并没有获得其他来源的补充，而不得不仅据《张说集》收录了铭文部分。

2.《英华》收入张说作品，有据他本来源者

在北宋初年《英华》纂辑之际，更多地是广采了所能见到的各种文献。其时可供选择的唐代文学文本的丰富性，远远超出我们今日所知。如《新唐书·艺文志》载："《珠英学士集》五卷，崔融集武后时修《三教珠英》学士李峤、张说等诗。"②作为唐人选唐诗的一部总集，其中明确提到了张说作品被收入的情况，今敦煌文书有《珠英集》钞本残卷留存，即被考证是《珠英学士集》的遗存，虽然仅仅保留了五分之一的篇幅，而没有出现张说诗作，其体现张说作品在当时流传的实际情况，还是具有参考价值③。据后世所存资料来看，《英华》在张说作品的遴选中取资当时大量

---

① 在最后 2 篇之间插入了不为别集本收录的《上邽县君李氏墓志》，推想是从他处收录而临时以类、以人相从，而插入到已经编定的这一组中的。

② 欧阳修、宋祁《新唐书》卷六〇《艺文四》，中华书局 1975 年版，第 1623 页。

③ 傅璇琮等编《唐人选唐诗新编（增订本）》，中华书局 2014 年版，第 49—58 页。

唐人集会总集,可以推想而知①。

这种博采他书的情况,也可以通过以下特征得到体现。

(1) 唱和不一

《英华》是按体裁和题材分类编排的总集,唱和诗作往往编辑一起;而《张说集》在诗歌部分收录他人的唱和作品,也是唐代别集本中比较突出的。但是《英华》的唱和作品数量往往超出于《张说集》,由此可见其所据当是北宋年间可以看到的另外的唱和诗卷。如:

赋作:《张说集》卷一《喜雨赋》,仅录张说与玄宗唱和作品 2 篇,《英华》卷一四则另外收录有韩休、徐安贞、贾登、李宙 4 篇;卷一《江上愁心赋寄赵子》,未收唱和,而《英华》卷九一收录有赵冬曦的《谢燕公江上愁心赋》。

诗歌:《张说集》卷一《奉和登骊山瞩眺》,《英华》卷一七〇收录,题作《奉和登骊山高顶寓目应制》,并有唐中宗、李峤、刘宪、赵彦昭、苏颋、崔湜、佚名、武平一同题作,别集本均未收录。他如该卷《侍宴三思山第》《侍宴临渭亭》《奉和春日幸望春宫》《应制登骊山写眺》《扈从幸韦嗣立山庄二首应制》《奉和送金城公主应制》《先天应制奉和同皇太子过荷恩寺二首》《奉和春日出苑》,在《英华》中的唱和之作,均多多少少超出了别集本的收录,是将来研究张说文学活动可资参考的内容。

当然,也有反过来的例子,如《张说集》卷四《岳州宴别潭州王熊》二首,附有王熊《奉答张岳州》二首;而《英华》卷二一四、二六七都选了张说《岳州宴别潭州王熊》的第二首(缥云连省阁),却没有选录王熊的唱和之作。应该说,《英华》两次从不同的渠道选录张说诗,都可能不是来自《张说集》。

(2) 篇名差异

因为来历不一,北宋初期的不同文本造成了同一作品名称的差异,使得《英华》篇名多有与《张说集》不同的情况。如:

赋作:《张说集》卷一《江上愁心赋寄赵子》,《英华》卷九一题作《江上愁心赋赠赵侍郎》。

诗歌:《张说集》卷一《侍宴临渭亭》,《英华》卷一七二作《奉和三日祓禊渭滨》,并有韦嗣立、徐彦伯、刘宪、沈佺期、李乂同题七绝;《侍宴三思山第赋得风字韵》,《英华》卷一六九题作"同前",即韦安石《梁王宅侍宴应制》;《应制登骊山写眺》,《英华》卷一七八题作《幸白鹿观应制》。

---

① 相关研究和资料,可参徐俊纂辑《敦煌诗集残卷辑考》,中华书局 2000 年版;贾晋华《唐代集会总集与诗人群研究》,北京大学出版社 2015 年第 2 版(2001 年初版);傅璇琮等编《唐人选唐诗新编(增订本)》,中华书局 2014 年版(陕西人民教育出版社 1996 年初版)。

文章:《张说集》卷一四《祈国公碑奉敕撰》,《英华》卷九一三题作《赠太尉益州大都督王公神道碑》;卷一六《河西节度副大使安公碑铭并序》,《英华》卷九一七题作《河西节度副大使鄯州都督安神道碑》;同卷《赠华州刺史杨君碑》,《英华》卷九二六题作《陇州司马杨公神道碑》;卷一七《赠凉州都督上柱国太原郡开国公郭公碑奉敕撰》,《英华》卷九〇七题作《冠军大将军郭知运神道碑》;同卷《大周故宣威将军杨君碑并序》,《英华》卷九一〇题作《周右卫郎将杨公碑》;卷二七《谏幸三阳宫表》,分见《英华》卷六〇〇、六九四,分别题作《陈则天幸三阳宫表》《谏则天皇后幸三阳宫疏》(后者仅存标题),两篇标题均不同于《张说集》,可见两处来历可能都未必出自别集本;卷三〇《神兵道为申平冀州贼契丹等露布》,《英华》卷六四七题作《为河内郡王武懿宗平冀州贼契丹等露布》,《辨证》卷一〇也专门辨析此事,不过,《辨证》虽据别集本对《英华》该本标题做了订正,但其出处无论是"建安郡王武攸宜"还是"河内郡王武懿宗",应该都不是《张说集》的本子。

(3) 集外佚文

《英华》收录张说诗文,诗赋之作均可见于《张说集》,唯文章142篇,有21篇不见于《张说集》。兹列表如下(表1):

表1 《英华》所见《张说集》未收文章

序号	篇　　名	卷/页
1	答宰臣贺破贼制	467/2382
2	贺祈雨感应表	561/2873
3	贺示历书表	570/2930
4	让封燕国公表	573/2948
5	让中书令表	573/2949
6	让起复黄门侍郎表第二	579/2991
7	第三表	579/2991-2992
8	谢京城东亭子宴送表	595/3086-3087
9	谢赐钟馗及历日表	596/3093-3094
10	谢赐撰郑国夫人碑罗绢状	634/3273
11	集贤院谢示道经状	634/3274
12	谢御书大通禅师碑额状	634/3274
13	贺彩云见状	636/3278
14	贺破吐蕃状	637/3282

（续表）

序号	篇　名	卷/页
15	与执政书	686/3535
16	后土神祠碑铭并序（唐玄宗序）	878/4634-4635
17	邠王府长史阴府君碑（张均序）	903/4752-4753
18	常州刺史平贞眘神道碑	921/4851-4852
19	文昌左丞陆公墓志序	936/4922
20	上邽县君李氏墓志	965/5073-5074
21	兵部尚书代国公赠少保郭公行状	972/5111-5114

表中大部分的文章，如答制、贺表、让表、谢表、谢状、贺状等，应当是出自馆阁的旧藏档案。

当然，最重要的是《英华》本张说作品与《张说集》大量的文字差异，是其来源不同最大的证明。

笔者曾经对张说作品今存石刻拓片与《英华》《张说集》作比较，通过《英华》本文字多同于石本而有别于别集本的情况，认为这些碑志文可能用别集作为底本进行了抄录，但是这些文章在当时有石本或其衍生物如拓片或抄自拓片的文本可参，《英华》编者可能据石本系统做了校正①。利用石刻或其衍生品如拓片等编辑《英华》中的碑志文章，是重要的渠道。除了以上可能的情形外，《张说集》外的碑志文如《邠王府长史阴府君碑》《常州刺史平贞眘神道碑》《文昌左丞陆公墓志序》《上邽县君李氏墓志》等，或许就是直接从石刻系统的文本录文而来。

三、《英华》本张说作品的优胜处

因为有了《英华》本的张说作品，对于《张说集》在流传中发生的错误及其版本情况，可以得到校订和验证，而《英华》本张说作品的许多优胜之处，也在比较中得以呈现。如：

1.《张说集》夺漏的文字，得到《英华》本的补足

宋刻《张说集》虽曾流传有绪，而迄今未见，所见最接近宋刻的《张说集》，是影钞宋刻本的椒花吟舫本（以下简称"影钞本"）。今兹利用《英华》本作校勘，可以推想刻本与影钞本《张说集》均有夺漏文字的现象。

---

① 朱玉麒《鄎国长公主碑——御书刻石与文本流传》，荣新江主编《唐研究》第二十三卷，北京大学出版社 2017 年版；朱玉麒《杨执一神道碑的石本与集本》，《斯文》第九辑，学苑出版社 2022 年版。

(1) 宋刻本《张说集》的夺漏

这一现象最明显的一处,是《张说集》卷三〇《神兵道为申平冀州贼契丹等露布》,《英华》卷六四七收录,《张说集》在"子总管、渭州府左果毅鹿思让"后,夺"押飞骑、左玉钤卫队正长上贾楚珪"至"前冀州堂阳县丞温待礼"凡 652 字;而在这一段文字前后,《英华》本均有"集作某"的校勘,唯独这一段缺失的文字却没有类似的小字校记,因此推测可能在宋刻《张说集》中,这一段就已经漏刻,《英华》因而无从对校。

更有需要指出的是,这一段文字在清代《张说集》的文渊阁、文津阁、聚珍版、研录山房、结一庐各本和《全唐文》卷二二五"张说文"中,均据《英华》予以增补,但是它们互相沿用的是明代隆庆刻本《英华》,其中有"押步兵、子总管、左玉钤卫长上阎弘誓,别奏右卫亲府校尉长上范思臣,右玉钤卫长上张中俨"句,因为前后均出现"长上"二字,导致漏刻了宋本《英华》保存的"阎弘誓,别奏右卫亲府校尉长上范思臣,右玉钤卫长上"一行 22 字,清代各本均直接或间接顺延其误。《张说集校注》以清代研录山房钞本为底本所作的校勘,也因未能参考宋本《英华》,此 22 字仍被遗珠①。

此外,其中的李弘颜、杜玄隐、董玄景、康玄寂诸人,清代各本均避讳改字为李宏颜、杜元隐、董元景、康元寂,遂不知原来名姓,赖宋本《英华》采取缺笔避讳而并不更换原字,得以保全。

此篇中大段的遗漏还有"逆贼冀州长史王弘胤,逆贼总管刘伏念,逆贼十二卫大将军、见任鹿城县令李怀璧,逆贼信都县令杨志寂,总管胡六郎,逆贼总管王知先,逆贼帅马明哲,逆贼三品总管姬目""谨遣傔人天官常选李佑、别奏左卫长上校尉张德俊"两处,虽然在清代辑佚中,都据明本《英华》补齐,而类似"王弘胤"作"王宏胤"的讳改,也没有得到避免。

(2) 影钞本《张说集》的夺漏

如前所述,今天恢复《张说集》的原貌,只能据"下真迹一等"的影钞本来进行。而其中钞写遗漏,更有可据《英华》本补足的内容。

如卷二六《荥阳郡郑夫人墓志铭》,《英华》卷九六五收录,开篇云:"高祖述,北齐吏部尚书、太子太保、荥阳平简公;曾祖武叔,北齐洺州刺史、中牟公。"其中"北齐吏部尚书、太子太保、荥阳平简公;曾祖武叔"19 字,《张说集》无,疑因此句与下句均以"北齐"起首而漏钞。而《英华》本在"平简公"的"平"字下小字校记:"集无平字。"可见《张说集》的宋刻原本是有此句的。

2.《张说集》刻本的文字,得到《英华》本的验证

《英华》本在最初编辑和校订的过程中,出现了大量"舛误不可读"的地方,嘉泰

---

① 熊飞校注《张说集校注》,第 1438 页。

年间周必大在退休后"遍求别本，与士友详议"，并将校勘意见"详注逐篇之下"，这就使得后世读者得以了解《英华》北宋原本和南宋校勘的情况。其中的张说作品，虽然在《英华》编辑的时代，出自不同的来源，但是到了嘉泰年间，却多有据《张说集》对其中不同文字做出的校订记录。在《张说集》宋刻不存的情况下，这些校勘记，以"反哺"的形式，成为判断影钞本《张说集》文字是否为宋刻原字的一个依据。

《英华》本张说作品的嘉泰校勘文字，交代出处，往往用"集作""一作"字样①。前者是据当时所见蜀刻《张说集》三十卷本，应无疑问②。后者出自不同的文本，但有时也是"集作"之意，如《英华》卷八九张说《白乌赋》，校记用"一作"，篇后有注："凡一作皆集本。"卷九八收录张说《虚室赋》、魏归仁《宴居赋》，校记用"一作"，后者篇后注："凡一作见张说集。"这些校勘记，对于判断《张说集》的异文是否原刻文字，具有重要的价值。

（1）确认《张说集》宋刻本文字

《张说集》卷一《虚室赋》附录有魏仁归的唱和之作《宴居赋》，《英华》卷九八署名"魏归仁"，小字校记："一作仁归。"可知"魏归仁"的互乙是宋刻《张说集》原文如此。

卷一四《故开府仪同三司上柱国赠扬州刺史大都督梁国文贞公碑奉敕撰》，《英华》卷八八四收录，其中"国有谏臣""御药视医""日止西晡"，《英华》作"国有栋臣""御医视药""日去西晡"，分别有小字校记："集作谏。""集作御药视医。""集作止。"可知异文宋刻原本如此。

卷二四《为留守奏庆山醴泉表》"《潜巴》曰"，《英华》卷六一二作"《潜潭巴》曰"，小字校记："集无潭字。"《潜潭巴》是汉代谶纬书，亦名《春秋纬潜潭巴》，影钞本《张说集》作《潜巴》，据校记知宋集本即夺"潭"字，非后来钞写之误。

卷二八《大衍历序》"有同于孔子也"句，"有同"二字，《英华》卷七三六作"同符"，小字校记："《文粹》作同文，集作有同。"可知此词各本不一，宋刻《张说集》即作"有同"。

卷二九《永昌元年对词标文苑科对策》"宏猷永图之美""顺金木之刑政"，"美""政"二字《英华》卷四七七作"義""德"，有小字校记："集作美。""集作政。"是知《张说集》影钞本"美""政"二字是原刻如此。影钞本旁改正字作"義""德"，是后人所为。

卷三〇《让平章事表》"奉表陈请以闻"，"请"字《英华》卷五七三作"让"，小字校记："集作请。"影钞本原有墨笔旁改作"让"，是后人据《英华》校改本所妄改者，而原

---

① 有时《英华》校勘所据不仅一种，而有"二本作"云云，如《英华》卷九三六《中书令逍遥公墓志铭》，即据宋本《唐文粹》和《张说集》出校。"二本作"中，往往一本即《张说集》。

② 椒花吟舫影钞本《张说集》在钞写所保留的行款和宋本避讳用字上，可以判断其底本为南宋中期蜀刻十二行本系统，刻成于光宗绍熙年间（1190—1194），参前引朱玉麒《宋蜀刻本〈张说之文集〉流传考》。此刻本为宁宗嘉泰年间（1201—1204）刻成的《英华》所参校，时年正合。

刻即"请"字。

(2) 旁证《张说集》影钞本讹误

张说集卷一《进白乌赋》"探朝噪之声乐","探"字影钞本作"操",《英华》卷八九作"採",小字校记:"一作探。"此篇"一作"皆别集本,是知《张说集》宋本原字作"探"。

卷二二《中书令逍遥公墓志铭》"带砺传祀","祀"字影钞本作"记",《英华》卷九三六作"嗣",小字校记:"二本作祀。"此篇"二本"即《唐文粹》和《张说集》,是知《张说集》宋本原作"祀"。

卷二四《为僧普润辞公封表》"幸逢皇祚特启","特"字影钞本作"持",《英华》卷五七八作"将",小字校记:"集作特。"

卷二六《故右豹韬卫大将军赠益州大都督汝阳公独孤公燕郡夫人墓志铭并序》"丧有感慕","感慕"二字影钞本作"感募",《英华》卷九六五作"过戚",小字校记:"集作感慕。"

卷二六《李氏张夫人墓志铭》"西接妹丘","妹"字影钞本作"姝",《英华》作"抹",小字校记:"集作妹,是。"

卷二八《洛州张司马集序》"岂止栅榴体物","栅榴"二字影钞本作"栅榴",《英华》卷七〇一作"周流",小字校记:"集作栅榴。"

以上各篇影钞本正字之误,据《英华》校记,可知均是在影钞之际,因形近而致误,而宋刻原本正字不误。

由于今人《张说集校注》是根据《全唐文》等改定的另一个清钞研录山房本为底本,而《全唐文》的张说文,又多据《英华》《文粹》等改正《张说集》本字,上揭属于《张说集》的正字,均被《全唐文》等做了改订,甚至没有留下《英华》的校记,使今本校注在正字上也殊失别集本原旨。因此,《英华》嘉泰校勘的"集作""一作",对于我们恢复《张说集》宋刻本的面貌,是十分重要的。尤其是《张说集》刻本原来的用字也未必正确的地方,如果没有这些"集作""一作"的校勘记作为坚实的旁证,后人很难在宋刻本与影钞本之间判断错字的责任所在。

四、《英华》本张说作品的舛误

当然,《英华》本的失误,也在所难免。如周必大所言:"惟是元修书历年颇多,非出一手,丛脞重复,首尾衡决,一诗或析为三,二诗或合为一,姓名差互,先后颠倒,不可胜计。"①具体到张说作品,也有需要警惕的错误。这种文字的错误,约有以下几种类型。

---

① 周必大《纂修文苑英华事始》,《文苑英华》影印本,第9页。

1. 误改标题

《张说集》卷四附录有唐玄宗《送张说集贤上学士》,《英华》卷一六八作《集贤殿书院奉敕送学士张说上赐宴》,此题本是《张说集》中张九龄序言的标题,因为《英华》"有序不录",顺延成了玄宗诗歌标题,"奉敕"云云,并不符合玄宗身份。

2. 正文错误

《张说集》卷四《扈从南出雀鼠谷》"汾河送羽旆","旆"字《英华》卷一七一作"施",与全诗押"支"韵不谐,误。

卷八《喜渡岭》"洇沿炎海畔,登降闽山陬","沿"通"沿",与"洇"组词,和"登降"对仗,《英华》卷二九〇作"汾",不词。

卷一二《大唐陇右监校颂德碑》"霍公口无伐辞""总戎马兮威万国",《英华》八六九"霍公"误作"霍光","戎马"误作"戎焉",此处"霍公"指王毛仲,曾进封霍国公,故称;本文称扬王毛仲任职内外闲厩使而使军马繁衍事,故颂词作"戎马"是,《英华》两处均误刻。

卷一六《河州刺史冉府君神道碑》"杜预平吴",杜预曾任镇南大将军,为西晋灭亡东吴之功臣,"吴"字《英华》卷九二〇作"吾",显误。

卷一九《唐故瀛州河间丞崔君神道碑》"维岳建国,厥生炎皇。维师尚父,谅彼武王。古人言曰:必齐之姜"。"炎皇"《英华》卷九三〇作"炎帝",文义或可,但作为铭文,与下二句不韵,误。

卷二四《百官请不从灵驾表》"伏以灵驾首途,圣思攀从","首途"犹上路、启程,喻武则天灵驾出发之际,中宗拟为护驾。《英华》卷六〇〇作"道途",小字校记:"疑作遵。"按,此篇《英华》列入李峤名下,嘉泰校勘者未思由《张说集》获得校勘,故有疑问,而作"道"、作"遵",均误。

这样的文字错误,还表现为文字的互乙和夺脱现象。如:

卷四《扈从南出雀鼠谷》"山南柳半密","山南"二字《英华》卷一七一互乙,与下句"谷北草全稀"不成对仗。

卷七《同刘给事城南宴集》"遥寄赏心人","心人"二字《英华》卷二一四互乙作"人心","心"属"侵"韵,与全诗押"真"韵不谐。

卷一六《赠广州大都督冯府君神道碑》"积德垂裕之谓仁,追远扬名之谓孝","追远"二字《英华》卷九一三作"远追",与上句"积德"不成对仗。

卷一八《大唐中散大夫行淄州司马郑府君神道碑》"孰能顺人如此其理者乎","如此"二字《英华》卷九二六乙作"此如",于义不合。

卷二一《郧国长公主碑》"推恩由己",《英华》卷九三三夺"推"字。

3. 校字误刻

嘉泰校勘,原为《英华》与他本异文两存而设,但在刊刻校勘记过程中,却有正

文、校字误刻之处,造成了更多的歧义,需要辨析。如:

《张说集》卷三《初入秦川路逢寒食》"昨从分陕山南口","分陕"二字《英华》作"汾硖",小字校记:"集作汾陕。"注中"汾"疑为"分"。

卷五《季春下旬诏宴薛王山池序》"无方之感一节","感"字下《英华》卷七〇九有小字校记:"集作盛。"疑《英华》正字、校字互乙。

卷一二《大唐祀封禅颂》"彩髦翻兮金介胄""神倜傥兮熊权奇","胄""熊"二字《英华》卷七七三作"直""志",小字校记:"二本作冒。""二本作熊。""二本"指用作校勘的《张说集》《唐文粹》,其中"冒"字疑当作"胄","熊"疑作"熊"。

卷一六《赠华州刺史杨君碑》"公讳至诚","至"字《英华》卷九二六作"忠",小字校记:"集作志。"疑"志"当作"至";又"陈寔近终于邑长","终"下《英华》小字校记:"集作止。"疑"终""止"二字互乙。

卷二〇《唐故凉州长史元君石柱铭》"宇文朝","宇"字《英华》卷七九〇作"孝",小字校记:"集作字,是。""字"当作"宇"。

卷二七《谏幸三阳宫表》"沮盘游之娱","沮"字《英华》卷六〇〇作"阻",小字校记:"《唐书》、集作阻。"小字"阻"当作"沮"。

以上《英华》本正字与校字的互乙误刻,虽然是推理所得,也确实得到了傅增湘《文苑英华校记》根据《英华》旧本对类似校记问题的旁证(参下"明本校记的讹误,据《校记》而纠正"部分)。

五、《英华》本张说作品的南宋校勘

以上分析《英华》本张说作品的优胜之处,或者校勘记刻字的失误,都与嘉泰年间周必大延聘胡柯、彭叔夏等人一并从事《英华》的校勘、在刻本中留下丰富的校勘记相关。《英华》在张说部分根据宋本《张说集》注明的异文,足以为在今日复原别集宋本的工作提供细节,是《张说集》整理最有价值的校勘记。此外,嘉泰年间的校勘工作有时还对文字异同作出了评判,有时也有过细或者遗漏之处;这次校勘还留下了总结性的校勘学文字,一些张说作品的校勘例证,被赋予了方法论的意义。

1. 据《张说集》改《英华》本字

嘉泰校勘者在确切的理据下,会对《英华》原字做出改正,表现出对于异文正误的倾向性,有助于《张说集》校勘中对原文的体认。如:

《张说集》卷二收录《石桥铭》(梁园),排列在御制《同玉真公主游大哥山池题石壁二首》之后,其后则是张说《奉和同玉真公主游大哥山池题石壁二首》及《石桥铭》(玉梁),故前一篇《石桥铭》也为玄宗御制无疑。以上两篇《石桥铭》收录在《英华》卷七八八,前一篇作者"玄宗"名下小字校记:"集本是。《英华》作张说,非。"可知

《英华》原本也将此列为张说作品,赖此校记,可知是据《张说集》复原了御制署名。《辨证》卷五亦专门提到这一更正。

卷五《东都酺宴五首并序》"万舞冉弱","冉弱"二字《英华》卷七〇九作"苒弱",下有小字校记:"《英华》作攸同,非。"是据别集改字。

卷二四《为建安王谢赐衣及药表》"当从襦服","服"下《英华》卷五九四小字校记:"《英华》败作,非。"("败作"二字据《文苑英华校记》乙为"作败",是)是据《张说集》改"败"为"服"。

卷二八《洛州张司马集序》"晋则三阳藻缀","阳"下《英华》卷七〇一有小字校记:"张载字孟阳,弟协字景阳,亢字季阳,并有才藻属缀。英华误作杨。"此条《辨证》卷二也作为义例记录;又"黄公玄女之符","符"字《英华》有小字校记:"《英华》作冠。""落猿殟兕之巧","兕"字《英华》有小字校记:"《英华》作哭,非。"以上三处,均据《张说集》改正了《英华》原字。

2. 校勘记判断文字正误

《英华》不改原文,而在校勘记中做出异文的是非判断,也对于校正《张说集》的文字,具有一定的帮助。如:

《张说集》卷五《三月二十日诏宴乐游园赋得风字》,本篇《英华》卷一七二收录,题作《三月三日承恩燕乐游园同赋韵》,"三日"下有小字校记:"集作二十。"篇末有注:"元在上巳门,今(遽)[据]集本作三月二十日,又有旬宴之句,故移于此。"此篇《英华》今在"上巳门"后附录。《辨证》卷六亦载此则,此处的校勘无疑是认同了"三月二十日"的别集本文字。

卷一二《大唐陇右监校颂德碑》"焚原燎牧""新奏置本牧分其利","焚""奏"二字《英华》卷八六九作"禁""秦",小字校记:"二本作焚,非。"[①]"集作奏,非。"此处校勘记认同了总集本的文字。

卷一六《唐故夏州都督太原王公神道碑》"歁由宰邑","歁"字《英华》卷九一三作"勤",小字校记:"集作歁,是。"

卷一六《河州刺史冉府君神道碑》"经浦澧袁江陵永凡六州刺史","浦"下《英华》卷九二〇小字校记:"疑作蒲。"

卷一七《右羽林大将军王氏神道碑》"执致其亲","致"字《英华》卷九〇七作"政",小字校记:"集作致,是。"

以上"是""非""疑"字的简短判断,都表明了嘉泰校勘者对于异文的价值判断。

---

① 此处"二本"指参校之宋刻《唐文粹》《张说集》。

3.《辨证》中的张说校勘记

《辨证》是彭叔夏在嘉泰年间校勘《英华》之后,将所作的校勘记分门别类总结而成的校勘学著作,书凡 10 卷,分成 20 门类。《辨证原序》云:

> (叔夏)考订商榷,用功为多。散在本文,览者难遍,因荟粹其说,以类而分,各举数端,不复具载。小小异同,在所弗录。原注颇略,今则加详。(谓如"一作某字,非"者,今则声说。)其未注者,仍附此篇。(初不注者,后因或人议及,今存一二。)①

由上可见,《辨证》是一部较散见书中的校勘记更有代表性的总结规律的校勘学示例之作。其中往往涉及张说的作品,据笔者统计有 20 则,涵盖了《辨证》的 11 个门类,可见他在利用《张说集》校勘《英华》的过程中,用功甚勤,因此成就了他的校勘义例。现在,这些例证也反过来对于《张说集》的复原,提供了重要的资料,是需要和散见各处的校勘记相互参证的。

六、《英华》南宋刻本的优异处

如前所述,今知《英华》刻本,有南宋嘉泰四年和明代隆庆元年两种刻本,前者今存 150 卷②,张说诗文出现在其中 17 卷③,计诗 12 首、文 21 篇(逸出《张说集》者 6 篇)。列表如下(表 2):

表 2　今存宋刻本《文苑英华》中的张说作品

序号	篇　名	英华(卷/页)	张说集(卷/异名)
1	襄州景空寺题融上人兰若	233/1176	8
2	清远江峡山寺	233/1176	8
3	湜湖山寺(空山)	233/1176	8/ 湜湖山寺二首(空山)
4	游龙山静胜寺	233/1176	8
5	送郭大夫元振再使吐蕃	296/1509	6/送郭大夫再使吐蕃
6	送郑大夫惟忠从公主入蕃还字韵	296/1509	6

---

① 彭叔夏《文苑英华辨证原序》,《文苑英华》影印本,第 5255 页。

② 《英华》今存宋刻 150 卷,其中 140 卷(卷 201—210、231—240、251—260、291—300、601—700)《英华》影印本均采用。又有 10 卷(卷 271—280),今藏"中研院"史语所傅斯年图书馆,傅增湘《文苑英华校记》曾据校勘。

③ 《英华》今存宋刻中有张说诗文的卷数为卷 233、296、297、300、612、613、614、616、620、630、634、636、637、647、652、686、700。

（续表）

序号	篇　名	英华（卷/页）	张说集（卷/异名）
7	南中送北使二首（传闻）	296/1509	6
8	南中送北使二首（待罪）	296/1509	6
9	卢巴驿闻张御史张判官欲到不得待留赠之	297/1516	7/留赠张御史张判官
10	深渡驿	297/1516	8/5 深度驿
11	还至端州驿前与高六别处	297/1516	8
12	送赵颐贞郎中试安西副大都护	300/1529	6/送赵颐贞郎中赴安西
13	为留守作奏庆山醴泉表	612/3173	24/为留守奏庆山醴泉表
14	为留守奏羊乳獐表	612/3173-3174	24
15	为留守奏嘉禾表	612/3174	24
16	进斗羊表	612/3174	27
17	进佛像表	613/3178	27
18	进浑仪表	613/3178	27/进浑仪表（并批答）
19	为清边大总管建安王奏失利表	614/3188	24/为清边道大总管建安王奏失利表
20	幽州论戎事表	614/3188	30/幽州论边事论
21	并州论边事表	614/3188	27/并州论兵边事表
22	请置屯田表	616/3197-3198	15
23	谏内宴至夜表	620/3216	27/论灾异表
24	谢药状（内使）	630/3260	30/谢药表（内使）
25	谢赐撰郑国夫人碑罗绢状	634/3273	补遗
26	集贤院谢示道经状	634/3274	补遗
27	谢御书大通禅师碑额状	634/3274	补遗
28	贺彩云见状	636/3278	补遗
29	贺破吐蕃状	637/3282	补遗
30	为河内郡王武懿宗平冀州贼契丹等露布	647/3328-3331	30/神兵道为申平冀州贼契丹等露布
31	上东宫请讲学启	652/3352	27/劝学启（并答令）
32	与执政书	686/3535	补遗
33	上官昭容集序	700/3611-3612	28/中宗上官昭容集序奉敕撰

前此五个部分的讨论,均据明代刻本而举例。事实上,明刻本由于缺少较好的宋刻作参考,又以付梓仓促,在不到半年的时间内刻成千卷之作,留下的错误,傅增湘有"览未终篇,榛芜触目"的感叹①。核对以上宋本 17 卷的张说诗文,可列举以下明刻本错误的相关例证,以见宋刻《英华》的优异之处。

1. 正文的错误夺乙

《张说集》卷六《送郭大夫元振再使吐蕃》"长策间酋渠""容发徂边岁","间""容"二字《英华》宋本同,明本误作"问""客"。

卷七《卢巴驿闻张御史张判官欲到不得待留赠之》"旧庭知玉树","玉"字《英华》宋本同,明本误作"王";又"皇恩若再造","再造"二字《英华》宋本作"可再",明本误作"何再"。

卷八《襄州景空寺题融上人兰若》"偏入杳冥心","杳冥"二字《英华》宋本作"宵冥",明本乙作"冥宵"。

卷一五《请置屯田表》"劝人业农","业农"二字《英华》宋本同,明本乙作"农业"。

卷二四《为清边大总管建安王奏失利表》"臣实其罪,罪非他人",二"罪"字《英华》宋本同,明本夺其一字。

卷三〇《谢药状》"自贻疢疾","疢疾"二字《英华》宋本同,明本互乙作"疾疢"。

2. 校记的误刻脱漏

《张说集》卷六《南中送北使二首》"生涯自可求","自"字《英华》作"日",小字校记:"集作自。"宋本刻在"日"下,明本误刻在"涯"下。

卷七《卢巴驿闻张御史张判官欲到不得待留赠之》"丹诚讬梦回","讬"字《英华》作"偶",宋本小字校记:"集作讬。"小字"讬"明本误作"说"。

卷八《游龙山静胜寺》"霜苦褒野草","褒"字《英华》作"衰",宋本小字校记:"集作褒。"小字"褒"明本误作"豪"。

卷二四《为留守奏嘉禾表》"臣今月日奉进止""欲观秬粒""上又同延双穗""理政之君"四句,其中"止""秬""延""理政",《英华》作"旨""成""连""政理",宋本各有小字校记"集作止""集作秬""集作延""集作理政",明本均夺。

卷二七《进浑仪表》"究天地之斡运","斡运"二字《英华》作"回斡",小字校记:"集作斡运。"正文与校记中二"斡"字明本均误作"幹"。

卷二八《上官昭容集序》"梦巨人畀之大秤","畀"字《英华》作"俾",小字校记:

① 傅增湘《校本文苑英华跋》,作者著《藏园群书题记》卷一八,上海古籍出版社 1989 年版,第895 页。

"集作界。"小字"界"明本误作"昇"。

由上举证可知,较之《英华》宋刻本,明刻本在作品本字和校勘方面,错误、夺漏,多有失误,影响了后世对于宋本《英华》的全面了解。直接利用《英华》宋刻本进行校勘,当然是最理想的方式。

七、《文苑英华校记》中的张说作品校勘

正是由于对明刻《英华》诸多错误讹夺的清醒认识,寻找宋刻及其据宋刻而抄录的旧抄本从事校勘,就成为版本目录学家非常期待的事业。这一集大成的工作,最终由傅增湘在 1936 年至 1939 年艰难困苦的岁月中,采集当时可以得见的宋刻、影钞宋本、旧抄本等《英华》版本,完成了《文苑英华校记》(以下简称《校记》)的重大工程,并于 2006 年影印出版①。皇皇 10 巨册的校勘记,对于《英华》宋本的复原,居功甚伟,傅增湘堪称南宋嘉泰校勘者之后又一位《英华》本的功臣。

《校记》的工作,据傅增湘自身的总结,主要体现在订正异字、疑字、脱讹、脱句脱行、补注、错简、脱全篇、脱全叶、补校记、补撰人等 10 个方面。

就张说作品的校勘而言,前揭残存宋本《英华》150 卷之外的大量卷帙,《校记》确实是通向宋本最重要的途径,为《张说集》的复原提供了丰富的信息。

1. 明本正文的误夺,据《校记》而纠正

《张说集》卷一《应制登骊山写眺》"竹径龙骖下","竹"字《英华》卷一七八作"行",与下句"松庭鹤辔来"不对仗,《校记》据影宋钞本作"竹",是。

卷二《奉和同玉真公主游大哥山池题石壁》"爽气凝情迥","情迥"二字《英华》卷一七五作"波迥",《校记》据旧抄本作"情迥"。

卷四《将赴朔方军应制》"供帐荣恩钱","荣"字《英华》卷一七七作"承",《校记》据旧抄本作"荣"。

卷一四《赠太尉裴公神道碑》"兼安抚大食","食"字《英华》卷八八三作"使",《校记》据影宋钞本作"食"。

卷二一《颍川郡太夫人陈氏碑》"应妪获探金之庆","妪"字《英华》卷九三三作"姬",《校记》据影宋钞本作"妪",是。

卷二九《神龙二年七月别汉祖吕后五等论》"高后立四王","四"字《英华》卷七四一夺,《校记》据影宋钞本有此字。

2. 明本校记的脱漏,据《校记》而补遗

《张说集》卷一二《大唐开元十三年陇右监校颂德碑》"焚原燎牧","燎"字《英

---

① 傅增湘《文苑英华校记》,北京图书馆出版社 2006 年版。

华》卷八六九作"焚",《校记》据旧抄本有小字校记:"二本作燎。"明本夺此校记。此句文字异同,《辨证》卷一亦曾提及。

卷一九《故洛阳尉赠朝散大夫马府君碑》"襄阳之馈,炽其洁也""我有合德","炽""合"二字《英华》卷九三〇作"识""令",《校记》据影宋钞本有小字校记:"集作炽,非。""集作合。"

卷二五《赠吏部尚书萧公神道碑》"见周鼎之时轻","周"字《英华》作"夏",《校记》据影宋钞本有小字校记:"集作周。"明本夺此校记。

卷二三《祭江祈晴文》:"岁维季秋""霖雨猥集""油油秔稻,垂生芽蘖","季秋""霖雨""秔""蘖"各词,《英华》卷九九六作"秋季""雨霖""秋""蘖",《校记》据影宋钞本有小字校记:"集作季秋。""集作霖雨。""集作秔。""集作蘖。"据此校记,可证《英华》《张说集》原本即是异文。又"谨以脯醢"句,"以"字下《英华》有"嘉酌"二字,"酌"字下《校记》据影宋钞本有小字校记:"集无此二字。"是《张说集》原本无此二字,其意亦明。

3. 明本校记的讹误,据《校记》而纠正

《张说集》卷五《洛桥北亭诏饯诸刺史》"车随零雨流","零"字《英华》卷二六七作"靈",明本小字校记:"集作霁。"《校记》据旧抄本作:"集作零,非。"是明本误将"零非"刻作"霁"字。

卷六《送高唐州》"方嗟别日多","别日"二字《英华》卷二六七作"离别",明本小字校记:"集作别。"《校记》据旧抄本作:"集作别日。"

卷一七《元城府左果毅赠郎将葛公碑》"轨则移于后代","则"下《英华》卷九一〇有"可"字,明本小字校记:"集作可字。""作"字《校记》据旧抄本作"无"字,是。

卷一九《唐陈州龙兴寺碑》"用大士因缘""龙兴返政","士""返政"二词《英华》卷八五六作"事""反正",明本小字校记:"集作土。""集作返正。"小字"土""正"《校记》据旧抄本作"士""政",是。

卷二〇《唐故左庶子赠幽州都督元府君墓志铭》"公讳景怀","景怀"二字《英华》卷九四〇作"怀景",明本小字校记:"集作怀。"《校记》据影宋钞本小字"怀"前有"景"字,是。

卷二一《延州豆卢使君万泉县主薛氏神道碑》"月韵玫砧","玫"字《英华》卷九三三作"玖",明本小字校记:"集作玖。"小字"玖"《校记》据影宋钞本作"玫",是。

明本校记讹误比较普遍的一个现象,是将《英华》正字和校字互乙,《校记》所据,多有可以纠正此失者,也使本文之前在"《英华》本张说作品的舛误"部分讨论的"校字误刻"现象得到了旁证。如:

卷四附录苏颋《扈从南出雀鼠谷》"寒着山边静","静"字《英华》卷一七一小字校记:"集作尽。"《校记》据旧抄本"静""尽"互乙,是。

卷一八《唐故豫州刺史魏君碑》"振芳厥后","芳"字《英华》卷九二一小字校记:"集作芬。"《校记》据旧抄本"芳""芬"互乙,是。

如上所举例证,嘉泰年间校勘记本身是利用了宋本《张说集》进行校对留下的文字,所以,《校记》的增补和订正对于张说作品的校勘有着不可替代的意义。而如上所揭,在《英华》的明本与《张说集》影钞本文字不同而并无校记的情况下,《校记》所据旧本《英华》的文字如与《张说集》影钞本相同,应该可以证明是明本《英华》的失误,而确证影钞本文字的不误。那些在明本《英华》中无所根据的文字误刻,甚至影响了用此明本作校勘和增补的清代《张说集》的四库钞本、武英殿本、结一庐本、研录山房本以及《全唐文》本的张说文校订。在全面梳理《张说集》的整理工作时,《校记》关于张说作品的校勘成果,毫无疑问是非常重要的资料。

据笔者统计,《校记》在《张说集》所收录的张说诗赋 131 首及其唱和者作品中,共出校记 431 则,张说文章 142 篇中,共出校记 1226 则,总计 1673 则。如此丰富的校勘内容,无疑是从事《张说集》整理最珍贵的宝藏。

结 论

以上就利用《英华》进行张说作品的校勘,对其作为校订唐代文学作品的文献价值,做了例证式的概括。

《英华》自其编纂成书至今已逾千年,由于各种各样的原因,在流传过程中产生了较多的文献错误。在使用之际,首先要厘清作品的归属,明了其收录作品的众多来源,警惕其中不同的舛误,从而吸收其中优胜的文字。在谨慎利用和辨析明刻本《英华》中的校勘记之外,寻找宋刻及其旧抄为底本的工作,尤其显得重要。在《英华》的校勘方面,彭叔夏的《文苑英华辨证》和傅增湘的《文苑英华校记》,是不同时代对于《英华》做出校勘工作的里程碑,尤其是后者,也是今天复原《英华》原貌和利用《英华》进行校勘工作最重要的辅助工具。

综上言之,在宋本《张说集》不存的情况下,利用《英华》等早期总集进行校勘、辑佚,是恢复《张说集》原貌、汇总更多张说作品重要的文献学工作;而涉及《英华》的其他别集本的整理工作,同样会从《英华》中获得重要的资源。反之,这些个案的整理,对于《英华》本身的整理和使用,也将起到积极的作用。

（作者单位:北京大学历史学系暨中国古代史研究中心）

一场诗坛公案与一个诗学命题

——崔颢《黄鹤楼》及其相关诗歌综论

周相录

一、一场诗坛公案

　　崔颢在群星璀璨的唐代诗坛,算不上一个特别有名的诗人,但其《黄鹤楼》一诗却是知名度甚高的诗作。唐代之后,古代文人对崔颢《黄鹤楼》更是不绝如缕地"点赞",好评绝对如潮。宋代诗评家严羽在《沧浪诗话·诗评》中,将《黄鹤楼》推向绝对的高峰,认为"唐人七言律诗,当以崔颢《黄鹤楼》为第一"①。当代著名学者王兆鹏教授等人根据唐诗古今选本、历代评点等指标,做成"唐诗排行榜",崔颢《黄鹤楼》亦荣登榜首②,古今对其关注度之高尽可想象。《黄鹤楼》诗云:

　　　　昔人已乘黄鹤去,此地空余黄鹤楼。黄鹤一去不复返,白云千载空悠悠。
　　　　晴川历历汉阳树,芳草萋萋鹦鹉洲。日暮乡关何处是? 烟波江上使人愁。③

虽然有那么多的文人对《黄鹤楼》给予高度肯定,但唐代的文献并没有怎么聚焦这首诗歌,更没有记载李白对崔颢诗的顶礼膜拜。宋胡仔《苕溪渔隐丛话》前集卷5引《该闻录》云:"唐崔颢题武昌黄鹤楼诗云……李太白负大名,尚曰'眼前有景道不得,崔颢题诗在上头',欲拟之较胜负,乃作《金陵登凤皇台》诗。"④据傅增湘《宋蜀文辑存作者考》,《该闻录》作者李畋,北宋淳化三年(992)进士及第。《该闻录》的记载是目前可知的关于崔颢、李白"竞诗"的最早记载。南北宋之际,计有功《唐诗纪事》卷21转述《该闻录》之后,马上又说"恐不然"⑤,他自己也不相信这事儿是真的。怀疑归怀疑,计有功并未提供扎实可靠的文献证据,证明李白服膺崔颢《黄鹤楼》诗纯属子虚乌有。正因为没有扎实证据证明其伪,这一文坛趣事又极具"吸睛"之力,后世文人遂不复追究其真伪,而是兴趣盎然,一而再、再而三地渲染这一事件。

---

① 严羽《沧浪诗话·诗评》,《历代诗话》,中华书局 1981 年版,第 699 页。
② 王兆鹏等《唐诗排行榜》,中华书局 2011 年版,第 2—4 页。
③ 崔颢《黄鹤楼》,《全唐诗》,上海古籍出版社影印扬州诗局本。
④ 胡仔《苕溪渔隐丛话》前集卷 5,文渊阁《四库全书》本。
⑤ 计有功《唐诗纪事》,上海古籍出版社 1987 年新 1 版,第 311 页。

李白登黄鹤楼见崔颢诗而搁笔事件的真伪是一个问题,李白是否效仿崔颢诗是另外一个虽然相关但不完全等同的问题。据安旗主编《李白全集编年笺注》,李白天宝六载(747)漫游到南京,作《登金陵凤凰台》诗。如果《李白全集编年注释》的编年是可靠的,如果李白登黄鹤楼见崔颢诗而搁笔的事件不伪,那么,李白虽然当时搁笔敛手,似乎服输崔颢,但内心已存下与崔颢一争高下之念想,很多年后都放弃不了,《登金陵凤凰台》的问世,就是李白与崔颢争胜的一个阶段性成果。诗云:

> 凤凰台上凤凰游,凤去台空江自流。吴宫花草埋幽径,晋代衣冠成古丘。
> 三山半落青天外,一水中分白鹭洲。总为浮云能蔽日,长安不见使人愁。[1]

黄鹤楼位于湖北省武汉市武昌区长江南岸的蛇山山岭之上,据传始建于三国东吴黄武二年(223)。据唐李吉甫《元和郡县图志》卷28《鄂州》云:"吴黄武二年城江夏,以安屯戍地也。城西临大江,西南角因矶为楼,名黄鹤楼。"[2]在黄鹤楼升仙而去者为何人,其实并不太重要,重要的是,这个地方与这个地方的传说给人带来了世事变迁之慨;凤凰台在江苏省南京市江宁区南秣陵关附近,相传南朝刘宋永嘉年间曾有凤凰集聚,后遂筑台于此,因名凤凰山、凤凰台。六朝古都,盛衰变迁,自然极易引人生发白云苍狗之感慨,而登高临远,更能激发思古之幽情。崔颢、李白登黄鹤楼、凤凰台而发怀古之忧思,很容易写得相近或相似,何况李白或许本就有意效仿崔颢之作呢!

崔颢诗前两联一气直下,巧妙地将黄鹤楼与驾鹤升仙之典联系起来,连用三次"黄鹤"[3],写"黄鹤一去"之后的物是人非,抒发时间流逝、世事变迁之感慨,并由此感慨而及羁旅他乡之悲情。李白《登金陵凤凰台》首联,运用凤凰台与凤凰故事的奇妙结合,一气直下,连用三次"凤凰"(第二句"凤"之下,因格律诗之形式要求而略去"凰"字,意义实等同于凤凰,故亦计入"凤凰"二字重复次数之中),同样写物是人非,抒发沧海桑田变迁之慨。而且,崔颢与李白诗最后都用"使人愁"三字结束作

---

① 李白《登金陵凤凰台》,《李白全集编年笺注》,中华书局2015年版,第757页。以下引李白诗,均据此书,不再另注出处。

② 李吉甫《元和郡县图志》,文渊阁《四库全书》本。

③ 此处沿用通行文字。敦煌伯3619号卷子载崔颢诗,首句作"昔人已乘白云去"。敦煌学专家黄永武、项楚先生对不同版本《黄鹤楼》进行系统考察,认为崔诗原作"白云"。黄永武说:"《英华》《河岳》《国秀》《唐诗纪事》均同,明人《唐诗纪》及清人《全唐诗》也还作'昔人已乘白云去',只在'白云'下注'一作黄鹤',可见宋代以前的书还没有乘黄鹤的说法。元代吴师道《吴礼部诗话》曾讨论到乘黄鹤还是乘白云的问题,提及当时人曾附会'费文祎驾鹤登仙于此''仙人子安乘黄鹤过此',才开启后人改成'昔人已乘黄鹤去'的奇想。"(黄永武《中国诗学·昔人已乘白云去》,新世界出版社2012年版,第25页)但是,第四句又有"白云",与首句"白云"重复,且第三句"黄鹤一去不复返",亦因"黄鹤"作"白云"而无所附丽。单纯从修辞技巧来说,作"黄鹤"无疑更具逞才炫技之难度,效果会更好一些。

品,崔颢与李白的诗均押下平声尤韵(后半首都用了"洲""愁")。不同的只是,崔颢之诗唯有一联("晴川")写眼前景,而李白诗则颔联与颈联俱写眼前景,规模较崔诗大了一倍。虽然,崔颢诗与李白诗在具体感情上存在稍微的差别,因为崔颢抒发的只是由时间流逝与空间悬隔而引发的乡关之思,而李白则将自己政治上的失意与由登凤凰台而产生的人事变迁之慨结合起来,意蕴较崔颢诗稍觉丰满而厚重,但两首诗在写法上的相近是显而易见的事实。

又据安旗主编《李白全集编年笺注》,唐肃宗上元元年(760),李白六十岁,因罪被长流夜郎,行至武汉时,作《鹦鹉洲》一首。方回《瀛奎律髓》卷1评云:"此诗(《鹦鹉洲》)乃是效崔颢体。"①李白宝应元年(762)卒于安徽,如果《李白全集编年笺注》这一系年不错,那就意味着李白在去世前两年仍没有放弃与崔颢一较高下的念头。《鹦鹉洲》诗云:

> 鹦鹉来过吴江水,江上洲传鹦鹉名。鹦鹉西飞陇山去,芳洲之树何青青。
> 烟开兰叶香风暖,岸夹桃花锦浪生。迁客此时徒极目,长洲孤月向谁明?

鹦鹉洲在今湖北武汉市长江中,相传因东汉末年祢衡在黄祖长子黄射大会宾客时,即席挥笔写就一篇"锵锵振金玉,句句欲飞鸣"的《鹦鹉赋》而得名。后祢衡被黄祖杀害,葬于江中沙洲之上。与《登金陵凤凰台》相比,《鹦鹉洲》效仿崔颢《黄鹤楼》之迹更重:前四句句式惊人一致,同样三次重复使用"黄鹤"或"鹦鹉"一词;颈联同样写眼前景,对仗工整;尾联同样绘景抒情,抒发"迁客"漂泊异乡的孤寂沦落之感。不同的只是李白诗较崔颢诗季节特色更鲜明而已。需要特别注意的是,崔颢诗有"芳草萋萋鹦鹉洲"一句,而李白诗正由"鹦鹉洲"生发开去;崔颢诗颔联末尾有"空悠悠",李白诗颔联末尾用"何青青",相同的位置都用叠字。如果说李白诗乃独立创作,与崔颢诗只是偶然相似,其实没有任何关系,似乎有点儿说不过去。

事实上,在一首诗甚或一句诗之中重复使用某些字眼,造成一种惊异炫目的阅读效果,这种写法并不始于崔颢。在崔颢之前,初唐沈佺期就已经写过类似的诗作,宋人也早已发现了崔颢诗与沈佺期诗的联系。署名严羽《评点李太白诗集》评《登金陵凤凰台》云:"《鹤楼》祖《龙池》。"②清王琦《李太白文集》卷21引晚明赵宧光语,谓崔颢"笃好"沈佺期《龙池篇》,"先拟其格",写作《雁门胡人歌》,"自分无以尚之,则作《黄鹤楼》诗……然后直出云卿(沈佺期之字)之上,视《龙池》直俚谈耳!"③沈佺期诗云:

---

① 方回《瀛奎律髓》卷1,文渊阁《四库全书》本。
② 转引自刘学锴撰《唐诗选注评鉴》,中州古籍出版社2019年版,第305页。
③ 转引自刘学锴撰《唐诗选注评鉴》,中州古籍出版社2019年版,第307页。

　　龙池跃龙龙已飞，龙德先天天不违。池开天汉分黄道，龙向天门入紫微。邸第楼台多气色，君王凫雁有光辉。为报寰中百川水，来朝此地莫东归。①

　　《龙池篇》首句连用三个"龙"字，第二、四句又接连用两个"龙"字。作为歌功颂德的应制诗，沈佺期精心利用了"龙池""应制"这一特殊题材，巧妙地重复使用"龙"字。由于"龙"字之使用集中在第一、第二和第四句，以下再没出现"龙"字，所以，这首诗的精彩之处或吸引读者眼球的地方，就是前半首，而下半首不过用套语泛泛写帝王气象，实在平淡得很，离一流的唐诗还有"十万八千里"的距离。即使就整首诗来说，除了以重复使用"龙"字引人瞩目外，其他也实在了无精彩。虽然沈佺期与崔颢、李白的四首诗都使用重复字，但使用手法又有显著不同，倒是崔颢与李白的诗存在更多的相似之处。因此，即使崔颢之诗曾受沈佺期的影响，崔颢的创造之功亦不可抹杀；李白之诗似乎直接继承的是崔颢的写法，而不是越过崔颢直接接受沈佺期的影响。

二、一个诗学命题

　　把崔颢《黄鹤楼》与李白《登金陵凤凰台》《鹦鹉洲》当作一个整体，可以看作一场并不特别张扬但暗里有点儿较劲的诗歌创作比赛。崔颢写作《黄鹤楼》的时候，内心也许有、也许没有明确的比赛对象，只是写成之后，心里应该有一些小小的得意，因为《黄鹤楼》这首诗写得比较技巧或机巧。一首诗尤其是一首律诗，应该尽量避免重复字眼的出现，即力争做到诗中的每一个字眼都是新的，在诗中都是单次使用的，这是当时作诗者的一个共识，人人都尽力做到。但如果一个人作诗时违背了这个规则，重复使用一些字眼，而又让人不觉其啰嗦辞费，反倒让人觉得新颖，起到了炫人心目的阅读效果，引起诗歌阅读者的关注，不自觉佩服起作者的匠心来。这当然不是说，使用重复字眼表达新颖的诗歌一定是一首"文质彬彬"的好诗，因为真正一流的好诗，不仅要有新颖技巧的表达，更必须有诗人对宇宙人生的深切新颖的感悟。也就是说，真正一流的好诗，不仅让读者佩服其表达的技巧，更让读者佩服其对宇宙人生的超常体察，给人以人生境界上的提升。刷新读者对诗歌写作手法的认知，刷新读者对宇宙人生的感悟，一直是优秀的诗人努力追求的目标。

　　说到这里，我禁不住想起白居易的《寄韬光禅师》，这是一首写得很机巧但并不很出名的诗作：

　　一山门作两山门，两寺元从一寺分。东涧水流西涧水，南山云起北山云。

　　① 《全唐诗》，上海古籍出版社影印扬州诗局本，1986年版，第46页。

前台花发后台见,上界钟声下界闻。遥想高僧行道处,天香桂子落纷纷。①

天竺、灵隐二寺在杭州。据《东坡题跋》卷2《书乐天诗》云:"唐韬光禅师自钱塘天竺来住此山,乐天守苏日以此诗寄之。"②则白居易诗当是唐敬宗宝历年间任职苏州刺史时作。宋潜说友撰《咸淳临安志》卷23云:"灵山之阴,北涧之阳,即灵隐寺;灵山之南,南涧之阳,即天竺寺。二涧流水号钱源泉,绕寺峰南北而下,至峰前合为一涧,有桥号为合涧。"③天下少有之奇妙景致,造就结构独特之诗歌。陈衍《石遗室诗话》卷19即云:"此七言律之创格也。惟灵隐、韬光(即天竺——引者注)两寺实一寺,一山门实两山门者,用此格最合。其余'东西涧''南北峰''前后台''上下界',无一字不真切。故此诗不可无一不能有二。"④陈衍之意是说,天设题材好,乐天技巧高,故能成就《寄韬光禅师》这首"不可无一,不能有二"的作品。一首应酬之作,意蕴并无多少可称道之处,甚至可说寡淡无味。虽然有自然界的绝好题材,有白乐天的惊人机智,却没有让这首诗享有如崔颢《黄鹤楼》、李白《登金陵凤凰台》与《鹦鹉洲》的不朽盛名。一首表达形式如此精致巧妙、无一不符律诗要求的诗歌,却又如此默默无闻,原因不在形式而在内涵——在境界上过于平淡,丝毫不能发人深省,给人启迪。崔颢《黄鹤楼》"这首登临之作内容本很平常,整体构思亦属登览诗的常规"⑤,但因李白之点赞与模拟而名浮于实。

很多人拿崔颢《黄鹤楼》、李白《登金陵凤凰台》与《鹦鹉洲》来讨论律诗能不能使用重复字的问题,而比崔颢、李白诗歌使用重复字更多的白居易《寄韬光禅师》却很少有人拿出来讨论,虽然就重复字而言,白居易诗中的重复字远多于崔颢、李白诗。有人由名气较大的律诗有时也使用重复字而得出结论:律诗应避免重复用字的要求不合理,应该废除。但在我看来,这是对律诗应尽力避免重复用字这一规则的无意曲解。作为篇幅较为短小(长律除外)、语言高度凝练的诗体,律诗要想在不大的篇幅里容纳进更为丰富的内涵,避免重复用字是一个再合理不过的选择,而语言的高度凝练化,也要求诗人在使用语言时不能啰哩啰嗦,应该如葛朗台花钱一样节俭甚至吝啬。否则,诗歌中使用重复的字眼,就如同干活儿的队伍中混进了两个懒汉,占两个人的名额却只干一个人的活儿。从另一角度说,人员少而活儿多,干活儿的队伍中就不能让懒汉容身,而如果其中混进了懒汉,这个干活儿的队伍就不再是一个值得表扬的"先进集体"。也就是说,使用重复字眼的律诗,很有可能不是

---

① 白居易《寄韬光禅师》,《白居易诗集校注》外集卷上,中华书局2006年版,第2908—2909页。
② 苏轼《东坡题跋》卷2《书乐天诗》,丛书集成初编本,第39—40页。
③ 潜说友撰《咸淳临安志》卷23,文渊阁《四库全书》本。
④ 陈衍《石遗室诗话》卷19,辽宁教育出版社1998年版,第255页。
⑤ 刘学锴《唐诗选注评鉴》,中州古籍出版社2019年版,第312页。

一流的好律诗。

这本不难理解,但什么情况才算是使用重复字眼,并不是一个一两句话就能说清楚的事情。表面上的相同不是真正的重复,本质上的相同才是真正的重复。把重复字眼简单理解为前后字眼儿一模一样,是对复杂问题不合时宜地简单化处理。现实生活中有明星脸的存在,虽然惊人相似,但毕竟是两个不同的人:明星是明星,普通人是普通人。文学创作中也存在看似完全相同其实并不相同的情况。如《寄韬光禅师》之颔联:"东涧水流西涧水,南山云起北山云。"虽然表面上看,上句有"涧水"二字重复,下句有"山云"二字重复,但"涧水"并非独立存在,而是与"东""西"组成词组,共同表达意义,因此,"东涧水"不是"西涧水"的重复。同理,"南山云"也不是"北山云"的重复。李商隐《夜雨寄北》云:"君问归期未有期,巴山夜雨涨秋池。何当共剪西窗烛,却话巴山夜雨时。"前一个"巴山夜雨"是"现在时",后一个"巴山夜雨"则是"将来过去时",似重而实不重。不必担心放松对重复字的要求会让诗歌中的重复字泛滥,因为只有特殊的题材,才能写出字面重复而其实并不重复的诗作,而这种特殊的题材是比较罕见的。因此,如同白居易这首诗一样,表面重复字较多的诗歌,出现的几率是比较低的,甚至是可遇而不可求的。题材的罕见,写法的奇特,表面违反规则而其实又合乎规则,"从心所欲而不逾矩",是一种较为罕至的境界,所以,其写作技巧往往能得到众人的一致好评。崔颢《黄鹤楼》与李白《登金陵凤凰台》《鹦鹉洲》被后人称许,这是其中一个比较重要的原因。

还有一种情况,表面上看似使用重复字,而实际上却不能算作使用重复字。如崔颢《黄鹤楼》中的"悠悠""历历""萋萋",李白《鹦鹉洲》中的"青青",其实都不能算作使用重复字。因为这些叠用一个字的词,是联绵词(联绵词并非都是叠用一个字,如"参差""忐忑""玲珑"等,也属于联绵词,叠用一个字的联绵词是联绵词中的一个比较特殊的类别——双声叠韵联绵词),而联绵词本身就是一个语素单位,而语素是最小的语音、语义结合体,是不能拆开单独使用的,否则就不等或不同于组合使用时的意思了,比如"历历"的意思不等于或不同于两个单独的"历"字的意义之和。如尤侗"恨以'悠悠''历历''萋萋'三叠为病"[1]之言,将诗歌中双声叠韵联绵词也当作重复使用同一字眼,是只看其表而不计其里的肤廓之论。而且,将某个字叠用的双声叠韵联绵词,较普通语词更能强化语言的音乐节奏之美,尤其是在诗歌中使用时更是如此。因此,在诗歌写作中,双声叠韵联绵词不但不应该尽力避免,而且使用得当,能收到非双声叠韵联绵词所根本不具备的特殊效果。

---

① 尤侗《艮斋杂说》卷3,清康熙刻西堂全集本。

三、崔颢、李白、白居易诗歌之评估

现在回到崔颢与李白的三首诗歌上来。正如前文所言,李白与崔颢的三首诗,一个共同的特点,就是某些字眼的重复使用非常吸引读者的眼球。这些重复使用的字眼,就像这些诗作的身份标识一样,与诗歌融为一体,不可分割。完全循规蹈矩,连疑似的违规也不敢犯,就像让一个人烧水,要求他不能超过九十度,结果他连七十度都不敢达到,那他永远不可能有较大的实质上的创新。将规则的限制发挥到极致,甚至合理地"违规",才能带来更大更有价值的创新。一个优秀的作家,总是通过对旧规矩不断地超越,通过对新技巧不懈地探索,成就他在文学史上的不朽。何况崔颢、李白三首诗中的"黄鹤""鹦鹉""凤凰"的重复使用,只是疑似违规而实际上又不违规呢?

重复不重复只是外在的形式,更重要的是意义的表达。无论什么情况,怎么说都服务于说什么、说多少。从笼统的意义上说,无论重复与否,只要最大限度地负载意义,都是值得肯定的表达。当然,如果选择对了合适的字眼,最大限度地负载了意义,那就是比较成功的一首诗歌了。客观地说,崔颢、李白的三首诗,在诗歌表达的意义与境界上都司空见惯,平常得不能再平常,既不丰富得超群,也不深刻得出众;既不引人深思回味,也不引人超拔提升。读过之前与读过之后,读者对社会、人生的感悟并不因此而明显地"更上一层楼"。如果不因作者或诗作的名气甚大而遮蔽艺术感悟的真实、灵敏,那么,我们就得承认,崔颢、李白三首诗让我们眼前为之一亮的,不是内涵,而是手法,是他人很少用、一般人也不易用好的手法——重复使用某些字眼而又不让人觉其累赘,反而觉得有趣、精致、难逢。

还有值得一说之处:崔颢《黄鹤楼》前半部分,一气直下,一脉贯穿,四句如一句,意脉流走,实是将古诗之气贯注于律诗体格之中(如果按照传统观点,将崔颢《黄鹤楼》看作律诗的话)。律诗(主要指四韵八句的律诗)与古诗不同之处,主要不在平仄用韵,而在言说的方式,在侧漏出的精神气度。如果说古诗多直叙(可以直叙情,也可以直叙景,或通过直叙景来传达情),那么,律诗则多呈现;古诗语言比较日常生活化,律诗语言则更凝练、更雅化;古诗要读者"听",律诗更要读者"看";古诗较灵动,律诗更庄重。古诗与律诗的区别,在句式上主要体现为对句与散句的区别,因为散句更倾向于"说"给你(读者)"听",而对句更倾向于"绘"给你(读者)看;散句是意义在一个维度上由前到后的推进,而对句则是意义在两个维度(或平面)上向四周的展衍(此处所说对句,仅指严格意义上的对句,不包括字面上对仗而意义上流走的流水对)。古诗有古诗的长项与短处,律诗有律诗的短处与长项,如果能够汲取对方的一些长处,而又不失自家体段,那当然是极致尽头的理想。在我看来,用律诗的标准要求崔颢、李白的三首诗,不说平仄用韵,表达上最像律诗的是李白的《登金陵凤凰台》,而崔颢《黄鹤楼》与李白《鹦鹉洲》写作布局一致,格调比较接近,已经介乎古、律之间了。

　　我个人认为,崔颢、李白的这三首诗,总体上与白居易《寄韬光禅师》属同一类型的作品,取胜的地方不在内涵,不在境界,而在用讨巧的语言挖掘出题材的奇趣之处。论精巧程度,崔颢、李白之作不如白居易之作;论自然不露雕琢之痕,崔颢之作胜过李白、白居易之作。如果我们不把白居易之作推为上乘之作,那么,我们也就不应该一味称扬崔颢、李白之作。名气(作品的名气、作家的名气、评点者的名气)有时会妨碍"客观"的文学批评,因为名气可能让我们有所顾虑或膜拜敬畏;偏爱也会妨碍"客观"的文学批评,因为偏爱可能导致一偏之见甚或嗜痂之癖。将这些妨碍"客观"的文学批评的因素统统剔除,剩下的才是真正的文学批评。当我们抛开诗歌之外的其他因素,但就诗歌本身的成就而言,崔颢、李白、白居易的四首诗歌,实际上都是特机巧而较平庸的诗歌。

　　　　　　　　　　　　　　　(作者单位:河南师范大学文学院)

李白的身份自许刍议

梁　森

　　李白在其政治活动中的身份自述,有的与史籍所载有出入,有的则是他的自许,若一概看作是他的浪漫性格所致,恐失之粗疏。窃以为有必要再探究,在可能厘清事实的基础上,或能发掘其特别的意义。

一

　　李白"以布衣而动九重",入宫之初受到玄宗皇帝的特别恩遇,按李阳冰《草堂集序》的记载,是因为看重他"素蓄道义"。李阳冰所编《草堂集》是李白病逝前"枕上授简"并请托为序,可知《序》中所载关于李白家世及其一生的种种行迹,当出于李白自述。同时代或稍后的魏颢、范传正、刘全白等人所作序、碑,记载李白在宫中作和蕃书、专掌秘命、潜草诏诰等等,也与李《序》大致相同,可基本上断定也是直接或间接出自李白所言。这些记载亦可在他出宫以后所作诗文中得到印证。玄宗是否真把李白看作"商山四皓"那样的高士,我们不得而知,李白则始终自认为是"素蓄道义"的。因"从璘"下狱浔阳,暂获营救免死,在向肃宗上奏的自荐表中亦称:"天宝初,五府交辟,不求闻达,亦由子真谷口,名动京师。上皇闻而悦之,召入禁掖。"[1]无论"素蓄道义"是否玄宗亲许,李白修道的身份自许,既有出蜀以后不止一次受道箓的事实依据[2],也几乎与他一生的政治行迹相始终。往前追溯,李白自年少便开始了修道体验:"十五好神仙,仙游未曾歇。"(《感兴八首》其五)"与逸人东严子隐于岷山之阳。白巢居数年,不迹城市……广汉太守闻而异之,举二人以有道,并不起。"(《上安州裴长史书》)出蜀后在江陵遇司马承祯,又被誉"有仙风道骨,可与神游八极之表"(《大鹏赋序》)。"近者逸人李白自峨眉而来,尔其天为容,道为貌",酒隐安陆期间,李白便以修道的身份自荐当地权要,还有过"弄绿绮""卧碧云""嗽

---

　　① 李白《为宋中丞自荐表》,王琦注《李太白全集》,中华书局 1977 年版,第 1217 页。本文所引李白诗文,均据此本,不一一出注。

　　② 罗宗强先生考辨认为,李白早在少年时期就曾行过入道仪式,且一生不止一次,还多次亲自炼过丹药,对于炼丹的兴趣,至晚年仍不衰退。参见其《李白的神仙道教信仰》,《中国李白研究》1991 年集,江苏古籍出版社。

琼液""饵金砂"（《代寿山答孟少府移文书》）的修道体验，后来又在随州与元丹丘学道于著名道士胡紫阳。"李侯金闺彦，脱身事幽讨。亦有梁宋游，方期拾瑶草"（杜甫《赠李白》），"不愿论簪笏，悠悠沧海情"（杜甫《与李十二白同寻范十隐居》），辞官之初与杜甫相会，李白也是以其道仙气派，感染了涉世未深的杜甫①。"五岳寻仙不辞远，一生好入名山游"（《庐山谣寄卢侍御虚舟》），按《草堂集序》的叙述逻辑，可以说，出峡至入宫期间遍寻仙迹，广交道教名流，以道徒的身份漫游天下，既是李白自由疏放的精神追寻，也是他博得社会声望、"游说万乘"的一个重要途径。

李白入宫，应该是直接或间接经人举荐②，尽管我们尚无法从他的诗文中找到直接证据；至于何人举荐，历史上则有不同说法，但无论是吴筠、玉真公主、元丹丘还是贺知章，这些人都是道教名流或与道教关系密切。这些说法也都跟李白入宫前的经历和他的身份自许相契合。

再来看李白在宫中的身份。魏颢《李翰林集序》只是说他得玉真公主举荐"入翰林"，《为宋中丞自荐表》则明确自称"前翰林供奉"。《溧阳濑水贞义女碑铭并序》系天宝末年李白至溧阳应当地官员之请所作，南宋周必大《泛舟游山录》卷二记其所见碑文，款识为"前翰林院内供奉学士陇西李白"。此碑由北宋溧阳县令夏侯戬出资，依据已经多有缺蚀的唐碑，重刻于淳化年间③。碑文是否完全恢复原貌，款识是否出自李白，已很难判断。如果出自李白，或可推断，至少在天宝前期，"供奉"与"学士"就是一回事。李华、范传正、刘全白、裴敬等人为李白撰写的碑、志、碣记，均称翰林学士，与李白自称翰林供奉便不矛盾。李华跟李白有过交往，且天宝初举博学鸿词科，应该了解李白在宫中的具体身份。另三人与李白时代相距较远，称"翰林学士"所据为何，则不好判断。而《旧唐书》又称李白为"待诏翰林"，那么，如何判断李白在宫中的确切身份呢？

关于玄宗朝翰林院成员身份的流变情况，唐代及后世史籍便有不太一致的记载。经近年来的相关研究，其线索已大致清晰，但有的看法仍有分歧④。可以基本

---

① 钱志熙认为，李白是以道仙之士的身份被玄宗赐金还山的，这是一个新看法，见《李白与神仙道教关系新论》，《中国高校社会科学》2015年第5期。

② 张瑞君则认为，"李白是由于自己的名声而被召入宫的"，"现在通行的关于推荐李白的人皆不可信，真正发现李白并召之入宫的是唐玄宗"。详见《李白待诏翰林和出宫原因探微》，《清华大学学报》2011年第3期。

③ 朱玉麒《李白〈贞义女碑〉考辨》对碑刻源流有完备考索，见《中国李白研究》（1995—1996年集），安徽文艺出版社1997年版。

④ 相关研究甚多，举其要者，可参见毛蕾《唐代翰林学士》，社会科学文献出版社2000年版；傅璇琮《李白任翰林学士辩》，《文学评论》2000年第5期；王定勇、李昌集《唐翰林制沿革考》，《扬州大学学报》第5卷第5期，2001年9月；胡旭《李白居翰林及赐金放还考辨》，《南开学报》2009年第3期；王溪《唐五代翰林待诏与翰林学士职任关系探讨》，《南都学坛》第35卷第5期，2015年9月。

确定的是,开元二十六年"别建学士院于翰林院之南"①,"改翰林供奉为学士""专掌内命"②,这是一个重要节点。与此前的翰林待诏、翰林供奉不同,翰林学士的职能是清楚的。按《新唐书》所载,玄宗初置翰林待诏,以张说、陆坚、张九龄等为之,掌四方表疏批答、应和文章,后来的翰林学士便是延续了这样的职能,而这些人实带着已有官职充任翰林待诏,有别于翰林院内的其他待诏。玄宗后来又选取翰林待诏中的文学之士,"与集贤院学士分掌制诏书敕",称这类人为"翰林供奉"。

玄宗朝"待诏"于翰林院中的,有经术、僧道、卜祝、术艺、书弈一类艺能杂流,另一类是文学之士。韦执谊《翰林院故事》载:"玄宗以四隩大同,万枢委积,诏敕文诰悉由中书,或虑当剧而不周,务速而时滞,宜有偏掌,列于宫中,承导迩言,以通密命。由是选朝官有词艺学识者,入居翰林,供奉别旨。"③可知,参与朝政"专掌内命"的,无论待诏、供奉还是学士,须是具有"词艺学识"的朝官,负有朝臣与文学侍臣的双重职能。要之,自翰林学士确立以后,学士院和翰林院便分属两个职能不同的部门而并存,文学之士与艺能杂流的区别也更加明晰。

李白天宝元年应诏入宫,当属旧翰林院,或为待诏,或为供奉,有没有可能是学士院学士呢?淳化碑所刻"翰林院内供奉学士",或为宋人添加,尚不足为据。傅璇琮先生指出:"有关唐代翰林学士,其姓名记于学士院壁上而为唐代当时人著录并考述的,均无李白。"并据此认为,李华等人所撰碑、志称李白为翰林学士并不可靠④。又据韦执谊《翰林院故事》载,学士院建立后,"其外有韩翃、阎伯玙、孟匡朝、陈兼、蒋镇、李白等,在旧翰林中,但假其名,而无所职"⑤。也就是说,开元末到天宝初这段过渡时期,翰林院内的身份称谓或许存在混用的情况,李白有可能被称学士,但并无学士之职。再有,李白辞官以后有关宫中经历的诗文自述,或多与其在翰林院的身份不相符,这也应该是唐宋人混称其身份的一个原因。诚如傅璇琮先生所言:"我们看李白自己描述这段时期的生活,最好把有关作品分成两部分,一是李白当时在长安所写的,身处其境时他是怎么看待的,二是离开长安后他是怎么回顾的。"⑥这是判断李白翰林身份,包括进一步认识其身份自许最妥帖的做法。

《旧唐书》载,"玄宗初即位,亲访理道及神仙方药之事",曾诏邢和璞、师夜光、

---

① 李肇《翰林志》,四库本洪遵编《翰苑群书》卷一。
② 宋祁等《新唐书·志·百官》,中华书局1975年版,第1183页。
③ 韦执谊《翰林院故事》,四库本洪遵编《翰苑群书》卷四。
④ 傅璇琮《李白任翰林学士辩》,《文学评论》2000年第5期。
⑤ 韦执谊《翰林院故事》,四库本洪遵编《翰苑群书》卷四。
⑥ 傅璇琮《李白任翰林学士辩》,《文学评论》2000年第5期。

张果等人密谈道仙方术①。按理,李白自称以"素蓄道义"闻于上而入宫,应该是被安置在旧翰林院,与玄宗谈仙论道,从事跟道教相关的工作,但史籍中却找不到这方面的记载;《翰林读书言怀》只是概言"观书散遗帙,探古穷至妙",他自己的诗文中也没有相关的描述。今人一般认为李白是以文学侍从身份供奉翰林的,尽管还没有直接证据,但从他在宫中的创作实际来看,应该不存在什么疑问。孟棨《本事诗》、李濬《松窗杂录》、李肇《国史补》、王定保《唐摭言》等极力渲染李白扶醉填词、侍从玄宗君妃宴游情状,虽多属小说家言查无实据,但也应该事出有因。戴伟华认为李白是以道教徒或以道教徒兼文学的身份供奉翰林②,如果这个推断接近事实,那也只是顶了个道教徒的名分,至于他的文学才能是否在参与朝政方面派上用场,则是可以再讨论的。

二

"文彩承殊渥,流传必绝伦"(杜甫《寄李十二白二十韵》),"新诗传在宫人口,佳句不离明主心"(任华《杂言寄李白》),当时人们欣赏李白的文学才华,主要是针对那些奉旨颂圣的娱乐性歌诗。相反,无论出宫前后,李白都很少吹嘘他在宫中表现出的这方面的文学才能。出宫以后,他反复夸耀自己的政治才能如何受到玄宗的赏识、文学才能如何在参与朝政方面得以施展,这与他当时所作诗文的描述的确存在较大出入。但要特别注意的是,李白供奉翰林的文学活动,有一部分表现了他参与朝政的热切愿望。据阎琦先生考证,《古风》其一当作于供奉翰林初期③。这首诗前半部分表达的文学观念不断被讨论,如果放在李白供奉翰林的背景上看,后半部分的政治理想表述更值得关注。"圣代复元古,垂衣贵清真",是出于翰林身份的"颂圣"笔调,更是他对时代政治的高度期待。"群才属休明,乘运共跃鳞。文质相炳焕,众星罗秋旻"四句,"文质相炳焕"固然指当时文盛之貌,亦当指趁休明之运而大展宏才的盛世之子,取孔子以"文质彬彬"论君子内外兼修的意思,抑或还指文辞雅丽、通晓儒学的"文儒"之貌④。接着笔锋陡转:"我志在删述,垂辉映千春。"李白并不满足于做一个盛世才子,他的志向远高于那些"群才",是要效法孔圣做一番耀世伟业。李白的"删述之志",有论者还认为具体是指"古风"类诗歌,或者遵循古乐

① 刘昫《旧唐书·列传·方伎·张果》,中华书局1975年版,第5106页。
② 戴伟华《李白自述待诏翰林相关事由辨析》,《文学遗产》2009年第4期。
③ 阎琦《关于李白〈草堂集〉的编辑及其"古风"命名的断想》,《中国李白研究》2013年集,黄山书社2014年版。
④ 参见葛晓音《盛唐"文儒"的形成和复古思潮的滥觞》,《诗国高潮与盛唐文化》,北京大学出版社1998年版。

府学的乐府歌辞的创作,这类文学活动均含有鲜明的政治讽谕倾向①。这样的看法是有根据的,也不妨看作他为实现这一志向的体现。《清平调》《宫中行乐词》《春日行》这类奉旨而作的娱乐颂圣之作,固然体现了李白文学侍臣的身份,但也有像《塞上曲》《塞下曲》一类讽谕时政的新题乐府作于宫中,有论者认为这类乐府诗开创了以新题写时事的讽谕诗先河。从玄宗朝开始,翰林学士奉诏而作乐府新辞,便成了一种普遍现象,其中也有人创作了带有讽谏意义的新题乐府。②

再来看李白的献赋自述:

> 因学扬子云,献赋甘泉宫。天书美片善,清芬播无穷。(《还山留别金门知己》)

> 汉帝长杨苑,夸胡羽猎归。子云叨侍从,献赋有光辉。(《温泉侍从归逢故人》)

> 入侍瑶池宴,出陪玉辇行。夸胡新赋作,谏猎短书成。(《秋夜独坐怀故山》)

他回顾供奉翰林经历,也多次提到献赋:

> 昔献《长杨赋》,天开云雨欢。当时待诏承明里,皆道扬雄才可观。(《答杜秀才五松见赠》)

> 谬挥紫泥诏,献纳青云际。谗惑英主心,恩疏佞臣计。(《答高山人兼呈权顾二侯》)

> 时来不关人,谈笑游轩皇。献纳少成事,归休辞建章。(《留别曹南群官之江南》)

汉代赋家,李白最推崇司马相如;言及以赋献纳,则每以扬雄自比,说明他对扬雄朝中经历及赋学观有特别的认同。汉人对司马相如赋作的评价有两种倾向,一是如扬雄所言"劝而不止","非法度所存、贤人君子诗赋之正"③;另一种即如司马迁所评"与《诗》之风谏何异"④。虽然褒贬不一,这两种倾向都表明,当时天子近臣的赋作,已被赋予了明确的献纳功能,并且将是否含有讽谏作为重要的评判标准。李白《大猎赋序》云:"白以为,赋者古诗之流。辞欲壮丽,义归博远。不然何以光赞盛美,感天动神?而相如、子云竞夸辞赋,历代以为文雄,莫敢诋评。臣谓语其略,窃或褊其

---

① 参见梁森《李白〈古风〉其一旨意解说述评》,《中国李白研究》2014 年集,黄山书社 2014 年版。

② 参见吴相洲、张煜《从李白翰林供奉的身份看其新乐府诗创作》,《中国李白研究》2005 年集,黄山书社 2005 年版。

③ 班固《汉书·扬雄传》,中华书局 1962 年版,第 3575 页。

④ 司马迁《史记·司马相如列传》,中华书局 1959 年版,第 3073 页。

用心。《子虚》所言，楚国不过千里，梦泽居其大半，而齐徒吞若八九，三农及禽兽无息肩之地，非诸侯禁淫述职之义也。"所谓"感天动神"，源于汉儒《诗》论，赋予大赋以风雅精神；对其功用、审美特点的体认，则与汉代赋家一脉相承。"义归博远"系针对扬、马所作之"褊其用心"而言，即强调讽谏，这一点更接近扬雄的赋学观。今存李白几篇大赋，《明堂赋》作于开元二十三年，赋中自称"臣白美颂，恭惟述焉"，或为欲进献玄宗而作；《大猎赋》《大鹏赋》则当为献纳玄宗之作①，三篇赋均体现了他的这些主张。《古风》其一称"扬马激颓波，开流荡无垠"，是从正面评价二人的赋作以其宏大气象使文学从哀怨之音中振起②。李白在诗中对大唐盛世的颂美，固然是呼应扬、马大赋具有的雅颂精神，而他的"删述之志"，本身就含有孔子删《诗》述《春秋》褒贬政治的指向，因此，对扬、马的评价以及进献大赋，也是其"删述之志"的体现。

"早怀经济策，特受龙颜顾"（《赠溧阳宋少府陟》）、"遭逢圣明主，敢进兴亡言"（《书情赠蔡舍人雄》）、"布衣侍丹墀，密勿草丝纶"（《赠崔司户文季》）、"既润色于鸿业，或间草于王言"（《为宋中丞自荐表》），李白出宫后的这些自述，包括李阳冰、魏颢、范传正、刘全白等人所载"问以国政，潜草诏告""论当世务，草答蕃书""上《宣唐鸿猷》"云云，因与其供奉翰林身份多有不符且未见于其宫中所作诗文而常被质疑。不过，若从上述出宫前后献赋自述、赋作的特点以及讽谕类乐府新辞的情况看，供奉翰林前期，李白的文学才能的确在政治方面派上过用场，并且得到玄宗称许。任华《杂言寄李白》称"《大鹏赋》，《鸿猷》文，嗤长卿，笑子云"，亦可知"敢进兴亡言""上《宣唐鸿猷》""论当世务"一类，或许并不只是虚饰大言。

献纳自比扬雄，可看作李白供奉翰林经历的一个侧面。《感遇二首》其二云："子云不晓事，晚献长杨辞。赋达身已老，草《玄》鬓若丝。"此诗作于天宝三载辞官前，萧士赟以为"必有所感讽而作"，严羽称"悲愤语，不堪再续"③，甚是。扬雄至中年跻身天子近臣，以献赋名扬朝野，尚未可称晚遇。然终不得志，退而修《太玄》，泊如自守却又未能始终。诗中所谓"不晓事""鬓若丝"，既是咏扬雄，分明也是沉痛的自嘲。

李白怀有什么样的"经济策"而"特受龙颜顾"，他又如何在皇帝面前"辨若悬河"，均无从知晓。不妨推想，即便玄宗被李白入宫廷之初的政治热情打动而问以国政、委以内命，也不过是一时的敷衍。玄宗感兴趣的，大概也不会是他的什么政

① 李白《明堂赋》《大猎赋》《大鹏赋》之作年，均据郁贤皓《李太白全集校注》，凤凰出版社2015年版。

② 关于"扬马激颓波，开流荡无垠"二句的解说，详见林继中《大雅正声——盛世文学的支点》，载《文艺理论研究》2006年第5期；薛天纬《圣代复元古 大雅振新声——李白〈古风〉其一再解读》，《江淮论坛》2012年第1期。

③ 萧士赟《分类补注李太白诗》注、严羽平评点《李太白诗集》卷一，转引自郁贤皓《李太白全集校注》，凤凰出版社2015年版。

治才能。可以确定的是，无论是供奉翰林还是翰林学士，李白是不可能以其"早怀经济策"实现"为辅弼"的愿望的。作为一个文学侍臣，他在宫中的献纳进言，最多也只是表现了政治上的自我期许。因"谗惑英主心，恩疏佞臣计"而"乞归优诏许"之后，李白总是夸耀自己在宫中获得的也许并不存在的政治重用，除了他浪漫的性格，抑或为宋人指摘的"华而不实，好事喜名""不知义理"，也与他政治上极高的自我期许有关。

<h2 style="text-align:center">三</h2>

李白出峡后不久便定居安陆，他靠什么为许家接纳入赘①，不得而知。布衣客籍、富商之后的身份无疑是他仕进之路的障碍，这桩婚姻则多少掩盖了他宣称来"观云梦之事"的窘迫，使他得以凭借相门之名干谒地方权要，获取社会政治身份的认同。可以推想，李白应该是带着某种特定的身份焦虑"仗剑去国，辞亲远游"的。

近世李白家世研究中的"西域胡人"说和"非胡人"说（以"李唐宗室"说为主），针对李白家族变迁、李白降生、李家复姓等相关记载而展开辨伪或证实。"非胡人"说论者，大多数就文献所载李白家世之真伪展开辨析，较少论及其推论对认识李白思想及行迹的意义。"西域胡人"说论者，以陈寅恪的影响最大，詹锳及松浦友久等人则是后来的有力推动者，他们的研究则具有明显的历史与文化重构的意义。陈寅恪推翻李《序》、范《碑》有关李白家世的记载，断言李白为"西胡族类之深于汉化者"，其考辨方法自可再讨论。薛天纬先生指出："寻求李白家世这类客观性很强的历史问题的答案，只有以原始材料为依据。如果研究者不能对仅存的李《序》、范《碑》加以证伪（它们并不是考据学所谓的"孤证"），却又否认其内容的可靠性，这就等于给李白家世问题打上了死结。抛开史料，研究者个人所做的任何推断，不管举出多少条理由，其可信性和说服力终究不能与原始史料的记载比拟，更无法替代原始记载。"②但陈寅恪考辨所体现的种族文化观念，则具有重要的认识价值："当时之所谓胡人汉人，大抵以胡化汉化而不以胡种汉种为分别，即文化之关系较重而种族之关系较轻。"③"种族之分，多系于其人所受之文化，而不在其所承之血统。"④阮堂

---

① 据朱玉麒考辨，李白《上安州裴长史书》称"许相公家见招，妻以孙女"，并非故相许圉师嫡亲。许圉师高宗仪凤四年（679）就已去世，家族也早已迁居两京，其时安陆"许相公家"只是其旁支。详见朱玉麒《许圉师家族的洛阳聚居与李白安陆见招——大唐西市博物馆藏〈许肃之墓志〉相关问题考论》，《唐研究》（第十七卷）北京大学出版社 2011 年版。

② 薛天纬《"李白热"的反思与期待》，《李太白论》，太白文艺出版社 2002 年版，第 275 页。

③ 陈寅恪《隋唐制度渊源略论稿》，上海古籍出版社 1982 年版，第 71 页。

④ 陈寅恪《白乐天之先祖及后嗣》，《元白诗笺证稿》，生活·读书·新知三联书店 2001 年版，第 317 页。

明评云:"陈寅恪以李白为胡人,其本义固不仅在发李白家世之覆,从而在李白之种姓与血统上作分别,而是更有以李白为活例,揭示当时胡人迁入汉人区域、胡汉交互融合的背景下文化的互渗与影响之深义在焉。"①这个看法是很中肯的。我们未必接受陈寅恪"西胡族类之深于汉化者"的论断,但其特别的历史文化视角,对深入认识李白思想包括他的身份自许,无疑具有重要的启发意义②。

李白身上带有许多胡文化的印迹,很多论者都注意到了,虽然我们还无法判定那些胡文化印迹是来自家族血统,还是先世久居胡地而深受胡文化的浸染,但可以肯定的是,特别的家世背景使得他在蜀中接受的教育必定与众不同,他选择实现政治理想的途径包括身份自许,也必定会遇到种种冲突。"西域胡人"说的推论,可启发我们用西方"他者"之说,来审视李白的身份困境。

广泛见于现今文化研究的"他者"批评,涵盖性别、族群、人种、地域、国别之关系及文化归属等方面,依王晓璐等《文化批评关键词研究》的概括,"他者存在于二元对立中处于弱势的一方,作出所谓的'他者'的划分的都是处于强势一方。而文学与文化中的"他者"批评则是在解构这貌似最强大的一方作出这一划分时的种种策略,这种策略的荒谬与脆弱,以及这种划分之下所掩饰的他们的欲望和恐惧。另外,他者批评还涉及被定义为'他者'的一方在文化领域为自己寻求的解放之路"③。"世人见我恒殊调,闻余大言皆冷笑。宣父犹能畏后生,丈夫未可轻年少"(《上李邕》),这或许只是少年李白的自我标榜,他在蜀中干谒权要受阻的时候,也未必清晰意识到自己是"他者"。出蜀后的李白,以其胡汉融合的特殊文化基因,努力用各种方式融入主流,逐渐完成社会角色的自我认定,他的社会政治活动也始终是围绕着实现自我给定的价值意义展开的。《代寿山答孟少府移文书》可视为李白投身政治的"人生宣言",他称来寿山继续着修道体验,"既而童颜益春,真气愈茂。将欲倚剑天外,持弓扶桑",却又不愿放弃济世理想,于是跟同道"相与卷其丹书,匿其瑶琴,申管晏之谈,谋帝王之术,奋其智能,愿为辅弼,使寰区大定,海县清一,事君之道成,荣亲之义毕,然后与陶朱、留侯浮五湖,戏沧洲"。这是李白"功成身退"的人生设计最完整的表述,值得注意的是其"功成"的方式。从入仕的愿望和政治理想来说,李白与盛唐士子并无多大差别,而他试图以策士的身份一举而至卿相的仕进选择,又分明是与众不同的。李白的这篇"人生宣言"表明,他是把自己当作社会精英积极融入时代社会的,直到晚年仍一如既往地标榜自己"怀经济之才,抗巢、由之

① 阮堂明《陈寅恪的李白观述论》,《中国李白研究》(2005年集),黄山书社2005年版。
② 具体评价参见拙文《李白家世研究"西域胡人说"平议》,《中央民族大学学报》2017年第4期。
③ 王晓璐等《文化批评关键词研究·他者/他性(Other/Otherness)》,北京大学出版社2007年版。

节,文可以变风俗,学可以究天人"(《为宋中丞自荐表》),他显然没有把自己当作"他者"。那么,当他高喊"大道如青天,我独不得出""我本不弃世,世人自弃我"的时候,是否已清醒认识到自己是主流政治的"他者"呢?

实际上,李白在"酒隐安陆"期间干谒各方权要便处处受阻。《上安州裴长史书》云:"白闻天不言而四时行,地不语而百物生。白,人焉,非天地也,安得不言而知乎!"这种高度自我的表白固然惊世骇俗,实亦透露出他的身份焦虑。虽然以布衣客籍入赘许家,多少掩盖了其语焉不详的家世背景,但故相府赘婿的身份并没有给他的仕进之途带来多大帮助,而他每以策士自命的气派又不为人接纳。如前所述,李白主要是以方外之士的身份"游说万乘"并忝为天子近臣,一度实现了其"他者"身份的转换,但"不合时宜"的身份自命,又使他长期远离主流。"但用东山谢安石,为君谈笑静胡沙"(《永王东巡歌》其二),"所冀旄头灭,功成追鲁连"(《在水军宴赠幕府诸侍御》),入永王水军又一次唤起了李白的策士梦想,但很快便被主流逐出;"世人皆欲杀",他被主流政治彻底边缘化了。

以"他者"的身份融入主流政治,并且始终自命为时代精英,却又不被接纳,这或许就是李白身份困境的要害。这种困境在他的一系列幽愤深广的抒情诗中表现得最为深刻。以《蜀道难》为例,如果除去贯穿全篇的神话传说,此诗关键句可减缩为:"蜀道之难,难于上青天,问君西游何时还? 蜀道之难,难于上青天,嗟尔远道之人胡为乎来哉? 锦城虽云乐,不如早还家。蜀道之难,难于上青天,侧身西望长咨嗟!"这首诗以想象中的山水游历为线索,表达的则是一种不可逾越的重压下的绝望。谢思炜认为:"《蜀道难》是对一种具体的社会历险活动的改写,将边塞诗中有明确功利目的的冒险和恐惧经验转移到无切实社会意义的山川游历活动中,实际是将这种冒险经历普泛化了。""它所代表的崇高审美经验与另一种'销魂'审美经验,同样指向一种个体与社会环境的不可调和的矛盾,指向社会生活和人生的否定方面。"[1]如果将《行路难》《将进酒》《鸣皋歌送岑征君》《梦游天姥吟留别》《留别曹南群官之江南》等诗作与《蜀道难》参读,可以发现,这类诗的抒情结构及主旨亦基本相同,表现的都是否定性的人生经验——歧路彷徨、世路阻塞、"仙宫两无从"的困顿、"功成"信念的摧毁、难于上青天的绝望、悖理对常理的颠覆。而无论沉沦(《将进酒》中由"天生我材必有用"到"但愿长醉不愿醒",实为自我放纵式的痛苦解除方式)还是绝望,均是基于主体与外界抗争。盛世感召李白,激发了他强烈的人生欲求和对自由的幻想,却又导致了他悲剧性的身份选择。主流社会的强势使得他的

---

① 谢思炜《李白与盛唐山水诗——〈蜀道难〉再解读》,《北京工业大学学报》(社会科学版),2002年第4期。

抗争注定是徒劳的,而正是这样一种徒劳的抗争,彰显了他的人性坚守和自由意志的光辉,成为那个时代耀眼的星辰。

许倬云以"他者"之说描述古代中国历史和文化的流变云:"中国的历史,不是一个主权国家的历史而已;中国文化系统,也不是一个单一文化系统的观念足以涵盖。不论是作为政治性的共同体,抑或文化性的综合体,'中国'是不断变化的系统,不断发展的秩序。这一个出现于东亚的"中国",有其自己发展与舒卷的过程,也因此不断有不同的'他者'界定自身。"①无论前人如何褒贬李白,对于今人来说,他早已成为传统文化当中的一个经典形象。李白当然不是中国文化的"他者"。但从文化建构的层面来看,李白的身份自许及其困境,从一个侧面印证了陈寅恪、许倬云等人的论断。以往我们谈论李白与时代社会的关系,更多强调的是盛唐成就了李白,如果换一个视角追问,李白的思想行迹,包括他的诗歌创作,有哪些跟时代不同调,李白为那个时代注入了什么,或许能够更深入发掘李白的价值。

附记

拜识薛天纬老师,是在 1989 年春夏之交九华山李白会上。会议研讨的内容早已淡忘,但薛老师发言的神采至今仍印象深刻,那是他参与安旗先生主编《李白全集编年注释》编撰情况的报告。后来每有新著,薛老师都签名赐赠于我;每一次的晤面,亦多受教益。薛老师仁慈平易、对晚辈后进爱护奖掖有加,早已是大家的共同感受。

前年我讲授"李白诗歌导读"课,准备课程总结时,想起几年前请薛老师来民族大学给研究生讲李白《古风》,结束前讲过一个精彩的看法,大意是:"杜甫说人们活的是什么样子,李白说人应该活成什么样子;杜甫代表现实,李白代表未来。"我拟讲给学生,于是致电核实。当时薛老师正在公交车上不便通话,短信回复说这个看法是一个连串的表达,后来已衍成论文《李杜互通互补论》,发表在《杜甫研究学刊》。论文不长,然"非有老笔,清壮可穷",我认为"李杜互通互补"是近世李杜研究最精彩、最深刻的观点。薛老师李白研究的许多卓见,早已汇入我开设的两门李白专题课的讲义;拙文关于李白身份自许的浅见,或可作为我对"李白说人应该活成什么样子"的领会。谨忝列文集末端,致敬薛天纬老师。

2022 年 1 月 20 日

(作者单位:中央民族大学文学院)

---

① 许倬云《我者与他者——中国历史上的内外分际》,生活·读书·新知三联书店 2010 年版,第 2 页。

李白《咏桂二首》诗题辨疑

蓝　旭

　　宋蜀本《李太白文集》中题为《咏桂二首》的李白诗,在传世的李白集版本、诗文总集中有不同诗题,或题为《咏槿二首》,或前首题为《咏槿》而次首题为《咏桂》。今人整理的多种李白全集也存在不同诗题或主张,值得加以辨析。宋蜀本是存世最早而完整的李白全集刻本,詹锳主编《李白全集校注汇释集评》(以下简称"詹注本")以此本为底本,将这两首诗录为《咏桂二首》,并在诗题校记中提供了丰富的异文信息。为方便讨论,兹据宋蜀本引录全文和诗题如下,再就詹注本校记说明诗题的歧异情况:

　　　　园花笑芳年,池草艳春色。犹不如槿花,婑娟玉阶侧。芬荣何夭促,零落在瞬息。岂若琼树枝,终岁长翕赩。

　　　　世人种桃李,多在金张门。攀折争捷径,及此春风暄。一朝天霜下,荣耀难久存。安知南山桂,绿叶垂芳根。清阴亦可托,何惜树君园。(《咏桂二首》)①

　　詹注本校记云:"咸本、萧本、玉本、郭本、朱本、严评本、全唐诗本、王本俱作咏槿。刘本、胡本、全唐诗本前首俱作咏槿,后首俱作咏桂。刘本其二题下注云:案此诗世本俱合前首作咏槿,大误。今校善本厘正。王本注云:槿,缪本作桂。琦察诗辞,前首是咏槿,次首乃咏桂也,二本各有误处,识者定之。"②

　　准此可将诗题的三种异文及其出处归纳如次:

　　第一,题为《咏桂二首》的,是宋蜀本系统。除宋蜀刻本外,包括缪曰芑影宋刻本(王琦注称"缪本")。

　　第二,题为《咏槿二首》的,是咸淳本系统、杨萧本系统、《全唐诗》季振宜稿本③。

---

　　① 《李太白文集》卷二十三,日本京都大学人文科学研究所影印静嘉堂藏宋蜀刻本,平冈武夫编《李白の作品》,第133—134页,1958年。

　　② 詹锳主编《李白全集校注汇释集评》,第3555页,百花文艺出版社,1996年。

　　③ 詹注本本条校记两见"全唐诗本",诗题或作《咏槿二首》,或作《咏槿》《咏桂》。今按前者见《全唐诗季振宜写本》卷一百十一,故宫博物院编《故宫珍本丛刊》第622册,第293—294页,海南出版社,2000年;后者见《全唐诗》卷一八三,第6册,第1871页,中华书局,1960年。

行世的刘世珩玉海堂景宋咸淳本《李翰林集》，实为影刻明人鲍松编、正德八年刻《李翰林集》三十卷，詹注本称为"咸本"者即鲍松刻本。校记中称为"萧本"的元刻杨齐贤注、萧士赟补注《分类补注李太白诗》，以及明代多种翻刻本、删节本，包括嘉靖二十五年玉几山人本（"玉本"）以及《四部丛刊》影印郭云鹏本（"郭本"），均属杨萧本系统。

第三，前首题为《咏槿》，次首题为《咏桂》的，有明万历间刘世教刻《李翰林全集》本、胡震亨《李诗通》本[①]以及《全唐诗》扬州诗局本。王琦本依杨萧本录诗题为《咏槿二首》，注释则主张分别题为《咏槿》《咏桂》。

今按《咏桂二首》之题及全诗，除了宋蜀本，又见《文苑英华》[②]，其编订成书甚至早于宋蜀本[③]。《咏桂二首》是迄今所见文献中最早的诗题。咸淳本宋刻虽已不存，今传本学界仍视为来自早期李白集而肯定其存古的价值[④]，因此《咏槿二首》也有较早来源。二者虽同出宋代，在元明两代的影响则以《咏槿二首》为甚，这是由杨萧本在元明两代的流行决定的。杨萧本正文一般以宋蜀本为依据，但也兼取咸淳本，这两首诗则以咸淳本为依据。至于分别题为《咏槿》《咏桂》的"二题说"，则迟至明代才出现。詹注本校记所及数本，主此说者最早为万历间刘世教本，其后经胡震亨主张，《全唐诗》沿用[⑤]，得到王琦支持而张大其影响。今人整理的多种李白全集，如詹锳主编《李白全集校注汇释集评》和郁贤皓校注《李太白全集校注》，都依宋蜀本录诗题为《咏桂二首》，又都从王琦说以为二首分别题作《咏槿》《咏桂》为是[⑥]。瞿蜕园、朱金城校注《李白集校注》和安旗主编《李白全集编年笺注》从杨萧本题作《咏槿二首》[⑦]。

---

① 《李诗通》未获一睹。胡震亨编《唐音统签》卷一六五《丙签》将《咏桂》收录在前，《咏槿》其次，见《续修四库全书》第1613册，第506—507页，上海古籍出版社影印故宫博物院图书馆藏范希仁钞补本。

② 《文苑英华》卷三二四，第二册，第1682页，中华书局，1966年。

③ 《文苑英华》成书于北宋雍熙三年（987），宋蜀本所见宋敏求序作于北宋熙宁元年（1068）以后，曾巩序自当更晚。《文苑英华》收录这两首诗的部分，宋刻已不存，传世的明隆庆间刊本录文除"芳荣"（下注"一作芬"）外，皆与宋蜀本一致，而不与咸淳本和杨萧本一致，如"嫏娟"不作"婵娟"，"多在"不作"皆在"。

④ 詹锳《李白集版本源流考》，《李白全集校注汇释集评》，第4557页。郁贤皓《影印当涂本〈李翰林集〉序》，《李翰林集：当涂本》，第2—3页，黄山书社，2004年。

⑤ 成书时间与御定《全唐诗》约略同时的《御定佩文斋咏物诗选》，也将此二诗分别题为《咏槿》《咏桂》，分见卷二九五、卷三一九，见《景印文渊阁四库全书》，第1434册，第73、165页，台湾商务印书馆。

⑥ 詹锳主编《李白全集校注汇释集评》，第3555页。郁贤皓校注《李太白全集校注》，第3181页，凤凰出版社，2015年。

⑦ 瞿蜕园、朱金城校注《李白集校注》，第1430页，上海古籍出版社，1980年。安旗主编《李白全集编年笺注》，第541页，中华书局，2015年。

一

在明清两代二题说的众多主张者中,王琦是唯一明确地说明参考了宋蜀本系统的注家,所谓"二本各有误处",指的是吸收了咸淳本的杨萧本和影刻宋蜀本的缪曰芑本;"各有误处"也是各有是处,即《咏槿》《咏桂》各存其一。王琦折衷的办法是"察诗辞"。刘世教虽未明确说明依据,但可能也参考了宋蜀本。除詹注本校记所引"今校善本厘正以外",刘氏在其所编《李翰林全集》的《凡例》中反复说明:"今遍搜善本,悉为厘正。""犹必取裁宋刻,乃及近代。"①虽未具言所取裁者究系何本,从他的校语中却可一窥端倪。如这两首诗在题为《咏桂二首》的宋蜀本系统和题为《咏槿二首》的咸淳本系统、杨萧本系统中,原有两处异文,宋蜀本第一首"婵娟",在咸淳本和杨萧本中俱作"婵娟";宋蜀本第二首"多在",在咸淳本和杨萧本中俱作"皆在",刘世教本第一首录为"婵娟",其下小字校语云:"婵娟一作婵娟。"②可能根据宋蜀本或《文苑英华》出校。在元明两代白文无注本李白集中,刘本校勘审慎,已有定评③,他对这两首诗的校勘也印证了这一点。王琦《李太白全集·跋》对刘本多有嘉许,自不会不注意刘世教对此二诗诗题的裁夺。要之,刘世教和王琦都是综合"对校"和"理校"的方法,兼采宋蜀本与咸淳本、杨萧本来得出结论的。我们分析这两首诗诗题的疑难之处,仍不外从版本流传和文本分析两方面着手。以下先就版本言。

据笔者查阅所及,将这两首诗的诗题分别录为《咏槿》《咏桂》的,还可见于比刘世教本更早的一批明代白文无注本李太白集,包括以下 5 种:

1.《唐翰林李白诗类编》十二卷,正德十三年(1518)刻本。④

2.《唐翰林李白诗类编》十二卷,明刻本。国家图书馆藏本装订为十二册。黑口,四周双栏,半叶十行,行二十一字。目录页有"宝德堂藏书""栩园藏书"印。⑤

3.《唐翰林李白诗类编》十二卷,明刻本。国家图书馆藏本装订为四册。

---

① 刘世教编《李翰林全集》,《合刻分体李杜全集》本,万历四十年(1612)刻。

② 刘世教编《李翰林全集》卷二十一。

③ 王琦《李太白全集·跋》,第 1690 页,中华书局,1977 年。詹锳、葛景春《元明两代白文无注本〈李太白集〉提要》,《李白学刊》第一辑,第 249 页,上海三联书店,1989 年。詹锳《李白集版本源流考》,《李白全集校注汇释集评》,第 4611 页。

④ 詹锳《李白集版本源流考》著录此本(下文说明"詹锳著录"者均见此文,不再出注),见《李白全集交注汇释集评》,第 4594 页。

⑤ 詹锳著录"黑口本"一种,曰"不知何时所刊"。其行款及卷首第一篇《来日大难》诗题少"大难"二字等特点,均与笔者所见者相同。以下称"宝德堂"藏本。

半叶九行，行二十一字，左右双边。无序跋。①

上述三种，《咏槿》《咏桂》俱见卷七"五言古诗"之"咏物"类。

4.《唐李白诗》十二卷，嘉靖十八年(1539)刻本。卷首有王睦楋《李太白诗题辞》，次李濂《唐李白诗序》，无作序年份。《咏槿》《咏桂》见卷七"五言古诗"之"咏物"类。

5.《唐李杜诗集》十六卷（卷一——卷八为李白诗），万虞恺编，嘉靖二十一年(1542)刻本。卷首有万虞恺《刻李杜诗集序》，次为《唐李白诗序》，末署"明正德己卯春三月既望大梁李濂川父题"。《咏槿》《咏桂》见第五卷"五言古诗""咏物"类。②

题为《唐翰林李白诗类编》的三种，只有正德十三年刻本可以确定刊刻年份；李濂所编《唐李白诗》，虽然仅见嘉靖年间刻本，不过从万虞恺刻本收录的李濂序所署作序时间推知，此书刊行实早在正德十四年③。可见二题说最晚在正德十三、十四年，也就是万历四十年(1612)刘世教本刊行前一百年左右便已出现。

题为《唐翰林李白诗类编》的数种，詹锳、葛景春已指出均为先分体，次分类；其分类和录文大抵来自杨萧本，间或抄录萧注，"又以夹注形式偶标音义，这些音义往往注的是很普通的字，并非抄自杨、萧注"。他们认为："可能这种本子是作为通俗读物来刊刻的，也说明编者的学术水平不高。"④至于《唐李白诗》和《唐李杜诗集》中的李白集部分，在这些方面也大体相近。

观察这两首诗在以上数种白文无注本的正文和音义夹注，可以印证学界对其校勘价值和性质（"通俗读物"）的判断。如两处异文，各本俱作"婵娟""皆在"，不作"娙娟""多在"，亦无校记。我们知道这是题为《咏槿二首》的杨萧本系统的特点；夹注音义的情况，如"翕赩"，《唐翰林李白诗类编》正德本、宝德堂藏本均以双行小字夹注"上音吸，下迄力切。明盛貌"。《唐翰林李白诗类编》半叶九行本、《唐李白诗》《唐李杜诗集》夹注"赩，迄力切"。其他如婵娟、瞬、捷等字，《唐翰林李白诗类编》正德本、宝德堂藏本或夹注音义，或仅注反切。

---

① 詹锳著录另一种行款相同的《唐翰林李白诗类编》，"卷末有嘉靖四十年(1561)九月辛酉杨枢校订李诗类编后语"，著录为"嘉靖间延平刊本"。笔者所见本无后语。

② "咏物"类目及目下八首诗的诗题在该本目录中误入第六卷"七言古诗"，正文收在第五卷。以上二种均见詹锳著录。

③ 台湾"中央图书馆"藏万虞恺刻本有邓邦述跋记，略云："李杜诗十六卷……乃合正德李濂所刊李集，嘉靖许宗鲁所刊杜集而合刻之者。故前有李、许两序。"已指出李濂本刊于正德间，见詹锳、葛景春《元明两代白文无注本〈李太白集〉提要》，《李白学刊》第一辑，第242页。

④ 詹锳、葛景春《元明两代白文无注本〈李太白集〉提要》，《李白学刊》第一辑，第239页。

这些情况说明：

首先，这批白文本录诗题为《咏槿》《咏桂》，乃是针对杨萧本的《咏槿二首》而不是宋蜀本的《咏桂二首》所做的改动。从这批白文本的序跋中不难一窥其用心，如李濂《唐李白诗序》："而近代刻本又多附以赝作，乱其精实。"①万虞恺《刻李杜诗集序》批评当时所见刻本"又多纷纷注释，间有失其意者……好事者又从而注之，是非益远于性情邪！近见大梁李公有李刻，关中许公有杜刻，皆去其注，是也"②。邵勋《刻李杜诗后序》亦云："世有博学雄才，识足以兼二家者，心与辞会，即了然知其志之所在，固无待于训注也。夫训注岂无资于初学哉，苟非其人，曲为引证，或失则巫，或失则凿，本以解诗，顾为诗病，此训注李杜者累千百家皆未讫于正信乎！"③考虑到杨萧注在元明两代的风行和这批白文本录文的来源，他们所批评的太白集注本，自宜理解为主要指杨萧注，而他们叙述自己刻书的初衷，则以"皆去其注""心与辞会"为标榜。此后刘世教本改第二首诗题为《咏桂》，题下注曰："案此诗世本俱合前首作《咏槿》，大误，今校善本厘正。"又在全书《凡例》中说："又供奉《咏槿》二篇，次篇明是咏桂，众刻踵讹，兹为订正。"就更明白不过地说明了改题所针对的乃是杨萧本及其《咏槿二首》。

其次，与刘世教不同的是，这批白文本的改题并未说明版本依据，就录文情况而言也没有证据表明他们见过题为《咏桂二首》的宋蜀本。既然如此，这几种来自杨萧本的李白集，根据什么来改动杨萧本的诗题呢？可以理解的依据只有文本，或者说根据"心与辞会"的阅读体会。如果这一判断不错，二题说最早出现的情况，与学界对这批白文无注本校勘价值的估计是合拍的。

詹注本校记未出此数种白文本诗题异文，从全集编纂的角度考虑自是合理的。如从追溯诗题异文的源头及其性质的角度考虑，那么这数种明代白文本所透露的信息仍然值得重视，它们最少提示了从正德十三年到万历四十年间《咏槿》《咏桂》的命题方式流行的程度，呈现出根据对文本的理解来改动次首诗题的做法所受到的欢迎。易言之，第二首题为《咏桂》，在这百年间相当地流行于白文无注本太白集，实是与宋蜀本的暗合。

就第二首而言，从文本角度考虑则《咏槿》的诗题不可取，是以上数本的共同认识，至于具体理由却都没有说明，刘世教和王琦也未具陈为何"察诗辞"辄宜取宋蜀本《咏桂》之题的根据，不过明代有些李集编纂者还是做出了解释。朱谏《李诗辨疑》卷下录《咏槿》第二首，曰："按旧本以为咏槿第二诗也。今玩其辞意，盖咏桂也。谓桃李艳

① 李濂编《唐李白诗》，嘉靖十八年刻本。
②③ 万虞恺编《唐李杜诗集》，嘉靖二十一年刻本。

冶于春风而摧夭于秋霜,不如桂树之有清阴为可托。似当为咏桂之诗,旧本谓咏槿者,意义不相体贴矣。"①托名严羽评点的明人编《李太白诗集》评第二首曰:"徒伤桃李,与槿何与?"又该本所存明人批语:"不系咏槿,比前首更较分明。"②要之第二首仅出现"桃李"和"桂",与"槿"无关,因此宜从《咏槿二首》独立出来,题为《咏桂》。朱谏和托名严羽的明人所编李太白诗都以杨萧本为底本,改题的针对性和依据与上述明代白文本一致,即都从诗旨的体会中发现杨萧本诗题的疑点。这一意见最少在明代正德以后便已受到广泛认可,刘世教、王琦更从"善本""宋刻"得到校勘依据。至此,文本逻辑和版本依据互为支持,《咏槿二首》的诗题不能成立,已可断言。

二

以承认《咏槿二首》的诗题不成立为前提,明清迄今主流的意见是二首分别命题。兹所欲辨者,二首分别观之,第二首题为《咏桂》虽然顺理成章,第一首则无论题为《咏槿》或《咏桂》都面临困难。

先说题为《咏槿》的困难。此诗两层对比,第一层说"园花""池草"不如"槿花",意在"园"与"池"不如"玉阶",以烘托槿花之高贵得地。第二层说"槿花"不如"琼树枝",寓意瞬息零落不及终岁不凋。两层对比也是两层转折,以谓荣遇无常,复以琼树之独立不迁卒章显志。要之槿花与琼树象征品格不同的两类人,对前者有批评或同情,赞美则寄在后者。比兴之旨虽然显豁,"咏物"的主角却很难说是槿花。既云园花、池草不如槿,槿不如琼树,然则园花、池草亦不如琼树从可知矣。槿花与园花、池草,实为同一组形象,与"琼树"形成对比。

通过抑扬对比来突出所咏对象,宋以来论家或名之"尊题",如葛立方所谓"书生作文,务强此弱彼,谓之尊题"③。尊题法的运用不限于咏物诗,但如就咏物诗而言,所尊者自是题中之物。以"岂若"或"不如"引出对比,本是六朝至初盛唐间咏物诗常见的写法,总以强化题中名物为惯例。遍检六朝诗中以咏物名篇者,用"岂若""岂如""不如""无如"等字眼表示抑彼扬此、宾主相形之作,或者用"独有""难同"作为尊题的表达,可得以下数例④(为省篇幅只节引"岂若"等词连接的前后数句):

① 朱谏《李诗辨疑》卷下,《续修四库全书》第 1306 册影印明隆庆六年(1572)刻本,第 213 页,上海古籍出版社。
② 詹锳主编《李白全集校注汇释集评》,第 3557 页。
③ 葛立方《韵语阳秋》卷十五,第 603 页,何文焕辑《历代诗话》,中华书局,2004 年。
④ 所引诗例仅限于以物名篇的咏物诗中两种以上的"物"进行比较的情况,其他情形的比较如表示同一事物不同形态或经历之比较,物与"我"之比较等不在此列。

铜律与鸣琴,俱称类君子。岂若江淮间,发叶超众美。······岂独迈秦蘅,方知蔑沅芷。(萧纲《香茅》,梁 22. 1960)①

伺潮闻曙响,妒垄有春翚。岂若云中雁,秋时塞外归。(王褒《咏雁》,北周 1. 2339)

琼林玄圃叶,桂树日南华。岂若天庭瑞,轻雪带风斜。(徐陵《咏雪》,陈 5. 2534)

白圭诚自白,不如雪光妍。工随物动气,能逐势方圆。(鲍照《咏白雪》,宋 9. 1306)

英华表玉笈,佳丽称蛛网。无如兹制奇,雕饰杂众象。(萧纲《咏笔格》,梁 22. 1961)

石榴珊瑚蕊,木槿悬星葩。岂如兹草丽,逢春始发花。(萧纲《赋得蔷薇》,梁 22. 1966)

摧折江南桂,离披漠北楸。独有凌霜橘,荣丽在中州。(虞羲《橘》,梁 5. 1609)

洛神挺凝素,文君拂艳红。丽质徒相比,鲜彩两难同。(辛德源《芙蓉花》,隋 2. 2650)

"岂若""不如"等词所连接的前后两项如以甲、乙分别代表,以上数例可以归纳为"甲不如乙"的表达形式,后项"乙"在以咏物名篇的诗中总是题中之物。作为陪衬的甲可以包括多种事物,作为"主角"的乙则仅有一种。如徐陵《咏雪》,雪的陪衬就包括琼林叶、桂树华两物。通过这种手法,作品突出了所咏之物精神品格或形貌的美好,甚至渲染为独一无二、超凡出众的品质(鲍照《咏白雪》较特殊,不在此列,下文另作辨析)。在尊题法的这种表达形式中,甲是宾,乙是主。

宾主相形也可以从另一角度表达,即咏物的主角先出现,次及陪衬物,如上引萧纲《香茅》"岂独迈秦蘅"二句。这类例证很多,仅援数例如下:

抽叶固盈丈,擢本信兼围。流甘掩椰实,弱缕冠绤衣。(沈约《咏甘蕉》,梁 7. 1659)

根为石所蟠,枝为风所碎。赖我有贞心,终凌细草辈。(吴均《咏慈姥矶石上松》,梁 11. 1752)

凌寒竞贞节,负雪固难亏。无惭云母桂,讵减珊瑚枝。(萧纲《柽》,梁 22. 1973)

---

① 逯钦立辑校《先秦汉魏晋南北朝诗》,中华书局,1983 年。本文引汉魏六朝诗均出自此本,以下仅括注诗题及其所编入之朝代、卷次、页码,如"梁 22. 1960"表示梁诗卷二二,第 1960 页。

涂林未应发，春暮转相催。然灯疑夜火，连珠胜早梅。（萧绎《咏石榴》，梁25.2046）

仍以甲、乙分别代表"胜""掩"等字所连接的前后两项，以上数例可以归纳为"甲胜乙"，这时甲是主，乙是宾。作为陪衬的乙也可以不限于一项，而甲则是题中之物①。

尊题法的这两种形式（甲不如乙；甲胜乙）在初盛唐以咏物名篇的诗中也是常见的，以下仅就与李白这首诗关系密切的"甲不如乙"这种形式摘句略举数例。陈子昂《鸳鸯篇》："凤皇起丹穴，独向梧桐枝。鸿雁来紫塞，空忆稻粱肥。乌啼倦依托，鹤鸣伤别离。岂若此双禽，飞翻不异林。"（唐83.895）②凤凰、鸿雁、乌、鹤，俱烘托"双禽"，即题中"鸳鸯"。元稹《红芍药》："艳艳锦不如，夭夭桃未可。晴霞畏欲散，晚日愁将堕。"（唐401.4489）此以锦、桃、霞、日之不如，烘托题中红芍药。再如韦应物《听莺曲》："伯劳飞过声局促，戴胜下时桑田绿。不及流莺日日啼花间，能使万家春意闲。"（唐195.2004）伯劳、戴胜烘托题中的莺。都是"甲不如乙"之例，与上文所引徐陵、王褒、萧纲等诗俱为众星拱月式的尊题法。它们共同的特点是：乙总是咏物诗的题中之物。李白这首诗以"岂若"连接前后两项，亦表示彼此品质的比较，实即"甲（槿）不如乙（琼树）"的表达形式，如果题是《咏槿》，就使前项甲成为题中之物，与上述六朝与唐代咏物诗例的命题方式都不一样。

但我们要马上做出说明——在六朝乃至唐代咏物诗中，使用"甲不如乙"的表达形式而题中之物为甲的诗例亦复不少，看来似乎构成上文所归纳的表达形式之外的另一类，而可以支持我们正在讨论的这首李白诗题为《咏槿》的意见，因此需要略作辨析。限于篇幅，仅选录比较典型的三例③：

日南椰子树，香裹出风尘。丛生雕木首，圆实槟榔身。玉房九霄露，碧叶四时春。不及涂林果，移根随汉臣。（沈佺期《题椰子树》，唐96.1039）

山鹧鸪，长在此山吟古木，嘲哳相呼响空谷，哀鸣万变如成曲。江南逐臣悲

---

① 其他用于尊题法中连接前后项的字词及其诗例，如"胜"，见宗懔《麟趾殿咏新井》（北周1.2327）；"焉须"，见沈迥《咏雀》（梁26.2079）；"夺""掩"，见褚沄《咏奈》（梁24.2023）；"宁推""讵减"，见刘孝胜《咏益智》（梁26.2064）；"丽""美""宁异""不羡"，见萧纲《奉答南平王康赍朱樱》（梁21.1949）；"凌"，见萧纲《咏橘》（梁22.1959）。以上诸例俱属"甲胜乙"的尊题形式。

② 《全唐诗》，中华书局，1960年。本文所引唐诗除李白诗外均出自此本，以下仅括注诗题，括注内"唐"字表示《全唐诗》，其后数字为该书卷次、页码。

③ 类似诗例另如钱起《病鹤》（唐236.2601）、白居易《太湖石》（唐445.4992）、李涉《题苏仙宅枯松》（唐477.5435）、鲍溶《归雁》（唐486.5524）、许浑《孤雁》（唐528.6040）、陆龟蒙《渔具诗·笭箵》（唐620.7137）、崔涂《幽兰》（唐679.7785）、王贞白《述松》（唐701.8062）、黄滔《落花》（唐704.8094）、《木芙蓉三首》（其二）（唐706.8130）、卢士衡《花落》（唐737.8408）、李建勋《白雁》（唐739.8420）、孙鲂《看桑》（唐886.10018）。

放逐,倚树听之心断续。巴人峡里自闻猿,燕客水头空击筑。山鹧鸪,一生不及双黄鹄。朝去秋田啄残粟,暮入寒林啸群族。鸣相逐,啄残粟,食不足。青云杳杳无力飞,白露苍苍抱枝宿。不知何事守空山,万壑千峰自愁独。(刘长卿《山鹧鸪歌》,唐 151.1580)

　　偃蹇月中桂,结根依青天。天风绕月起,吹子下人间。飘零委何处,乃落匡庐山。生为石上桂,叶如翦碧鲜。枝干日长大,根荄日牢坚。不归天上月,空老山中年。庐山去咸阳,道里三四千。无人为移植,得入上林园。不及红花树,长栽温室前。(白居易《浔阳三题·庐山桂》,唐 424.4670)

三例都有题中之物"不及"另一物的表述,但是并没有弱化所咏之物的特点,因为这里所要抒发的情感是诗人对不幸境遇的同情、惋惜或悲伤。白居易《浔阳三题》序云:"庐山多桂树,溢浦多修竹,东林寺有白莲花,皆植物之贞劲秀异者。虽宫闱省寺中,未必能尽有。夫物以多为贱,故南方人不贵重之,至有蒸爨其桂,翦弃其竹,白眼于莲花者。予惜其不生于北土也。因赋三题以唁之。"就把咏桂而美其品质、哀其遭遇的意思说得很清楚。"不及红花树"所突出的是咏物主角境遇之不幸,并非就二者本身品质加以比较。沈佺期《题椰子树》说椰子树"不及涂林果",指椰子树没能像涂林果(石榴)那样,得以从异域移植中原。至于刘长卿《山鹧鸪歌》更有大半篇幅描绘主角的不幸。所谓"不及",均就其际遇而言。一首旨在突出主角不幸的诗,"甲不如乙"的表达形式相当于说:甲的不幸甚于乙,因而也是"尊题",其所强化的对象是甲而不是乙,更确切地说,是甲的不幸。被突出了不幸的甲是旨在表现不幸的作品的主角,也就是咏物诗题的题中之物。这三首诗中各有关于咏物主角之美好的描写,不难理解这是为表现不幸所做的铺垫。唐以前诗中如繁钦《咏蕙》:"三光照八极,独不蒙余晖。""百卉皆含荣,已独失时姿。"(魏 3.385)"独"字所表示的也就是"不及百卉"之意,借以突出所咏之物的不幸。

　　被题为《咏槿》的这首李白诗使用了"甲(槿)不如乙(琼树)"的表达形式,如果诗人旨在通过这一形式突出槿的不幸境遇,抒发对槿的同情或借以自况,就可能与上述作品同列,有可能以槿名篇。不过事实并不这样简单,槿托身"玉阶侧",其境遇之高贵又在与园花、池草的对比中得到突出,如果诗人的意思是这种境遇其实亦甚可悲,当然是可能的,然而这也就隐含着对其品质的批评①。因此,作为对比的琼

①　鲍照《拟行路难》(其十):"君不见蓉华不终朝,须臾淹冉零落销。盛年妖艳浮华辈,不久亦当诣冢头。"(宋 7.1276)即以槿花拟之于"浮华辈";其《梅花落》诗云:"念尔零落逐寒风,徒有霜华无霜质。"(宋 7.1278)李白《古风》(其四十七):"岂无佳人色,但恐华不实。宛转龙火飞,零落早相失。"都是既哀其命,又将其不幸部分地归结到自身品格,诗旨与此相近,而与上述三首不同。

树,诗中只就其品质之可贵而言——"终岁常翕翕"犹言岁寒不凋,并非指其寿夭,而指其有特操。如果与白居易《庐山桂》诗对读,拿"红花树"来比对"琼树枝","长栽温室前"来比对"终岁常翕翕",便可以知道李白诗中"岂若"云云,并不是突出了槿的不幸或可悲,而是突出了琼树的操守之可贵(这同时也就可能包含对槿的品质之批评),于是槿成为陪衬的形象,恐不宜用来为一首咏物诗命题。

当然,咏物诗中的主角未必总是赞美或同情的对象,也可以是批评和嘲讽的对象。在这种类型的咏物诗中,"不如"可以用来强化咏物主角的卑劣品质。如白居易《紫藤》诗,咏紫藤"为害有余"之性,"岂知缠树木,千夫力不如。先柔后为害,有似谀佞徒"数句(唐424.4664),意谓紫藤为害之力为千夫所不及。尊题法所用的仍是"甲(千夫)不如乙(紫藤)"而乙为题中之物的形式,所突出的也是咏物主角的品性,只不过就其品行之卑劣来尊题而已。上文引鲍照《咏白雪》,有"白圭诚自白,不如雪光妍"二句,细味其意,此诗咏白雪亦刺之而非美之,例与此略似。唐末李善夷《责汉水辞》,其例则与此不同,辞曰:"汉之广兮,风波四起。虽有风波,不如蹄涔之水。蹄涔之水,不为下国而倾天子。汉之深兮。其堤莫量。虽云莫量,不如行潦之汪。行潦之汪,不为下国而溺天王。"(唐563.6538)是以"甲不如乙"之甲为题中物。例虽不同,尊题的对象却是容易辨认的——陪衬物有多项,而尊题的对象只有一项,是重要的辨认标志。

从上述六朝和唐代咏物诗可以了解,尊题法的"强此弱彼",本质是通过比较,从艺术上突出所"尊"对象的某方面特点,这可以是突出其美好品质或形貌以及诗人的赞美,也可以是突出其卑劣品质以及诗人之嘲讽或憎恶,还可以突出其遭遇以及诗人的同情。在这些不同的情况中,"岂若""不如""不及"等字眼可能有不同意义,其所突出的特点究属哪一方面,视诗人所抒发的情感内容亦即诗篇主旨而定。但无论哪一种情形,在以物名篇的咏物诗,尊题法所突出的对象总是题中之物。作为陪衬的"宾",在不同作品中也并不固定地表达价值上的取或舍,其陪衬功能是就艺术效果而言的。

因而就我们讨论的问题而言,关键是辨认"岂若"所连接的前后两项中哪一项是尊题法所要突出的对象,以及是否能够辨认。如上所述,这首诗既表现对荣遇不永的际遇的同情或批评,同时又赞美终岁不凋的特操,两层主旨分别寄托在槿和琼树两种形象。这就不同于集中地对一个对象的形貌或品格表示赞美的咏物之作,如上文所举六朝诗和陈子昂《鸳鸯篇》、韦应物《听莺曲》、元稹《红芍药》等作品那样;也不是把美其性与哀其命集中在一个对象身上,如沈佺期《题椰子树》、刘长卿《山鹧鸪歌》、白居易《庐山桂》那样;也并非集中地突出对象的品质之可鄙,如鲍照《咏白雪》、白居易《紫藤》或李善夷《责汉水辞》那样。因此,槿在这首诗中难以确定为咏物主角,如以《咏槿》为题,就成了六朝以来以物名篇的咏物诗中的特例。

三

如果第一首题为《咏槿》是可疑的,作为一首独立的作品,题为《咏桂》也有其疑难。虽然未见把这两首诗分别地题为《咏桂》的版本,不过讨论这一假设的问题可能有助于对这首作品谋篇的特点及其体制获得具体了解。

把第一首独立出来而题为《咏桂》,困难不在于诗中没有出现"桂"字,因为"琼树枝"就可以指桂,这是读者容易从诗题意会的。物名只见于诗题而不见于正文,在六朝以来咏物诗中已不少见。困难在于"琼树枝"如果指桂,全诗的主要笔墨都在诗题所指的其他物象,作为咏物主角却只在篇终两句出现,不仅所占篇幅太小,而且诗意反转,戛然作结,这种类似汉大赋的"卒章显志"式的谋篇方式,却不合以物名篇的咏物诗惯例。上文作为尊题之例所引的六朝和唐代咏物诗,关于题中之物的描写都在诗中占了主要篇幅,是诗人浓墨重彩加以刻画的主体,使读者能明确分辨尊题所尊者为何物,李白的这首诗却不如此。这一差别根本上是因为这首诗的体制特点与一般以物名篇的咏物诗不同。

与这种谋篇方式相近的作品,不一见于宋蜀本《李太白文集》"咏物"类,却可见于《古风五十九首》。安旗主编《李白全集编年笺注》在《咏槿二首》解题中说:"二首诗旨与前《桃花开东园》(古风其四十七)同,似一时之作。"①我们知道李白《感兴八首》(其四)与《古风》(其四十七)只有个别数句稍有出入,萧士赟已指出"必是当时传写之殊,编诗者不能别"②,论家或认为系李白的前后二稿③,为便于比较,以下全文录出:

桃花开东园,含笑夸白日。偶蒙春风荣,生此艳阳质。岂无佳人色,但恐花不实。宛转龙火飞,零落早相失。讵知南山松,独立自萧瑟。(《古风》其四十七)

芙蓉娇绿波,桃李夸白日。偶蒙春风荣,生此艳阳质。岂无佳人色?但恐花不实。宛转龙火飞,零落互相失。讵知凌寒松,千载长守一?(《感兴八首》其四)④

---

① 安旗主编《李白全集编年笺注》,第541页。
② (宋)杨齐贤注、(元)萧士赟补注《元本分类补注李太白诗》卷二十四,第六册,第105页,国家图书馆出版社影印元刻明修本,2017年。
③ 陈尚君《李白诗歌文本多歧状态之分析》,《学术月刊》2016年第5期。
④ 二诗分别见詹锳主编《李白全集校注汇释集评》,第217、3441页。

《古风》(其四十七)或《感兴》(其四)与这首被题为《咏槿》或《咏桂》诗的相同之处除了诗旨,还包括谋篇寄意的艺术体制。首先是一首之中咏及两种物象,分别寄托一反一正两层立意,"谓士无实行,偶然荣遇者,其宠衰则易至于弃捐,孰若君子之有特操者,独立而不改其节哉"①。其次是篇中主于刻画者,却不是正面立意所在;略于形貌者,反而是志之所寄。要之并不把比兴寄托集中在一个物象上。这与那些以物名篇的咏物诗在体制上有显著区别。如果依照咏物诗的惯例来判断何者为诗中主角,无论取松或桃花为之立题,都将是困难的。命题为《古风》,为《感兴》,也就取消了这个问题。由于题中无物,咏物诗尊题法的规则对这类作品亦成为无的放矢。

主要通过物象完成比兴寄托,但又不限于专咏一物,在魏晋以来的五古咏怀组诗中不乏其例,如阮籍《咏怀》(其八十二):"墓前荧荧者,木槿耀朱华。荣好未终朝,连飙陨其葩。岂若西山草,琅玕与丹禾。垂影临增城,余光照九阿。宁微少年子,日久难咨嗟。"(魏10.510)木槿与西山草构成两类形象的对比,诗旨则在最后二句通过议论点明。这两句落在"少年子"身上的议论已从物象转出,使木槿等物象带有起兴的功能,不过它们也占据了诗篇绝大部分的篇幅,而可以视为接近李白《古风》(其四十七)和题为《咏槿》的作品。阮籍《咏怀》(其四十四、其七十一),也与此相似,张九龄《感遇》(其三)咏及鱼、鸟、蜉蝣,而以大半篇幅议论感慨,则物之起兴的功能更为突出。这些作品当然不宜以物名篇。

如果把以上诗中或多或少从物象转出的议论省去,或只扣住物象本身议论抒情,就更容易被视为咏物诗,即使并非专咏一物,如张九龄《感遇》(其一):"兰叶春葳蕤,桂华秋皎洁。欣欣此生意,自尔为佳节。谁知林栖者,闻风坐相悦。草木有本心,何求美人折。"(唐47.571)兰、桂二物已难视为起兴,然而此诗亦无法题为"咏兰"或"咏桂"。与此相似的作品如陈子昂《感遇》其二("兰若生春夏")、其二十五("玄蝉号白露")、张九龄《感遇》其四("孤鸿海上来"),所咏两种或两种以上物象,或同类,或对比,都无法视其中任何一物为主角,因此也不得以物名篇。如果上溯至汉魏六朝,体制与此相似的作品最少包括汉无名氏《古诗三首》其一("橘柚垂华实")、何晏《言志诗》其二("转蓬去其根")、颜之推《古意》其二("宝珠出东国")等。

以上两类,所咏都不止一个物象。这些物象在诗中或属于同类,或形成对比;诗人有时脱身象外,缀以简短的议论抒情,有时只把情志借助多种物象有层次地表达出来而不再离象抒慨。不论哪一种情形,物象都占了大部分或全部的篇幅,又很难辨认哪一项是主角,它们是通过统一的主旨组织在诗篇里的。这些作品是否

---

① 萧士赟注,见《元本分类补注李太白诗》,第二册,第75页。

可以称为咏物诗呢？就其主要借助物象来完成比兴寄托，可以说具有咏物诗的特征；就其并不专咏一物而把多种物象按照情志的线索来组织，又有别于以物名篇的咏物诗。为了讨论方便，姑且称为"一意多物"的咏物之作。这类作品因此也就难以获得咏物诗的题名，事实上它们正是归在《咏怀》《感遇》《古意》这类五古咏怀组诗常见的诗题下。

汉魏以降迄于初盛唐，五古咏怀组诗中另有一类咏物之作，仅以一个物象作为比兴寄托的主角，诗人情志的表达句句不离此物，即使引入他物作为对比，也可以方便地辨认尊题的对象，如张九龄《感遇》(其七)："江南有丹橘，经冬犹绿林。岂伊地气暖，自有岁寒心。可以荐嘉客，奈何阻重深。运命惟所遇，循环不可寻。徒言树桃李，此木岂无阴。"(唐47.572)与上述两类相比，此诗可称为"一意一物"的咏物之作。如果为之另拟诗题，那么可能是《咏丹橘》，但不可能是《咏桃李》。其他如王绩《古意六首》其二("竹生大夏溪")、陈子昂《感遇》其二十三("翡翠巢南海")、其三十一("可怜瑶台树")，都可以方便地为之假设一个以物名篇的诗题①。

关于咏物诗的流变及其界定，《四库全书总目提要》的论述值得重视："昔屈原《橘颂》、荀况赋《蚕》，咏物之作，萌芽于是，然特赋家流耳。汉武之《天马》，班固之《白雉》《宝鼎》，亦皆因事抒文，非主于刻画一物。其托物寄怀，见于诗篇者，蔡邕咏庭前石榴，其始见也。"②作者以蔡邕为咏物诗成立之第一人，界定咏物诗的标准是"主于刻画一物"和"托物寄怀"。"因事抒文"者则不入此列。从六朝至唐代咏物诗来看，这是相当准确的概括。不过在咏物诗和非咏物诗之间也存在模糊的边界，问题就在"托物寄怀"和"主于刻画一物"并不是完全合拍的，如以上所述"一意一物"之类，就同时符合这两项条件而无疑可以视之为咏物诗。至于"一意多物"之类，虽然并不主于刻画一物，却毕竟是托物寄怀之作。尽管如此，它们在体制上的特点则使之并不以物名篇。

李白《古风》和其他五古组诗也存在"一意一物"和"一意多物"的两类咏物之作，前者如《古风》其二十六之咏荷，其三十八之咏兰；《感遇四首》其二之咏菊；后者除前引《古风》其四十七以外，《古风》其五十二以秋蓬、兰蕙、葵藿写"草木零落"之感，也在起兴与托物寄怀之间。题为《咏槿》或《咏桂》的第一首，我们从以上所述六朝至唐代五古咏怀组诗中咏物或近于咏物的作品的类型来看，实接近于"一意多物"之类，作为一首独立的作品，无论《咏槿》还是《咏桂》都不是合适的诗题；第二首

---

① 除了以物名篇的咏物诗，以上主要就五古组诗观察"一意多物"和"一意一物"的两类咏物之作。汉魏以降直至初盛唐这两种类型的咏物诗，除了见于五古组诗还见于其他类型的诗题，包括酬赠、乐府古题等。这些情况与李白这两首作品差别较大，本文不再展开讨论。

② 《四库全书总目提要》卷一六八谢宗可《咏物诗》提要，第1453页，中华书局，1965年。

则接近"一意一物"之类。从这些情况来看,如果这两首曾一起收在某一组五古组诗中,而有一个诸如《感遇》《感兴》之类的总题,并不是不可能的。虽然这只是推测,不过对于理解这两首作品的体制特点或许还不算毫无意义吧。

话说回来,关于第一首的诗题,以上所说种种困难,都发生在"作为独立的一首诗"这一假设的前提下。易言之,在第二首已获得咏桂题名的情况下,把第一首独立出来题为《咏槿》是困难的;在不知这两首是否构成组诗的前提下把第一首题为《咏桂》也是困难的。现在我们已知道二首如作为组诗,不可能题为《咏槿二首》;又知道第一首如作为独立的作品难以得到《咏槿》或《咏桂》的题名,那么,在现有的三种诗题异文中,就只剩下把它们作为一组作品而且题为《咏桂二首》这种版本尚可考虑了。这未必是李白命题的原貌,不过在现有条件下,这两首诗的诗题还是遵宋蜀本读为《咏桂二首》,不失为较稳妥的办法。

(作者单位:中央民族大学文学院)

读李白全集札记

马　睿

近蒙薛天纬教授惠赐《李白全集编年笺注》，读罢略有所得，遂札记如下：

1.《以诗代书答元丹丘》
离居在咸阳，三见秦草绿。

《周书》卷五〇《突厥传》："其书字类胡而不知年历，唯以青草为记。"

洪皓《松漠纪闻》："女真旧绝小，正朔所不及，其民皆不知纪年，问则曰'我见青草几度矣'，盖以草一青为一岁也。"

孟珙《蒙鞑备录》："其俗每草青为一岁，有人问其岁，则曰几草矣。"

在突厥语中，表示寿命的"年"字 yāš，正是"草绿"的意思。至于用来表示时间的"年"字 yïl，则具有时序意义，并非寿命的标记（巴赞《古代和中世纪的突厥历法》，第 217—219 页）。

李白云："三见秦草绿"实际只有一年半，因游牧民族是按虚岁而不是实岁计算年龄的（例如，阙特勤可汗享年 47 岁，实际只有 46 岁）。

2.《将进酒》
岑夫子、丹丘生，将进酒，杯莫停！

《隋书》卷八一《流求国传》："凡有宴会，执酒者必待呼名而后饮。上王酒者，亦呼王名，衔杯共饮，颇同突厥。"

自北魏孝文帝改革起，鲜卑贵族的"拓跋氏"全都改姓为"元"。李白与元丹丘交往时，辄以突厥礼节待之，莫非元丹丘系鲜卑族后裔耶？

3.《送赵云卿（一作赠钱征君少阳）》
如逢渭川猎，犹可帝王师。

清乾隆丙午版《盐亭县志》卷六《人民部·逸行志》："赵蕤，字大宾，又字云卿。"

据此可知，"赵云卿"当为赵蕤，非钱少阳。

4.《题嵩山逸人元丹丘山居并序》

家本紫云山,道风未沦落。

元丹丘早年"尝居紫云山"(清同治版《彰明县志》卷四五《隐逸志》),2015年版《江油市志》第79页:紫云山,又名紫山、紫柏山。在今江油市西屏镇紫宝村,位于盘江南岸,是江油市、安州区与北川羌族自治县的界山。地理坐标北纬31°42′,东经104°42′,海拔1099.6米,山岭自东北向西南延伸,长约11公里,宽约3公里,面积约30平方公里,海拔一般在860—1060米之间,高差400—600米。西部至西南部均以分水岭与北川、安州交界,东南面山势渐缓延伸成丘陵。主峰紫山,坐落在江油市西屏镇与北川羌族自治县通泉镇交界处。

"县境平衍,除紫柏山无大山。……又西脉自乾元山至县黎家山,黎家山之脉自乾元山来。经白岩后复分布于盘江北岸,正干经凉风垭而转九洞桥盘江之平澜浅濑中,巨石累累,状如委粟。忽由南岸突出,累级渐升,以达于数百丈之高峰。孤耸特峭,上插云霄。为县诸山冠。是曰'紫云山',亦名'紫山'。在县西四十里,峰峦环秀,古木樛翠,常有紫云结其上,故名。下有红岩峭壁,赤如胭脂,夜落如雨,呼为'红岩夜雨'。"(民国版《彰明县志》卷一《舆地志》)

"紫山,紫山高耸,常有紫云笼罩,昔称'紫山耸秀'。邑令陈谋诗:'紫气连云别贮颜,嫣然秀色出群山。霞光鲜映金鱼袋,窦翠祥浮函谷关。魏圃牡丹花艳艳,田家荆树彩斑斑。横林雪岭前腾爽,离壁交萦涪水湾。'其二:'晴空四望白云连,紫岭中横映碧潭。晓曙开时光竞丽,暮烟凝处色增研。自竞佳致群峰秀,不羡田家几树鲜。望气应知符北极,地灵人杰自绵绵。'邑令何庆恩诗:'漫随关尹频瞻眺,佳气凝成太古峰。明净最宜红日映,峥嵘合受紫泥封。苍藤倒蔓千寻石,青霭遥连百尺松。我欲携邛凌绝顶,手扪星斗挂襟胸。'"(民国版《彰明县志》卷一《舆地志》)

"紫山之顶黄色土中含有极细微之石英灰,又混有含褐色矿之黄色黏土。……紫云山田家沟之白鳝泥其化学成分为含水硅酸铅,故加水则性黏。"(民国版《彰明县志》卷一《舆地志》)

"香水,香水在县治之西。朝日出紫山,气象万千。……莲峰洞,在县西紫云之别麓莲花峰下,幽深不可测。……天台,在紫云山尾。(魏)了翁云'在山南',今考山下之西,安县界有天台寺,或即其地。"(民国版《彰明县志》卷一《舆地志》)

"铁炉岭,在紫云山,明末无妄和尚坐化处,今无考,见《梓潼县志》。据《府志》仍采自《彰明志略》。"(民国版《彰明县志》卷一《舆地志》)

"神仙洞,在县西紫山,曲折九拱,乱石磊落。高十余丈,其间有大石三重,上重有洞如龟门,或闻乐音自洞中出。每见白发翁往来其上。"(民国版《彰明县志》卷一《舆地志》)

"瓷香炉,绵州昌明县中,周围廿里许有瓷香炉。广二寸,半破或全破。堆积林中,莫知其数。今考紫山别麓有瓦子梁,或即其地。事载西蜀杜光庭《录异记》。"(民国版《彰明县志》卷一《舆地志》)

紫云山北有村名曰"元坪村"(现已并入江油市西屏镇香水村),据当地耆老言,该村亦称"元家坪村",系道士元丹丘祖宅所在。但无史料佐证,姑妄听之。

5.《上安州裴长史书》

白本家金陵,世为右姓。

《晋书》卷一四《地理志上》:"张骏分武威、武兴、西平、张掖、酒泉、建康、西海、西郡、湟河、晋兴、广武合十一郡为凉州。""建康郡"即为其一,为前凉时所置。位于今甘肃高台县,白所言"金陵"恐系高台。

又昔与蜀中友人吴指南同游于楚,指南死于洞庭之上……遂权殡于湖侧,便之金陵。数年来观,筋骨尚在。白雪泣持刃,躬申洗削。裹骨徒步,负之而趋。寝兴携持,无辍身手。遂丐贷营葬于鄂城之东。

祆教(又称琐罗亚斯德教、波斯教、拜火教),系摩尼教的前身。信仰阿胡拉·马兹达(Ahura Mazda)为最高神,以《阿维斯陀》为经典。

该教教徒死后,亲友先将其尸体停放于"喀塌"(Kata)。然后搬入"寂静之塔"(Dakhma),置于尸台上。祆教徒认为:肉体是有罪的,下葬之前要将逝者的骨骼从肉体中取出,要么交由野狗或鸟类吃掉肉体,要么由亲友持刀剔出骨骼。再将骨骼洗净后装进陶罐(纳骨器),最后葬入墓室"那吾斯"(naus)。

同时,祆教徒还有"二次葬"的习俗。据《阿维斯陀》第一部分《闻迪达德》(又称《辟邪经》或《伏魔法典》)第三章规定:若亲友把教徒的尸体埋于地下,半年不挖,罚抽一千鞭;一年不挖出者,抽两千鞭;两年不挖出者,其罪过无可补偿。

祆教传入楚河流域的时间比其他宗教早,约在公元5世纪初,主要流行于碎叶城的伊朗商人、粟特商人和突厥人中间。在碎叶遗址(今吉尔吉斯斯坦托克马克)阿克·贝希姆子城北垣3号发掘点发现一处摩尼教徒墓葬群,大陶罐(纳骨器)里装有逝者去掉肉的尸骨。据专家鉴定,这批陶罐属公元5—8世纪的文物,正是我国唐代。

李白祖上世居碎叶一带,父亲李客又系商人,难免沾染当地风俗。故而按照祆教传统,他将好友吴指南的尸体埋葬于洞庭湖畔,数年后挖出,持刃洗削,裹骨徒步,负之而趋,迁葬与鄂城之东。

李白的上述做法,与中原汉族的葬礼迥异,却完全符合祆教教义和碎叶古城遗址墓葬考古发掘成果。因此,吴指南很可能是一名祆教教徒。

6.《有所思》

西来青鸟东飞去,愿寄一书谢麻姑。

"西来青鸟"为李白自况,"麻姑"似谓玉真公主？李白被"赐金放还",将辞别长安,赠玉真公主之作。

7.《王昭君二首·其二》

昭君拂玉鞍,上马啼红颊。今日汉宫人,明早胡地妾。

细玩诗意,疑似白赴幽州,临行前作,感于前途未卜而以王昭君自况。

8.《侍从宜春苑奉诏赋龙池柳色初青听新莺百啭歌》

池南柳色半青青,萦烟袅娜拂绮城。……上有好鸟相和鸣,间关早得春风情。

孔尚任《孔尚任诗文集》卷八《享金簿》著录有《李太白自书诗卷》,称"字法超放,若游龙翔凤,目所罕见"。诗后识云:"'天宝二年春三月八日,侍从宜春苑,奉诏赋龙池柳色初青听新莺百啭歌。陇西李白。'纸墨蛀碎,十损七八,而御宝及前人印记仿佛可识……予得自贾客,易一玉鱼去。今与王维《江山雪霁图》同藏一匣,为山斋至宝,题曰'盛唐双绝'。"

据此可知,此诗作于天宝二年三月八日,时值李白人生巅峰期。

另,《玉真公主受道灵坛祥应记》

玉真公主年甫二八,当景云之初始,受道于括苍山罗浮真人越国叶公。

括州括苍(今浙江丽水松阳)叶家,自叶乾昱、叶道兴、叶国重、叶慧明、叶法善、叶修然、叶齐真、叶藏质,至少八世为道士。(陈垣编《道家金石略》第104—107、124—125、162页载李邕《唐有道先生叶国重墓碑》、李邕《叶慧明碑》、李隆基《御制叶真人碑》、《宣阳观钟铭》、《道藏》第5册第329页载赵道一《历世真仙体道通鉴》卷四十《叶藏质》。)

叶氏一门"乾昱生道兴,道兴生国重,国重生慧明,慧明生法善"。(刘伯温《叶氏分派宗枝图序》)

先天二年(713),太平公主欲弑唐玄宗。叶法善"先事启沃,亟申幽赞"帮助唐玄宗李隆基铲除了太平公主。事后,李隆基以"保护朕躬,朕不忘"为由,拜叶法善为"帝师",并加授金紫光禄大夫、鸿胪卿,封越国公。

文中所谓"叶公",当系叶法善。

（作者单位：四川省供销社）

集大成与开风气

——试论杜甫的诗学思想

赵立新

在诗学史上,杜甫集大成的意义主要体现在他对前代文学传统和艺术经验兼收并蓄,并在此基础上结合时代特点形成自己独特诗歌风貌方面,即"别裁伪体亲风雅,转益多师是汝师"(《戏为六绝句》之六),也即元稹所云"尽得古今之体势,而兼人人之所独专矣"(《唐杜君墓系铭》)。杜甫的开风气主要表现在他把感事写意作为创作宗旨,在盛唐的抒情写景二端的结合中加入了"事"的成分,在构思方式上又加大了"意"的含量,注重学问、勤于锻炼,使诗学风气发生了转变,逗引了元和乃至宋代诗学思想的转型。明代胡应麟曰:"大概杜有三难:极盛难继,首创难工,遭衰难挽。子建以至太白,诗家能事都尽,杜后起集其大成,一也;排律近体,前人未备,伐山导源,为百世师,二也;开元既往,大历继兴,砥柱其间,唐以复振,三也。"(《诗薮》内编卷五)这说明了杜甫诗歌在唐诗发展中的承传意义,同时也可以用来说明其诗学思想的承前启后作用。

一、杜甫的诗歌接受观

在杜甫同时代的诗人(文人)中,对待前代诗歌传统有两种截然不同的态度。一种是倡导复古,批判齐、梁乃至屈、宋以来怨靡侈丽的诗风;另一种是肯定齐梁诗,特别是其中绮艳的宫体诗。前一种的代表人物是李白、颜真卿、萧颖士、李华、贾至、独孤及和元结等人,后一种的代表人物是《玉台后集》的编选者李康成。李白《古风》其一云:"《大雅》久不作,吾衰竟谁陈?《王风》委蔓草,战国多荆榛。……正声何微茫,哀怨起骚人。扬马激颓波,开流荡无垠。废兴虽万变,宪章亦已沦。自从建安来,绮丽不足珍。……"李华《赠礼部尚书清河孝公崔沔集序》:"屈平、宋玉哀而伤,靡而不返,《六经》之道遁矣。"贾至《工部侍郎李公集序》:"洎骚人怨靡,扬、马诡丽,班、张、崔、蔡、曹、王、潘、陆,扬波扇飙,大变风雅,宋、齐、梁、隋,荡而不返。"独孤及《唐故殿中侍御史赠考功员外郎中萧府君文集录序》:"尝谓扬、马言大而夸,屈、宋词侈而怨。沿其流者,或文质交丧,雅郑相夺,盍为之中道乎?"元结《箧中集序》:"风雅不兴,几及千年……近世作者,更相沿袭,拘限声病,喜尚形似,以流易为辞,不知丧于雅正。"这一派批判前代诗风的目的是要改变当时创作中"哀怨""绮丽""大变风雅"的状况,标榜《六经》,以达到"文质相炳焕"之"中道",在当时来说,有其积极意义,但是,他们把批判的对象由齐、梁、陈、隋一直上溯到屈、宋,不免矫枉过正。

另一派的代表是李康成。他编选的《玉台后集》反映了他的诗学主张。从书名即可知此集是续《玉台新咏》而选。在序中,他明确提出要选宫体艳诗,并且以宫体诗的代表作家徐陵、庾信作为宗主。据陈尚君先生考证,李康成此集选诗始自梁代,截止唐天宝年间,共收 209 人乐府歌诗 670 首。其中可考知姓名的诗人有梁代萧子范,北周庾信,陈代陈叔宝、徐陵、江总等,隋代杨广、丁六娘,唐代虞世南、陈子良、董思恭、"四杰"、"沈宋"、李峤、崔颢、崔国辅、常理以及李康成本人等。闻一多先生说:"《玉台后集》代表宫体诗余支的势力。"(《闻一多论古典文学》)这也从反面证明李白等人的批判是有为而发。

在这种背景下,让我们再来看杜甫的接受态度。

杜甫的诗歌接受观比较集中地表现在他晚年创作的《戏为六绝句》中。这一组绝句的贡献首先在于它开启了以诗论诗的先河,此后千余年,以这种形式谈诗论艺者层出不穷,形成一种批评范式。六绝句中,前三首批评当时一些随意贬低前贤的时人,寓破于立,表达对庾信、"四杰"等人的理解尊重,并显示出杜甫的接受视角。后三首揭示论诗的宗旨,从风雅、屈原直到今人,比较完整地传达了杜甫对历代诗学的接受观。下面就以六绝句为主,参考杜甫诗文中的其他诗论,来具体看看杜甫的诗歌接受观。

"别裁伪体亲风雅,转益多师是汝师"(《戏为六绝句》之六),这两句诗有两重意义。首先,它是杜甫诗歌接受观的纲领。"别裁伪体亲风雅"就是要以风雅为标准和原则,对传统和经验进行甄选;"转益多师"则要打破拘限,广收博采,吸取一切有益的养分来充实自己,二者相辅相成。杜甫对历代诗歌的接受便是以此为理论基础的。其次"别裁伪体亲风雅"一句还应和"窃攀屈宋宜方驾"(《戏为六绝句》之五)一句合观,"亲风雅"和"攀屈宋"表达了杜甫对《诗》《骚》传统的兼采并重。在并中,又有侧重。对"风雅",主要接受其批判现实、讽刺朝政的讽谕精神,借鉴其融抒情、叙事和议论为一炉的表现手法。《同元使君春陵行》称元结《春陵行》和《贼退示官吏》二诗是"不意复见此比兴体制,微婉顿挫之辞"正是此义。对于"屈宋",杜甫主要学习他们诗歌中那种真挚浓烈、气韵深沉而又循环往复,情感悲愤真挚却又风流儒雅的抒情方式。这种观点在杜甫的其他诗中还有表现。如《壮游》诗云"气劘屈贾垒",《咏怀古迹》五首之二云"摇落深知宋玉悲,风流儒雅亦吾师"等。

对汉魏诗歌,杜甫也很推崇。"纵使卢王操翰墨,劣于汉魏近风骚",他认为汉魏诗歌是近于风骚的。他自称"赋料扬雄敌,诗看子建亲"(《奉赠韦左丞丈》),"草玄吾岂敢,赋或似相如"(《酬高使君相赠》),"目短曹刘墙"(《壮游》),赞美高适"方驾曹刘不啻过"(《奉寄高常侍》),"文章曹植波澜阔"(《追酬故高蜀州人日见寄》),称许苏涣"乾坤几反复,扬、马宜同时"(《苏大侍御访江浦赋八韵记异》),称李义"子建文笔壮"(《别李义》),并且明确说"李陵苏武是吾师"(《解闷十二首》之五),对汉魏的推重可见一斑。

对六朝诗歌,杜甫是有选择地吸收,这不同于李白、元结等人的全面否定(当然,李白的创作中也吸取了不少六朝诗人的经验)。《戏为六绝句》之五云:"不薄今人爱古人,清词丽句必为邻。窃攀屈宋宜方驾,恐与齐梁作后尘。"杜甫学习和接受的是六朝的"清词丽句",但是如果仅仅停留在这一层面,那不就是步齐梁之后尘了吗? 所以还需要在学习的基础上创新超越,以风骚、汉魏诗歌的精神来提升自己,从而达到出入齐梁而又超越齐梁的目的。对于六朝诗人,杜甫也多有赞赏,如陶渊明、二谢、鲍照、庾信、江淹、阴铿等。但是杜甫又十分注意分寸。以庾信为例。杜甫赞赏的是他那"清新"的诗风和他老年的诗赋,如"清新庾开府"(《春日忆李白》),"庾信文章老更成"(《戏为六绝句》之一),"庾信生平最萧瑟,暮年诗赋动江关"(《咏怀古迹五首》)。可见杜甫对六朝诗人的推崇接受是有限制的,是通过"别裁伪体"的选择,汲取其"清词丽句"和艺术手法来丰富自己的创作。清代冯班《钝吟杂录》卷四云:"千古会看齐梁诗,莫如杜老,晓得他好处,又晓得他短处,他人都是望影架子话。"这正指出了杜甫对六朝诗歌接受的特点。

对唐代诗人,杜甫也分别给予了客观的评价。《戏为六绝句》之二云:"王杨卢骆当时体,轻薄为文哂未休。尔曹身与名俱灭,不废江河万古流。"他认为"王杨卢骆"诗歌会像江河一样万古流传。当时有轻薄之人讥讽"四杰"的诗歌,杜甫认为要结合"四杰"创作的时代背景来看待,不能攻其一点,不及其余,而要把重点放在"四杰"对诗歌发展的贡献方面。这一评价表现出杜甫对诗歌发展史的深刻认识。对陈子昂,杜甫认为"有才继骚雅,哲匠不比肩"(《陈拾遗故宅》),评价极高而不失公允,也是在对唐代诗歌发展的宏通认识下做出的。对于自己的祖父杜审言,杜甫认为"吾祖诗冠古"(《赠蜀僧闾丘师见》),"次及吾家诗,慷慨嗣真作"(《八哀·李北海》)。杜审言对律诗的形成贡献颇大。胡应麟说:"初唐无七言律,五律亦未超然。二体之妙,杜审言实为首倡。"(《诗薮》内编)施闰章以为:"杜审言排律皆双韵,《和大夫李嗣真》四十韵,治雄老健,开阖排荡,壁垒与诸家不同;子美承之,遂尔旌旗整肃,开疆拓土,故是家法。"(《蠖斋诗话》)从完善律诗和开拓排律的意义上说,杜甫对乃祖的称颂是客观的。同时代诗人中,杜甫赞扬最多的是李白,对李白诗的风格、独特的创作方式、词句以及艺术效果都作了比较全面准确的概括。如"白也诗无敌,飘然思不群。清新庾开府,俊逸鲍参军"(《春日忆李白》),"敏捷诗千首,飘零酒一杯"(《不见》),"笔落惊风雨,诗成泣鬼神"(《寄李十二白二十韵》),"李候有佳句,往往似阴铿"(《与李十二白同寻范十隐居》),等等。他称赞岑参"谢朓每篇堪传诵"(《寄岑嘉州》)。称赞高适、岑参是"高岑殊缓步,沈鲍得同行"(《寄彭州高三十五使君适虢州岑二十七长史参三十韵》)。称赞王维"最传秀句寰区满",称赞孟浩然"清诗句句尽堪传"(《解闷》),称赞元结的诗是"两章对秋月,一字偕华星"(《同元使君春陵行》)。总之,杜甫对时人的称赞总能抓住其诗作的独特之处,并注入了真挚的感情。

杜甫对待前贤和今人诗歌通达的接受态度来自他本人对诗歌创作甘苦的深切体验和对诗歌发展历史的准确把握。他在《偶题》诗中对此有所揭示:

> 文章千古事,得失寸心知。作者皆殊列,名声岂浪垂?骚人嗟不见,汉道盛于斯。前辈飞腾入,余波绮丽为。后贤兼旧制,历代各清规。法自儒家有,心从弱岁疲。……

起首两句是对作诗甘苦的总结。"前辈飞腾入,余波绮丽为。后贤兼旧制,历代各清规"则是杜甫的诗歌史观。他认为大凡诗歌或一种诗体在刚开始奠基的时候,必有一番"飞腾"景象,而到了后来,就踵事增华,渐趋绮丽。后代人又在兼收并蓄地学习前人体制的基础上,加以创变,形成自己特色,诗歌就这样逐步发展起来。这一诗史观是杜甫接受前贤今人的基础。

要之,与同时代其他诗人相比,杜甫的诗歌接受观是最为通达的。但是从他对六朝诗人的评价特别是对庾信晚年诗赋的极力推崇中,从杜甫在称赞同时代诗人往往以六朝诗人相比中可以看出,在杜甫眼里,六朝诗歌既不像复古派所说的那样一钱不值,也不像宫体余支那样唯绮艳是珍,而是要在发扬汉魏精神的基础上,广泛地学习借鉴六朝的艺术形式和技巧。六朝诗歌(主要指艺术经验方面)地位的提高显示出审美趣味和诗学观念已经开始发生变化。

二、杜甫对诗歌功能的再认识

自从陈子昂首倡风雅兴寄以来,这一深植于儒家思想的诗学观念就被许多诗人所承继,如天宝年间的李白、贾至等人。由于社会条件和个人所处环境的决定和限制,这一派的主张大都停留在理论层面。而当时的杜甫,却已经开始把这一理论运用到创作实践中去。自天宝七载起到安史乱前,他陆续创作了《奉赠韦左丞丈二十二韵》、《兵车行》、《前出塞》九首、《丽人行》、《自京赴奉先县咏怀五百字》等诗歌,这一系列诗作融自身感慨和对黑暗现实的揭露、对苍生苦难的同情于一炉,开创了以诗歌写时事的感事诗之先河,其反映现实的深度和广度无与伦比。

"安史之乱"爆发后,更多的诗人把关注的目光投向时局,投向民生。大诗人李白一改往日的古典化、客观化传统,创作了《豫章行》《猛虎行》等诗歌,直接抒写社会形势和个人遭遇,表达对战时百姓生离死别痛苦的同情。独孤及写了《季冬自嵩山赴洛道中作》和《送相里郎中赴江西》等诗,反映现实,表达诗人伤时悯乱的感情。

有了"安史之乱"前的实践和探索,杜甫在诗歌反映现实方面无论是从理论上还是实践上都代表着当时的最高成就。

杜甫继承了儒家传统诗学的"美刺"精神,把这种精神同他所面对的社会现实结合起来,强调"时事",关心民生,又学习汉乐府"感于哀乐,缘事而发"的表现手法,加以融汇创变,写出了"即事名篇"的《悲陈陶》《悲青坂》以及"三吏""三别"等感事名篇。对元结创作的《春陵行》和《贼退示官吏》,杜甫给予极高评价:"观乎《春陵》作,欻见俊哲情。复览《贼退》篇,结也实国桢。贾谊昔流恸,匡衡常引经。道州忧黎庶,词气浩纵横。两章对秋月,一字偕华星。"(《同元使君春陵行》)在序中,杜甫说:"不意复见此比兴体制,微婉顿挫之辞。"这里的"比兴体制"正是杜甫在继承传统儒家诗学"美刺讽谕"说和陈子昂"兴寄"说的基础上所作的新发挥。"比兴体制"主要指诗歌反映影响社会的功能,"微婉顿挫"主要指诗歌的表现手法,两者合璧,正是杜甫心目中感事诗的理想范式。"与此同时,杜甫也开创了诗歌写意的风气,不仅在感事述怀中频繁穿插对时政的意见,还写了一定数量以陈述意见为主的诗作,如《诸将五首》《戏为六绝句》等,成为宋人以议论为诗的先声"(陈伯海《唐诗学引论》"别流篇")。

重视诗歌的社会功能,只是杜甫对诗歌作用认识的一个方面,他认为诗歌还具有"陶冶性灵"的功能。杜甫多次在诗中提到诗的陶冶功能,如"登临多物色,陶冶赖诗篇"(《秋日夔府咏怀奉寄郑监李宾客一百韵》),"陶冶性灵存底物,新诗改罢自长吟"(《解闷》十二首其七),"宽心应是酒,遣兴莫过诗"(《可惜》),"故林归未得,排闷强裁诗"(《江亭》)等。杜甫晚年在夔州和蜀地写了大量这类诗篇,抒发日常感受、歌咏身边风物,以排遣愁闷、陶冶性灵。

对诗歌的这种作用,刘勰和钟嵘已有所论述。如刘勰在评阮籍诗时指出:"《咏怀》之作,可以陶性灵,发幽思。"钟嵘《诗品序》说,由于四时美景的感召,生活中各种悲欢离合情景的激动,人们心灵感荡,一定要陈诗长歌,以展骋胸怀,达到"使穷贱易安,幽居靡闷"的目的。在此基础上,杜甫更指出了诗歌的两种不同性质的作用,一个针对社会,一个针对个人;一个外向,一个内向,认识更为全面。

三、诗歌构思方式的新变

"沉郁顿挫，随时敏捷"，人们常用来形容杜诗风格（特别是前四字），这很有眼光，如果深入挖掘一下，可以发现用它们来概括杜甫诗歌创作时两种不同而又相辅相成的构思方式，也许更为恰当。这两个词出于杜甫《进雕赋表》："臣之述作，虽不足以鼓吹六经，先鸣诸子，至于沉郁顿挫，随时敏捷，而扬雄、枚皋之流，庶可企及也。"在这里，"沉郁顿挫"主要指下文扬雄（《汉书·扬雄传》云："（雄）口吃不能剧说，默而好深湛之思。"），"随时敏捷"主要指枚皋（《汉书·枚皋传》："受诏辄成。"）杜甫所用"沉郁"一词，源于刘歆。《与扬雄书从取方言》云："属闻子云独采集先代绝言、异国殊语以为十五卷。……非子云澹雅之才，沉郁之思，不能经年锐积，以成此书。"（严可均《全汉文》卷四十）扬雄生活淡泊宁静，著述用思深沉，是其平生特点。《文心雕龙·才略》云："子云属意，辞义最深，观其涯度幽远，搜选诡丽，而竭才以钻思，故能理赡而辞坚矣。"也指出了扬雄文赋用思深沉的特点。杜甫企慕扬雄，除《进雕赋表》外，他还自称"赋料扬雄敌"（《奉赠韦左丞丈二十二韵》）。而他所钦慕的，正是扬雄构思深沉的特点。构思深沉，不仅指思想观点、题材内容，也指遣词造句、结构篇章。"沉郁顿挫"主要指由于学养深厚而表现在创作时构思深沉及在表达上章法抑扬、波澜起伏；"随时敏捷"，主要指创作时能紧密结合时代特点和眼前事物，感情充沛，一挥而就。这种特点不仅指杜甫创作赋体作品时的思路状态，也可以指杜甫诗歌创作时的构思状态。要达到"沉郁顿挫"就需要平时不断积累，要多读书，"读书破万卷，下笔如有神"，"精熟文选理"，"应须饱经术"，这显示出杜甫对《文选》的重视。早在隋代，《文选》的编纂者萧统的从侄萧该就继承家学，作《文选音义》，开"选学"先河。此后由隋入唐的曹宪又著《文选音义》，为当时所重，江淮间治"选学"者，如许淹、李善、公孙罗等，均出自曹氏门下。其中尤以李善为最，他的《文选注》六十卷于高宗显庆年间编成，集"选学"之大成。李善晚年于汴郑间讲学，"选学"得到光大。杜甫出生于巩县，童年、少年均在洛阳度过，距李善讲学处不远。天宝初游齐、赵间，又与李善之子李邕交游，这些都为杜甫接受李善"选学"影响提供了条件。从诗论和诗文中，也能看出杜甫对《文选》十分精熟，《文选》对杜甫产生了深刻影响。具体说来，表现在以下几方面。首先是作诗重学问、重技巧。刘熙载说"赋兼才学"（《艺概·赋概》），这句话包含两方面的含义，一是从赋中学到知识，增长才力，二是可以通过学习作赋来提高写作技巧。清代乔亿也说"三百篇、楚骚而外，如汉、魏、六朝名赋，皆诗学之丹头。扬子云曰'能读千赋，则能为之'，非为材料也。如此然后尽文章之变态"（《剑溪说诗》卷上）。学赋"非为材料"而是为了"尽文章之变态"，正道出了杜诗的一大特色，即广泛吸取赋的笔法入诗多成沉郁顿挫的艺术风格。他在安史乱前创作的《自京赴奉先县咏怀五百字》和作于乱中的《北征》二诗,便是这方面的成功实践。胡小石先生评《北征》诗云:"叙自凤翔北行至邠,再自邠北行至鄜沿途所见,纯用《北征》《东征》《西征》诸赋章法,化赋为诗,文体挹注转换,局度弘大,其风至杜始开。"(杜甫《北征》小笺),载《江海学刊》1962年第4期)除了学养以外,杜甫还十分注重诗法,主要是律法。这与诗人的心态变化相对应。乾元二年七月弃官西去,标志着诗人"致君尧舜上,再使风俗淳"为政治理想的破灭,此后,诗人于朝廷日渐疏远,把更多的精力投入锻炼诗律、陶冶生灵方面。特别是入蜀以后,创作了大量的五、七言律诗,"为人性僻耽佳句,语不惊人死不休"(《江上值水如海势聊短述》),正是此期诗人心态和诗艺追求的写照。正通过丰富的创作实践,杜甫掌握了律诗的创作规律,他自许"遣词必中律"(《桥陵诗三十韵》)、"晚节渐于诗律细"(《遣闷戏呈路十九曹长》)。为了达到"诗律细"的目标,诗人必然要着意推敲锻炼。施蛰存先生分析杜甫七律《登高》一诗第三联"万里悲秋常作客,百年多病独登台"时说:"杜甫作此联,肯定是先有下句而后凑配上句的。因为下句是与散文句法相同的自然句子,上句却是构思之后琢磨出来的句子。作律诗的对句,艺术手法的过程大概如此。先抓住一个思想概念,定下一个自然平整的句子。然后找一句作对,这就要用功夫了。在觅取对句的过程中,也需要把先得的句子改动几个字或词语,使平仄或词性对得更工稳贴切。"(《唐诗百话·盛唐诗话》)这种作诗法与盛唐的一气流注、不事雕琢已自不同,明显地在构思过程中增加了"主意"的成分,开了中晚唐"主意"诗学的端绪,后来"韩孟诗派"、"姚贾诗派"、晚唐以至宋代诗学都沿着杜甫开创的这条道路向前发展。

相对而言"随时敏捷"则讲"兴"和"神"。"兴"指兴会,是诗人在自然景物或社会时事的触发下产生的创作冲动。如杜甫诗"云山已发兴,玉佩仍当歌"(《陪李北海宴历下亭》)、"曾为掾吏趋三辅,忆在潼关诗兴多"(《峡中览物》)。这与盛唐诗人在创作中普遍重视兴会的风气是一致的。如李颀诗"兴来逸气如涛涌,千里长江归海时"(《放歌行答从弟墨卿》,《全唐诗》卷一百三十三),李白云"阳春召我以烟景,大块假我以文章"(《春夜宴从弟桃李园序》,《李太白全集》卷二十七)。相比之下,杜甫所说的兴会包举的范围更广,无论是自然景物,还是社会时事,只要能引发创作冲动的,都是诗兴。这里的"兴"乃是由外物感发而来,因此在本质上是与"情"相通的,是"感"的必然结果。刘勰《文心雕龙·物色》就已提到"情往似赠,兴来如答",盛唐殷璠《河岳英灵集》也讲"情幽兴远",都说明了这一点。

下面我们来看"神"。"神"的含义"大抵说来,是指创作时如有神助而达到出神入化的境界的意思"(周祖譔《隋唐五代文论选》前言)。杜甫在诗中多次提到"神"如"诗兴不无神"(《寄张十二山人三十韵》)、"醉里从为客,诗成觉有神"(《独酌成诗》)、"将军善画盖有神"(《丹青引赠曹将军霸》)等。王运熙先生把杜甫所谓的神按内容区分为三种类型,即诗兴诗思之神、诗技之神、诗境之神(《杜甫诗论中的神》,《当代学者自选文库·玉运熙卷》)。诗兴诗思之神类似于现在所说的灵感,与殷璠《河岳英灵集叙》所云"夫文有神来、气来、情来"中的"神来"意义相通;诗技之神则与诗人读书、才力有关,即所谓"读书破万卷,下笔如有神"(《赠韦左丞丈二十二韵》),"乃知盖代手,才力老益神"(《寄薛三郎中据》)。诗境之神即严羽在《沧浪诗话·诗辨》里所推崇的"诗之极致"。在杜甫这里"兴"与"神"又有着紧密的关联,前引"诗兴不无神"是一例,"感激时将晚,苍茫兴有神"(《上韦左相二十韵》)又是一例。综观杜甫的"兴""神",其意义与殷璠《河岳英灵集》所提出的"兴象"有一脉相承之处,二者都关注寓目所见的外物的感发作用,同时又重视诗歌的内在风神。可以看出,"随时敏捷"偏重于情兴神气,而"沉郁顿挫"则偏重于学养锻炼,前者是盛唐"主情"诗学的路子,后者则开启了中唐"主意"诗学,二者在杜甫身上完满地结合在了一起。

(作者单位:上海浦东发展银行

杜甫与宋代士人风范

梁桂芳

一

士人群体作为一个承担着文化使命的特殊阶层,产生于动荡不安的春秋战国时期。孔子谓"士志于道"①,以"士"为社会基本价值的维护者,而曾参的"士不可以不弘毅,任重而道远。仁以为任,不亦远乎"②,诠释了士人高自标持、以天下自任的使命感。士人风范源远流长、传承连贯,但并非一味静止不变,在不同时期呈现出不同风貌。

降及两宋,士风因革。钱穆《国史大纲》谓:"宋朝的时代,在太平景况下,一天一天的严重,而一种自觉的精神,亦终于在士大夫社会中渐渐萌出。"③余英时《士与中国文化》也指出:"士的主体意识的觉醒是通贯宋代……的一条主要线索。"④所谓"自觉精神""主体意识",前贤多侧重士人忧乐天下、得君行道之意。然在两宋国势不振、武功不竞的现实中,即便待遇优厚、仕途宽广,士人也很难真正实现致君尧舜的理想。故其"自觉精神"在自觉担当、求仁体道的外向伟岸之外,亦有知性自足、超逸卓然的回归自我的一面,展现出一种更为成熟的士人风范。

宋代士风丕变,有其时代政治、经济、哲学等多方面因素,然追根溯源,多以韩愈领导的中唐儒学复兴运动启其先声。实则远在韩愈之前,安史之乱已将中国历史带到了一个转捩点,而杜甫恰处于这一转变的开端。杜甫亲更变乱,目睹儒家伦常陵夷,"近代趋仕,靡然向风,致使禄山一呼而四海震荡,思明再乱而十年不复"⑤,也真诚地反思历史,批判现实,实践了先秦儒家"仁者爱人"的思想,恢复"大一统"的忠君爱国观念。而这恰恰是安史乱后人们在政治、思想和学术上逐步苏醒、大力鼓吹的思想,杜甫也因此成为中唐至北宋儒学复兴运动的精神先驱。

---

① 《论语·里仁》,杨伯峻译注《论语译注》,中华书局 2007 年版,第 50 页。
② 《论语·泰伯》,同上,第 114 页。
③ 《士大夫的自觉与政治革新》,钱穆《国史大纲》,商务印书馆 1996 年版,第 558 页。
④ 余英时《士与中国文化》,上海人民出版社 2003 年版,第 520 页。
⑤ 《杨绾传》,刘昫等《旧唐书》,中华书局 2011 年版,第 2331 页。

两宋时期,杜甫作为文学乃至整个文化界的典范,其影响渗透到社会各个层面,于士风之潜衍亦然。美国学者本尼迪克特(Benedict)曾指出:"一组最混乱地结合在一起的行动,由于被吸引到一种整合完好的文化中,常常会通过不可思议的形态转变,体现该文化独特目标的特征。"①作为前代遗存的文化因子,宋人将杜甫奉为圭臬的同时,也对其重新加以考量和改造。宋人既为杜甫忠爱、功业精神浸染,亦"发明"、强化了杜甫自适超然的一面,使其定格为承载着两宋时代精神的士人典范,从而成就出一派既昂扬奋发、进取不羁又水波不兴、淡定从容的士人风范。

二

陆时雍《诗镜总论》谓:"宋人抑太白而尊少陵,谓是道学作用。"②宋人选择杜甫作为典范的过程,从一开始就是沿着道德判断和审美判断两条路齐头并进的。杜甫首先通过了宋人道德典范筛选的准绳才能成其为典范。忠君忧民精神贯穿杜甫一生:"大而言之是忧时忧世,忧君忧国;中而言之是忧生忧死,忧人忧民;小而言之是忧进忧退,忧家忧己。"③他注重实践、不尚空谈:"与其说杜甫是'一饭未尝忘君',不如说他'一饭未尝忘致君'。什么是'致君'?那就是变坏皇帝为好皇帝,干涉皇帝的暴行。"④朝廷参政,杜甫不避危险面折廷争,疏救房琯,风节凛然;安史乱起,无数达官显贵屈服叛军或苟活,杜甫却冒死奔赴行在;甚至在迟暮之年,诗人体弱多病,却依然壮心不已,希望能为朝廷尽力。杜甫晚年经常有嗟老叹卑之作,但每每说到国事,他便心潮澎湃、跃跃欲试:"明光起草人所羡,肺病几时朝日边?"(《十二月一日三首》,作于永泰元年冬)⑤"安得覆八溟,为君洗乾坤。稷契易为力,犬戎何足吞。"(《客居》,作于大历元年二月)"勋业频看镜,行藏独倚楼。时危思报主,衰谢不能休。"(《江上》,作于大历元年)"群公苍玉佩,天子翠云裘。同舍晨趋侍,胡为淹此留。"(《更题》,作于大历二年秋)……甚至在大历三年(768)诗人出峡入荆湘后还写道:"落日心犹壮,秋风病欲苏。古来存老马,不必取长途。"(《江汉》)自比老马,希望能尽忠国家。

宋廷右文,但时局艰危,宋代士人既有极强的自信心和自豪感,又颇具忧患意识与使命感,是继东汉党人之后最重气节、修养的士人。宋代士风之昂扬并非偶然

---

① [美]本尼迪克特《文化模式》,张燕、傅铿译,浙江人民出版社 1987 年版,第 45 页。
② 丁福保《历代诗话续编》,中华书局 1983 年版,第 1416 页。
③ 吴明贤《试论杜甫诗歌的忧患意识》,载《杜甫研究学刊》2001 年第 1 期。
④ 萧涤非《杜甫研究》,齐鲁书社 1980 年版,第 48 页。
⑤ 杜甫《十二月一日三首》,仇兆鳌《杜诗详注》,中华书局 1979 年版,第 1243 页。以下所引杜甫诗均出自本书,在文中注出篇名,不再一一注明出处。

事件,而是一种普遍的社会现象,是在深厚的历史文化心理积淀下的自觉选择,具有一种逻辑的必然。杜甫作为公认的道德楷模、文化典范,他对于士人品格的坚守和发扬,成为其间承上启下的重要一环。宋人崇杜尊杜,谓"老杜似孟子"①。孟子激励士人要善养"浩然之气",做一个顶天立地的大丈夫。杜甫传承了先秦以来士人重节操的品质,不仅忠君爱民,富有使命感,而且他的廷争、弃官、不赴召,终于漂泊以死等,以实践的品格,体现了士在君主面前为道而自重的独立自由之人格。为此,杜甫表现出相当的牺牲精神和自律品质。他自处时:"济时敢爱死? 寂寞壮心惊!"(《岁暮》)劝勉友人时:"公若登台辅,临危莫爱身!"(《奉送严公入朝十韵》)即便是在艰难困苦中,杜甫都能洁身自律,对于一物的去取,也丝毫不肯苟且。如杜甫在严武幕任节度参谋、检校工部员外郎时,就做《太子张舍人遗织成褥段》诗婉言谢绝了张舍人的馈赠。明人沈周《题杜子美像》感叹说:"贫莫容身道自尊,先生肝胆照乾坤。"②杜诗是对士人"道尊于势"高尚品格的生动阐释,这与宋人重视"道"和"理",认为操守和气节比金钱、权位乃至生命更值得珍视的思想如出一辙。即便在平常时,杜诗教化之功亦不可忽视,如苏轼《马正卿守节》记载了这样一则故事:"杞人马正卿,作太学正,清苦有气节。学生既不喜,博士亦忌之。余少时偶至斋中,书杜子美《秋雨叹》一篇壁上。初无意也,而正卿即日辞归,不复出。至今白首穷饿,守节如故。"③《秋雨叹》是杜甫于天宝十三载(754)所作,感叹秋雨伤稼害农,而奸臣弄权,蒙蔽天听,表现了诗人穷且益坚的精神,马正卿即因杜诗之感发而守节终生。

艰危时刻,杜甫的思想品格甚至成为士人自我激励的直接精神源泉。宋亡之际,名将宗泽因受投降派掣肘,忧愤成疾,吟杜甫"出师未捷身先死,长使英雄泪满襟"之句含恨而终;李纲在决心以死报国之际,书杜甫《魏将军歌》赠义士王周士,以敬其气。在受尽异族侵凌的南宋一代,爱国志士一直都把杜诗当成知音,甚至涌现出大量难中殉国的义士。明代罗伦《宋丞相文信公祠堂记》载:"陆秀夫、张世杰死于海,李芾死于潭,赵昂发死于池,江万里死于饶,姚岁死于常,赵时赏死于洪,先君忠岡公死于吉……"④而就中文天祥更堪为士人楷模。文天祥被俘在燕京狱中凡三年余,杜诗时刻陪伴着他,他作《集杜诗》一卷,凡五言绝句二百首,在《自序》中说:"凡吾意所欲言者,子美先为代言之。"⑤终宋一代,砥砺名节、忠义直谏、舍生取义之

① 转引自华文轩编《古典文学资料汇编·杜甫卷》,中华书局 1964 年版,第 468 页。
② 沈周《题杜子美像》,《石田诗选》,景印清文渊阁四库全书本,台湾商务印书局 1983 年版,第 680 页。
③ 苏轼《东坡先生志林》卷五,《古典文学资料汇编·杜甫卷》,第 107 页。
④ 罗伦《宋丞相文信国公祠堂记》,见《文山先生文集》卷二〇,四部丛刊本。
⑤ 文天祥《文天祥全集》,熊飞等校点,江西人民出版社 1987 年版,第 621 页。

士屡屡见诸记载。这既是时代的产物,也是对传统文化中士人优良品格的继承和发扬,而杜甫的典范作用尤为瞩目。

三

孟子在宋代受到极大尊崇,理学特别是心学的诸多思想都是从思孟一派承袭发展而来。而宋人所谓"老杜似孟子",则明确意识到了杜甫思想是对孟子政治思想、人性论等的直接继承和发扬①。宋黄彻《䂬溪诗话》云:"《孟子》七篇,论君与民者居半,其余欲得君,盖以安民也。观老杜'穷年忧黎元,叹息肠内热''胡为将暮年,忧世心力弱',《宿花石戍》云'谁能扣君门,下令减征赋',《寄柏学士》云'几时高议排金门,各使苍生有环堵',宁令'吾庐独破受冻死亦足',而志在大庇天下寒士,其心广大,异夫求穴之蝼蚁辈,真得孟子所存矣。东坡问老杜何如人,或言似司马迁,但能名其诗耳。愚谓老杜似孟子,盖原其心也。"

原杜甫之心,他有一种仁爱及深刻的自省精神。黄彻《䂬溪诗话》卷一〇谓:"观《赴奉先咏怀》五百言,乃声律中老杜心迹论一篇也。"②此诗真实地展现了诗人在忠君和隐遁之间的心理矛盾,几番挣扎之后,他仍然选择了前者,"废义乱伦,有所不忍"。因此,在入门目睹幼子饿卒之后,他没有被一己的悲哀淹没,而是"默思失业徒,因念远戍卒",仍然牵挂着天下苍生的命运,这是一个非常真诚的心理发现过程。杜甫的"三吏""三别",更空前揭示出一种历史的真实,后人多以这两组诗意在讽刺,但其中流露的诗人情感是很复杂的,他既同情民生疾苦,又担忧国家颠覆,在矛盾痛楚中,他言不由衷地安慰着那些出征者。明胡夏客论《新安吏》诸诗云:"述军兴之调发,写民情之怨哀,详矣,然作者之意,又不止此。国家不幸多事,犹幸有缮兵中兴之主。……若势极危亡,一人束手,四海离心,则不可道已。"③宋儒注重理想的道德人格培养,其最基本的一条就是道德自律,亦即士人必须完全出于内心的自觉而从事道德实践,克制个人的情感欲望以符合社会道德规范的要求。杜诗深刻揭示了自己的动摇、失落、发现并最终选择了自觉克制的过程。正是这种内在的道德发现,使杜甫能在流落饥寒、终身不用的情况下,自觉地以天下、以众生为念,这完全符合宋儒注重内在精神修养的心学路线,故宋代哲学家每每称赏老杜"心诚"。

原杜甫之心,他还有一份圆融自适之性。杜甫能够将佛家的慈悲心与儒家的

---

① 邓小军《杜甫与儒家的人性思想和政治思想》,《杜甫研究学刊》1991 年第 4 期。
② 黄彻《䂬溪诗话》卷十,《古典文学资料汇编·杜甫卷》,第 489 页。
③ 仇兆鳌《杜诗详注》,中华书局 1979 年版,第 537 页。

仁心打通,而且把佛、道的清净心,与对淳朴自然、和平宁静生活的向往贯通了起来。其《游龙门奉先寺》末联云"欲觉闻晨钟,令人发深省",王嗣奭云:"盖人在尘溷中,性真汩没,一游招提,谢去尘氛,托足净土,情趣自别。……梦将觉而触发于钟声,故道心之微,忽然豁露,遂发深省。正与日夜息而旦气清,剥复禅而天心见者同也。"①其实杜甫之所以闻钟声而深省,不仅是由此触发"道心之微",而且由此触发他念兹在兹的和平心、物我一体心。再譬如其"留连戏蝶时时舞,自在娇莺恰恰啼""繁枝容易纷纷落,嫩蕊商量细细开"(《江畔独步寻花七绝句》其六、其七)等诗句对大自然生命的细微描绘,既是他悠然自足生活的体现,更是他体物入微仁心的表征。在优游愉悦的生命情趣背后,透露出一种永恒、清静的超越情怀。

两宋之"三教合一"已为学界共识,宋代士人能打通儒、释、道,使儒心灵化,佛世俗化,并把重道德、尚节操的追求寓于日常生活中,形成了一种圆善通达的人生哲学。宋人在严酷的时局中,往往能化解悲哀,旷达超然,达到心灵的安适平和。苏轼堪称这种人格的典型代表。他忠君爱国、抱负满怀,推"一饭未尝忘君"的杜甫为"古今诗人之首";然苏轼亦一生坎坷,数次遭贬,由此炼化出一种入世间而又随缘自适的人生态度,因而他又高度推崇陶渊明。有宋之陶、杜并称,交相辉映,构建起宋代士人忠义慷慨与超逸洒脱的立体化风貌。

故宋代士人对杜甫的解读并不是一味侧重忠义的"扁平化""概念化",还存在一种以怡情悦性来演绎杜诗的倾向。罗大经《鹤林玉露》乙编卷二谓:"杜少陵绝句云:'迟日江山丽,春风花草香。泥融飞燕子,沙暖睡鸳鸯。'或谓此与儿童之属对何以异。余曰:不然。上二句见两间莫非生意,下二句见万物莫不适性。于此而涵泳之,体认之,岂不足以感发吾心之真乐乎!"②苏轼称杜甫"止于忠孝""一饭未尝忘君",可他大量评杜言论却多与忠孝思想无关,如其《书子美黄四娘诗》云:"可以见子美清狂野逸之态,故仆喜之。"《评子美诗》云:"'王侯与蝼蚁,同尽随丘墟。愿闻第一义,回向心地初。'乃知子美诗外尚有事在也。"黄庭坚盛赞老杜"千古史笔""百年忠义",激赏的却也是杜甫入蜀尤其是夔州以后的"不烦绳削而自合"③。理学家批判杜甫的"穿花蛱蝶深深见,点水蜻蜓款款飞"是"闲言语",但邵雍却说:"既贪李杜精神好,又爱欧王格韵奇。余事不妨闲戏弄,尧夫非是爱吟诗。"④想见他"闲戏弄"的也不尽是杜甫那些忠君忧国之作。

杜诗风格多样,表现现实关怀、怡情悦性思想的多是其寻求自适的诗作。据统

---

① 王嗣奭《杜臆》卷一,上海古籍出版社1983年版,第1页。

② 罗大经《鹤林玉露》丙编卷之六,中华书局1983年版,第333页。

③ 《古典文学资料汇编·杜甫卷》,第102、103页。

④ 邵雍《首尾吟》,《古典文学资料汇编·杜甫卷》,第76页。

计,杜集中涉及自适的作品(包括全篇和摘句),达440多首,几占其总集的三分之一[①]。以怡情悦性来解读杜诗,本就是题中应有之意。然而杜甫的自适并非仅是自我满足,抑或超然世外。他的自适源于现实生活,源于对理想和人格的坚持,是内在的守节持正和外表的随缘任运的结合,这一点与宋代士人不谋而合。宋人整体性地接受了杜甫的人格精神,如赵孟坚云:"少陵动感慨,忠义雅所宣。有时心境夷,亦复轻翩翩。"[②]黄庭坚《老杜浣花溪图引》亦云:"邻家有酒邀皆去,得意鱼鸟来相亲。"[③]言杜甫自适诗表现了一种在现世中寻净土,"会心处不必在远"的境界。仇兆鳌论杜甫《江村》"清江一曲抱村流"一诗谓:"江村自适,有与世无求之意。燕鸥二句,见物我忘机。妻子二句,见老少各得。盖多年匍匐,至此始得少休也。"[④]此诗在表现自适任情时虽有逃脱功利之意,而于现实人生,却仍保存一份留恋与温情,"老妻画纸为棋局,稚子敲针作钓钩"的场面和陶诗"弱子戏我侧,学语未成音"异曲同工,都极具生活情趣和人间气息,读之并不能身世俱灭。杜甫其他诗如《客至》《堂成》《卜居》《田舍》《江畔独步寻花》等大多类此,在表现逃脱功利世界的欢欣愉悦时,又由衷地流露出热爱现实人生的赤子之情和民胞物与的博大襟怀。这也使杜甫的闲适诗与其忧世之作有了相互沟通的连接点,并最终区别于其他诗人那些表现隐逸、空寂的作品。

正是杜诗这份现实关怀,使得宋代士人在沉重的家国责任下,仍然保有一份旷达和洒脱;也正是这份现实关怀,使得他们在追求超越与解脱时,选择了一种温馨雅致的生活方式;还是这份现实关怀,使得他们以审美的眼光来看待日常生活,从中体会到了圆满的"道"。宋代士人因此丰满而充实,有了一种高情雅韵、旷士襟怀。

杜甫之为宋代士人楷模,不仅因其高尚的人格精神和地负海涵、靡所不具的作品,还在于其处于中唐至两宋儒学复兴的开端,启思想潮流之发端。世易时移,宋代士人从自身期待视野出发,对杜甫及其诗作也做了富有时代特色的阐释,从多个维度接受并"演绎"了老杜精神,从而成就了自己的独特风范。这也使得经典的生命力得以延续,士人精神不断传承和发展。

(作者单位:福州大学人文社会科学学院)

---

① 蓝旭《论杜甫诗中的自适主题》,《文学遗产》1995年第5期。
② 赵孟坚《诗谈》,《古典文学资料汇编·杜甫卷》,第905页。
③ 《古典文学资料汇编·杜甫卷》,第122页。
④ 《杜诗详注》卷九,第746页。

"草圣"考辩

刘飞滨

"草圣"一词,既可指称书家,也可指称书体,学界已成共识。但所指书家为何人,所指书体为怎样的书体,则众说纷纭,莫衷一是。这无疑会对书法史的学习和研究造成障碍。本文欲就此谈一些看法,以期能为问题的澄清提供一点参考。

一、张芝、张旭的"草圣"之称

在今人的著述中,涉"草圣"之名的有九十多位。其中,出现频率最高的是张芝和张旭;偶被提及的有杜度、王羲之、王献之、怀素、蔡襄、苏轼、黄庭坚、米芾、金源氏、赵沨、赵秉文、刘涛等;因数量众多而概言之的为清代石梁《草字汇》中所列举的历代"草圣"八十七位(包含前述书家)。如此众多的"草圣",自然是有问题的。因为,能被以"圣"誉之者,往往只有一人,如武圣关羽、医圣张仲景、酒圣杜康、书圣王羲之、画圣吴道子、诗圣杜甫、茶圣陆羽等,那么,"草圣"又如何能例外呢?

要澄清这个问题,可先从张芝、张旭说起。因为,二人都是真正被称为"草圣"的,但情况又有所不同。

先说张芝。

张芝,字伯英,敦煌酒泉(今甘肃酒泉)人,东汉著名书法家。好草书,师承杜度、崔瑗而又过之,将章草书法推到了极致,达到了时代的顶峰。又大胆革新,创造了连绵跌宕的"一笔书",开启了狂草的先河。唐代著名书法理论家张怀瓘赞之曰:"天纵尤异,率意超旷,无惜是非,若清涧长源,流而无限,萦回崖谷,任于造化。至于蛟龙骇兽,奔腾拿攫之势,心手随变,窈冥而不知其所如,是谓达节也已。精熟神妙,冠绝古今,则百世不易之法式,不可以智识,不可以勤求。若达士游乎沉默之乡,鸾凤翔乎大荒之野。"①

张芝的草书在当时就风靡一时,影响极为广泛,以至出现了"张芝热",当世彦

---

① 张怀瓘《书断中》,张彦远《法书要录》卷八,浙江人民美术出版社 2019 年版,第 224 页。

哲"慕张生之草书过于希孔、颜焉","后世慕焉,专用为务。钻坚仰高,忘其疲劳。夕惕不息,仄不暇食。十日一笔,月数丸墨。领袖如皂,唇齿常黑。虽处众座,不惶谈戏,展指画地,以草刿壁,臂穿皮刮,指爪摧折,见腮出血,犹不休辍"①。张芝弟子众多,"姜孟颖、梁孔达、田彦和及仲将之徒,皆伯英之弟子,有名于世"②。在张芝的影响下,产生了中国书法史上第一个书法流派——西州书派。

张芝的草书也深远地影响了中国书法的发展,西晋时,著名书法家"索靖、卫瓘俱效于张,亦各得其妙。议者以为'卫得伯英之筋,索得伯英之肉'"③。东晋时,王羲之极为仰慕张芝的书法,曾感叹道:"吾书比之钟、张,当抗行,或谓过之,张草犹当雁行。张精熟过人,临池学书,池水尽墨,若吾耽之若此,未必谢之。"④并在中年以后学习张芝的"一笔书"。之后的狂草书家张旭、怀素、王铎、傅山等亦无不师法张芝的草书。

张芝的书法作品极为人所珍视。西晋时,卫恒感叹张芝书迹:"寸纸不见遗,至今世尤宝其书。"⑤东晋时,庾翼在给王羲之的信中说:"吾昔有伯英章草十纸,过江颠狈,遂乃亡失,尝叹神迹永绝。"⑥如此等等,可见一斑。

最早将张芝称为草圣的是三国时期著名书法家韦诞,其云:

> 杜氏杰有骨力,而字画微瘦;崔氏法之,书体甚浓,结字工巧,时有不及。张芝喜而学焉,转精其巧,可谓草圣。超前绝后,独步无双。⑦

韦诞对张芝的"草圣"之誉,得到了后世书家、书法理论家的普遍认同。

西晋时,卫恒《四体书势》云:

> 汉兴而有草书,不知作者名。至章帝时,齐相杜度,号称善作。后有崔瑗、崔寔,亦皆称工。杜氏杀字甚安,而书体微瘦;崔氏甚得笔势,而结字小疏。弘农张伯英者,而转精甚巧,凡家之衣帛,必书而后练之。临池学书,池水尽黑。下笔必为楷则,常曰:"匆匆不暇草书。"寸纸不见遗,至今世尤宝其书,韦仲将

---

① 赵壹《非草书》,张彦远《法书要录》卷一,浙江人民美术出版社 2019 年版,第 5—6 页。
② 卫恒《四体书势》,华东师范大学古籍整理研究室《历代书法论文选》,上海书画出版社 1979 年版,第 16 页。
③ 蔡希综《法书论》,华东师范大学古籍整理研究室《历代书法论文选》,上海书画出版社 1979 年版,第 273 页。
④ 孙过庭《书谱》,华东师范大学古籍整理研究室《历代书法论文选》,上海书画出版社 1979 年版,第 124 页。
⑤ 卫恒《四体书势》,华东师范大学古籍整理研究室《历代书法论文选》,上海书画出版社 1979 年版,第 16 页。
⑥ 房玄龄等《晋书》卷八十《王羲之传》,中华书局 1974 年版,第 2100 页。
⑦ 张怀瓘《书断上》,张彦远《法书要录》卷七,浙江人民美术出版社 2019 年版,第 205 页。

谓之"草圣"。①

南朝刘宋时,羊欣《采古来能书人名》云:

张芝,高尚不仕,善草书,精劲绝伦。家之衣帛,必先书而后练。临池学书,池水尽墨。每书云"匆匆不暇草书",人谓为"草圣"。②

南齐时,王僧虔《论书》云:

崔、杜之后,共推张芝。仲将谓之"笔圣"(应为"草圣"之误)。伯玉得其筋,巨山得其骨。③

南朝萧梁时,陶隐居《与梁武帝论书启》云:

伯英既称草圣,元常寝自隶绝。论旨所谓,殆同璿机神宝,旷世以来莫继。斯理既明,诸画虎之徒,当日就辍笔。反古归真,方弘盛世。④

庾肩吾《书品论》云:

草势起于汉时,解散隶法,用以赴急。本因草创之义,故曰"草书"。建初中,京兆杜操始以善草知名,今之草书是也。……伯英以称圣居首,法高以追骏处末。⑤

张工夫第一,天然次之,衣帛先书,称为草圣。⑥

唐虞世南《书旨述》云:

史游制于《急就》,创立草稿而不能。崔杜析理,虽则丰妍润色之,中失于简约。伯英重以省繁,饰之铦利,加之奋逸。时言草圣,首出常伦。⑦

武平一《徐氏法书记》云:

安平崔瑗父子作草势,宏农张芝转加其巧,即王逸少所言临池学业书,池水尽黑;韦仲将所谓草圣。⑧

---

① 卫恒《四体书势》,华东师范大学古籍整理研究室《历代书法论文选》,上海书画出版社1979年版,第16页。
② 羊欣《采古来能书人名》,张彦远《法书要录》卷一,浙江人民美术出版社2019年版,第13页。
③ 王僧虔《论书》,张彦远《法书要录》卷一,浙江人民美术出版社2019年版,第23页。
④ 陶隐居《与梁武帝论书启》,张彦远《法书要录》卷二,浙江人民美术出版社2019年版,第43页。
⑤ 庾肩吾《书品论》,张彦远《法书要录》卷二,浙江人民美术出版社2019年版,第52页。
⑥ 庾肩吾《书品论》,张彦远《法书要录》卷二,浙江人民美术出版社2019年版,第53页。
⑦ 虞世南《书旨述》,张彦远《法书要录》卷三,浙江人民美术出版社2019年版,第71页。
⑧ 武平一《徐氏法书记》,董诰等《全唐文》卷二百六十八,中华书局1983年版,第2723页。

徐浩《论书》云：

> 张伯英临池学书，池水尽墨；永师登楼不下，四十余年。张公精熟，号为"草圣"；永师拘滞，终著能名。①

张怀瓘《书断》云：

> （张芝）精熟神妙，冠绝古今，则百世不易之法式，不可以智识，不可以勤求，若达士游乎沉默之乡，鸾凤翔乎大荒之野，韦仲将谓之草圣，岂徒言哉？②

蔡希综《法书论》云：

> 仲将每见伯英书，称为草圣。卫瓘、索靖俱效于张，亦各得其妙。议者以为卫得伯英之筋，索得伯英之肉。③

综上，可以说，张芝的"草圣"之称是历代书家、书法理论家共同认定的。

再说张旭。

张旭，字伯高，唐苏州吴郡人，唐代著名书法家。狂放倜傥，卓尔不群。性嗜酒，精草书。《新唐书》卷二百二《张旭列传》云："嗜酒，每大醉，呼叫狂走，乃下笔，或以头濡墨而书，既醒自视，以为神，不可复得也。世呼'张颠'。"④张旭放浪挥洒的情形，时人亦多有描述，如李颀《赠张旭》云："露顶据胡床，长叫三五声。兴来洒素壁，挥笔如流星。"⑤杜甫《饮中八仙歌》云："张旭三杯草圣传，挥毫落纸如云烟，脱帽露顶王公前。"⑥窦臮《述书赋下》云："张长史则酒酣不羁，逸轨神澄。回眸而壁无全粉，挥笔而气有余兴。若遗能于学知，遂独荷其颠称。虽宜官售酒，子敬扫帚，遐想迩观，莫能假手。拘素屏及黄卷，则多胜而寡负，犹庄周之寓言，于从政乎何有。"⑦

张旭的草书，取法于张芝、二王流派，后观公孙大娘舞西河剑器而悟笔法，草书大进。其书法与李白的诗、裴旻的剑并称"三绝"。关于张旭的书法艺术成就，韩愈《送高闲上人序》有云："往时张旭善草书，不治他伎。喜怒、窘穷、忧悲、愉佚、怨恨、思慕、酣醉，无聊不平，有动于心，必于草书焉发之。观于物，见山水、崖谷、鸟兽、虫鱼、草木之花实，日月、列星、风雨、水火、雷霆、霹雳、歌舞、战斗，天地

---

① 徐浩《论书》，张彦远《法书要录》卷三，浙江人民美术出版社 2019 年版，第 96 页。
② 张怀瓘《书断中》，张彦远《法书要录》卷八，浙江人民美术出版社 2019 年版，第 224 页。
③ 蔡希综《法书论》，华东师范大学古籍整理研究室《历代书法论文选》，上海书画出版社 1979 年版，第 273 页。
④ 欧阳修、宋祁等《新唐书》卷二百二《张旭列传》，中华书局 1975 年版，第 5764 页。
⑤ 李颀《赠张旭》，彭定求等《全唐诗》卷一百三二，中华书局 1960 年版，第 1340 页。
⑥ 杜甫《饮中八仙歌》，彭定求等《全唐诗》卷二百一六，中华书局 1960 年版，第 2259 页。
⑦ 窦臮《述书赋下》，张彦远《法书要录》卷六，浙江人民美术出版社 2019 年版，第 174 页。

事物之变;可喜可愕,一寓于书。故旭之书,变动犹鬼神,不可端倪,以此终其身而名后世。"

张旭的草书直接影响到怀素,唐以后的草书家也无不师法。

张旭被称为"草圣"是从明代开始的,有一个相沿成习的过程。对此,陈亮亮《"草圣张旭"观念形成与固化的历时考察——兼为"张旭唐代即为草圣"说献疑》一文有细致的梳理。作者通过对唐、宋、元、明、清的相关文献资料的深入考辨,认为:在唐代,张旭常被称为"张颠",亦有称为"太湖精""东吴精"者,并未被称为"草圣"。唐人常称的"草圣"是张芝;在宋代,与张旭"草圣"之称相关的文献材料仅有四条,但这些材料或不知所据,或误读杜诗,或是对张旭有关文献的"异质改造",或为书商改作(即使不是书商改作,也孤证难立),都不能视为宋人把张旭称为"草圣"的证明。在元代,称张旭为"草圣"的材料仅两例,一为引用杜诗典故,一不知所据;在明代,文人士子的诗文中称张旭为"草圣"者大量出现,从而有了明确的"张旭草圣"的概念,但恐怕还没有成为肯定的常识,因为多数说法并无根据;到了清代,人们相沿成习,"张旭草圣"的概念固化了。而且,清人明确提出张旭称"草圣"是"自古即然"的观点。康熙年间,"张旭祠"被改为"草圣祠",便是这个概念固化的现实明证。最后,文章总结道:"'张旭草圣'观固化的过程,颇契合于顾颉刚《与钱玄同先生论古史》'时代愈后,传说中的中心人物愈放愈大'的'层累地造成的中国古史'的观点。""张旭与'草圣'之称的粘合过程,也是中古书法史中心人物张旭的'草圣'形象'层累地造成',且'愈放愈大'的过程。"[①]可知,张旭被称为"草圣",更多的是民间相传的结果。

综上,要说真正的"草圣",那就是张芝。

二、误读的"草圣"

今人著述中的其他"草圣",或是论者误读古人之言的结果,或是古人泛称,而论者又不加辨析径直接受的结果。兹按书家年代先后,将今人所称"草圣"者一一予以辨析。

杜度

今人所据为北宋释适之《金壶记》。文云:

伯度章草,时称圣字。[②]

---

① 陈亮亮《"草圣张旭"观念形成与固化的历时考察——兼为"张旭唐代即为草圣"说献疑》,《中国美术研究》2020年第2期。

② 马宗霍《书林藻鉴》,文物出版社1984年版,第34页。

按：文中所谓"称圣字"，是对杜度草书成就的赞誉，与称杜度为"草圣"是有明显区别的。比较梁庾肩吾《书品论》中"伯英以称圣居首"一语，其意自明。

王羲之

今人所据为唐李嗣真《书品后》。文云：

> 若草、行杂体，如清风出袖，明月入怀，瑾瑜烂而五色，黼绣摛其七采，故使离朱丧明，子斯失听，可谓草之圣也。①

按：文中所谓"草之圣"，是对王羲之行、草书成就的高度赞誉，与上述《金壶记》中所言"称圣字"语义相同。同文中亦有对王羲之正书、飞白书成就的赞誉，赞正书云："右军正体如阴阳四时，寒暑调畅，岩廊宏敞，簪裾肃穆。其声鸣也。则铿锵金石；其芬郁也，则氤氲兰麝，其难征也，则缥缈而已仙；其可觌也，则昭彰而在目。可谓书之圣也。"赞飞白书云："其飞白也，犹夫雾系卷舒，烟空照灼，长剑耿介而倚天，劲矢超腾而无地，可谓飞白之仙也。"②将"草之圣"与"书之圣""飞白之仙"比看，其意更明了。

王献之

今人所据为唐李嗣真《书品后》。文云：

> 然右军终无败累，子敬往往失落，及其不失，则神妙无方，亦可谓之草圣矣。③

按：文中所谓"草圣"为类比，意在赞誉王献之草、行书及半草行书的成就。意思是说，王献之若无失落处，也可达到草圣的水平。

怀素

今人所据为窦冀《怀素上人草书歌》和杨凝式《题怀素酒狂帖后》二诗。

《怀素上人草书歌》云：

> 此生绝艺人莫测，假此常为护持力。连城之璧不可量，五百年知草圣当。④

按：诗中"草圣"一词，指称草书，并非指称怀素。"草圣"句相对前句而言，意思是说，连城之璧的价值不可估量，五百年后，人们会知道，怀素草书的价值是可以与它相比的，这是诗人对怀素草书的高度褒扬。

《题怀素酒狂帖后》云：

---

① 李嗣真《书品后》，张彦远《法书要录》卷三，浙江人民美术出版社 2019 年版，第 85 页。
② 李嗣真《书品后》，张彦远《法书要录》卷三，浙江人民美术出版社 2019 年版，第 85 页。
③ 李嗣真《书品后》，张彦远《法书要录》卷三，浙江人民美术出版社 2019 年版，第 86 页。
④ 窦冀《怀素上人草书歌》，彭定求等《全唐诗》卷二百四，中华书局 1960 年版，第 2134 页。

十年挥素学临池，始识王公学卫非。草圣未须因酒发，笔端应解化龙飞。[1]

按：诗中"草圣"一词，亦指称草书。"草圣"二句是杨凝式对怀素草书的赞美之词，意为怀素的草书之所以精妙，未必是众人所说的酒后挥洒的结果，而是因为怀素草书技艺已经出神入化了。关于怀素酒后狂草的情形，古人有很多精彩的记述，如陆羽《僧怀素传》云"饮酒以养性，草书以畅志。时酒酣兴发，遇寺壁、里墙、衣裳、器皿，靡不书之"[2]；李白《草书歌行》云"吾师醉后倚绳床，须臾扫尽数千张。飘风骤雨惊飒飒，落花飞雪何茫茫。起来向壁不停手，一行数字大如斗。恍恍如闻神鬼惊，时时只见龙蛇走"[3]；苏涣《赠零陵僧》云"兴来走笔如旋风，醉后耳热心更凶。忽如裴旻舞双剑，七星错落缠蛟龙。又如吴生画鬼神，魑魅魍魉惊本身"[4]；任华《怀素上人草书歌》云"十杯五杯不解意，百杯已后始颠狂。一颠一狂多意气，大叫一声起攘臂。挥毫倏忽千万字，有时一字两字长丈二"[5]。如此等等，不一而足。今人之所以将此诗中"草圣"一词理解为怀素的指称，当是径将怀素与酒直接关联了起来。

黄庭坚

今人所据为南宋杨万里《跋马公弼省干出示山谷草圣浣花醉图歌》一诗和明文徵明《跋山谷〈李白忆旧游诗卷〉》。

《跋马公弼省干出示山谷草圣浣花醉图歌》云：

> 涪翁浣花醉图歌，歌词自作复自写。少陵无人张颠死，此翁奄有二子者。不论钗股与锥沙，更数旱蛟及惊蛇。诗仙不合兼草圣，鬼妒天嗔教薄命。

按：诗题中"草圣"一词指草书，"涪翁浣花醉图歌，歌词自作复自写"二句即是注脚。很明确，杨万里题跋的是黄庭坚用草书写的"浣花醉图歌"。若将诗题中"草圣"一词理解为是对黄庭坚的指称，那么诗题是不通的，也和前二句语义不和。又，末二句中"草圣"一词为比喻，是对黄庭坚草书的赞誉之词，与前面的"诗仙"一词用法相同。同样的例子如姚合《和王郎中题华州李中丞厅》一诗："莲华峰下郡斋前，绕砌穿池贮瀑泉。君到亦应闲不得，主人草圣复诗仙。"若因此句而将黄庭坚称作"草圣"，那么，黄庭坚是不是也该被称作"诗仙"呢？

《跋山谷〈李白忆旧游诗卷〉》云：

> 山谷书法，晚年大得藏真三昧。此笔力恍惚，出神入鬼，谓之草圣，宜矣。

---

① 杨凝式《题怀素酒狂帖后》，彭定求等《全唐诗》卷七百一五，中华书局 1960 年版，第 8218 页。

② 陆羽《僧怀素传》，董诰等《全唐文》卷四百三三，中华书局 1983 年版，第 4421 页。

③ 李白《草书歌行》，彭定求等《全唐诗》卷一百六七，中华书局 1960 年版，第 1729 页。

④ 苏涣《赠零陵僧》，彭定求等《全唐诗》卷二百五五，中华书局 1960 年版，第 2867 页。

⑤ 任华《怀素上人草书歌》，彭定求等《全唐诗》卷二百六一，中华书局 1960 年版，第 2903 页。

按：文中"草圣"是比对之词，文徵明用来表达对黄庭坚高超草书技艺的感慨，并非是称黄庭坚为"草圣"。把上文翻译成现代文，即：山谷书法，晚年大得藏真书法真谛。这幅字笔力恍惚，出神入化，真是应该将他称为草圣啊！这样，意思就很明确了。

刘涛

今人所据为元刘有定《衍极注》。注云：

> 刘涛，温陵人，以草书名世，时称为"草圣翁"。①

按：文中"草圣"一词指草书。若指人，语法上极为别扭。即使不管语法问题，退一步讲，也仅是时人的一种称誉而已。

蔡襄、苏轼、黄庭坚、米芾、金源氏、赵沨、赵秉文

今人所据为元郝经《陵川集》。文云：

> 宋以来，蔡襄、苏轼、黄庭坚、米芾、金源氏、赵沨、赵秉文，皆称草圣。②

按：文中所列诸人，除黄庭坚外皆非以草书名世。称他们为"草圣"与宋以后"草圣"内涵的泛化有关，详见下文。

石梁《草字汇》所列历代"草圣"八十七人③

今人所据为石梁《草字汇》"历代草圣"列表。

按：石梁《草字汇》在历代"草圣"中列入了唐太宗、虞世南、褚遂良、欧阳询、颜真卿、李邕、苏轼、米芾、黄庭坚、蔡京、蔡襄、游酢、米友仁等书家，这与郝称蔡襄等人为"草圣"属同一范畴。详见下文。

三、"草圣"书体的内涵变化

唐代开始，"草圣"一词在保留其本义的同时，又有了书体含义。这一含义由本义引申而来，是对那些"草之善者"④的指称，这与一般的草书概念还是有区别的。不过，随着历代草书创作及"草圣"审美标准的变化，"草圣"的书体内涵也随之产生了差别。

在唐代，草书创作达到了继魏晋以后的又一个高峰，"草圣"一词的内涵可从三个方面予以认识：

---

① 刘有定《衍极注》，华东师范大学古籍整理研究室《历代书法论文选》，上海书画出版社 1979 年版，第 273 页。
② 水赉佑《黄庭坚书法史料集》，上海书画出版社 1993 年版，第 138 页。
③ 石梁《草字汇》，上海古籍书店 1978 年版，第 1 页。
④ 于右任《标准草书自序》，于右任《标准草书》，上海书店 1983 年版，第 1 页。

一、一般意义上的"草之善者"的含义。如：

《石刻般若心经序》云：

> 秘书少监驸马都尉荥阳郑万钧，深艺之士也。学有传癖，书成草圣，挥洒手翰，镌刻《心经》，树圣善之宝坊，启未来之华叶。[①]

按：郑万钧，唐睿宗女婿，即大唐驸马，擅书法。文中"书成草圣"为誉词，言郑氏草书为草书佳品。

刘禹锡《伤愚溪三首》其二云：

> 草圣数行留坏壁，木奴千树属邻家。唯见里门通德榜，残阳寂寞出樵车。

按：此诗为怀念柳宗元所作。诗序云："故人柳子厚之谪永州，得胜地，结茅树蔬，为沼沚，为台榭，目曰愚溪。柳子没三年，有僧游零陵，告余曰：'愚溪无复曩时矣！'一闻僧言，悲不能自胜，遂以所闻为七言以寄恨。""草圣"一词言柳宗元草书之善。

权德舆《秘书五绝图贺监草书赞》云：

> 季真造适，挥翰睨壁。酒仙逸态，草圣绝迹。[②]

按：贺知章，初唐著名书法家，善草书。窦臮《述书赋》云："落笔精绝，芳词寡俦，如春林之绚采，实一望而写忧。"[③]窦蒙注云："与造化相争，非人工所到也。"[④]文中"草圣"一词，言贺知章草书精妙。

胡伯崇《赠释空海歌》云：

> 说四句，演毗尼，凡夫听者尽归依。天假吾师多伎述，就中草圣最狂逸。[⑤]

按：空海，日本高僧，唐德宗年间作为学问僧入唐交流学习，行、草书造诣颇高。诗中"草圣"一词是对其草书的赞誉。

贯休《晉光大师草书歌》云：

> 僧家爱诗自拘束，僧家爱画亦局促。唯师草圣艺偏高，一掬山泉心便足。[⑥]

按：晉光，晚唐草书家，昭宗时，诏对御榻前书，赐紫方袍。《宣和书谱》云："潜

① 董诰等《全唐文》二百二五，中华书局 1983 年版，第 4421 页。
② 董诰等《全唐文》卷四百九五，中华书局 1983 年版，第 5047 页。
③ 窦臮《述书赋下》，张彦远《法书要录》卷六，浙江人民美术出版社 2019 年版，第 174 页。
④ 窦臮《述书赋下》，张彦远《法书要录》卷六，浙江人民美术出版社 2019 年版，第 174 页。
⑤ 胡伯崇《赠释空海歌》，彭定求等《全唐诗》卷二百六一，中华书局 1960 年版，第 10191 页。
⑥ 贯休《晉光大师草书歌》，彭定求等《全唐诗》卷二百六一，中华书局 1960 年版，第 9435 页。

心草字,名重一时。……虽未足以与智永、怀素方驾,然亦自是一家法,为时所称。"①诗中"草圣"为敬、赞之词。

二、以历史上一流草书家的创作为标准的含义。如:

蔡希综《法书论》云:

> 草圣始自楚屈原,章草兴于汉章帝。楷法则曹喜、师宜官、梁鹄、皇象、罗景、赵嗣、邯郸淳、胡昭、杜度;穷草法则崔瑗、崔寔、张芝、张昶、索靖、卫瓘、卫恒、羲、献。宋齐之间,王僧虔、羊欣、李镇东、萧子云、萧思话、陶隐居、永禅师;唐初房乔、杜如晦、杨师道、裴行俭、高士廉、欧阳询、虞世南、陆柬之、褚遂良、薛稷,其次有琅玡王绍宗、颍川锺绍京、范阳张庭,亦深有意焉。②

文章追溯"草圣"源流,综合今草、章草,所列举的皆是前代乃至本朝穷极草书之法的一流书家,可见其所持标准之高。由此可见,以蔡希综为代表的书家,其心目中的"草圣"概念相较于上述一般意义上的"草圣"概念标准更高。这一观念,在颜真卿《怀素上人草书歌序》和陆羽《僧怀素传》中也有反映:

> 开士怀素,僧中之英,气概通疏,性灵豁畅。精心草圣,积有岁时,江岭之间,其名大著。(颜真卿《怀素上人草书歌序》)③

> 张旭长史又尝私谓彤曰:"'孤蓬自振,惊沙从飞'。余师而为书,故得奇怪。凡草圣尽於此。"怀素不复应对,但连叫数十声曰:"得之矣!"经岁余,辞之去。

> 颜真卿曰:"噫!草圣之渊妙,代不乏人,可谓闻所未闻之旨也。"(陆羽《僧怀素传》)④

二文中的"草圣"一词,皆非一般意义上的"草之善者",而是以历史为坐标,能够比肩前代草书大家作品的草书概念。否则,颜真卿不会如此称赞怀素的草书成就,怀素、颜真卿也不会发那样的感慨。

三、狂草的含义:

盛、中唐时期,随着张旭、怀素的相继登场,社会上刮起了一股狂草膜拜的旋风,于是,"草圣"一词具有了狂草的指义,这主要表现在文人士大夫对"张癫醉素"及个别狂草书家的激情赞美中。如:

杜甫《殿中杨监见示张旭草书图》云:

---

① 王群栗点校《宣和书谱》,浙江人民美术出版社 2012 年版,第 175 页。

② 蔡希综《法书论》,华东师范大学古籍整理研究室《历代书法论文选》,上海书画出版社 1979 年版,第 270 页。

③ 怀素《自叙》,朱长文《墨池编》,浙江人民美术出版社 2019 年版,第 372 页。

④ 陆羽《僧怀素传》,董诰等《全唐文》卷四百三三,中华书局 1983 年版,第 4421 页。

斯人已云亡,草圣秘难得。及兹烦见示,满目一凄恻。①

苏涣《赠零陵僧》云:

张颠没在二十年,谓言草圣无人传。零陵沙门继其后,新书大字大如斗。②

任华《怀素上人草书歌》云:

吾尝好奇,古来草圣无不知。岂不知右军与献之,虽有壮丽之骨,恨无狂逸之姿。中间张长史,独放荡而不羁,以颠为名倾荡于当时。张老颠,殊不颠于怀素。怀素颠,乃是颠。人谓尔从江南来,我谓尔从天上来。负颠狂之墨妙,有墨狂之逸才。③

权德舆《马秀才草书歌》云:

伯英草圣称绝伦,后来学者无其人。白眉年少未弱冠,落纸纷纷运纤腕。④

"草圣"在唐代的狂草指义极为耀眼,后世以之论张旭、怀素等狂草书家时,这一指义也自然再现。这样的诗文数量众多,以至于人们一谈到"草圣",便往往想到狂草。

随着唐代草书风潮的落幕,宋、元、明、清人的"草圣"概念多不再有唐人历史坐标下的草书内涵,而成为草书的别称。如:

北宋苏轼《与米元章九首》之四云:

承示太宗草圣及谢帖,皆不敢于病中草草题跋,谨具驰纳,俟小愈也。

南宋刘克庄《苏才翁二帖》云:

二苏草圣独步本朝,裕陵绝重才翁书,得子美书辄弃去。

元脱脱等《宋史》云:

(钱俶)善草书,上一日遣使谓曰:"闻卿善草圣,可写一二纸进来。"俶即以旧所书绢图上之,诏书褒美,因赐玉砚金匣一,红绿象牙管笔、龙凤墨、蜀笺、盈丈纸皆百数。⑤

---

① 杜甫《殿中杨监见示张旭草书图》,彭定求等《全唐诗》卷二百二一,中华书局 1960 年版,第 2339 页。
② 苏涣《赠零陵僧》,彭定求等《全唐诗》卷二百五五,中华书局 1960 年版,第 2867 页。
③ 任华《怀素上人草书歌》,彭定求等《全唐诗》卷二百六一,中华书局 1960 年版,第 2903 页。
④ 权德舆《马秀才草书歌》,彭定求等《全唐诗》卷三百二七,中华书局 1960 年版,第 3665 页。
⑤ 元脱脱等《宋史》卷四百八十《世家三》,中华书局 1985 年版,第 13908 页。

明朱谋《画史会要》载唐寅语云：

> 工画如楷书、写意如草圣。

引文中的"草圣"一词都是一般意义上的草书概念。之所以不称草书而称"草圣"，乃"谓之重视草书也可，谓之高视草书也亦可"[1]。

随着"草圣"径指草书的普遍，在元、明、清时期，还出现了"草圣"内涵的松动现象。在"草圣"指称草书时，一些行书作品被纳入；在"草圣"指称书家时，以行书见长者被纳入。前者如明张丑《南阳书法表》，其"草圣"类中即收入了苏轼《黄州寒食帖》、黄庭坚《华严疏》、赵孟頫《归田赋》等行书作品；后者如元郝经《陵川集》、清石梁《草字汇》的做法。这一情况说明，"草圣"的内涵一定程度泛化了。石梁《草字汇·例略》云："兹集本为草书，而兼及行书者，前人作草，往往夹入行书，故偶值行书有遒丽可爱者，亦略取之。"[2]将一些行书、行书家列入"草圣"的原因，应该在这里了。

"草圣"标准的降低，其书家指称也不那么严格了，凡善草书的人，似乎都可以被径称为"草圣"，郝经、石梁的做法便是明证。李渔在《十二楼》中所讲述的郭酒痴的故事更是一个极好的注脚。文云：

> 浙江温州府永嘉县有个不识字的愚民，叫做郭酒痴。每到大醉之后，就能请仙判事，其应如响。最可怪者，他生平不能举笔，到了请仙判事的时节，那悬笔写来的字，比法帖更强几分，只因请到之仙都是些书颠草圣，所以如此，从不曾请着一位是《淳化帖》上没有名字的。

郭酒痴所请之仙皆为"书颠草圣"，"草圣"之多，可知矣。

（作者单位：四川师范大学美术学院·书法学院）

---

[1] 于右任《标准草书自序》，于右任《标准草书》，上海书店1983年版，第1页。
[2] 石梁《草字汇》，上海古籍书店1978年版，第3页。

"轮台风物异,地是古单于"

——岑参笔下的西域*

高建新

  盛唐诗人岑参(715?—770)一生两次进入西域,前后长达 5 年,其对唐代"丝绸之路"、河西走廊及西域的描写具有典范意义①。唐代的西北北疆,诗人中没有人比岑参走得更远更多,时间更长,诗作更多。西域的许多地方,是岑参第一次写入诗中。岑参是抱着"功名只向马上取,真是英雄一丈夫"(《送李副使赴碛西官军》)的壮士情怀走进西域的。郑振铎先生称赞岑参说:"唐诗人咏边塞诗颇多,类皆捕风捉影。他却自句句从体验中来,从阅历里出。"②薛天纬教授说:"岑参写边地风物,相当严肃地遵守了写实的原则。若写未亲历之地,他在诗中即有明示。"③如写热海,诗人没有亲历,于是用"侧闻"一词。这样的写实精神,使岑参诗具有特殊价值,成为了解研究唐代西域的重要史料。

一、遥远壮阔的西域

  天宝八载(749)春至天宝十载(751)夏,34 岁的岑参第一次远赴安西,任安西节度使高仙芝幕僚:"一身从远使,万里向安西。汉月垂乡泪,胡沙费马蹄。"(《碛西头送李判官入京》)"走马西来欲到天,辞家见月两回圆。今夜不知何处宿,平沙万里绝人烟。"(《碛中作》)"黄沙碛里客行迷,四望云天直下低。为言地尽天还尽,行到安西更向西。"(《过碛》)"绝域地欲尽,孤城天遂穷。"(《安西馆中思长安》)通向西域的道路虽然坎坷艰难,但阻挡不住诗人西行的脚步。

  按照廖立先生的研究,岑参是出阳关之后,西行至蒲昌海(今罗布泊),再沿塔里木河行至安西④。第一次从气候温和、风景秀丽的长安沿着河西走廊西行至西

  * 本文为笔者主持 2020 年度教育部哲学社会科学研究重大课题攻关项目——"唐代丝绸之路文学文献整理与研究"阶段性成果,项目号:20JZD047。

  ① 高建新《"唐诗之路"与岑参的西域之行》,《唐都学刊》2020 年第 2 期。
  ② 郑振铎《插图本中国文学史》(二),人民文学出版社 1957 年版,第 324—325 页。
  ③ 薛天纬《高适岑参诗选评·导言》,三秦出版社 2010 年版,第 18 页。
  ④ 廖立《岑参赴西域时间路途考补》,《河南大学学报》1995 年第 4 期。

域,直到龟兹。路途之遥远艰辛、气候之寒冷多变、自然环境之恶劣难当,连诗人自己也感到震惊:"凉州三月半,犹未脱寒衣。"(《河西春暮忆秦中》)"胡地三月半,梨花今始开。"(《登凉州尹台寺》)"昨夜宿祁连,今朝过酒泉。黄沙西际海,白草北连天。"(《过酒泉忆杜陵别业》)"玉门关城迥且孤,黄沙万里白草枯。"(《玉门关盖将军歌》)"西行殊未已,东望何时还。终日风与雪,连天沙复山。"(《寄宇文判官》)"前月发安西,路上无停留。都护犹未到,来时在西州。十日过沙碛,终朝风不休。马走碎石中,四蹄皆血流。"(《初过陇山途中呈宇文判官》)西州,太宗灭高昌,以其地为西昌州,后改名西州,辖境相当于今天吐鲁番市及托克逊、鄯善等县地,地扼天山南北孔道,为"丝绸之路"上中西交通要冲①,自然环境十分险恶,沙海四围,冬天奇寒,夏季酷热:"高昌涂路,沙碛千里,冬风冰冽,夏风如焚,行人去来,遇之多死。"(褚遂良《谏戍高昌疏》)②

岑参写于天宝十载(751)的《武威送刘单判官赴安西行营便呈高开府》,诗一开头即写西域的壮阔:"热海亘铁门,火山赫金方。白草磨天涯,胡沙莽茫茫。"热海,即今吉尔吉斯斯坦境内的伊塞克湖,湖长178公里,最宽60公里,面积6236平方公里,湖岸线长597公里,平均水深278米,最深668米(一作702米),湖水主要靠雪水补给③。2015年10月,中国李白学会会长薛天纬教授亲临伊塞克湖考察:

> 湖面一望无际,像大海一样浩渺。水波十分平静,东边天际的早霞映照着湖水,霞光红得发紫甚至发黑,像挂在天水之间一幅巨大的油画,绚烂而浓重的色彩令人心醉。我们踏着木栈道向湖心走去,已经走出很远,其实还在湖边。环顾四周,西面和南面都是巍峨的雪山,使人意识到自己面对的是一个高山湖泊。④

"普氏野马"的发现者、19世纪俄国探险家普尔热瓦尔斯基(1839—1888)一生钟情伊塞克湖,认为是比里海、咸海、黑海、地中海更清澈湛蓝的大海⑤,遗嘱死后葬在伊塞克湖畔:

> 碧蓝的湖面向西方延伸,一望无垠;湖水向右面也延伸得很远。前边耸立着天山山脉,像一堵高大的墙壁,构成了右岸,在岸边重峦叠嶂,均是雪峰,好像戴上了一副花环。越是向西,这个雪白的花环越接近碧蓝的湖面,而在它的

① 谭其骧主编《中国历史大辞典·历史地理》,上海辞书出版社1996年版,第290、778页。
② 董诰等编《全唐文》(一),上海古籍出版社1990年版,第664页。
③ 《中国大百科全书·世界地理》,中国大百科全书出版社1990年版,第708页。
④ 薛天纬《从长安到天山:丝绸之路访唐诗》,北京大学出版社2020年版,第229页。
⑤ 杜根成、丘陵《普尔热瓦尔斯基传》,中国民族摄影艺术出版社2002年版,第311页。

尽头,雪峰仿佛要沉没在伊塞克湖的波涛之中。[1]

伊塞克湖碧波荡漾,与周围的天山雪峰相辉相映,壮阔无与伦比。当年玄奘西行取经,也曾路经伊塞克湖。《大唐西域记·跋禄迦国》:

> 山行四百余里至大清池(或名热海,又谓咸海),周千余里,东西长,南北狭。四面负山,众流交凑,色带青黑,味兼咸苦,洪涛浩汗,惊波汩㶁。龙鱼杂处,灵怪间起,所以往来行旅,祷以祈福。水族虽多,莫敢渔捕。[2]

出了凌山(敦达岭)之后,伊塞克湖是旅人看到的最大的高山不冻湖。《大唐大慈恩寺三藏法师传》卷二:"出山后至一清池(清池亦云热海。见其对凌山不冻,故得此名,其水未必温也),周千四五百里。东西长南北狭。望之森然。无待激风而洪波数丈。循海西北行五百余里至素叶城。"[3]杜环《经行记·碎叶国》:"敦达岭北行千余里,至碎叶川。其川东头有热海,兹地寒而不冻,故曰热海。"[4]

"热海亘铁门"中的铁门,指的是故址在今乌兹别克斯坦苏里汗达里省杰尔宾特西北之恰克恰里山口,地处热海西南,为古代中亚南北交通要道,玄奘西行曾经此地[5]。《大唐西域记·羯霜那国》有详细的记载:

> 从此西南行二百余里入山,山路崎岖,溪径危险,既绝人里,又少水草。东南山行三百余里,入铁门。铁门者,左右带山,山极峭峻,虽有狭径,加之险阻。两傍石壁,其色如铁。既设门扉,又以铁铟,多有铁铃,悬诸户扇,因其险固,遂以为名。出铁门至睹货逻国。[6]

羯霜那国,西域古国,也称史国,故址在今乌兹别克斯坦撒马尔罕西南一带,"丝绸之路"上的枢纽城市。睹货逻,即吐火罗。《新唐书·西域传下》:"吐火罗,或曰土豁罗,曰睹货逻,元魏谓吐呼罗者。居葱岭西,乌浒河之南,古大夏地。"[7]铁门是史国与吐火罗的分界。《大慈恩寺三藏法师传》卷二也有相同的记载:

> 又西南三百余里,至羯霜那国。又西南二百里入山,山路深险,才通人步,复无水草。山行三百余里,入铁门。峰壁狭峭而崖石多铁矿,依之为门,扉又镶

① [俄]尼·费·杜勃罗文《普尔热瓦尔斯基传》,吉林大学外语系俄语专业翻译组译,商务印书馆1978年版,第395页。
② 季羡林等《大唐西域记校注》(上),中华书局2000年版,第69页。
③ 慧立、彦悰《大慈恩寺三藏法师传》,孙毓棠、谢方点校,中华书局1983年版,第27页。
④ 杜环著、张一纯笺注《经行记笺注》,华文出版社2017年版,第42—43页。
⑤ 冯志华等《西域地名词典》,新疆人民出版社2002年版,第454页。
⑥ 季羡林等《大唐西域记校注》(上),中华书局2000年版,第98、100页。
⑦ 欧阳修、宋祁《新唐书》(二十),中华书局1975年版,第6252页。

铁,又铸铁为铃,多悬于上,故以为名,即突厥之关塞也。出铁门至睹货逻国。[①]

有论者以为此诗中的铁门就是岑参《题铁门关楼》《银山碛西馆》诗中的铁门关,而"热海与铁门关相去颇远",由此得出了"岑参边塞诗中的地名往往用得不严密,此处不必拘泥"的结论[②],实在是冤枉了岑参!这首诗的开头四句说,热海横亘于铁门之北,火焰山映红了西方;茂盛的白草直与远天相连,沙海茫茫,一望无际。从这四句看,岑参对西域一带的山川地貌相当熟悉。岑参是在河西走廊上的武威送别友人的,诗人视域辽阔,极目天山之西的热海、铁门,再由西向东移动,回到了天山东南的交河、高昌一带:

> 曾到交河城,风土断人肠。寒驿远如点,边烽互相望。赤亭多飘风,鼓怒不可当。有时无人行,沙石乱飘扬。夜静天萧条,鬼哭夹道傍。地上多髑髅,皆是古战场。置酒高馆夕,边城月苍苍。

从诗题看,写此诗时岑参已从西域回到了武威,他把自己在西域的经历见闻写进了诗中。交河,故址在今新疆吐鲁番西北 5 公里处,自西汉至后魏,车师前国都于此,公元 450 年为高昌所并。贞观十四年(640),太宗灭高昌,后改置交河县[③]。历史上的交河见证了唐帝国"都护府"等边疆管理模式的有效实行,展现了"丝绸之路"沿线有关城市文化、建筑技术、佛教东传及多民族文化的交流与传播。在由温暖的长安初到西域的诗人眼里,此地的风俗人情、地理环境与中原迥异,令人悲伤,难以适应,骆宾王所谓"中外分区宇,夷夏殊风土"(《从军中行路难二首》其一)。这里狂风怒吼,沙石飞扬,少有行人,又是古战场,间有鬼哭之声,惨淡月色映照下的是满地的白骨。赤亭,地名,在今新疆鄯善县东北,岑参《送李副使赴碛西官军》:"火山六月应更热,赤亭道口行人绝。"诗人描绘的西域寂寞荒远,入目所见使人心惊胆战,这样的景象让诗人在震撼的同时也眼界大开,诗境大开。

吐鲁番盆地低洼封闭,最低处海拔 −155 米,属于温带极干旱气候,年降水量仅 16 毫米,是中国的极热之地,素有"火州"之称[④],著名火焰山自西向东横贯盆地中部,岑参称之"火山",在诗中多次描写。《武威送刘判官赴碛西行军》:"火山五月行人少,看君马去疾如鸟。"《火山云歌送别》:"缭绕斜吞铁关树,氛氲半掩交河戍。迢迢征路火山东,山上孤云随马去。"《使交河郡,郡在火山脚,其地苦热无雨雪,献封

---

① 慧立、彦悰《大慈恩寺三藏法师传》,孙毓棠、谢方点校,中华书局 1983 年版,第 30 页。
② 陈铁民、侯忠义《岑参诗校注》,中华书局 2004 年版,第 119 页。此观点又见孙钦善、陈铁民等《高适岑参诗选》,人民文学出版社 1985 年版,第 120 页。
③ 谭其骧主编《中国历史大辞典·历史地理》,上海辞书出版社 1996 年版,第 336 页。
④ 《中国大百科全书·中国地理》,中国大百科全书出版社 1993 年版,第 498 页。

大夫》:"暮投交河城,火山赤崔巍。九月尚流汗,炎风吹沙埃。何事阴阳工,不遣雨雪来。"位于吐鲁番盆地以西的交河属于典型的地堑盆地,绝少雨雪,本身是一个燃烧的巨大火炉,即使农历九月也让人汗流浃背。在《经火山》诗中岑参又说:

> 火山今始见,突兀蒲昌东。赤焰烧虏云,炎氛蒸塞空。不知阴阳炭,何独燃此中。我来严冬时,山下多炎风。人马尽汗流,孰知造化功。

蒲昌,蒲昌县,即今新疆鄯善县,在吐鲁番盆地以东。虏,西北边地;阴阳炭,贾谊《鹏鸟赋》:"且夫天地为炉兮,造化为工(冶匠);阴阳(二气)为炭(炭火)兮,万物为铜。"在《火山云歌送别》中,岑参又写道:"火山突兀赤亭口,火山五月火云厚。火云满山凝未开,飞鸟千里不敢来。"诗人在北庭生活期间,曾多次目睹了火焰山的壮丽景象。据记者报道,2018年6月25日16时,吐鲁番火焰山景区巨型"金箍棒"温度计测得实时地表温度为83℃,此温度是截至目前火焰山地区测得的最高地表温度。当日有2500多名游客在景区感受高温旅游[1]。高昌、交河一带气候变化难测,夏季酷热,深秋即大雪飘飞,《送崔子还京》:"匹马西从天外归,扬鞭只共鸟争飞。送君九月交河北,雪里题诗泪满衣。"诗人身在绝域的交河送别友人回长安,自然是心生感慨、艳羡不已。《诗式》说:"四句言交河地寒,九月见雪,嘉州自伤羁旅,故泪满衣。"[2]

经历了千难万险回到长安后,岑参仍任微官,十分郁闷,于是于天宝十三载(754)夏秋间,39岁的岑参第二次入西域、到北庭,成为安西、北庭节度使封常清的幕僚[3]。行前,有第一次西域经历的岑参有了心理准备,《发临洮将赴北庭留别》:"闻说轮台路,连年见雪飞。春风曾不到,汉使亦应稀。白草通疏勒,青山过武威。勤王敢道远,私向梦中归。"轮台,指北轮台。岑参去北庭,由瓜州出玉门关(唐关在今安西东双塔堡附近),经五烽至伊州(今新疆哈密),再西去西州,玄奘法师西行走的也是这条道路[4]。《大慈恩寺三藏法师传》卷一:

> 法师因访西路。或有报云:从此北行五十余里,有瓠芦河,下广上狭,洄波甚急,深不可渡。上置玉门关,路必由之,即西境之襟喉也。关外西北又有五烽,候望者居之,各相去百里,中无水草,五烽之外即莫贺延碛,伊吾国境。[5]

在赴北庭途中,岑参写下了《日没贺延碛作》:"沙上见日出,沙上见日没。悔向

---

① 张小宓《83℃！新疆吐鲁番昨日迎来今夏地表最高温》,《新疆晨报》2018年6月26日。
② 陈伯海《唐诗汇评》(上),浙江教育出版社1995年版,第831页。
③ 陈铁民、侯忠义《岑参诗校注》,中华书局2004年版,第559页。
④ 廖立《岑参赴西域时间路途考补》,《河南大学学报》1995年第4期。
⑤ 慧立、彦悰《大慈恩寺三藏法师传》,孙毓棠、谢方点校,中华书局1983年版,第12页。

万里来,功名是何物。"①日日置身于沙海之中,已见懊悔之意。贺延碛是新疆东部和河西走廊西端连接带上戈壁分布最集中、类型最复杂的地方,穿越常有生命危险。

二、气候极端的西域

岑参到了北庭,果然和预料的一样,北庭的气候、自然环境迥异于内地,《登北庭北楼呈幕中诸公》:"二庭近西海,六月秋风来。"《北庭贻宗学士道别》:"孤城倚大碛,海气迎边空。四月犹自寒,天山雪濛濛。"《北庭作》:"孤城天北畔,绝域海西头。秋雪春仍下,朝风夜不休。"北庭,唐方镇名,属陇右道,因为治所在北庭都护府,节度使例兼北庭都护,故通称北庭。统辖西北伊、西、庭三州及北庭都护府境内诸军、镇、守捉,杜甫《近闻》诗说:"崆峒五原亦无事,北庭数有关中使。"贞元六年(790),其地入吐蕃②。"丝绸之路"北路经过北庭,杜甫《秦州杂诗二十首》其十九说:"风连西极动,月过北庭寒。"西极,极西,西方极远之地。岑诗以自己的切实经历描写了北庭的荒寒寂寥,距离中原有万里之遥,《赴北庭度陇思家》:"西向轮台万里余,也知乡信日应疏。"

需要说明的是,唐代西域境内有两个轮台,一是汉轮台,一是唐轮台,一在天山南,一在天山北。汉轮台也称南轮台,故址在今新疆轮台县东南 15 公里布古尔,曾是西域三十六国之一,地处天山南麓中段、塔里木盆地北缘,是唐代"丝绸之路"中道上的重镇,汉代属于西域都护府。汉武帝太初四年(前101),贰师将军李广利率军伐大宛、夺取汗血马之后在轮台屯田,设置使者校尉,代表朝廷处理西域事物③。汉武帝晚年颁布的《轮台罪己诏》(见《汉书·西域传下》)中之轮台即此,岑参《登北庭北楼呈幕中诸公》:"尝读《西域传》,汉家得轮台。"诗中轮台指的也是汉轮台。另一个轮台是唐轮台,也称北轮台,在唐代"丝绸之路"北道上,地处天山北麓、准噶尔盆地南缘,故址在今新疆昌吉县、米泉县至乌鲁木齐市南郊之乌拉泊古城一带。太宗贞观中(627—649)在北庭都护府辖境内置轮台县,其后又在县置轮台州及都护府,德宗贞元中(785—805)为吐蕃所据④,岑参北庭诗作中的轮台指的是北轮台⑤。实地考察之后,薛天纬教授说:"可以确定,岑参诗中的轮台,就是指吉木萨尔县境

① 陈铁民、侯忠义《岑参诗校注》,中华书局 2004 年版,第 174 页。
② 谭其骧主编《中国历史大辞典·历史地理》,上海辞书出版社 1996 年版,第 224 页。
③ 贺灵《西域历史文化大辞典》,新疆人民出版社 2012 年版,第 741 页。
④ 冯志华等《西域地名词典》,新疆人民出版社 2002 年版,第 285 页。
⑤ 薛天纬《岑参诗与唐轮台》,《文学遗产》2005 年第 5 期。此文收入《李白·唐诗·西域》一书,薛天纬著,上海古籍出版社 2011 年版,第 203—218 页。

内的全国重点文物保护单位'北庭故城'。"(《八月梨花何处开——岑参诗"轮台"考辨》)①岑参又有《轮台即事》一诗,作于天宝十四载(755):

> 轮台风物异,地是古单于。三月无青草,千家尽白榆。蕃书文字别,胡俗语音殊。愁见流沙北,天西海一隅。

北轮台风物与内地殊异,其地曾属于匈奴。因气候寒冷,三月尚无青草,家家户户种的是白榆。因为不通当地的语言文字,不适应当地的风俗,更增添了诗人的异域之感。不论想看不想看,入目的都是茫茫沙漠,仿佛到了天之尽头。这里的"流沙",指北轮台北面的古尔班通古特沙漠,位于天山北麓、准噶尔盆地中央。岑参作于至德元年(756)秋的《首秋轮台》诗说:

> 异域阴山外,孤城雪海边。秋来唯有雁,夏尽不闻蝉。雨拂毡墙湿,风摇毳幕膻。轮台万里地,无事历三年。

阴山,天山的别称,岑参《热海行送崔侍御还京》:"侧闻阴山胡儿语,西头热海水如煮。海上众鸟不敢飞,中有鲤鱼长且肥。"诗中的"阴山"即指天山②。唐代"丝绸之路"的北道与中道经过天山的北麓与南麓。初秋天山外的北轮台已是一片凄寒,惟见大雁,不闻蝉鸣,加上风雨中的"毡墙""毳幕",给人强烈的异域之感,此时的岑参来到北庭已经三年(754—756)。北轮台夏季炎热,冬季寒冷多狂风,岑参《走马川行奉送封大夫出师西征》:"君不见走马川行雪海边,平沙莽莽黄入天。轮台九月风夜吼,一川碎石大如斗,随风满地石乱走。"描写北轮台一带的极端气候。洪亮吉《江北诗话》卷五认为"诗之奇而入理者,其惟岑嘉州乎":

> 尝以己未冬杪,谪戍出关,祁连雪山,日在马首,又昼夜行戈壁中,沙石吓人,没及髁膝。而后知岑诗"一川碎石大如斗,随风满地石乱走"之奇而实确也。大抵读古人之诗,又必身亲其地,身历其险,而后知心惊魄动者,实由于耳闻目见得之,非妄语也。③

洪亮吉认为,只有亲历其地后才能知晓其诗之真切。清人毛先舒《诗辩坻》卷三说:"嘉州《轮台》诸作,奇姿杰出,而风骨浑劲,琢句用意,俱极精思,殆非子美、达夫所及。"④毛先舒认为,岑参北轮台之作皆是亲历,风骨凛然,精思独具,即使是杜甫、高适(字达夫)这样的大家、名家也不能与之比肩。

---

① 薛天纬《八里桥畔论唐诗》,凤凰出版社 2020 年版,第 173 页。
② 谭其骧主编《中国历史大辞典·历史地理》,上海辞书出版社 1996 年版,第 371 页。
③ 洪亮吉《北江诗话》,陈迩冬点校,人民文学出版社 1983 年版,第 86 页。
④ 郭绍虞《清诗话续编》(一),上海古籍出版社 1983 年版,第 47 页。

作于北轮台的《轮台歌奉送封大夫出师西征》，颂赞唐军军容盛壮、士气高昂：

> 轮台城头夜吹角，轮台城北旄头落。羽书昨夜过渠黎，单于已在金山西。戍楼西望烟尘黑，汉兵屯在轮台北。上将拥旄西出征，平明吹笛大军行。四边伐鼓雪海涌，三军大呼阴山动。虏塞兵气连云屯，战场白骨缠草根。剑河风急雪片阔，沙口石冻马蹄脱。亚相勤王甘苦辛，誓将报主静边尘。古来青史谁不见，今见功名胜古人。

轮台控扼天山之北的广大区域，是兵家必争之地。渠黎，汉时西域国名，在今新疆轮台县东南，其地与南轮台相连。金山，今新疆北部的博格达山。全诗悲壮激昂，气势豪雄，无人企及。"雪片阔""马蹄脱"极言天气之寒冷，非亲历不可得。"战场白骨缠草根"，怵目惊心，写战争频繁、残酷，暗示此地由来是战场，元好问"野蔓有情萦战骨"（《岐阳三首》其二）之句显然受到了岑诗的启发。在北庭期间，岑参《白雪歌送武判官归京》不仅吟出了"忽如一夜春风来，千树万树梨花开"的千古绝唱，又有《天山雪歌送萧治归京》一诗，描绘当地奇异的气候：

> 天山有雪常不开，千峰万岭雪崔嵬。北风夜卷赤亭口，一夜天山雪更厚。能兼汉月照银山，复逐胡风过铁关。交河城边飞鸟绝，轮台路上马蹄滑。晻霭寒氛万里凝，阑干阴崖千丈冰。将军狐裘卧不暖，都护宝刀冻欲断。正是天山雪下时，送君走马归京师。雪中何以赠君别，惟有青青松树枝。

诗以动人的笔触描绘天山雪景，依依别情自然熔铸在壮丽的雪景之中，有《白雪歌送武判官归京》的意境与韵味，可称姊妹篇，属于洪亮吉说的"诗奇而入理"者："诗奇而入理，乃谓之奇。若奇而不入理，非奇也。"[1]赤亭口、银山、铁关（铁门关）、交河、轮台，均为唐代"丝绸之路"西域段的要冲，薛天纬教授对此有详细的考辨[2]。

岑参是在至德元年（756）岁末东归长安的[3]。两次西域之行，锤炼了岑参，成就了他的诗歌，唐人中写西域、写"丝绸之路"、写天山南北的奇特物产如优钵罗花（即雪莲），没有人能超过岑参，所以郑振铎说："岑参是开、天时代最富于异域情调的诗人。"[4]陆游《跋岑嘉州诗集》说：

> 予自少时，绝好岑嘉州诗。往往山中，每醉归，倚胡床睡，辄令儿曹诵之，至酒醒，或熟睡，乃已。尝以为太白、子美之后，一人而已。今年自唐安别驾来

---

① 洪亮吉《北江诗话》，陈迩冬点校，人民文学出版社 1983 年版，第 86 页。
② 薛天纬《八里桥畔论唐诗》，凤凰出版社 2020 年版，第 185 页。
③ 周祖譔《中国文学家大辞典·唐五代卷》，中华书局 1992 年版，第 376 页。
④ 郑振铎《插图本中国文学史》（二），人民文学出版社 1957 年版，第 324 页。

摄犍为,既画公像斋壁,又杂取世所传公遗诗八十余篇刻之,以传知诗律者,不独备此邦故事,亦平生素意也。①

诵传岑诗、描绘岑像,崇敬之情溢于言表。陆游如此喜好岑参诗,最重要的原因就在于岑参诗有英雄气,敢于走向万里边疆,有对异域文化与风光景物亲切具体的感受,有其他诗人所不能及的奇峭之美。杜甫《九日寄岑参》:"岑生多新诗,性亦嗜醇酎。"岑参不落俗套,自成格调。"新诗"之"新",就是新奇:奇情,奇语,奇景、奇境。同时代的殷璠评岑参诗"参诗语奇体峻,意亦造奇"(《河岳英灵集》)②,后人评价岑参诗也多集中在了风骨与奇、壮之上:"嘉州诗一以风骨为主,故体裁峻整,语亦造奇。"(《唐诗品》)"岑词胜意,句格壮丽。"(《唐音癸签》)"高、岑并工起语,岑尤奇峭。"(《诗薮》)"嘉州之奇峭,入唐以来所未有。又加以边塞之作,奇气益出。风会所感,豪杰挺生。"(《石洲诗话》)"其诗辞意清切,迥拔孤秀,多出佳境。"(《诗学渊源》)"高音亮节,自成悲壮。"(《唐风定》)③西域之行也部分成就了他的仕途,代宗时曾任嘉州(今四川乐山)刺史,世称"岑嘉州"。岑参诗"奇"的得来,与两次由河西走廊进入西域的经历密不可分。

三、神奇的优钵罗花

天宝十五载(756),一个特殊的机缘,第二次进入西域的岑参在北庭见到了一种名叫优钵罗花的神奇植物,并写下了《优钵罗花歌并序》。岑参在诗序中说,自己在佛经中曾读到有关优钵罗花的记载,但并未见到过真的优钵罗花。他说自己公事之外多有闲暇,"乃于府庭内栽树种药,为山凿池,婆娑乎其间,足以寄傲"。就在种树种草、堆山开池、徘徊其中、像陶渊明一样"倚南窗以寄傲"之时,有交河小吏进献优钵罗花,自称是在天山之南获得的。

岑参仔细端详优钵罗花:"其状异于众草,势宠欻如冠弁,巍然上耸,生不傍引;攒花中拆,骈叶外包,异香腾风,秀色媚景。"岑参说,此花与众草不同,孤高挺拔,其状如冠,不斜生旁引;花蕊团集,花瓣开展,叶片两两相对。虽生在边僻之地,却香气馥郁、独有姿色,在日光照耀下更显得可爱。诗人在赞赏优钵罗花的同时又不禁感慨地说:"尔不生于中土,僻在遐裔,使牡丹价重,芙蓉誉高,惜哉!"如此高贵的花不生长在赏者如云的内地,却偏偏生长在荒寂僻远的边地,这就为牡丹、荷花的价高誉重、人见人夸提供了机会,这实在令人惋惜。然而,"夫天地无私,阴阳无偏,各

---

① 《陆游集》(五),中华书局1976年版,第2229页。
② 王克让《河岳英灵集集注》,巴蜀书社2006年版,第201页。
③ 陈伯海《唐诗汇评》(上),浙江教育出版社1995年版,第787—789页。

遂其生,自物厥性,岂以偏地而不生乎? 岂以无人而不芳乎?"天地是无私的、阴阳是不会偏袒的,这样万物就可以按照自己的天性生长,各有自己的质性。不会因为所处地方的荒寂僻远而不生长,也不会因为无人欣赏而不芬芳。诗人浮想联翩、睹物伤怀:"适此花不遭遇交河小吏,终委诸山谷,亦何异怀才之士,未会明主,摈于林薮耶!"优钵罗花如果不碰上交河小吏,最终只能委弃于冰冷的荒山之中,就像"怀才之士"不能遭逢圣明之主一样,在山林草野中寂寞地耗尽一生,岑参于是感而为歌,在赞赏高贵美丽的优钵罗花的同时,也抒发了诗人自己心中的无限悲慨:

> 白山南,赤山北。其间有花人不识,绿茎碧叶好颜色。叶六瓣,花九房。夜掩朝开多异香,何不生彼中国兮生西方。移根在庭,媚我公堂。耻与众草之为伍,何亭亭而独芳。何不为人之所赏兮,深山穷谷委严霜。吾窃悲阳关道路长,曾不得献于君王。

在天山之南、火焰山之北,有一种不为人知的、名为优钵罗的花。优钵罗花绿茎碧叶,颜色姣好。有六瓣叶片,九个花房。夜里闭合,清晨开放,散发着奇异的芬芳。岑参不禁问道:这么神奇的花卉,为什么不生长在中原却偏偏生长在西域? 优钵罗花耻与众草为伍,亭亭玉立,芳华幽独。是什么原因不被众人欣赏? 最终落得个委弃深山穷谷,一任严霜摧损。诗人感叹"吾窃悲阳关道路长,曾不得献于君王",优钵罗花的命运与自己的遭遇何其相似,通过敦煌的阳关一旦进入遥远的西域,再想回到长安,不仅道路艰难漫长,而且遥遥无期。堪与中原爱重的牡丹、江南垂青的荷花媲美的优钵罗花,只因生长在西域,竟落到了如此的境地。纵观诗人坎坷的仕途,英雄无用武之地,人生理想难以实现,其遭遇正如生长在荒寂边地的优钵罗花,所以见了优钵罗花,诗人不能不动情,不能不心生感慨,甚至是同病相怜。

岑参诗序中说"尝读佛经,闻有优钵罗花",这里的佛经指的可能是《华严经》,全称《大方广佛华严经》,是大乘佛教的主要经典。丁福保《佛学大词典》:

> 优钵罗(植物)Utpala,又作乌钵罗,沤钵罗,优钵剌。花名。译曰青莲花,黛花,红莲花。《慧苑音义》上曰:"优钵罗,具正云尼罗乌钵罗,尼罗(Nila)者此云青。乌钵罗者花号也,其叶狭长,近下小圆,向上渐尖,佛眼似之,经多为喻,其花茎似藕稍有刺也。"《玄应音义》三曰:"优钵剌,又作沤钵罗,此译云黛花也。"《法华玄赞》一曰:"优钵罗者,此云红莲花。"《大日经疏》十五曰:"优钵罗花,有赤白二色,又有不赤不白者,形如泥卢钵罗花。"①

优钵罗花狭长的叶子酷似佛眼,是典型的佛国之花,为人敬仰。优钵罗花,梵

---

① 丁福保《佛学大词典》(下),上海书店出版社 1991 年版,第 2758 页。

语的音译,一般译作青莲花或红莲花,即生长在西域的雪莲花。当时雪莲花虽未能像"苜蓿随天马,葡萄逐汉臣"(王维《送刘司直赴安西》)一样进入中原,却是中国文学中第一次写到,中原人通过岑参的诗第一次知道了这种远在天边的神奇植物。为李白诗作注的清人王琦说:"青莲花,出西域,梵语谓之优钵罗花,清净香洁,不染纤尘,李白自号,疑取此义。"(《李太白年谱》)①王琦认为,李白来自西域的碎叶城(在今吉尔吉斯斯坦托克马克城西南),故其自号青莲,此青莲并非江南常见的多年生水生草本花卉——荷花(或称"水芙蓉"),而是雪莲。岑参细致具体地描述了生长在西域的稀有高山植物——雪莲,这在唐人文献中是极其罕见的。

岑参诗中的优钵罗花,再具体说就是今天的"天山雪莲",因状如荷花,亦称"雪荷花",通常生长在海拔 2800—4000 米的雪线以下,能在石缝、砾石中扎根,不畏冰天雪地,生命力顽强,每年的七八月份开花,花如拳大,花蕊紫色,外包着白玉色或淡绿色的半透明膜片,新疆、西藏、云南均有分布。清代医药学家赵学敏《本草纲目拾遗·花部》卷七说:

> 雪荷花　产伊犁西北及金川等处大寒之地,积雪春夏不散,雪中有草,类荷花,独茎亭亭,雪间可爱。戊戌(1778 年)春,予于太守处亲见之,较荷花略细,其瓣薄而狭长,可三四寸,绝似笔头,云浸酒则色微红。②

《本草纲目拾遗》卷七又引朱枫《柑园小识》曰:"雪莲生西藏,藏中积雪不消,暮春初夏,生于雪中,状如鸡冠,花叶逼肖,花高尺许,雌雄相并而生,雌者花圆,雄者花尖,色深红,性大热,能除冷疾。"雪莲花属菊科多年生草本,根茎粗壮,叶子为长椭圆形,花色多深红,是一种名贵的高山植物,有极好的药用价值,可止血、补肾气不足,治风湿、雪盲、牙痛。

雪莲花是随着岑参远行万里、进入西域而呈现在世人面前的,但在后来的中国古代文学作品中描写的并不多,倒是纪昀《阅微草堂笔记》卷三《滦阳消夏录三》中有一段神奇的记载:

> 塞外有雪莲,生崇山积雪中,状如今之洋菊,名以莲耳。其生必双,雄者差大,雌者小。然不并生,亦不同根,相去必一两丈。见其一,再觅其一,无不得者。盖如菟丝茯苓,一气所化,气相属也。凡望见此花,默往探之则获。如指以相告,则缩入雪中,杳无痕迹,即劚雪求之亦不获。草木有知,理不可解。土人曰:"山神惜之。"其或然欤?此花生极寒之地,而性极热。盖二气有偏胜,无

① 王琦《李太白全集》,中国书店 1996 年版,第 811 页。
② 赵学敏《本草纲目拾遗》,刘从明校注,中医古籍出版社 2017 年版,第 250 页。

215

偏绝,积阴外凝,则纯阳内结。①

纪昀以聊斋笔法,描述了传说中的雪莲花。雪莲花虽然"其生必双",但"不并生,亦不同根,相去必一两丈。见其一,再觅其一,无不得者",雪莲花仿佛精灵一般,孤高独立,绝不攀附依傍,一株与另一株之间有清晰的距离,而且厌喧嚣,喜宁静,一听人大声说话,指指点点,便会"缩入雪中,杳无痕迹",即使用铁制工具挖掘,也不可得,真有点儿像蒲松龄《黄英》中描绘的"菊精"。

对于这样的奇花,唐代文学家几无涉及。直至晚唐,也只有贯休诗中有两处提到了优钵罗花:"可怜优钵罗花树,三十年来一度春。"(《闻迎真身》)"优钵罗花万劫春,频犁田地绝纤尘。"(《道情偈三首》其三)但诗人着眼点并不在花本身,而在阐扬佛理。着眼于花本身来描述雪莲,岑参是第一人,所以宋人叶茵《优钵罗花》诗说:"九房六瓣瑞天山,香色清严入坐寒。不悟岑参题品意,后人只作佛花看。"②明人郎瑛在《七修类稿·事物类》(卷四十六)中也说:"尝闻佛家有优钵罗花,《本草》《尔雅》诸所不载,意为幻言也……昨读《岑嘉州集》,有《优钵罗花歌》,则又知其实有此花。"③早在1260年前,岑参就已经让雪莲花静静地盛开在了唐诗里,开得美丽而忧伤,淡然而有意味,不仅在文学史上,而且在植物学史上亦有特殊的意义。

附记:

薛天纬教授是当代著名的唐诗研究学者,长期生活、工作在新疆,熟悉西域历史文化,治学注重书面文献与实地调查相结合,著述丰富,影响广泛,为同行后辈仰重。赐赠笔者著作五种:《高适岑参诗选评》(三秦出版社2010年版)、《李白·唐诗·西域》(上海古籍出版社2011年版)、《李白诗选》(人民文学出版社2017年版)、《从长安到天山:丝绸之路访唐诗》(北京大学出版社2020年版)、《八里桥畔论唐诗》(凤凰出版社2020年版),其中四种与岑参及其诗作有关,笔者受益匪浅,撰写此文,敬祝薛天纬教授八十华诞,身心康健,学术之树长青。

(作者单位:内蒙古大学文学与新闻传播学院)

---

① 纪昀《阅微草堂笔记》,上海古籍出版社1980年版,第50页。
② 北京大学古文献研究所《全宋诗》(六十一),北京大学出版社1998年版,第38251页。
③ 郎瑛《七修类稿》,上海书店出版社2009年版,第482、483页。

赋役变革与中唐诗歌的制度评价

孟祥光

在经历了安史之乱的战火洗礼之后,大唐盛世不再,民生疾苦在诗人创作题材中所占比例逐渐上升。两税法取代租庸调在唐人心中所激起的波澜,也迅速传达到诗歌创作的各个方面,在诗歌创作主旨的改变、艺术特色的形成等方面的影响都很明显。更为难得的是,以两税法为主体的中唐赋役制度在诗中得到直接反映的趋势也随之愈加明显,进而消弭了初盛唐阶段对该题材表现过于含蓄的不足,这在唐代诗歌发展史上具有独特价值。本文拟先就赋役变革对中唐诗歌众多影响中的几个方面进行探讨,以期逐步推进,借以助力赋役制度与文学间交叉研究的继续深入。

尽管诗歌的文体特性决定了它缺乏历史记载的翔实具体,也不同于政论文的条分缕析,再加上诗人自己的人生际遇、对朝廷时局的看法、诗歌理论的影响等等,很难断言某一首诗中的制度反映与当时制度背景是百分百契合的。单篇作品中的制度评价有可能因为种种因素干扰而导致略微变形甚至一定程度的失真。我们在分析诗歌与制度背景之间关系的时候,应该意识到这些客观存在的干扰因素,主动发现失真之处何在,避免僵化的解读诗歌及其文学表现。但如果将中唐该类诗歌作品作为一个整体进行观照,再通过与史籍比照分析、分类归纳求其大势,读者仍然可以自诗歌作品中体悟到当时制度背景的真实影响。所以,只要我们确立科学的取舍态度,重视诗歌中的细节呈现,完全可能据以接近许多具体可感的制度史"碎片",而这种存在于文学作品的特殊"真实",正是很多史料典籍所缺少的。

安史之乱的爆发对唐王朝是个沉重的打击,也使租庸调制为主体的初盛唐赋税体系受到极大冲击,战争期间丁壮折损和民户逃亡的情况愈演愈烈,朝廷可以控制的丁口数量大幅下降,以丁口定税的旧制度面临着严重的困难。安史之乱后,藩镇割据的局面已成事实,实际控制在朝廷手里的州县和土地资源也大幅减少,在均田制时代就一直存在着的土地兼并更是变本加厉,最终完全破坏了均田制的根基,"田地潜更主,林园尽废荒"①成了在士大夫和田家阶层中都普遍存在的现象,均田

---

① 元友让《复游浯溪》,《全唐诗》卷二五八,中华书局 1960 年版,第 2882 页。

制也变得名存实亡。早在南宋,叶适就曾有过相关论述:"唐世虽有公田之名,而有私田之实,而后兵戈既起,征敛烦重,遂杂取于民,远近异法,内外异制。民得自有其田,而公卖之,天下纷纷,遂相兼并,故不得不变而为两税。"①均田制的最终消亡,使租庸调失去了存在的根基,大乱之后的唐王朝只能想法用一种新的赋税制度来代替它。为了改善财政入不敷出的窘迫局面,唐王朝不得不进行赋役制度的改革,大历十四年(779)八月,杨炎上疏《请作两税法》:

> 凡百役之费,一钱之敛,先度其数而赋予人,量出以制入。户无主客,以见居为簿;人无丁中,以贫富为差。不居处而行商者,在所郡县税三十之一,度所与居者均,使无侥利。居人之税,夏秋两征之,俗有不便者正之。其租庸杂徭悉省,而丁额不废,申报出入如旧式。其田亩之税,率以大历十四年垦田之数为准而均征之。夏税无过六月,秋税无过十一月。逾岁之后,有户增而税减轻,及其人散而失均者,进退长吏,而以尚书度支总统焉。②

德宗采纳这一建议后,于建中元年(780)正式颁行天下,开始实行两税法,将均田制时期的租庸调都并入两税,"其租庸杂徭悉省",农民只需按资产交纳地税(即田亩税)和户税(即资产税)及其他几种附加税,一年之中分夏、秋两次收税,除田亩税部分征粮外,其他征钱。两税法的实施目的是将唐中期以来名目繁多的杂税统一为主要的户税和地税,这样既能简化征税名目,又可使赋税在一段时间内相对稳定,它是此前一系列改革尝试的最终定型,并完成了将其制度化的历史使命。两税法作为一种制度背景,对社会各阶层产生影响时,不仅在于制度设计,更在于制度执行。在朝廷宣布实行两税法之后,除了几次增加两税法的税额标准之外,还出现了一系列的税外加征。在朝政、藩镇等各种因素的影响下,两税法在之后的发展过程中并未实现其初创时所确立的良好意愿——解决此前的苛捐杂税问题。两税法之外的加征税种杂乱,更迭频繁,其中的青苗钱、加耗、间架税、纽配、除陌钱等,都与中唐人尤其是农民阶层关系密切且相对稳定,再加上很多临时性的枉法乱征现象,无不背离了两税法合并税种、简化税收程序和成本的便民初衷,作为执行中的弊端,极大破坏了两税法制度本身及其所依赖的税源。所有这些,都对中唐诗歌创作产生了或明或暗的影响。

在赋役变革之前,初盛唐诗人直接评论赋税、徭役的作品实在是凤毛麟角,难得一见。笔者遍检《全唐诗》和《全唐诗补编》,在初盛唐时期仅有高适的《苦雨寄房

---

① 马端临《文献通考》卷二《田赋》,中华书局 1986 年版,第 54 页。
② 刘昫等《旧唐书》卷一一八《杨炎传》,中华书局 1975 年版,第 3421—3422 页。

四昆季》①、《自淇涉黄河途中作十三首其九》②和卢象的《乡试后自巩还田家,因谢邻友见过之作》③共三首诗中出现了评论赋役制度的诗句,无论从绝对还是相对数量来看都非常之少。而且诗人在评论制度时,态度较为缓和,言辞没有唐代中后期同类诗那样激烈,诗人会有这种批评心态,应该是赋役制度环境及其执行状况较好的缘故。中唐诗歌中对税役内容的反映则大大增加,很多诗人在笔下直接发表自己的制度评价,直接见于诗人笔下的赋税种类就有青苗税(包何《送韦侍御奉使江岭诸道催青苗钱》)、户税(刘虚白《句》)、渔税(刘长卿《送州人孙沉自本州却归句章新营所居》)、渔租(元稹《酬乐天东南行诗一百韵》)等,这成为其有别于初盛唐诗作的一大特色。诗中对当时以两税法为核心的赋役制度及其执行情况都进行了反映,内容丰富,形式多样,诗人的立场甚为鲜明。

一、"国家定两税,本意在爱人"④
——肯定赋役制度变革的初衷和合理性

相较于安史之乱期间的税目苛杂、政出多门、上下盘剥,两税法的实行确实有其积极意义。此次税制改革实为情势所迫、顺应潮流之举,是社会历史发展的必然结果。现今最通行的看法认为中唐时期实行两税法是在租庸调制难以继续推行下去的情况下,逐步改革完善,最终完全取代了租庸调,这一观点从王仲荦先生开始即已成为主流学术观点⑤,笔者也深以为然。

从制度本身的设计来看,两税法的确简化了征税的项目,将过去按人头征税基本改变为按家庭资产、土地数量征税,再加上征税时间相对固定,若能真正按照设计意图得到贯彻执行,肯定会产生积极的影响。杜佑等人就称赞两税法:"适时之令典,拯弊之良图。"⑥连皇帝诏敕中都颇为自得地说道:"两税法悉总诸税,初极便人。"⑦这对中唐人特别是农民阶层来说真是大有裨益:"赋税均一,人既均一,人知税轻,免流离之患,益农桑之业,安人济用,莫过于斯矣。"⑧两税法的实施,在一定时期内保证了国家的财政收入。同时,从制度上杜绝了官吏从中作弊乱摊派的可能,使人民的负担有所减轻。把原来按丁征税转为按贫富征税,立法原则较为公平,很

① 彭定求等《全唐诗》卷二一二,中华书局 1960 年版,第 2212 页。
② 彭定求等《全唐诗》卷二一一,中华书局 1960 年版,第 2192 页。
③ 彭定求等《全唐诗》卷一二二,中华书局 1960 年版,第 1218 页。
④ 彭定求等《全唐诗》卷四二五:白居易《秦中吟十首·重赋》,中华书局 1960 年版,第 4674 页。
⑤ 王仲荦《唐代两税法研究》,《历史研究》1963 年第 6 期,第 17—24 页。
⑥ 杜佑《通典》卷七《食货》,中华书局 1984 年版,第 150 页。
⑦ 宋敏求《唐大诏令集》卷一一一《制置诸道两税使敕》,商务印书馆 1959 年版,第 579 页。
⑧ 杜佑《通典》卷七《食货》,中华书局 1984 年版,第 158 页。

显然比租庸调制一律按丁征税合理。这些做法一定程度上改善了此前一段时间赋税多集中于贫苦农民身上的不合理状况,赋役负担不均的社会状况有所缓解。朝廷定两税法以代替租庸调制为的是将此前的繁杂税目和租庸调一起并入两税,使国税名目统一,同时也可相应地简化征管手续。尽管根本目的是为了巩固王朝的统治根基,但直接目的还是要惠及农民,刺激其生产劳动的积极性,促进农业经济的发展和国家财政收入的增长。实行初期,这一目标基本得到了实现,中唐诗歌也出现了明确对其进行肯定的诗句。最具代表性的是白居易在其诗中对此所做出的评价:

> 厚地植桑麻,所要济生民。生民理布帛,所求活一身。身外充征赋,上以奉君亲。国家定两税,本意在爱人。厥初防其淫,明敕内外臣。税外加一物,皆以枉法论。……①

与白居易在新乐府运动时期主张"唯歌生民病"的诗歌创作倾向相一致,该诗论调明确有力。以完全写实的手法道出了"生民"们努力劳作的目的:安身立命,供奉君亲。同样真实的是,国家进行税制改革的"本意"也是以平民百姓为念。诗人以第三者的角度进行评述,充分肯定了唐王朝推行两税法的良好初衷。朝廷对执行过程中可能出现的偏误也做了充分估计,并颁布了相应的政策来进行预防:"厥初防其淫,明敕内外臣。税外加一物,皆以枉法论。"思虑不可谓不周,决心不可谓不大。而且,这种说法绝非诗人一厢情愿或凭空杜撰,是有史书记载为证的:"自艰难以来,征赋名目繁杂,委黜陟使与诸道观察使、刺史,计资产作两税法。比来新旧征科色目,一切停罢,两税外辄别配率,以枉法论。"②综合诗、史两方面的记载来看,这种评判论调,当是两税法颁行之初很多诗人的共识吧。

二、"贫儿多租输不足,夫死未葬儿在狱"③
——关于税役负担的评价

诚然,两税法由于税额有了制度上的规定,农民的家庭负担相对固定、明确,与战乱期间无休止的强征乱派相比有所减轻。但这是相对而言,就两税法的绝对征收额来看,却是颇为繁重的。两税法的构成主体是户税和地税。地税的税率,大历五年三月规定:"京兆府百姓税,夏税上田亩税六升,下田亩税四升,秋税上田亩税

---

① 彭定求等《全唐诗》卷四二五:白居易《秦中吟十首·重赋》,中华书局 1960 年版,第 4674 页。
② 王溥《唐会要》卷七八《黜陟使》,中华书局 1985 年版,第 1419 页。
③ 彭定求等《全唐诗》卷三八二:张籍《山头鹿》,中华书局 1960 年版,第 4289 页。

五升,下田亩税三升,荒田开佃者亩率二升。"①陆贽也曾提道:"今京畿之内,每田一亩,官税五升,而私家收租殆有亩至一石者。"②可见,京兆府田税平均在每亩五升左右。除正税以外,还有附加税青苗钱、榷酒钱。青苗钱每亩 18 文,与京兆府毗邻的同州"每亩只税粟九升五合、草四分、地头榷酒钱共出二十一文已下"③。可见,榷酒钱的额度是每亩 3 文。这样,如果还按五口之家拥有 30 亩地的话,则田税的税负为粟 1.5 石,税钱 630 文。此外还有户税钱。大历四年正月十八日敕:"有司定天下百姓及王公已下每年税钱,分为九等,上上户四千文,上中户三千五百文,上下户三千文,中上户二千五百文,中中户二千文,中下户一千五百文,下上户一千文,下中户七百文,下下户五百文。"④因此,此时的平均户税钱在两贯左右。两税将租、庸、调与其他非法征敛合并,实际上是一次农民负担的增长过程,难怪陆贽抨击两税法是"此总无名之暴赋而立常规也"⑤。

还有一点需要指出,租庸调的征收额度在整个初盛唐几乎没发生大的变化,而两税的数额却常有反复。正税之外,国家还会根据需要加征杂税,这也是加重农民负担的重要因素。杂税征收的主要原因是国家财政压力加大,主要有官僚队伍膨胀、官吏盘剥、战乱等因素,自然灾害也在一定程度上增加了国家的赈灾支出。在两税法"量入为出"的征税原则指导下,所有这些新增支出都会最终演变为农民的税役负担。

中唐诗中对两税法背景下农民的税役负担颇为关注,频频出现抨击税负过重现象的诗句。最典型的是张籍《山头鹿》⑥:

> 山头鹿,角芟芟,尾促促。贫儿多租输不足,夫死未葬儿在狱。早日熬熬蒸野冈,禾黍不收无狱粮。县家唯忧少军食,谁能令尔无死伤。

诗人借助手中的笔墨向我们介绍了当时沉重的赋税负担给一家农民带来的苦难。这家人的生活是悲惨的,男主人的境遇自是非常可怜——死无葬身之地,而活着的人却更为艰难,连坐牢都没有狱粮。他们的苦难并不是因为自己作奸犯科或是游手好闲,而是"多租输不足"。从诗中介绍来看,并未出现水、旱灾害,这户农民也能够做到不惧"早日熬熬蒸野冈"的辛勤劳作,尚且无力缴纳官府的租税,赋税的征收量之大,就可见一斑了。

---

① 王钦若《册府元龟》卷四八七《邦计部·赋税门》,中华书局 1960 年版,第 5832 页。
② 陆贽《翰苑集》卷二二《均节赋税恤百姓第六条》,文渊阁《四库全书》本。
③ 元稹《元氏长庆集》卷三八《同州奏均田状》,中华书局 1982 年版,第 435 页。
④ 刘昫《旧唐书》卷四八《食货志》,中华书局 1975 年版,第 2091—2092 页。
⑤ 欧阳修等《新唐书》卷五二《食货》,中华书局 1975 年版,第 1354 页。
⑥ 彭定求等《全唐诗》卷三八二:张籍《山头鹿》,中华书局 1960 年版,第 4289 页。

还有白居易的《别州民》①：

> 耆老遮归路，壶浆满别筵。甘棠无一树，那得泪潸然。税重多贫户，农饥足旱田。唯留一湖水，与汝救凶年。

这首诗是写他自己作为地方官离任之时的情况，诗意之中流露出了对政绩的自我肯定。刺史离任他就，州民都扶老携幼前来送行，说明其对这任父母官执政行为的认可和感激之情。按照常理度之，有如此贤明官员宰牧的地方应该是州强民富才是，但事实恰恰相反——"农饥足旱田"。追其根源，竟然是"税重多贫户"。白居易作为统治集团中的一员，能够如此坦言无忌，符合他自己"唯歌生民病，愿得天子知"的诗歌创作主张，更表明了其对两税法时代税额偏重的不满和抨击。

类似的还有白居易在《观刈麦》诗中最为大家熟知的悯农诗句"家田输税尽，拾此充饥肠"②，以及柳宗元的"蚕丝尽输税，机杼空倚壁"③、张籍的"家中姑老子复小，自执吴绡输税钱"④等，也都表现了两税法制度背景下因国家征收赋税过重而使百姓不堪其累，生活过于窘迫的情景，表达了诗人对赋役制度中税额太重的看法。

三、"胡为秋夏税，岁岁输铜钱"⑤
——关于征税方式的评价

采用货币的形式纳税既是中央王朝经济拮据的体现，也与两税法时代赋税的征收时间有关。在征收青苗税等税种的时候，农作物尚未成熟，而广大农民也不一定会有大量的粮食结余，本意即有便民之意。虽然这并不意味着青苗税只有货币一种形式，例如包何的《送韦侍御奉使江岭诸道催青苗钱》：

> 近远从王事，南行处处经。手持霜简白，心在夏苗青。回雁书应报，愁猿夜屡听。因君使绝域，方物尽来庭。

"因君使绝域，方物尽来庭"一句告诉我们即使是催缴青苗钱，也存在实物的形式，不过这应该是一种比较特殊的情况。因为采用"方物"形式缴纳青苗税的地区是"绝域"，也就是遥远偏僻的州县。在这些地方，货币流通远远比不上中原地区，再加上当地的农业生产也未必是以种植业为主，因此用颇具地方特色"方物"的形式完税正是一种不得已的办法。

---

① 彭定求等《全唐诗》卷四四六：白居易《别州民》，中华书局 1960 年版，第 5007 页。
② 彭定求等《全唐诗》卷四四二：白居易《观刈麦》，中华书局 1960 年版，第 4655 页。
③ 彭定求等《全唐诗》卷三五三：柳宗元《田家三首》其二，中华书局 1960 年版，第 8427 页。
④ 彭定求等《全唐诗》卷三八二：张籍《促促词》，中华书局 1960 年版，第 4289 页。
⑤ 彭定求等《全唐诗》卷四二五：白居易《赠友五首》其三，中华书局 1960 年版，第 4674 页。

两税法征钱可以说是唐代商品经济发展的必然产物,也是顺应社会现实的需要,更是唐王朝爱护百姓之初衷被扭曲之后的结果。两税钱额是按原来的征钱数确定的,包含了租庸调折纳钱部分和杂税钱。两税法加大了两税钱的征收,而两税钱的征收又加剧了自唐中叶以来就存在的"钱重物轻"之弊,导致粮、绢价格出现直线下跌的趋势,史籍有载:"自初定两税,货重钱轻,计乃计钱而输绫绢。既而物价愈下,所纳愈多,绢匹为钱三千二百,其后为钱一千六百,输者过二。虽赋不增旧,而民愈困矣。"①在物价下跌的情况下,即使两税钱额不变,两税额内无论交纳现钱,还是折纳绢帛,都会加重农民负担,也反过来加重了"钱重物轻"之弊,从而出现物价愈下所纳愈多,百姓的实际负担在不断加重。两税法以货币计税与中唐以后钱重物轻的局面互相推波助澜,大大加重了纳税户的负担。

从很多诗歌中我们都可以看出诗人对两税法以货币作为赋役征收方式的态度,但旗帜鲜明地在诗歌里为田家大声疾呼的,唯有白居易:

> 私家无钱炉,平地无铜山。胡为秋夏税,岁岁输铜钱。钱力日已重,农力日已殚。贱粜粟与麦,贱贸丝与绵。岁暮衣食尽,焉得无饥寒。吾闻国之初,有制垂不刊。庸必算丁口,租必计桑田。不求土所无,不强人所难。量入以为出,上足下亦安。兵兴一变法,兵息遂不还。使我农桑人,憔悴畎亩间。谁能革此弊,待君秉利权。复彼租庸法,令如贞观年。②

开头两句就明确表示了自己对两税法这一征税方式的不满和批评。他认为农民以土地为主要生产资料,田亩所出的只是衣食而已,国家征收货币就使得农民必须将自己的劳动所得进行商品交换,受到商人的盘剥自是难以避免,平添额外的烦劳和负担。更有甚者,伴随中唐以后"钱力日已重"这种局面的出现,农民在交易时明显处于不利的地位,粟麦、丝绵等农产品都在这种"钱重物轻"的不公平市场环境中遭到变相掠夺。日复一日,农民的衣食、家财慢慢耗尽,出现了岁暮无衣食的凄惨之状。诗的后半部分更是在今昔两种赋役制度的对比中,明确其是古非今的态度,大赞租庸调时代"不求土所无,不强人所难"的征收方式,认为这是国家富足、田家安乐的重要根源,希望能够像以前那样重新恢复租庸之法,再造贞观盛世。

在经历了安史之乱以后,当时的社会生产遭到战争严重破坏,多次出现了粮食短缺物价暴涨的局面,"钱轻物重"是推行两税法初期的真实状况。在物重钱轻的情况下,将农产品换算成货币是有利于减轻百姓负担的,所以唐政府的出发点应该是好的,即白居易诗中所言的"兵兴一变法"有其现实意义,但"兵息遂不还"却改变

---

① 欧阳修等《新唐书》卷五二《食货》,中华书局 1975 年版,第 1351 页。
② 彭定求等《全唐诗》卷四二五:白居易《赠友五首》其三,中华书局 1960 年版,第 4674 页。

了爱护百姓的初衷。到了贞元以后,情况慢慢发生了变化,在社会经济逐渐稳定了之后,物价迅速下降,持续出现了长期的钱重物轻的情况。百姓在纳税时仍然必须以物折钱交纳,就会出现实际负担量的加重。而且,在国家有意提高赋税收益的前提下,"以钱纳税"和"钱重物轻"开始呈现出相互促进的恶性循环。唐代中后期的货币经济虽然有了发展,但还没有发展到全部使用货币的程度,国家有时征收货币,有时要折成绢帛等交纳,在折合过程中,无形之中便加重了人民的负担,"钱重物轻"的愈演愈烈保证了国家能在赋税额度不进行任何调整的情况下,提高实际的财政收入。而每年两次的限期"以钱纳税",使农民有时不得不违背自己的意愿去低价出售自己的谷物布帛,这势必会加剧"钱重物轻"的局面。白居易在诗中传达出的这种制度观念代表了中唐时期相当一部分士人的想法,有其现实的制度根源。

四、"回头向村望,但见荒田草"①
——创作风貌的变化与诗歌的制度评价

以上几点论述的都是诗人在作品中所进行的直接评论,其实,在赋役变革的影响下,中唐诗歌的创作基调也出现了转变。中唐的诗歌创作者更为明显地站在农民的立场上,完全以田家的视角去观察周围的环境,表达其制度感受。诗歌的创作主题、人物类型、景色描写等,都呈现出迥异于此前同类诗作的风神。这些可以看作是诗人们就赋役变革所做出的间接评价。单就诗中作者制度感受的传达而言,诗人在创作中偏爱塑造的人物类型和选取景物风格是最具代表性的。

首先,典型人物塑造所传达出的制度功用评价。

在进行人物塑造时,诗人笔下老农的生活状态发生了明显变化,他们不再如初盛唐的同龄人那样过着老有所终、安养天年的生活,其本该悠闲的生活因两税时代的沉重负担而一去不复返了。

如雍裕之《农家望晴》中的这位老农:

> 尝闻秦地西风雨,为问西风早晚回。白发老农如鹤立,麦场高处望云开。②

诗中这位满头银发的主人公本该在儿孙们的奉养下安然无忧、颐养天年,但是他却依然需要到麦场中来劳作。身体上的劳累还不算什么,连心情也因云压头顶影响收获而焦虑难安。诗中的这位老翁正是当时农村中那些迫于赋税压力而拼命劳作的老人们最典型的代表。孟郊在《山老吟》中对田家野老的辛劳状况表现的更为具体传神:

---

① 彭定求等《全唐诗》卷四三三:白居易《登村东古冢》,中华书局 1960 年版,第 4783 页。
② 彭定求等《全唐诗》卷四七一,中华书局 1960 年版,第 5351 页。

> 不行山下地,唯种山上田。腰斧斫旅松,手瓢汲家泉。讵知文字力,莫记
> 日月迁。蟠木为我身,始得全天年。①

诗中的老翁天天上山耕种,难得几天悠闲,山中的地形条件恶劣使得这位老人的劳动强度非常之大。这还不算,为生活所迫,老者还得在耕作之余砍伐松木,观其诗意,似乎不仅仅是为了供自家柴薪之用,抑或是到市场上出卖以贴补因税收负担沉重而出现的家庭经济亏空。

此外,还有白居易《杜陵叟(伤农夫之困也)》中的"杜陵叟,杜陵居,岁种薄田一顷余。三月无雨旱风起,麦苗不秀多黄死。九月降霜秋早寒,禾穗未熟皆青干。……"②等很多诗中老翁形象表现的都是中唐老农们老而不得休息的凄凉晚年。

中唐诗中的这些老翁们之所以失去了安养晚年的生存条件,其制度根源就是两税法一改租庸调时代课"丁口"的征税标准,剥夺了老农们"退休"的权力,使得他们只要身体条件允许,就必须作为家庭的一个成员继续发挥"余热",为两税贡献力量。

中唐诗中也开始着意表现一种新的人物类型——贫女形象。最典型的代表是王建《当窗织》中的那位农妇:

> 叹息复叹息,园中有枣行人食。贫家女为富家织,翁母隔墙不得力。水寒
> 手涩丝脆断,续来续去心肠烂。草虫促促机下啼,两日催成一匹半。输官上顶
> 有零落,姑未得衣身不着。当窗却羡青楼倡,十指不动衣盈箱。③

中唐家庭的多样化生产很大程度上是靠妇女的额外付出来实现的,诗中的女主人公即因家贫而不得不勉力纺织,以求稍稍缓解家庭经济危机。"水寒手涩丝脆断,续来续去心肠烂"向我们展现的是这位女子的勤劳不休,更是辛酸泪水。尽管这位农妇不辞劳苦,得到的回报又是什么呢? 输完官税之后,连家里年幼的小姑都不能有一件新衣,更不用说大人们了。这种辛劳之后毫无所得的境况,不能不使这些中唐农妇产生悲愤之情。羡慕青楼歌姬并非她们的真意,只是对自身所处不公境遇进行抨击的托词罢了。

同样着力于塑造贫女形象的还有孟郊《贫女词寄从叔先辈简》:"蚕女非不勤,今年独无春。二月冰雪深,死尽万木身。"④鲍溶《采葛行》:"蛮女不惜手足损,钩刀一一牵柔长。……殷勤十指蚕吐丝,当窗袅袅声高机。织成一尺无一两,供进天子

---

① 彭定求等《全唐诗》卷三七二,中华书局 1960 年版,第 4179 页。
② 彭定求等《全唐诗》卷四二七,中华书局 1960 年版,第 4704 页。
③ 彭定求等《全唐诗》卷二九八,中华书局 1960 年版,第 3381 页。
④ 彭定求等《全唐诗》卷三七二,中华书局 1960 年版,第 4179 页。

五月衣。"①章孝标《织绫词》:"去年蚕恶绫帛贵,官急无丝织红泪。"②元结《系乐府十二首·贫妇词》:"谁知苦贫夫,家有愁怨妻。请君听其词,能不为酸凄。所怜抱中儿,不如山下麑。空念庭前地,化为人吏蹊。"③等等。诗人们在作品中塑造出一批不辞辛劳却又贫困凄惨的贫女形象,她们忍受着身体劳累的同时,也经受着精神上的沉重负担,她们的共同遭遇所传达出的正是诗人对中唐时期赋役制度设置不合理的共同感受。

其次,诗人对乡村景物的选取与描绘。

在中唐诗歌创作中所涉及的乡村景物描写,也是诗人对赋役变革进行评价的一种独特方式,更是奠定作品基调和传达诗人创作意图的重要手段。

中唐诗中仍然有描写垄亩之中农作物长势繁茂的诗句:

> 膏雨抽苗足,凉风吐穗初。早禾黄错落,晚稻绿扶疏。……莫道如云稼,今秋云不如。(白居易《太和戊申岁大有年,诏赐百寮出城观稼,谨书盛事,以俟采诗》)④

> 葱茏初蔽野,散漫正盈畴……紫芒分幂幂,青颖澹油油。(蒋防《秋稼如云》)⑤

> 林果黄梅尽,山苗半夏新。(李敬方《天台晴望》)⑥

> 卢橘垂金弹,甘蕉吐白莲。(樊珣《状江南·仲夏》)⑦

> 江南季秋天,栗熟大如拳。(刘蕃《状江南·季秋》)⑧

上面所列诗句均以长势喜人的农作物为描摹对象。但这是为笔者所仅见的 5 处,类似诗句在中唐诗歌中的出现,仍可以令人据此推断:在两税法推行之后,其对农业生产的推动作用还是引起了诗人的注意,也在作品中留下了一定的痕迹。只是,这类诗句已经难以在当时的诗歌创作中占据主流。诗人笔下出现频率更高的是破败的乡村原野景象,这与初盛唐诗中的情况迥然有异。据笔者检读,初盛唐诗中几乎没有对农村破败景象进行反映,只有两处非常接近,一是祖咏的《田家即事》中有

---

① 彭定求等《全唐诗》卷四八七,中华书局 1960 年版,第 5538 页。
② 彭定求等《全唐诗》卷五〇六,中华书局 1960 年版,第 5754 页。
③ 彭定求等《全唐诗》卷二四〇,中华书局 1960 年版,第 2697 页。
④ 彭定求等《全唐诗》卷四四九,中华书局 1960 年版,第 5005 页。
⑤ 彭定求等《全唐诗》卷五〇七,中华书局 1960 年版,第 5762 页。
⑥ 彭定求等《全唐诗》卷五〇八,中华书局 1960 年版,第 5774 页。
⑦ 彭定求等《全唐诗》卷三〇七,中华书局 1960 年版,第 3490 页。
⑧ 彭定求等《全唐诗》卷三〇七,中华书局 1960 年版,第 3490 页。

句:"旧居东皋上,左右俯荒村。"①似乎要以所居环境的荒凉作为诗歌主题,但紧接着诗人就以另外一句"稼穑岂云倦,桑麻今正繁"改变了读者此前的阅读感受。另一处的情况也相类似,储光羲在《野田黄雀行》中写道:"穷老一颓舍,枣多桑树稀……萧条空仓暮,相引时来归。"②确乎提到了村中穷老那濒临倒塌的破屋,但其后也有一句"斜路岂不捷,渚田岂不肥",且《野田黄雀行》作为一个乐府古题也可能影响到诗歌物象的选取。

赋役变革后,中唐诗人的创作呈现出另一种状况,反映垄亩村野间的种种凋敝之状的作品越来越多,诗歌风貌也因之大变。如:

> 经雨篱落坏,入秋田地荒。(元稹《景申秋八首》其六)③
> 古戍见旗迥,荒村闻犬稀。(刘禹锡《秋江晚泊》)④
> 村蹊蒿棘间,往往断新耕……荒圃鸡豚乐,雨墙禾莠生。(李约《城南访裴氏昆季》)⑤
> 行行近破村,一径敬还坳。(长孙佐辅《山行书事》)⑥
> 月上蝉韵残,梧桐阴绕地。独出村舍门,吟剧微风起。萧萧芦荻丛,叫啸如山鬼。(沈亚之《村居》)⑦
> 地薄桑麻瘦,村贫屋舍低。早苗多间草,浊水半和泥。(白居易《茅城驿》)⑧
> 畹中无熟谷,垄上无桑麻。(刘叉《冰柱》)⑨
> 浅井不供饮,瘦田长废耕。(孟郊《秋夕贫居述怀》)⑩
> 荒畦九月稻叉牙,蛰萤低飞陇径斜。(李贺《南山田中行》)⑪

以上诗句对中唐乡村世界的具体描写内容不同,但创作基调相通,所选物象大都有个共同的特点——萧索荒凉,庄稼没有收成,孤村人烟稀少,与初盛唐诗乐于描写乡村的人烟繁盛、满目风光形成鲜明对比。在中唐诗人的眼中,乡村世界中绿树青

---

① 彭定求等《全唐诗》卷一三一,中华书局 1960 年版,第 1332 页。
② 彭定求等《全唐诗》卷一三六,中华书局 1960 年版,第 1373 页。
③ 彭定求等《全唐诗》卷四一〇,中华书局 1960 年版,第 4553 页。
④ 彭定求等《全唐诗》卷三五七,中华书局 1960 年版,第 4018 页。
⑤ 彭定求等《全唐诗》卷三〇九,中华书局 1960 年版,第 3495 页。
⑥ 彭定求等《全唐诗》卷四六九,中华书局 1960 年版,第 5334 页。
⑦ 彭定求等《全唐诗》卷四九三,中华书局 1960 年版,第 5581 页。
⑧ 彭定求等《全唐诗》卷四四六,中华书局 1960 年版,第 5009 页。
⑨ 彭定求等《全唐诗》卷三九五,中华书局 1960 年版,第 4444 页。
⑩ 彭定求等《全唐诗》卷三七四,中华书局 1960 年版,第 4203 页。
⑪ 彭定求等《全唐诗》卷三九一,中华书局 1960 年版,第 4407 页。

山下的桑麻繁盛慢慢变少了,村贫屋低和瘦田荒畦渐渐增多了,诗中的乡村景象与王维《早入荥阳界》中所描摹的"河曲闾阎隘,川中烟火繁""秋野田畴盛,朝光市井喧"①大为不同,与之相应,盛唐诗中洋溢的悠扬牧歌情调也逐渐被寂寥凄清的感伤所取代。

诗歌中这些乡村物象的选取与描写,是对其创作主题的一种侧面表现与辅助,也是对当时乡村现实及诗人心态的真实反映。除却诗人的创作个性外,中唐诗人多倾向于选择具有悲凉意味的田家物象,营造凄凉惨淡的诗歌意境,也跟当时农民艰难的生活处境有着莫大关联。从制度背景来看,诗中大量出现衰飒悲凉的景象,正是受到当时赋役制度设计、执行弊端的间接影响。

综上可见,随着均田制的最终瓦解,两税法作为中唐以后国家赋役制度的主体,在唐诗创作过程中留下了甚为明晰的制度映像。以两税法为主体的赋役制度在诗中得到的直接反映愈来愈多,很多诗人在笔下直接抒发自己对制度变革的认识和感受。诗中对当时以两税法为核心的赋役制度及其执行情况都进行了反映,诗中对制度本身的合理性、税役负担、征税方式等方面均有涉及,诗人的立场也愈加鲜明,不再如初盛唐时代的诗人那样含混不清。这也与唐代诗歌发展流变的轨迹相契合,在诗歌由盛唐时代的以"情"胜向中晚唐诗歌愈加重议论进行转变的过程中,该类诗歌因题材的特殊性而发挥了其独有的作用。中唐赋役制度变革与诗歌创作之间千丝万缕的联系,对于我们揭示当时的历史和文学真实都具有重要的参照意义,需要学界群贤为之付出更大的努力,而其结果也值得期待。

(作者单位:上海市政府办公厅)

---

① 彭定求等《全唐诗》卷一二五:王维《早入荥阳界》,中华书局 1960 年版,第 1250 页。

吐突承璀对元和立储影响研究

郑慧霞

有唐三百年间,号称"三天子"之一的宪宗,是唯一一位不曾立后的皇帝;非唯如此,其在位期间的第一次立储居然舍嫡立庶。此二者皆与儒家礼法严重背离,曾引起当时士人的高度警觉,如卢仝《月蚀诗》结尾直接倡言"唐礼过三,唐乐过五",呼吁唯有礼法方可作为唐中兴再造且绵延万古的基础,可见士人对"礼"的至高重视。"礼"是儒家德政思想的内核,它把家国天下紧密联系在一起,"夫妇别,男女亲,君臣信。三者正,则庶物从之"①。达此境界,必须做到守"礼"。宪宗即位已数年,尚不能立正妃为皇后,朝臣再三上章,犹以他故托辞。此举显然与儒家"礼"教严重背离,且开觊觎之心,从根基上动摇着宪宗之世的政局,最终埋下"元和逆党"终结"元和中兴"的隐患。不立后与立储二者之间存在着千丝万缕的关联,元妃郭氏乃汾阳王郭子仪孙女、代宗女升平公主女儿,在宪宗尚为广陵郡王时成为王妃,且生子宥。从各个方面看郭妃都应该被立为皇后,但终宪宗一朝,郭妃一直未能正位中宫。在立后与立储错综交织的宫廷政治中,一直活跃着大宦官吐突承璀的身影。综合元和政治局势可以断定,吐突承璀为谋从龙之功在蓄意搅浑立储这池"春水",这正迎合了宪宗忌郭妃门宗华盛力避立宥为储君之心。所以元和立储之事会一波三折,对于元和的政治、军事和文学等都产生了极其重大的影响,一大批士人如孟简、白居易、李元素、李鄘、许孟容、李夷简、吕元膺、穆质、独孤郁等都曾经直接卷入吐突承璀搅浑的这池"春水"中;卢仝也为这池"春水"创作有迄今为止最长的一首《月蚀诗》,甚至为这首诗送了命②。毫不夸张地说,元和政治是孳生元和文学的那张温床,而这张政治温床中最活跃的一个关键人物,就是大宦官吐突承璀。基于此,有必要对吐突承璀对元和立储的影响进行深入探讨。

唐宪宗于贞元二十一年(805)八月受内禅,至元和十五年(820)正月暴崩,在位期间曾两次立储。对元和立储所产生的极其严重的政治影响,史家多有评论,如陈寅恪先生谓:"元和朝虽号称中兴,然外朝士大夫之党派既起,内廷阉寺党派之竞争

---

① 杨朝明注说《孔子家语》卷第一《大婚解第四》,河南大学出版社 2008 年版,第 94 页。
② 卢仝之死,详见郑慧霞《卢仝综论》,光明日报出版社 1999 年版。

亦剧,遂至牵涉皇位继承问题,而宪宗因以被弑矣。"①"元和末年内廷阉寺吐突承璀一派欲以澧王恽继皇位,王守澄一派欲立遂王宥即后来之穆宗,竞争至剧。吐突承璀之党失败,宪宗遇弑,穆宗因得王守澄党之拥戴而继位矣。"②黄永年先生《唐元和后期党争与宪宗之死》谓:"争夺储位的澧王一边首要人物自推大宦官吐突承璀。"③吐突承璀的立场导致穆宗弑君父而即位。为证明此观点,黄文引用到了《赵氏夫人墓志》,该墓志提供了元和十五年政变有关的史料:"夫人元和十四年七月一日不起宿疾,终于兹川。以元和十五年少帝即位,二月五日改号为永新元年,以其年岁在戊戌二月十二日归窆于长安县昆明乡魏村先妣段夫人茔。"黄先生断定此志石"绝无伪造之可能",而"永新"年号的出现可作出这样的结论:"元和十五年正月二十七日庚子宪宗被杀,二十八日辛丑穆宗即位,以事属政局特殊变动,在当年二月五日丁丑即提前改元永新,但稍后感到如此做法易引起人们对帝位交替产生疑问,于巩固统治转型不利,乃又取消此永新年号,按正常办法在第二年正月三日辛丑改元长庆,同时将元和十五年二月五日丁丑赦文中改元永新之文字删除,其他文字中有永新年号者也一律窜易或毁去。宋绶、宋敏求父子在北宋时编集《唐大诏令集》所见元和十五年二月五日赦文已是删除改元永新之本,因而没有把它收入'改元'类而编进了'即位赦'类。只有墓志在撰刻后即随逝者长埋而无发冢磨改之理,至此,改元永新史实得随《赵氏夫人墓志》之出土重白于世。"④可见元和立储是导致元和十五年正月宪宗暴崩的最根本原因。因为宪宗的暴崩,遂启后来文宗的诛宦之志,由此直接引发大和九年(835)的"甘露之变"。"甘露之变"所造成的政治影响极为严重:"自是天下事皆决于北司,宰相行文书而已。宦官气益盛,迫胁天子,下视宰相,陵暴朝士如草芥。"⑤元和立储中,宦官吐突承璀是举足轻重的关键人物,他对立储对象的好恶取舍极大地影响着宪宗。吐突承璀究竟在元和立储事件上发挥着怎样的影响,可以从以下几个时期进行考察。

一、顺宗为太子事⑥

顺宗诏册广陵郡王李淳为太子,事在贞元二十一年(805)三月癸巳⑦。宪宗生

①　陈寅恪《唐代政治史述论稿》"政治革命及党派分野"中篇,上海古籍出版社1997年版,第101页。
②　陈寅恪《唐代政治史述论稿》"政治革命及党派分野"中篇,第104页。
③　黄永年《唐史十二讲》,中华书局2007年版,第157页。
④　黄永年《唐史十二讲》,第165—167页。
⑤　司马光《资治通鉴》卷二四五,中华书局1956年版,第17册,第7919页。
⑥　关于顺宗为太子事,详参冻国栋、黄楼《唐德宗贞元末皇位之争考辨》(严耀中主编《唐代国家与地域社会研究:中国唐史学会第十四届年会论文集》,上海古籍出版社2008年版)。
⑦　刘昫《旧唐书》卷一四,中华书局1957年版,第2册,第406页。

于大历十三年（778）二月①，被立为太子时二十七岁，吐突承璀当以此时始侍宪宗，白居易《论承璀职名状·承璀充诸军行营招讨处置使》："臣伏以陛下自春宫以来，则曾驱使承璀，岁月既久，恩泽遂深。"②《旧唐书·吐突承璀传》谓其"幼以小黄门直东宫，性敏慧，有才干"③。"性敏慧，有才干"的承璀自宪宗被立为太子时，始侍东宫，此种安排当有着极其隐秘的原因，即有人刻意在时为太子的宪宗身旁安插、培植亲信，以便随时伺探、联络东宫内外信息。能够做出此种安排的人，必定是在宫中有相当势力与影响的宦官。因为顺宗为太子时，宦官便欲废顺宗而后快，原因不外乎以下几点：

1. 顺宗在大历十四年十二月以嫡长子身份被立为太子，宦官无谋立之功

顺宗为德宗嫡长子，其母昭德皇后王氏颇受德宗宠眷恩顾："德宗为鲁王时，纳后为嫔。上元二年，生顺宗皇帝，特承宠异。德宗即位，册为淑妃。贞元二年，妃病。十一月甲午，册为皇后，是日崩于两仪殿。临毕，素服视事。既大殓成服，百僚服三日而释，用晋文明后崩天下发哀三日止之义，上服凡七日而释。谥号昭德。初，令兵部侍郎李纾撰谥册文，既进，帝以纾文谓皇后曰'大行皇后'非礼，留中不出。诏翰林学士吴通玄为之，通玄又云'咨后王氏'，议者亦以为非，知礼者以贞观中岑文本撰文德皇后谥册曰'皇后长孙氏'，斯得之矣。五月，葬于靖陵。后母郕国夫人郑氏请设祭，诏曰：'祭筵不可用假花果，欲祭者从之。'自是宗室诸亲及李晟浑瑊、神策六军大将皆设祭。自启攒后，日数祭，至发引方止。宰臣韩滉为哀册。又命宰相张延赏、柳浑撰《昭德皇后庙乐章》，既进，上以词句非工，留中不下，命学士吴通玄别撰进。"④可见无论从情还是从礼上来讲，顺宗被德宗立为太子是自然而然的。并且据《资治通鉴》卷二三三，在贞元三年（787）李泌劝德宗勿轻废太子时言，当时德宗亲子唯顺宗一人，可见顺宗为太子事于宦官无涉。为拥有赞谋之功，宦官们开始通过种种阴谋以动摇直至废掉顺宗的太子地位⑤：

① 《旧唐书·宪宗纪》，第 411 页。
② 顾学颉点校《白居易集》卷五九，中华书局 1991 年版，第 4 册，第 1247 页。
③ 《旧唐书》卷一八四，第 15 册，第 4768 页。
④ 《旧唐书》卷五十二，第 7 册，第 2193—2194 页。
⑤ 此观点参见陈寅恪《唐代政治史述论稿》中篇《政治革命及党派分野》："惟肃宗既立为皇太子之后，其皇位继承权甚不固定，故乘安禄山叛乱玄宗仓卒幸蜀之际，分兵北走，自取帝位，不仅别开唐代内禅之又一新局，而李辅国因是为拥戴之元勋，遂特创后来阉寺拥戴或废黜储君之先例，此其可注意也。"（第65—66 页）"代宗虽有收复两京之功，而其皇位继承权不固定如此。最可注意者，则为自宝应元年四月乙丑（十六日）事变张皇后失败后，唐代宫禁中武曌以降女后之政柄，遂告终结。而皇位继承之决定，乃归于阉寺之手矣。但阉寺之中又分党派，互有胜败，如程元振等与朱辉光等之争，即是其例。至于李氏子孙无论其得或不得继承帝位如代宗与越王系之流，则皆阉寺之傀儡工具而已。"（第 67 页）

初,郜国大长公主适驸马都尉萧升……公主不谨,詹事李昪、蜀州别驾萧鼎、彭州司马李万、丰阳令韦恪,皆出入主第。主女为太子妃,始者上恩礼甚厚,主常直乘肩舆抵东宫;宗戚皆疾之。或告主淫乱,且为厌祷。上大怒,幽主于禁中,切责太子;太子不知所对,请与萧妃离婚。①

"或告主淫乱"者,自是可以接近出入德宗与东宫两宫之宦者,因为"此属大抵不知仁义,不分枉直,惟利是嗜……能用倾巧之智,构成疑似之端,朝夕左右浸润以入之,陛下必有时而信之矣"②。"告主淫乱",自然是为动摇顺宗东宫地位。果然不久后,德宗便欲废顺宗立舒王,李泌曲劝德宗:"从容三日,究其端绪而思之,陛下必释然知太子之无他矣。若果有其迹,当召大臣知义理者二十人与臣鞫其左右,必有实状。"可见李泌心知肚明构陷者乃太子"左右"之人,而宦者是难逃干系的:

上召李泌告之,且曰:"舒王近已长立,孝友温仁。"泌曰:"何至于是!陛下惟有一子,奈何一旦疑之,欲废之而立侄,得无失计乎!"上勃然曰:"卿何得间人父子!谁语卿,舒王为侄者?"对曰:"陛下自言之。大历初,陛下语臣,'今日得数子'。臣请其故,陛下言'昭靖诸子,主上令吾子之'。今陛下所生之子犹得疑之,何有于侄!……"因呜咽流涕。上亦泣曰:"事已如此,使朕如何而可?"对曰:"此大事,愿陛下审图之。臣始谓陛下圣德,当使海外蛮夷皆戴之如父母,岂谓自有子而疑之至此乎!……陛下记昔在彭原,建宁何故而诛?"上曰:"建宁叔实冤,肃宗性急,谮之者深耳!"泌曰:"……臣在彭原,承恩无比,竟不敢言建宁之冤,及临辞乃言之,肃宗亦悔而泣。先帝自建宁之死,常怀危惧,臣亦为先帝诵《黄台瓜辞》以防谗构之端。"上曰:"朕固知之。"意色稍解,乃曰:"贞观、开元皆易太子,何故不亡?"对曰:"……昔承乾屡尝监国,托附者众,东宫甲士甚多,与宰相侯君集谋反,事觉,太宗使其舅长孙无忌与朝臣数十人鞫之,事状显白,然后集百官而议之。当时言者犹云:'愿陛下不失为慈父,使太子得终天年。'太宗从之,并废魏王泰。……愿陛下戒覆车之失,从容三日,究其端绪而思之,陛下必释然知太子之无他矣。若果有其迹,当召大臣知义理者二十人与臣鞫其左右,必有实状,愿陛下如贞观之法行之,并废舒王而立皇孙,则百代之后,有天下者犹陛下之子孙也。至于开元之末,武惠妃谮太子瑛兄弟杀之,海内冤愤,此乃百代所当戒,又可法乎!且陛下昔尝令太子见臣于蓬莱池,观其容表,非有蜂目豺声商臣之相也,正恐失于柔仁耳。又,太子自贞元以

① 司马光《资治通鉴》卷二三三,中华书局 1956 年版,第 16 册,第 7496 页。
② 《资治通鉴》卷二三八,第 16 册,第 7668 页。

来常居少阳院,在寝殿之侧,未尝接外人,预外事,安有异谋乎!彼谮人者巧诈百端,虽有手书如晋愍怀,衷甲如太子瑛,犹未可信,况但以妻母有罪为累乎!幸陛下语臣,臣敢以家族保太子必不知谋。向使杨素、许敬宗、李林甫之徒承此旨,已就舒王图定策之功矣!"……上曰:"为卿迁延至明日思之。"泌抽笏叩头而泣曰:"如此,臣知陛下父子慈孝如初矣!然陛下还宫,当自审思,勿露此意于左右;露之,则彼皆欲树功于舒王,太子危矣!"上曰:"具晓卿意。"①

从上所引德宗与李泌对话可知顺宗被谮之因,乃在于"谮人者"希图通过太子的废立而拥有"定策之功",当李泌劝德宗勿舍子立侄时,德宗泣曰:"事已如此,使朕如何而可?"看来德宗欲废顺宗立舒王事,众已皆知,此消息扩散如此之迅疾,幕后必有谋划操纵者。而消息之传递方式,乃是东宫"左右"之人,把顺宗之"异谋"传递给德宗"左右"之人,然后再以某种方式让德宗知晓,所以李泌抽笏叩头而泣谏德宗:"陛下还宫,当自审思,勿露此意于左右;露之,则彼皆欲树功于舒王,太子危矣!"可见顺宗做太子时,周围眼线密布、险象环生,随时有覆盆灭顶之灾。为保太子位的巩固,顺宗需要格外细心与谨慎,据《旧唐书·王叔文传》记载:

> 太子尝与侍读论政道,太子曰:"寡人见上,当极言之。"诸生称赞其美,叔文独无言。罢坐,太子谓叔文曰:"向论宫市,君独无言何也?"叔文曰:"皇太子之事上也,视膳问安之外,不合辄预外事。陛下在位岁久,如小人离间,谓殿下收取人情,则安能自解?"②

"小人离间"之语,颇耐人寻味,因为皇帝一入禁中,正如宪宗所言:"朕入禁中,所与处者独宫人、宦官耳。"③"小人"所指不言自明。这还可从武宗时杨嗣复一案中得到些许启发,武宗曾对宰相崔郸、崔珙等谈起此杨嗣复案:"嗣复欲立安王,全是希杨妃意旨。嗣复尝与妃书云:'姑姑何不效则天临朝!'"珙等曰:"此事暧昧,真虚难辨。"帝曰:"杨妃尝卧疾,妃弟玄思,文宗令入内侍疾月余,此时通导意旨。朕细问内人,情状皎然,我不欲宣出于外。向使安王得志,我岂有今日?"④姑不论杨嗣复是否有此语,但此语是通过杨妃"内人"传播且得到证实后,武宗才信而不疑的。此"内人"之语是否真实可靠或是否党于某人,武宗不可能深究。可见此辈言语行事之"浸润"对帝王判断力的影响。

---

① 《资治通鉴》卷二三三,第16册,7498—7500页。
② 《旧唐书》卷一三五,第11册,第3733—3734页。
③ 《资治通鉴》卷二三八,第16册,第7691页。
④ 《旧唐书》卷一七六,第14册,第4559页。

2. 顺宗"未尝以颜色假借宦官"①

上引《旧唐书·王叔文传》之史料,可见出顺宗平日对宦官深恶痛绝之态度,此足以招致宦者的警惕。加之当时种种复杂之状况②,故"顺宗当日皇位继承权之动摇则为事实也"③。《旧唐书·顺宗纪》:"上(指德宗)自二十年九月风病,不能言,暨德宗不豫,诸王亲戚皆得侍医药,独上卧病不能侍。德宗弥留,思见太子,涕咽久之。大行发丧,人情震惧。上力疾衰服,见百僚于九仙门。"④《资治通鉴》卷二三六"永贞元年":"春,正月,辛未朔,诸王、亲戚入贺德宗,太子独以疾不能来,德宗涕泣悲叹,由是得疾,日益甚。凡二十余日,中外不通,莫知两宫安否。"⑤上引二书所记虽稍有异,但有一点却相同,即德宗临死思见顺宗而不可得,理由是太子"卧病不能侍""独以疾不能来",果真如此吗?据《资治通鉴》卷二三六"永贞元年",德宗崩后,"太子知人情忧疑,紫衣麻鞋,力疾出九仙门,召见诸军使,人心粗安。甲午,宣遗诏于宣政殿,太子缞服见百官;丙申,即皇帝位于太极殿。"⑥"连续三天,(顺宗)都有活动,可见顺宗不是病重得不能去见德宗,而是有人阻挠。当时,需要阻挠和能够阻挠太子去见皇帝的人,除了宦官和'侍医药'的舒王之外,还有谁呢?"⑦《旧唐书·卫次公传》:"(贞元)二十一年正月,德宗升遐。时东宫疾恙方甚,仓卒召学士郑絪等至金銮殿。中人或云:'内中商量,所立未定。'众人未对,次公遽言曰:'皇太子虽有疾,地居冢嫡,内外系心。必不得已,当立广陵王。若有异图,祸难未已。'絪等随而唱之,众议方定。"⑧另据《新唐书·卫次公传》:"时皇太子久疾,禁中或传更议所立,众失色。次公曰:'太子虽久疾,冢嫡也,内外系心久矣。必不得已,宜立广陵王。'絪随赞之,议乃定。"⑨"有异图""更议所立"者中,显然包括"中人":"卫次公提出的不立太子、'当立广陵王(即唐宪宗)'的主张,与贞元三年李泌提出的废太子'而立皇孙(即唐宪宗)'的主张完全相同。我们从贞元二十一年宦官准备废立皇帝,联想到贞元三年德宗准备废立太子,可能都与舒王李谊'窥伺'有关,所以李泌、卫次公都

---

① 《旧唐书》卷一四,第2册,第410页。

② 《新唐书·顺宗纪》:"大历十四年十二月乙卯立为皇太子,郜国公主以蛊事得罪,太子妃其女也。德宗疑之,几废者屡矣,赖李泌保护,乃免。"《新唐书·李泌传》:"顺宗在春宫,妃萧氏母郜国公主交通外人,上疑其有他,连坐贬黜者数人,皇储亦危,泌百般奏说,上意方解。"(《新唐书·李泌传》亦同)

③ 陈寅恪《唐代政治史述论稿》中篇《政治革命及党派分野》,第69页。

④ 陈寅恪《唐代政治史述论稿》中篇《政治革命及党派分野》,第405页。

⑤ 《资治通鉴》,第16册,第7606页。

⑥ 《资治通鉴》,第16册,第7607页。

⑦ 卞孝萱《唐代小说与政治》,见《中华文史论丛》1985年第1辑,第187页。

⑧ 《旧唐书》卷一五九,第13册,第4179页。

⑨ 欧阳修《新唐书》卷一六四,中华书局1975年版,第16册,第5045页。

用皇孙来抵制皇侄,宦官的阴谋没有得逞。"①可见顺宗即位时状况异常险恶复杂,宦者必欲废黜之而后快。在卫次公等朝臣的拥戴下,终于艰难登上皇位,故即使在登极后,"卫士尚疑之,企足引领而望之,曰'真太子也!'乃喜极而泣。"②

顺宗即位,政局为之一新:"贞元之末政事为人患者,如宫市、五坊小儿之类,悉罢。"③"宫市、五坊小儿,进奉等诸弊端,都是顺宗久欲废除的,所以即位以后,下诏大赦天下……以上弊端的革除,皆贯彻顺宗素来的主张。"④(永贞二十一年)"五月己巳,以右金吾卫大将军范希朝为右神策统军,充左右神策、京西诸城镇行营兵马节度使。"⑤这种举措自然触及宦者的既得利益,因为神策军地位非常高,"神策军本来只是陇右节度使管下的边防部队,安禄山叛乱时才开进中原作战,归监九节度使的高级监军'观军容宣慰处置使'大宦官鱼朝恩指挥,本军旧将领调走了,鱼朝恩就很自然地成为它的正式长官。要知道,自从安禄山叛乱之后,皇帝对节度使再不敢无条件信任了,他迫切需要建立一支直属自己的野战部队,以维护中央的威权。这支直属部队的兵源光靠招募不行,临时招募拼凑不会有战斗力,必须找一支建制完整且有战斗力的地方部队,排除其原有将帅,由既与此部队有渊源,又忠于皇室的人来统带,从而化此地方武力为中央嫡系。以宦官鱼朝恩为长官的神策军适当其选,于是在代宗时开进京城升格为天子禁军。这支禁军和过去的禁军相比较在性质上已经起了变化,它不仅负责京师的拱卫,而且如上所说成了皇帝的直属野战部队,把京西北的好畤、麟游、普润、兴平、武功、扶风、天兴等地划归它驻防,称为'神策行营',实际上是以京城为中心设置了一个直属皇帝的节度使级管区"⑥。这支禁军在贞元十四年(798)八月,"初置左、右神策统军。时禁军戍边,禀赐优厚,诸将多请遥隶神策军,称行营,皆统于中尉,其军遂至十五万人"⑦。既然规格如此之高,故此举干系重大,被目为"夺宦官兵权""兵柄"之举,在当时引起剧烈反响:"人情不测其所为,益疑惧。""王叔文既以范希朝、韩泰主京西神策军,诸宦者尚未寤。会边上诸将各以状辞中尉,且言方属希朝。宦者始寤兵柄为叔文等夺,乃大怒曰:'从其谋,吾属必死其手。'密令其使归告诸将曰:'无以兵属人。'希朝至奉天,诸将无至者。韩泰驰归白之,叔文计无所出,唯曰:'奈何!奈何!'"⑧如果此举成功,则

---

① 卞孝萱《唐代小说与政治》,见《中华文史论丛》,第 188 页。
② 《资治通鉴》卷二三六,第 16 册,7607 页。
③ 《资治通鉴》卷二三六,第 16 册,第 7610 页。
④ 王仲荦《隋唐五代史》,中华书局 2007 年版,上册,第 187—188 页。
⑤ 《旧唐书》卷十四,第 2 册,第 407 页。
⑥ 黄永年《唐史十二讲》,第 176—177 页。
⑦ 《资治通鉴》卷二三五,第 16 册,7580 页。
⑧ 《资治通鉴》卷二三六,第 16 册,第 7615、7617 页。

能"制天下之命"①,故顺宗此举实触动宦官最要害如蛇之七寸,为宦官切齿亦其必矣。岑仲勉先生谓:"中唐以后,志清阉宦者有三人:其一曰王叔文。顺宗即位,叔文谋夺神策军权,用宿将范希朝为京西北禁军都将,其事殆与顺宗有默契。"②顺宗即位之举措,"都是宦官们所不能忍受的。他们早有废顺宗、另立皇帝的打算,这时便付诸行动了。鉴于以前两次废立未成,是由于舒王李谊不是德宗的亲生儿子,名分不正,遭到反对,这次宦官们选定了李淳"③。李淳是顺宗长子,"大历十三年二月生于长安之东内。……贞元四年六月,封广陵王"④。宦官借口顺宗身体有病:"上疾久不愈,时扶御殿,群臣瞻望而已,莫有亲奏对者,中外危惧;思早立太子,而王叔文之党欲专大权,恶闻之。宦官俱文珍、刘光琦、薛盈珍皆先朝任使旧人,疾叔文、忠言等朋党专恣,乃启上召翰林学士郑絪、卫次公、李程、王涯入金銮殿,草立太子制。时牛昭容辈以广陵王淳英睿,恶之;絪不复请,书纸为'立嫡以长'字呈上;上颔之。癸巳,立淳为太子,更名纯。"⑤岑仲勉先生谓:"按文珍等宦官久据宫内,有如胶结,牢不可破,盈珍之恶,《通鉴》前文亦屡屡揭之,今乃谓其恶人之朋党专恣,一若彼辈守正不阿者,失辞甚矣。让一步言之,知窦群强直,弗予贬斥,不犹胜盈珍使人推杀马少微于江中耶。……宦官痛恶叔文,辄引旧人助己,又造危辞以悚听,所谓'大惧''疑惧'者只宦官,读永贞史时应慎之,勿使小人伎俩得售欺于千年之后!"《通鉴》二三六永贞元年六月,皋表请太子监政,又上太子笺指斥叔文,其下云:'俄而荆南节度使裴均、河东节度使严绶笺表继至,意与皋同,中外皆倚以为援,而邪党震惧。'按西川、荆南、河东三镇,初未效法四王,联拒中央,皋虽以此报一箭之仇,然苟非受人指使,何至意见雷同,如一鼻孔出气?均早事窦文场,得伸卧榻,以财交权悻,任将相凡十余年,绶因进奉升迁,以首班而屈膝拜中使马江朝,在河东九年,军政一出监军手,观二人生平,其党宦官而排正士,益更厘然。'邪党震惧'直应改曰'宦党大快',胡为以此乱后世之耳目?永贞事迹,余不惜晓晓进辞者,固谓邪正之辨最要分明也。"⑥顺宗任用王叔文等革新弊政,若"柳宗元、刘禹锡、陆质、吕温、李景俭辈,皆知名于时,非金壬可比"⑦,如不加以阻止,宦官等既得之利益将会隳颓不存,故群阉急于架空顺宗,于是密谋以太子渐替顺宗。岑仲勉先生《隋唐史》"宦官

① 《新唐书》卷一六八,第16册,第5125页。
② 岑仲勉《隋唐史》第三十五节"宦官之祸",河北教育出版社2000年版,第313页。
③ 卞孝萱《唐代小说与政治》,《中华文史论丛》,第188页。
④ 《旧唐书》卷一四,第2册,第411页。
⑤ 《资治通鉴》卷二三六,第16册,第7613页。
⑥ 岑仲勉《通鉴隋唐纪比事质疑》"王叔文党不主立太子条""韦皋等表请太子监政",中华书局1964年版,第257—258页。
⑦ 岑仲勉《隋唐史》第三十五节"宦官之祸",第314页。

之祸"谓:"余尝著论云:'宪宗中宦者计,惑于不愿立太子之谮,切齿叔文,《十七史商榷》七四《程异复用》条谓'宪宗仇视其父所任用之人,居心殆不可问',犹未彻见其私欲。刘禹锡《子刘子自传》谓,上素被疾,诏下内禅,宫掖事秘,功归贵臣,于是叔文贬死云云,即欲为叔文此案辩护;不过禹锡晚年深自引晦,故有匣剑帷灯之隐耳。文人需次稍久,郁郁不得志如韩愈辈(清《陈祖范文集》一《记昌黎集后》云'退之于叔文、执谊,有宿憾,于同官刘、柳有疑猜',正诛心之论,亦持平之论,吾人不能因彼负文名而从恕也),更诋以新近(按柳、刘同于贞元九年举进士,历十二年而授从六上之员外,尚非甚躁进者),从而群吠之,酿成君臣猜忌,旧新轧轹,阉寺乃隐身幕后,含笑而作渔人。"①

可见,在立太子事上,宦者俱文珍等有策划、组织、发起之功。立了太子,顺宗所倚仗的王叔文等便不能再"专大权"和"朋党专恣"了,可见立太子主要是为了分权,如宣宗大中十年(856),裴休请早建储宫,宣宗则曰:"若建太子,则朕遂为闲人。"②顺宗于贞元二十一年正月丙申即位,三月癸巳诏册广陵郡王淳为皇太子,夏四月戊申,册太子礼;七月乙未,即诏皇太子勾当军国事。由此可见宦者活动谋划得多么紧凑。

广陵王淳被立为太子(改名纯),则东宫太子身边的人自然不会被随意设置。虽然无史料明确记载吐突承璀如何被安置进东宫,但我们可以从陆质入侍太子事,确知吐突承璀突到太子身边,绝非随意偶然,当是宦官精挑细选后刻意安排的一种必然结果:"时执谊惧太子怒己专,故以质侍东宫,阴伺意解释左右之。"③"韦执谊自以专权,恐太子不悦,故以质为侍读,使潜伺太子意,且解之。"④吐突承璀入侍东宫,当与俱文珍有关。《旧唐书·俱文珍传》:"叔文欲夺宦者兵权,每忠言宣命,内臣无敢言者,唯贞亮建议与之争。知其朋徒炽,虑蠹朝政,乃与中官刘光琦、薛文珍、尚衍、解玉等谋,奏请立广陵王为皇太子,勾当军国大事,顺宗可之。贞亮遂召学士卫次公、郑纲、李程、王涯入金銮殿、草立储君诏。及太子受内禅,尽逐叔文之党,政事悉委旧臣……元和八年卒,宪宗思其翊戴之功,赠开府仪同三司。"⑤《资治通鉴》卷二三六"永贞元年":"俱文珍等恶其(指王叔文)专权,削去翰林之职。……王伾即为疏请,不从。再疏,乃许三五日一入翰林,去学士名。叔文始惧。"⑥王叔文母病将

---

①　岑仲勉《隋唐史》第三十五节"宦官之祸",第314页。
②　《资治通鉴》卷二四九,第17册,第8059页。
③　《新唐书》卷一六八《陆质传》,第16册,第5128页。
④　《资治通鉴》卷二三六,第16册,第7615页。
⑤　《旧唐书》卷一八四,第15册,第4767页。
⑥　《资治通鉴》卷二三六,第16册,第7615页。

归侍,曾宴请李忠言、俱文珍和刘光琦等,叔文惧"一旦去归,百谤交至,谁肯见察以一言相助乎?"而"文珍随其语辄折之,叔文不能对,但引满相劝,酒数行而罢"①,"俱文珍屡启上请令太子监国,上固厌倦万机,遂许之。又以太常卿杜黄裳为门下侍郎,左金吾大将军袁滋为中书侍郎,并同章事。俱文珍等以其旧臣,故引用之。"②上引史料表明,俱文珍在拥立宪宗的宦官一派中当为谋主之一,正如陈寅恪先生所言:"宪宗之得立为帝,实由宦者俱文珍之力。文珍与其同类李忠言异趣,故内廷文珍之党竞胜,王伾、王叔文固不待论,而外廷之士大夫韦执谊、刘禹锡、柳宗元等遂亦不得不退败矣。韩退之本与文珍有连,其述永贞内禅事,颇祖文珍等。其公允之程度虽有可议,而其纪内廷宦官之非属一党及压迫顺宗拥立宪宗之隐秘转可信赖。"③"压迫顺宗拥立宪宗"之语,一语道破所谓"永贞内禅"内幕。黄永年先生通过分析《旧唐书》卷一八四《俱文珍传》后得出如下结论:

> 可见这是以宦官俱文珍为首的德宗朝所任使的旧人旧臣,结合到一起对顺宗朝的李忠言、王叔文等人的一次大夺权。……因为顺宗健康之恶化也为人所共知,立了顺宗,时间不会太长,宪宗就有上台的可能。这又说明他们这些德宗朝旧臣宦官和宪宗早有勾结,在顺宗朝早已形成了一个势力超过了王叔文等人的政治集团,继而很快达到了取而代之的目的。此外外边藩镇中的韦皋如前所说是本想投靠王叔文集团,碰钉子后才反王的。裴均据《新唐书》卷一〇八本传是德宗朝大宦官左神策军中尉窦文场的养子,德宗以均任方镇,遂欲相之,经谏官点出是宦官养子才作罢。严绶据《旧唐书》卷一四六本传也是被德宗亲自选任为河东行军司马,接着升擢节度使的,和宦官同样多所勾结。说明他们也都是以德宗旧臣的身份和俱文珍等内外呼应来反王叔文的。④

可见俱文珍乃当时反对王叔文一派的宦官之首,故太子"左右"之人的安排当尽出其意。明乎此,吐突承璀之由来即不言而喻。黄永年先生比较详细地分析吐突承璀进身之由:

> 据《旧唐书》卷一八四本传,他"幼以小黄门直东宫,性敏慧,有才干。宪宗即位,授内常侍知省事、左监门将军,俄授左军中尉、功德使"。这东宫应是宪宗为皇太子时的东宫。但宪宗在贞元二十一年(805)四月册为皇太子,八月就受内禅即皇帝位,如宪宗为皇太子时他还"幼"是个"小黄门",过四个月宪宗即

---

① 《资治通鉴》卷二三六,第 16 册,7617 页。
② 《资治通鉴》卷二三六,第 16 册,第 7619 页。
③ 陈寅恪《唐代政治史述论稿》中篇《政治革命及党派分野》,第 94 页。
④ 黄永年《唐史十二讲》"所谓'永贞革新'",第 151 页。

位后他如何能迅速大用？《新唐书》卷二〇七本传作"以黄门值东官，为掖廷局博士，察察有才，宪宗立，擢累左监门将军、左神策护军中尉、左街功德使，封蓟国公"，当转得其实。总之此人是以宪宗在东官时的亲信宦官而在即位后被大用的。①

卢仝写于元和五年的《月蚀诗》，长期以来被认为是讥刺宦者吐突承璀而作②，其中有"才从海窟来，便解缘青冥"③之语，即针对吐突承璀一步步得幸宪宗而言④。因为唐时宦官，在当时因经常可以接近最高端的天子，是被称为"天使"的。裴铏《传奇·孙恪》中记载一只猿猴因"天使"高力士的见赏⑤，即从端州峡山寺被带到玄宗身边事，吐突承璀亦是借助文珍而"解缘青冥"的，当然其中不乏自身"性敏慧，有才干"之禀赋。

卞孝萱先生根据《旧唐书》卷十四《宪宗纪》所记顺宗崩前发生的三件事，即"元和元年春正月丙寅朔，皇帝率群臣于兴庆宫奉上太上皇尊号应乾圣寿太上皇"，"癸未，诏以太上皇旧恙愆和，亲侍药膳，起今月十六日已后，权不听政"，"甲申，太上皇崩于兴庆宫，迁殡于太极殿，发丧"，认为顺宗称"太上皇"后，便成了"政治上的赘尤"，于是很快被宦官窜通宪宗阴谋害死：

> 宪宗向全国公布太上皇的病情，这是唐朝历史上罕见的事。癸未才公布太上皇病情，甲申就宣告太上皇死了，相隔不到一天，不有点像演戏吗？我推测太上皇不是死于甲申，而是死于癸未。宪宗与宦官们秘丧一日，故意先公布太上皇病情，以此来掩盖太上皇被害的真相。殊不知欲盖弥彰，抢先公布太上皇病情的做法，恰恰暴露出宪宗和宦官们的作贼心虚，暴露出太上皇之死的可疑。⑥

作为帮自己"压迫顺宗"拥立自己得到皇位的回报，宪宗对俱文珍一派宦官俱文珍、刘光琦、曹进玉、西门珍、李辅光等恩顾有加，分述如下。

俱文珍，"累迁至右卫大将军，知内侍省事。元和八年卒，宪宗思其翊戴之功，赠开府仪同三司"⑦。

---

① 黄永年《唐史十二讲》"唐元和后期党争与宪宗之死"，第 158 页。
② 详见郑慧霞《卢仝〈月蚀诗〉主旨探微》，《中国韵文学刊》2009 年第 4 期。
③ 彭定求《全唐诗》卷三八七，中华书局 1960 年版，第 12 册，第 4365 页。
④ 详见郑慧霞《卢仝〈月蚀诗〉主旨探微》中第三节"对《月蚀诗》中'蛤蟆精'的理解"，《中国韵文学刊》2009 年第 4 期，第 17 页。
⑤ 裴铏《裴铏传奇》，上海古籍出版社 1980 年版，第 3 页。
⑥ 卞孝萱《唐代小说与政治·辛公平上仙》，见《中华文史论丛》，第 192 页。
⑦ 《旧唐书》卷一八四，第 15 册，第 4767 页。

刘光琦,在元和元年任"知枢密"。因为此职位权限极大,黄永年先生对此有详细地论述:"神策中尉独掌兵权,枢密使则分掌政权。……代宗时用内侍董秀'掌枢密','宣传诏旨于中书门下,秀诛,以(乔)献德代之'(《册府元龟》卷六六五'内臣总序''恩宠')。从此逐渐形成制度,到敬宗时正式设置了两员由大宦官充任的枢密使。枢密使的本职如上所说只是在皇帝身边掌管机密,宣传诏旨,但实际上可以和宰相'共参国政'(《通鉴》卷二五〇三年五月条),所以和两神策中尉合称为'四贵'。"①甚至有权过问宰相的任命(《通鉴》卷二四七会昌咸通二年二月条),权势亦炙手可热,元和元年(806)滑涣事是最好的证明:"堂后主滑涣久在中书,与知枢密刘光琦相结,宰相议事有与光琦异者,令涣达意,常得所欲,杜佑、郑细等皆低意善视之。郑余庆与诸相议事,涣从旁指陈是非,余庆怒叱之,未几,罢相。"②滑涣因为"与内官典枢密刘光琦情通","宰相杜佑、郑细皆姑息之,议者云佑私呼为滑八,四方帛币赀货,充集其门,弟泳官至刺史。"③郑余庆因为"怒其僭,叱之"而很快被罢相,可见刘光琦对宪宗影响力之大。

曹进玉,《旧唐书·裴潾传》谓:"元和中,两河用兵。初,宪宗宠任内官,有至专兵柄者,又以内官充馆驿使。有曹进玉者,恃恩暴戾,遇四方使多倨,有至捽辱者,宰相李吉甫奏罢之。"④曹进玉"恃恩暴戾",所恃之恩,当是拥立宪宗之事。他在元和四年(809)吐突承璀讨王承宗之役时,为"行营馆驿粮料等使"。

西门珍,也是被安排在时为太子的宪宗身边的,据西门元佐《大唐故朝议郎、行宫闱令、充威远军监军、上柱国、赐紫金鱼袋西门大夫墓志铭(并序)》:"公讳珍……暨德宗升遐,顺宗嗣位,爰选耆德,以辅储皇,转为少阳院五品。永贞元年,属今上龙飞,公以密近翼戴之绩,赐紫金鱼带,充会仙院使。元和元年,改充十王宅使。"很显然,"这个西门珍,是李淳身边的宦官,参与了俱文珍等废顺宗、立宪宗的阴谋"⑤。

李辅光,据《旧唐书》卷一四八《裴垍传》:"严绶在太原,其政事一出监军李辅光,绶但拱手而已。"崔元略《唐故兴元元从、正议大夫、行内侍省内侍、知省事、上柱国、赐紫金鱼袋、赠特进、左武卫大将军李公墓志铭(并序)》:"公讳辅光……元和初,皇帝践祚,旌宠殊勋,复迁内常侍兼供奉官。""'殊勋'二字,供认了严绶上表是'拱手'听命于李辅光的内幕。否则,顺宗让位给宪宗,是皇帝'家事',远在太原的

---

① 黄永年《唐史十二讲》"唐代的宦官",第178页。
② 《资治通鉴》卷二三七,第16册,第7635页。
③ 《旧唐书》卷一五八,第13册,第4164页。
④ 《旧唐书》卷一七一,第14册,第4446页。
⑤ 卞孝萱《唐代小说与政治·辛公平上仙》,《中华文史论丛》,第189页。

宦官李辅光，有何'殊勋'可言?"①

二、宪宗第一次立储

吐突承璀从俱文珍拥立宪宗事，得到了实实在在的政治实惠：一是任左军中尉典禁兵而兵权归之。《资治通鉴》卷二三七："（元和元年）丙辰，以内常侍吐突承璀为左神策中尉。"②"左军中尉"一职，绝非常人可任，"自兴元以来，禁军有功，又中贵之尤有渥恩者，方得护军，故军士日益纵横，府县不能制"③。"左监门将军和俱文珍所任右卫大将军之类只是虚衔，仅用来定个品阶，其实职先是知内侍省事，继而左神策中尉。而自德宗朝始置左、右神策中尉以来，左神策中尉即居右神策中尉之上，如贞元十一年新译《华严经》《大方广佛华严经》译场列位衔名作'右神策军护军中尉兼右街功德使元从兴元元从云麾将军右监门卫将军知内侍省事上柱国交城县开国男食邑三百户臣霍仙鸣，左神策军护军中尉兼左街功德使元从兴元元从骠骑大将军行左监门卫大将军知内侍省事上柱国邠国公食邑三千户臣窦文场'可证。"④二是任功德使"以执宗教信仰之牛耳"，从而"国家售卖度牒"之权操纵其手而得"丰富的收入"⑤。在元和二年，"二月辛酉，诏僧尼道士全隶左右街功德使，自是祠部司封不复关奏，"左军中尉吐突承璀领功德使，自是祠部司封不复关奏⑥。宪宗对待承璀，不异于玄宗对高力士："唐代功德使以高力士为首任，高力士也是宦官在唐代政治舞台上扮演重要角色的第一人，而高力士曾在内侍省为内给事、行内侍同正员，最后'知内侍省事'，内侍省权力的扩展也可说起于该时。这三者同步成一线，绝不是什么偶然巧合的事情，是与宦官政治发展的需要相关。"⑦

吐突承璀地位如此显赫，乃因拥戴宪宗而得，这显然给了他一种政治经验，即拥立储君会有最大的利益可得，故其在宪宗立储问题上绝对不可能做一冷眼旁观的局外人。宪宗第一次立储，立的是庶长子纪美人之子邓王宁，立储的契机是在元和四年（809）三月，李绛等上疏请宪宗立储：

> 翰林学士李绛等奏曰："陛下嗣膺大宝，四年于兹，而储闱未立，典册不行，

---

① 卞孝萱《唐代小说与政治·辛公平上仙》，《中华文史论丛》，第189页。
② 《资治通鉴》卷二三七，第16册，第7638页。
③ 《旧唐书》卷一五四，第13册，4102页。
④ 黄永年《唐史十二讲》"唐元和后期党争与宪宗之死"，第158页。
⑤ 严耀中《唐代内侍省宦官奉佛因果补说》，见《唐研究》第十卷，北京大学出版社2004年版，第67页。
⑥ 《旧唐书》卷一四，第2册，第420页。
⑦ 严耀中《唐代内侍省宦官奉佛因果补说》，见《唐研究》第十卷，第67页。

是开窥觎之端，乖重慎之义，非所以承宗庙、重社稷也。伏望抑伪谦之小节，行至公之大典。"丁卯，制立长子邓王宁为太子。宁，纪美人之子也。①

建议立储君，是李绛等首论，但宪宗却立了庶长子。据史载："惠昭太子宁，宪宗长子也。母曰纪美人。贞元二十一年四月，封平原郡王。元和元年八月，进封邓王。四年闰三月，立为太子，改名宙，寻复今名。其年有司将行册礼，以孟夏、孟秋再卜日，临事皆以雨罢，至十月方行册礼。元和六年十二月薨，年十九，废朝十三日……谥曰惠昭。"②看来立邓王宁为太子事并非顺利，从行册礼事一再被拖延即可证明有不和谐因素在内。有司拿"雨"说事，和宪宗拿"子午之忌"拒绝立郭氏为后一样，只是托辞而已。因为宪宗为人行事英武果决，一般不会轻易变更意见，如二年春正月己丑朔，宪宗亲献太清宫、太庙事："辛卯，祀昊天上帝于郊丘，是日还宫，御丹凤楼，大赦天下。先是，将及大礼，隐晦浃辰，宰臣请改日，上曰：'郊庙事重，斋戒有日，不可遽更。'享献之辰，景物晴霁，人情欣悦。"③"斋戒有日，不可遽更"，可见天气等的变化是很难轻易让宪宗改变既定日程安排的。从惠昭太子薨后"废朝十三日"、诏"再为相"且"尤以清俭为时所称"的郑余庆撰"其辞甚工"的《惠昭太子哀辞》④可以看出，宪宗对于惠昭太子薨非常痛心。有司何以对太子册礼找借口一拖再拖，其中深意颇值得玩味。联系朝臣李绛、崔群等的立储意向，可确知当时对宪宗不立嫡长子事是颇有异议的。只不过皇权之下，这种异议只能是暗流涌动罢了。因为在元和四年时，宪宗元妃郭氏之子宥（即穆宗）已经 14 周岁有余："穆宗睿圣文惠孝皇帝讳恒，宪宗第三子，母曰懿安皇后郭氏。贞元十一年七月，生于大明宫之别殿。初名宥，封建安郡王。元和元年八月，进封遂王。五年三月，领彰义军节度大使。七年十月，册为皇太子，改今讳。"⑤惠昭太子元和六年十二月薨时，年十九，应该出生于德宗贞元八年（792）前后，比穆宗大两岁多，"除非有特殊原因，不会考虑两岁之长而弃嫡立庶"⑥。宪宗何以舍嫡子立庶子，吕思勉先生谓：

既信宦官，又多内嬖，遂至雇商臣之酷焉，可谓自作之孽矣。帝二十子。长曰邓王宁，母纪美人也。以元和四年立为太子。史谓其谋出于李绛。案宪宗在东宫时，正妃为郭氏，暧之女，子仪孙也。生子曰遂王宥。宁以元和六年殁。明年，立宥为太子。更名恒，即穆宗也……可见当时臣工，皆以穆宗为正

① 《资治通鉴》卷二三七，第 16 册，第 7658 页。
② 《旧唐书》卷一七五，第 14 册，第 4533—4534 页。
③ 《旧唐书》卷一四，第 2 册，第 420 页。
④ 《旧唐书》卷一五八，第 13 册，第 4164、4165 页。
⑤ 《旧唐书》卷十六，第 2 册，第 475 页。
⑥ 黄永年《唐史十二讲》"唐元和后期党争与宪宗之死"，第 156 页。

适。然则宁何以立？取其长乎？则宁薨时年十九，生于贞元九年，而穆宗生于十一年，所长者两岁耳。……然则惠昭之立，必以母爱故也。而其谋果出于李绛也，绛得谓之正士乎？①

黄永年先生谓："无如元和四年（809）立皇太子偏偏立了长子惠昭太子宁而叫穆宗落选，其原因就在穆宗生母郭妃身上。"并联系《新唐书后妃传》具体分析："可见这位嫡妃郭氏在宪宗即位后只进册贵妃而不直接册封皇后，而且终宪宗朝也没有当上皇后。这真是'岁子午忌'吗？那过了元和八年还有什么可忌呢？说'后廷多嬖艳，恐后得尊位，钳制不得肆'，也许有一点，可更多的还应该是从政治上考虑。要知道，在唐代皇后的地位是颇为特殊的，遇上有政治欲望的，就很容易干预朝政甚或垂帘听政，高宗朝的武后、中宗朝的韦后、肃宗朝的张后都是先例。而这位郭妃的家世声望尤非这几位所能比拟。试看郭妃的祖父郭子仪早在肃、代两朝就备受猜疑，则此时郭妃之不能正位中宫自可理解。母既受遏制不能正位中宫，子自然也随之失宠，元和四年皇太子之位遂为长子惠昭太子宁所得而穆宗不能不落选。"②吕文认为宪宗第一次舍嫡立庶，在于"必以母爱故也"；黄文则认为宪宗从政治方面忌讳郭妃，使其"不能正位中宫，子自然也随之失宠"。上引二位先生之观点各有卓见：庶长子宁以母爱而得太子位，正妃郭氏以"门族华盛"不得后位以累其子宥，从宪宗方面考虑均有存在的合理性（但吕文谓李绛谋立宁事似可商榷）。二文尚未深论吐突承璀对于宪宗立储的影响，综合考察各种政治因素，承璀于兹干涉极大。

联系元和四年宪宗在立宁为太子前后对后宫的态度，即可得出宪宗第一次舍嫡立庶与吐突承璀关系密切。吐突承璀乃宪宗东宫"故人"，这是宪宗极为看重的一层关系，从宪宗对东宫故人张宿的优宠可得到证明："宿者，布衣诸生也。宪宗为广陵王时，因军使张茂宗荐达，出入邸第。及上在东宫，宿时入谒，辨谲敢言。洎监抚之际，骤承顾擢，授左拾遗。以旧恩，数召对禁中，机事不密，贬郴州县丞。十余年征入，历赞善大夫、左补阙、比部员外郎。"③张宿在宪宗"洎监抚之际，骤承顾擢""召对禁中"，参与"机事"，可见宪宗对其颇宠信。张宿尚且能预知"机事"，遑论承璀？宪宗对承璀之恩遇当益深于张宿。承璀既能以敏干著称，其对宪宗的喜怒好恶当洞察深刻，故不排除后宫宪宗所宠爱者中有其依附、攀援和荐引者。如元和六年"采择事"："时教坊忽称密旨，取良家士女及衣冠别第姬人，京师嚣然。"面对李绛极谏，宪宗百般为自己开脱，但此事被宰相称为"嗜欲间事"，宪宗平日所好可见一

① 吕思勉《隋唐五代史》，上海古籍出版社1959年版，上册，第35—358页。
② 黄永年《唐史十二讲》"唐元和后期党争与宪宗之死"，第156—157页。
③ 《旧唐书》卷一五四，第13册，第4107—4108页。

斑,吐突承璀当然会竭尽所能去投人主之所好①。升平公主进女口当也出于此意:"(永贞二十一年)八月丁酉朔,受内禅。乙卯,即皇帝位于宣政殿。……丙午,升平公主进女口十五人,上曰:'太上皇不受献,朕何敢违! 其还郭氏。'"②但宪宗却拿"太上皇"说事,断然拒绝。此条足以证明后来宪宗虑郭妃正位中宫后,嬖幸不得近之言乃借口而已。另外,我们还可以从一些史实判断出宪宗对后宫的态度:

1. (元和元年)八月辛酉朔。……以许氏为美人,尹氏、段氏为才人。……丁卯,封王子平原郡王宁为邓王,同安郡王宽为澧王,建安郡王宥为遂王,彭城郡王察为深王,高密郡王寰为洋王,文安郡王寮为绛王,第十男审为建王。己巳,以建王审为郓州大都督、平卢淄青节度使;……乙亥,册妃郭氏为贵妃。③

2. (元和)八年十二月,百僚拜表请立贵妃为皇后,凡三上章,上以岁暮,来年有子午之忌,且止。④

郭妃"以母贵,父、祖有大勋于王室,顺宗深宠异之"⑤。而从宪宗即位后所发生的如上所记史实上看,宪宗对郭氏态度迥异于乃父甚远。宪宗册其为贵妃是在册"许氏为美人,尹氏、段氏为才人"后,其中深意颇值得玩味。另外所可细研者,是"第十男审为建王。己巳,以建王审为郓州大都督、平卢淄青节度使"⑥,"元和元年八月,淄青节度李师古卒,其弟师道擅领军务,以邀符节。朝廷方兴讨罚之师,不欲分兵两地,乃封审为建王。间一日,授开府仪同三司、郓州大都督,充平卢淄青等州节度营田观察处置、陆运海运、押新罗渤海两蕃等使,而以师道为节度留后。不出阁。"⑦如此条所记,宪宗对建王审与遂王宥之价值期许高低与宠爱厚薄便显而易

① 《旧唐书》卷一六四,第13册,第4289页。
② 《旧唐书》卷一四,第2册,第411页。
③ 《旧唐书》卷一四,第2册,第418页。
④ 《旧唐书》卷五十二,第7册,第2196页。
⑤ 《旧唐书》卷五十二,第7册,第2196页。
⑥ 岑仲勉《唐史余沈》卷三"宪宗第十子审":"旧书一七五:'宪宗二十子……建王恪本名审,宪宗第十子也。'余按全唐文五六,宪宗封邓王等制云:'平原郡王宁可封邓王,同安郡王宽可封澧王,延安郡王宥可封遂王,彭城郡王察可封深王,高密郡王寰可封洋王,文安郡王寮可封绛王,第十男审可封建王。'似'十子'之'十'字不误。唯元龟二六五则云:'建王恪本名审,宪宗第七子。'由封制观之,第六子寮之后继以审,审固应第七,不然,七、八、九凡三子何以不见于史册也? 审之下,自郇王憬至茂王惜等五王,史不言行第,元龟王钦若等注谓是史阙。次淄王协,旧传、元龟皆称第十四子,由此加入宣宗(第十三子)一人,逆推之,审亦应是第七。况自郇王憬以下,皆封于长庆元年以后,而审封元和元年,其比憬等较长,不问可知。审而第十者,则宪宗应尚有第七、八、九凡三子,史失其名,是宪宗不止二十子也。总此论断,第十为第七之讹,断无疑矣。继检校勘记五八云张本'十'作'七',云,据前后次序改正。按会要作'十',册府二百六十五、二百八十一作'七'。则张氏先已改正,特未详耳。"(《唐史余沈》,中华书局2004年版,第135页)
⑦ 《旧唐书》卷一七五,第14册,第4535页。

见。既然顺宗对郭氏"深宠异之",宪宗即位务反其父之政,对郭妃如此态度亦不难理解——宋哲宗亲政后即废祖母高太后为其所立之后正与此同。

宪宗多子,《旧唐书》卷一七五记载其二十子,除穆宗为郭氏所出、宣宗为郑氏所出外,其他明确所出者只有长子邓王宁,其母曰纪美人。其他诸子母缺笔不书,自是因为诸子母身份乃宪宗后庭之"私爱"和"嬖幸"者,此类女子无名无位,故多不祥所出①。如宣宗母郑氏当时乃郭妃侍儿,史书如此记载其出处由来:"盖内职御女之列,旧史残缺,未见族姓所出、入宫之由。"②裴庭裕《东观奏记》上卷记载郑氏出处颇为具体:"孝明郑太后,润州人也,本姓朱氏。李锜据浙西反,相者言于锜曰:'朱氏有奇相,当生天子。'锜取致于家。锜既死,后入掖庭,为郭太后侍儿。宪宗皇帝爱而幸之,生宣宗皇帝,为母天下十四年。"③可见"旧史残缺,未见族姓所出、入宫之由",乃因郑氏出身卑微,史家为宣宗故特地略去不书之虚言。

为宪宗生下第一个儿子宁的纪氏,与生了宣宗的郑氏一样"也都是后宫的一般姬侍婢妾,所以也无传可稽"④,其子宁能被立为太子,除了被宪宗宠爱之原因外,背后当有强有力的人物作靠山。纪氏身为后宫的"一般姬侍婢妾",如前所述惠昭太子生于德宗贞元八年(792)前后,而在贞元九年(793)十一月,郭氏才被时为广陵王的宪宗纳为正妃⑤,可见纪氏得幸要比郭氏早得多。宪宗得为太子后,吐突承璀被俱文珍一派特意安置入侍太子。"性敏慧,有才干"的吐突承璀在进东宫伊始,当全力趋附纪氏以培养与宪宗的感情。随着时间的推移,承璀终于取得了宪宗完全的宠信,故承璀自会积极援引纪氏子宁为太子。明乎此则可明了宁在宪宗心里情感的分量。

为了给谋立宁的吐突承璀以足够的政治话语权,当然也是为增强宁东宫地位之稳固性,宪宗需要给承璀以建功立业的机会。恰巧此时,"成德节度使王士真薨,其子副大使承宗自为留后"⑥。在出师前,宪宗果断立宁为太子了却承璀心愿以稳固其心,从而使其无后顾之忧。史书对此事进行了翔实的记载:

(元和四年冬十月)以神策左军中尉吐突承璀为镇州行营招讨处置等使,

① 《旧唐书》卷六四《宗室传》"高祖二十二子"皆明确载诸子母氏:高祖二十二男:太穆皇后生隐太子建成及太宗、卫王玄霸、巢王元吉,万贵妃生楚王智云,尹德妃生酆王元亨,莫嫔生荆王元景,孙嫔生汉王元昌,宇文昭仪生韩王元嘉、鲁王灵夔,崔嫔生邓王元裕,杨嫔生江王元祥,小杨嫔生舒王元名,郭婕妤生徐王元礼,刘婕妤生道王元庆,杨美人生虢王凤,张美人生霍王元轨,张宝林生郑王元懿,柳宝林生滕王元婴,王才人生彭王元则,鲁才人生密王元晓,张氏生周王元方。
② 《旧唐书》卷五十二,第7册,第2198页。
③ 裴庭裕《东观奏记》上卷,中华书局1994年版,第85页。
④ 黄永年《唐史十二讲》"唐元和后期党争与宪宗之死",第155页。
⑤ 《资治通鉴》卷二三四,第16册,第7551页。
⑥ 《资治通鉴》卷二三七,第16册,第7657页。

以龙武将军赵万敌为神策先锋将,内官宋惟澄、曹进玉、马朝江等为行营馆驿粮料等使。京兆尹许孟容与谏官面论,征伐大事,不可以内官为将帅,补阙独孤郁其言激切。诏旨祗改处置为宣慰,犹存招讨之名。己丑,诏军进讨,其王武俊、士真坟墓,军士不得樵采,其士平、士则各守本官,仍令士则各袭武俊之封。庚寅,册邓王宁为皇太子。癸巳,以册储,肆赦系囚,死罪降从流,流以下递降一等。文武常参官、外州府长官子为父后者,赐勋两转。工部侍郎归登、给事中吕元膺为皇太子诸王侍读。己亥,吐突承璀军发京师,上御通化门劳遣之。[①]

宪宗亲自到通化门去送吐突,礼遇绝非一般,通化门为长安东面三门中最北一座,即位于长安东北方位,近禁苑。"通化门距宫城的延喜门三千四百五十米。相距既然不远,当代帝王往往就近到通化门为重要封疆大吏送行。李吉甫充任淮南节度使,李光颜出镇许州,裴度宣慰淮西,都曾受过这样的殊礼(《旧唐书》一四八《李吉甫传》、一六一《李光进传》附《李光颜传》、一七〇《裴度传》)。"[②]"诏军进讨,其王武俊、士真坟墓,军士不得樵采,其士平、士则各守本官,仍令士则各袭武俊之封",是不绝王承宗后顾之心,以免其因无退路而怀必死以叛之心,从而为吐突承璀之行减免困厄系数。因为宪宗对此次讨伐王承宗,其实心里是毫无必胜之把握的。一来是河北藩镇乃历史遗留问题,"河北三镇,相承各置副大使,以嫡长为之,父没则代领军务"[③]。二来时机不成熟,翰林学士李绛详细地进行了分析:"河北不遵声教,谁不叹愤,然今日取之,或恐未能。成德自武俊以来,父子相承四十余年,人情惯习,不以为非。况承宗已总军务,一旦易之,恐未必奉诏。又范阳、魏博、易定、淄青以地相传,与成德同体,彼闻成德除人,必内不自安,阴相党助,虽茂昭有请,亦恐非诚。今国家除人代承宗,彼邻道劝成,进退有利。若所除之人得入,彼则自以为功;若诏令有所不行,彼因潜相交结;在于国体,岂可遽休!须兴师四面攻讨,彼将帅则加官爵,士卒则给衣粮,按兵玩寇,坐观胜负,而劳费之病尽归国家矣。今江、淮水,公私困竭,军旅之事,殆未可轻议也。"[④]但宪宗明知此役天时、地利与人和皆不具备而决意行之,此间或有希望如讨刘辟之役取胜的侥幸心理。在元和元年,西川刘辟谋逆朝命,宪宗欲征伐,"公卿议者亦以为蜀险固难取",杜黄裳独赞成之:"辟狂戆书生,取之如拾芥耳!臣知神策军使高崇文勇略可用,愿陛下专以军事委

① 《旧唐书》卷一四,第2册,第429页。
② 曹尔琴《说唐长安的青门》,见《学林漫录》七集,中华书局1983年版,第196页。
③ 《资治通鉴》卷二三七,第16册,第7657页。
④ 《资治通鉴》卷二三七,第16册,第7659—7660页。

之,勿置监军,辟必可擒。""时宿将名位素重者甚重,皆自谓当征蜀之选;及诏用崇文,皆大惊。"①宪宗听取了杜黄裳荐用高崇文的意见,但还是置了监军俱文珍,白居易《论太原事状三件》"贞亮"(文珍后从义父姓,曰刘贞亮)曰:

> 贞亮元是旧人,曾任重职。陛下以太原事弊,使替辅光。然臣伏闻贞亮先充汴州监军日,自置亲兵数千;又任三川都监日,专杀李康两节度使,事迹深为不可。为性自用,所在专权。若贞亮处事依前,即太原却受其弊。虽将追改,难以成功。其贞亮发赴本道之时,恐须以承前事切加约束,令其戒惧。此事至要,伏惟圣心不忘。②

白居易所谓俱文珍"任三川都监"日,即指元和元年随高崇文讨刘辟,其时"专杀李康两节度使"事。讨刘辟获胜,俱文珍自然会有功,"为性自用,所在专权",即可见其自谓得用跋扈之状。吐突承璀既属文珍一派,宪宗当然愿意其能如文珍一样得立军功,故任其专讨承宗。宪宗为此役把自己的家底全部搬出,元和四年,"冬,十月,制削夺承宗官爵,以左神策中尉吐突承璀为左、右神策、河中、河阳、浙西、宣歙等道行营兵马使、招讨处置等使"③。"己亥,吐突承璀将神策兵发长安,命恒州四面藩镇各进兵招讨"④,神策军乃"天子禁军",不仅"负责京师的巩固",更是直属皇帝的"野战部队"⑤。而且打破神策禁军分左右之规,把左右神策军专隶属时为左军中尉的吐突承璀:"贞元十二年(796)正式设立'神策中尉',以窦为左神策护军中尉,霍为右神策护军中尉,自此出任中尉的宦官成为名正言顺的神策军长官。当然,皇帝对神策中尉的信任还是有限度的,他采用过去禁军分左右的办法也让神策军分成左右,设置不相统属的左军中尉和右军中尉,让他们在自己面前互相争宠,互有牵制,而自己从中操纵利用。"⑥宪宗把"军国权柄,动关理乱"的重责尽付不谙军事的宦官吐突承璀,且假以如此威重之职名,使得朝野舆论大哗。翰林学士上奏,以为:"自古及今,未有征天下之兵,专令中使统领者也。今神策军既不置行营节度使,则承璀乃制将也;又充诸军招讨处置使,则承璀乃都统也。……陛下忍令后代相传云以中官为制将、都统自陛下始乎!臣又恐刘济、茂昭及希朝、从使乃至诸道将校皆耻受承璀指麾,心既不齐,功何有立!……陛下念承璀勤劳,贵之可也;怜其忠赤,富之可也。至于军国权柄,动关理乱,朝廷制度,出自祖宗,陛下宁忍徇

① 《资治通鉴》卷二三七,第16册,第7626页。
② 《白居易集》卷五八,第四册,第1237页。
③ 《资治通鉴》卷二三八,第16册,第7666页。
④ 《资治通鉴》卷二三八,第16册,第7668页。
⑤ 参见黄永年《唐史十二讲》"唐代的宦官",第177页。
⑥ 参见黄永年《唐史十二讲》"唐代的宦官",第177页。

下之情而自隳法制,从人之欲而自损圣明,何不思于一时之间而取笑于万代之后乎!"①"度支使李元素、盐铁使李鄘、京兆尹许孟容、御史中丞李夷简、给事中吕元膺、穆质、右补阙独孤郁等极言其不可"②,"元膺与给事中穆质、孟简,兵部侍郎许孟容等八人,抗论不可"③。宪宗"不得已",把承璀职权名"改处置为宣慰而已"④。但"上虽改其名,心颇不悦"⑤,像孟简、穆质等皆因之遭贬谪。白居易明确点出宪宗此举,乃为"徇下之情"和"从人之欲",即若隐若现地说出宪宗拿军国大事还吐突承璀赞立庶长子宁为太子的人情,实在太过疯狂,毫无疑问会"取笑于万代之后"。既然有此隐衷,所以无论朝臣如何劝谏,宪宗绝不改任承璀讨王承宗之初衷。这一点当时就被人看破。幽州牙将谭忠对田季安说:"今王师越魏伐赵,不使耆臣宿将而专付中臣,不输天下之甲而多出秦甲,君知谁为之谋?此乃天子自为之谋,欲将夸于臣下也。"⑥宪宗何以要"夸服于臣下",自然是为承璀赞谋立太子宁。宪宗曾无意间流露出对此役之厚望:"讨王承宗也,(充昭义节度使郄士美)遣大将王献督万人为前锋,献恣横逗桡,士美即斩以徇,下令曰:'敢后者斩!'亲鼓之,大破贼,下三营还柏乡。时诸镇兵合十余万绕贼,多玩寇犯法,独士美兵锐整,最先有功。宪宗喜曰:'固知士美能办吾事。'承宗大震惧。"⑦"固知士美能办吾事",可以看作是宪宗对吐突承璀的期待,可以置换为"固知承璀能办吾事"。基于此心理诉求,宪宗不惜出血本,宪宗如此安排,自然是为增加讨叛胜算:此役中所任大将,一类是亲历讨刘辟之役的宿将,如郦定进、高霞寓等;另一类是当时系出名将之门的将军,如李听、李光彦、李光进等以下分而述之。

郦定进,乃当时有名的骁将:"神策大将郦定进号骁将,以擒刘辟功,王阳山郡,至是战北,驰而俦,赵人曰:'郦王也。'害之,师气益折。"⑧白居易《请罢兵第二状》"请罢恒州兵事宜":"今承璀自去已来,未敢苦战,已丧大将,先挫军威。"⑨所丧之"大将"即指郦定进。卢仝《月蚀诗》:"恒州阵斩郦定进,项骨脆甚春蔓菁。"可见定进战死,在当时引起的轰动,由此更可见出定进乃当时世人共知的骁将。

高霞寓,颇晓兵法,曾专征刘辟而建功勋,名震一时:"霞寓能读《春秋》及兵法,

---

① 《资治通鉴》卷二三八,第16册,第7667页。
② 《资治通鉴》卷二三八,第16册,第7667页。
③ 《旧唐书》卷一五四,第13册,第4104页。
④ 《资治通鉴》卷二三八,第16册,第7668页。
⑤ 《旧唐书》卷一五五,第13册,第4116页。
⑥ 《资治通鉴》卷二三八,第16册,第7669页。
⑦ 《新唐书》卷一四三,第15册,第4696页。
⑧ 《新唐书》卷二一二,第17册,第5956—5957页。
⑨ 《白居易集》卷五九,第四册,第1251页。

颇以感慨自尚,狡谲多变。往见长武城使高崇文,崇文异其才,檄任军职。往击刘辟,战辄克,降李文悦、仇良辅等,追战七盘城有功,禽辟于羊灌。擢拜彭州刺史。俄代崇文为长武城使,封感义郡王。元和中,以左威卫将军随吐突承璀讨王承宗,诸将多覆军,独霞寓有功,诏藏所获铠仗于神策库以旌之。"①"(元和元年六月)辟置栅于关东万胜堆。戊戌,崇文遣骁将范阳高霞寓功夺之,下瞰关城;凡八战皆捷。"②

郦定进和高霞寓皆与吐突承璀关系紧密。郦定进为神策大将,"神策军包括神策军的京西诸城镇行营都是归属由宦官所任神策中尉管辖的"③,自然隶属于神策左军中尉吐突承璀。高霞寓始以高崇文而进身,崇文待霞寓"以犹子之分"④。而高崇文又因事宦官而进:高崇文于韩金义曾有救免之功,全义年少即事窦文场,故高崇文之与宦者关系颇深:"韩全义,出自行间,少从禁军,事窦文场。及文场为中尉,用全义为帐中偏将,典禁兵在长武城。贞元十三年,为神策行营节度、长武城使,代韩潭于夏绥银宥节度,诏以长武兵赴镇。全义贪而无勇,短于抚御。制未下,军中知之……是夜,戍卒鼓噪为乱,全义逾城而免……赖都虞候高崇文诛其乱首而止,全义方获赴镇。"⑤故史称霞寓"始因宦官进用"⑥,"霞寓本出禁军,内官皆佐之"⑦。故黄永年先生《所谓"永贞革新"》一文谓:"而神策军以及神策军使高崇文的上司又正是拥立宪宗的宦官。"⑧

李听,乃李晟子,"随吐突承璀讨王承宗,为神策行营兵马使"⑨。是他帮助吐突承璀摆脱讨王承宗的困境,让承璀有得差交,保住宪宗和承璀的颜面。吐突承璀"屡败""久无功",且"未尝苦战,已失大将"郦定进,致使"军中夺气"⑩。此种进难取胜、退无诏旨的情况下,"承璀用听计,擒从史以献"⑪,"承璀数问听计,卒缚卢从史"⑫。

李光进,乃当时名将。曾从郭子仪破安史叛军,收复两京。范希朝荐引光进参与元和四年讨王承宗之役:"李光进,本河曲部落稽阿跌之族也。父良臣,袭鸡田州

① 《新唐书》卷一四一,第15册,第4661页。
② 《资治通鉴》卷二三七,第16册,第7633页。
③ 黄永年《唐史十二讲》"所谓'永贞革新'",第145页。
④ 《旧唐书》卷一六二,第13册,第4249页。
⑤ 《旧唐书》卷一六二,第13册,第4187—4188页。
⑥ 《旧唐书》卷一六二,第13册,第4250页。
⑦ 《旧唐书》卷一五五,第13册,第4124页。
⑧ 黄永年《唐史十二讲》,第145页。
⑨ 《旧唐书》卷一三三,第11册,第3683页。
⑩ 《资治通鉴》卷二三八,第16册,第7661—7672页。
⑪ 《旧唐书》卷一三三,第11册,第3683页。
⑫ 《新唐书》卷一五四,第16册,第4878—4879页。

刺史,隶朔方军。……光进勇毅果敢……肃宗自灵武观兵,光进从郭子仪破贼,收两京,累有战功。至德中,授代州刺史,封范阳郡公,食邑二百户。上元初,郭子仪为朔方节度,以军讨大同、横野、清夷、范阳及河北残寇,用光进为都知兵马使。寻迁渭北节度使。永泰初,进封武威郡王。大历四年,检校户部尚书,知省事。未几,又转检校刑部尚书、兼太子太保。是岁冬十一月,葬母于京城之南原,将相致祭者凡四十四幄,穷极奢靡,城内士庶,观者如堵。元和四年,王承宗反,范希朝引师救易定,表光进为步都虞候,战于木刀沟,光进有功。""先是救易定之师,光进、光彦皆在其行,故军中呼光进为大大夫,光彦为小大夫。"①其兄李光彦"讨李怀光、杨惠琳皆有功。后随高崇文平蜀,搴旗斩将,出入入神,由是知名"②。

讨王承宗之役,"四面发兵二十万,又发两神策兵自京师赴之,天下骚动,所费七百余万缗"③,宪宗如此不惜血本,自然是祈望吐突承璀讨叛,会如俱文珍监高崇文军一样出师大捷,则承璀自然会有"命统群帅,克殄残孽,惟乃有指纵之功"④。如此则可使宪宗在朝臣面前证明自己的英明决断是无可置疑的,故舍嫡立庶自然会让心有异议者叹服。"通化门饯行非疏薄之情"⑤表明了宪宗的心理期待⑥。但吐突承璀却期年无功,在元和五年:"九月,己亥,吐突承璀自行营还,辛亥,复为左卫上将军,充左军中尉。裴垍曰:'承璀首唱用兵,疲弊天下,卒无成功,陛下纵以旧恩不加显戮,岂得全不贬黜以谢天下乎!'给事中段平仲、吕元膺言承璀可斩。李绛奏称:'陛下不责承璀,他日复有败军之将,何以处之?若或诛之,则同罪异罚,彼必不服;若或释之,则谁不保身而玩寇乎?愿陛下割不忍之恩,行不易之典,使将帅有所惩劝。'间二日,上罢承璀中尉,降为军器使;中外相贺。"⑦"中外相贺"颇值得研味:"中"当指宫中,"外"当指外朝。承璀只是被降为军器使,舆情便反映如此激烈,可见宫中外朝疾忌承璀之反对派,已然成众志成城之势。但宪宗对承璀之恩顾是不减丝毫的,承璀在元和五年九月被贬,在该年十二月,翰林学士、司勋郎中李绛对宪宗面陈吐突承璀专横,"语极恳切"。这竟然惹得宪宗大怒:"上作色曰:'卿言太过!'"⑧李绛直言逆圣意,自然是希望巩固承璀被贬这一得之不易的政治成果,如此

① 《旧唐书》卷一六一,第13册,第4217—4218页。
② 《旧唐书》卷一六一,第13册,第4218页。
③ 《资治通鉴》卷二三八,第16册,第7692页。
④ 《旧唐书》卷一五六,第13册,第4135页。
⑤ 岑仲勉《通鉴隋唐纪比事质疑》"李吉甫出镇淮南",第263页。
⑥ 元和十三年(817),宪宗专任裴度讨淮西吴元济,"八月,庚申,度赴淮西,上御通化门送之"。(《资治通鉴》卷二四〇,第16册,第7738页)
⑦ 《资治通鉴》卷二三八,第16册,第7679页。
⑧ 《资治通鉴》卷二三八,第16册,第7682页。

则宪宗对其恩遇或可渐衰,其所拥立的太子宁地位稳固性自会受影响。但宪宗激烈之态度,则再次证明吐突承璀对宪宗来讲,是绝对不能少的人物。这还可从元和六年五月一件事上得到证明:"前行营粮料使于皋谟、董溪坐赃数千缗,敕贷其死;皋谟流春州,溪流封州,并追遣中使赐死。权德舆上言,以为:'皋谟等罪当死,陛下肆诸市朝,谁不惧法!不当已赦而杀。'"①董溪是德宗朝宰相董晋之子,史书对其事多语焉不详,于此案也只寥寥数语,但从其父"晋谦愿俭简,事多循仍"②看,董溪或不至于太有失家教,所以"董溪坐赃数千缗"事让人难断真伪:"讨王承宗也,擢度支郎中,为东道行营粮料使。坐盗军货流封州,至长沙,赐死。"③讨恒州之役,当时是明诏以"内官宋惟澄、曹进玉、马朝江等为行营馆驿粮料等使"的,而今"坐赃"者,却是于皋谟、董溪,二人在免死流放途中又被中使赐死,颇让人怀疑于、董二人可是代人受过的替罪羔羊。

元略弟崔元受亦与此案有连:"元和初,于皋谟为河北行营粮料使。元受与韦岵、薛巽、王湘等皆为皋谟判官,分督供馈。既罢兵,或以皋谟隐没赃罪,除名赐死。元受从坐,皆逐岭表,竟壈坷不达而卒。"④讨承宗失败,自然需要有人承担责任。既然宪宗不欲严责承璀,于是"或以皋谟隐没赃罪"便容易理解,正如高霞寓战败却"移过"于李逊馈运不力:"元和十年……是时方讨吴元济,朝议以唐、蔡邻接,遂以邓隶唐州,三郡别为节制,命高霞寓领之,专俟攻讨。逊以五州赋饷之。……既而霞寓为贼所败,乃移过于逊,言供馈不时。霞寓本出禁军,内官皆佐之。既贬官,中人皆言逊挠霞寓军,所以致败。上令中使至襄州听察曲直,奏言逊不直,乃左授太子宾客分司,又降为恩王傅。"⑤高霞寓败绩的真正原因是:"霞寓虽称勇敢,素昧机略,至于统制,尤非所长。及达所部,乃率兵趣萧陂,与贼决战。既小胜,又进至文城栅。贼军伪败而退,霞寓逐之不已,因为伏兵所掩。"⑥宪宗既然决意任承璀讨承宗,则内官宋惟澄、曹进玉、马朝江等必然是党承璀者。如果于、董之赃案一查到底地穷究,则当追究到吐突承璀之责任。宪宗如果从公心出发,承璀当在被贬为军器使后再度被重罪贬责。如此承璀便短时期内无法恢复原来职名,从而减弱直至无法发挥在宫廷政治方面的影响,太子宁将失去最重要的"羽翼",这种结果显然是宪宗与吐突承璀不愿看到的。于是只能以于皋谟和董袭的赐死来终结此案。联系元

---

① 《资治通鉴》卷二三八,第 16 册,第 7683—7684 页。
② 《新唐书》卷一五一,第 15 册,第 4821 页。
③ 《新唐书》卷一五一,第 15 册,第 4822 页。
④ 《旧唐书》卷一六三,第 13 册,第 4263 页。
⑤ 《旧唐书》卷一五五,第 13 册,第 4124 页。
⑥ 《旧唐书》卷一六二,第 13 册,第 4149 页。

和六年十一月所发生的伊慎案，可以看出承璀被贬后，"中外"疾忌承璀者便积极从各方面找机会打击承璀，拿经济犯罪说事即是此典型政治背景下的产物："右金吾大将军伊慎以钱三万缗赂右军中尉第五从直，求河中节度使；从直恐事泄，奏之。十一月，庚子，贬慎为右卫将军，坐死者三人。"①此案发生后的第二年，吐突承璀亦以相同原因被罪："冬，十一月，弓箭库使刘希光受羽林大将军孙璹钱二万缗，为求方镇，事觉，赐死。事连左尉上将军、知内侍省吐突承璀，丙申，以承璀为淮南监军。"②这两件事的发生绝对不是偶然的，因为"债帅"之说，由来已久："自大历以来，节度使多出禁军，其禁军大将资高者，皆以倍称之息贷钱于富室，以赂中尉，动逾亿万，然后得之，未尝由执政；至镇，则重敛以偿所负。"③何以此次刘希光之事会东窗事发，自然走漏消息者不会是远人，承璀党之反对派如郭妃母子当不会坐以待毙，眼睁睁看太子位置花落别家。他们也在宦者中积极培植党羽、亲信，如宦者刘承偕是被郭妃待为"养子"的：

> 先是监军刘承偕恃宠凌节度使刘悟，三军发愤大躁，禽承偕，欲杀之。……悟救之获免，而囚承偕。诏遣京师，悟托以军情，不时奉诏。至是，宰臣延英奏事，度亦在列，上顾谓度曰："刘悟拘承偕而不遣，如何处置？"度辞以藩臣不合议军国事（时度为稹等排挤出朝，镇淮南）。上固问之……度对曰："承偕在昭义不法，臣尽知之，昨刘悟在行营与臣书，数论其事。是时有中使赵弘亮在臣军，仍持悟书将去，欲自奏，不知奏否？"上曰："我都不知，悟何不密奏其事，我岂不能处置？"度曰："刘悟武臣，不知大臣体例。虽然，臣窃以悟纵有密奏，陛下必不能处置。今日事状如此，臣等面论，陛下犹未能决，悟单辞岂能动圣听哉？"上曰："前事勿论，直言此时如何处置？"度曰："陛下必欲收忠义之心，使天下戎臣为陛下死节，唯有下半纸诏书，言任使不明，致承偕乱法如此，令悟集三军斩之。如此，则万方毕命，群盗破胆，天下无事矣。……"上俯首良久，曰："朕不惜承偕。缘是太后养子，今被囚系，太后未知，如卿处置未得，更议其宜。"度与王播复奏曰："但配流远恶处，承偕必得出。"上以为然，承偕果得归。……度自太原入朝，而恶度者以逢吉善于阴计，乃自襄阳召逢吉入朝，为兵部尚书。度既复知政事，而魏弘简、刘承偕之党在禁中。④

从"魏弘简、刘承偕之党"一语，即可明了宫廷政治中，承璀之党外，尚隐秘地活动着

① 《资治通鉴》卷二三八，第16册，第7680页。
② 《资治通鉴》卷二三八，第16册，第7686页。
③ 《资治通鉴》卷二四三，第17册，第7854页。
④ 《旧唐书》卷一七〇，第14册，第4423—4424页。

党郭妃母子一派。因此，从承璀自讨承宗行营还京后，针对承璀的打击、声讨就没有停息过，故刘希光案是反对派打击承璀及其党人的政治产物。借刘希光案，吐突承璀终于被贬离宫廷政治之外。因为承璀在讨承宗失败后，虽被贬为军器使，但仍为禁密机要之位。据《唐会要》卷六六"军器库"条记载，宫城的武德东门有武库，其军事器械后隶于军器使管辖，武德机构与军器使管辖的内容有关。《文苑英华》卷四二七，翰林制诏所列的全体官署职名为："飞龙、闲厩""内园、栽接""少府将作、内中尚""军器、武德""内、外弓箭库"，"军器"与"武德"并列，说明其性质之重要。因为"随着唐后期宫廷局势的急剧变化，武德使由原来主理军器，迅速冒起为宫中要职，地位近密"①。承璀贬为淮南监军，虽不失为肥差②，但毕竟远离了宫廷，远离了宪宗，使太子宁母子失去了重要的保护屏障。这才是吐突承璀的反对者所最需要的一种结果。

宪宗对承璀的种种恩顾、袒护之言行，"中外"承璀的反对者极力纠察承璀之罪使其贬离京师，这都非常明确地表明宪宗第一次毫不犹豫地立名位仅仅是"美人"的纪氏子宁为太子，吐突承璀在中间起着至关重要的作用。这还可从时为试太子通事舍人李涉为承璀辩护事上得到证明："元和初，（巢父从子羧）改谏议大夫。……六年十月，内官刘希光受将军孙琦赂二十万贯以求方镇，事败，赐希光死。时吐突承璀以出军无功，谏官论列，坐希光事出为淮南监军。试太子通事舍人李涉知上待承璀意未衰……论承璀有功，希光无事，久委心腹，不宜遽弃。……羧极论其与中官交结，言甚激切，诏贬涉为陕州司仓。悍臣闻之侧目，人为危之。"③李涉乃太子宁宫中的职事官，他如此明目张胆冒天下之大不韪地为承璀辩护，且"知上待承璀意未衰"，则太子宁母子与承璀党等之关系，自不难明了。

三、宪宗第二次立储

元和六年（811）冬十一月吐突承璀出为淮南监军。该年十一月闰月，被立为太子的庶长子宁随即死掉："辛亥，惠昭太子宁薨。"④至于死因，未见诸史料。于是宪宗不得不考虑再次立储。在元和七年（812），"秋，七月，乙亥，立遂王宥为太子，更

① 参见赵雨乐《从武德使到皇城使——唐宋政治变革的个案研究》，见《唐研究》第六卷，北京大学出版社 2000 年版，第 256 页。

② 时李鄘为扬州大都督府长史、淮南节度使，"至淮南数岁，就加检校左仆射，政严事理，府廪充积""境内富实"（《旧唐书》卷一五七《李鄘传》，第 13 册，第 4148 页）。故承璀此贬实乃肥差。另如长庆元年（824）宦官马纯良为淮南监军事："张韶之乱，马纯亮功为多，存亮不自矜，委权求出；秋，七月，以存亮为淮南监军使。"（《资治通鉴》卷二四三，第 17 册，第 7838 页）

③ 《旧唐书》卷一五四，第 13 册，第 4079 页。

④ 《资治通鉴》卷二三八，第 16 册，第 7668 页。

名恒。恒,郭贵妃之子也。诸姬子澧王宽,长于恒,上将立恒,命崔群为宽草让表,群曰:'凡推己之有以与人谓之让。遂王,嫡子也,宽何让焉!'上乃止"①。宪宗的第二次立储,应当是和吐突承璀离京有很大关系的。《旧唐书·崔群传》记载:"宪宗以澧王居长,又多内助,将建储贰,命群与澧王作让表,群上言曰:'大凡己合当之,则有陈让之仪;己不合当,因何遽有让表? 今遂王嫡长,所宜正位青宫。'竟从其奏。"②黄永年先生认为此段史料深隐的意味是:"原来是宪宗已要立澧王为太子,叫崔群代澧王作个让表,履行一下接受储位之前的手续,并非真叫澧王把储位让给遂王即穆宗,而崔群却站在穆宗一边反对澧王,最后澧王竟失败而穆宗成为太子。惠昭太子宁死于元和六年十二月,而《新唐书·宪宗纪》说遂王即穆宗在七年七月乙亥立为皇太子,其间储位虚悬不定至七个月之久。凡此均可见当时争夺的剧烈。"③此论直接点明"多内助"乃是澧王被宪宗倾向于第二次立储对象的关键因素,宪宗何以对此如此看重,自然此"内助"中关键人物是吐突承璀。因为承璀即便在淮南,丝毫不能降低宪宗对他的宠信:"吐突承璀监淮南军,贵宠莫贰。"④尽管如此,但他的反对派如李绛、崔群等还是抓住了这一千载难逢的机遇,有可能再次建议立储且必须是立嫡子,这一点从崔群意见很明白地显露出来。而宪宗却要为"宽草让表",宪宗意见倾向性由此可见一斑。宪宗此举意味颇深,即庶子如"宽"们是有资格、有可能被立为太子的。即使宽此次"让"了恒,但以后的日子还很长,还是充满了未知的变数。其潜台词便是恒的太子地位并不稳固——太子立了又被废或者差点儿被废在宪宗之前并不鲜见,如唐太宗和唐玄宗都发生过废太子事,而宪宗父顺宗就差点儿被德宗废掉。这第二次立储宪宗明显有所违心,之所以没有立宽,自然是吐突承璀被贬在外。吐突承璀甫一离京,太子宁即薨,这应该不纯属偶然巧合。吐突承璀虽然被贬谪,但其仍极尽努力为以后谋立新太子而处心积虑,如其还朝后引荐李鄘入相,当不无为废立太子拉羽翼之意。而李鄘力辞以疾,亦自有深意⑤。

李绛们在穆宗被立为太子后,紧接着在元和八年(813)冬十月,便"群臣累表请立德妃郭氏为皇后。上以妃门宗强盛,恐正位之后,后宫莫得进,托以岁时禁忌,竟不许⑥。"群臣"之意,宪宗自然心知肚明,他们自然是为了太子之位的稳固问题。因为太子乃郭妃之子,《春秋》之义,子以母贵,母以子贵。《公羊传·隐公元年》

① 《资治通鉴》卷二三八,第 16 册,第 7691—7692 页。
② 《旧唐书》卷一五九,第 13 册,第 4188 页。
③ 黄永年《唐史十二讲》"唐元和后期党争与宪宗之死",第 157 页。
④ 《旧唐书》卷一五七,第 13 册,第 4149 页。
⑤ 《旧唐书》卷一五七《李鄘传》:"鄘亦以刚严素著,而差相敬惮,未尝稍失。承璀归,遂引以为相。十二年,征门下侍郎、同平章事。"(第 13 册,第 4149 页)
⑥ 《资治通鉴》卷二三九,第 16 册,第 7702 页。

"桓幼而贵,隐长而卑⋯⋯隐长又贤,何以不宜立? 立适以长,不以贤;立子以贵,不以长。桓何以贵? 母贵也。母贵则子何以贵? 子以母贵,母以子贵。"且郭氏本来为宪宗正妃,故郭氏为皇后乃名正言顺之事。如郭氏为皇后,则穆宗又可子以母贵,无形中会增加太子之位的保险系数。朝臣如此上疏劝立后的个中隐秘宪宗自然不会不知,于是找了可以说出口和说不出口的两个借口,把朝臣的上表挡了回去。宪宗不立郭氏为皇后的最真实原因,当是当时穆宗的太子位置并不恒稳有关,其改名为"恒"正无意间透露了宪宗的幽微心理。直到元和十五年(820)正月,吐突承璀尚在谋太子之废立:"初,左军中尉吐突承璀谋立澧王恽为太子,上不许。及上寝疾,承璀谋尚未息;太子闻而忧之,密遣人问计于司农卿郭钊,钊曰:'殿下但尽孝谨以俟之,勿恤其他。'"①胡三省曰:"盖宪宗末年,承璀欲废太子,立澧王耳,非惠昭初薨时也。"②如果宪宗一直健在,凭着他对吐突承璀的宠信恩遇,废立太子不是不可能的。

吐突承璀谋立澧王恽为太子,宪宗不会不知。在元和八年春正月,以足疾为由罢李绛为礼部尚书。罢免李绛相位后,宪宗马上召还吐突承璀,"初,上欲相绛,先出吐突承璀为淮南监军,至是,上召还承璀,先罢绛相。甲辰,承璀至京师,复以为弓箭库使、左神策中尉"③。宪宗没有料到吐突承璀离京后会发生太子宁薨事,更没有料到朝臣立太子、立皇后之呼声会如此迅疾。为避免朝廷局面失控,宪宗先找借口不立郭妃为后,紧接着罢免李绛之后即刻召还吐突承璀。

总之,宪宗第二次立储,是"由于吐突承璀此时不在内廷,支持澧王的势力有所削弱,致使穆宗能在这次储位之争中获胜"④。

四、吐突承璀阴谋废立

以上分析可以看出,穆宗被立为太子前后状况极其复杂。当时宦官、朝臣大致分为两派,一派党宪宗和吐突承璀;一派党穆宗母子。吐突承璀一直没有停止过废立的想法和活动,这从他引荐李鄘为相可以看出来。从淮南监军任上回京师,宪宗对吐突承璀恩宠益深,当时权势之盛,连士大夫也竞相向其邀荣取媚,连曾在元和四年因谏宪宗任吐突承璀讨王承宗事被贬的孟简,也苟容取媚于承璀,在元和十三

---

① 《资治通鉴》卷二四一,第 17 册,第 7776 页。
② 《资治通鉴》卷二三八"秋,七月,乙亥,立遂王宥为太子,更名恒"条下胡三省注文。第 16 册,第 7692 页。
③ 《资治通鉴》卷二三九,第 16 册,第 7703 页。
④ 黄永年《唐史十二讲》"唐元和后期党争与宪宗之死",第 160 页。

年前后竟然向承璀行贿①。连"性俊拔尚义"之孟简尚如此,"佞巧小人""资性狡诈"②的皇甫镈等自不待言,他"以厚赂结吐突承璀"致相位。观皇甫镈为相前后之作为,便可见宪宗季年荒昏之状。此足以资吐突承璀阴谋废立太子:

> 宪宗方伐蔡,急于用度,镈搜会严亟,以办济师,帝悦,进兼御史大夫。蔡平之明年,遂同中书门下平章事,犹领度支。镈以吏道进,既由聚敛句剥为宰相,至虽市道皆嗤之。崔群、裴度以闻,帝怒,不听。度乃表罢政事,极论镈奸邪苛刻,天下怨之,将食其肉。……帝以天下略平,亦欲崇台沼宫观自娱乐,镈与程异知帝意,故数贡羡财,阴佐所欲,又赂吐突承璀为奥援,故帝排众论,决任之,反以度为朋党,不内其言。镈乃益以巧媚自固……镈衔度,乃与李逢吉、令狐楚合挤之,出度太原。又以崔群有天下重望,劲直敢言,后议帝号,镈乃谮群抑损徽称,帝怒,逐群湖南。镈罢度支,进门下侍郎平章事。尝与金吾将军李道古共荐方士柳泌、浮屠大通为长年药,帝惑之。穆宗在东宫,闻其奸妄,始听政,集群臣于月华门,贬镈崖州司户参军,死其所。③

皇甫镈先以淮西之役得进,此役既捷,"上浸骄奢",皇甫镈"晓其意,数进羡余以供其费,由是有宠④"。为相后,"自知不为众所与,益为巧诡以自固⑤",排陷崔群、裴度等。

崔群。元和十四年十二月乙卯即十一日,崔群被黜为湖南观察使。(元和十四年七月)乙巳,上问宰相:"玄宗之政,先理而后乱,何也?"崔群对曰:"玄宗用姚崇、宋璟、卢怀慎、苏颋、韩休、张九龄则理,用宇文融、李林甫、杨国忠则乱。故用人得失,所系非轻。人皆以天宝十四年安禄山反为乱之始,臣独以为开元二十四年罢张九龄相,专任李林甫,此理乱之所分也。愿陛下以开元初为法,以天宝末为戒,乃社稷无疆之福!"⑥皇甫镈深恨之。十二月初,群臣议上尊号,皇甫镈欲增"孝德"二字,中书侍郎、同平章事崔群曰:"言圣则孝在其中矣。"镈谮群于上曰:"群于陛下惜'孝德'二字。"上怒。时镈给边军赐与,多不时得,又所给多陈败,不可服用,军士怨怒,

---

① 《旧唐书》卷一六三《孟简传》:"(元和)十三年,代崔元略为御史中丞,仍兼户部侍郎。是岁,出为襄州刺史、山南东道节度使。……十五年,穆宗即位,贬吉州司马员外同正员。初,简在襄阳,以腹心吏陆翰知上都进奏,委以关通中贵。翰持简阴事,渐不可制,简怒,追至州,以土橐杀之,且欲灭口。翰子诣阙,进状诉冤,且告简赃状。御史台按验,获简赂吐突承璀钱帛等共计七千余万匹,事状明白,故再贬之。"(第13册,第4256页)

② 裴度谏宪宗相皇甫镈语。详见《资治通鉴》卷二四〇,第16册,第7752—7753页。

③ 《新唐书》卷一六七,第16册,第5113—5114页。

④ 《资治通鉴》卷二四〇,第16册,第7752页。

⑤ 《资治通鉴》卷二四〇,第16册,第7753页。

⑥ 《资治通鉴》卷二四一,第17册,第7773页。

流言欲为乱。李光彦忧惧,欲自杀。遣人诉于上,上不信。京师凶惧,群具以中外人情上闻。镈密言于上曰:"边赐皆如旧制,而人情忽如此者,由群鼓扇,将以卖直,归怨于上也。""上以为然。十二月,乙卯,以群为湖南观察使,于是中外切齿于镈矣。"①

崔群在宪宗第二次立储时,坚定地主张"立嫡以长",是被目为太子羽翼的:"穆宗立,以吏部侍郎召之,劳曰:'我为太子,卿力也。'"②崔群被贬黜离京,对穆宗来讲,自然极为不利。黄永年先生谓:"案之《旧唐书》卷一三五《皇甫镈传》……(镈)可见是位颇有才干的人物……但《新唐书·皇甫镈传》说'中尉吐突承璀恩宠莫贰,镈厚赂结其欢心,故及相位',则当有事实根据,即皇甫镈实与吐突承璀内外呼应,在宪宗最后几年操纵了朝政,而支持穆宗为皇太子与吐突承璀对立的崔群自不得久于相位,议宪宗尊号只是个导火线而已。……而宪宗确有从他父亲顺宗手里夺取帝位有伤孝道的惭德,则崔群为宪宗深恶而贬黜亦自势所必至。"③

李绛。元和季年,最早主张宪宗立储的李绛与政治核心渐离渐远:"九年,罢知政事,授礼部尚书。十年,检校户部尚书,出为华州刺史。未几,入为兵部尚书。丁母忧。十四年,检校吏部尚书,出为河中观察使。河中旧节制,皇甫镈恶绛,只以观察命之。"④此期间李绛仍守道不阿于吐突承璀:"承璀田多在部中,主奴扰民,绛捕系之。"⑤李绛对吐突承璀态度如是,可知被其时"恩宠莫贰"的吐突承璀派仇视程度之深。皇甫镈恶绛,自然不难理解,"可见这个和吐突承璀作对的李绛已彻底失势"⑥。

裴度。元和十三年宪宗专任裴度征淮蔡,当时宰相李逢吉"不欲讨蔡,翰林学士令狐楚与逢吉善,度恐其合中外之势以沮军事",遂以"草制失辞"为由罢令狐楚为中书舍人⑦。而"楚与皇甫镈、萧俛同年登进士第。元和九年,镈以财赋得幸,荐俛、楚入翰林,充学士,迁职方郎中、中书舍人,皆居内职"⑧。"宰相李逢吉与度不协,与楚相善"。"宪宗方责度用力,乃罢逢吉相任,一罢楚内职,守中书舍人"。可见裴度深恶于皇甫镈党。淮西平后,宪宗开始大兴土木之役,花费颇多,至有"公费不足",让军使张奉国"出私财以助用"之举。皇甫镈"数贡羡余钱,助帝营造"。又

① 《资治通鉴》卷二四一,第 17 册,第 7775—7776 页。
② 《新唐书》卷一六五,第 16 册,第 5082 页。
③ 黄永年《唐史十二讲》"唐元和后期党争与宪宗之死",第 161 页。
④ 《旧唐书》卷一六四,第 13 册,第 4290 页。
⑤ 《新唐书》卷一五二,第 15 册,第 4843 页。
⑥ 黄永年《唐史十二讲》"唐元和后期党争与宪宗之死",第 161 页。
⑦ 《资治通鉴》卷二四〇,第 16 册,第 7738 页。
⑧ 《旧唐书》卷一七二,第 14 册,第 4460 页。

因平蔡州时，皇甫镈能"供馈不乏"，宪宗任其为相。裴度极论其不可。此举又深得罪于皇甫镈本人，故皇甫镈在宪宗面前屡构陷之，"宪宗不悦"①。"裴度在相位，知无不言，皇甫镈之党阴挤之。（元和十四年三月）丙子，诏度以门下侍郎、同平章事充河东节度使"②，当时"皇甫镈以掊克取媚，人无敢言者"③。裴度甫去，在元和十四年七月，"丁酉，以河阳节度使令狐楚为中书侍郎、同平章事。楚与皇甫镈同年进士，故镈引以为相"④。皇甫镈们更无所顾忌迷惑宪宗邀媚取宠，党同伐异。则穆宗之太子位更岌岌可危矣。

此外，皇甫镈又积极诱导宪宗求仙佞佛致长生，先后荐引柳泌、僧大通、田作元等，尤其是柳泌深得宪宗信任："泌本曰杨仁力，少习医术，言多诞妄。李道古奸回巧宦，与泌密谋求进，言之于皇甫镈，因征入禁中。自云能致灵药……起徒步为台州刺史，仍赐金紫。……泌到天台，驱使吏民于山谷间，声言采药，鞭笞躁急。岁余一无所得，惧诈发获罪，举家入山谷。浙东观察使追捕，送于京师，镈与李道古肯保证之，必能可致灵药，乃待诏翰林院……初，柳泌系京兆尹，狱吏叱之曰：'何苦作此虚矫？'泌曰：'吾本无此心，是李道古教我，且令寿四百岁。'"⑤可见柳泌、僧大通等依附李道古，李道古依附皇甫镈，皇甫镈又依附其时"恩宠莫贰"的吐突承璀。而吐突承璀一直在谋立澧王宽，其积极引荐皇甫镈入相，自然是为澧王宽拉"羽翼"。

皇甫镈依附吐突承璀，把穆宗的拥立者一一排挤出朝从而架空穆宗母子，让穆宗感到了恐慌忧虑。为避免被废，穆宗母子自然不会坐以待毙，这可以从郭妃以宦者刘承偕为"养子"事上看出端倪。"宪宗颇贪长生。尝遣使迎凤翔法门寺佛骨，刑部侍郎韩愈谏，贬为潮州刺史。又信方士柳泌及僧大通，遂为弑逆者所藉口焉。"⑥宪宗求长生是在断绝穆宗即位的念想儿，但却给了穆宗机会："上服金丹，多躁怒，左右宦官往往获罪，有死者，人人自危；庚子，暴崩于中和殿。时人皆言内常侍陈弘志弑逆。其党类讳之，不敢讨贼，但云药发，外人莫能明也。"⑦陈寅恪先生谓："至郭后乃穆宗之生母，其预知弑逆之谋，似甚可能。……总之，宫掖事秘，虽不宜遽断，然皇位继承之不固定及阉寺党派之竞争二端，与此唐室中兴英主宪宗之结局有关，

---

① 《旧唐书》卷一七〇，第14册，第4420—4421页。
② 《资治通鉴》卷二四一，第17册，第7768页。
③ 《资治通鉴》卷二四一，第17册，第7768页。
④ 《资治通鉴》卷二四一，第17册，第7771页。
⑤ 《旧唐书》卷一三五，第12册，第3742—3743页。
⑥ 吕思勉《隋唐五代史》，上海古籍出版社1959年版，上册，第358页。
⑦ 《资治通鉴》卷二四一，第17册，第7776页。

则无可疑也。"①吕思勉先生谓:"利害所系,枢机之内,矛戟生焉。不能克己复礼,而欲饵金石以求长生,适见其惑矣。"②黄永年先生亦谓:

> 崔群之贬充湖南观察使是在元和十四年十二月乙卯即十四日,两《唐书宪宗纪》和《新唐书宰相表》均无异辞,而宪宗之死在元和十五年正月庚子即二十七日,距离崔群之贬才四十五日,可见崔群之贬是对他所支持的皇太子穆宗及其党羽敲响了警钟,为保有大位和随之而来的权势富贵,不得不发动宫廷政变以作孤注一掷。③

综论之,宪宗因为一直对吐突承璀恩宠不贰,而导致元和一朝储位不稳。承璀一直谋立澧王宽以代穆宗,积极培植党羽皇甫镈等。而皇甫镈与李道古辈一味嗜权固宠,不惜迷惑宪宗服金石之药求长生久视,最终导致宪宗暴崩。宪宗不死,则吐突承璀谋废立之心不息,穆宗东宫之位岌岌可危,所以元和立储的宫廷政治中,吐突承璀为关键人物。

五、结语

吐突承璀之于宪宗,正如高力士之于玄宗:玄宗在"三庶人"事件后,从高力士之议再建储宫,是为以后之肃宗。从宪宗立储一直极重吐突承璀来看,宪宗于玄宗一朝当极为心仪——专宠吐突承璀以效仿玄宗专宠高力士。当然,宪宗作为被韩愈、李商隐等都极力讴歌的一位皇帝,在即位之初确实表现出非凡的政治才华和能力,如对叛镇重拳出击,先后平定刘辟、李锜和杨惠琳等的叛乱,确实让唐王朝一度振衰起废,给士人门带来了再造大唐中兴的希望。基于此,宪宗或努力规避外戚强权干政之弊:高宗之武后、中宗之韦后都是李唐皇室永远挥之不去的梦魇。这一点可以从郭妃语中得到证实:长庆四年(824)正月,"庚午,上疾复作;壬申,大渐,命太子监国。宦官欲请郭太后临朝称制,太后曰:'昔武后称制,几危社稷。我家世守忠义,非武氏之比也。太子虽少,但得贤宰相辅之,卿辈勿预朝政,何患国家不安!自古岂有女子为天下主而能致唐、虞之理乎!'取制书手裂之"④。"武后称制,几危社稷",从郭妃语正可见宪宗对其素所忌惮之因。元妃郭氏一来深得德宗、顺宗之心,这是务反"永贞革新"之政的宪宗不立郭妃为后的私人情感基础;二来郭妃出身贵盛,尤其是功高震主的汾阳王郭子仪孙女这一身份,让宪宗存疑忌之心亦在情理之

---

① 陈寅恪《唐代政治史述论稿》中篇《政治革命及党派分野》,第104页。
② 吕思勉《隋唐五代史》,上册,第359页。
③ 黄永年《唐史十二讲》"唐元和后期党争与宪宗之死",第162页。
④ 《资治通鉴》卷二四三,第17册,第7831页。

中——毕竟,安史之乱和建中兵变带给唐王朝后来帝王们的创伤记忆,用"天荒地变心虽折,若比伤春意未多"或仅可形容一二,这是终宪宗一世不使郭妃正位中宫的政治考量。在宪宗私人情感和政治考量两种因素外,真正不可明言的不立郭妃为后的理由,正如史书所记载乃宪宗"后宫多爱"而忌惮郭妃会一如武后之妒,这才是元和反思文学之"色戒"题材呈现的真正文本生成场域。最经典的是白居易《长恨歌》和陈鸿《长恨歌传》,写于元和元年(806)冬十二月,创作本义明言:"意者不但感其事,亦欲惩尤物,窒乱阶,垂于将来者也。"①元稹《莺莺传》借张生之言亦表达此意:"大凡天之所命尤物也,不妖其身,必妖其人。……昔殷之辛,周之幽,据百万之国,其势甚厚。然而一女子败之。溃其众,屠其身,至今为天下僇笑。"②韩孟派和元白派相关创作亦为数不少,这均是着眼于彼时宪宗政治而言,有着极切的针对性——矫枉过正之言,无论"元白务言人所之欲言",还是"韩孟务言人所不敢言",均为警人视听而已——与诸葛亮《出师表》极言"益州疲弊,此诚危急存亡之秋"以警醒后主用意相同。

无论是从宪宗私心出发,还是从政治角度考量,宦官吐突承璀如要固宠,是一定会站在反对立郭妃为后、立郭妃嫡子为储君这一边的。郭妃立后不成,朝臣崔群们又用到了玄宗朝武惠妃谋立后不得转而求立子为太子的手段——春秋礼法,若子得继承君位,母以子贵是可以成为太后的。由此又可以看到玄宗政治对宪宗政治的影响。宪宗断然掐灭了郭妃谋立子从而曲线为太后的政治操作意图,决然立了吐突承璀一直谋立的庶长子宁。甚至在宁薨后,依然不欲立嫡子。即便后来郭妃嫡子得立,春宫地位并不稳固,吐突承璀一直在谋废立,而宪宗一直站在吐突承璀这边。据《资治通鉴》卷二三八(元和七年,812)胡三省注文,"盖宪宗末年,承璀欲废太子,立澧王耳,非惠昭初薨时也"③,可以想象,彼时的郭妃母子是绝不会坐以待毙把太子位拱手让人的——"让"非唯意味着储君位置的丧失,会直接连带着生命的丧失。站在此历史角度考量,郭妃母子是必然要培植自己党羽的,可以基本断定的党穆宗母子者中,除了宪宗身边的宦者有被郭妃待为"养子"的外,朝中尚有一批无论从公礼还是私人情感上当倾向于穆宗母子者如郑余庆、崔群、韦绶、郭钊、杜悰、薛放、丁公著、萧俛、段文昌等人,尤其是穆宗之舅郭钊。勾连"元和逆党",显然已成"箭在弦上,不得不发"之势,终于导致元和十五年正月宪宗暴崩,"上服金丹,多躁怒,左右宦官往往获罪,有死者,人人自危;庚子,暴崩于中和殿。时人皆言内

---

① 陈鸿《长恨歌传》,见汪辟疆校录《唐人小说》,上海古籍出版社 1978 年版,第 141 页。
② 元稹《莺莺传》,见汪辟疆校录《唐人小说》,第 167 页。
③ 《资治通鉴》卷二三八,第 16 册,第 7692 页。

常侍陈弘志弑逆，其党类讳之，不敢讨贼，但云药发，外人莫能明也。中尉梁守谦与宦官马进潭、刘承偕、韦元素、王守澄等共立太子，杀吐突承璀及澧王恽，赐左、右神策军士钱人五十缗，六军、威远人三十缗，左、右金吾人十五缗"①。"共立太子"的宦者中，就有郭妃养子刘承偕，其他如马进潭、韦元素、王守澄等在元和立储中站位不言而喻。而宪宗之死与元妃郭氏有无关系，虽史无明文，但可通过抽丝剥茧以细究之：郭妃乃郭子仪之孙、代宗升平公主之女，"历位七朝，五居太母之尊，人君行子孙之礼，福寿隆贵，四十余年，虽汉之马、邓，无以加焉"②。以郭妃地位之尊，其死史籍却语焉不详，最早记载郭妃之死的，是裴庭裕的《东观奏记》。其上卷"郭太后暴崩"条载："宪宗皇帝晏驾之夕，上虽幼，颇记其事，追恨光陵、商臣之酷，即位后，诛锄恶党无漏网者。时郭太后无恙，以上英察孝果，且怀惭惧。时居兴庆宫，一日，与二侍儿同升勤政楼，倚衡而望，便欲殒于楼下，欲成上过。左右急持之，即闻于上。上大怒。其夕，太后暴崩，上志也。"③"宪宗皇帝晏驾"事，《旧唐书》卷十五《宪宗纪》有详细的记载："十五年春正月甲戌朔，上以饵金丹小不豫，罢元会。庚辰，镇冀观察使王承宗奏镇冀深赵等州，每州请置录事参军一员……从之。壬午，以前湖南观察使崔倰权知户部侍郎、判度支。丙戌，沂海四州观察使府移置于兖州，改观察使曹华为兖州刺史。乙未，命邠宁李光延修筑盐州城。此月七日已后，昼常阴晦，微雨雪，夜则晴明，凡十七日方澄霁。丙申，月犯心大星，光彩相及。废齐州丰齐县入长清，废全节县入历城，废亭山县入章丘县。义成军节度使刘悟来朝。戊戌，上对悟于麟德殿。上自服药不佳，数不视朝，人情恼惧，及悟出道上语，京城稍安。庚子，以少府监韩璀为鄜州刺史、鄜坊丹延节度使。是夕，上崩于大明宫之中和殿，享年四十三。时以暴崩，皆言内官陈弘志弑逆，史氏讳而不书。"④此段具体记录宪宗崩前处理政务的活动情况，尤其是崩前当天宪宗还在处理政务，而到夕时即崩。看来"上自服药不佳，数不视朝，人情恼惧"之舆论制造不为无因，显然含有水分，因为刘悟"出道上语，京城稍安"，证明宪宗身体、精神等状况尚可。刘悟带出来的真实消息显然是突发状况，随即宪宗暴崩。由此可见，宪宗系非正常死亡。虽然史书谓是陈弘志弑君，但正如刘禹锡《子刘子传》所谓："宫掖事秘，建桓立顺。"⑤陈弘志又何尝不是司马昭谋篡曹魏江山时的成济？而宪宗因"躁怒不常"，宦侍惧而被弑吗？如果史实真如此，便不会有裴书以"商臣"称穆宗之说："商臣"即春秋时楚国国君

① 《资治通鉴》卷二四一，第 17 册，第 7777 页。
② 《旧唐书》卷五十二，第七册，第 2197 页。
③ 田廷柱点校《东观奏记》卷上，中华书局，唐宋史料笔记丛刊 1994 年版，第 85—86 页。
④ 《旧唐书》卷一五，第 2 册，第 472 页。
⑤ 《旧唐书》卷一六八，第 16 册，第 5132 页。

楚穆王,是楚成王之子,被立为太子,在公元前626年逼死其父自立为王。裴庭裕约生于武宗会昌(841—846)、宣宗大中(847—859)之际。一生经历了宣宗至哀帝五朝。僖宗大顺中(890—891),官至右补阙兼史馆修撰。此期间始参与修撰《宣宗实录》。后迁任司封郎中、翰林学士、知制诰,又改任左散骑常侍。唐末五代初,因事贬官湖南,卒于贬所。据裴庭裕《东观奏记序》,该书奉诏修于昭宗大顺二年,"庭裕自为儿时,已多记忆,谨采宣宗朝耳目闻睹,撰成三卷"①。以"鸿儒硕学"著称的裴庭裕奉诏专修《宣宗实录》,其所记自不会空穴来风。其后的《旧唐书》与《新唐书》均在"郭妃传"中对其死之事一笔带过。胡三省在论及此事时也颇感疑惑:"若无此事,则廷裕岂敢辄诬宣宗!"②穆宗弑君父之原因,当然是为继承皇位。郭氏为穆宗之母,她是否预谋其事?我们通过以上考察,可以证明郭氏当预谋宪宗被弑事。

所以到宣宗时,对穆宗母子极为严酷。在大中二年(848)二月,罢穆宗"忌日行香,悉移宫人于诸陵"。胡三省注曰:"以陈弘志弑逆之罪归穆宗也。"③对穆宗如此,对穆宗母郭太后更严酷,生不以礼待之,死亦不以礼葬之:

> (大中二年)五月,己卯,太皇太后郭氏崩于兴庆宫。六月,礼院检讨官王皞贬句容令。初,宪宗之崩,上疑郭太后预其谋;又,郑太后本郭太后侍儿,有宿怨,故上即位,待郭太后礼殊薄。郭太后怏怏,一日,登勤政楼,欲自陨;上闻之,大怒,是夕,崩,外人颇有异论。上以郑太后故,不欲以郭后祔宪宗,有司请葬景陵外园;(王)皞奏宜合葬景陵,神主配宪宗室,走入,上大怒。白敏中召皞诘之,皞曰:"太皇太后,汾阳王之孙,宪宗在东官为正妃,逮事顺宗为妇。宪宗厌代之夕,事出暧昧;太皇太后母仪天下,历五朝,岂得以暧昧之事遽废正嫡之礼乎!"(王)皞明日即贬官。(十一月)壬午,葬懿安皇后于景陵之侧。④

胡三省注"葬懿安皇后于景陵之侧"曰:"非礼也。宪宗不为正其始,以致宣宗不为正其终。"⑤可见宪宗在立后与立储上,是"非礼"之举,此举最终毁掉了宪宗,更毁掉了来之不易的"元和中兴":

> 宪宗嗣位之初,读列圣实录,见贞观、开元故事,竦慕不能释卷,顾谓丞相曰:"太宗之创业如此,玄宗之致理如此,既览国史,乃知万倍不如先圣。当先

---

① 《东观奏记》"序",第83页。
② 《资治通鉴》卷二四八(宣宗大中二年,848),第8034—8035页。
③ 《资治通鉴》卷二四九,第17册,第8068页。
④ 《资治通鉴》卷二四八,第17册,第8033—8035页。
⑤ 《资治通鉴》卷二四八,第17册,第8035页。

圣之代,犹须宰执臣僚同心辅助,岂朕今日独能为理哉!"自是延英议政,昼漏率下五六刻方退。自贞元十年已后,朝廷威福日削,方镇权重。德宗不委政宰相,人间细务,多自临决,奸佞之臣,如裴延龄辈数人,得以钱谷数术进,宰相备位而已。及上自藩邸监国,以至临御,讫于元和,军国枢机,尽归之于宰相。由是中外咸理,纪律再张,果能剪削乱阶,诛除群盗。睿谋英断,近古罕俦。唐室中兴,章武而已(宪宗谥曰圣神章武帝)。……惜乎服食过当,阉竖窃发。苟天假之年,庶几于理矣![1]

"服食过当,阉竖窃发"其实都可以从元和立储事上找到根源。而元和立储自始至终,都有宦官吐突承璀在播云弄雨,其影响不可谓不大。

(作者单位:河南大学文学院)

---

[1] 《旧唐书》卷十五,第 2 册,第 472 页。

张祜诗系年

刘佩德

张祜生活于中晚唐时期,以宫词著称于世。今存诗五百余首,尹占华先生整理的张祜诗集是目前所见最为完备的校注本,且汇集了张祜研究的许多资料,为学界提供了更为宽广的研究路径。张祜一生未曾入仕为官,其生平经历未可详考。通过对其诗作的深入考察,可大致了解诗人之交游及经历。谭优学先生所作《张祜行年考》、尹占华先生所作《张祜系年考》等,均是在其诗作基础上对张祜生平经历的系统考察。笔者在前辈学者研究基础上,对张祜诗集中可考知的诗作加以考订,略以时间先后为次,希冀对张祜研究有所推动。

《哭汴州陆大夫》(卷一 62 页)①,作于贞元十五年(799)。

汴州,今河南开封,唐宣武军节度使治所。陆大夫为陆长源。《旧唐书·陆长源传》载,"字泳之……性轻佻,言论容易,恃才傲物,所在人畏而恶知。及至汴州,欲以峻法绳骄兵。而董晋判官杨凝、孟叔度以纵恣淫湎,众情共怒。晋性宽缓,事物因循,以收士心。长源每事守法,晋或苟且,长源辄执而正之"。又据《资治通鉴》卷二三五,贞元十五年(799),董晋薨。二月乙酉,以陆长源为节度使。因陆长源性急,做事不知权变,进一步激化了矛盾,军士作乱而杀陆长源及判官孟叔度。张祜此诗当作于是年。诗中所言"利剑太坚操,何妨拔一毛",当即指陆长源遇难之因而言,故定此诗作于贞元十五年(799)。

《投韩员外六韵》(卷八 346 页),作于元和六年(811)至七年二月间。

韩员外为韩愈,时官职方员外郎。据陈克明考证,韩愈于元和六年春夏之间仍为河南县令②,则韩愈官职方员外郎当在下半年。元和七年(812)二月,韩愈由职方员外郎复为国子博士③。故系此诗作于是时。又,张祜《读韩文公集十韵》(卷八 412 页)一诗,诗题称韩文公,则知此诗作于韩愈殁后。又据韩愈门人李汉《昌黎先生集》序:"长庆四年,先生殁。门人陇西李汉辱知最厚且亲,遂收遗文,无所失坠。得

---

① 本文所引诗作均出自尹占华《张祜诗集校注》(上海古籍出版社 2020 年版),诗题后标明卷数及页码。
② 陈克明《韩愈年谱及释文系年》,巴蜀书社 1999 年版,第 348 页。
③ 陈克明《韩愈年谱及释文系年》,巴蜀书社 1999 年版,第 378 页。

赋四、古诗二百一十、联句十一、律诗一百六十、杂著六十五、书启序九十六、哀词祭文三十九、碑志七十六、笔砚《鳄鱼文》三、表状五十二,总七百,并目录合为四十一卷,目为《昌黎先生集》,传于代。又有注《论语》十卷,传学者;《顺宗实录》五卷,列于史书,不在集中。"①可知,张祜此诗当作于长庆四年(824)之后。谭优学系此诗作于宝历元年(825),其理由为:"韩愈以上年卒,谥曰'文',祜约以今年作《读韩文公集十韵》,备极推服。"②此说似过于武断。

《寄朗州徐员外》(卷一 9 页),作于元和七年(812)至八年之间。

尹占华引唐林宝《元和姓纂》定徐员外为徐缜,又引刘禹锡《上杜司徒启》证之③。考(嘉庆十八年)《常德府志》卷二十三职官表二贞元间载朗州刺史为窦常,并有小注曰:"京兆进士,刺朗州时与刘禹锡唱和甚多。"《新唐书·窦常传》载:"常字中行,大历中及进士第,不肯调,客广陵,多所论著,隐居二十年。镇州王武俊闻其才,奏辟不应。杜佑镇淮南,署为参谋。历朗夔江抚四州刺史、国子祭酒,致仕。卒,赠越州都督。"可见其人之一斑。瞿蜕园云:"禹锡在朗州为员外司马时,刺史之知名者惟窦常,常有《之任武陵寒食日途次松滋渡先寄刘员外禹锡诗》云:'算老重轻癸巳年。'癸巳为元和八年(813),禹锡即次年召还京,此徐使君乃常之前任也,其名待考。"④刘禹锡《上杜司徒启》写于元和七年(812),其中有言:"近本州徐使君至,奉手书一函。"两相参照,可知徐缜出任朗州刺史在元和七年(812)。而窦常于元和八年(813)出任朗州刺史,则彼时徐缜已不任朗州刺史,故定此诗作于元和七年(812)至八年之间。

张祜在京师期间,遍交名流,无论是在上位者还是沉沦下僚者,均有所交往,他还尤为注重结交如范阳卢氏这样的世家大族,希望能得到引荐,从一个侧面说明张祜急于出仕的迫切心情。

《陪范宣城北楼夜宴》(卷一 45 页),作于元和七年(812)至十年(815)之间。

范宣城,代指范传正。据《旧唐书·范传正传》,范传正字西老,南阳顺阳人,举进士,博学宏词及书判拔萃科皆登甲科,授集贤院校书郎、渭南尉,白监察、殿中侍御史。自比部员外郎出为歙州刺史,转湖州刺史,擢为宣歙观察使。吴廷燮《唐方镇年表》宣歙条下元和七年(812)引《旧唐书·宪宗纪》曰:"八月甲辰,宣歙观察使房式卒。丙午,苏州刺史范传正为宣歙。"⑤元和十一年(816)记曰:"十一月庚午,司

① 马其昶校注、马茂元整理《韩昌黎文集校注》,上海古籍出版社 1986 年版,第 2 页。
② 谭优学《唐诗人行年考》,四川人民出版社 1981 年版,第 282 页。
③ 尹占华《张祜诗集校注》,上海古籍出版社 2020 年版,第 10 页。
④ 瞿蜕园《刘禹锡集笺证》上,上海古籍出版社 1989 年版,第 452 页。
⑤ 吴廷燮《唐方镇年表》,中华书局 1990 年版,第 805 页。

农卿王遂为宣歙观察使。"吴氏于元和十年(815)条下引《旧唐书·范传正传》曰："宣歙观察使,受代至京师,宪宗闻其里第过侈,薄之,因拜光禄卿。"①故知范传正于元和七年(812)至十年(815)间为宣歙观察使,尹占华定范传正于元和七年至十一年任宣州刺史、宣歙观察使,与两《唐书》及《唐方镇年表》所载不合,当更正。故今将张祜此诗系于元和七年(812)至十年(815)间所作。据《旧唐书》本传,范传正的父亲范伦与李华交好,则可知范传正有家学渊源。且范传正因官宣歙观察使之故,亲祭李白墓,又足见其向贤之心。据《新唐书·李白传》载,"元和末,宣歙观察使范传正祭其冢,禁樵采。访后裔,惟二孙女嫁为民妻,进止仍有风范,因泣曰:'先祖志在青山,顷葬东麓,非本意。'传正为改葬,立二碑焉"。《全唐文》卷六一四收范传正《赠左拾遗翰林学士李公新墓碑》一文,文中叙述了其官宣歙及为李白迁坟之经过,今截略于后:

　　传正共生唐代,甲子相悬。常于先大夫文字中见与公有《浔阳夜宴》诗,则知与公有通家之旧。早于人间得公遗篇逸句,吟咏在口。无何,叨蒙恩奖,廉问宣池。按图得公之坟墓,在当涂邑。因令禁樵采,备洒扫,访公之子孙,将申慰荐。凡三四年,乃获孙女二人,一为陈云之室,一乃刘劝之妻,皆编户甿也。因召至郡庭相见,与语,衣服村落,形容朴野,而进退闲雅,应对详谛,且祖德如在,儒风宛然。问其所以,则曰:"父伯禽,以贞元八年不禄而卒,有兄一人,出游一十二年,不知所在。父存无官,父殁为民,有兄不相保,为天下之穷人。无桑以自蚕,非不知机杼;无田以自力,非不知稼穑。况妇人不任,布裙粝食,何所仰给?俪于农夫,救死而已。久不敢闻于县官,惧辱祖考。乡闾逼迫,忍耻来告。"言讫泪下,余亦对之泫然。因云:"先祖志在青山,遗言宅兆,顷属多故,殡于龙山东麓,地近而非本意。坟高三尺,日益摧圮,力所不及,知如之何?"闻之悯然,将遂其请。因当涂令诸葛纵会计在州,得谕其事。纵亦好事者,学为歌诗,乐闻其语。便道还县,躬相地形,卜新宅于青山之阳,以元和十二年(817)正月二十三日,迁神于此。②

张祜与范传正如何相识已无从查考,但由范传正为李白迁坟并亲撰碑文来看,他也是喜与俊杰交往的惜才之人。本诗描写了张祜与范传正宴饮的场景,场面十分热闹,反映出宾主双方关系融洽。

《观徐州李司空猎》(卷一 1 页),作于元和十年(815)至十三年(818)间。

此诗《又玄集》作《观魏博何相公猎》,谭优学《唐代诗人行年考》、尹占华《张祜

① 吴廷燮《唐方镇年表》,中华书局 1990 年版,第 806 页。
② 董诰等《全唐文》卷六一四,中华书局 1983 年版,第 6200 页。

诗集校注》均辨之甚详,诗题当定为《观徐州李司空猎》。李司空,名李愿,元和十年(815)至十三年(818)间为武宁军节度使,治所在徐州。李愿为李晟之子,以父勋业而授官,多有军功。宝应元年(762)卒,赠司徒。《旧唐书》卷一三三有传。《旧唐书·宪宗纪》载,李愿在元和六年至十三年间为徐州刺史、武宁军节度使。今徐州博物馆藏有《使院新修石幢记》一通,碑文为高瑀撰、谭藩书,立于元和十二年(817),大致记述了李愿到任徐州之后的功绩①。高瑀,官至徐州刺史、忠武节度使,《旧唐书》卷一六二、《新唐书》卷一七一均有传。谭藩,史传无载。《金石萃编》卷一○七《使院新修石幢记》跋语云:"书者谭藩无传,然工书,宗颜体,与何类齐名。苏子由《栾城集·答子瞻寄示岐阳十五碑》诗所谓'谭藩居颜前,何类学颜颇'者是也。"

　　需要说明的是,谭优学、尹占华断定此诗为《观徐州李司空猎》的理由是《云溪友议》卷中《钱塘论》中关于张祜、徐凝在杭州争解元的记载,《唐摭言》《唐诗纪事》均有记载,文字略有差异。白居易于长庆二年(822)由中书舍人出为杭州刺史,长庆四年(824)五月除太子左庶子分司东都②,会昌二年(842)以刑部尚书致仕。《云溪友议》中即言白居易初到钱塘赏牡丹,则正如谭优学先生所言,"不出三、四两年春"③。张祜、徐凝争解元之事当在白居易刺杭州之时。张祜此前与白居易并无往来,徐凝于白居易任江州司马时有《寄白司马》诗。白居易于元和十年(815)因上书谏请抓捕刺杀宰相武元衡的凶手,而为当朝执事所忌恨,先贬为刺史,后又改江州司马,于是年冬至江州。元和十四年(819),白居易离开江州至忠州任刺史。徐凝诗当写于元和十年(815)至十三年(818)之间。尽管对于《云溪友议》等书中的记载学界多所疑议④,但多数学者仍将其作为考察张祜交游的重要文献资料。故《又玄集》所载《观魏博何相公猎》诗题为误记,应以通行本《观徐州李司空猎》为是。

《投陈许马尚书二十韵》(卷九 423 页),作于元和十三年(818)五月至十月间。

诗题原作《投陈许崔尚书二十韵》。唐贞元三年(787)置陈许节度使,贞元十年(794)赐号忠武军。为忠武军节度使者唯有崔安潜一人,时间在乾符三年(876)至

---

①　钱大昕《潜研堂金石文跋尾》,王昶《金石萃编》《(同治)徐州府志》,杨震方《碑帖叙录》等均有关于此碑的记载。对于碑文的考述,可参看郭殿崇《唐徐州〈使院新修石幢记〉考》(《徐州师范学院学报》1988年8月第4期)。

②　朱金城《白居易年谱》,上海古籍出版社1982年版,第147页。

③　谭优学《唐代诗人行年考》,四川人民出版社1981年版,第247页。

④　参见张安祖《白居易荐徐凝屈张祜真伪考——澄清一桩文学史上的千年公案》(《北方论丛》1995年第5期),《论〈白居易荐徐凝屈张祜〉非皮日休所作》(《文学遗产》1996年7月第4期)等文。

五年(878),张祜彼时已经去世。张祜诗中所言之事与马总相合,尹占华辨之甚详①。据《旧唐书·宪宗纪下》:元和十三年(818)五月丙辰,"以彰义军节度使马总为许州刺史、忠武军节度使、陈许澥蔡观察等使"。元和十三年(818)十月丙子,"以义成军节度使李光颜为许州刺史,充忠武军节度使、陈许观察等使"。则知马总于元和十三年(818)五月至十月间为许州刺史、忠武军节度使、陈许澥蔡观察等使。又据《全唐文》卷七一四李宗闵《马公家庙碑》:"朝京师,留拜礼部尚书、华州刺史,而为镇国军。"知马总于元和十三年(818)赴京师朝见宪宗,被留任拜礼部尚书、华州刺史,故李光颜于是年十月调任许州刺史,充忠武军节度使、陈许观察等使。张祜此诗当作于马总任许州刺史,充忠武军节度使期间,故系于是年。

《投陈许李司空二十韵》(卷九 448 页),作于元和十三年(818)十月。

李光颜分别于元和九年(814)至十三年(818)、元和十三年(818)至十四年(819)、长庆元年(821)至宝历元年(825)三次任忠武军节度使,尹占华以张祜诗中"去淮初五月,迁滑再双旌"之句,定此诗作于李光颜第二次为忠武军节度使之时。按,滑即滑州。据《旧唐书·宪宗纪下》,元和十三年(818)五月丙辰,"以忠武军节度使李光颜为滑州刺史、义成军节度使"。故张祜诗中李司空当指李光颜。李光颜于元和十三年(818)十月再次接替马总任许州刺史,充忠武军节度使、陈许观察等使。据《旧唐书·宪宗纪下》:元和十四年(819)五月丙戌,"以忠武军节度使李光颜为邠宁庆节度使"。又据《新唐书·李光颜传》:"贼平,加检校司空。"知李光颜在滑州刺史、义成军节度使任上因战功而加检校司空,故张祜诗题称李光颜为李司空。综合以上史传所载,定祜此诗作于是年。

《观泗州李常仕打球》(卷八 402 页),作于元和十三年(818)至十五年(820)间。

李常仕为李进贤。白居易有《前河阳节度使魏义通授右龙武军统军前泗州刺史李进贤授右骁卫将军并检校常侍兼御史大夫制》一文,朱金城定此文作于长庆元年(821)②。以此计之,则李进贤官泗州刺史当在元和十三年(818)至十五年(820)之间。故系张祜此诗作于是时。

《宪宗皇帝挽歌词》(卷一 47 页),作于元和十五年(820)。

据两《唐书·宪宗纪》,元和十五年(820)正月庚子,宪宗崩于大明宫之中和殿,年四十三。对于宪宗皇帝的亡故,《旧唐书》明言:"时以暴崩,皆言内官陈弘志弑逆,史氏讳而不书。"《新唐书》则曰:"十五年正月,宦者陈弘志等反。庚子,皇帝崩。"或许宪宗的亡故与陈弘志相关。张祜此诗为悼念宪宗所作,当作于元和十五年(820)。

---

① 尹占华《张祜诗集校注》,上海古籍出版社 2020 年版,第 424 页。
② 朱金城《白居易年谱》,上海古籍出版社 1982 年版,第 3103 页。

268

《寄献萧相公》（卷七 333 页），作于长庆元年（821）正月。

萧相公为萧俛。据《旧唐书·穆宗纪》，元和十五年（820）正月辛亥，"以朝议郎、守御史中丞、飞骑尉、袭徐国公、赐绯鱼袋萧俛为朝议大夫、守中书；舍人、翰林学士、武骑尉、赐紫金鱼袋段文昌为中书侍郎，同平章事"。长庆元年（821）正月癸亥，"制朝议大夫、守门下侍郎、同中书门下平章事徐国公萧俛为右仆射，累表乞罢政事故也"。又据《新唐书·萧俛传》："令狐楚罢执政，西川节度使王博赂权幸求宰相，俛劾播纤佞不可污台灾，帝不许。自请罢，冀有感寤，帝亦不省。"可知萧俛罢相为迫不得已。张祜诗中有"谢安近日违朝旨"一句，当指萧俛罢相之事，故定此诗作于长庆元年（821）。

《送魏州尚书赴镇州行营》（卷一 31 页），作于长庆元年（821）。

尹占华考证诗题缺一"州"字，当为魏州尚书，指田布。据《旧唐书·田弘正传》，元和十五年（820），田弘正检校司徒、兼中书令、镇州大都督府长史，充成德军节度、镇冀深赵观察等使。长庆元年（821），田弘正归魏博，因镇州军乱而遇害。而此时魏博节度使李愬因病不能领军，因魏博士卒多为田氏旧部，故召田布为魏博节度使，仍迁检校工部尚书。诚如尹占华所言，田布此行肩负国仇家恨，张祜作诗为之送行。

《观宋州田大夫打球》（卷一 52 页），作于长庆二年（822）。

《册府元龟》卷一二八长庆二年（822）八月载："以亳州刺史田颖为宋州刺史，并策勋也。"卷一三四载："穆宗长庆二年（822）十二月，敕赠工部尚书田颖凤彰忠勇……委李光颜官给葬事，其男克素待过卒哭，亦委本道量与军中职事收管驱使。颖前为李光颜部将，淮西之役累有胜捷。其后王师征讨，颖常在战阵以忠勇著闻。及汴州平，策勋拜宋州刺史，人皆谓颖宜受方任，会以疾卒。"据此可知田颖初为李光颜部将，累有军功，长庆二年（822）十二月卒。又，白居易有《田颖可亳州刺史制》，朱金城系此文作于长庆元年（821）至二年，其文曰："正谏议大夫、前检校右散骑常侍、使持节洛州诸军事、兼洛州刺史、御史大夫、充本州团练使、上柱国、赐紫金鱼袋田颖：自别屯将垒，专领郡城，而能勤恤师人，与之劳逸。故临戎则士乐为用，抚下而众知向方。众勋既彰，能政亦著。牧守之选，吾所重之。谯鄀之间，人亦劳止。授而印绶，往劳来之。宜推前心，仁立后效。可检校右散骑常侍、使持节亳州诸军事、兼亳州刺史、御史大夫、本州团练使，镇过使，散官、勋、赐如故。"①由此可知，田颖以军功授官，在出任亳州刺史之前任谏议大夫、前检校右散骑常侍、使持节洛州诸军事、兼洛州刺史、御史大夫、充本州团练使、上柱国、赐紫金鱼袋等职。长

---

① 朱金城《白居易集校笺》，上海古籍出版社 1988 年版，第 3076 页。

庆元年(821)至二年间出任亳州刺史,长庆二年八月转宋州刺史,张祜此诗即作于田颖官宋州刺史之时。四个月后,田颖亡故。故系此诗于长庆二年(822)。

《题宋州田大夫家乐丘家筝》(卷五 218 页),作于长庆二年(822)。

宋州田大夫亦指田颖。祜有《观宋州田大夫打球》一诗,前已作详细辨析,此诗当为张祜逗留宋州与田颖相处时所作,故亦系于长庆二年(822)。

《杭州开元寺牡丹花》(卷四 175 页),作于长庆三年(823)春。

《云溪友议》卷中《钱塘论》载:"致仕尚书白舍人初到钱塘,令访牡丹花。独开元寺僧惠澄近于京师得此花栽,始植于庭,栏圈甚密,他处未之有也。时春景方深,惠澄设油幕以覆其上,牡丹自此东越分而种之也。会徐凝自富春来,未识白公,先题诗曰:'此花南地知难种,惭愧僧闲用意栽。海燕解怜频睥睨,胡蜂未识更徘徊。虚生芍药徒劳妒,羞杀玫瑰不敢开。唯有数苞红蓑在,舍芳只待舍人来。'白寻到寺看花,乃命徐生同醉而归。时张祜傍舟而至,甚若疏诞。然张、徐二生,未之习隐,各希首荐焉。"据朱金城《白居易年谱》,白居易于长庆二年(822)七月被授予杭州刺史,十月至杭州。《云溪友议》所记开元寺赏牡丹之事当是次年春天。因此文中涉及徐凝与张祜文战之事,故后人多认为是作者所杜撰[①]。今暂以白居易官杭州刺史为界,系此诗于长庆三年(823)春。

《夏日梅溪馆寄庞舍人》(卷一 144 页),作于长庆四年(824)至宝历二年(826)间。

(嘉庆)《重修一统志》卷二九九载:"梅溪,在义乌县南十里。源出青岩山,中有巨石,旧名石溪,西流四里汇入大陂曰新塘,又西至合港入东阳溪。"尹占华据张祜诗中东阳之语推定为浙江之梅溪。庞舍人为庞严。《旧唐书·庞严传》载,严为寿春人,元和中登进士第,长庆元年(821)应制举贤良方正、能直言极谏科,冠制科之首。旋即拜左拾遗,受到元稹、李绅的赏识。长庆二年(822)为翰林学士,转左补阙,再迁驾部郎中、知制诰。长庆四年(824)因李绅被贬而坐累,出为江州刺史。大和二年(828),与冯宿、贾𫗧为试制举人试官,迁太常少卿。大和五年(831)为京兆尹,不避权豪,因醉而卒。又据唐钟辂《前定录》"京兆尹庞严为衢州刺史",知其曾由京兆尹任出为衢州刺史。(光绪八年)《衢州府志》卷十二府官载穆宗长庆四年任衢州刺史者为庞严,则庞严出任衢州刺史在长庆四年(824)。又据《旧唐书·庞严传》:"给事中于敖素与严善,制既下,敖封还……乃覆制出,乃知敖驳制书贬严太轻,中外无不嗤诮,以为口实。"或许由于于敖从中作梗,庞严又被贬为衢州刺史。

---

① 可参看张安祖《白居易荐徐凝屈张祜真伪考——澄清一桩文学史上的千年公案》(《北方论丛》1995 年第 5 期)、《论〈白居易荐徐凝屈张祜〉非皮日休所作》(《文学遗产》1996 年第 4 期)等文章。

郁贤皓于江南东道衢州刺史下列庞严,记其为官时间为宝历中,正与史志相合①。故今将张祜此诗系于长庆四年(824)至宝历二年(826)之间。

《送韦正贯赴制举》(卷一 24 页),作于宝历元年(825)。

韦正贯,《新唐书·韦皋传》载:"兄聿,弟平。"韦平之子即韦正贯。尹占华误将韦平记为韦皋兄,当更正。据《新唐书·韦正贯传》载,韦正贯字公理,韦皋属意其能光大门楣,故名曰臧孙。先为单父尉,不久弃官,并改名正贯。举贤良方正异等,为太子校书郎,调华原尉。后又中详闲吏治科,迁万年主簿,累擢司农卿。后被贬均州刺史,又为寿州团练副使。宣宗时为京兆尹、同州刺史,卒赠工部尚书。《册府元龟》卷六四四长庆元年(821)十二月辛未制曰:"贤良方正能言极谏……第五上等人韦正贯、崔知白、陈玄锡博通坟典,达于教化……草泽韦正贯为太子校书郎……"韦正贯于长庆元年(821)应贤良方正能言极谏科试而得唐穆宗赏识,官太子校书郎。又,唐敬宗宝历元年(825)三月"辛未,帝御宣政殿试制举人……详闲吏理达于教化科第五上等韦正贯……"则韦正贯于宝历元年(825)再应唐敬宗制科试而得敬宗赏识,官万年主簿、司农卿。从张祜诗中来看,似指韦正贯第一次应制科之事。

《送苏绍之归岭南》(卷一 7 页),作于宝历二年(826)。

此诗为张祜送别友人苏绍之而作。苏绍之,尹占华未能详考,仅注曰未详。今检(同治八年)《南海县志》卷三十二苏妙传:"其先本雍州武功人,父义为京兆少尹,徙南海……先是,又以父瑰兄颋世承台衮……五世孙绍之最知名。"由这段记载我们可以得知以下信息:其一,苏妙之父为苏义,苏义父为苏瑰,苏瑰初唐时期为丞相,《旧唐书》卷八八、《新唐书》卷一二五有传;其二,苏义为苏瑰子,后迁居南海;其三,苏绍之为苏义五世孙,且以文而名世。又,(同治八年)《南海县志》卷二十选举表仅录苏绍之一人,于宝历二年(826)中乡贡。唐代科举承隋制,其取士之科可分为三种:生徒、乡贡、制举。《新唐书》卷四十四载:"唐制,取士之科,多因隋旧,然其大要有三。由学馆者曰生徒,由州县者曰乡贡,皆升于有司而进退之。……此岁举之常选也。其天子自诏者曰制举,所以待非常之才焉。"②若中乡贡,可直接进入有司接受最终考核。且唐代科举每年均有,只有制举时间不确定,由皇帝根据具体情况决定。由此可知,苏绍之于宝历二年(826)中乡贡之后,即于是年入京师参加有司考试。苏绍之参加完考试之后离京回乡,彼时张祜恰巧在长安,故与苏绍之有送行之作。据此,则此诗之作当定于宝历二年(826),苏绍之为苏瑰六世孙,为南海科

---

① 郁贤皓《唐刺史考全编》,安徽大学出版社 2000 年版,第 2085 页。
② 欧阳修等《新唐书》卷四十四,中华书局 1975 年版,第 1159 页。

举第一人。

张祜与苏绍之如何相识,现已无从查考,或许苏绍之参加科举考试时张祜亦参加考试,抑或经友人介绍而相识。苏绍之归南海,张祜仍滞留京师。(雍正九年)《广东通志》卷三十八名宦广州府录张祜,大致叙述张祜生平,尤其提到张祜"知南海,廉洁自持,一介不取,期月间解职,惟载罗浮石笋还。平生不治产业,没后子息几不自给。温庭筠经其故居,作诗悼之。有《丹阳集》行于世"。张祜一直以布衣行世,辗转于各大幕府之间,这条记载恰好说明了张祜也曾为官,但其因何而代理南海县令以及在南海期间的经历不可详考。谭优学从张祜诗文中也推知其曾到过岭南,但未深入考证①。尹占华较为详细地考证了张祜生平,将其赴南海的时间定在大和八年(834)②。(雍正九年)《广东通志》中言温庭筠作诗悼之,今检温庭筠诗集并无悼念张祜之作。陆龟蒙有《和张处士诗(并序)》之作,志书当为误记。陆龟蒙在序中亦言及张祜南海为官之事③,与志书所载相符。

张祜在南海时间不长即离职北上,并借此机会畅游闽越。《张祜诗集》卷九还收录了《偶苏求至话别》一诗,此诗除前两句"几年沧海别,万里白头吟"两句外,其他六句与《送苏绍之归岭南》诗完全相同。就诗意来看,《送苏绍之归岭南》全诗连贯,较后者更为完整。《偶苏求至话别》诗前两句"几年沧海别,万里白头吟",当是久别后重逢所发之感慨。尹占华疑苏求即为苏绍之,就时间而论,宝历二年(826)张祜与苏绍之话别至大和八年(834)已有九年,与诗中所说"几年沧海别"恰好相合。但遍查相关史志资料均直称苏绍之,未言其字号。以常理推断,古人平辈之间多称其字,绍之或许为其字,但与苏求是否为一人,则未见明确史料记载,不能骤然下此结论。(同治九年)《泉州府志》卷二十六职官上载苏球于会昌元年(841)任泉州刺史,后改任温州刺史。又,(正德)《袁州府志》卷六职官载苏球,其在韩愈之前曾出任袁州刺史,尹占华即据此而疑此苏球或为苏求。综合来看,苏绍之、苏球、苏求三人并无关涉。

《走笔赠许玫赴桂州命》(卷一 17 页),作于大和元年(827)前后。

宋计有功《唐诗纪事》卷四收许玫《题雁塔》诗一首,并注曰:"玫,大和元年(827)登第,其兄弟琯、瓘皆高科。"可知许玫于唐文宗大和元年(827)中进士第,此诗乃张祜为许玫外出为官送行之作,当即作于许玫中举后不久,故暂系此诗于大和元年(827)前后。

① 谭优学《唐代诗人行年考》,四川人民出版社 1981 年版,第 272—273 页。
② 尹占华《张祜诗集校注》,上海古籍出版社 2020 年版,第 651—652 页。
③ 王锡九《松陵集校注》,上海古籍出版社 2018 年版,第 1940—1941 页。

《题润州李尚书北固新楼》(卷七 313 页),作于大和元年(827)至三年(829)七月间。

李尚书为李德裕。据《旧唐书·文宗纪》载:"长庆二年九月,御史中丞李德裕为润州刺史、兼御史大夫、浙西道都团练观察处置使。"《全唐文》卷七三一贾餗《赞皇公李德裕德政碑》曰:"大和元年就加礼部尚书,二年加银青光禄大夫。"

又据《文宗纪上》:"大和三年七月,以前浙西观察使、检校礼部尚书李德裕为兵部侍郎。"则知李德裕在大和元年(827)至大和三年(829)七月间为礼部尚书。尹占华据《全唐文》所收贾餗《赞皇公李德裕德政碑》断定此诗作于大和元年李德裕加礼部尚书时,笔者认为有欠妥当。李德裕于大和三年(829)七月才由浙西观察使、检校礼部尚书官兵部侍郎,则自大和元年(827)至李德裕官兵部侍郎前均可称李尚书,故张祜此诗当作于大和元年(827)至三年(829)七月间。

《寿州裴中丞出柘枝》(卷八 360 页),作于大和二年(828)至三年间。

《新唐书·宰相世系表一上》载裴墉为寿州刺史,故此裴中丞当指裴墉。李绅有《转寿春守,太和庚戌岁二月祗命寿阳,时替裴五墉终殁。因视壁题,自墉而上,或除名在边坐殿,殁凡七子,无一存焉。寿人多寇盗,好诉讦,时谓之凶郡,犷俗特著。蒙此处之,顾余衰年甘蹵前患,俾三月而寇静,期岁而人和,虎不暴物,奸吏屏窜。三载,复遭邪佞所恶,授宾客,分司东都。或举其目,或寄于风,亦粗继诗人之《末云》①》一诗,大和庚戌即大和四年(830),知裴墉于是年亡故,李绅继裴墉为寿州刺史。以此上推,裴墉大约在大和二年(828)至大和四年(830)亡故前为寿州刺史,张祜此诗当作于大和四年(830)之前。郁贤皓定裴墉官寿州刺史在大和二年(828)至三年(829)间②,尹占华同③。故暂定此诗于是年之间。

《听岳州徐员外弹琴》(卷五 226 页)、《将离岳州留献徐员外》(卷六 254 页)、《题岳州徐员外云梦新亭十韵》(卷八 412 页)、《和岳州徐员外云梦新亭二十韵》(卷九 420 页)、《旅次岳州呈徐员外》(卷十 517 页),作于大和二年(828)前后。

郁贤皓引《全唐文》卷七一九蒋防《汨罗庙记》定徐希仁官岳州刺史在大和二年(828)④,今暂据此系张祜酬赠徐希仁的五首诗作于此时。由五首诗诗题来看,《旅次岳州呈徐员外》(卷十 517 页)当为初到岳州所作,《听岳州徐员外弹琴》(卷五 226 页)、《题岳州徐员外云梦新亭十韵》(卷八 412 页)、《和岳州徐员外云梦新亭二十韵》(卷九 420 页)三首为与徐希仁交往后所作,《将离岳州留献徐员外》(卷六 254

---

①　卢燕平《李绅集校注》,中华书局 2009 年版,第 129 页。

②　郁贤皓《唐刺史考全编》,安徽大学出版社 2000 年版,第 1782 页。

③　尹占华《张祜诗集校注》,上海古籍出版社 2020 年版,第 361 页。

④　郁贤皓《唐刺史考全编》,安徽大学出版社 2000 年版,第 2400 页。

页)为张祜离开岳州时所作。

《送沈下贤谪尉南康》(卷一 7 页),作于大和三年(829)。

沈下贤,即沈亚之。《唐才子传》卷六载:"大和三年(829),柏耆宣慰德州,取为判官。耆罢,亚之贬南康尉,后终郢州掾。"①又据《旧唐书·文宗纪》:"大和三年五月,贬沧州宣慰使、谏议大夫柏耆循州司户,宣慰判官、殿中侍御史沈亚之虔州南康尉。"②据此知沈亚之由宣慰判官、殿中侍御史贬南康尉,张祜彼时可能在京城,故有与沈亚之送行之作。谭优学曰:"宋晁公武《昭德先生郡斋读书志》著录《沈亚之集》八卷,云:'亚之,字下贤。元和十年进士,累进殿中丞,御史内供奉。大和三年,柏耆宣慰德州,取为判官。耆贬,亚之亦贬南康尉。'按亚之,两《唐书》无传,唯《旧唐书》一五四《柏耆传》称耆以李同捷事邀功,坐贬,亚之亦贬虔州南康(今江西南康县)。亚之以文名元和间,今人习知其为唐传奇著名作者。乃系张祜至旧交'故人',而殊无其他赠答之作。祜云'万里故人去',则此惜别送行之地,当在长安或洛阳。"③两相参照,可大致了解沈亚之其人及其与张祜之友情。

《观宋州于使君家乐琵琶》(卷一 76 页),作于大和元年(827)至五年(831)间。

于使君为于季友。季友为于頔第四子,《旧唐书·于頔传》载:"及宪宗即位,威肃四方,頔稍戒惧。以第四子季友求尚主,宪宗以长女永昌公主降焉。"《新唐书·于頔传》附季友曰:"季友尚宪宗永昌公主,拜驸马都尉。"《新唐书·诸公主传》载:"梁国惠康公主始封普宁,帝特爱之,下嫁于季友。元和中徙永昌,薨,诏追封及谥。"《宝历四明志》卷四载:"太和六年(832)刺史,筑仲夏堰,溉田数千顷。"卷十二又曰:"太和元年(827)刺史于季友于四明山下开凿河渠引水流入诸港,置堰蓄之,溉田数千顷。"于季友开渠引水仅一次,疑此处太和元年当为六年之误。又,《延祐四明志》卷十三载:"太和七年(833),于季友以开元褒封文宣王册文刻石。"郁贤皓《唐刺史考全编》于河东道绛州条下列于季友,记其官绛州刺史时间为开成中,为明州刺史在大和六年(832)至大和八年(834)之间④。河南道宋州条下又列于季友,官宋州刺史时间列在大和中⑤。以此推之,于季友于大和至开成间先后官宋州刺史、明州刺史、绛州刺史。以大和六年(832)于季友官明州刺史为界,则此前或在宋州刺史任上,故系祜诗于大和元年(827)至五年(831)之间。

---

① 傅璇琮《唐才子传校笺》第三册,中华书局 1990 年版,第 90 页。
② 刘昫等《旧唐书》卷十七上,中华书局 1975 年版,第 531 页。
③ 谭优学《唐诗人行年考》,四川人民出版社 1981 年版,第 270—271 页。
④ 郁贤皓《唐刺史考全编》,安徽大学出版社 2000 年版,第 1163 页。
⑤ 郁贤皓《唐刺史考全编》,安徽大学出版社 2000 年版,第 779 页。

《哭京兆庞尹》(卷八 347 页),作于大和五年(831)。

庞严于大和五年(831)官京兆尹,因醉酒而死。庞严官衢州刺史时,张祜有《夏日梅溪馆寄庞舍人》诗呈庞严,故知二人早有交往。今庞严忽然去世,张祜闻讣作诗而哭之,故系此诗作于是年。

《寓怀寄苏州刘郎中》(卷八 348 页),作于大和五年(831)十月至八年(834)七月间。

刘郎中为刘禹锡。据卞孝萱《刘禹锡年谱》,大和五年(831)十月,刘禹锡由礼部郎中、集贤学士出为苏州刺史①。其于大和六年(832)下记曰:"张祜自长安寄诗与禹锡。"并进一步辨析曰:"《全唐诗》卷五一一张祜《寓怀寄苏州刘郎中》题下注:'时以天平公荐罢归。'……按:令狐楚于大和六年(832)二月罢天平军节度使,刘禹锡于大和六年二月抵苏州。可见令狐荐张祜不得迟于大和五年(831),张寄刘诗不会早于大和六年(832)。"

《周员外出双舞柘枝妓》(卷八 363 页)、《池州周员外出柘枝》(卷八 364 页),约作于大和四年(830)至六年(832)之间。

周员外,为池州刺史周墀。王溥《唐会要》卷六十八大和四年(830)八月载御史台奏宣歙观察使于敖奏周墀为池州刺史事,奏事中言"昨者",可知于敖举荐周墀当在是年②,故知周墀于大和四年(830)为池州刺史。又据《唐会要》卷六十八所载宝历元年(825)正月敕节文:"刺史、县令,若无犯,非满三年,不得替。"③郁贤皓亦定周墀为池州刺史在大和四年(830)④。故定张祜此二首诗作于是年之间。

《送卢弘本浙东觐省》(卷一 7—8 页),作于长庆三年(823)至大和九年(835)间。

卢弘本,尹占华未能详考。20 世纪 90 年代以来,卢氏家族墓志不断出土,其中有卢弘本墓志,志文为卢简求所撰。卢简求为卢纶第四子,文中称堂兄,则知卢弘本与卢简求为堂兄弟。又据卢绶墓志,可知卢绶为卢纶弟⑤。由此可知,卢弘本为卢绶家族成员。根据卢弘本墓志记载,卢弘本字子道,卒于大中十一年(857),享年六十五岁,官至河中府录事参军⑥。张祜有《投苏州卢中丞》(卷七 304 页)、《投滑州卢尚书》(卷七 305 页)、《投苏州卢郎中》(卷七 306 页)诗,卢中丞为卢商,卢尚书为

---

① 卞孝萱《刘禹锡年谱》,中华书局 1963 年版,第 161 页。
② 王溥《唐会要》,上海古籍出版社 2006 年版,第 1424 页。
③ 王溥《唐会要》,上海古籍出版社 2006 年版,第 1423 页。
④ 郁贤皓《唐刺史考全编》,安徽大学出版社 2000 年版,第 3471 页。
⑤ 吴钢《全唐文补遗》第三辑,三秦出版社 1996 年版,第 155 页。
⑥ 西安市长安博物馆《长安新出墓志》,文物出版社 2011 年版,第 291 页。

卢弘止,卢郎中为卢简求,说明张祜与卢氏家族有交往。

本诗题为《送卢弘本浙东觐省》,知其为卢弘本送行之作。据《旧唐书·卢简求传》,元稹于长庆三年(823)调任浙东观察使兼越州刺史,辟卢简求为掌书记。大和九年(835),元稹入朝为尚书左丞,卢简求也结束了跟随元稹的为官生涯。所谓觐省者,当指卢弘本彼时赴浙江东道观察使治所探望卢简求。张祜一生郁郁不得志,与当时名流皆有所交往,他与卢氏家族的交集也是希望通过卢氏的声望而谋求仕进之路。

《投苏州卢中丞》(卷七 304 页),作于开成元年(836)至二年(837)五月间。

卢中丞,为卢商。据《旧唐书·卢商传》,卢商开成初为苏州刺史。(乾隆十三年)《苏州府志》卷三十二职官一载卢商开成元年(836)任苏州刺史,开成二年(837)五月迁浙西观察使,故知张祜此诗当作于卢商任苏州刺史之时。

《旧唐书·卢商传》载,卢商字为臣,范阳卢氏后裔。元和四年(809)擢进士第,书判拔萃登科。先为秘书省校书郎,后累官大理卿、苏州刺史、浙西观察使、刑部侍郎、京兆尹等职,宣宗时封范阳郡公。本诗诗题既名为投,当为张祜拜谒卢商以求引荐之作。

《丁巳年仲冬月江上作》(卷四 203 页),作于开成二年(837)十一月。

丁巳年为唐文宗开成二年(837),张祜诗中"消息前年此月闻",前年即指大和九年(835)而言。据《新唐书·文宗纪》载,大和九年(835)十一月壬戌,李训联合王璠、郭行余、李孝本、罗立言在唐文宗支持下谋划铲除宦官,以改变自安史之乱以来朝政受宦官左右的局面。又据《资治通鉴》卷二四五文宗大和九年所载,此次谋划以观左金吾厅事后石榴夜有甘露为由诓骗宦官仇士良等,故史称甘露之变。张祜诗中所说的"不堪天意重阴云",即指甘露之变以失败告终而言。

《奉和浙西卢大夫题假山》(卷九 435 页),作于会昌元年(841)至五年(845)之间。

据《新唐书·方镇表五》,乾元元年(758)置浙西节度使,后改称浙西观察使。卢大夫为卢简辞,杜牧有《与浙西卢大夫书》,缪钺系此文于会昌元年(841),并注曰:"文中云:'去岁乞假,路由汉上。'指开成五年冬自膳部员外郎乞假往浔阳事,故知此书为本年作。浙西卢大夫谓卢简辞,乃弘止、简求之兄。《新唐书》卷一百七十七《卢简辞传》谓简辞曾为浙西观察使,《旧唐书·卢简辞传》漏载,又卢简辞任浙西观察使在本年,吴廷燮《唐方镇年表》系于会场二年,亦误。"[①]当依缪说。张祜此诗当作于卢简辞官浙西观察使之时,故系于此间。

《投苏州卢郎中》(卷七 306 页),作于会昌元年(841)至六年(846)间。

《旧唐书·卢简求传》载,会昌末年为吏部员外郎,转本司郎中,求为苏州刺史。

---

① 缪钺《杜牧年谱》,河北教育出版社 1999 年版,第 163—164 页。

又据(乾隆十三年)《苏州府志》卷三十二职官一载卢简求于会昌间任苏州刺史,故定张祜此诗作于会昌元年(841)至六年间(846)。

卢简求为卢纶第四子,元稹于长庆三年(823)调任浙东观察使兼越州刺史,辟卢简求为掌书记。大和九年(835),元稹入朝为尚书左丞,卢简求也结束了跟随元稹的为官生涯。开成元年(836),裴度征卢简求为幕僚,直至开成四年(839)裴度去世,卢简求一直跟随裴度。不久,又被牛僧孺辟为观察判官。牛僧孺入朝之后,卢简求也入朝先后任水部、户部员外郎。受唐武宗赏识任忠武军节度使李彦佐招讨副使,平叛结束后,入朝为吏部员外郎及吏部郎中,不久出任苏州刺史。新近出土的卢氏家族墓志大多出于卢简求之手,也说明他文笔出众。

《投河阳石仆射》(卷八 341 页)、《题河阳新鼓角楼》(卷七 311 页),作于会昌四年(844)至六年(846)间。

石仆射为石雄。据《资治通鉴》卷二四七唐武宗会昌四年十二月载,"河中节度使石雄为河阳节度使"。又据《唐方镇年表》卷四河阳条载,会昌六年(846)李珏接替石雄为河阳节度使。可知石雄为河阳节度使在会昌四年(844)至六年(846)间,张祜至河阳有干谒石雄之作,并借此机会游览河阳,故定此二诗作于是年。

《毁浮图年逢东林寺旧僧》(卷一 55 页),作于会昌五年(845)。

两《唐书》对于武宗毁佛之事记载不多,《旧唐书·武宗纪》曰:"与衡山道士刘玄靖及归真胶固,排毁释氏,而拆寺之请行焉。"《新唐书》无载。《资治通鉴》卷二八四武宗会昌五年载,"祠部括天下寺四千六百,兰若四万,僧尼二十六万五百","上恶僧尼耗蠹天下,欲去之,赵归真等复劝之,乃先毁山野招提、兰若,上都、东都两街各留二寺,每寺留僧三十人;天下节度、观察使治所及同、华、商、汝州各留一寺,分为三等:上等留僧二十人,中等留十人,下等留五人。余僧及尼并大秦穆护、祆僧皆勒归俗。寺非应留者,立期令所在毁撤,仍遣御史分道督之。财货田产并没官,寺材以葺公廨驿舍,铜像、钟磬以铸钱"。又于八月壬午记曰:"昭陈释教之弊,宣告中外。凡天下所毁寺四千六百余区,归俗僧尼二十六万五百人,大秦穆护、祆僧二千余人,毁招提、兰若四万余区。收良田数千万顷,奴婢十五万人。所留僧皆隶主客,不隶祠部。百官奉表称贺。寻又诏东都止留僧二十人,诸道留二十人者减半,留十人者减三人,留五人者更不留。"武宗崇奉道教,又受道士蛊惑,毁坏天下佛寺,对文化的交流与发展造成了不可预估的损失。会昌六年(846)二月壬申,杖杀道士赵归真等数十人,罗浮山人轩辕集被流放岭南。五月乙巳,大赦天下,"上京两街先听留两寺外,更各增置八寺;僧、尼依前隶功德使,不隶主客,所度僧、尼仍令祠部给牒"。由是天下佛寺始渐渐恢复。张祜此诗即记会昌五年(845)毁佛之事。

《酬武蕴之乙丑之岁始见华发余自悲遂成继和》(卷一 98 页),作于会昌五年(845)。

乙丑岁为会昌五年(845),武蕴之,史传笔记无载,未详何人。由张祜此诗来看,武蕴之先作有悲华发之诗,张祜览之而有悲戚之感,故作诗以和之。

《读池州杜员外杜秋娘诗》(卷四 174 页)、《和池州杜员外题九峰楼》(卷七 301 页)、《奉和池州杜员外重阳日齐山登高》(卷七 302 页)、《江上旅泊呈池州杜员外》(卷八 351 页)、《题池州杜员外弄水新亭》(卷九 441 页),作于会昌五年(845)。

杜员外为杜牧。缪钺《杜牧年谱》系杜牧于会昌四年(844)至六年(846)为池州刺史。并于会昌五年(845)下记曰:"张祜来池州,与杜牧唱和甚欢,九月九日,同游齐山,并赋诗。"①尹占华引《宝刻类编》卷六曰:"杜牧左史洞题名,牧为刺史立,左史洞名而题之,祜书,会昌五年刻,池。"②故定此五首诗作于此年。由诗题来看,《江上旅泊呈池州杜员外》(卷八 351 页)当为赴池州路上所作,《读池州杜员外杜秋娘诗》(卷四 174 页)、《和池州杜员外题九峰楼》(卷七 301 页)、《奉和池州杜员外重阳日齐山登高》(卷七 302 页)、《题池州杜员外弄水新亭》(卷九 441 页)四首诗为在池州与杜牧相会时所作。

《奉和池州杜员外南亭惜春》(卷七 310 页),作于会昌六年(846)。

尹占华据杜牧《残春独来南亭因寄张祜》诗及张祜此诗推断其非作于池州与杜牧相会之时。杜诗题中"残春"二字可知其作诗时已至春末,又据缪钺《杜牧年谱》,杜牧于是年九月迁睢州刺史③,故定此诗作于会昌六年(846)。

《楚州韦中丞箜篌》(卷五 223 页)、《观楚州韦舍人新筑河堤兼建两闸门》(卷七 312 页)、《陪楚州韦舍人北闸门游宴》(卷九 474 页)、《又陪楚州韦舍人闸门游宴次韵北闸门》(卷九 476 页),作于大中元年(847)冬至二年(848)二月间。

韦中丞、韦舍人均指韦瓘而言。《新唐书·韦瓘传》载:"正卿子瓘,字茂叔,及进士第,仕累中书舍人。与李德裕善,德裕任宰相,罕接士,唯瓘往请无间也。李宗闵恶之,德裕罢,贬为明州长史。会昌末,累迁楚州刺史,终桂管观察使。"(咸丰二年)《淮安府志》卷十八职官载官楚州刺史者有韦瓘,卷十九守令传有韦瓘小传,大致与《新唐书》相类,其小注曰:"瓘实政无传,惟山阴赵碅有赠瓘诗云:'煦物三年春色在,感恩千室泪痕多。'味其诗意不愧为循良矣。"《全唐诗》卷五四九收录此诗,题曰《山阳韦中丞罢郡因献》,全诗为:"笙歌只是旧笙歌,肠断风流奈别何。照物二年

① 缪钺《杜牧年谱》,河北教育出版社 1999 年版,第 176 页。
② 尹占华《张祜诗集校注》,上海古籍出版社 2020 年版,第 656 页。
③ 缪钺《杜牧年谱》,河北教育出版社 1999 年版,第 179 页。

春色在,感恩千室泪痕多。尽将魂梦随西去,犹望旌旗暂一过。今日尊前无限思,万重云月隔风波。"(咸丰二年)《淮安府志》卷十九所引两句与此有别,当以《全唐诗》更正之。据谭优学《赵嘏诗注》考察,赵嘏现存诗中韦瓘之名凡四见①,可知韦瓘在楚州刺史任上与赵嘏也有交往。综上可知,韦瓘先官中书舍人,后为楚州刺史。尹占华引叶奕苞《金石录补》卷二十韦瓘永州峿溪题记曰:"太仆卿分司东都韦瓘大中二年过此。余大和中从中书舍人谪康州,逮今十六年,去冬楚州刺史,今年二月有桂林之命。"郁贤皓《唐刺史考全编》亦引此文,但未予详考②。据此,韦瓘官楚州刺史在大中元年(847)冬至大中二年(848)二月之间。张祜诗集中涉及韦瓘的诗作有四首,均冠以楚州韦中丞、楚州韦舍人,故知此四首诗均作于韦瓘官楚州期间,故将四首诗写作时间定在大中元年(847)冬至二年(848)二月间。称韦中丞者,指韦瓘官楚州刺史而言;称韦舍人者,指韦瓘旧时所官中书舍人而言。

《投滑州卢尚书》(卷七 305 页),作于大中元年(847)至三年(849)间。

吴廷燮《唐方镇年表》载卢弘止于大中元年(847)至三年(849)任滑州刺史、义成军节度使,故定此诗作于大中元年(847)至三年(849)之间。卢弘止,《旧唐书》作卢弘正,《新唐书》作卢弘止,今暂依《新唐书》作卢弘止。据《新唐书·卢弘止传》,卢弘止为卢纶第三子,张祜也向他投诗以求引荐。

《喜闻收复河陇》(卷八 393 页),作于大中三年(849)。

据《旧唐书·宣宗纪》:大和三年(849)"七月,三州七关军人百姓,皆河、陇遗黎,数千人见于阙下。上御延喜门抚慰,令其解辫,赐之冠带,共赐绢十五万匹。八月,凤翔节度使李玭奏收复秦州"。张祜诗中所言之事即此,故系此诗于是年。

《奉和湖州苏员外题游杼池》(卷九 434 页),作于大中二年(848)至四年(850)间。

郁贤皓、尹占华均引《吴兴志》卷十四郡守题名曰:"苏特,大中二年五月自陈州刺史拜;除郑州刺史。"故知苏特于大中二年(848)官湖州刺史,至大中四年(850)任期届满,故郁贤皓定苏特官湖州刺史在大中二年(848)至四年(850)间③。张祜此诗当作于此间。

《题宛陵新桥兼献裴尚书》(卷七 315 页)作于大中五年(851)九月至六年(852)八月间。

裴尚书为裴休。《旧唐书·宣宗纪》载,大中五年(851)九月,"以正议大夫、兵

---

① 谭优学《赵嘏诗注》,上海古籍出版社 1985 年版,第 56 页。

② 郁贤皓《唐刺史考全编》,安徽大学出版社 2000 年版,第 1699 页。

③ 郁贤皓《唐刺史考全编》,安徽大学出版社 2000 年版,第 1958 页。

部侍郎、诸道盐铁转运使、上柱国、河东开县子裴休守礼部尚书,进阶金紫"。则知裴休于大中五年(851)官礼部尚书。又据《旧唐书·裴休传》,大中六年(852)八月,"以本官同平章事","休在相位五年。十年,罢相,检校户部尚书、汴州刺史、御史大夫,充宣武军节度使"。可知裴休自大中五年(851)九月至六年(852)六月官礼部尚书,九月以后为相。张祜诗中有言"上闻初喜造舟才"之句,当指裴休官礼部尚书之事,故定此诗作于大中五年(851)九月至六年(852)八月间。尹占华据《唐方镇年表》定裴休大中元年(847)至三年(849)为宣州刺史、宣歙观察使。今检《唐方镇年表》卷五宣歙条下大中元年著录高元裕、裴休二人,高元裕于大中元年(847)为吏部尚书,而吴廷燮于裴休名下引《文苑英华》杜牧《授裴休礼部尚书制》,但并未言裴休此时即官宣州刺史、宣歙观察使,且大中二年(848)下引卢肇《新兴寺碑》曰:"裴公大中二年官宣城。"①又,郁贤皓引《全唐文》卷七四三裴休《黄檗山断际禅师传心法要序》曰:"大中二年,予廉于宛陵,复去礼迎至所部,安居开元寺,旦夕受法。"又引《全唐文》卷七六八卢肇《宣州新兴寺碑铭并序》曰:"公讳休字公美……大中二年拜宣城。"②故知裴休为宣州刺史、宣歙观察使在大中二年(848),尹占华误记。

《访许用晦》(卷一 58 页),作于大中五年(851)。

《唐才子传》卷七许浑条载:"浑字仲晦,润州丹阳人,圉师之后也。"傅璇琮辨曰:"许浑,两《唐书》无传。许浑之字,《新唐书·艺文志》四、《郡斋读书志》卷一八、《直斋书录解题》卷一九、《唐诗纪事》卷五六,均作'用晦',古人名字意义相应,此作'仲晦',疑以音近讹误。张祜诗称许晦用,则显系用晦之倒误。"③由此可知,许用晦即为许浑,张祜诗题之误尹占华已有辨析,此不赘言。据《唐才子传》载,许浑登大和六年(832)李珪榜进士,为当涂、太平二县令。大中三年(849)拜监察御史,历虞部员外郎,睦、郢二州刺史。傅璇琮、谭优学均认为许浑在大中三年(849)以前即拜监察御史,傅璇琮对此辨之甚详,可参看④。谭优学《许浑行年考》载许浑大中三年(849)因病解职,大中四年(850)许浑 60 岁,并引许浑《乌丝阑诗自序》证其于此年寓居京口丁卯村舍。大中五年(851)许浑 61 岁,抱病居家年余仍来两京求禄仕⑤。张祜此诗为访许浑所作,故定于大中五年(851)其抱病居家之时。

(作者单位:泰州学院人文学院)

---

① 吴廷燮《唐方镇年表》,中华书局 1990 年版,第 812 页。
② 郁贤皓《唐刺史考全编》,安徽大学出版社 2000 年版,第 2234 页。
③ 傅璇琮《唐才子传校笺》第三册,中华书局 1990 年版,第 231 页。
④ 傅璇琮《唐才子传校笺》第三册,中华书局 1990 年版,第 237 页。
⑤ 谭优学《唐诗人行年考(续编)》,巴蜀书社 1987 年版,第 156—157 页。

论中国茶艺的审美意蕴

滕　云

唐代茶圣陆羽有言："天育万物,皆有至妙!"陆羽《茶经·一之源》载:"茶者,南方之嘉木也。"中国是茶的发源地,中国人民饮茶历史悠久,"茶之为饮,发乎神农氏"。中国人在长期食茶、饮茶的过程中,逐渐摸索和发展了种茶、制茶、泡茶、饮茶之技艺,古之谓"茶之艺"。现代人名之为"茶艺"者,一般理解为茶的冲泡与品饮之艺,将品茗技艺发扬光大,使之升华出赏心悦目的美感,赋予其独特的审美意蕴,成为中国茶文化的一部分。

一、形与色之美

茶生于山中,形窈窕而色翠绿,清丽怡人。经不同工艺加工制作,形成不同种类的茶,形色各异。在茶艺师的冲泡技艺中,茶沐水而复生,展现芳姿倩影,其形与色之美令人赏心悦目。

(一) 茶之形色美

碧螺春茶产于江苏太湖洞庭山碧螺峰。太湖水汽蒸腾,碧螺峰云雾缭绕,温润的土地滋养着茶树茂盛生长。清代词人李慈铭《水调歌头·伯寅侍郎馈洞庭碧螺春新茗赋谢》盛赞碧螺春:"谁摘碧天色,点入小龙团,太湖万顷云水,渲染几经年。"碧螺春之"四绝"——形美、色艳、香浓、味醇,它的第一绝就是"形美"。于春分前后采以一芽一叶之幼嫩茶青,经杀青、揉捻、搓团显毫,使碧螺春形成卷曲似螺、茸毫满披的外形。继而烘干,固定形状,继续显毫,蒸发水分,逐渐显露出条索纤细、形曲似螺、茸毛披覆、银白隐翠的形色之美。人们称赞其外形"铜丝条,螺旋形,浑身毛"。冲泡时可选用无色透明玻璃杯,以 80℃ 左右的热开水采用上投法冲泡。用茶匙将茶荷里的碧螺春茶依次拨入杯中,满身披毫、银白隐翠的碧螺春如雪花纷纷扬扬飘落到杯中,观赏其细嫩的芽头从水面缓缓下沉,轻轻摇曳,似雪花初降,雪片纷飞,此谓"飞雪沉江"。又如美人漫舞,形态优美,芳姿倩影,神韵悠然。静置三分钟,茶叶于杯底缓缓膨胀舒展,水中绿晕漫开,汤色渐成碧绿,清澈透亮,银毫闪烁,整个茶杯好像盛满了春天的气息,此谓"春染碧水"(参陈力群《茶艺表演教程》,武汉大学出版社 2016 年版)。此时茶汤似碧玉,观其形色之美,悦人心目。

　　黄山毛峰产于安徽黄山地区。这里自然环境优美,气候温润,山高谷深,树林茂密,溪流潆洄,云雾缠绕,俗谓"晴时早晚遍地雾,阴雨成天满山云",自然生态环境非常适合茶树生长。清代江登云《素壶便录》记载:"黄山有云雾茶,产高山绝顶,烟云荡漾,雾露滋培,其柯有历百年者。"黄山毛峰前身叫"云雾茶",黄山毛峰之名源于清光绪元年(1875),是当时歙县茶商谢正安开办谢裕大茶行所创制。焙制特级黄山毛峰,于清明前后采摘一芽一叶初展之茶青,剔除不符合标准的青叶,保证芽叶质量匀齐干净,当天及时焙制。适度杀青,轻揉慢捻,使之卷曲成条,又保持芽叶完整。烘焙过程中勤翻叶,动作轻,火温稳。成茶后,外形秀美,每片茶叶长约半寸,芽叶肥壮匀齐,细扁稍卷曲,尖芽紧偎叶中,形似雀舌,芽端布满了细绒白毫,叶芽下还托着一小片金黄色的鱼叶。色泽油润光亮,绿中略泛微黄,可谓"清秀脱俗,茶中仙子"。以80℃左右的热开水冲泡,热气萦绕杯沿(古有化成一朵白莲花之传说),然后升腾化作一团云雾,又散成一缕缕热气飘荡开来。杯中之茶则芽叶直竖悬浮,继而徐徐下沉。汤色清澈明亮,叶底嫩黄成朵状,有"轻如蝉翼,嫩似莲须"之谓。叶笋和金片是黄山毛峰区别于其他毛峰的重要特征,特级黄山毛峰别具"鱼叶金黄"和"色似象牙"之秀色(参霍艳平《名茶冲泡技艺》,武汉大学出版社2016年版)。

　　名优黄茶君山银针产于湖南洞庭湖中的君山。传说舜帝二妃娥皇和女英居于此,舜帝南巡时其二妃在白鹤寺旁种下茶树三棵,经历代繁衍种植,君山茶闻名遐迩。君山有舜帝二妃之墓,有秦始皇的封山石刻,有不同时代诗人的题诗,如李白《陪族叔刑部侍郎晔及中书贾舍人至游洞庭》诗云:"帝子潇湘去不还,空余秋草洞庭间。淡扫明湖开玉镜,丹青画出是君山。"刘禹锡《望洞庭》诗云:"湖光秋月两相和,潭面无风镜未磨。遥望洞庭山水翠,白银盘里一青螺。"即是对君山的诗意描写。春夏之际,洞庭湖水汽蒸腾,君山云雾缭绕,茶树丛生。君山茶始于唐代,相传文成公主入藏时就选带了君山茶,至清朝君山茶纳入贡茶之列。清代黄本骥《湖南方物志》引《湖南省志》:"巴陵君山产茶,嫩似莲心,岁以充贡。"君山银针茶青在刚长出一个茶芽时采摘,经过杀青、摊凉、初烘、复烘、摊凉、足火等工序精细制成,历时三昼夜,长达70小时。君山银针是黄茶中的珍品,其成品外观形、色俱佳。外形如其名,芽头苗壮挺直,大小长短均匀,白毫完整鲜亮,茶芽内面呈金黄色,外层白毫显露完整,而且包裹坚实,茶芽形似一根根银针。茶叶因满披茸毛,底色金黄,内呈橙黄色,外裹一层白毫,得一雅号——"金镶玉"。品赏之际,先鉴赏干茶的外形、色泽,名之"娥皇女英展仙姿",由茶之秀美联想到其生长之地的历史传说中的湘娥秀色。冲泡时以大约1∶50 ml的茶水比投茶注水,以大约90℃的热开水回旋低斟,再悬壶高冲,以"凤凰三点头"手法注水冲泡,此时茶芽随热水在杯中三起三落,玻璃杯中似波涛翻滚,泛起白色泡沫,名之"碧波汹涌连天雪"。茶芽在热水的浸泡下，慢慢舒展开来，芽尖朝上，蒂头下垂，芽尖产生气泡，犹如雀舌含珠，又似春笋出土。茶芽在水中沉浮，"经过三沉三浮后，竖立于杯中，随水波晃动，像是娥皇女英落水后苏醒，在水中舞蹈。杯中茶芽曼妙，犹如灵动的湘女翩翩起舞，浓浓的茶水恰似湘灵浓浓的情"（陈力群《茶艺表演教程》），名之"湘水浓溶湘灵情"。芽光水色，浑然一体，碧波绿芽，相映成趣，蔚成茶舞趣观。

中国名茶繁多，外形千姿百态，入水后变化多样。再如西湖龙井形如雀舌，扁平、光滑、匀齐，冲泡后嫩匀成朵，叶似彩旗，芽形若枪，交相辉映，谓之"旗枪"。武夷岩茶形态艳丽，汤色深橙黄亮如玛瑙，外形弯曲，条索紧结，色泽乌褐或带墨绿、砂绿、青褐色。汤色橙黄至金黄、清澈明亮。太平猴魁外形魁伟，二芽抱一叶，芽尖和叶尖长度相齐，茶芽挺直，肥壮细嫩，叶缘背卷，色泽苍绿，白毫隐伏，叶脉绿中隐红，俗称"红丝线"。汤色清绿明净，叶底嫩绿明亮。顾渚紫笋鲜茶芽叶微紫，嫩叶背卷似笋壳，干茶形如兰花，外形紧结，完整而灵秀，汤色淡绿鲜亮。白毫银针为全芽白茶，采茶青一芽一叶，然后将针叶、鱼叶轻轻剥离即"剥针"，置于通风处或微弱日光下晾晒，文火焙干。成茶芽头肥壮，挺直如针，身披白毫，熠熠有光，闪烁如银，色泽鲜白，汤色杏黄。白牡丹毫心肥壮，叶张肥嫩，呈波纹隆起，芽叶连枝，叶缘垂卷，叶色灰绿，夹以银白毫心，呈"抱心形"，叶背遍布洁白茸毛，叶缘向叶背微卷，汤色橙黄清澈。安吉白茶鲜叶色腻如脂滑如玉，干茶外形扁平挺直，一叶包一芽，形似兰花，色泽翠绿，白毫显露，汤色清澈明亮。祁门功夫条索紧细，锋苗秀丽，金毫显露，色泽乌黑泛灰光，汤色红艳（参双福等编《茶艺茶具全图解》，化学工业出版社2015年版）。各地名茶，不胜枚举，其形美色异，观之秀色迷人。

（二）器之形色美

茶器指泡茶的专门器具。茶的品饮过程，沏茶、赏茶、品茶，都与茶具相伴而行。唐代以前的茶具，与食器相混而用。最早出现的"茶具"，见于西汉王褒《僮约》："烹茶尽具，已而盖藏。"即要求童仆烧水煮茶，用茶具分茶奉上，结束后就收藏起来。自从唐代陆羽著《茶经》，把饮茶领入一个新境界，茶具与之随行。《茶经·四之器》中所言之"器"，列举了数十种煮茶和饮茶的器具。随着饮茶之风的兴行，以及各个时代饮茶风俗的演变，茶具的品种越来越多，质地越来越精美。饮茶之器从无到有、由粗至精，逐渐趋于艺术化和审美化。一套好的茶具，能与茶叶的形、色、香、味相配合，与茶叶的气质相匹配，共同形成品饮与观赏相结合的审美艺术。在现代茶艺演示中，常用的品饮茶具主要有玻璃杯、瓷质盖碗、紫砂壶等多种材质和形状的器具。

玻璃杯。玻璃是一种有色半透明的矿物质，古人称之为琉璃或流璃、琉琳、流离、玻璃等，最早见于《穆天子传》《尚书》《山海经》等文献，它是作为天然玉石和人工制造的玻璃的统称。到唐代，随着西方琉璃器的传入，中国开始烧制琉璃茶具，唐代诗人也将其写入诗中，如韦应物《咏琉璃》："有色同寒冰，无物隔纤尘。象筵看不见，堪将对玉人。"玻璃质地透明，光泽夺目，外形可塑性大，因此用它制成的茶具，形态各异，能给人以色泽鲜亮、光彩照人之感。玻璃杯泡茶，茶汤的鲜艳色泽、茶叶的细嫩柔软、茶叶在整个冲泡过程中上下窜动、叶片的逐渐舒展等，可以一览无余，形成一种动态的艺术欣赏。特别是冲泡各类名茶，茶具晶莹剔透，杯中轻雾缥缈，澄清碧绿，芽叶朵朵，亭亭玉立，观之赏心悦目，别有风趣。玻璃茶具主要适用于冲泡绿茶、花草茶、红茶、普洱茶、水果茶、养生茶等，具有较高的观赏性、趣味性（参姬晓安《茶经茶道》，武汉出版社2013年版）。

盖碗。盖碗又称"三才碗"，是一式三件的茶具，上有盖，中有碗，下有托。盖为天，托为地，碗为人，暗含天地人和之意。盖碗的材质以各种花色的瓷盖碗为多，造型多样，图案百变，将形、意之美发挥得淋漓尽致。中国造瓷技术在商代萌芽，战国时期成熟，至魏晋南北朝时期出现飞跃发展，隋唐后进入一个繁荣阶段，可以生产出青瓷、白瓷、花瓷和唐三彩几类。浙江的越窑被称为诸窑之冠，越窑青瓷追求类玉的效果，釉质匀润，釉色柔美。唐代诗人皮日休《茶中杂咏·茶瓯》诗云："刑客与越人，皆能造兹器。圆似月魂堕，轻如云魄起。"概括出瓷器清雅、飘逸、晶莹、圆润的品格。

晚唐五代秘色青瓷代表青瓷巅峰，赵令畤《侯鲭录》载："今之秘色瓷器，世言钱氏有国，越州烧进为供奉之物，不得臣庶用之，故谓之秘色。"这是为宫廷烧制的一种精美瓷器，禁止民间使用，烧制技术保密，因称"秘色瓷"。唐代徐夤《贡余秘色茶盏》诗云："捩翠融青瑞色新，陶成先得贡吾君。功剜明月染春水，轻旋薄冰盛绿云。古镜破苔当席上，嫩荷涵露别江濆。"赞美了秘色瓷器的色彩美与意态美。陆龟蒙《秘色越器》诗中"九秋风露越窑开，夺得千峰翠色来"，成为咏叹青瓷的绝唱，意谓风霜白露的深秋时节，只要越窑一开，越窑瓷器上似有千峰翠色融在其中，美丽的色彩和图案令无限荒凉的深秋亦显春意盎然。宋代的陶瓷是我国古代陶瓷发展的鼎盛时期，宋代的制瓷工艺技术独具风格，名窑辈出，为青瓷开辟了一片新的天地，有汝窑的"雨过天青"、官窑的"粉青"、龙泉窑的"梅子青"等，青瓷之美，美得让人陶醉。

白瓷如银似雪，为后世各种彩绘瓷提供了创造发展的基础。邢窑、定窑、景德镇窑和德化窑等窑场都曾闪耀过白瓷的辉煌。据《陶录》载："景德窑宋景德年间烧造，土白垠而埴，质薄腻，色滋润，真宗命进御瓷，器底书'景德年制'四字，其器光致茂美，当时则效，著行海内，于是天下咸称景德镇瓷器。"明代景德镇窑生产的白釉瓷器以见影的薄胎和肥腴的釉层成为白瓷中的极品，德化窑白瓷以其光润如凝脂、微泛牙黄的釉色享有"象牙白""鹅绒白"之美誉。而后白瓷发展至薄如纸、白如玉、声如磬、明如镜的程度，成为十分精美的艺术品。定瓷除白瓷外，还有紫定、黑定、绿定、红定等，苏轼《试院煎茶》诗有"定州花瓷琢红玉"之句，高度赞美定州红瓷。定瓷早期多素地，北宋晚期多绘有精美的花纹，如莲花、牡丹、石榴、萱草、游鱼等图案，或装饰以折枝花。其装饰方法有刻花、画花、印花、贴花等多种，常见的花纹有牡丹、莲、芙蓉、梅、卷草、凤、鱼、鸭等。在造型上，常作成瓜棱、花瓣等像生形。

青花瓷技艺在元代成熟，青花呈色鲜艳纯正，纹饰层次丰富，绘画细致工丽。清代景德镇青花发色湛蓝，明亮幽雅，青花表现出浓淡不同的层次，效果如同中国传统水墨山水画一般。精美的瓷器质地和图案，令人赏心悦目。陆羽早就发现了茶器的瓷色与茶色的关系，其言："邢瓷白而茶色丹，越瓷青而茶色绿。"瓷色与茶色可互相映衬，益显其美。

紫砂壶。明代出现了紫砂壶，这是一种利用宜兴特有的陶土烧制而成的茶具，造型古朴、色泽典雅、光洁无瑕，能较长时间保持茶叶的色、香、味。那些紫砂壶大师制作的茶具，典雅精巧，既是增添品茗雅趣的茶具，又是珍贵的艺术品。宜兴窑是明代生产精陶的名窑，位于江苏宜兴，以制作紫砂陶为特色。宋代诗人梅尧臣《依韵和杜相公谢蔡君谟寄茶》诗中有"小石冷泉留早味，紫泥新品泛春华"描写宜兴紫砂陶的诗句。其所用原料紫砂泥，色泽紫红，亦称"朱砂瓷"。紫砂陶利用陶泥的本色，以显出质地美。苏轼《兴龙节侍宴前一日微雪与子由同访王定国小饮》诗云："银瓶泻油浮蚁酒，紫碗莆粟盘龙茶。"表达了诗人对紫砂茶具的赏识。紫砂壶式样繁多，塑制精巧，主要以造型取胜，所谓"方非一式，圆不一样"。清代吴梅鼎作《阳羡茗壶赋》赞美宜兴紫砂壶："至于摩形像体，殚精毕异，韵敌美人，格高西子。腰洞约素，照青镜之菱花；肩果削成，采金塘之莲蒂。菊入手而凝芳，荷无心而出水。芝兰之秀，秀色可餐；竹节之清，清贞莫比。锐榄核兮幽芳，实瓜瓠兮浑丽。"以美人之秀和花木之美比喻、赞美紫砂壶的形色意态。宜兴紫砂陶历代艺人辈出，史论家评论："杨彭年精巧，邵大亨浑朴，各抒其长，各显其美，使宜兴陶艺放射异彩。"乌龙茶茶艺流程中的"温壶"一道又称"孟臣沐霖"，即为纪念明代紫砂壶制造家惠孟臣，他制造的紫砂壶被称为"孟臣壶"。

茶具除以上所列数种材质外，还有金属茶具、漆器茶具、竹木茶具等，种类繁多，造型各异。它们在茶艺表演中，展示出自身独特的美质，衬托出茶之美色，与饮茶妙趣天成，陶冶茶人的审美情趣。

二、香与味之美

"茶有真香，非他香可比；茶有至味，非他味可拟。"茶有形与色之美以悦目，亦有香与味之美以怡神。

（一）茶香之美

中国茶艺融汇了冲泡各种茶的经验技艺,通过对茶、水、器的选择搭配以及水温、茶水比例、浸泡时间、冲泡技法的综合调配,尽量激发出茶的香与味,使茶汤既出香且味美。泡茶注汤时,茶香缭绕,满室生香。茶人马守仁将茶香分类:"香有花香、果香之分,有清香、浓香之别,有沉浮,有浅深,有短长,有刚柔。"又以佳人比茶香:"茶之香,略分为浓香、甜香、幽香、清香。浓香如姚黄魏紫,如太真浴罢,香气馥郁。甜香如月下秋桂,如豆蔻梢头二月初,其情最娇。幽香如空谷幽兰,如潇湘馆黛玉抚琴,其韵独高,清香如夏荷初露,如西子晓妆,清芬袭人。"(以上参马守仁《无风荷动:静参中国茶道之韵》,北京大学出版社 2017 年版)在爱茶之人的心目中,秀美的佳茗,就像兰心蕙质的佳人。苏轼《次韵曹辅寄壑源试焙新茶》亦云:"戏作小诗君一笑,从来佳茗似佳人。"道出了从古到今爱茶之人对茶的想象。

武夷岩茶被称为"茶中之王",其香气带花、果香型,瑞则浓长、清则幽远,或似水蜜桃香、兰花香、桂花香、乳香等。其产地武夷山风光秀丽,武夷九曲溪盘绕于群山之间,时现悬崖绝壁,深坑巨谷。人们于岩凹、石隙、石缝处,砌石为岸,就中栽茶,形成武夷山"山山有岩,岩岩有茶"的奇特景观。陆羽《茶经》云:"其地,上者生烂石。"又引《随见录》云:"武夷茶,在山上者为岩茶,水边者为洲茶。岩茶为上,洲茶次之。"武夷岩茶所具"岩骨花香",其"花香"是茶青在武夷岩茶特有的加工工艺中自然形成的花香。武夷岩茶精工制作,品种不同,花香各异,香气锐则浓长、清则幽远、馥郁具幽兰之胜。其独有的"岩韵",独特的"岩骨花香",让所有爱茶之人为之倾倒。清王草堂《茶说》云:"武夷茶……茶采后以竹筐匀铺,架于风日中,名曰晒青。俟其青色渐收,然后再加炒焙……武夷炒焙兼施,烹出之时半青半红,青者乃炒色,红者乃焙色。茶采而摊,摊而搋,香气发越即炒,过时不及皆不可。既炒既焙,复拣去其中老叶枝蒂,使之一色。释超全诗云:'如梅斯馥兰斯馨,心闲手敏功夫细。'形容殆尽矣。"《随见录》载:"凡茶见日则味夺,唯武夷茶喜日晒。"武夷岩茶的烘焙技巧特别讲究,故武夷岩茶多名优茶,尤以大红袍最为珍贵,其香气馥郁,具有持久的桂花香。一般乌龙茶能冲泡三四次,名优茶能做到"七泡有余香",而大红袍冲泡至八九次,仍不脱原茶真味桂花香,被称为武夷岩茶中的"王中之王"。

碧螺春茶产于洞庭山。洞庭山产茶,唐时已出名,宋时成为贡茶。碧螺春茶有异香,当地人称之为"吓煞人香"。清陆廷灿《续茶经》引《随见录》载:"洞庭山有茶,微似岕而细,味甚甘香,俗呼为吓杀人。产碧螺峰者尤佳,名碧螺春。"据载,"碧螺春"茶名为清康熙帝所赐,清陈康祺《郎潜纪闻初笔》卷四载:"洞庭东山碧螺峰石壁,岁产野茶数株,土人称曰'吓杀人香'。康熙己卯,车驾幸太湖,抚臣宋荦购此茶以进。上以其名不雅驯,题之曰'碧螺春'。"佳茗受到皇帝赏识,也深得文人喜爱,吴伟业《如梦令》云："镇日莺愁燕懒,遍地落红谁管? 睡起爇沉香,小饮碧螺春盌。帘卷,帘卷,一任柳丝风软。"陈康祺《碧螺春》诗云："从来隽物有嘉名,物以名传愈自珍。梅盛每称香雪海,茶尖争说碧螺春。已知焙制传三地,喜得揄扬到上京。吓煞人香原夸语,还须早摘趁春分。"碧螺春茶汤清香浓郁,花香果味。此茶产于江苏省的洞庭山,故又名洞庭碧螺春,其花香果味得天生,素为茶中之萃。清陆廷灿《续茶经》引明人罗廪《茶解·艺》云："茶园不宜杂以恶木,唯古梅、丛桂、辛夷、玉兰、玫瑰、苍松、翠竹,与之间植,足以弊覆霜雪,掩映秋阳。其下可植芳兰、幽菊清芬之品。"洞庭碧螺春产区是著名的茶果间作区,茶树和桃、李、杏、梅、柿、橘、白果、石榴等果木交错种植,茶树、果树根脉相通,枝桠交错,茶吸果香,花窨茶味,陶冶着碧螺春花香果味的天然品质。碧螺春采一叶一芽初展之茶青,细嫩的芽叶含有丰富的氨基酸和茶多酚,为碧螺春品质的形成提供了物质基础。碧螺春茶因其娇嫩,冲泡时宜采用上投法,先在杯中倒入沸水,然后投入茶叶,芽、叶纷纷舒展,茶芽在杯中如绿云翻滚,氤氲的蒸汽使得茶香四溢,清鲜袭人,谓"绿云飘香"。

中国名茶遍及各地,奇香异趣各有不同。黄山毛峰冲泡时雾气结顶,清香四溢,香气持久似兰,茶凉后仍有余香,人称"幸有冷香"。冻顶乌龙有浓郁的花香和熟果香,滋味浓醇甘爽,带有明显的焙火韵味。安溪铁观音具天然馥郁的兰花香,茶香高而持久,"七泡有余香"(羽叶《茶》,黄山书社 2016 年版)。西湖龙井馥郁清香,幽而不俗,呈兰花豆香。太平猴魁香气鲜高,兰香持久。蒙顶茶香气馥郁,芳香鲜嫩。正山小种香气浓郁,具强烈松烟香。祁门功夫香气浓郁高长,似蜜糖香又蕴藏有兰花香。川红功夫,香气清鲜,具浓郁的花果或橘糖香。金骏眉高山韵味持久,具复合型花果香、蜜香。安化黑茶,带甜酒香或松烟香。阿里山高山茶有独特的清香、茶香、果香、焦糖香。金萱茶有独特天然牛奶香和桂花香。茶联"满园春色关不住,茶浓花香醉红尘",碧螺春茶之谓,亦众多春茶之写照。宋人白玉蟾《茶歌》赞壑源茶:"绿云入口生香风,满口兰芷香无穷。"陆廷灿《续茶经》引《桐君录》谓:"茶有真香,非龙麝可比。"众多茶人必引为至言。

(二) 茶味之美

"茶有六味:清、甘、滑、嫩、软、厚。茶有甘苦,有轻重,有厚薄,有老嫩软硬之别,有滑利艰涩之辨。"(马守仁《无风荷动:静参中国茶道之韵》)爱茶之人日与香茶为伴,熟知其性,细辨其味,各有专宠。

武夷岩茶滋味醇厚滑润,清鲜甘爽,岩韵醇厚,回味悠悠。"岩韵"即岩茶所具"岩骨花香"之"岩骨",俗称"岩石味",是一种味感特别醇而厚且能长留舌上回味持久深长的感觉。大红袍生长在武夷山天心岩九龙窠的岩壁上,仅有六棵茶树。这里日照短,温差大,岩壁上有细小甘泉终年滴流,细水长流地滋润着大红袍茶树的根脉。山岩上垂落的枝叶,为大红袍茶树提供丰厚的营养。如此天赋不凡、得天独厚的条件,造就了大红袍茶树的最佳生态环境。大红袍的采制至今约有300年的历史。由于大红袍珍贵奇异,所以采制时需使用特制的器具,技艺高超的制茶人方能制得。清袁枚《随园食单·茶单》载:"尝尽天下之茶,以武夷山顶所生,冲开白色者为第一。"袁枚晚年曾到武夷山小住几日,应未亲历武夷茶的生长及采制过程,但他对武夷茶味的赞赏却是众所公认。袁枚受古人的影响,对泡沫很看重,喝遍天下名茶,认为冲泡开来有白色泡沫的武夷山正岩茶是最好。

碧螺春茶独具天然花香果味,汤味鲜雅,回味甘甜。头一口趁热连续细品,如尝玄玉之膏,云华之液,感到色淡、香幽、汤味鲜雅,谓"初尝玉液"。当茶汤还剩三分之一时,续水满七分,茶汤渐变浓郁,口感由清雅变而浓醇,并感到舌本回甘,舌根含香,满口生津,回味无穷,谓"再啜琼浆"。第三泡时,茶汤的滋味复又清淡,然仍是美味。俗云"碧螺壶中香扑面,绿茶盏内味如春",所品已不仅是茶,还是在品太湖春天的气息,在品洞庭山盎然的生机,在品人生的百味,因谓"三品醍醐"(参陈力群《茶艺表演教程》)。在佛教典籍中用醍醐来形容最玄妙的"法味"。宋人白玉蟾《茶歌》诗云:"味如甘露胜醍醐,服之顿觉沉疴苏。身轻便欲登天衢,不知天上有茶无。"说的大概就是这种感觉。

西湖龙井产于杭州西湖的群山之中,这里林木茂密,翠竹婆娑,春茶季节细雨蒙蒙,云雾缭绕。采于清明、谷雨前的龙井茶青,叶芽柔嫩细小。采回的鲜叶于室内薄摊,以减少含水量,散发青草气,减少苦涩味,增加氨基酸含量,提高鲜爽度。然后以特种铁锅炒制,由技艺熟练的制茶人以抖、搭、拓、捺、甩等"十大手法"炒制,才能制出形、色、香、味俱美的龙井茶。好茶须有好水泡,龙井茶与虎跑水被称为杭州"双绝"。陆羽《茶经》云:"其水,用山水上,江水中,井水下。"明张源《茶录》:"茶者水之神,水者茶之体……流动者愈于安静,负阴者胜于向阳。"明高濂《遵生八笺·茶》:"山厚者泉厚,山奇者泉奇,山清者泉清,山幽者泉幽,皆佳品也。"明陈继儒《试茶》诗云:"泉从石出清更冽,茶自峰生味更圆。"虎跑泉位于杭州白鹤峰下,泉水从山后断层陡壁砂岩中渗出,水质清澈明净,晶莹甘冽,是泡茶的佳选。明吴宽《谢朱懋恭同年寄龙井茶》诗云:"谏议书来印不斜,但惊入手是春芽。惜无一斛虎丘水,煮尽二斤龙井茶。"这是有龙井好茶却无虎跑泉水冲泡的遗憾。龙井茶冲泡时以85℃左右的热开水,1:50 ml左右的茶水比冲泡,细细品啜,便觉甘醇润喉,生津爽口。清陆次云《湖壖杂记》云:"龙井茶,真者甘香而不冽,啜之淡然,似乎无味,饮过后,觉有一种太和之气,弥沦于齿颊之间,此无味之味,乃至味也。"相传乾隆皇帝到杭州狮峰山下胡公庙饮龙井茶时,赞不绝口,封庙前十八棵茶树为"御茶"。

茶香与茶味互相融合,一杯好茶,必伴以茶香味美,如茶联所言:"香飘屋内外,味醇一杯中。"清陆廷灿《续茶经》引《桐君录》载:"夫茶以味为上,香甘重滑,为味之全……卓绝之品,真香灵味,自然不同。"又引《遵生八笺》云:"茶有真香,有佳味,有正色。"茶之形、色、香、味共同构成茗茶的内秀与外美,吸引爱茶之人观赏品评。

三、动与静之美

茶艺以高雅的艺术表演手法为形式,把饮茶提升到一个艺术境界,使饮茶者在品饮过程中得到一种审美享受。

(一)优雅和谐的动态美

在茶艺活动中,茶艺师向品饮者展示茶器、茶叶、茶汤的形、色与香、味之美,其优雅轻盈的动作,也成为茶艺的审美对象。茶艺师以圆润流畅的动作,虚实相间的手势表达,引领品茶者亲历茶艺的整个过程,布具、翻杯、投茶、注水、摇香、奉茶等一系列动作,流畅规范。茶具在茶艺师富有律动感的手势中轻轻翻飞,如在云端轻歌曼舞,又缓缓降落,稳立于茶席。鲜活甘洁的热水从壶嘴泉涌而出,时如涓涓细流轻涌,逗引茶叶悄然苏醒、如花缓缓盛开;时如飞瀑直下,惊动杯中的茶叶如鱼群逐浪、前奔后拥。"凤凰三点头"的注水手法,使水流高低起伏,三起三落的冲击,令茶叶随水流的轻重急缓而翻滚,茶香随热气的散发而漾洄旋绕。茶具、茶叶、茶汤在茶艺师优雅娴熟的动作中和谐共舞,手指随手腕画出的曲线若气韵流动,似行云流水,优雅怡人。在茶艺演示中,往往伴奏着古典的乐曲,空间弥漫的音乐似叮咚泉水潺潺流动,增添了茶艺活动的听觉美感,令人心旷神怡,沉醉其中。

(二)心境与意境的宁静美

茶须静品,品茶的过程亦是茶人澡雪心灵的过程。茶艺表演的形式是动态的,而就其心境与意境来说,又是宁静的。茶艺师引领品饮者进入一种心无杂念的氛围,摒除一切烦恼、躁动,心净而入静。

茶艺师行走上场,服饰简洁清雅,步伐轻盈,神态自如,心情放松,身体平稳。转身、入座,动作轻缓自然,笑颜微露。冲水泡茶时,调息静气,坐姿端庄稳重,动作简单有序,娴雅自如。双手沿曲线的路径柔和地伸出,轻轻捧取器物,平稳移动,轻柔放置,似有恋恋不舍之意,示以优雅含蓄、彬彬有礼之态。与客人交流时,行以注目礼、点头礼或鞠躬礼,以凤凰三点头、回旋注水的方式行寓意礼,以示欢迎,一切尽在不言中。奉茶时行伸掌礼,可轻语"请用茶"。

品茶的环境宜选择安静的场所,令茶艺师与品饮者可集中意识沉浸式体验茶艺之美。钱起《与赵莒茶宴》诗云:"竹下忘言对紫茶,全胜羽客醉流霞。尘心洗尽兴难尽,一树蝉声片影斜。"描写在云霞缭绕的山间竹林里品茗的情形,人们陶醉于自然清境之中而忘记了尘世烦恼。陆树生《茶寮记》推荐的饮茶环境是:"凉台静室,明窗曲几,僧寮道院,松风竹月,晏坐行吟,清谭把卷。"徐渭《煎茶七类》云:"茶宜精舍,云林,竹灶,幽人雅士,寒宵兀坐,松月下,花鸟间,清水白石,绿鲜苍苔,素手汲泉,红妆扫雪,船头吹火,竹里飘烟。"描绘冬日饮茶的情景。朱权《茶谱》云:"或会于泉石之间,或处于松竹之下,或对皓月清风,或坐明窗静牖,乃与客清谈款话,探虚玄而参造化,清心神而出尘表。"从这些描述中可以看出古人对品茗环境的喜好,追求自然幽静的茶境之美,追寻天然的野趣。唐代郑愚《茶诗》云:"嫩芽香且灵,吾谓草中英。"茶来自大自然,是草木植物中的佼佼者,蕴含有天地、山川的灵性。茶人在远离尘俗的静美自然环境中品饮茗茶,形成天人合一的意境,沉浸在茗茶形、色、香、味的审美感受中,心中烦忧皆隐去,心境澄明,身心舒畅,忽生飘飘欲仙之感。从古代品茗画图中,也可一睹前人品茗意态,如唐人周昉《调琴啜茗图》,庭院里桂花树枝繁叶茂,梧桐花盛开,两名侍女烹茶奉茶,一人端坐抚琴,二人侧身听乐,抚琴和啜茗的妇人肩上轻纱斜披,显出悠然无心之意态,一派悠闲恬静的生活景象。清人黄山寿《品茗图》中,蕉叶葱茏,翠竹环绕,一红衣侍女在石矶上支炉煎水,手持蒲扇煽火助燃。一文士坐于石上,身后书卷若干,旁有童子侍立。炎炎夏日,于如此清幽之境,读书品茗,快意盈怀。唐皎然《饮茶歌诮崔石使君》诗云:"越人遗我剡溪茗,采得金牙爨金鼎。素瓷雪色缥沫香,何似诸仙琼蕊浆。一饮涤昏寐,情来朗爽满天地。再饮清我神,忽如飞雨洒轻尘。三饮便得道,何须苦心破烦恼。"刘真《七老会诗(真年八十七)》诗云:"山茗煮时秋雾碧,玉杯斟处彩霞鲜。临阶花笑如歌妓,傍竹松声当管弦。虽未学穷生死诀,人间岂不是神仙。"清人李慈铭《水调歌头·伯寅侍郎馈洞庭碧螺春新茗赋谢》云:"龙井洁,武夷润,岕山鲜。瓷瓯银碗,同涤三美一齐兼。时有惠风徐至,赢得嫩香盈抱,绿唾上衣妍。想见蓬壶境,清绕御炉烟。"这些诗词都在描述品茶后烦忧俱忘、内心净静、人若飞仙的感觉。

现代茶艺室承袭古风雅韵,设置于安静之处,植以绿树幽竹,布以溪泉叮咚,配以古风乐曲如《春江花月夜》《流水》《空山鸟语》《平湖秋月》等,或录制蝉鸣鸟语、雨打芭蕉、山泉飞瀑、溪流轻唱、风过竹林等大自然的天籁之声。茶人在安静恬美的品茗环境中观形、赏色、闻香、尝味,在品赏中感受自然真趣,领略茶的情趣,获得心灵的静逸安宁,醉心于"平生与物原无取,消受山中一杯茶"的审美享受之中。

中国茶艺美,美在形、色、香、味,美在自然天成,美在心境意境,美在情境交融,故茶艺六要素为人、茶、水、器、境、艺融汇合一。在茶艺演示中,此六美荟萃,方能相得益彰,也即茶艺之终极追求。

(作者单位:桂林师范高等专科学校中文系)

宋代《诗经》传习述略

杨阿敏

宋代《诗经》学研究蔚为大观,然而既往研究多关注学者著述及其开创性,对于宋人如何学习、传授《诗经》却缺乏研究,一般士人如何阅读、学习与传授《诗经》是宋代《诗经》学发生发展的起点,不应该被忽视。儒家经典是历代读书人的必读之书,但这只是笼统观之,细究之下,历代士子对经书的研习还是有不少变化,选拔人才的制度、学术风气等因素与之密切相关。本文以宋代《诗经》传习为例,试图展现宋代经学的一个侧面,亦可补充现有经学研究只注重部分经学家之偏见。本文对于宋代《诗经》学的观察,只是初步探索,尚有待于更深入的研究。

一、宋代《诗经》的传习

宋人学习《诗经》的途径,大致可分为家教与师长两途。家教要求父母拥有一定的知识文化,对于世代务农或经商的家庭,也许就缺乏这种机会,只能求教于师长。教育的普遍化,也就使得教学成为一项职业。与此同时,也有一些学者因教授而成为名师,名闻乡里,乃至全国。

宋人的家教可分为父与母两途。父教者,如魏了翁《太常博士李君墓志铭》所云:"谦仲颂观严重廉直,不受请寄。昧旦衣冠,率诸子诵《语》《孟》若《诗》,参以先需传释,精诵熟讲,日有常则。"①罗愿《刘子信墓志铭》:"君寡过易足,幼读《论》、《孟》、毛氏《诗》,颇成诵,晚得子则躬训导之。"②

宋代妇女受教育程度提高,涌现出不少亲自教授子女读书的贤母。这是宋代教育的新变化。韦骧《永寿县君史氏墓志铭》:"石氏巨族望于东南,外则朱金辉映,内则簪珥华靡,夫人一不介怀,乃独以《诗》《易》典坟为乐。自其子至于曾孙,方幼学时皆亲自训督。平居喜白傅文章,读其集,至于简编屡绝。舍妇人女子之好而专

---

① 魏了翁撰,张京华校点《渠阳集》卷之十二《太常博士李君墓志铭》,岳麓书社 2012 年版,第 177 页。
② 罗愿《罗鄂州小集》卷四《刘子信墓志铭》,曾枣庄、刘琳主编《全宋文》第 259 册,上海辞书出版社、安徽教育出版社 2006 年版,第 320 页。

玩圣贤之言,其趋尚过人远甚。"①可见史氏文化程度颇高,故而有能力教育子孙读书。潘景伯《宋故昭武户曹潘公孺人刘氏墓志铭》:"独喜观书,《论》《孟》《诗》《书》皆能举其大略。夜听诸孙课诵声,遇其句读微舛,即口正之曰:'汝某句误某字矣。'"②刘氏必熟读经书,才能为此。杨万里《安人王氏墓志铭》:"《语》《孟》《诗》皆龆岁成诵,每与家人语,辄训以古义。"③

只有先受过儒家经典的教育,出嫁之后才能担负起教育子女读书的任务。这是新变化的基础,李纲《宋故龙图张公夫人黄氏墓志铭》:"男四人,长曰焘,太学博士;曰熹,将仕郎;曰辉,曰焕,未冠。初,焘以外祖恩补太庙齐郎,夫人戒之曰:'丈夫当以儒学致身,慎无以此自怠。'遣诣太学十年,遂以第三人登第。女七人,皆通《诗》《礼》,夫人所自训也。"④黄氏除了遣子入太学,还亲自教育七个女儿,皆通《诗》《礼》,为宋代女性教育做出了贡献。王庭珪《故王氏夫人墓志铭》:"夫人王氏,吉州安福县老儒王遵道讳行己之女。遵道业进士,有闻于州里,初以《诗》《礼》《论语》等书自教,夫人读数过辄成诵,耳闻目染,不待勤苦而成,字画亦工。"⑤可见王氏天资颇高。袁甫《县尉杨君太孺人何氏墓志铭》:"太孺人姿敏惠,父爱之尤,教以《孝经》《论》《孟》《诗》《书》《左氏传》及《内则》《女诫》,终身不遗忘。性耻华靡,被服简澹,相夫子以礼,切磋如良友。君既殁,延师诲子,必期成立。"⑥上述例子可见,宋代女性接受教育主要来自家教。

或因丈夫去世,只得独自承担起教育子女的重任。如王安石《仙居县太君魏氏墓志铭》所记载之魏氏:"归十年,生两子,而沈君以进士甲科为广德军判官以卒。太君亲以《诗》《论语》《孝经》教两子。两子就外学时数岁耳,则已能诵此三经矣。其后,子迥为进士,子遵为殿中丞、知连州军州。"⑦其教育效果显著。苏颂《仁寿郡太君陈氏墓志铭》:"府君即世,夫人年且少,尝有未亡之叹,誓不他从。服则疏粗,

① 章骧撰,李玲玲、郜同麟整理《钱唐韦先生文集》卷第十六《永寿县君史氏墓志铭》,浙江古籍出版社 2019 年版,第 555 页。
② 潘景伯《宋故昭武户曹潘公孺人刘氏墓志铭》,曾枣庄、刘琳主编《全宋文》第 304 册,第 121 页。
③ 杨万里撰,辛更儒笺校《杨万里集笺校》卷一三〇《安人王氏墓志铭》,中华书局 2007 年版,第 5047 页。
④ 李纲《梁溪集》卷一七〇《宋故龙图张公夫人黄氏墓志铭》,曾枣庄、刘琳主编《全宋文》第 172 册,第 300 页。
⑤ 王庭珪《卢溪文集》卷四四《故王氏夫人墓志铭》,曾枣庄、刘琳主编《全宋文》第 158 册,第 308 页。
⑥ 袁甫《蒙斋集》卷一八《县尉杨君太孺人何氏墓志铭》,曾枣庄、刘琳主编《全宋文》第 324 册,第 116 页。
⑦ 王安石《临川先生文集》卷九九《仙居县太君魏氏墓志铭》,曾枣庄、刘琳主编《全宋文》第 65 册,第 235 页。

食则粱粝。以《诗》《书》教子;以组纴训女,傅保之事必亲临之。比及成人,有如宿习。"①其家境不是很好,墓志铭中云"岁时之祭享,不以菲废礼;闾党之宾客,不以贫阙供"②。在家贫父亡的情况下,若非陈氏能以《诗》《书》教子,则其子很可能因此而失去受教育的机会。

陆游《杨夫人墓志铭》:"处士先山堂不禄。当是时,夫人尚盛年也,遂誓不再行。二子:伯始学步,跟跄不逾阈;仲尚襁褓。及能言,夫人皆亲授以《孝经》《论语》《毛诗·国风》,为之讲声形,正章句,具有师法。二子未从外塾,而于幼学之事,各已通贯精习,卓然为奇童矣。其后子益长,夫人身任家事,不以荒其子之业,故皆举进士,中其科,然夫人不喜子之得禄,所以教而进之者,父师莫加焉。呜呼!非是母固不能成其子,非巩氏家法,亦不能成是妇也。"③陆游在此特别强调了杨夫人对二子的教育是十分成功的,是"父师莫加",如此高度评价,可见宋代女性在教育子女上并不输于"父师"。陆游此说,也可看作是对宋代女性在教育子女上所做贡献的整体评价,在某些环境中,其所发挥的作用实为"父师莫加焉"。

即使父母在启蒙时能教授子女以经书,在多数情况下,还是需要延请教师或将子女送入学校,接受更为全面完整的教育。邹浩《夫人林氏墓志铭》:"陈君少有四方志,已而所向系辁,辄拂衣还里门,以《诗》《书》训诸子,且招善士为之师。夫人于时罄奁中物买地筑室佐其事,无一毫顾惜。"④据此,陈家经济虽不富裕,在诸子的教育上,还是颇为用心。何况,并非所有的父母均有能力亲自教育子孙。曾丰《钟大明墓志铭》:"均讳南金,字大明,七岁而孤,服母彭氏训,承师授《易》《诗》学。"⑤彭氏没有像有些女性那样亲自教子读书,而是遣子从师。

经学离不开历代经师的传承,无人传授,也就意味着学问的消亡。刘克庄《赵逢原诗序》:"古者艺必有师,师必有传人。师之所在,其传必广。王豹处于淇而河西善讴,绵驹处于高唐而齐右善歌,其来尚矣。惟学亦然。屈原楚人也,故骚盛于楚;浮丘伯、辕固齐人,申公鲁人也,故《诗》学盛于齐、鲁;卿、云蜀人也,故词赋盛于蜀。"⑥汉

---

① 苏颂著,王同策、管成学、严中其等点校《苏魏公文集》卷六十二《仁寿郡太君陈氏墓志铭》,中华书局1988年版,第958页。

② 苏颂著,王同策、管成学、严中其等点校《苏魏公文集》卷六十二《仁寿郡太君陈氏墓志铭》,中华书局1988年版,第957页。

③ 陆游著,钱仲联、马亚中主编《陆游全集校注·渭南文集校注》卷三十四《杨夫人墓志铭》,浙江古籍出版社2015年版,第93页。

④ 邹浩《道乡集》卷三七《夫人林氏墓志铭》,曾枣庄、刘琳主编《全宋文》第132册,第64页。

⑤ 曾丰《缘督集》卷二〇《钟大明墓志铭》,曾枣庄、刘琳主编《全宋文》第278册,第55页。

⑥ 刘克庄著,辛更儒笺校《刘克庄集笺校》卷九七《赵逢原诗》,中华书局2011年版,第4088—4089页。

兴，《诗》有"齐鲁韩毛"四家，齐、鲁、韩三家皆列于学官，有博士及其弟子传习各家学术。及至宋代，唯毛《传》、郑《笺》孤行。韩仅存《外传》，而鲁、齐《诗》亡久矣。诸儒说《诗》，一以毛、郑为宗。因三家之学缺少传习者，故而归于灭亡。因而，经学史上，也应有经师的一席之地。除少数大儒，授徒讲学，影响深远。多数经师，均为历史上极其普通的一员，社会地位不高，对于经学也并无多么精深的研究，然而，正是他们为经学的延续与发展，提供了坚实的基础。蒲远犹《自撰墓志》云："远犹幼而好学，学赋于代渊，受《易》于任维翰，学《诗》于周式，受《太玄》于徐庸。庆历六年进士及第，授绵竹尉。"①清晰展示了其学问的渊源所自。

王安石之兄王安仁就是一位典型的经师："先生七岁好学，毅然不苟戏笑，读书二十年。当庆历中，天子以书赐州县，大置学。先生学完行高，江淮间州争欲以为师，所留，辄以《诗》《书》《礼》《易》《春秋》授弟子，慕闻来者，往往千余里。磨砻淬濯，成就其器，不可胜数。而先生始以进士下科补宣州司户，至三月，转运使以监江宁府盐院。又三月卒，又七月葬，则卒之明年四月也，实皇祐四年。"②据王安石所著《亡兄王常甫墓志铭》，其一生事迹，主要在教学，而非仕宦。王安仁以经书教授弟子，闻名一方，造就不少人才。虽曾入仕，职位亦不高。王安石妻弟吴显道为"江左知名士，蚤从欧阳文忠公游，与其弟子经，俱以文学称天下。与荆公、曾鲁公有连，二公相继当国，族姻之贤皆不得与寒畯齿。当是时，太学生陈于等疏言吴某学成行尊，愿得为国子师，俾学者有所矜式。荆公终以亲嫌，寝其书不报。于是江淮间又争欲以为师，不远千里执经帐下，率常数十百人。所至辄以《诗》《书》《礼》《易》开悟后学，磨砻成就，以为士君子之器甚众。而仕不充其志以没"③，其生平主要事迹，亦在教学。

宋代不少士子在步入仕途之前，有过从教的经历，或为弥补生计，或因他人赏识，延为子弟师。踏上仕途后，因宋代科举取士人数不断扩大，员多阙少，在待阙期间，一些中低级官员，也可能通过教馆缓解家庭经济困难。尹洙《故太中大夫尚书屯田郎中分司西京上柱国王公墓志铭》："公幼警悟，始为童，授《诗》于故尚书右丞张公雍。张公说《诗》，博引经义，听者多所未究，公于坐，重伸其说，辞约理畅，一坐耸然。"④王利从尚书右丞张公雍学《诗》时，应在张雍中第之前，据《宋史·张雍

① 光绪《黄州府志》卷三九《自撰墓志》，曾枣庄、刘琳主编《全宋文》第 46 册，第 136 页。
② 王安石《临川先生文集》卷九六《亡兄王常甫墓志铭》，曾枣庄、刘琳主编《全宋文》第 65 册，第 183—184 页。
③ 孙觌《鸿庆居士文集》卷三四《宋故右承议郎吴公墓志铭》，曾枣庄、刘琳主编《全宋文》第 161 册，第 8—9 页。
④ 尹洙《河南先生文集》卷一三《故太中大夫尚书屯田郎中分司西京上柱国王公墓志铭》，曾枣庄、刘琳主编《全宋文》第 28 册，第 63—64 页。

传》载:"张雍,德州安德县人。治《毛氏诗》。开宝六年中第,释褐东关尉。"①

北宋末期的孙时在入仕之前以《诗》名闻一方,学者皆从其受《诗》,孙觌载其"少时从先生受《诗》,观道德,听教诲,于左右凡六年"②。孙觌《宋故乐安先生墓表》:"先生以文学行义为一州之望,里父兄遣子弟受业者率尝数十百人。其学自《诗》、《书》、《易》、《礼》、《春秋三传》、诸子百家、笺疏之书无不读。自幼壮逮老,悲欢疾病、寝食行役之闲,书未尝去手。而尤深于《诗》,贯穿通洽,反复上下,解名释象,论美刺非,章通句达,自名一家,以故学者皆受《诗》。"③孙时在政和二年,试上舍,赐出身,最终不过以授宣教郎致仕。其主要贡献不在仕宦,而在教学。

官学中也有一批学者在传道授业,邹浩在《括苍先生易传叙》中列举了宋神宗时任教于太学的学者名单:"《易》之旨不明于世久矣,神宗皇帝以道莅天下,于是造士以经,表通经者讲于太学,以训迪四方。时陆公佃《诗》、孙公谔《书》、叶公涛《周礼》、周公常《礼记》,而先生(龚原)专以《易》授,诸公咸推先焉。"④当时学习《易经》的均遵从龚原,"故自熙宁以来,凡学《易》者靡不以先生为宗师,因以取上科,跻显仕,为从官,为执政,被明天子所眷遇,而功名动一时者踵相蹑而起,至于今不绝也。先生之于斯文,岂曰小补之哉!"⑤邹浩高度评价了龚原在教学上的业绩。

二、宋代科举与《诗经》

宋人学《诗》,论其目的,大旨可归纳为,始于科举,终于治经。或为作诗而学《诗》,或以《诗》而颐养性情者。前二者为主流,后二者为支派。当然,学习的目的可以千差万别,难以一概而论,此就宋代墓志铭所载学《诗》之事而言,虽不中亦不远矣。

科举制度深刻影响着宋代经学的研习,《诗》学亦不例外。唐代科举项目,主要有进士、明经和制举。明经又有五经,有三经,有二经,有学究一经,有三礼,有三传,有史科。凡明经,先帖文,然后口试,经问大义十条,答时务策三道。与宋代诸科相似。在唐代的进士科中,经学基本没有什么地位,处于无足轻重的境地。唐开国后约六十年时间,进士考试只考策文。"永隆二年八月敕:如闻明经射策,不读正

---

① 脱脱等撰,中华书局编辑部点校《宋史》卷三百七《张雍》,中华书局1985年版,第10120页。

② 孙觌《鸿庆居士文集》卷四一《宋故乐安先生墓表》,曾枣庄、刘琳主编《全宋文》第161册,第143页。

③ 孙觌《鸿庆居士文集》卷四一《宋故乐安先生墓表》,曾枣庄、刘琳主编《全宋文》第161册,第142页。

④ 邹浩《道乡集》卷二八《括苍先生易传叙》,曾枣庄、刘琳主编《全宋文》第131册,第258页。

⑤ 邹浩《道乡集》卷二八《括苍先生易传叙》,曾枣庄、刘琳主编《全宋文》第131册,第258页。

经,抄撮义条,才有数卷;进士不寻史籍,惟诵文策,铨综艺能,遂无优劣。自今已后,明经每经帖十得六已上者,进士试杂文两首,识文律者,然后令试策。其明法并书算举人,亦准此例,即为常式。"①至此虽然变为试帖经、杂文、策文三场,然帖经逐渐从第一场,退至第二场、第三场,根本就不受重视,首场的诗赋遂成关键。北宋熙宁年间的科举改革,确立了以经义取士的主导地位,深刻影响了其后数百年的历史。这也使得广大士子不得不从诗赋文学中脱身,全力钻研儒家经典。这对经学的发展,无疑有重大的影响。

宋人学习《诗经》之初,恐无不为举业起见。"宋初承唐制,贡举虽广,而莫重于进士、制科,其次则三学选补"②,从宋代进士科省试试艺内容的变迁,可大略窥见宋代一般士人对《诗经》研习的情况。宋代开国之初,试诗、赋、杂文,策,帖《论语》,对《春秋》或《礼记》墨义。并未见《诗经》的身影,应试者可能不会将精力放在《诗经》的研习上。北宋熙宁四年二月,罢诗赋、帖经、墨义,各治《诗》《书》《易》《周礼》《礼记》一经,兼以《论语》《孟子》,再试论、时务策。这次科举改革,对宋代经学的发展,影响深远。后虽偶有恢复以诗赋取士之举,然以经义取士终成宋代科举的主流。且《诗经》为四大经之一,使得大批士子投身于《诗经》的研习之中。

宋之科目,有进士,有诸科,有武举。宋初,礼部贡举,设进士、《九经》、《五经》、《开元礼》、《三史》、《三礼》、《三传》、学究等科,皆秋取解,冬集礼部,春考试。其中,与《诗经》密切相关者,有《九经》《五经》与学究科。这些科目重在记诵,对经义的理解要求不如进士科高,王安石即认为学究"所习无义理"③。《九经》指《易》《书》《诗》《左传》《礼记》《周礼》《孝经》《论语》《孟子》。《五经》指《诗》《书》《礼》《易》《春秋》。"《九经》,帖书一百二十帖,对墨义六十条。《五经》,帖书八十帖,对墨义五十条。"④学究分为《毛诗》《尚书》《周易》三科,"凡学究,《毛诗》对墨义五十条。《周易》《尚书》对墨义各二十五条,并各兼《论语》十条,《尔雅》《孝经》共十条"⑤。

在宋代文献中,我们还能看到一些习学究《毛诗》科的士人。《宋史》:"同时有马寻者,须城人。举《毛诗》学究,累判大理寺,以明习法律称。"⑥黄庭坚《凤州团练

---

① 王溥《唐会要》卷七十五《贡举上·帖经条例》,中华书局 1960 年版,第 1375—1376 页。

② 脱脱等撰,中华书局编辑部点校《宋史》卷一百五十五《志第一百八·选举一》,中华书局 1985 年版,第 3603 页。

③ 李焘撰,上海师范大学古籍整理研究所、华东师范大学古籍整理研究所点校《续资治通鉴长编》卷二百三十三《神宗·熙宁五年》,中华书局 2004 年版,第 5660 页。

④ 马端临撰,上海师范大学古籍研究所、华东师范大学古籍研究所点校《文献通考》卷三十《选举考三·举士》,中华书局 2011 年版,第 875 页。

⑤ 何忠礼《宋史选举志补正》卷一《选举一·科目上》,中华书局 2013 年版,第 7 页。

⑥ 脱脱等撰,中华书局编辑部点校《宋史》卷三百《马寻》,中华书局 1985 年版,第 9972 页。

推官乔君墓志铭》："吾大父喜为侠,振人急难,以故破家产而贫。先人乃读书,年十八,举《毛诗》学究,授咸阳县主簿。"①司马光《卫尉少卿司马府君墓表》："府君少治《诗》,以学究举,凡八上,终不遇,遂绝意不复自进于有司,专以治家为事。"②宋神宗熙宁年间罢学究科。进士科为宋代科举取士的主干,诸科的影响虽不如进士科大,但在熙宁四年之前,以诗赋取士的这段时间内,为经学在科举之中提供了一席之地,一定程度上促进了士人对《诗经》等经书的研习,培养了一批通经之士,其作用和地位应得到肯定。

宋人治经,有一大特点,即专治一经,兼习其他。这与宋代科举制度有重要关系。学究举人所习《诗》《书》与《易》开宝七年曾并为一科,宋太宗太平兴国四年以"学究并通三经,谅难精至,乃分为三科"③。宋神宗熙宁四年的科举改革即已规定各治一经:"今定贡举新制,进士罢诗赋、帖经、墨义,各占治《诗》《书》《易》《周礼》《礼记》一经,兼以《论语》《孟子》。每试四场,初本经,次兼经并大义十道,务通义理,不须尽用注疏。"④宋哲宗元祐四年曾一度令经义进士并习两经:"经义诗赋进士听习一经,第一场试本经义二道,《论语》《孟子》义各一道;第二场赋及律诗各一首;第三场论一首;第四场子史、时务策二道。经义进士并习两经,以《诗》《礼记》《周礼》《左氏春秋》为大经,《周易》《书》《公羊》《穀梁》《仪礼》为中经,愿习二大经者听,即不得偏占两中经,其治《左氏春秋》者,不得以《公羊》《穀梁》为中经。第一场试本经义三道,《论语》义一道;第二场本经义三道,《孟子》义一道。"⑤但这种情况维持时间不长。在整个南宋,虽时有诗赋与经义之分合,然经义进士均是试本经一和《论语》《孟子》。

上述制度,在宋人传记中有着广泛的反映。有教诸子各习一经者,南宋时兴国人柯维翰之三子:"应鼎,习《周礼》,冠乡书;应时,习《诗》;应明,习《易》,贡太学。"⑥南宋眉山人王立言与伯氏各专一经:"立言发未燥已刻意肄业,与伯氏世起各专一

①　黄庭坚《山谷全书·正集》卷三〇《凤州团练推官乔君墓志铭》,曾枣庄、刘琳主编《全宋文》第108册,第64页。

②　司马光《司马公文集》卷七九《卫尉少卿司马府君墓表》,曾枣庄、刘琳主编《全宋文》第56册,第317页。

③　李焘撰,上海师范大学古籍整理研究所、华东师范大学古籍整理研究所点校《续资治通鉴长编》卷二十《太宗·太平兴国四年》,第464页。

④　李焘撰,上海师范大学古籍整理研究所、华东师范大学古籍整理研究所点校《续资治通鉴长编》卷二百二十《神宗·熙宁四年》,第5334页。

⑤　李焘撰,上海师范大学古籍整理研究所、华东师范大学古籍整理研究所点校《续资治通鉴长编》卷四百二十五《哲宗·元祐四年》,第10280页。

⑥　方岳《秋崖集》卷四〇《乡贡进士柯君墓志铭》,曾枣庄、刘琳主编《全宋文》第342册,第385页。

经。伯受《诗》,季传《春秋》,讲贯奢错,日诣精到。"①南宋林光朝之"兄谓一家有数子,当令各执一经,年二十时,清浊自判,纵使无他长,亦可以杂之衣冠中"②。这也造就了一批精通《诗经》的士子,如北宋梁彦通"好力学博古,尤长于毛郑《诗》"③。北宋范百禄"好学,终身不释卷。经术尤长于《诗》④,还著有《诗传》二十卷。南宋刘允恭"少知学问而精毛氏《诗》,凡注疏与本义,诵之如流,终身不忘"⑤。南宋舒璘"于书无所不贯,尤精于毛、郑《诗》"⑥。南宋潘宗权嗜书如饴,"精通毛氏《诗》学"⑦。南宋陈允中"性好学,求师数百里外。习《诗》,通大义,遂以儒倡其族"⑧。诸如此类,不胜枚举。

对于以经义取士后,士子专习一经所造成的弊端,宋人已有揭示。叶梦得《石林燕语》云:"熙宁以前,以诗赋取士,学者无不先遍读《五经》。余见前辈,虽无科名人,亦多能杂举《五经》,盖自幼学时习之尔,故终老不忘。自改经术,人之教子者,往往便以一经授之,他经纵读,亦不能精。其教之者,亦未必能皆读《五经》,故虽经书正文,亦率多遗误。"⑨学者遍读《五经》,势必不能精通。学究并通三经,宋人还觉得难以精至,要分为三科。南宋方万认为:"读书之法,与其泛而疏,不若一之专。苟精其一,欲罢不能,将无往不通。诚通矣,其处足以乐,其出足以用。"⑩专读一经,对经义的理解无疑更加深入。班固《汉书·艺文志》:"古之学者耕且养,三年而通一艺,存其大体,玩经文而已,是故用日少而畜德多,三十而五经立也。"⑪叶梦得所言与班固相似,学习的结果则是"存其大体",从"畜德"而言,固然是好。但从经学的发展而言,无疑是专业化更有利于促进学术研究的进步。

这也有力地促进了宋代《诗经》学的发展,宋代《诗经》著述的大量出现,与此是

---

① 吴泳《鹤林集》卷三四《王立言墓志铭》,曾枣庄、刘琳主编《全宋文》第 316 册,第 391 页。

② 林光朝《艾轩先生文集》卷九《鹊山碑阴》,曾枣庄、刘琳主编《全宋文》第 210 册,第 115 页。

③ 晁补之《鸡肋集》卷六五《右朝议大夫梁公墓志铭》,曾枣庄、刘琳主编《全宋文》第 127 册,第 101 页。

④ 范祖禹《范太史集》卷四四《资政殿学士范公墓志铭》,曾枣庄、刘琳主编《全宋文》第 99 册,第 43 页。

⑤ 韩元吉《南涧甲乙稿》卷二〇《刘令君墓志铭》,曾枣庄、刘琳主编《全宋文》第 216 册,第 291 页。

⑥ 舒璘《舒文靖公类稿》附录卷下《宜州通判舒元质墓志铭》,曾枣庄、刘琳主编《全宋文》第 276 册,第 51 页。

⑦ 姚勉《雪坡舍人集》卷四九《潘司户宗权墓志铭》,曾枣庄、刘琳主编《全宋文》第 352 册,第 131 页。

⑧ 姚勉《雪坡舍人集》卷四九《陈允中墓志铭》,曾枣庄、刘琳主编《全宋文》第 352 册,第 134 页。

⑨ 叶梦得撰,徐时仪整理《石林燕语》卷八,大象出版社 2019 年版,第 173 页。

⑩ 方大琮《铁庵集》卷四一《考致政制参宣义方公墓志》,曾枣庄、刘琳主编《全宋文》第 322 册,第 304 页。

⑪ 班固撰,颜师古注,中华书局编辑部点校《汉书》卷三十《艺文志第十》,中华书局 1962 年版,第 1723 页。

有重要关联的。刘毓庆《历代诗经著述考》著录先秦两汉著述 54 种，三国两晋南北朝著述 110 种，隋唐五代著述 24 种，宋代著述 299 种，元代著述 77 种，共 564 种。其后李冬梅《宋代诗经学专题研究》统计宋代诗经学著述 325 种，这些数据已经足以呈现宋代《诗经》学的盛况。由隋唐五代著述 24 种，骤然发展到三百多种，其原因固然是多方面的，但《诗》学的全面普及，专门研习《诗经》人数的大量增加，为《诗》学的发展提供了坚实的基础。

三、文学与宋代《诗经》学

宋人对待《诗经》不仅是从经学立场加以研习，也开始用文学的眼光解读《诗经》，这方面的代表作即朱熹《诗集传》。朱子解读《诗经》时抛开小序，直面经文："某自二十岁时读《诗》，便觉小序无意义。及去了小序，只玩味《诗》词，却又觉得道理贯彻。当初亦尝质问诸乡先生，皆云，序不可废，而某之疑终不能释。后到三十岁，断然知小序之出于汉儒所作，其为缪戾，有不可胜言。"①将《诗》作诗读，开启了探寻《诗经》文学性的新途，深刻影响了其后《诗经》学的发展。

此外，宋人还将《诗经》作为中国诗歌的典范，通过《诗经》而学习诗歌写作。文天祥《与杜教授抑之书》："古桂留馆中，日得诵习《毛诗》，因知求《选》于《选》，止可为《选》之子孙；求《选》于三百五篇，则《选》之兄弟可进也。"②谢枋得在《与刘秀岩论诗》中所云可为代表：

> 凡人学诗，先将《毛诗》选精深者五十篇为祖，次选杜工部诗五言、选体、七言古风、五言长篇、五言八句四句、七言八句四句，八门类编成一集，只须百首；次于《文选》中选李陵、苏武以下至建安、晋、宋五言古诗、乐府编类成一集；次选陶渊明、韦苏州、陈子昂、柳子厚四家诗，各类编成一集；次选黄山谷、陈后山两家诗，各编类成一集，此二家乃本朝诗祖；次选韩文公、苏东坡二家诗，共编成一集。如此拣选编类到二千诗，诗人大家数尽在其中。又于洪邁编晚唐五百家、王荆公家次通选唐诗内拣七言四句、唐律编类成一集，则盛唐、晚唐七言四句之妙者皆无遗矣。人能如此用工，时一吟咏，不出三年，诗道可以横行天下，天下之言诗者无敢纵矣。③

谢枋得所言以《诗经》为祖，完全是从学习诗歌写作的角度而言，目的在于"吟咏"，在以诗道横行天下，这与北宋张蕴教人学《诗》之目的完全不同，宋祁《范阳张公神

---

① 黎靖德编，王星贤点校《朱子语类》卷第八十，中华书局 1986 年版，第 2078 页。
② 文天祥《文山全集》卷五《与杜教授抑之书》，曾枣庄、刘琳主编《全宋文》第 358 册，第 306 页。
③ 谢枋得《叠山集》卷五《与刘秀岩论诗》，曾枣庄、刘琳主编《全宋文》第 355 册，第 62 页。

道碑铭》载其言曰:"马岭濒边,人皆昼负鞭,夜烧烽,以强力相贤,未尝知礼义文儒。尚书始兴孔子祠,日召惇老可人,语以《诗》《书》,曰:'习是可以为慈父,为顺子,为悌弟,为爱兄,迁善革顽,弗犯天子法。'众皆喜曰:'公不鄙我,我敢不从!'悉遣子弟学祠下。自是边俗一变。"①张蕴还是着眼于《诗经》传统的"经夫妇,成孝敬,厚人伦,美教化,移风俗"②之功效。

如果说谢枋得之说只是表达其方法,其实,在此前早已有人付诸实践。北宋何大临"通《诗》《骚》之学,仿约大致,作为篇章,适情寓物,平畅纯澹,有昔人风格"③,这至少表明墓志铭作者吕陶是将《诗经》看作其诗学资源的。南宋胡铨"圣经贤传昼夜绎思,古文奇字悉力研究;发为文章,雄深雅健,清新藻丽,下笔辄数百言。尤刻意《诗》《骚》,用事深远,措词奇崛。后生投贽,率次韵以酬,多至百韵数十篇,愈出愈工"④,周必大指出胡铨刻意研习《诗经》的结果呈现在诗歌写作上,而非经学研究。

这与宋人对《诗经》的认识分不开。宋代有不少学人敢于抛弃传统序传的解释,魏了翁在《钱氏诗集传序》中有力地批驳了固守一家的做法:

> 自孔、孟氏没,遗言仅存,乃皆去籍焚书之余,编残简脱,师异指殊,历汉、魏、晋、隋,久而无所统壹。上之人思所以救之,于是《尚书》存孔,三《礼》守郑,《易》非王氏不宗,《春秋》惟优左、杜,《诗》专取毛、郑。士岂无耳目肺肠?而不能以自信也,则宁倍往圣不刊之经,毋违时王所主之传。所谓传者,千百家中一人耳。而一时好尚,遂定为学者之正鹄,占毕训故悉惟其意,违之则曰是非经指也。以他书且不可;况言《诗》乎!⑤

魏了翁所说"宁倍往圣不刊之经,毋违时王所主之传"可以说是科举制度下士子的通病,为应试起见,只能尊奉钦定传注,扼杀了学术思想的创造力,阻碍了经学的发展。直到宋代,《诗》之专于毛、郑的做法被打破,"欧、苏、程、张诸儒昉以圣贤之意,是正其说。人知末师之不可尽信,则相与辩序文,正古音,破改字之谬,辟专门之隘,各有以自靖自献。极于近世,吕成公集众善,存异本,朱文公复古经,主叶韵"⑥,诸大儒自出己意,开创了《诗经》学的新局面。这其中,质疑小序,直面经文的

---

① 宋祁《宋景文集》卷五七《范阳张公神道碑铭》,曾枣庄、刘琳主编《全宋文》第 25 册,第 99 页。
② 阮元《十三经注疏·毛诗正义》卷第一《周南·关雎》,中华书局 2009 年版,第 565 页。
③ 吕陶《净德集》卷二五《奉议郎何君墓志铭》,曾枣庄、刘琳主编《全宋文》第 74 册,第 113 页。
④ 周必大《省斋文稿》卷三〇《资政殿学士赠通奉大夫胡忠简公神道碑》,曾枣庄、刘琳主编《全宋文》第 232 册,第 235—236 页。
⑤ 魏了翁撰,张京华校点《渠阳集》卷九《钱氏诗集传序》,第 136—137 页。
⑥ 魏了翁撰,张京华校点《渠阳集》卷九《钱氏诗集传序》,第 137 页。

做法,就为以诗歌的眼光解读《诗经》创造了空间。

　　历来的经学史研究多将目光聚焦在主要几位大儒身上,关注的是那个时代最具原创性与思想性的论著,这些自然是经学研究的重点,也是一个时代经学成就的代表。然而,无论多么具有原创性的伟大思想,倘若没有后学的传扬,其命运终归于消亡。先秦时期,诸子百家争鸣,九流十派之中,传世者寥寥无几,我们今天只能知其一鳞半爪。这并非其思想不够深刻、无有价值,无人传习,是造成这种局面的重要原因。所以,我们的研究不能只关注星空中璀璨的星辰,更应看到思想在历史中的实际命运,看到思想的流传背后,有无数默默无闻者的努力,一代又一代,延绵不绝,才有了我们今天继承的这份思想文化遗产。我们不应该忘却,这些普通儒者的身影,在旧日的学案中尚能有一席之地,附于师友之后。今天的经学研究,理应打捞起这段尘封的历史,表彰先贤之潜德幽光。

　　　　　　　　　　　　　　　　(作者单位:《中华瑰宝》杂志社)

金源最后一位守城之将的诗传

——郝经《金源十节士歌·郭虾蟆》释证

路元敦

元初诗人郝经创作的《金源十节士歌》组诗,表彰了金源十位死事死国的节义之士。在诗前小序中,郝经称赞这些人"可以兴起末俗,振作贪懦",并指出"其大节之岳岳磊磊,在人耳目,虽耕夫贩妇,牛童马走,共能称道者。作歌以歌之,庶几揄扬激烈,由其音节,见其风采云"①。诗人的深衷于此可见。《金源十节士歌》作为一组写实性作品,是郝经通过诗歌的形式为十节士立的个人小传,具有很高的历史与艺术价值。遗憾的是,迄今为止,学界尚无人对这组诗进行专门研究。《郭虾蟆》是这组诗的第三首,记录了一位金亡后依然坚守城池,最后城陷自焚的金源将领形象。今笔者不揣谫陋,运用"诗史互证"的方法,对该诗进行释证,还原历史语境,勾画人物事迹,并揭示诗作的艺术创造价值。

一

郝经《金源十节士歌·郭虾蟆》:

不援西夏弃燕都,本根颠踬藩篱疏。不都长安都汴梁,为爱青屋能久长。陇上豪士山西将,忧国无言意惆怅。中兴不居用武地,君臣苟且吾何望。郭公堂堂性忠勇,自拒洮河保秦巩。数年尚得建行台,金城坚牢华岳耸。谁知自报小关捷,总倚潼关为守阢。浑将梁宋作龟兹,便视秦凉等吴越。西州渐孤敌渐多,四郊皆垒奈敌何。将军百战气尤壮,头颅掷血为洗戈。野无战地始乘城,城倾堞圮接短兵。先将妻子置草围,坐束万矢著死争。镞笔相衔如雨注,敌人却走不敢顾。弯弓入围始自焚,飞矢出围浑燎羽。灰飞城陷力始竭,贤王立祠称壮烈。王师十万下马拜,竞捽马鞭声咄嗟。黄河都为苦泪流,陇山自此无颜色。峨峨大将节,凛凛死国名。英灵在天为列星,只应汝南破灭时。却从烟焰见,天兴臣自焚,各得死所古未闻。②

---

① 杨镰主编《全元诗》第四册,中华书局 2013 年版,第 272 页。

② 杨镰主编《全元诗》第四册,中华书局 2013 年版,第 273 页。

郭虾蟆,会州(今甘肃会宁西北郭城驿镇)人。《金史》卷一百二十四《忠义四》有传,作郭蝦蟇①。《元史·按竺迩传》亦载郭虾蟆死节事,不过,"郭虾蟆"写作"郭斌"。按,"郭斌"即"郭虾蟆"。清人钱大昕即已指出此点,其《十驾斋养新录》卷八《金人多二名》条云:"金人多二名,一从本国名,一取汉语,史家不能悉载。如《元史·按竺迩传》所载金会州守将郭斌,即《金史·忠义传》之郭蝦蟇也。"②据《金史》本传记载,金宣宗兴定初,其兄郭禄大以功赐姓颜盏,故在《金史》中,郭蝦蟇又作颜盏蝦蟇。

另外,需要注意的是,在文渊阁《四库全书》版本系统中的《陵川集》《金史》等典籍中,"郭虾蟆"又作"郭哈玛尔",这是由于对金人名字的翻译不同而导致的差异。

关于郭虾蟆的死节之年,《金史》本传记载为元太宗八年丙申(1236),而《元史·按竺迩传》记载为金亡当年即甲午(1234)。结合《金史》《元史》《续资治通鉴》《中书令耶律公神道碑》《蒙兀儿史记》的相关记载,可证《金史》所载郭虾蟆死节时间无误,而《元史·按竺迩传》所载有误。由《金史》本传所载郭虾蟆死时年仅45岁逆推,可知他生于1192年。详参拙文《金源节士郭虾蟆死节时间考》③,兹不赘。

郝经的这首诗作年不可考。现对全诗作释证如下。

"不援西夏弃燕都,本根颠蹶藩篱疏。"首句写蒙古进攻西夏,西夏向金朝求援,金朝不救;之后蒙古进攻金朝,中都危急,金宣宗弃中都南迁汴京事。这是写实,可证之以史籍。

元太祖四年(西夏应天四年,1209)春,成吉思汗全力攻金,为防止从侧后来的威胁,必须先征服西夏,于是发兵第三次入侵西夏。《元史·太祖本纪》云:"帝入河西。夏主李安全遣其世子率师来战,败之,获其副元帅高令公。克兀剌海城,俘其太傅西壁氏。进至克夷门,复败夏师,获其将嵬名令公。薄中兴府,引河水灌之。堤决,水外溃,遂撤围还。遣太傅讹答入中兴,招谕夏主,夏主纳女请和。"④关于金人不援西夏事,清人吴广成所撰《西夏书事》有详细记载:"围中兴府,(应天四年)九月引河水以灌城。……冬十月,遣使乞援于金,金人不应。中兴受围月余,安全遣使至金乞援,金群臣皆曰:'西夏若亡,蒙古必来加我,不如与西夏首尾夹攻,可以进取而退守。'金主曰:'敌人相攻,吾国之福,何患焉?'遂不出兵。"⑤金拒不出兵,西夏

---

① 由于"虾"的异体字为"蝦","蟆"的异体字为"蟇""蟆",所以在某些典籍中,"郭虾蟆"又写作"郭蝦蟇"或"郭蝦蟆"。以下行文统一作"郭虾蟆"。

② 钱大昕《十驾斋养新录》卷八,上海书店1983年版,第193页。

③ 刘迎胜主编《元史及民族与边疆研究集刊》第四十辑,上海古籍出版社2021年版,第237—240页。

④ 《元史》卷一《太祖本纪》,中华书局1976年版,第14页。

⑤ 吴广成《西夏书事》卷四十,《续修四库全书》第三三四册,上海古籍出版社2002年版,第616页下。

皇帝李安全只好向蒙古"纳女请和",蒙古兵退。当时的金朝皇帝为卫绍王。针对卫绍王不援西夏事,吴广成评论道:"夏弱则蒙古强,于金亦有不利焉。乃金主以两国相争为福,是岂知唇亡齿寒之义哉?不特启夏人之构怨,而金之亡于蒙古亦于是决矣。"①指出卫绍王的昏庸与无能,这是颇有道理的。

第二句中的"颠踬"训为困顿挫折,该句指出由于金朝弃燕都而南迁汴京,金源的根基遭受困顿挫折,边界安全出现隐患。

"不都长安都汴梁,为爱青屋能久长。""青屋",本义是指用青缯作里子的车盖,此处喻指皇帝乘坐的车子。此二句是说为了能使国祚久长,金宣宗于贞祐二年(1214)将都城由中都迁往汴京。对于当时的迁都,金朝君臣上下曾有过多次集议,形成了主迁与主留两派。金宣宗迫于蒙古的压力和金朝的国力,采纳了迁都的主张。而将都城迁往何处,主迁派内部存在很大分歧。当时金朝大臣主要提出了五种方案。其中,以主张迁往关中京兆府(今陕西西安)和南京开封府的大臣居多。最后,金宣宗选择了南京②。

"陇上豪士山西将,忧国无言意惆怅"二句开始写到郭虾蟆,评价他是陇上豪士,这个说法是极准确的。"山西将"中的"山西",指函谷关以西地区。郭虾蟆是会州人,同时,据《金史》本传记载,他自进入仕途,一直在今陕西、甘肃一带领兵打仗,故说他是"山西将"。"忧国无言意惆怅"写郭虾蟆忧心金朝国事。面对蒙古对金朝的进攻,他无言而惆怅。在此,郝经形象地叙写出一位忠君爱国者形象。郭虾蟆不仅是一位豪士,更是一位忠义之士。

"中兴不居用武地,君臣苟且吾何望",写金宣宗南迁汴京后,君臣苟且偷安,上下无恢复之谋,金朝中兴看不到希望。此二句所写,正如《归潜志》中的记载:"况南渡之后,不能苦心刻意如越王勾践报会稽之羞,但苟安幸存以延岁月。由高琪执政后,擢用胥吏,抑士大夫之气不得伸,文法梦然,无兴复远略。大臣在位者,亦无忘身殉国之人,纵有之,亦不得驰骋。又偏私族类,疏外汉人,其机密谋谟,虽汉相不得预。人主以至公治天下,其分别如此,望群下尽力难哉!故当路者惟知迎合其意,谨守簿书而已。为将者,但知奉承近侍以偷荣幸宠,无效死之心。幸臣贵戚,据要职于一时,士大夫一有敢言、敢为者,皆投置散地。此所以启天兴之亡也。"③诗句与刘祁的记载相对读,更能让人体会到南迁后金朝政风败坏之情形。

"郭公堂堂性忠勇,自拒洮河保秦巩。数年尚得建行台,金城坚牢华岳耸。"以

① 吴广成《西夏书事》卷四十,《续修四库全书》第三三四册,上海古籍出版社 2002 年版,第 616 页下。

② 蔡东洲《金都迁汴与金朝存亡》,《贵州师范大学学报》(社会科学版)1995 年第 1 期,第 16—18 页。

③ 刘祁撰,崔文印点校《归潜志》卷十二《辩亡》,中华书局 1983 年版,第 136—137 页。

"忠勇"夸赞郭虾蟆的品格,与前面的"忧国无言意惆怅"一句照应,这是该诗的总纲。洮河为黄河上游支流,位于今甘肃西南部。秦州治所在今甘肃天水,巩州治所在今甘肃陇西。郭虾蟆于何时开始"自拒洮河保秦巩"呢?据《金史》本传载,正大初,巩州元帅田瑞叛降蒙古,郭虾蟆参与平叛,"以功迁遥授知凤翔府事、本路兵马都总管、元帅左都监、兼行兰、会、洮、河元帅府事"①。又《金史·哀宗本纪》明确记载,正大二年(1225)八月巩州元帅田瑞反②。可知郭虾蟆"自拒洮河保秦巩"始自正大二年八月后。"行台"乃地方大吏的官署与居住之所。经过几年的经营,郭虾蟆建起了行台,将所守之城也打造得无比坚牢。

"谁知自报小关捷,总倚潼关为守阨。浑将梁宋作龟兹,便视秦凉等吴越。"此四句是诗人对金朝军事方针失当的批评。"小关"又称禁坑、禁谷、禁沟、禁峪,在今陕西潼关县东,北离旧潼关十里。关于此次金朝小关取胜,史籍未见记载,此处可补史籍之阙③。细味诗意,"谁知自报小关捷"与"总倚潼关为守阨"为因果关系,小关取胜显然是在总倚潼关拒守之前。

据《金史·宣宗本纪》记载,潼关曾于贞祐四年(1216)十月、兴定二年(1218)四月两度被蒙古军攻破④。在此之后,金廷逐渐构筑了一套坚固的关河防御体系。《大金国志》亦载,自金宣宗时,金兵并力守黄河,保潼关。黄河沿线"东西长两千余里,差四行院守御,每院各分地界五百里,统以总率,精兵不下二十万,民兵不在其数。夜则传令坐守,冬则燃草敲兵,率以为常","潼关一带,西南边山一千余里,大小关口三十六处,亦差四行省分地界而守,统以总率,精兵不下十万,民兵不在其数。布满周密,如是者十有五年"⑤。故我们大体推定这次金人的小关取胜是在1218年4月以后不久。对于"总倚潼关为守阨"这一军事方针,当时的金朝有识之士已意识到它的缺陷。《金史·杜时昇传》云:"正大间,大元兵攻潼关,拒守甚坚,众皆相贺,时昇曰:'大兵皆在秦、巩间,若假道于宋,出襄、汉入宛、叶,铁骑长驱势如风雨,无高山大川为之阻,土崩之势也。'"⑥虽然金朝的关河防线比较牢固,但它有一致命弱点,即重西轻东、重北轻南,因而蒙军调整战略主攻方向以舍坚攻弱,就

---

①　《金史》卷一百二十四《忠义四·郭蝦蟆传》,中华书局 1975 年版,第 2709—2710 页。

②　《金史》卷十七《哀宗本纪》,中华书局 1975 年版,第 376 页。

③　关于金人在小关取胜,除了本诗所写之外,郝经在《三峰山行》诗中还写过一次:"小关幸胜未足多,举朝刻日期中兴。都人尽喜识者惧,俄闻绕出西南路。"从该诗的前后句来看,这次小关取胜应发生在蒙古灭西夏(1227 年 7 月)以后,蒙古正式议定分三道伐金(1231 年 5 月)之前。故《三峰山行》中所写的这次小关取胜,与《金源十节士歌·郭虾蟆》中所写,不是同一次。

④　《金史》卷十四、十五《宣宗本纪》,中华书局 1975 年版,第 320、336 页。

⑤　宇文懋昭撰,崔文印校证《大金国志校证》卷二十六,中华书局 1986 年版,第 360—361 页。

⑥　《金史》卷一百二十七《杜时昇传》,中华书局 1975 年版,第 2750 页。

有可能反败为胜。而后来的事实证明,杜时昇是有远见的,其所言是正确的。而赫经对金廷这一军事方针提出批评,亦可见出他不凡的政治军事才能。

梁宋即梁州与宋州。历史上的梁州乃东魏天平初置,治大梁城(今河南开封),宋州乃隋代开皇十六年(596)置,治睢阳县(后改宋城县,在今河南商丘南)。此处以梁宋指代以新都城汴京为中心的河南地区。龟兹,指汉代西域三十六国之一的龟兹国,都城在延城(今新疆库车东郊皮朗旧城)。秦凉即秦州与平凉①(金时平凉府,治所在今甘肃平凉),以此二地指代郭虾蟆所在的凤翔路及兰、会、洮、河诸州一带(今陕西、甘肃、宁夏部分地区)。吴越指十国之一的吴越国,由钱镠建立的一个地方政权。钱镠于907年被后梁太祖朱温封为吴越王,是年遂立吴越国,定都杭州。该政权先后尊后梁、后唐、后晋、后汉、后周和北宋等中原王朝为正朔,并接受其册封。"浑将梁宋作龟兹,便视秦凉等吴越"二句批评迁都后的金朝君臣不思进取,无恢复之心,他们仍将汴京所在的河南一带视作像汉代西域龟兹国一样的独立王国,视郭虾蟆所在的凤翔路及兰、会、洮、河诸州一带等同于五代十国时期的吴越国。

二

从"西州渐孤敌渐多"到"飞矢出围浑燎羽"十二句写郭虾蟆坚守会州死节事。

对于郭虾蟆所守是哪座城,《金史》本传并没有明确指出,而《元史·按竺迩传》记载为会州城。"西州渐孤敌渐多,四郊皆垒奈敌何"二句写蒙军对会州的强势进攻。此处所言,正如《金史》本传所载:"甲午春,金国已亡,西州无不归顺者,独虾蟆坚守孤城。丙申岁冬十月,大兵并力攻之。"②

接下来的十句叙写郭虾蟆率兵与蒙军英勇作战,最后城陷自焚。该部分向读者具体展示了郭虾蟆艰难守城的过程,给我们提供了一幅画面,一幅场景,写得形象、生动,震撼人心,与史籍对读,完全可以感受到诗歌独具的艺术魅力。

"将军百战气尤壮,头颅掷血为洗戈。野无战地始乘城,城倾堞圮接短兵。"此四句写虽然郭虾蟆与蒙军进行了多次交战,但气势尤壮,头颅抛洒鲜血亦毫无惧色;登城杀敌,城墙倒塌,接触到敌人的短武器。而《金史》本传亦云:"虾蟆度不能支,集州中所有金银铜铁,杂铸为炮以击攻者,杀牛马以食战士,又自焚庐舍积聚,曰:'无至资兵。'日与血战,而大兵亦不能卒拔。"③郭虾蟆早已做好死战的准备,而且措施得当,指挥有力,日与蒙军血战,终不能使蒙军迅速攻克会州。

---

① "凉"若理解为古时的凉州,不妥。因13世纪蒙古兴起时,此处属西夏,名为西凉府(治所在今甘肃武威),不属于金朝,且1227年西夏被蒙古灭掉后,西凉府已属于蒙古。

② 《金史》卷一百二十四《忠义四·郭虾蟆传》,中华书局1975年版,第2710页。

③ 《金史》卷一百二十四《忠义四·郭虾蟆传》,中华书局1975年版,第2710页。

"先将妻子置草围,坐束万矢著死争。镞筈相衔如雨注,敌人却走不敢顾。弯弓入围始自焚,飞矢出围浑燎羽。"此六句写蒙军攻入城后,郭虾蟆作最后的拼死斗争,场面惊心动魄,可证之以史籍。《金史》本传云:

> 及军士死伤者众,乃命积薪于州廨,呼集家人及城中将校妻女,闭诸一室,将自焚之。虾蟆之妾欲有所诉,立斩以徇。火既炽,率将士于火前持满以待。城破,兵填委以入,鏖战既久,士卒有弓尽矢绝者,挺身入火中。虾蟆独上大草积,以门扉自蔽,发二三百矢无不中者,矢尽,投弓剑于火自焚,城中无一人肯降者。[①]

因诗歌语言讲究简练,故诗中仅言郭虾蟆将自己的妻子、孩子置之草围中,而据《金史》本传所载,除郭虾蟆的家人外,尚有"城中将校妻女"。诗中所言"万矢"显然是一种夸张手法,形容郭虾蟆积聚的箭之多;"镞筈"指箭,"如雨注"是一形象化的比喻。"弯弓入围始自焚,飞矢出围浑燎羽"二句言郭虾蟆进入草围之中,也弯弓射箭,以至于草围燃烧的火都烧焦了箭羽。而据《金史》本传记载,当时的实际情形是"火既炽,率将士于火前持满以待","虾蟆独上大草积,以门扉自蔽,发二三百矢无不中者,矢尽,投弓剑于火自焚"。诗作运用多种艺术化的表达手法,真实再现了历史人物、事件的细节,与史籍的客观叙述相比,显然要形象、鲜明得多,也更具有感染力。

对于郭虾蟆及其家人的自焚,史籍中尚有两处不见于诗作的记载。在此,有必要指出。一是,前引《金史·郭虾蟆传》所云"虾蟆之妾欲有所诉,立斩以徇";二是,《元史·按竺迩传》所载女奴托孤事,其云:"有女奴自火中抱儿出,泣授人曰:'将军尽忠,忍使绝嗣,此其儿也,幸哀而收之。'言毕,复赴火死。按竺迩闻之恻然,命保其孤。遂定四州。"[②]这两处记载可成为诗作的补充,对于理解郭虾蟆的忠义与英勇亦有所助益也。

"灰飞城陷力始竭,贤王立祠称壮烈。王师十万下马拜,竞捽马鞭声咄喑。黄河都为苦泪流,陇山自此无颜色。"首句言郭虾蟆悲壮地战斗到生命的最后时刻,会州城最终还是陷落了;他自焚后化成的灰烬,随风四处飘散。从诗作所表达的内容看,该句宜归入前面一层,为方便解读,姑且放在此处。"陇山"是今六盘山的别称,位于会州东南方,两地相距不远。郭虾蟆的忠勇事迹,使得敌军的贤王也为之感动:贤王称其壮烈,下令为其立祠,甚至出现了"王师十万下马拜,竞捽马鞭声咄喑"的壮观场面。这种"捽鞭示敬"的仪式,是对死者极高的尊崇与礼遇。此处所写,史

---

① 《金史》卷一百二十四《忠义四·郭虾蟆传》,中华书局 1975 年版,第 2710—2711 页。

② 《元史》卷一百二十一《按竺迩传》,中华书局 1976 年版,第 2984 页。

籍皆无记载,完全可补史籍之阙①。"黄河都为苦泪流,陇山自此无颜色"以两句精彩的拟人化表达,进一步强调郭虾蟆死节所引起的震动。

那么,这位蒙古贤王是谁?虽然史籍对蒙古贤王致敬郭虾蟆一事,没作任何记载,但通过钩稽相关史料,我们还是能找到一些眉目,做出一些推断。仔细体味《郭虾蟆》一诗的意思,蒙古贤王向郭虾蟆致敬事应发生在会州被攻克的当时或此后不久。由前述可知,带兵攻克会州的是蒙古大将按竺迩。《元史·按竺迩传》记载,按竺迩父亲为金国群牧使,1211 年才归顺成吉思汗。在成吉思汗时期,按竺迩因功被封为千户。窝阔台即位,以其为元帅②。很明显,按竺迩不可能是这位蒙古贤王。而《新元史·阔端太子传》的记载,为我们提供了线索,其云:"太宗七年(1235 年,笔者注),分兵三道伐宋,阔端将大军由秦、巩入蜀。冬十一月,攻石门,金将汪世显来降。时金亡已二年,都总管郭斌据金、兰、定、会四州,坚守不下。阔端命裨将按竺迩攻拔会州,斌死,三州亦降。遂入宋沔州,获其知州高稼。"③《蒙兀儿史记·阔端太子传》亦有相同之记载。由此可知,按竺迩是阔端太子手下的裨将,他奉阔端之命攻打会州。只是此处将攻打会州的时间定在元太宗七年(1235)十一月,不确,考辨已见上。故我们推断,诗中所言蒙古贤王就是窝阔台次子阔端。

但是《元史·太宗本纪》载:"(八年丙申)秋七月……阔端率汪世显等入蜀,取宋关外数州,斩蜀将曹友闻。冬十月,阔端入成都。诏招谕秦、巩等二十余州,皆降。"④《新元史·阔端太子传》亦云:"明年(即 1236 年,笔者注),大举伐蜀,阔端自率汪世显等出大散关,分兵命诸王末哥率按竺迩等出阴平,会于成都。九月,阔端与宋利州统制曹友闻战于阳平关,覆其师,招降利州、潼关等路。冬十月,遂入成都。"⑤《蒙兀儿史记·阔端太子传》亦有相同记载。可知,阔端在 1236 年忙于蜀地战场,于十月攻陷成都,并未亲临会州战场。会州被攻克的当时,阔端正在成都指挥作战,不可能发生诗中所言向郭虾蟆致敬事。

那么,在会州战事结束后不久,阔端有无带领大军经过会州的可能?通过详检相关材料,得到的答案是肯定的。《(嘉靖)池州府志·人物篇·丁黼》云:"夜四鼓,黼自起劳军,劫寨至石笋桥,贼兵四合,中镝死菜畦内。时端平三年也。兵退,贺靖

---

① 与此处所写相关,《金史·郭虾蟆传》有"土人为立祠"的记载,而这一记载似应理解为,当地的老百姓被郭虾蟆的事迹所感动,自发为其立祠,以作纪念。与诗中所写"贤王立祠称壮烈"无涉。

② 《元史》卷一百二十一《按竺迩传》,中华书局 1976 年版,第 2982 页。

③ 柯劭忞《新元史》卷一百一十一《阔端太子传》,《元史二种·新元史》,上海古籍出版社、上海书店出版社 1989 年版,第 512 页。

④ 《元史》卷二《太宗本纪》,中华书局 1976 年版,第 35 页。

⑤ 柯劭忞《新元史》卷一百一十一《阔端太子传》,《元史二种·新元史》,上海古籍出版社、上海书店出版社 1989 年版,第 512 页。

复成都府,收葬。闻于朝,赠光禄大夫、显谟阁学士,复赠银青光禄大夫。"①丁黼时任南宋四川安抚制置副使兼知成都府,端平三年即 1236 年。由"兵退,贺靖复成都府,收葬"可知,蒙军攻陷成都后,很快退出,贺靖立即收复了成都并收葬了丁黼的尸体。陈世松先生在《蒙古定蜀史稿》中指出:"宋将贺靖于十月二十五日收复成都。"②粟品孝先生在《成都通史》〔卷四,五代(前后蜀)两宋时期〕中认为:"宋将贺靖于当年(1236)十月下旬收复成都。"③虽然陈世松、粟品孝并未提供上述两处观点的文献依据,但从《(嘉靖)池州府志·人物篇·丁黼》的记载来看,将贺靖收复成都的时间定为 1236 年 10 月下旬是有道理的。陈世松、匡裕彻等著《宋元战争史》指出:"阔端在攻陷成都之后,留下都元帅塔海继续在蜀境骚扰,自率主力离开四川,返回河西。"④河西即阔端的封地,据《户县草堂寺碑——阔端令旨(1247)》记载,阔端的窝鲁朵位于"西凉府西北约一百里习吉滩下"⑤。西凉府是西夏故地,位于今甘肃武威。阔端率领主力撤离四川后,定会进入刚刚招谕投降的秦、巩等地。会州在秦、巩与西凉府之间,阔端返回西凉府,经过会州的可能性极大。郭虾蟆死节是在 1236年 10 月,阔端离开成都是在 1236 年 10 月下旬,从成都到会州,又要经过一些时日。阔端经过会州的时间恰好在郭虾蟆死节后不久。故我们推断,诗中所言蒙古贤王就是阔端⑥,致敬郭虾蟆事发生在阔端率军返回西凉府,经过会州时。

"峨峨大将节,凛凛死国名。英灵在天为列星,只应汝南破灭时。却从烟焰见,天兴臣自焚,各得死所古未闻。"诗作的最后五句,诗人由之前的客观叙述者,一变而成为充满感情的评论者,对郭虾蟆的死节给予了极高的评价。"列星"意为罗布天空定时出现的恒星。汝南,即蔡州。"汝南破灭"是指金哀宗自缢而死,金朝灭亡。《金史·哀宗本纪》记载,天兴二年(1233)六月,在蒙古军的追迫下,金哀宗逃

---

① 王崇《(嘉靖)池州府志》卷七《人物篇·丁黼》,明嘉靖刻本。
② 陈世松《蒙古定蜀史稿》,四川省社会科学院出版社 1985 年版,第 23 页。
③ 粟品孝等《成都通史》〔卷四,五代(前后蜀)两宋时期〕,四川人民出版社 2011 年版,第 40 页。
④ 陈世松、匡裕彻等《宋元战争史》,四川省社会科学院出版社 1988 年版,第 70 页。
⑤ 蔡美彪《元代白话碑集录》(修订版),中国社会科学出版社 2017 年版,第 42 页。蔡美彪先生注释曰:"'窝鲁朵'为斡耳朵之异译。此处专指阔端西凉府西北的一处行帐。"
⑥ 阔端,《元史》无传,同书《太宗本纪》作"皇子"(第 34、35、36 页),同书《宗室世系表》作"阔端太子"(第 2717 页),未见其被封为某王的记载。《元史·食货志三·岁赐》"诸王"内有"太宗子阔端太子位"(第 2416 页),又同书《诸王表》曰:"元兴,宗室驸马,通称诸王"(第 2735 页),故诗中所言"贤王",是郝经对窝阔台汗次子阔端的泛称和尊称。另外,郝经写有《蜀亡叹赠眉山唐仲明》一诗,在诗后的题记中,郝经说:"仲明初被俘,鬻于燕市,自言子西孙,且道陈侍郎被执不屈,朝服望阙自尽,贤王课端为立祠事。"(《全元诗》第 4 册,第 236 页)因蒙古征蜀地是由阔端负责的,故我们认为,此处所说"贤王课端"就是阔端太子,这说明在诗作中,郝经不止一次称呼阔端为贤王。

往蔡州,并于次年正月自缢于蔡州幽兰轩,金亡[①]。"天兴臣"即郭虾蟆。在金朝灭亡已近三年的情况下,郭虾蟆还在使用金天兴年号,据金、兰、定、会四州坚守,最后城陷自焚。郭虾蟆用自己的行动淋漓尽致地诠释了节士的忠义精神。

三

《郭虾蟆》作为一首写实性诗歌,具有很高的历史价值,诗中的部分内容可与史籍互证,如"不援西夏弃燕都""不都长安都汴梁""中兴不居用武地,君臣苟且吾何望""自拒洮河保秦巩"及会州战役场面的叙写,等等;部分内容为史籍所无,可补史籍之阙,如金朝小关取胜、蒙古贤王致敬郭虾蟆事,均通过诗作的记录,得以呈现在读者面前,价值尤高。

同时,该诗取得了较高的艺术成就。诗作以叙写会州之战中的郭虾蟆形象为重点,布局合理,详略得当,使用了夸张、比喻、拟人等多种艺术表现手法,将一位具有忠勇品格的金源节士形象活脱脱地刻画出来。诗作除主要运用叙述的表达方式外,还多处使用议论,如"君臣苟且吾何望""浑将梁宋作龟兹,便视秦凉等吴越"等;尤为精彩的是,在诗作的最后,诗人还以一位评论者的姿态直抒胸臆,对郭虾蟆的死节给予了极高的评价。"峨峨大将节,凛凛死国名""各得死所古未闻",是肯定与表彰,更是一份敬意。今天读来,依然动人心魄。

郭虾蟆的事迹与精神在后世也产生了较大反响,文人们记录他的事迹,彰扬他的精神。兹举两例。明代著名学者、目录学家、藏书家祁承爜在《牧津》卷八《节义下》中,收录了郭虾蟆。在叙述完郭虾蟆死节的事迹后,祁承爜这样评论他:"久围孤城,如此能守者绝少;城破而入,如此能战者又绝少;将卒俱赴火如饴,而绝无一降者,此张、许之后,不可多得。夷狄之有臣矣。"[②]将郭虾蟆视为唐代著名的节士张巡、许远之后,不可多得的一位,评价是很高的。清人赵翼《拟老杜诸将之作》(其七)有诗句云:"犷卤莫嗤包疙疸,骁雄或有郭虾蟆。"[③]以"骁雄"评价郭虾蟆,可谓中的之评。

会州是金朝最后陷落的一座城池,而郭虾蟆就是这座城池的守护者。郭虾蟆四十五年的人生以死国而告终,他的事迹感天动地,气壮山河。郝经最早记录了郭虾蟆的事迹,他以诗歌的形式,用雄健有力的笔触,在历史上,首次彰扬了郭虾蟆的精神与节操。郭虾蟆在当时及后世产生影响,郝经自有其功劳,这一点不应被忽视。

(作者单位:泰山学院文学与传媒学院)

---

①　《金史》卷十八《哀宗本纪》,中华书局 1975 年版,第 398—399、402—403 页。

②　祁承爜《牧津》,《续修四库全书》第七五四册,上海古籍出版社 2002 年版,第 135 页下。

③　赵翼著,李学颖、曹光甫校点《瓯北集》卷四十一,上海古籍出版社 1997 年版,第 1005 页。

清代西域诗创作中的地域意识略论

史国强

在清前的西域边塞诗歌中,比较常见的关于西域的地理语汇有天山、昆仑、葱岭、龙堆、交河、楼兰、轮台、盐泽、蒲类、安西、瀚海、荒碛、大漠、沙海、疏勒等,这些西域地理语汇所构成的西域意象大都是笼统、模糊的,这主要与西域和中原距离遥远、交通不便、诗人亲履其地者少、了解西域主要通过历代史书《西域传》有关。

乾隆二十四年(1759),清代统一西域后,随着清政府对西域统治的加强,天山南北经济得到恢复和发展,内地通西域构建起了完整有效的交通体系,内地与西域的人员往来较历史上任何时期都要频繁,这些都促使了清代西域诗歌创作继唐诗之后,再度呈现繁荣局面。而这些西域诗创作中一个重要的特点就是鲜明的地域意识,它主要表现在以下三个方面。

一、对天下一家的强烈认同

张骞凿空西域之后,汉唐都曾成功地对西域进行过统治,然而西域作为一个异类文化存在的区域,却始终未获中原士人的认同。

汉武帝元狩二年(前121),霍去病于河西重创匈奴,收降浑邪、休屠王,之后在其地先后设置武威、酒泉、张掖、敦煌四郡,并将长城从酒泉修筑到敦煌以西,筑阳关、玉门关以为控扼西域进入河西和中原的门户。自此,阳关、玉门关便成为西域与中原分野的地理坐标,也成为区分华夷的文化疆界。

汉宣帝神爵三年(前59)汉朝在西域设都护,汉之号令颁行西域,但这一事实未能改变来自中原的士人将西域视为异质文化区域的排斥心理。东汉和帝永元十二年(100),掌控西域三十余载的西域都护班超"年老思土",以"蛮夷之俗,畏壮侮老"为由,乞求"生入玉门关"。其后班超的继任者任尚在向其请教治理西域的经验时开口便说"君侯在外国三十余年",而班超亦以"蛮夷怀鸟兽之心,难养易败"之语戒之①。这一事件凸显了彼时深受"华夷思想"影响的中原士人身处与中原地理特征截然不同的西域时的孤苦和思乡之感,以及异质文化给他们带来的强烈的文化疏

---

① 《后汉书》卷四七,中华书局1965年版,第1583、1586页。

离感和不安全感。班超、任尚等人的这种观念和感受以巨大的历史感染力冲击和影响着后人对西域的情感和思维,成为横亘于西域和中原之间厚厚的文化障壁。

逮及唐代,虽然唐太宗曾说"自古皆贵中华,贱夷狄,朕独爱之如一"[1],然而这种倡导并没有促使时人的西域观念发生明显变化,因此,王之涣《凉州词》唱出了"羌笛何须怨杨柳,春风不度玉门关"的咏叹[2],当王维于京郊饯送自己的友人元二奔赴西域时则表达了"西出阳关无故人"的深沉忧虑[3],而当岑参亲蹈西域,他感受到的是"轮台风物异……蕃书文字别,胡俗语音殊"(《轮台即事》)、"座参殊俗语,乐杂异方声"(《奉陪封大夫宴》),故而发出了"玉关西望堪断肠"(《玉关寄长安李主簿》)的悲鸣[4]。其后,随着这些诗句的流布或传唱,这种文化隔膜所导致的对西域的排斥心理甚或是恐惧心理被不断强化、加深,并世代传承。

明代和清朝前期,嘉峪关成为它们的西部疆界,因而嘉峪关便成为明清文人表述西域观时与历史上的玉门关、阳关一样具有特殊含义的又一文化地标。

乾隆二十四年,随着天山南北的统一,清朝疆域从嘉峪关西延至帕米尔、巴尔喀什湖以东以南地区。之后,大批具有较高文化素养的文人进入新疆,传统西域观的桎梏也随着他们对西域现场感性认知的加深而被渐渐突破。

乾隆三十三年,因两淮盐引案被遣戍伊犁的徐步云路过嘉峪关时,在《题嘉峪关驿壁》吟出了"羌人泪落频吹管,迁客魂消屡望乡"的诗句[5]。很显然,当徐步云来到嘉峪关,虽然此处已失去国家疆界地标的实际意义,但作为中土与西域的地理连结点,传统西域观所赋予它的特殊文化内涵,使此地成为触发对西域产生畏难和哀伤情绪的心理场。同样,嘉庆十年(1805),祁韵士因宝泉局库亏铜案被遣发伊犁,路过嘉峪关时潸然泪落,留下"始知天下伤心处,无过西来嘉峪关。回首仍看云际月,前途只见雪中山"的诗句[6]。道光时遣戍乌鲁木齐的史善长一到嘉峪关,前人对西域的畏惧和排斥便在他心里发酵了,他不由自主悲从中来,赋诗云:"一出此门去,便与中土殊。……凄绝咽无声,谁识此时情。"[7]

可是,一旦踏入西域,来自历史的传统观念的影响在现场的感性认识中被不断录落。西域"山经地志不能载"的无限风光荡涤了诗人心中来自书本的西域印象,也驱

---

① 《资治通鉴》卷一九八,中华书局 1956 年版,第 6247 页。
② 彭定求等编《全唐诗》卷二五三,中华书局 1960 年版,第 2849 页。
③ 陈铁民《王维集校注》,中华书局 1997 年版,第 408 页。
④ 陈铁民修订《岑参集校注》,上海古籍出版社 2004 年版,第 187、193、201 页。
⑤ 徐步云《爨余诗钞》卷一,中国科学院文学研究所藏书,叶十四正。
⑥ 修仲一、周轩编著《祁韵士新疆诗文》,新疆大学出版社 2006 年版,第 128 页。
⑦ 史善长《味根山房诗钞》,《清代诗文集汇编》编纂委员会编《清代诗文集汇编》第 488 册,上海古籍出版社 2010 年版,第 627 页。

除了从史书中传承的经验式的畏难及文化排斥心理,而且随着对西域了解的深入,诗人们也逐步从心理上摈弃了传统的西域观念,滋生了对西域乃至对天下一家的强烈认同。嘉庆十二年初春,遣戍西域的颜检一出关,就吟咏出"天助襟期阔,我欣眼界宽。得游未游景,无作异乡看"的豁达诗句①。徐步云到达伊犁,在其《壮游》诗中写道:

神禹功成贡九州,流沙西去未全收。瑶池漫说周王宴,宛马空烦汉使求。
雪岭云开低华岳,玉河秋涨小沧州。得知圣代车书远,万里伊犁是壮游。②

很显然,诗人思接千古,从西域自大禹定九州以来未能融入中原政治体系,到清代统治者超迈前朝,使九州之外"山经地志不能载"的西域与中原车书相同③,作者置身期间,没有了地域的疏离感,充满着与壮游华岳一样的自豪感、认同感。这种摈弃传统认识、基于耳闻目验的天下一家的西域认同观还可从更多诗中发现。祁韵士路过哈密,见到"柳荫垂街青漠漠,渠流绕郭碧粼粼。居民不改天方俗,丰乐无殊内地人"④,发出了"中外一家逾万里,秦皇徒尔筑长城"的感叹⑤。史善长到达乌鲁木齐,见"酒肆错茶园,不异中华里",写下了"到戍如到家"的诗句。而当三年后戍满入关,嘉峪关所特有的文化象征地位在史善长心中已荡然无存,因而留下了"日月无中外,轮蹄自去来"的诗句⑥。在《望天山》诗中,诗人更进一步抒发这种认同:"天空地阔容横姿,巨灵醉倒腰肢肆。划断白云不得行,羲和到此应回辔","屏藩西北限华夷"的天险天山,"于今六合混车书,伊犁和阗尽版图。从教插地撑天绵亘千万里,只得嘘云布雨随从岱华衡嵩拱一隅",诗人笔下,雄奇壮丽、屏藩西北的天山在天下一统的背景下,不再是阻隔中原、西域的天险,而是与岱、华、衡、嵩等中华名山一起共同构成了锦绣中华美丽图景的一部分⑦。

纪昀和徐步云同时流放西域,"履其地而知其俗,观其风而知其化"⑧,他在乌鲁木齐的见闻也促使他产生了不同于前代的西域认知。经过近十年的开发,中原文化逐步西渐,"中原地气到西天",使纪昀深刻感受到"龙沙葱雪,古来声教不及者,今已为耕凿弦诵之乡,歌舞游冶之地","各屯多开乡塾,营伍亦建义学二处,教兵之子弟,弦歌

---

① 颜检《衍庆堂诗稿》,《清代诗文集汇编》编纂委员会编《清代诗文集汇编》第446册,上海古籍出版社2010年版,第264页。
② 徐步云《爨余诗钞》卷一,叶十四背。
③ 徐步云《爨余诗钞》卷一,叶十五正。
④ 修仲一、周轩编著《祁韵士新疆诗文》,第147页。
⑤ 修仲一、周轩编著《祁韵士新疆诗文》,第130页。
⑥ 史善长《味根山房诗钞》,第652页。
⑦ 史善长《味根山房诗钞》,第652—653页。
⑧ 王树枏《西辕琐记序》,见(清)宋伯鲁《西辕琐记》卷首,新疆官报书局,1907年。

相闻,俨然中土","山城是处有弦歌,锦帙牙签市上多。为报当年郑渔仲,儒书今过乾难河","酒楼数处,日日演剧,数钱买座,略似京师","到处歌楼到处花,塞垣此地擅繁华。军邮岁岁飞官牒,只为游人不忆家"。在纪昀的笔下,我们已感受不到岑参式的隔膜和愁绪,而可体会到的则是与中原文化相比彊后的内心认同①。

清前西域诗中,描写南疆的诗篇较为少见。乾隆五十六年,时任喀什噶尔协办大臣的毓奇巡查沿边卡伦,在《至英吉沙尔即事抒怀》一诗中他写道:

> 击鼓吹铙迓客途,殷勤殊礼竞欢呼。九重威德颁荒僻,万里农桑入版图。
> 自愧菲菲勤重镇,天怜清寂惠家书。山城近日多宁谧,敢效偷安慢虎符。②

诗中诗人盛赞清帝"九重威德颁荒僻",从而使南疆"万里农桑入版图",南疆人民拥护清朝政府的统治,对于巡边的毓奇"击鼓吹铙迓客途,殷勤殊礼竞欢呼",诗歌字里行间洋溢着对清王朝治下万里一统、太平和乐之景的赞美和陶醉之情,充盈着对祖国边疆及边疆民众的喜爱之情。

天下一统的强烈自豪感使清代诗人们在进入西域时身份实现了由"他者"到"主人"身份的变化,这一变化直接导致诗人们的地域意识、审美视角、审美思维及思想意识发生变化,这突出表现在对唐诗西域观的翻案。

乾隆三十三年到达伊犁的徐步云在其《新疆纪胜》诗中展示了一个生机勃发和平安宁的西域新印象:"轮台烽火报平安,杨柳青青近可攀。见说玉门春似海,不教三叠唱阳关。"③彻底颠覆了王之涣、王维诗歌传达的对于西域的认知。

嘉庆四年,废员陈寅因忤上官被罢职遣戍伊犁。在戍十余年,最终于嘉庆十九年卒于伊江。虽然人生偃蹇,但陈寅笔下毫无唐代诗人视西域为畏途之意,赴戍途中,其《中秋夜哈密张少府留饮口占》有句云"塞外风光昔未知,明蟾皎洁照玙厄。……世间富贵寻常事,不到天山遇不奇"④,《途中书怀》诗云"闻说玉门关最远,玉关西去更如何"⑤,诗中绝无前人边塞诗中的悲凉抑郁之气,而是充满雄豪之气。到伊犁后,其《绥定书怀七首》之一云:

> 厕身何处不尘寰,老衲须眉壮士颜。未易人无居室累,最难天与读书闲。
> 光来紫塞乡中月,路绕明湖梦里山。一片西风杨柳岸,笛声如听玉门关。⑥

---

① 上述引文出自周轩、修仲一编著《纪晓岚新疆诗文》,新疆大学出版社 2006 年版,第 1—146 页。
② 星汉《清代西域诗辑注》,新疆人民出版社 1996 年版,第 156 页。
③ 徐步云《爨余诗钞》卷一,叶十六背。
④ 陈寅《向日堂诗集》卷十一,清道光二年刻本,叶三十一正。
⑤ 陈寅《向日堂诗集》卷十一,清道光二年刻本,叶三十二背。
⑥ 陈寅《向日堂诗集》卷十一,清道光二年刻本,叶三十一正。

从诗中抒发的情感来看,玉门关外的紫塞与诗人梦里家乡湖山已无不同,诗人的淡然安闲也与王之涣诗句"春风不度玉门关"流露出的哀怨与悲苦形成鲜明对比,而其《伊犁漫兴》"天路已周星宿海,春风终度玉门关"①则直接翻了唐人诗意的案。

秀堃于嘉庆二十三年遣戍伊犁,道光二年(1821)由戍地起用为喀什噶尔参赞大臣,旋即又迁任和阗办事大臣。其《驿路草》首篇《戊寅五月将之新疆诸同年践行即席成什》诗云:

> 从军万里兴如何,四牡皇华漫作歌。鸿雪当年寻往迹,刀环他日沐恩波。
> 马嘶驼羯边声壮,海角天涯旅梦讹。莫劝杯中更进酒,阳关以外故人多。②

诗人即将遣戍新疆,但别离席上却豪兴满怀,对边疆之旅充满乐观和旷达,于翻转唐人诗意之外,更觉诗人对新疆的憧憬和向往。

二、对西域特色的着意突出

多姿多彩的西域风景激发了诗人们的创作冲动和热情,反过来又使他们的诗歌具有鲜明的西域特色。

深入西域之境,以亲历目验的现场感描写西域风光,肇始于唐代骆宾王、岑参等诗人,但他们笔下的西域景色多浸润了强烈的感情色彩,且色调单一,未能真实表现西域风光的全貌,而且,唐人诗中的风景多是作为抒发情感、渲染氛围的背景出现,很少以风景为写作对象。元明时期耶律楚材、丘处机等人虽已将西域风景、民俗等为主要写作对象,实现了边塞诗写作题材的转换,但他们的诗篇有限,也不足以展现西域全貌。

清代西域诗的创作者多为自内地入疆者,由于明代闭关政策造成西域与中原地区往来的长期隔绝,以及记载西域地区情况的历史文献相对稀少,致使踏入西域的文人常以新奇、欣喜的心情去面对西域的大漠戈壁、雪山绿洲,以及多姿多彩的民族风情,因此,他们常会抑制不住自己内心的激情,用客观写实的文字生动展现西域文化、地理、政治经济、民俗宗教、物候物产等,从而使他们的创作呈现出鲜明的、迥异于中原地区的西域地域特色。

作为因言惹祸的废员洪亮吉,在其《出塞纪闻》中写道:"至保定甫知有廷寄与伊犁将军,有'不许作诗,不许饮酒'之谕。是以自国门及嘉峪关,凡四阅月,不敢涉笔。及出关后,独行千里,不见一人,径天山,涉瀚海,闻见恢奇,为平生所未有,遂偶一

---

① 陈寅《向日堂诗集》卷十三,清道光二年刻本,叶十八正。
② 秀堃《只自怡悦诗钞·驿路草》,清道光间刻本,叶一正。

举笔,然要皆描摹山水,绝不敢及余事也。"①这一段话非常生动地揭示了"恢奇"的西域风景对洪亮吉所产生的巨大诱惑力,竟使他不惜冒着违逆"不许作诗,不许饮酒"的廷谕的危险,举笔泼墨,描摹西域山水。这件事情本身既说明了洪亮吉对于西域风景的喜爱之情,同时也使他的诗歌创作别具一番悲壮色彩。如他的《天山歌》:

> 地脉至此断,天山已包天。日月何处栖,总挂青松巅。穷冬棱棱朔风裂,雪复包山没山骨。峰形积古谁得窥,上有鸿濛万年雪。天山之石绿如玉,雪与石光皆染绿。半空石堕冰忽开,对面居然落飞瀑。青松冈头鼠陆梁,一一竞欲餐天光。沿林弱雉飞不起,经月饱啖松花香。人行山口雪没踪,山腹久已藏春风。始知灵境迥然异,气候顿与三霄通。我谓长城不须筑,此险天教限沙漠。山南山北尔许长,瀚海黄河兹起伏。他时逐客倘得还,置冢亦像祁连山。控弦纵逊骠骑霍,投笔或似扶风班。别家近已忘年载,日出沧溟倘家在。连峰偶一望东南,云气濛濛生腹背。九州我昔历险夷,五岳顶上都标题。南条北条等闲耳,太乙太室输此奇。君不见奇钟塞外天奚取,风力吹人猛飞举。一峰缺处补一云,人欲出山云不许。②

此诗开篇即不凡,以地脉断绝、包裹苍天的极力夸张之辞描绘了天山的气度恢弘和壮阔雄伟,继之分写天山之雪、天山之石、天山飞瀑、天山禽兽、天山气候,勾勒出了一幅异彩纷呈的天山全景图。诗中,诗人联系自身游历经验,指出即使中原名山南条、北条、太乙、太室等在天山雄奇面前也黯然失色,"等闲耳""输此奇",在字里行间洋溢着诗人赞颂天山之情。而雄伟高峻的天山也激发了诗人的人生豪情,虽身为戍客,却渴望像汉代名将霍去病及投笔从戎的班超那样在西域建功立业,青史留名。全诗雄壮激昂,充盈着对天山的颂赞和热爱。而他另一首《松树塘万松歌》则更是被治清诗史者奉为不可或缺的佳作:

> 千峰万峰同一峰,峰尽削立无蒙茸。千松万松同一松,干悉直上无回容。一峰云青一峰白,青尚笼烟白凝雪。一松梢红一松墨,墨欲成霖迎赤日。无峰无松松必奇,无松无云云必飞。峰势南北松东西,松影向背云高低。有时一峰承一屋,屋下一松仍覆谷。天光云光四时绿,风声泉声一隅足。我疑瀚海黄河地脉通,何以戈壁千里非青葱?不尔地脉贡润合作天山松,松干怪底一一直透星辰宫。好奇狂客忽至此,大笑一呼忘九死。看峰前行马蹄驶,欲到青松尽头止。③

---

① 修仲一、周轩《洪亮吉新疆诗文》,新疆大学出版社 2006 年版,第 65 页。
② 吴蔼宸《历代西域诗钞》,新疆人民出版社 1982 年版,第 141—142 页。
③ 吴蔼宸《历代西域诗钞》,新疆人民出版社 1982 年版,第 143 页。

这首诗写于洪亮吉赴戍途中,松树塘为清政府于哈密和巴里坤之间设置的一处营塘,在这里诗人以奇警雄放之笔、有声有色地描绘了松树塘万松之形态与色彩,勾勒出了一幅生机盎然、色彩斑斓、雄奇壮丽的天山美景,诗人陶醉于这西域奇景,以致忘了戍客的身份和处境,纵情大笑狂呼,策马驰骋,以饱览天山之松树云石。诗歌不仅展示了诗人豪放的胸襟和性情,也生动地表现了诗人见到西域壮美景观的欣喜和热爱之情。

同样遣戍伊犁的祁韵士,在谈及《濛池行稿》的创作时谈道:"岁乙丑,以事谪赴伊江,长途万里,一车辘辘,无可与话,乃不得不以诗目遣。""然以余所见山川城堡之雄阔,风土物产之瑰奇,云烟寒暑之变幻,一切可骇可愕之状,有所触于外,有所感于中,悱恻忠爱,肠回日久,无一不寄之于诗。"①正是沿途的山河风物,激发了祁韵士的诗情,写出了一大批歌咏之作,如《望博克达山》:

> 山脉远自葱岭发,蜿蜒直向东北来。插天山峰势欲落,中横一脊高崔巍。
> 峻坂仰看白雪老,连城俯压青云开。天外奇观似此少,壮游使我歌莫哀。②

博格达山奇异的景观使诗人忘却遣戍遐荒带来的哀愁,纵情歌咏,把戍途当作壮游。这是何等的旷达与豪迈,对西域山河又是何等的热爱。

可以说,歌颂西域多彩风光是这一时期每位亲履西域的诗人不可绕过的题材,废员杨廷理在遣戍伊犁途中,内心抑郁,所作风景诗极少,然而等他快要到达伊犁时,西域壮美的景色终于使他情不自禁地歌咏起来,在《伊犁三台》诗中,他写道:

> 两月渡沙碛,悠悠我马瘏。忽见万松岭,天开古画图。策杖跻绝顶,回首
> 转模糊。朔风何凛冽,彳亍倩人扶。登陟踏冰雪,云迷路有无。千岩势盘屈,
> 万壑境各殊。玝琤清浅水,掩映青葱株。一桥一曲路迤逦,神工鬼斧开奥区。
> 我生游历半天下,南衡东泰又西华。兹山秀杰中土稀,屹立当为五岳亚。③

伊犁三台,为塔勒奇岭和塔勒奇沟所在,为风景奇佳之处,杨廷理登上山顶,见到万松并峙,冰雪弥漫,云遮雾绕,而山下千岩盘曲,万壑景殊,小桥流水,林木青葱,为大自然鬼斧神工之杰作,诗人感于生平游历天下,而此山之秀杰却为中原罕见。诗歌的最后,诗人将塔勒奇山与五岳并提,称赞其为仅次于五岳的佳境。可以说,正是西域奇丽风景的美丽触动了诗人的情怀,在百端感慨之中表达了对边塞山水的由衷喜爱和赞美。

---

① 修仲一、周轩编著《祁韵士新疆诗文》,第 57—58 页。
② 修仲一、周轩编著《祁韵士新疆诗文》,第 161 页。
③ 刘汉忠编校《杨廷理诗文集》,香港新世纪国际金融文化出版社 2000 年版,第 6 页。

嘉庆二十三年遣戍伊犁,之后又先后在喀什噶尔、和阗等地任职的秀堃在其诗集《只自怡悦诗钞》自序中写道:

> 余姿质迂钝,本不能诗……戊寅至甲申于役新疆,七年间,寻胜昆仑,问源星宿,冰山瀚海,风壁炎城,周历七万余里,虽极人间之苦境,然亦豪士之壮游,始觉目前之实景实事,大半移我性情,遂不能已于诗矣。①

这段话清楚地表明了秀堃的诗歌创作与新疆的密切关系,实际上也就是在肯定他的诗作鲜明的地域性。同样的表述在清人的诗集序言中多次被提及。嘉庆七年遣戍伊犁的汪廷楷在其《西行草》自序中写道:

> 西行草一编,予塞上所作也,忆自壬戌除夕日历下起程,一路风土人情,山川草木,以及抵伊犁后,将军知遇,同辈交情,或笔墨因缘,或友朋赠答,眼前之生趣,意外之奇逢,从前身所未经,目所未睹,俱于此时遇之,兴之所触,托诸咏歌,酒盏诗筒,殆无虚日。初不料风窝雪窖中有此安闲之境。②

诗人的自述着意强调了所写为平生未经未睹之关外独特生趣、奇逢,因而也就强调了其创作的独特性和地域性。

事实上,不仅诗人对自己西域诗歌创作的鲜明地域性有清晰的认知,内地文人在品读这些从西域归来的文人诗作时也有着共同的感受,清人张之万在谈及舒其绍《听雪集》的艺术特色时就称赞说:

> 其峭拔磊落,则天山之峻极也;其缠绵凄楚,则沙碛之浩渺也;其泓峥萧瑟,则赛里谟淖尔之澄澈、蓬瀛方壶之仿佛也;其丰蔚疏宕,则他尔气岭之深秀,又飞来、浮玉之不足言也;至其赠答之什,情意笃挚,迄今读之,犹想见古道高义,令人念交谊之重。③

张之万在这里提及的天山、沙碛、他尔气岭、赛里谟淖尔等,正凸显了舒其绍西域诗歌典型的地域特色。

三、对西域城市风貌的生动描摹

在清前历代的西域边塞诗中,边塞诗人在抒发情志的同时,常能对西域自然风光和风土民情进行生动描写,但少有对西域城市风貌进行描写者。然而,清代西域

---

① 秀堃《只自怡悦诗钞》序,清道光间刻本。
② 汪廷楷《西行草》序,清道光间刻本。
③ 舒其绍《听雪集》,《清代诗文集汇编》编纂委员会编《清代诗文集汇编》第403册,上海古籍出版社2010年版,第315—316页。

诗人大都能有意识地对随着西域开发而逐渐兴起的边塞诸城从各个方面进行几乎是纤毛毕现的生动描写,其中最典型的要数纪昀对乌鲁木齐的书写了。纪昀创作了一百六十首的《乌鲁木齐杂诗》①,在诗前自序中谈及创作目的,诗人写道:"夫乌鲁木齐,初西番一小部耳。神武戡定以来,休养生聚,仅十余年,而民物之蕃衍丰阜,至于如此,此实一统之极盛。昔柳宗元有言:'思报国恩,惟有文章。'余虽罪废之余,尝叨预承明之著作,歌咏休明,乃其旧职。今亲履边塞,篡缀见闻,将欲俾寰海内外咸知圣天子威德郅隆,开辟绝徼,龙沙葱雪,古来声教不及者,今已为耕凿弦诵之乡,歌舞游冶之地。"这段话从历史沿革的角度总体介绍了乌鲁木齐这座清政府统一新疆后建造起来的新城所发生的巨大变化,而一百六十首诗则从风土、典制、民俗、物产、游览、神异等六个方面具体展现乌鲁木齐从"西番一小部"到"新疆第一都会也"②的发展盛况:

> 山围芳草翠烟平,迢递新城接旧城。行到丛祠歌舞处,绿氍毹上看棋枰。
> 尘肆鳞鳞两面分,门前官柳绿如云。夜深灯火人归后,几处琵琶月下闻。
> 到处歌楼到处花,塞垣此处擅繁华。军邮岁岁飞官牒,只为游人不忆家。
> 犊车辘辘满长街,火树银花对对排。无数红裙乱招手,游人拾得凤凰鞋。
> 万家烟火暖云蒸,销尽天山太古冰。腊雪清晨题牍背,红丝砚水不曾凝。
> 山城是处有弦歌,锦帙牙签市上多。为报当年郑渔仲,儒书今过轪难河。
> 芹香新染子衿青,处处多开问字亭。玉帐人闲金柝静,衙官部曲亦横经。
> 秋禾春麦陇相连,绿到晶河路几千。三十四屯如绣错,何劳转粟上青天。
> 吐蕃部落久相亲,卖果时时到市阛。恰似春深梁上燕,自来自去不关人。
> 峨峣高轂驾龙媒,大贾多从北套来。省却官程三十驿,钱神能作五丁开。

透过纪昀的这些诗篇,扑面而来的,是"山围芳草翠烟平""万家烟火暖云蒸""门前官柳绿如云""秋禾春麦陇相连,绿到晶河路几千"的暖云翠烟和生机盎然,是"犊车辘辘满长街""到处歌楼到处花""几处琵琶月下闻""山城是处有弦歌""芹香新染子衿青"的热闹和乐与歌舞升平,是"尘肆鳞鳞两面分""吐蕃部落久相亲,卖果时时到市阛""峨峣高轂驾龙媒,大贾多从北套来"的繁华富庶、百业兴旺。纪昀之后,吟咏乌鲁木齐者众多,诸如国梁的《题遂城二十景》《轮台八景》、曹麟开的《八景诗》等。

作为新疆早期的军政中心伊犁,是清政府平定准噶尔后修建起来的、由九座城池互相拱卫而形成的城市群。在清人的笔下,伊犁也得到了全面的描写。舒其绍《听雪集》卷二《消夏吟》组诗用二十五首的篇幅,拈题分咏,形象生动地展现了伊犁

---

① 下引纪昀诗出自周轩、修仲一编著《纪晓岚新疆诗文》,第1—146页。
② 舒其绍《东归日程记》,《清代诗文集汇编》第403册,第428页。

九城及其周边地区的自然及人文景观：望河楼、通济桥、塔尔奇城、霍尔果斯城、巴彦岱城、芦草沟城、红山嘴、辟里箐、白羊沟、野马渡、红柳湾、果子沟、空鄂罗俄博、赛里木海子、古尔扎渡口、清水河、齐吉罕河、博罗他喇河、洗伯营、额鲁特游牧场、土尔扈特游牧场、金顶寺、普化寺、无量寺、观音寺等，生动地展现了伊犁"天堑环城郭，熊罴大合围。拔山开壁垒，背水簇旌旗"的城市布局和各族人民共同戍守祖国边陲的宏大军事格局。《听雪集》卷四为《伊江杂咏》，共九十一首诗。诗人采用竹枝词的形式，诗、序、注相结合，全方位地记述了伊犁地区的风土人情。举凡山川景物、物产风俗、异人奇闻、民族外藩等皆诉诸笔端。始建于乾隆二十九年的伊犁将军府所在地惠远城早已湮灭在历史的风烟之中，而在舒其绍的笔下，惠远城内外的祠堂、万寿亭、江南巷、菩萨庙、钟鼓楼、斗母阁、望河楼、贸易亭、大桥、伊江、雪山，及惠远城周边的果子沟、穆肃尔达坂、赛里谟淖尔等，都留下了具体生动的刻画。除舒其绍外，废员陈寅有《次舒春林伊江杂咏韵二十首》，通过对舒其绍诗歌的步韵和作，也对伊犁的城市风貌进行了生动描绘。而废员薛国琮的《伊江杂咏》是在舒其绍《伊江杂咏》的基础上进行修改、增补乃至新创而成的，其以一百二十篇的组诗形式，内容涉及嘉庆年间伊犁风物、民俗、矿藏物产、建筑、宗教、流人生活、商贸、奇闻及邻国概况等，也是对 18 世纪与 19 世纪之交伊犁地区社会状况和风土人情的较为全面展现，其他还有庄肇奎《伊犁纪事诗二十首》。

乌鲁木齐、伊犁之外，南北疆许多城市都成为文人吟诵、描述的对象。祁韵士不仅在其《万里行程记》中以散文笔法对其赴伊犁途中所经历之城市进行了生动描绘，而且还在其《濛池行稿》《西陲竹枝词》等诗集中对伊犁、哈密、辟展、吐鲁番、乌鲁木齐、喀喇沙尔、库车、阿克苏、乌什、叶尔羌、和阗、英吉沙尔、喀什葛尔、巴里坤、古城、库尔喀喇乌苏、塔尔巴哈台等十七座城市进行了歌咏。如其《抵哈密》诗：

> 草莱弥漫麦苗匀，菜圃瓜畦入望新。柳荫垂街青漠漠，渠流绕郭碧粼粼。居民不改天方俗，丰乐无殊内地人。更向番王城畔过，林溪明媚景常春。[1]

在诗人笔下，哈密林溪明媚、禾蔬青葱、春意盎然，居民丰乐。再如其《辟展》诗：

> 碧树红桥外，裙腰草色齐。泉分瓜圃润，人入豆棚低。暂憩停征马，将炊听午鸡。柳中怀故垒，烟雾目还迷。[2]

在诗人眼中，碧树、红桥、绿草、流泉、瓜圃、豆棚、炊烟、鸡鸣共同组成一幅恬静、温馨、优美、宜人的田园诗意图，使人对辟展城心驰神往。

---

① 修仲一、周轩编著《祁韵士新疆诗文》，第 147 页。
② 修仲一、周轩编著《祁韵士新疆诗文》，第 154 页。

王曾翼《居易堂诗集》①也有不少诗篇专以城市为歌咏对象,如其写南疆诸城:

古塞走榆沟,平原万里袤。戍峰凭岭起,河水傍城流。饷客珍养酪,鸣机织罽裘。行囊看普尔,吾亦一钱留。(《哈拉沙尔》)

锁钥两城连,佳哉望郁然。岩疆控乌什,间道走和阗。地扼襟喉要,人夸贸易便。商多三晋客,货溢百间廛。回部尤蕃庶,皇仁与覆饼。仓箱均富有,裘马竞华鲜。负弩环熊轼,缠头捧厨馔。献羔牵戬戬,伐鼓听渊渊。真觉星槎远,何知玉塞悬。稗官徒凿空,漫说斗牛边。(《阿克苏》)

此邦货物最殷饶,七日开场市语嚣。骨种羊偏珍紫色,金花布欲傲文绡。痕都瑰制镂冰薄,哈萨名驹喷血骄。辇毂中华看络绎,输忱总为圣人朝。(《喀什噶尔》)

回镳英吉沙城过,小憩征骖叶尔羌。晴后雪峰弥皎皎,腊前河水自洋洋。万家灯火环村郭,百货梯航人肆场。此去和阗知不远,宵分隐隐见虹光。(《叶尔羌》)

作为清政府平定大小和卓后第一位到达南疆的诗人,王曾翼笔下的南疆已然没有了萧条与肃杀,而是稳定和乐、美丽繁荣。在《哈拉沙尔》诗"平原万里袤"句下诗人抑制不住自己的愉悦心情在注中赞曰:"自库米尔台至榆树泉,丛榆夹道,映带清渠,塞外佳境也。"而"地扼襟喉要,人夸贸易便。商多三晋客,货溢百间廛"的阿克苏、"此邦货物最殷饶,七日开场市语嚣"的喀什噶尔和"万家灯火环村郭,百货梯航人肆场"的叶尔羌,都以社会的祥和、贸易的繁荣给读者留下了深刻印象。

结　语

西域,作为远离中原文学中心的边缘地区,也是古代文学不发达地区。然而,受国家一统和边疆开发等时代因素的强力驱动,大批中原文人涌入西域,带来了西域地理、人文、风俗等诸方面的新认知、新发现,也自然带来了西域诗歌创作的繁荣。诗人们在西域用身经目验的现场感知,咏歌天下一统的民族祥和,描画雄奇多姿的西域河山,描摹西域新兴城市风貌,多发前人所未发,诗人们鲜明的地域意识,使这些西域诗歌较之前人有了很大的创新和突破,为清代文学的总体繁荣涂抹了一道边地亮色。

(作者单位:新疆医科大学语言文化学院)

---

① 下引王曾翼诗出自星汉《清代西域诗辑注》,第 134—136 页。

抒写方式的新变与文学西域的重塑

——江南文化对清代西域诗的渗透

周燕玲

《尚书·禹贡》中有"东渐于海,西被于流沙"的记载,对西界"流沙"的描摹,代表着中原人士对西域自然地理景观的最初认识。这种地理特征,逐步演变成西域的文化特征——遥远、艰苦、荒凉。从张骞凿空西域,开启了中西文化、经济交流的丝绸之路,中原士人对西域的了解逐渐增多,西域逐渐见著于正史,文学书写正是基于历史文献、历史印象基础上的拓展、提升与重塑,从而进一步塑造了区别于史书中的"文学西域"形象,其中尤以唐诗的影响最为深刻。唐代西域诗绚烂而不无夸饰的描写构成了文学西域的基础印象,然而随着历史情境的消失与远去,前人的创作又变为后来者了解西域的间接材料,使得创作模式不可避免地趋于同质化、类型化,甚至被夸张、异化,沦为一厢情愿的想象。文学西域形象愈加固化,成为唐以后文人西域诗创作的藩篱。

清代诗人对于西域的描写,一方面承袭唐代西域诗的传统,亦有如"天山六月凝冰雪,石骨崚嶒冻迸裂"①、"一山古雪当头近,万仞寒光入眼明"②之类表现强烈地域反差和绝塞体验的诗篇。另一方面则努力寻求新变,这也得到学者的关注,如贾建飞指出清朝在不断开发西域的同时,人们对西域的认识也发生了变化,开始逐渐摆脱汉唐文学记载中的固有印象。在纪昀等文人的笔下"新疆与中原已无隔膜,其对新疆的认同感也大为增强"③。唐彦临则从文学视角指出:"汉唐以来各类书写中逐渐形成了关于西域自然景观的文化符号,塑造并强化了片面的西域观。亲历其地大大改变了清代西域诗人基于历史与文化传统形成的关于西域的认知,意味着对汉唐两代各类书写中对西域景观的片面性凸显的颠覆。"④可见学界已认识到了

---

① 许乃毅《梦游天山松树塘吟》,《瑞芍轩诗钞》,《清代诗文集汇编》第 548 册,上海古籍出版社 2010 年版,第 83 页。

② 黄濬《过天山仍次前韵》,《壶舟诗存》,咸丰八年刻本,叶四六正。

③ 贾建飞《清代中原士人西域观探微》,《清华大学学报(哲学社会科学版)》2010 年第 3 期。

④ 唐彦临《清代西域诗对西域自然地理符号化书写的颠覆与重构》,《新疆大学学报(哲学社会科学版)》2018 年第 4 期。

青代西域文学的积极变化,且这种变化是多元的,目前研究仍然以宏观的视角展开,缺乏深入探析具体的变化特征以及细节性的阐释,特别是"文学西域"的形成演进过程以及所受到的影响尚未得到系统性梳理,相关研究还有较大研究空间。在者多新变之中,江南的地方元素渗入西域诗歌的创作是突出表现之一,从西域的山水风貌、人文景观到西域情怀都颇具江南的俊秀缠绵之姿,体现出江南文化与西域文化的交融与渗透。

一、自然山水的江南化

自然山水特征,往往是一个地域区别于另一地域的最醒目、最具独特性的标志,也正是这个原因,作家身处某一地域环境时,往往在不自觉中强化地域特征的意识。唐代西域诗正是通过强化了"西域"自然风光的特殊性与差异性,展示出浓郁的西域风貌。然而,不同于其他时代的是,清代西域诗人笔下的西域山水更加类似江南,他们更多地抒写西域与内地,特别是与江南地区的相似性,颠覆了汉唐诗人笔下的龙沙万里、狂风暴雪的西域印象。

1. 山水自然的秀美

乾隆四十六年(1781),浙江嘉兴人庄肇奎遣戍伊犁。他作《伊犁纪事二十首效竹枝体》多角度描写伊犁风光①:

> 土膏肥沃雪泉香,尽有瓜蔬独少姜。最是早秋霜打后,菜根甘美胜吾乡。

(其二)

> 寻巢双燕语呢喃,嫩柳夭桃三月三。如许风光殊不恶,梦魂长似在江南。

(其八)

> 果子花开春雨凉,垂丝斜弹嫩条长。一枝折赠江南客,错认嫣红是海棠。

(其九)

伊犁素有"塞外江南"之称,这里降雨充沛,气候宜人,庄肇奎字里行间都将伊犁与故乡江南相比较,他笔下伊犁的城市景观与内地已没有巨大的差别。乃至诗人有"梦魂长似在江南"之感。同时期来到西域的朱腹松也在诗中写道:"沿街风景似山村,野水浮来绿到门。小彴横斜人过少,飞鸦掠破碧波痕。"(《伊江杂咏》)②明显带有一番江南水乡风味。

再如洪亮吉《伊犁纪事诗四十二首》有:

---

① 庄肇奎《胥园诗钞》,《清代诗文集汇编》第 363 册,上海古籍出版社 2010 年版,第 51 页。
② 朱腹松《伊江杂咏》其五,《塞上草》卷一,清嘉庆间刻本,叶十四背。

　　鹁鸪啼处却东风,宛与江南气候同。杏子乍青桑椹紫,家家树上有黄童。(其二十七)①

　　洪亮吉是江苏阳湖(今常州)人,江南是他的家乡,此时他虽然身处西域,这里的春天却让他格外熟悉,他用色彩缤纷的语言,勾画出西域的春景,无论是气候还是自然景物都充满了江南风貌。与杨万里笔下江南农村的"油菜花开满地金,鹁鸪声里又春深"(《四时田园杂兴》其一)相类似,地域不同,但在写作方式却没有大的差别。

　　道光年间,浙江台州人黄濬出关后经天山北路赴乌鲁木齐,行至巴里坤松树塘时作诗云:"勉至松树塘,松盛草亦肥。仿佛江南景,密雨如飘丝。几忘行役困,颇生哦咏思。"②在《过天山仍次前韵》中也写道:"待过松塘风景异,淡烟细雨动乡情。"句下自注谓:"松树塘在天山西北,丛松细草,大有江南风景。是日适逢阴雨,春意盎然。"③到达乌鲁木齐后,他进一步发掘江南与西域的相似性,他写塞外春日:"二月春分龙蛰启,新雨江南亦如此。岂因我从江南来,故遣春云散春水。"④又赞塞外秋日"秋光争及江南美"⑤,刻意强化西域与江南的共通之处。

　　清末诗人方希孟也有类似的描写,他于光绪三年(1877)抵达乌鲁木齐,在西域寓居六年时间,他笔下的西域风光如下:

　　漠暖百花红,禽声细雨中。海光飞白马,山气吐黄虹。麦露浮晴野,松云幕晚空。疏林隔渔火,几处似江东。(《巴里坤野宿》)⑥

　　在这首诗中,方希孟不再用如椽大笔粗线条勾勒西域风光,而是通过细雕慢刻的方式,呈现了西域山水的秀美,这样的景色令诗人有"似江东"之感。

　　值得注意的是,这一特征不仅存在于江南籍作家,其他地区的作家,特别是一些少数民族作家的作品都有此特点,如铁保云:"祁连山上春如海,开到江南桃李花。"⑦成书云:"杨柳数株泉一道,沁城已是小江南。"自注解释说:"漠外寸草不生,唯沁城有林木水泉之胜,土人谓之小江南。"⑧沁城即哈密之东的塔尔纳沁屯田。可

---

① 洪亮吉著,刘德权点校《洪亮吉集》,中华书局2001年版,第1214页。
② 黄濬《由哈密抵乌鲁木齐一千六百里,循前玉门至哈密之例,荟而成诗,盖至乌鲁木齐而西成之行毕矣,乌鲁木齐今为迪化州》,《壶舟诗存》,咸丰八年刻本,叶四十六背。
③ 黄濬,《壶舟诗存》,咸丰八年刻本,叶四十六正。
④ 黄濬《二月十八日雨,春分后一日也,灯下感赋》,《壶舟诗存》,咸丰八年刻本,叶四十三背。
⑤ 黄濬《重九后六日得雪》,《壶舟诗存》,咸丰八年刻本,叶六二正。
⑥ 方希孟《息园诗存》,《清代诗文集汇编》第739册,上海古籍出版社2010年版,第742页。
⑦ 铁保《次及门阮中丞寄怀原韵》其四,《惟清斋全集》,《清代诗文集汇编》第432册,上海古籍出版社2010年版,第560页。
⑧ 成书《伊吾绝句》,《多岁堂诗集》,《清代诗文集汇编》第463册,上海古籍出版社2010年版,第342页。

以看出,西域山水的江南特征,已是相当一部分清代西域诗人的共同认识。

2. 八景文化与八景诗

提及清代西域的山水诗,不能不谈八景诗。"八景"是在我国广泛流传的一种集景文化,最初在绘画中出现。据沈括的《梦溪笔谈》记载,五代末的画家李成绘了一幅"八景图",由此"八景"之称正式出现。北宋画家宋迪在"八景图"的基础上,绘制了"潇湘八景图"。此后,书法家米芾为之题写诗序,宋宁宗赵扩还亲笔题写了八景组诗,推动了"八景"文化走向滥觞。一时间,全国各地"八景林立,不胜枚举"①,各地名士纷纷找出本地八景,为之赋诗。早期"潇湘八景图"呈现了以南方温丽柔媚为主色调的水墨氤氲,西域的八景诗沿袭了这一审美理想和创作意趣,在此视野观照下的西域山水风貌更趋于纤巧细腻。

乾隆三十年,国梁任迪化同知,作《轮台八景》歌咏乌鲁木齐风光,其《虎峰水树》写道:

> 猛虎弃深窟,委蜕红山峰。怪石如屈铁,斑驳古鼎钟。万木凝黛云,一水走青龙。时一展清眺,亦足舒尘惊。心醉山水间,不袭醉翁容。②

序云:"城北三里许红山嘴,蒙古名巴拉哈达。巴拉,虎也;哈达,山石也。以其石似虎踞状,故名。乃博克达之支。山石色红碧相映发,其下树木阴翳,河流潋滟,殊有佳致。"勾画了乌鲁木齐红山怪石林立、山清水秀,恰似世外桃源的醉人风光。

乾隆四十六年,曹麟开谪戍乌鲁木齐,亦作《八景诗》。无论是景致的摄取还是典故的运用,都渗透了浓厚的江南文化特征,来看其《红桥烟柳》:

> 蜿蜒长虹跨碧浔,拂栏柳色染烟深。阅人多矣举条过,念我来思侧帽吟。情尽故低迎送路,魂销漫缩别离心。记从廿四桥头望,明月吹箫思不禁。③

诗作开篇就用细腻婉约的笔法,勾画出宛若江南的烟雨柳色。结尾化用杜牧"二十四桥明月夜,玉人何处教吹箫"(《寄扬州韩绰判官》)句,更加深了诗中的江南神韵。

还有诗人将八景诗进行扩充,形成规模更大的组诗。如黄濬的《塞外二十咏》,这组诗吟咏进入西域后沿途所遇的二十处景观,亦为八景诗的体例,和其他西域八景诗一样,诗人心中都有一个先入为主的江南范式作为创作基础。在这一范式的影响之下,山水诗的描写呈现出江南化的特征。如《松塘细雨》:

> 恰似江南二月时,山南山北雨如丝。松阴湿翠牛方卧,草陇沾青蝶未知。

---

① 高巍、孙建华等编著《燕京八景》,学苑出版社 2002 年版,第 6 页。
② 国梁《澄悦堂诗集》,《清代诗文集汇编》第 342 册,上海古籍出版社 2010 年版,第 111 页。
③ 和瑛《三州辑略》,《中国地方志集成·新疆府县志辑》第 6 册,凤凰出版社 1995 年版,第 576 页。

塞北客疑春到晚，关西人恐梦来迟。此身已在祁连外，生怕林中叫子规。①

此诗题下自注云："过天山即松树塘，万松挺郁，山色青葱，忽而密雨如丝，满林滴翠，不啻江南烟景。"诗人满眼所见都是江南春景，抒写了松树塘细腻的一面。

甚至连前人笔下浩瀚荒芜的戈壁，也呈现出细腻柔婉的一面：

几日摇鞭逐雁沙，眼明前路碧无涯。雪消囊底千山尽，风掠裙腰一道斜。夕照红连圈马地，酒旗青黯野回家。平芜也似西陵色，只少飞飞陌上花。(《戈边野色》)②

此诗题下自注云："戈边一名戈壁头，言戈壁西来至此而尽也，软草如烟，青葱弥望，大异沙碛之荦砮者，连日闷损之怀，为之一开。"③王维的"大漠孤烟直，长河落日圆"(《使至塞上》)一联堪称吟咏戈壁瀚海之绝唱，然而，黄濬并没有进一步用王维以来以雄阔苍凉展开描写的惯性，而是致力于勾画了落日戈壁的秀美，甚至指出"平芜也似西陵色"。"西陵"原为浙江杭州孤山西面的一处地名，常借指杭州。唐人钱起在杭州有"西陵树色入秋窗"(《九日宴浙江西亭》)。作为浙江人的黄濬自然熟识"西陵色"，他将"西陵色"移植塞外戈壁，赋予题材更加丰富的文化意义。

3. 西域山水的再审视

大多数西域山水诗并非呈现原生态自然风光，每一位诗人都会对特定物象进行主观营造。因此即便是同一描绘对象，不同的作家、不同的心境都会造成巨大的审美差异。如前文所举松树塘，同样途经此地的洪亮吉有名作《松树塘万松歌》一诗奇气溢出，与黄濬的《松塘细雨》比照，情韵差别明显。洪亮吉仍以唐人惯性思维审视西域山水，沿袭岑参尚奇的诗歌风尚，而黄濬则致力于挖掘自然景观中细腻柔婉的一面。经过人为营造与江南情怀的渗透，西域山水的粗粝豪壮的气质也被淡化，呈现出此前从未挖掘过的美感。

清初士人对于西域的印象多源于前代典籍或道听途说，并没有形成对西域真实客观的看法。传世史书或文学中的西域记载虽然给阅读者带来过无限想象，但那毕竟与亲历斯地的闻见与感受相差太远。正可谓"同来南客都惊诧，误道山阴道上行"④。"惊叹"成为清代文人来到西域的普遍感受，这背后是固有认知的颠覆，他们开始重新定位和再造西域自然与人文景观，逐渐摆脱汉唐文学塑造的西域形象。

---

① 黄濬《壶舟诗存》，咸丰八年刻本，叶六背。
② 黄濬《壶舟诗存》，咸丰八年刻本，叶六背。
③ 黄濬《壶舟诗存》，咸丰八年刻本，叶六背。
④ 黄濬《壶舟诗存》，咸丰八年刻本，叶六背。

大多清代西域诗人不再惯性地抒写"黄沙碛里本无春"(柳中庸《凉州曲二首》其一),更加乐于呈现塞外的春意盎然。这种对于春光明媚的景色扫去了唐代西域诗中的悲怆,更多地作为诗人乐观心境的写照。

从定远侯班超发出"但愿生入玉门关"的喟叹,"玉门关"逐渐成为隔绝中原与塞外、农耕文化与游牧文化的界标,伴随而来的是一代代入关者的疏离感与恐惧感。亲履斯地的清人开始淡化这种隔绝闭合的心态,贬谪文人甚至不无自豪地说:"他年宛辔进玉关,卷将山色还江南。"(陈峻峰《列岫轩歌为王六白沙先生作兼呈总戎刘公》)①越来越多的诗人甚至挑战"春风不度玉门关"(王之涣《凉州词》)的刻板印象,为其做大量翻案诗②,强调春风已度玉门关。对于这种现象,满族官员萨迎阿说:

> 桃杏花繁溪柳间,雨余如笑见青山。极边自古无人到,便说春风不度关。(《用〈凉州词〉原韵》)③

"春风不度玉门关"背后是交通的闭塞,交流的不畅,文化的闭塞,以及陌生带来的恐惧,清人随着视野的开拓,交流的深入,他们已经有了更多的渠道认识西域,了解西域,西域对他们已经不再是遥不可及的幻想,对于文化的一统有了相当的自信。

唐代西域诗构建了特殊的风物与意象系统,涵盖了自然、地理、人文等多种具有象征性质的语言符号,并以此营造文学西域之形象。吴蔼宸先生将取舍西域诗的标准定为:"推至篇中凡有'天马''天山''塞庭''瀚海''沙碛''玉关''河源'等字者,皆认为西域之诗,其涉及地名者更无待论。"④这些都是汉唐以来建构文学西域的常见语言符号。当固定符号成为特定事物的代指,那么诗歌就不再是诗人想象力、创造力的凝结,逐渐变成符号的堆砌。以此作为划分西域诗的标准,从侧面看出了前人对于西域诗的刻板印象。而清代西域诗人则通过创作改变着这种刻板印象。清人不在局限于特定边塞意象,意象选取更加丰富,既有大漠流沙、雪山瀚海这些传统的西域意象,亦有淡烟流水、桃李杏花等江南意象。唐代西域诗多呈现出壮美或者说是崇高美、阳刚美的美学特征。清代西域诗人则挖掘了西域山水的秀美,在山水诗中,将人文情怀与自然景观相互渗透,改变了"文学西域"的单一形象,

---

① 王大枢《西征录》,《古籍珍本游记丛刊》第 14 册,线装书局 2003 年版,第 7325 页。
② 清代为"春风不度玉门关"做翻案的诗歌不胜枚举,如:"春风早度玉关外,始悟旗亭唱者非。"(国梁《郊外》)"千骑桃花万行柳,春风吹度玉门关。"(邓廷桢《回疆凯歌十首》其七)"春风玉门关外满,不须听作战场声。"(和瑛《闻城上海螺》)"十里桃花万杨柳,中原无此好春风。"(裴景福《哈密二首》其一)"春风为我多情甚,破例年年度玉关。"(施补华《春风》)等等。
③ 星汉《清代西域诗辑注》,新疆人民出版社 1996 年版,第 344 页。
④ 吴蔼宸《历代西域诗钞》,新疆人民出版社 2001 年版,第 1 页。

构建了前所未有的文学景观。

二、人文景观的江南化

卡尔·索尔在《景观形态学》中诠释人文景观是"穿梭在自然和文化二元概念间的经典'准物体',其背后的含义承载着一个地区或一个民族的价值观、文化认同、生活方式、信仰诉求、权力构成等,既包括个体情感的体验与记忆,也包括群体价值观的隶属性和理想"①。人文景观是因人的社会生产活动才产生的,是人类社会发展过程中经过了人工改造或留下了人类活动印迹的自然景观,人文景观综合了自然地理的特征,还融入了人们对自然景观审美的意志,兼具自然景观美和人文景观美的双重特征。可以说自然景观塑造了作品的意象与美学风貌,而人文景观则是人们根据自己的文化对自然景观施加影响的结果,是人与生活的自然环境进行的互动,文化景观可以告诉我们有更多的人文方面的丰富内容。

相对于唐人普遍从地理空间去认识西域,清代西域文人开始关注人文景观。人文景观能体现出这里的生活方式与文化特征、生活方式等丰富内涵。清代西域的人文景观,是人们将自我意识与价值取向融入西域自然环境之后,开始构建新的审美体系,并围绕着建筑、园林、文化活动、生活习惯等人类活动的产物或者遗迹来构建新的景观。以下对这几方面分别加以论述。

1. 人造景观

乌鲁木齐城西有一片茂密的原始森林,"树林绵亘数十里,俗谓之树窝"②,茂林树海中有一处湖沼,俗称"海子沿"。光绪七年,戊戌变法失败后被革职的张荫桓"在鉴湖南面的小岛上修建了朱梁雕檐绿顶的二层小楼,构造精巧、玲珑轩敞、风格独特,名为'水阁',又称'鉴湖阁'"③。此湖水明澈如镜,因此命名为"鉴湖",其意取自朱熹《观书有感》中"半亩方塘一鉴开"之句。新疆建省后,巡抚刘锦棠对鉴湖再加修整,深挖疏浚湖裙,从湖南引进观赏鱼、荷花装饰湖中。后来,这里成为公共的休闲场所,位于今天乌鲁木齐人民公园内。

乌鲁木齐水磨沟更是亭台楼阁矗立,青山绿水相伴,颇似江南风光,史善长来到这里不禁感慨:"塞上山多却少水,听说水字心先喜。车马联翩五六人,路径逶迤三十里。青山露面远相迎,不曾见水已闻声。寻源乃出山之罅,银蟒千条自空下。自空飞下不肯留,放溜直欲奔东流。被沟束住流不及,怒撼青天白玉楼。"(《同彭桐

---

① [英]凯·安德森主编,李蕾蕾、张景秋译《文化地理学手册》,商务印书馆2009年版,第2—6页。
② 纪昀《阅微草堂笔记》,浙江古籍出版社2010年版,第27页。
③ 刘荫楠《乌鲁木齐市掌故》(二),新疆人民出版社2001年版,第27页。

庄员外、顾渚搽中翰、那晋堂、毓子敏诸公子游水磨沟》)①黄治亦云:"树老云回护,沟分水迤斜。江南知已远,烟柳足相夸。"诗中自注云:"城东水磨沟云木翳密,水声淙然,为都人士消夏之所。"②可以看出当时这里人烟密集,市井繁华,颇似江南风光,黄治《琦统帅(琛)招同豫榷使(堃)云观察(麟)宴集水磨沟》又云:"车盖相逢引兴狂,碧山深处共飞觞。亭台涵水心俱静,草木当风气亦香。近挹寒涛开茗碗,浓分空翠荫书床。"③展现了登临后所见乌鲁木齐水磨沟秀丽的景色。

伊犁河边的鉴远楼④,是清代伊犁惠远城最负盛名的景点。《伊江汇览》记载了它的建造过程:"望河楼一间,洞厂以观河道,(乾隆)乙未秋所建。其额曰'泽被伊江',联曰:'源溯流沙气润万家烟井,泽通星宿波恬百里帆樯。'皆将军伊(勒图)所属令协领格(琫额)建者也。"⑤这里是当时文人最喜登临遣兴之所,几乎所有来到伊犁的诗人都会去游览。洪亮吉诗中就写到"趁得南山风日好,望河楼下踏春归"⑥,自注谓:"惠远城南有望河楼,面伊江,为一方之胜。"朱腹松云:"百尺凌云鉴远楼,水光山色望中收。绿杨市井孤城里,短壁齐腰屋打头。"⑦自注谓:"俗称望河楼,南临伊江,北距惠远城里许。"

鉴远楼位于伊犁河边,风光宛若江南。陈中骐《伊江百咏》中记载:"鉴远楼在南门外,远对南山,近临伊水,系前任将军伊公创。因被水冲塌。任将军义烈公保再加修饰。回廊曲槛,柳明花秀,俨然似江南园亭。"⑧王大枢也曾形容鉴远楼"碧树周围,雪峰环拥,每重九登高秋水兼葭,颇有伊人宛在之意"⑨的雅致景观。舒其绍《伊江杂咏·望河楼》:"万叠关山万顷流,放怀天地一登楼。浮槎本是人间客,我欲乘风问斗牛。"⑩诗歌题下注语称:"即鉴远楼,在大河北岸,碧树周围,雪峰环拥,亭台上下,花木芬芳,为伊江胜游之所。"⑪徐松曾在《西域水道记》中感慨:"(鉴远楼)

① 史善长《味根山房诗钞》,《清代诗文集汇编》第 488 册,上海古籍出版社 2010 年版,第 639 页。
② 黄治《庭州杂诗追次杜少陵秦州杂诗二十首韵》其三,《今樵诗存》,《清代诗文集汇编》第 606 册,上海古籍出版社 2010 年版,第 712 页。
③ 潘衍桐编纂《两浙辅轩续录》卷二八,浙江古籍出版社 2014 年版,第 2047 页。
④ 鉴远楼修建于乾隆四十年(1775),是伊犁满营协领格琫额奉时任伊犁将军伊勒图之命所建。鉴远楼又名望河楼,是清代伊犁惠远城最负盛名的人文景观之一。
⑤ 格琫额《伊江汇览》,《清代新疆稀见史料汇辑》,全国图书馆文献缩微复制中心,1990 年,第 24 页。
⑥ 洪亮吉《伊犁纪事诗四十二首》其十三,刘德权点校《洪亮吉集》,中华书局 2001 年版,第 1212 页。
⑦ 朱腹松《伊江杂咏十首》其八,《塞上草》卷一,清嘉庆间刻本,叶十四背。
⑧ 陈中骐《伊江百咏》,清嘉庆抄本。
⑨ 王大枢《西征录》,《古籍珍本游记丛刊》第 14 册,线装书局 2003 年版,第 7207 页。
⑩ 舒其绍《伊江杂咏·望河楼》,《听雪集》,《清代诗文集汇编》第 403 册,上海古籍出版社 2010 年版,第 377 页。
⑪ 舒其绍《听雪集》,《清代诗文集汇编》第 403 册,上海古籍出版社 2010 年版,第 377 页。

红栏碧瓦,俯瞰洪涛,粮艘帆樯,出没其下。南山雨霁,沙市云开,酒檑茶枪,赋诗遣闷,苍茫独立,兴往悲来。"①王大枢则用"四围山色玉屏风,一片秋光宛在中。山似美人江似镜,落霞都作故衫红"这样的文字来形容鉴远楼的秋景②。展示出伊犁这座塞外边城在建筑形式上颇受江南文化的影响。

2. 文人雅集

王羲之等人"曲水流觞"的兰亭集会开启了江南文人雅集之滥觞,在文人云集,文教日盛的江南,文人酬唱与诗酒雅集得以迅速发展,形成浓厚的风尚,此后伴随着文人的迁徙流动,这一风尚也来到了西域。史善长在《上巳陪多余山侍郎圃后小溪修禊》云:"我是山阴道上人,也曾修禊及良辰。今来塞外仍觞咏,真个天涯若比邻。"③嘉庆年间,史善长因事革职,发乌鲁木齐。此诗作于到乌鲁木齐后第二年,已看不出诗人对贬谪的愤懑,而良辰修禊、塞外觞咏,拉近了西域与江南的心理距离。

清代西域文人的雅集非常频繁,在这片遥远的土地上,文人们倡立诗社、集会联吟,诗筒互递,可谓"殆无虚日"④,道光年间的乌鲁木齐红山脚下,驻镇官员与遣戍文人共同成立过一个"定舫诗社",堪称清代西域文学及文化史上的一桩美谈。"定舫诗社"之名,分别见载于时任迪化直隶州知州成瑞《薜荔山庄诗文稿》,成瑞之子玉符《定舫旅吟剩稿》,以及遣戍文人黄濬《壶舟诗存》与其胞弟黄治《今樵诗存》。成瑞《定舫旅吟剩稿小序》写道:

> 长男玉符,幼不喜读书,粗知声韵。向随余于西徼庭州,与黄壶舟、江镜庭、姚心斋诸君同结定舫诗课。⑤

黄濬《薜荔山庄诗文稿序》也明确提及此事:

> 余自策蹇来庭州,交游寥落,所可问诗法者数人而已。……其二则成辑轩刺史、玉节亭郡判乔梓也。节亭诗如出水芙蕖,清芳丰逸,常与结定舫诗课。⑥

玉符在《小春中浣三日,玉壶、心镜为定舫诗课之会,时雪后新霁,因以快雪时晴为题各赋一章,不拘体不限韵》诗的题下自注中,更是说明了诗社之名的由来:

> 壶为黄壶舟,心为姚心斋湘芝,镜为江镜庭鉴,玉则余之名也。定舫,镜庭

---

① 徐松著,朱玉麒整理《西域水道记(外二种)》,中华书局 2005 年版,第 242 页。
② 王大枢《庚戌九日同戴员外、岳明府、陈司理、殷岫亭、富礼园、蔚问亭、何练塘、蒋锦峰登鉴远楼,次壁间原韵十绝》,《西征录》,《古籍珍本游记丛刊》第 13 册,线装书局 2003 年版,第 7043 页。
③ 史善长《味根山房诗钞》,《清代诗文集汇编》第 488 册,上海古籍出版社 2010 年版,第 640 页。
④ 汪廷楷《西行草自序》,《西行草》,道光十九年(1839)刊本。
⑤ 成瑞《定舫旅吟剩稿小序》,《定舫旅吟剩稿》,清咸丰刻本,叶一正。
⑥ 黄濬《薜荔山庄诗文稿序》,成瑞《薜荔山庄诗文稿》,道光二十四年刻本。

斋名,会中推镜庭为长,故诗课以定舫名之。①

所云"定舫诗课",即指诗社具体吟诗活动。由成瑞《霜塞联吟集小序》一文亦能感知诗社成员之间诗酒风流的雅兴:"霜侵半舫,残菊迎樽;月到疏窗,早梅入梦。曳杖赴消寒之约,围炉当秉烛之游。作客天涯,几度相逢开笑口;惊心岁暮,一时得句拍吟肩。风雅中可索解人,嚣尘外别开生面。百壶尽处,累块全消。七字拈来,声情俱逸。此日床联砚共,龙沙结诗酒之缘;他时云散风流,雁塞盼音书之寄。"②序言中所描述的,就是对塞外文人雅集时饮酒斗诗的生动写照。黄氏昆仲是道光时期乌鲁木齐最负盛名的诗人,其诗集中涉及诗社之事更屡见不鲜。黄濬《冬日庭州咏怀百韵次杜少陵秋日夔州咏怀寄郑监李宾客韵,即示江镜庭、姚心斋、玉节亭》诗中有"虚怀师对竹,清话社攀莲"句,自注谓:"与江镜庭、玉节亭、姚心斋结诗社。"③黄治《庭州杂诗追次杜少陵秦州杂诗二十首韵》其十九"幸逢天下士,樽酒聚骚坛"句下自注亦云"时红山有定舫诗社"④。两首诗均作于道光二十一年,是诗社的兴盛时期。"定舫诗社"这一特殊的风雅群体和诗学创作活动,是文人间砥砺精神、交流思想的途径,昭示了西域文人的生活状态⑤。

3. 民俗活动与生活习惯

在不曾到过西域的中原人士眼中,西域是凄风苦雨的流放地,不仅气候干旱、恶劣,而且人烟稀少,曾几何时,"西出阳关无故人"(王维《送元二使安西》)变成了"戍屯处处聚流人"(《乌鲁木齐杂诗·民俗》其三)⑥,出关孤独已经成为历史,清代有大量的内地移民来到西域,伴随移民的到来,一些江南盛行的民俗活动和生活方式也在西域出现,如庙会、赛龙舟、元宵灯会、踏青、戏曲、饮食习惯、诗文酒会等。

黄濬《六月六日水磨沟乡社之会,于岁中为最盛,地有林泉之美,同人招游,辞不往因成》云:"六月六日凉如秋,同人约我郊原游。笙歌正沸红山嘴,士女如云水磨沟。水磨沟压红山景,水木清华花掩映。衣香鬓影况联翩,塞外风华推绝境。"⑦诗中所言乡社之会就是在江南地区盛行的庙会。直到 1917 年,财政部特派员谢彬赴新疆考察,仍然可以看到当时繁盛的庙会,他记载:"妇女戴金玉,羞不相及,尚王

---

① 玉符《定舫旅吟剩稿》,清咸丰刻本,叶八正。
② 成瑞《薜荔山庄诗文稿》,道光二十四年刻本。
③ 黄濬《壶舟诗存》,咸丰八年刻本。
④ 黄治《今樵诗存》卷六,《清代诗文集汇编》第 606 册,上海古籍出版社 2010 年版,第 713 页。
⑤ 关于"定舫诗社"的流变过程与创作活动,详见吴华峰《道光年间乌鲁木齐"定舫诗社"钩沉》(《西域研究》2015 年第 3 期,第 125—130 页)一文,本文在讨论定舫诗社的主要成员和创作影响时亦参考此文。
⑥ 周轩、修仲一编注《纪晓岚新疆诗文》,新疆大学出版社 2006 年版,第 39 页。
⑦ 黄濬《壶舟诗存》,咸丰八年刻本,叶三背—叶四正。

鬼,饰寺观,每岁四五日,晴燠多雨,即赛神树下河滨。征歌演剧,男女杂坐,车服炫奢。"①赶庙会是江南水乡居民忙里偷闲、追求娱乐放松的出游形式。这一民俗在遥远边陲仍然能够长盛不衰,背后是经济发展、文化交融使然,也使得边塞世俗生活不再单调贫瘠,给各族居民的生活增添了无穷的乐趣。

在乌鲁木齐汉城内,有江南人聚集的"江南巷",洪亮吉嘉庆四年至乌垣,就曾在"汉城西门外江南巷访同乡"②。舒其绍的组诗《伊江杂咏》有诗《江南巷》云:

> 杏花春雨酒初酣,人影衣香见两三。欲把鞭丝深巷指,断肠依约到江南。③

诗前有小注"在北门外,烟花荟萃之区",将这样的烟花荟萃区称为"江南巷",一方面在于西域的江南人众多。另一方面因为狎妓风尚本身就盛行于商业繁荣、经济富庶、文人雅士聚集的江南地区。

伴随西域政局的稳定,清政府在西域屯垦政策的推行,先进的生产工具和生产技术陆续引入西域。西域地区亦可以种植水稻,如国梁《轮台八景·北湾稻畦》所写:

> 游牧昔善地,水云今江乡。决渠足春雨,招侣莳稻秧。畦明骑影度,预谙饼饵香。鸡豚亦有社,箫鼓可无腔。荷锄归晚唱,知是《豳风》章。④

此诗前小序谓:"城北二十五里卡子湾、九道湾,居民自高台县迁来,颇知务本节用,能艺稻。乃为购籽种于内地,散给之,俾辟芳塍,引渠水,莳青秧,万针刺波,弥望软翠在浮岚中,居然水乡风味。南人过之,当为唱《江南乐》《忆江南》矣,矧居民哉!"水稻这种源自我国南方的农作物,如此大规模的在西域种植,诗人用"居然水乡风味"表达了自己的惊喜。嘉庆年间来到西域的汪廷楷,看到此景亦有:"云屯稻事媲江乡,兵亦能农筑圃场。疏雨一犁春浪暖,晚风千顷稻花香。"⑤在他眼中的边疆水稻种植,已能与江南之地相媲美。

具有江南特点的食物,在西域也能够吃到。洪亮吉《伊犁纪事诗四十二首》其十五写过:"百辈都推食品工,剪蔬饶复有乡风。铜盘炙得花猪好,端正仍如路侍中。"⑥自注云:"同里赵上舍炳,先以事戍伊犁,今馆于绥定城。食品最工,烧花猪肉

---

① 谢彬《新疆游记》,新疆人民出版社1990年版,第40页。
② 洪亮吉《遣戍伊犁日记》,修仲一、周轩编注《洪亮吉新疆诗文》,新疆大学出版社2006年版,第56页。
③ 舒其绍《听雪集》,《清代诗文集汇编》第403册,上海古籍出版社2010年版,第376页。
④ 国梁《澄悦堂诗集》,《清代诗文集汇编》第342册,上海古籍出版社2010年版,第112页。
⑤ 汪廷楷《伊江杂咏》,《西行草》,道光十九年刊本,叶二十四背。
⑥ 洪亮吉著,刘德权点校《洪亮吉集》,中华书局2001年版,第1212页。

尤美。"在西域地区,饮宴待客依然饶有故乡之风。纪晓岚《乌鲁木齐杂诗·物产》有:"蒲桃法酒莫重陈,小勺鹅黄一色匀。携得江南风味到,夏家新酿洞庭春。"(其一)①注云:"贵州夏犀以绍兴法造酒,名曰'仿南',风味不减。"在西域仍然可以品尝到"江南风味"的美酒。内地人多认为西域干旱不产鱼,实际上西域地区也有为数不少的河流湖泊,有许多产鱼区。纪昀有:"昌吉新鱼贯柳条,笭箵入市乱相招。芦芽细点银丝脍,人到松陵十四桥。"(《乌鲁木齐杂诗·物产》其五十九)②自注云:"秦地少鱼,昌吉河七道湾乃产之。羹以芦芽或蒲笋,颇饶风味。""松陵十四桥"出自南宋姜夔的《过垂虹》诗"曲终过尽松陵路,回首烟波十四桥",吃到了江南风味的食物,仿佛置身于苏州垂虹桥。

江南人喜食的鲈鱼在西域也能够捕捞。朱腹松诗中记载"携竿不羡鲈鱼美,怕引秋风上钓丝",注语曰:"伊江所产,以鲈鱼为最。"③庄肇奎则描写更为细致:"有馈鲈鱼一尺长,四腮形状似江乡。秋风莫漫思张翰,且喜烹鲜佐客觞。"(《伊犁纪事二十首效竹枝体》其十九)④汪廷楷《伊江杂咏》中的相关描写,可以与庄肇奎诗相互补充:"一样锦鳞河上好,四腮鲈美卖鱼庄。"末句注语谓:"伊犁城外大河一道,产鱼甚多。又另有支河一处,专出四腮鱼。"⑤鲈鱼鳃膜上各有两橙红色的斜条,状似四片外露的鳃叶,古人误认为这是真腮,以为这种鱼有四个腮,故称"四腮鱼",这是产于江南的松江鲈鱼的一个明显特点,因此古人常将松江鲈鱼称为"四鳃鲈"。而上述诗中所言鲈鱼是指生活在伊犁河流域的伊犁鲈,但外形与松江鲈鱼相似,也有"四鳃",因此庄肇奎有"四腮形状似江乡"之叹。在西域可以吃到鲈鱼,外形又酷似江南鲈鱼,消解着文人根深蒂固的乡愁。正如纪昀所言:"留得吟诗张翰住,鲈鱼忘却忆江东。"(《乌鲁木齐杂诗·民俗》其十一)⑥他认为如果张翰能来乌鲁木齐,恐怕也不再思乡。

在清代西域,上至伊犁将军,下至遣戍文人,他们对于江南化的生活方式的追求,与乾隆朝平定西域之后政局稳定、经济发展有密切关系。当文人们西行至西域,也会有"千里少人烟"之感,但他们真正抵达乌鲁木齐、伊犁时,都惊叹于这些塞外重镇的人口稠密与市井繁华。清人椿园七十一赞道:"(乌鲁木齐)字号店铺,鳞次栉比,市衢宽敞,人民辐辏。茶寮酒肆,优伶歌童,工艺技艺之人,无一不备,繁华

① 周轩、修仲一编注《纪晓岚新疆诗文》,新疆大学出版社 2006 年版,第 70 页。
② 周轩、修仲一编注《纪晓岚新疆诗文》,新疆大学出版社 2006 年版,第 118 页。
③ 朱腹松《伊江杂咏十首》其三,《塞上草》卷一,清嘉庆间刻本,叶十四正。
④ 庄肇奎《胥园诗钞》,《清代诗文集汇编》第 363 册,上海古籍出版社 2010 年版,第 52 页。
⑤ 汪廷楷《西行草》,道光十九年刊本,叶二十四背。
⑥ 周轩、修仲一编注《纪晓岚新疆诗文》,新疆大学出版社 2006 年版,第 45 页。

富庶,甲于关外。"①纪昀在《乌鲁木齐杂诗·民俗》中甚至写道:"到处歌楼到处花,塞垣此处擅繁华。"(其十四)②嘉道时期的遣员史善长谈及乌鲁木齐景观时言:"酒肆错茶园,不异中华里。"(《到乌鲁木齐》)③同样在道光年间来到乌鲁木齐的黄濬也说"尘阓与人海,约略如京师"④。此时的乌鲁木齐可谓塞外巨镇。西域不再是蛮荒苦寒的代名词,这里经济繁荣,人文蔚发,与江南城镇已然没有了曾经巨大的差异。

西域的娱乐生活也异常丰富。史善长《轮台杂记》中记载乌鲁木齐"车马喧阗、袨帷汗雨、戏园酒馆不异中华。达旦笙歌、四时游乐"⑤,纪昀记载:"玉笛银筝夜不休,城南城北酒家楼。春明门外梨园部,风景依稀忆旧游。"(《乌鲁木齐杂诗·游览》其九)⑥这里的酒楼彻夜不休,每天都是玉笛银筝,和诗人之前在内地所见已经没有什么不同。纪昀又感慨:"越曲吴歈出塞多,红牙旧拍未全讹。"(《乌鲁木齐杂诗·游览》其十)⑦这些吴歌越曲也出塞来到了西域,红牙板的节拍也并未走样。

西域的繁华热闹在节日中表现的更加明显,黄濬的《红山灯市秧歌行》就表现了红山脚下元宵佳节热闹的歌舞盛事:"成群魑魅逐钲鼓,杂摩登女阿修罗。一人略似卖药叟,毳裘乌伞霜髯旛。领队前行中地立,余似水怪回旋涡。数人于思衣短后,数人涂抹装娇娥。五六七人面朱墨,跳跃觳觫随鸣鼍。唱歌一曲鼓一奏,翻转呈态疑天魔。忽然鼓罢各分散,三人前立形婆娑。花面一奴舞回手,花衣一女摇盘窝。一僮张衣旁踯躅,不惮坐起肩相摩。红巾掷地各争拾,奔驰往复如穿梭。毕竟鸦鬟能夺胜,捉巾在手无人呵。一群鸟散复一队,参错火树银花多。"作者不惮繁缛华丽的辞藻,浓墨重彩,大力铺陈元宵节花灯焰火,锦绣交辉,灯烛通明、游人满路的喜庆景象。而这满眼繁华的元宵之夜,是塞外边城乌鲁木齐。秧歌有很强的汉族民俗文化特色,在红山的元宵之夜,却绽放出不一样的光彩,不禁令人大开眼界。这里的秧歌更具有表演性和戏剧性,打破了秧歌通常的双人或三人对舞的程式,队形多变,形象夸张。难怪诗人用"我闻古有靺鞨舞,此种比似知如何。又闻婆罗门最幻,较此奇幻当无过"来形容自己的所见。西域的秧歌,正是吸收了民族歌舞麦西来普的表演特点,吸收西域民族歌舞艺术营养,浸润了传统宗教在鬼神崇拜和巫

---

① 椿园七十一《西域闻见录》,《中国西北文献丛书·西北民俗文献》,兰州古籍书店1990年版,第167页。
② 周轩、修仲一编注《纪晓岚新疆诗文》,新疆大学出版社2006年版,第70页。
③ 史善长《味根山房诗钞》,《清代诗文集汇编》第488册,上海古籍出版社2010年版,第630页。
④ 黄濬《由哈密抵乌鲁木齐一千六百里,循前玉门至哈密之例,荟而成诗,盖至乌鲁木齐而西戍之行毕矣,乌鲁木齐今为迪化州》,《壶舟诗存》,咸丰八年刻本,叶四十六背。
⑤ 史善长《轮台杂记》,《中国稀见地方史料集成》第61册,学苑出版社2010年版,第441页。
⑥ 周轩、修仲一编注《纪晓岚新疆诗文》,新疆大学出版社2006年版,第133页。
⑦ 周轩、修仲一编注《纪晓岚新疆诗文》,新疆大学出版社2006年版,第134页。

术活动的仪式特征,呈现出神秘莫测、蔚然大观之气象,展现出西域文化的多元化特征。

可以看出,西域地区的士林风气与生活方式已经发生了巨大变化,更加类似于江南,从这些表现可以看出身处西域的士大夫和上层官宦在边疆依然追求精致的生活雅趣,在边防重地沉浸于升平之乐的习惯之中。在某种程度上体现了当时西域地区重享乐的士林风气。但这并不能简单理解为一种消极享乐主义,换一种角度来看,这些现象体现了清代西域经济发展带来人文水平的提高,相对于汉唐时期一味渲染边塞的寒苦荒凉,这里人文活动丰富,进一步开拓了西域诗的表现领域。

三、西域情思的江南化

自唐代以来,西域诗所展现的情思往往集中在两个方面。一是对边塞建功的崇尚,直言对于功业的向往,以及对国家一统的强烈使命感。如王昌龄的"黄沙百战穿金甲,不破楼兰终不还"(《从军行》其四),高适的"万里不惜死,一朝得成功,画图麒麟阁,入朝明光宫"(《塞下曲》),岑参的"功名只向马上取,真是英雄一丈夫"(《送李副使赴碛西官军》)等,这些诗篇都描写了西域戎马倥偬的战斗生活,充斥着骁勇善战的尚武精神,把个人功名同报效国家联系在一起。二是表现战争的残酷和戍卒的辛酸,思妇与士卒的相思离愁。如李颀的"闻道玉门犹被遮,应将性命逐轻车。年年战骨埋荒外,空见蒲桃入汉家"(《古从军行》)。杜甫也有"万里流沙道,西行过此门。但添新战骨,不返旧征魂"(《东楼》)等。总体而言,唐代西域诗情调或激昂或凄怆,都呈现出历史与现实交汇的沧桑厚重,体现出阳刚之美。

在清代的西域诗中,伴随着战事的平定和西域经济的发展,建功立业的抱负与士卒的辛酸都不再是最重要的主题,清代西域诗的描写题材更加丰富,在主题上与内地其他地区的诗作没有明显的区别。在多种主题与情感之中,眷恋江南是一种常常被提及的情怀,原本刚健尚武的西域精神被江南的纤丽柔婉的情思所取代,赋予了西域诗一种南方特有的优柔气质,打破了西域诗的惯常印象。

1. 乡关之思的表达

江南文化因子已经渗入诗人的头脑,无论故乡是否来自江南,诗人在描绘思乡之情时,很自然地将故乡赋予了江南特征。

庄肇奎在塞外生活了八年之久,还未出嘉峪关时,诗人就悲吟"忽来塞外数邮亭,越鸟哀吟剪弱翎"(《出嘉峪关纪行二十首》)①,诗中化用"越鸟巢南枝"(《古诗十九首·行行重行行》),强化思归之情,他乡为客,挥之不去的漂泊感时时萦绕,在

---

① 庄肇奎《胥园诗钞》,《清代诗文集汇编》第 363 册,上海古籍出版社 2010 年版,第 31 页。

《雪朝约同人晓夕、徐溉余因病不至,走笔问之》诗中,他写到"永嘉风雨话清宵""何当归弄浙江潮"①。思乡怀归之情无时无刻不充溢在他的作品中,乡关之思是这些贬谪文人共同的话题,看到他乡之云,他望云兴叹:"如何吟钓客,不共水云乡。坞曲停舟梦,峰高采药香。"(《闲云》)②在对江南的眷恋中蕴含着诗人对故土的依恋,江南的眷恋,主要见于庄肇奎在西域生活期间。嘉庆二年,他升任广东布政使,在这一时期的诗作中,江南的眷恋在他的诗歌中反而弱化稀见了,可见塞外绝域与江南水乡的强烈地理反差是其"江南情结"的催化剂。许多诗人,恰恰是在西域,有了更浓厚的江南情结。正如庄肇奎诗友陈庭学所写:"试听越吟思,求归颜蠋真。何当返泽国,相趁蓑笠人。"(《次朱端书寄赠五首》其五)③很自然地也将"江南"作为自己怀归的情感寄托。

　　塞外的一事一景均有可能成为诗人江南情结的催化剂,如浙江山阴人史善长,来西域后看到雪景,有诗云:"帐撤销金怜塞上,鞭敲暖玉忆江南。江南此际薰风透,一领蕉衫人影瘦。"(《四月初二日大雪》)④《对雨》诗云:"醉里不知身万里,落花时节在江南。"⑤无论是雪景还是雨景,都抹不去对江南的眷恋。又如朱腹松塞外听曲,触动他的江南情思:"江南子弟边关老,唱断昆山泪满襟。"⑥"听歌欲赌双鬟唱,肠断江南旧酒楼。"⑦黄治因为登临有感写下:"登临劝我无穷思,颇忆江南菡萏乡。"⑧洪亮吉则有"同向瞭高台上立,欲从何处望江城。"⑨邓廷桢乃由林则徐送鱼之事,引发"怅触江南好风味"(《少穆馈鱼口占志谢》)的回忆⑩。在词作中亦有"为念垂虹虾菜,正半江红树,寒水烟笼"(《甘州·食四鳃鲈》)之语⑪,表达无限乡关之思。

　　诗人们亦从微观角度编织着江南之思,代表江南的名物频繁出现在诗中。如"吴舟",陈庭学《寒夜有怀》:"京华归尚远,遑问返吴舟。"⑫如"西湖",陈寅《纳中峰

①　庄肇奎《胥园诗钞》,《清代诗文集汇编》第363册,上海古籍出版社2010年版,第36页。
②　庄肇奎《胥园诗钞》,《清代诗文集汇编》第363册,上海古籍出版社2010年版,第37页。
③　陈庭学《塞垣吟草》,《清代诗文集汇编》第395册,上海古籍出版社2010年版,第384页。
④　史善长《味根山房诗钞》,《清代诗文集汇编》第488册,上海古籍出版社2010年版,第637页。
⑤　史善长《味根山房诗钞》,《清代诗文集汇编》第488册,上海古籍出版社2010年版,第641页。
⑥　朱腹松《伊江杂咏十首》其八,《塞上草》卷一,清嘉庆间刻本,叶十四背。
⑦　朱腹松《客中吟十首·客吟》,《塞上草》卷二,清嘉庆间刻本,叶十四正。
⑧　黄治《琦统帅(琛)招同豫榷使(堃)云观察(麟)宴集水磨沟》,《续修四库全书》第1685册,上海古籍出版社2002年版。
⑨　洪亮吉《赠呼图壁巡检沈仁澍》,刘德权点校《洪亮吉集》,中华书局2001年版,第1210页。
⑩　邓廷桢《双砚斋诗钞》,《清代诗文集汇编》第520册,上海古籍出版社2010年版,第118页。
⑪　邓廷桢《双砚斋词钞》,《清代诗文集汇编》第520册,上海古籍出版社2010年版,第159页。
⑫　陈庭学《塞垣吟草》,《清代诗文集汇编》第395册,上海古籍出版社2010年版,第407页。

总镇署开并头莲纪瑞》其一："不须六月西湖景，紫塞偏开别样红。"①如"莼鲈"，陈庭学《祀灶日寿胥园四首》："土风可但莼鲈美，沙漠焉知稻蟹肥。"②由于张翰"莼鲈之思"之典早已广播天下，莼鲈也成为江南的代指。陈寅《重阳次来青观察韵》"湖上莼鲈竹里树"亦有此意③。又如"六桥"，诗云"遥忆故乡湖上景，高车相望六桥边"（《暮春陪方来青观察游德氏花园》）④，"六桥明月金闺梦，一样清辉两地看"（钟镛《中秋即事》）⑤。陈庭学看到岸边的一艘木筏，能引起他"争似绿簑烟雨舫，渔童恰可俪樵青"（《枯槎》）的联想⑥。史善长见西域下雪而联系江南之春："南方当此日，风絮扑窗纱。"（《三月二十六日雪》）⑦诸如此类，成为西域诗人们眷恋江南的一种隐性表达。

值得注意的是，江南情结的表达其实并不限于江南籍文人，一代一代出关的文人，无论是否来自江南，总会不约而同地想起江南。以江南情结寄托怀乡之思，成为当时出关文人的共性。江南情结就如同心灵的安慰剂，起到联接故土、平复情感的作用。如舒其绍《听雪集》就有很多诗写"江南"，如：

西泠十载阻归骖，水驿山程细细探。今日画图重省识，几回歌枕梦江南。（《题冷香画梅四首》其三）⑧

我已十年尘梦觉，无端春恨绕扬州。（《谢舒梦亭冠军赠芍药六首》其一）⑨

吴山越水碧氄氄，赌胜双鬟酒半酣。今日歌声听不得，断肠依约在江南。（《月夜听古紫山游戎弹词四首》其二）⑩

山郭水村何处好，小楼春雨忆江南。（《与赵自怡参写绥园看杏花》）⑪

这些作品都通过对江南典型意象的描摹捕捉，表现了对于江南风物的深沉眷恋，整体上带有南方文人的优柔气质。

舒其绍是河北任丘人，但他曾任浙江长兴县的知县，这是他为何在诗中频频出现"江南"的重要原因。他在任上因秋审失察而遣戍伊犁，在伊犁生活期间，他的思

---

① 陈寅《向日堂诗集》，《清代诗文集汇编》第 398 册，上海古籍出版社 2010 年版，第 694 页。
② 陈庭学《塞垣吟草》，《清代诗文集汇编》第 395 册，上海古籍出版社 2010 年版，第 379 页。
③ 陈寅《向日堂诗集》，《清代诗文集汇编》第 398 册，上海古籍出版社 2010 年版，第 686 页。
④ 陈寅《向日堂诗集》，《清代诗文集汇编》第 398 册，上海古籍出版社 2010 年版，第 678 页。
⑤ 星汉《清代西域诗辑注》，新疆人民出版社 1996 年版，第 455 页。
⑥ 陈庭学《塞垣吟草》，《清代诗文集汇编》第 395 册，上海古籍出版社 2010 年版，第 394 页。
⑦ 史善长《味根山房诗钞》，《清代诗文集汇编》第 488 册，上海古籍出版社 2010 年版，第 636 页。
⑧ 舒其绍《听雪集》，《清代诗文集汇编》第 403 册，上海古籍出版社 2010 年版，第 320 页。
⑨ 舒其绍《听雪集》，《清代诗文集汇编》第 403 册，上海古籍出版社 2010 年版，第 320 页。
⑩ 舒其绍《听雪集》，《清代诗文集汇编》第 403 册，上海古籍出版社 2010 年版，第 320 页。
⑪ 舒其绍《听雪集》，《清代诗文集汇编》第 403 册，上海古籍出版社 2010 年版，第 358 页。

乡之情不指向故乡任丘,而说"我家水云乡,飞雁鸣晨浦"(《雁来红》)①,用江南代指故乡。同样的感触,时人中非常常见,如杨廷理《春怀》诗云:"三春花鸟天南梦,八月冰霜塞北愁。"《秋晚书怀借用舒春林明府赏菊韵》②又云:"旅怀偏易感苍凉,又忆江乡桔柚黄。"③《秦斗庵枸访旧来伊,相逢万里气意颇真,分手时出盱眙图索书,即以赠行》中也有"不待西风忆碧鲈"的描写④,对于这位生长于广西、长期任职台湾知府的官员来说,其江南情思在诗中的表现也是如此自然。

　　少数民族作家笔下亦有明显的江南文化特征。如铁保诗中经常流露出对江南的眷恋,他在西域作《四忆诗》,分别怀念江南事物,其四云:"我忆江南风景和,春花秋月等闲过。兰旗桂棹摇红雨,蟹舍鱼庄趁绿莎。"⑤《次及门阮中丞寄怀元韵》云:"南云迥首是他乡,身到轮台客梦长。"⑥《春日》云:"行到溪山最佳处,杏花时节忆江南。"⑦《车中口占》其四云:"忽听塞垣懊恼曲,晓风残月忆江南。"⑧懊恼曲指乐府吴声歌曲名,亦作懊侬歌。产生于南朝江南民间,抒写男女爱情受到挫折的苦恼。诗人在这里听到了西域少数民族的情歌,牵动其对江南的遐想。这一情感在其他少数民族作家中亦能见到,舒敏诗《题陈静涵孝廉懿本画枇杷》云:"今日篷头惆怅甚,金丸颗颗忆江南。"⑨《梅花六首·忆梅》云:"依稀记得江南路,水驿山程到处香。"⑩《端阳四首》其四又有:"歌裙舞扇记扬州,彩胜朱符压满头。杏子衫轻风力软,笑携红袖看龙舟。"⑪这些诗用缠绵悱恻的语言刻画了对江南的眷恋,在西域诗中并不鲜见。

　　清代西域诗人对"江南"的眷恋以及相关情感的抒发,源自以"江南"暗寓乡关之思的表达方式,沿着文学史脉络向上溯源,其源头可以追溯到庾信的《哀江南赋》。虽然西域诗中"江南情结"的思想表达,缺乏《哀江南赋》所开启的政治意味,但是同样深刻。江南因此具有了"精神故乡"的文化承载,常常出现在无论是否是来自江南的清代西域诗人的诗作之中。

---

① 舒其绍《听雪集》,《清代诗文集汇编》第 403 册,上海古籍出版社 2010 年版,第 326 页。
② 杨廷理《知还书屋诗钞》,《清代诗文集汇编》第 418 册,上海古籍出版社 2010 年版,第 545 页。
③ 杨廷理《知还书屋诗钞》,《清代诗文集汇编》第 418 册,上海古籍出版社 2010 年版,第 559 页。
④ 杨廷理《知还书屋诗钞》,《清代诗文集汇编》第 418 册,上海古籍出版社 2010 年版,第 563 页。
⑤ 铁保《惟清斋全集》,《清代诗文集汇编》第 432 册,上海古籍出版社 2010 年版,第 564 页。
⑥ 铁保《惟清斋全集》,《清代诗文集汇编》第 432 册,上海古籍出版社 2010 年版,第 560 页。
⑦ 铁保《惟清斋全集》,《清代诗文集汇编》第 432 册,上海古籍出版社 2010 年版,第 567 页。
⑧ 铁保《惟清斋全集》,《清代诗文集汇编》第 432 册,上海古籍出版社 2010 年版,第 559 页。
⑨ 舒敏《适斋居士集》,《清代诗文集汇编》第 520 册,上海古籍出版社 2010 年版,第 655 页。
⑩ 舒敏《适斋居士集》,《清代诗文集汇编》第 520 册,上海古籍出版社 2010 年版,第 664 页。
⑪ 舒敏《适斋居士集》,《清代诗文集汇编》第 520 册,上海古籍出版社 2010 年版,第 660 页。

2. 隐逸情怀的向往

相对于唐人渴望在西域建功,清代身处西域的士人,身份多为贬谪文人,他们更渴望精神上的慰藉。江南是文人的逆境中的精神家园。思恋江南作为来到西域后环境改变与冲突之下的应激策略,抚慰了文人的内心,在清代西域诗人笔下,深藏功与名,更多是通过对江南的自然山水、林泉风月的遐想获得心灵的宁静与解脱,也是应对现实人生的无奈之举。来看朱腹松《郊外桃花盛开欲往未果,用柳南先生看花诗韵感赋二首》①:

> 廿四番风次第栏,拥裘斗室怯余寒。客愁倍较春前剧,花事都从梦里看。自笑迷途回辙早,空劳待旦着鞭难。笔床茶灶频经理,好把生涯付钓竿。

> 荣枯转瞬一无真,华发惊看入发新。蝶化花间谁是我,鸥飞海上且依人。纵情酒国怀嵇阮,受学诗坛愧白申。请待来年二三月,买舟同泛武林春。

柳南先生名施光辂,字静方,号柳南。乾隆戊子举人,官至叙州知府,为朱腹松在西域的好友。友人陈庭学曾谓其"旧值枢廷。……与余俱授主事衔"②。他们都作为废员在西域再次被启用,虽为"弃瑕录用",但黯淡的政治前途,职事的琐碎繁冗,都消磨着废员的生命,他们在西域筑园林,效法嵇、阮放浪形骸,在精神上则期待"好把生涯付钓竿"和"买舟同泛武林春"的归宿,能够在江南的秀丽山水中过上远离尘世喧嚣的生活。诗歌结尾处,通过对江南的眷恋,表达了二人的隐逸之志。

江南自古就是士人漫游隐居的目的地,蕴含着自然天成的隐逸之气。江苏长洲(今苏州)人蒋业晋,来到西域后,屡屡通过对江南的眷恋表达自己的隐逸之思,如其诗《春日遣怀和东坡春思且怀吴越山水韵》③:

> 萧斋淡无营,春光来寂静。诗笔偶试拈,万象供驰骋。我家五湖滨,天湛芙蓉镜。烟波足系思,梦泛横塘艇。何慕阳羡田,古人愿已竟。昨诏颁金鸡,赦书自天定。紫气从东瞻,一动归欤兴。消息至何时,喜剧生畏敬。乌垒得拙身,桃坞重扫迳。他日扣柴扉,先期三绝郑。

蒋业晋因受黄梅县监生石卓槐"嫁名鉴定诗集"案牵连,被革职发配西域,写此诗时已在西域生活了多年,"昨诏"句下诗人自注"近接部文奉旨于元旦日,普颁恩诏",得知朝廷准其归家,诗人的化用苏轼的"买田阳羡吾将老"之句,可见此番磨难让他对于仕途已经没有期待,当心心念念的归隐江南即将实现的时候,他短暂快乐

---

① 朱腹松《塞上草》卷四,清嘉庆间刻本,叶五正。
② 陈庭学《塞垣吟草》,《清代诗文集汇编》第395册,上海古籍出版社2010年版,第399页。
③ 蒋业晋《立厓诗钞》,《清代诗文集汇编》第365册,上海古籍出版社2010年版,第74页。

后又深感"畏敬",用比兴之法借江南风物深隐婉曲地传递了他内心中的惶恐,他渴望能够徜徉于江南佳山丽水之中以避祸全身。

乾隆四十九年,庄肇奎被伊犁将军伊勒图起用为伊犁抚民同知,身份从废员转变为地方五品官员,他在署中专辟一室栽花,并在此筑屋,暇日小憩,但时间并未冲散他的"江南情结",他在《予既于廨西治圃艺花,并筑船室》诗中云①:

> 荒畦初辟斩然新,扶杖吟探小圃春。病叟种花天一角,虚航受月影三人。
> 苇篱草长盘空缕,柳沼风低簇细鳞。万斛黄沙都不染,雪山孤洁是吾邻。
>
> 坐来消受午风凉,一道新渠半亩塘。春水划分花柳界,雨窗采煮豆蔬香。
> 常凭薄醉消羁况,恰倚孤篷看夕阳。便拟浮槎天汉上,凌风直下到江乡。

雪山为邻,花草为伴,庄肇奎在塞外精心营造的一方与世隔绝的天地中,安享自乐,乐而忘忧,寻找精神安顿和人格的完善。这里"万斛黄沙都不染,雪山孤洁是吾邻",要以林泉高致固守自己孤洁的情操。此时身份已经由废员变为官员的庄肇奎,依然期待"凌风直下到江乡",其中"江乡"指江南水乡,"下江乡"的企盼,不仅仅是思归之情,也代指了作者对于悠闲雅致的生活和旷达洒脱的人格理想的追求。

对于江南文化的认同,体现了对诗意生活的追求,对精致生活的向往,成就了内心中的隐逸情怀,作为来到西域后环境改变与冲突之下的应激策略,抚慰了文人的内心,是文人的逆境中的精神家园。江南属于内向型的文化特征,从范蠡游五湖到谢灵运隐居会稽,江南指向隐逸、自省,生息悠游在江南旖旎秀丽的自然风光里,很容易沉浸于山温水软的佳丽之地忘却功名利禄。而西域则属于外向型文化特征,从建功异域的班超到燕然勒铭的窦宪,指向功业、家国情怀。因此在中国诗歌发展的长河中,身在江南往往如白居易来到江南后的"心适忘是非",而身在西域则如岑参的豪言"功名只向马上取",展现出积极进取的精神,毫不掩饰对于功名富贵的企盼。这两种截然不同的心理范式,背后实际是仕与隐的矛盾,"江南"与"西域"交互描写,亦是作家本心的展示。士人们都面临着穷与达、跻身朝堂与退隐山林的不同选择,这是中国传统士人出处进退时共有的心路历程。许多清代西域诗人将西域与江南放在不同的时空经历之中相较,如黄濬有"老来无梦到西湖,却画天山雪猎图"②,其弟黄治有"冰霜漠北新游绪,琴鹤江南旧宦情"③,铁保有"梦依吴越

---

① 庄肇奎《胥园诗钞》,《清代诗文集汇编》第 363 册,上海古籍出版社 2010 年版,第 39 页。
② 黄濬《六月六日水磨沟乡社之会,于岁中为最盛,地有林泉之美,同人招游,辞不往因成》,《壶舟诗存》,咸丰八年刻本,叶三十背—叶三十一正。
③ 黄治《家兄喜余来江作诗见示即次其韵》,《今樵诗存》,《清代诗文集汇编》第 606 册,上海古籍出版社 2010 年版,第 675 页。

江山外,身到昆仑碣石间"①。得知自己被遣戍西域的裴景福,在狱中作《闻有新疆之役偶赋》云:"雪山瀚海闲经过,再到江南看杏花。"②很明显,这些诗句所指向的地域环境差异是表层的,深层则是人生境界和阶段不同造成的出处抉择的不同。

结　语

元代有一批西域诗人流寓江南,如被誉为"元诗冠冕"的萨都剌,晚年流寓杭州等地,"以西域人写江南景物,另有一番新鲜之感"③。很多学者正是注意到这一文化现象,潘清指出:"元代蒙古人、色目文化给江南文化注入了新的质素,使江南文化的范畴得到扩展,内涵更丰富,形式更加多样。"④文化交融的脚步从未停止,在清代,这一现象翻转过来,江南文化亦为西域文化注入了新的质素。

文学西域的抒写融入江南的元素,并非单纯是"越鸟巢南枝"的思乡情结,亦非"虽信美而非吾土"的高墙壁垒。因为有清一代,呈现这种特征的作家人数众多,其中既有汉族作家,也有少数民族作家,有江南作家,亦有非江南作家。任何地域文化特质背后都有人文精神属性。无论是西域还是江南,这些具有强烈地域色彩的语汇符号的作用并非仅仅为了映射出西域与江南特殊的地理环境,其根本目的还在于展现诗人真实的生存空间、生活感受与思想情感。西域描写的江南化,承载了文人对于精致生活的向往,呈现了内心的隐逸情怀。

在中华漫漫历史长河中,交融和渗透始终是地域与地域之间的主要趋向。江南成为西域民族文化融合的优质媒介,在西域被怀想、被眷恋,这不仅是西域社会稳定、经济繁荣、文化交往的明证,同时也从主观上拉近了内地文人与西域的心理距离。清代西域各族诗人们在此抒写、传播江南文化,是中华文化在历史长河中不断渗透交融的必然产物,在边疆地区进一步牢固树立大一统的地缘结构秩序,亦是中华多元一体文化的生动诠释。

宋光宗绍熙三年(1192)冬,一个风雨飘摇的夜晚,迟暮之年的陆游在故乡浙江山阴,静听风雨,壮怀激烈,感慨道:"僵卧孤村不自哀,尚思为国戍轮台。"(《十一月四日风雨大作》)陆游身在江南的卧榻之上,却将笔触延伸到遥远的西域,南宋朝廷偏安江左,西域早已不在南宋统治范围之内,陆游一生甚至从未到过真正意义上的北方,西域更是遥不可及的梦想,但对西域的遥想激荡着诗人深沉的爱国之情,体

---

① 铁保《书怀二首》,《惟清斋全集》,《清代诗文集汇编》第432册,上海古籍出版社2010年版,第563页。

② 裴景福《河海昆仑录》,中国国际广播出版社2016年版,第14页。

③ 杨义、汤晓青《北方民族文化与中国古代文学》,《社会科学战线》2003年第3期。

④ 潘清《元代江南民族重组与文化交融》,凤凰出版社2006年版,第114页。

现了独立于政治与现实之外浸润着民族意识的心理疆域。相较陆游,清人似乎要更加幸运,清乾隆三十五年,毕沅至乌鲁木齐视察屯田,于途中有诗云:"安西至江南,迢遥一万里。其间关与山,满地月如水。"(《浦海望月歌》)①安西,即唐玄宗贞观十四年(640)于高昌境内初置的安西都护府,安西乃大唐疆土最遥远的西极,此时,诗人正停驻巴里坤湖畔,从这里到江南,道阻且长,广阔的空间、绵长的历史滋生了诗人强烈的民族自豪感。从陆游到毕沅,时代不同、情感不同,然而士人内心深处大一统的国家观念与民族意识,穿越了辽远深邃的时空,从未割裂!

(作者单位:新疆师范大学中国语言文学学院)

---

① 毕沅《灵岩山人诗集》,《清代诗文集汇编》第 369 册,上海古籍出版社 2010 年版,第 568 页。

《清凉山小志》考

陈　龙

一、序和作者

《清凉山小志》(清乾隆十一年刻本,以下简称《小志》)是关于五台山的一部志书,著者为清代"和硕和亲王"弘昼,成书于乾隆十一年(1746)十二月①,记录了五台山寺庙三十八座,并配以三十六首自撰七言律诗。多年以来,因其藏于馆阁,鲜为人知,故前代学者少有论及,本文对其作简要考证。其序云:

> 古晋西北隅,奇山最多。遥望数峰,插于云表。询其胜迹,金曰五台,考其瑞灵,金曰文殊于此现像。是真名山之最胜者矣。而五台与普陀、峨眉二山,并传不朽。所以五岳之外,又有三山,明其盛也。而文殊现于五台,犹普陀之有慈航,峨眉之有普贤,山与菩萨同昭千古。虽三尺童子,莫不知三大士之灵感,为世所钦尊者也。然而北地之人,间有朝普陀者矣。问入西蜀而谒峨眉者,寥寥也。而五台近在右弼,非若峨眉之远,视普陀为尤近。何朝五台之人,不与普陀共盛,竟与峨眉同,尤可异焉。余少住官闱,长司王事,本无刻暇,难兴朝顶之志。幸随驾西巡,省方之外,得瞻五台奇峰。复奉命拈香拜谒,各岭禅寺。吟览胜景,因名询实。又遇天气融和,罡风顿收,人无畏寒之苦,物有献瑞之祥,度非盛德感格不致此。因以遍游五台,不遗一岭,于所随喜诸寺中,兼施心经、福字、阴骘文等物。虽一时之殊遇,诚千古之盛观也。爰集为序,聊以志斯游之盛云。

"五岳之外,又有三山",作为五台山的一部志书,文中首先点明了五台山作为佛教名山的重要性,"五台与普陀、峨眉二山,并传不朽"。接着又阐明五台、普陀和峨眉分别为文殊、普贤和观音"三大士"之应化道场。可见,现在人所共知的"佛教四大名山"之说在清乾隆朝时尚未盛行,但"三山"和"三大士"之说已为人们广泛接

---

① 卷末:"时乾隆十一年岁次丙寅十二月,和硕和亲王自书卷后。"弘昼《清凉山小志》,清乾隆十一年刻本,第33页。

343

受，"虽三尺童子，莫不知三大士之灵感，为世所钦尊者也"①。考其源流，"三山"和"三大士"都是有"经典记载"为其神圣依据的。晋译《华严经·菩萨住处品》记载："东北方有菩萨住处，名清凉山，过去诸菩萨常于中住；彼现有菩萨，名文殊师利，有一万菩萨眷属，常为说法。……西南方有菩萨住处，名树提光明山，过去诸菩萨常于中住；彼现有菩萨，名贤首，有三千菩萨眷属，常为说法。"②唐译《华严经·入法界品》云："善男子！于此南方有山，名补怛洛迦；彼有菩萨，名观自在。"③可见文殊、普贤和观音"三大士"的"经典来源"皆为《大方广佛华严经》，他们应化道场最初分别为"清凉山""树提光明山"和"补怛洛迦山"。随着时间的推移，"清凉山"被确定为五台山，"树提光明山"被确定为峨眉山，"补怛洛迦山"被确定为普陀山。进一步追溯，早在明代就出现了"三大道场"或"三大名山"之说：

> 震旦国中，三大道场，西峨眉以普贤，北五台以文殊而我东海补陀以观世音。西北距佛国不远，道法渐摩，近而且易。东海僻在深阻，声迹荒遐，众生久苦沉沦，熏染五浊，如来重愍之。兹观世音之开化补陀，津梁娑竭，良有以也。峨眉、五台深峭雄拔，秀甲齐州。而补陀独立大瀛海中孤绝处，尤为奇特。④

明万历乙丑(1589)屠隆撰《补陀山志序》就将五台与峨眉、普陀三大道场并称，可见"三大道场"或"三大名山"最晚在明代已经出现。至和硕和亲王弘昼乾隆十一年(1746)"随驾西巡"抵五台山时，该说已广为流行、深入人心。

接下来是作者对自己的介绍："余少住宫闱，长司王事，本无刻暇，难兴朝顶之志。幸随驾西巡，省方之外，得瞻五台奇峰。"和硕和亲王即是爱新觉罗·弘昼(1712—1770)，雍正帝第五子，康熙五十年十一月廿七出生，雍正十一年封和亲王，乾隆三十五年薨，谥恭，是为和恭亲王⑤。但史书对其生平记载并不详细。弘昼有《稽古斋全集》，乾隆在为其所作序中云："吾弟少于吾甫三月，皇父在潜邸时，育吾二人于东西室。及九岁读书，同受经于傅先生。至十二岁时，吾随侍皇祖宫中，不能朝夕共处者盖半载。及我皇父位登宸极，妙选天下之英贤以教育吾二人，凡八年于兹矣。"⑥他与乾隆皇帝同年而生，仅比乾隆小三个月。二人九岁开始同窗共读，

---

① 据《小志》记载，当时五台山还有供奉"三大士"的寺庙——普济寺。《清凉山小志》第5页。
② 佛陀跋陀罗译《大方广佛华严经》卷第二十九，《大正藏》第9册，第590页上。
③ 实叉难陀译《大方广佛华严经》卷第六十八，《大正藏》第10册，第366页下。
④ 《重修普陀山志》出《中国佛寺史志汇刊》，明文书局1980年版，第320页。
⑤ 弘昼生平见爱新觉罗·常林主编《爱新觉罗宗谱》，学苑出版社1998年版，第199—202页。
⑥ 国家清史编撰委员会编《清代诗文集汇编》，上海古籍出版社2010年版，第66页。

相依相伴八载,成为知己手足。乾隆十一年(1746)弘昼担任玉牒馆总裁[1],于当年"随驾西巡,省方之外,得瞻五台奇峰",并把当时在五台山的所见所闻全部记录于书中。

据《小志》载,弘昼虽陪乾隆皇帝同抵五台山,但并没有跟随皇帝参访、颁赏各寺,而是独自行动。他自己瞻礼五台山路线大致如下:

时　间	地　点
9 月 23 日	向东:圆照寺、罗睺寺、七佛寺、宏庆寺、般若寺、碧山寺、杂花庵、妙德庵、望海寺、黑龙池、灵隐寺
9 月 24 日	向西:寿宁寺、三泉寺、铁瓦寺、玉花池、演教寺、法雷寺、西林寺
9 月 25、26 日	向南:广宗寺、显通寺、塔院寺、殊像寺、牌楼寺、佑国寺、紫府寺、栖贤社、万缘庵、镇海寺、沐浴堂、明月池、护众庵、白云寺、千佛洞、金灯寺、普济寺、古南台

二、创作目的及成书年代

弘昼"遍游五台,不遗一岭",并"随喜诸寺中,兼施心经、福字、阴骘文等物"。他除了以个人名义,给寺庙随机布施一些小物品之外,也从铁瓦寺请回了一尊相传为西藏供奉至五台山的泥刻佛[2]。《小志》考察了 38 座庙宇方位、殿堂规模、所供佛菩萨、僧人数量、是否常住、悬何匾额等事宜。这些匾额现多保存于五台山藏珍楼,是研究五台山文化的珍贵文物。

《小志》对五台山菩萨顶的记叙最具特色:

> 菩萨顶,地居五台之中,寺冠百庙之首,脉起于中台之巅,遥应于贵人之外。凤凰、梵仙二山拱于左右,提湖、甘露、醴泉献于两旁。烟霞遥接海际,岚霭上逼云霄,真圣境也。菩萨者,文殊大士也。唐僧法云创建时,恳祷拜求圣仪,七日现像,因而构成,故山曰"菩萨顶",寺曰"真容院",峰曰"灵鹫峰"。明永乐间,更泥像为铜,改名曰"文殊院"。[3]

翻检五台山历代传志,《清凉山小志》成书时间(1746),正处于老藏丹巴《清凉山新志》(1694)之后,雅德《清凉山志辑要》(1766)之前。从成书时间判断,我

---

[1]　乾隆十一年(1746)一直到乾隆十六年(1751)五月,弘昼充玉牒馆总裁。玉牒馆为清代机构名,是宗人府所属临时开设的机构,专掌纂修皇族家谱——玉牒。爱新觉罗·常林主编《爱新觉罗宗谱》,学苑出版社 1998 年版,第 199—202 页。

[2]　《清凉山小志》第 19 页。

[3]　《清凉山小志》第 1 页。

们可以推知弘昼有可能参考了唐《古清凉传》、宋《广清凉传》《续清凉传》、明《清凉山志》和清《清凉山新志》。若从《小志》内容考察，无疑受《清凉山新志》影响最大。

"（菩萨顶）地居五台之中，寺冠百庙之首，脉起于中台之巅，遥应于贵人之外"，就与《清凉山新志》记载非常接近，"五台山灵鹫峰真容院者，即唐之大文殊寺，亦称菩萨顶，踞五峰之怀。自中台发脉，逶迤而来，蜿蜒盘互，至此则拔地而起，岌然巍然，如西番之莲花瓣，附丽天成"①。而菩萨顶的这种"寺冠百庙之首"崇高地位，正是康熙帝五次巡幸五台山，对其累加修缮之后逐渐定型的。

> 至康熙癸亥，圣驾临幸驻跸，山川草木增辉被泽，重建五顶殿宇，洒宸翰以光梵刹，造旌幢以焕法筵。特旨于菩萨顶颁帑金一千两，遣官监造，易大殿瓦以黄色琉璃。工竣未几，瓦经风霜摧剥，多有渗漏。复蒙圣心轸念，发锱重整，前后悉换琉璃黄瓦。从兹翠岩紫府，掩映纯金世界；香光霞谷，仿佛忉利天宫。会将现如幻三昧，满曼殊大愿，触类而彰，应缘而显，端在斯时矣。染宝焰而熏陶般若，濯云石而培滋善根。大士晦迹西陲，妙德扬辉东夏。匪吾皇慈心及物，又乌能振欲坠之精蓝，圆莫殚之胜果耶！兹以工作告成，敬述缘起，用垂永祺，以仰颂国祚于无疆云尔。②

康熙帝在菩萨顶建祈福道场，赐诗题额，赠送金银珠宝，大量赏赐住寺僧人。尤其特许菩萨顶使用皇家专用的黄色琉璃瓦，这一特别恩宠加上累次修缮，使菩萨顶逐渐成了一座金碧辉煌的皇家寺庙，号称台怀"百庙之首"。康熙皇帝五次巡礼五台山，四次驻跸菩萨顶。这次乾隆皇帝也不例外，他和弘昼亲王也将此寺作为驻跸之所，《小志》"菩萨顶"段末即有诗云"随銮三宿探灵境，天汉云霞叠见来"。

《小志》对"我朝"以来皇帝对五台山的重视和修复大加赞赏，尤其对庙宇方位、殿堂规模、所供佛菩萨、僧人数量、悬何匾额等事宜做了细致记载，以致这些记载成为全书的统一范式和独特视角。

> 我朝以来，大光梵宇。特拣官督理。崇起台基，百有八层。牌楼丹刻，瓦兽琉璃。都刚殿内，幢幡缥缈。文殊阁下，金赤辉煌。金刊八宝，供于佛前。珐琅炉瓶，献于左右。殿宇前后四层，喇嘛百余人。山门上悬皇上御书匾曰"十刹圆光"。都刚殿外，石牌楼上，刻圣祖皇帝匾曰"五台胜境"，皇上御书匾曰"心印毗昙"。对一副，曰："八解濬遥源，航週性海"，"三明

---

①② 故宫博物院编《清凉山志·清凉山新志·钦定清凉山志》，海南出版社 2001 年版，第 243 页。

开广路,镜朗心台"。殿后门外上悬圣祖皇帝御书匾曰"五峰化宇",行宫内悬圣祖皇帝御书匾曰"斗室"。皇上今复赐行宫匾曰"人天尊胜"。绀宇琳宫,加恩贲于无既;宸章宝翰,并佛德以交辉。所以表宗风而光梵刹者,洵可超轶往代矣![1]

此段记载不见于他书,恰是对老藏丹巴《清凉山新志》关于菩萨顶记载的细化和补充。《小志》中还引用了康熙皇帝《御制中台演教寺碑文》:"尝读圣祖皇帝碑文有曰:'东有离岳火珠,西有丽农瑶室。南有洞光珠树,北有玉涧琼枝。惟中峰有自明之金,环光之璧。是灵秀所钟,中台为尤异矣。'信哉!信哉!"[2]在弘昼瞻礼五台山之前,此则碑文只在《清凉山新志》有记载[3]。由此我们基本可以判断,弘昼撰写《小志》之前,一定阅读并参考了《清凉山新志》。其创作目的就是为了细致地记载乾隆皇帝对五台山各寺的重视,记载赐诗题额情况,颂赞皇恩。此外,作者还不忘记叙自己的亲见亲闻,这当然与全书创作目的是一致的:

予巡视东配殿内有一虎皮,问于僧,僧曰:"圣祖皇帝康熙癸亥仲春,巡省民俗。路经射虎川,见一黎虎咆哮猖突。众皆悚然,上操弧矢一发殪之,剥其皮以供菩萨。惧众虎以除民害,万姓欢腾,因志其地曰'射虎川'。"[4]

康熙二十二年(1683)二月,康熙帝首次巡礼五台山。十二日自皇宫启程,二十四日回銮,于长城岭西路旁射死一只老虎,将虎皮置于涌泉寺树下作为纪念。作为亲随者,高士奇在《扈从西巡日录》中对此事作了绘声绘色的描述,并对皇帝射虎功绩大加颂赞:

丙申,车驾发自菩萨顶,去台怀二十余里径一山村,崇冈灌木,微见曦影,禅栖数楹,在山深处,前有古树,高二丈许,枝条盘虬,相传为娑罗树也。其生特异,凡木树数百枝,十余头,头六七叶,惜未见其花。时也,出谷濒大溪行,水石与马蹄声相激,一虎伏道旁,灌莽间逐之。既登山椒,复跃至平陆。上援弓射之,立毙。巡抚山西副都御史穆尔赛、按察司库尔康奏言:此虎盘踞道左,伤人甚众。皇上巡幸兹土,为商旅除害。当名其地为"射虎川"。固请至再,上乃可之。虎皮留大文殊寺所经涌泉寺,在旧路岭回龙寺,在挂甲树侧下。[5]

---

[1][4] 《清凉山小志》第1页。
[2] 《清凉山小志》第9页。
[3] 《清凉山志·清凉山新志·钦定清凉山志》第129页。
[5] 高士奇《扈从西巡日录》,见王锡祺撰《小方壶斋舆地丛钞》,上海著易堂铅印本,光绪十七年(1891),第1册,第267页。

此段认为,康熙皇帝此举确实是为民除害,在当地官员的再三恳请之下,将此地改名为"射虎川",并将虎皮留在涌泉寺作为纪念。弘昼在菩萨顶东配殿所见,殆为从涌泉寺几经辗转,最终保存于菩萨顶的那张虎皮。在《小志》全文第一段就记载此事,无疑体现了该书颂赞皇祖的创作意图。段末有诗云:"猛兽全驱歌圣武,神灯留映仰昭回。"更是对于康熙神武的赞叹,溢于言表。

乾隆十一年(1746),乾隆皇帝巡礼五台山队伍经过射虎川时,也作诗云:

> 丛莽荒榛霁霭凝,川经射虎仰威棱。孙权却笑为车怯,李广徒闻没石能。
> 讵是雄矜一夫勇,由来圣有百灵凭。何人政致於菟避,到处农桑信可征。

诗前有小序云:"遵长城岭而西,绝壁嵌丹,灌丛缬绿,我皇祖西巡时射虎处也。神武泉在其旁。因成是什,用志景钦。"小序中,诗歌创作时间、地点、意图皆阐述得非常清楚。首联有"川经射虎仰威棱"句,面对因皇祖射虎而得名的"射虎川",乾隆皇帝自豪之感油然而生。颔联"孙权却笑为车怯,李广徒闻没石能"全是用典。化用《三国志》"孙权射虎"和《史记·李将军列传》"李广射石"的典故,但别出心裁,翻出新意,指出孙权和李广凭着一己之力与虎相斗,但即使如何威武,也只能算作匹夫之勇。而真正能给百姓消除虎患,让人民安心农桑,并佑护百姓幸福生活的,要靠清明的政治和对国家的治理。乾隆帝素来敬仰康熙皇帝,康熙开创了大清第一个盛世。乾隆此时已 36 岁,首次巡礼五台山时已继位 10 年。他有踵武皇祖,振兴大清,开创大清另一盛世的强烈愿望。因而此诗通过追忆圣祖神勇,转而表述自己为政理想,立意高远,境界阔大,有帝王气,远非弘昼诗歌能比。

弘昼在五台山一共参访 38 寺,作诗 36 首,置于各寺记载之后,除"碑楼、佑国、紫府"三寺合为一篇之外,对于每寺都有简短的散文描述,并附诗一首。这些诗多为写景、悟佛理、颂皇恩之作,抒怀诗句仅占其中一半。弘昼诗歌虽然表面雍容平和,实则因循模拟、缺少自我。据笔者统计,弘昼现存诗歌共 367 篇,主要集中于《稽古斋全集》和《清凉山小志》中。关于弘昼诗歌及其艺术特色将另作专文探讨,兹不赘述。

三、后世记载及其影响

《清凉山小志》问世后,并未被人们所重视。笔者所见,最早提及该书的是《藏园订补郘亭知见传本书目》,书云:

> [补]《清凉山小志》不分卷,清弘昼撰。清乾隆十一年刊本,八行十八字,白口,四周双阑。前自序,次目录。卷末有乾隆十一年自跋,云遍体诸刹后作,

盖名为山志而实为纪山中三十八名刹者也。镌印均精，与内板无殊。①

此外，在《八千卷楼书目》《湖南省古籍善本书目》和《中国古籍总目》等书中都有记载②。笔者首先是在国家图书馆看到这本书的，但是抄录研究尚有诸多不便。感谢《中华山水志丛刊》影印了此书，为读者提供了很大方便③。

本文认为，《小志》是一部被忽视的文献。首先，从历史研究角度而言，可以诗史互证，它补充了《起居注》《清实录》《山西通志》等史书对于乾隆皇帝于乾隆十一年（1746）首次西巡五台山活动记载的缺失。《小志》集中于皇祖（康熙）和皇上（乾隆）对五台山各寺赐匾、题额情况的考察，现在这些御书匾额多作为文物，保存于五台山藏珍楼，它们是研究五台山和当时历史的珍贵资料。其次，从文学研究角度而言，《小志》中所提到的每一座寺庙都是作者亲身所至，他对每一所寺庙的记载前半部分有如游记，后半部分即是诗歌，诗文结合，颇具文采。也是我们了解弘昼其人及其文学创作的重要材料。另，赵林恩有《五台山诗歌总集》，此书虽名"总集"，但也难免有所疏漏，弘昼这 36 首诗歌就未被录入其中，正可用来补其缺失。再次，《小志》在历代五台山山志中具有不可忽视的地位。作为古籍，五台山山志发端于唐僧会赜《清凉山略传》（已佚），终结于民国印光重修《清凉山志》，形成了以"三传一志"为中心的山志系统。所谓"三传一志"是指：一，唐高宗永隆元年（680）蓝谷沙门慧祥所撰《古清凉传》二卷；二，宋仁宗嘉祐五年（1060）妙济大师延一重编的《广清凉传》三卷；三，宋哲宗元祐四年（1089）无尽居士张商英记述的《续清凉传》二卷；四，明神宗万历二十四年（1596）五台山高僧镇澄法师修撰的《清凉山志》八卷。此外，再加其他六部史志：一，唐高宗龙朔二年（662）会昌寺沙门会赜所撰《清凉山略传》一卷（已佚）；二，清康熙三十三年（1694）五台山大喇嘛老藏丹巴缮述的《清凉山新志》十卷④；三，清乾隆四十五年（1780）雅德辑《清凉山志辑要》二卷、清汪本道袖

① 莫友芝撰《藏园订补邵亭知见传本书目》第 1 册，中华书局 2009 年版，第 389 页。

② 丁丙藏、丁仁编《八千卷楼书目》，见《续修四库全书》第 921 册，第 172 页；常书智、李龙如编《湖南省古籍善本书目》，岳麓书社 1998 年版，第 151 页；中国古籍总目编纂委员会编《中国古籍总目·史部》，中华书局 2009 年版，第 3894 页。

③ 石光明、董光和等编《中华山水志丛刊·山志卷》第 38 册，线装书局 2004 年版，第 365—384 页。

④ 我们推断《清凉山新志》成书时间是根据老藏丹巴为《清凉山新志》作"新序"时间康熙三十三年（1694）而定。白·特木尔巴根认为，老藏丹巴为《清凉山新志》作序的时间当为康熙二十三年（1684），因康熙二十三年他已圆寂，故康熙三十三年当为二十三年之误。参见白·特木尔巴根《关于〈清凉山新志〉及其相关著述》，《蒙古师范大学学报》2008 年第 6 期。

珍本《清凉山志辑要》二卷[①];四,乾隆五十年(1785)《钦定清凉山志》二十二卷;五,道光十一年(1831)五台山集福寺刊印,章嘉国师若必多吉修订的藏文《圣地清凉山志》五卷;六,民国二十二年(1933)印光重修《清凉山志》八卷。弘昼《小志》上承老藏丹巴《清凉山新志》,下接雅德《清凉山志辑要》,是研究五台山文化不可忽视的文献资料。

《小志》全书38段,共计8352字,同五台山诸志相比,虽失于简略,但也是一部韵散结合,颇具文学色彩的作品。本文将其内容、作者和影响作了简要梳理。希望抛砖引玉,求教于方家,更希望其历史、文学和文化价值能够得到进一步认识和挖掘。

(作者单位:忻州师范学院中文系)

---

① 前人曾将清乾隆四十五年(1780)雅德所辑《清凉山志辑要》二卷与清汪本道袖珍本《清凉山志辑要》二卷作为两部传志来看,但这种看法实为不妥。如彭图《文白对照〈清凉山志〉跋》云:关于五台山有九部志书,其中有"清乾隆四十五年(1780),释德清所辑《清凉山志辑要》二卷;清汪本道袖珍本《清凉山志辑要》二卷"(见《五台山》2010年第11期)。这种说法首先将清乾隆四十五年(1780)的《清凉山志辑要》归为释德清所辑,将清代的雅德与明代的释德清混为一谈。根据常识可知,释德清为明末高僧,生于1546年,卒于1623年,绝不会是清乾隆四十五年(1780)《清凉山志辑要》的辑录者。其次,《清凉山志辑要》撰者"汪本直"误写作"汪本道"这种张冠李戴的错误不但影响了不少学者,更为多家网站引录。前者如杜瑞平博士《〈清凉三传〉文本论析》第二自然段(《名作欣赏》2012年第2期);后者如搜狐网《积极构建"五台山学"推动"文化强省"建设》页面。《山西志辑要》刊行于乾隆四十五年(1780),雅德修,汪本直撰,是雍正版《山西通志》的节录本。乾隆三十一年(1766)编撰《山西志辑要》时有一项重要任务,就是为备高宗弘历巡幸五台山时呈览,《山西志辑要》在版第一卷之前又增一卷,称为"卷首"。原书在"卷首"之后,第一卷之前,附有《清凉山志辑要》二卷。现行中华书局点校版《山西志辑要》已将其删去,但未作详细交代。此外,《清凉山志辑要》尚有单行本,共二卷,六十六页,比《山西志辑要》之十二卷、八百四十四页的规模大大缩减,故又俗称"袖珍本"。该版九行二十一字,白口,四周双边,单黑鱼尾,只是在原版基础上将"清凉山全图"和"文殊菩萨像"置于"目录"之前,其余版式、字体则完全一样,故实为一种版本。

程瑶田佚文《〈郁单越经〉跋》及相关问题考论

孟国栋

程瑶田(1725—1814)，字易田，一字易畴，号让堂。安徽歙县人。清代著名学者，乾嘉学派的中坚人物。与戴震同出江永门下，钱大昕、段玉裁、王念孙、汪中、王鸣盛、凌廷堪、纪昀、阮元、刘大櫆等与之均有交往。《清史稿》卷四百八十一、《清史列传》卷六十八有传，《清儒学案》亦专辟《让堂学案》①一卷对其加以介绍。程瑶田一生著述宏富，有著作二十余种，统名《通艺录》。

经过编委会近二十年的努力，《程瑶田全集》2008年底由黄山书社推出，收录了程瑶田存世的绝大多数作品，最后还附有诸伟奇先生新辑得的诗文六篇，全书体例较为完备。笔者在查阅敦煌文献时，于《上海博物馆藏敦煌吐鲁番文献》②中发现了程瑶田关于《郁单越经》的跋文一篇，为《程瑶田全集》失收，不仅可补《程瑶田全集》之缺，文中所关涉之其他问题，亦可作进一步研讨。现将录文及相关问题考论如下。

一、释文

右唐人书《郁单越经》，前未署题，而呼为"郁单越"者，以是经开章云：郁单越，天下多有诸山，已又详陈是山水土、草木以及一切物类、人民、谣俗之异状，末乃解郁单越义，为秦言最上以结之，故遂呼为《郁单越经》也。其书坚挺瘦劲，类褚河南③。唐一代人写经皆如此风格，亦不似唐以后人。虽前后未署写经者姓名，然可断其为唐人无疑也。按：《职思堂帖》中刻《七宝转轮王经》，跋以为钟绍京手迹。相传鲜于困学珍藏室中，夜有神光烛人。而永乐中，金幼孜

---

① 徐世昌编《清儒学案》卷八十二，中华书局2008年版。

② 上海古籍出版社、上海博物馆《上海博物馆藏敦煌吐鲁番文献》，上海古籍出版社1993年版。《郁单越经》虽然被收入《上海博物馆藏敦煌吐鲁番文献》，但因该卷乃传世写本并非出自敦煌藏经洞，故而被置于附录中，编号为上博附02(13838)。不关心敦煌学的学者较少翻阅此书，因此虽出版已近三十年，但除了笔者曾予以披露外(详参孟国栋、叶乾琦《程瑶田未刊书画题跋辑释》，《文献》2016年第6期，第72—75页)，该写本以及程瑶田等人的跋语尚未引起学界关注。

③ 褚遂良，字登善，钱塘(今浙江杭州)人，初唐名臣，著名书法家，书法有《倪宽赞》《孟法师碑》《雁塔圣教序》《伊阙佛龛碑》《枯树赋》等作品传世，先世本在河南阳翟，故世称褚河南。下文之褚登善亦是褚遂良。

跋亦谓上以内府秘藏钟绍京书赐之曰："钟书超出虞、褚。"然则《七宝转轮王经》远自元世至于明初,定为钟笔,流传相授,确有端绪。此卷字体、笔法、气韵一一相同,无毫发爽,则谓是经为即写《转轮王经》者一手所出,岂曰似之,实惟其有之也。然余考《唐书·钟绍京本传》云:初为司农录事,以善书直凤阁。武后时署官殿明堂、铭九鼎,皆其笔。景龙中,会讨韦氏难,拜官、进爵、封户。后坐事贬,夺阶封。开元十五年入朝,元宗悯之,授官迁职。久之,年逾八十卒。而《七宝转轮王经》署贞观廿二年,其年岁在戊申也。下数开元十五年丁卯岁,计八十年。绍京卒年逾八十,远在丁卯之后,则贞观廿二年绍京犹未生也。执此以难鲜于困学诸人,其将何辞以对? 今世家家有之,人皆以为钟绍京书者曰《灵飞经》。董香光极爱之,言每写《法华经》,辄先展阅一过,且谓袁清容定为钟笔。余按:《灵飞经》后署"开元廿六年太岁戊寅"。史不载绍京卒于何年,然断在开元十五年后。考其初仕以善书直凤阁。凤阁:官名,武后所改。是时绍京初仕,度其年当在二三十岁间,至于戊寅,八十内耳。例以文待诏[①]八十七岁犹能作小楷跋米临《兰亭》,则绍京书此固不为异事也。此经不著书人,亦无年号,然仰逼《转轮》,俯侔《灵飞》,洵为唐人法书杰制。必求其人实之,则以《灵飞经》为钟书。虚舟[②]吏部然且疑其非是,大书特书而为香光正其讹。此考古者所当从吾夫子阙疑之训也。余谓宝是经者,但当如困学之宝《转轮王经》、香光之宝《灵飞经》,所谓具正法眼,悟第一义,神与古会,如斯焉而已矣。洪生受嘉自邗江见寄,言其内兄鲍子席芬收藏,将模勒上石,令余鉴别,为扬榷论之如此。嘉庆四年十月既望,程瑶田,时年七十五。

---

① 文徵明,初名璧,字徵明,四十二岁后以字行,更字徵仲,号衡山,长洲(今江苏吴县)人,明代书画家,与祝允明、王宠并称"吴中三子",官至翰林待诏,世称"文衡山"或"文待诏"。

② 王澍,字若霖,号虚舟。金坛(今江苏镇江)人,清代著名书法家,官至吏部员外郎。康熙时以善书,特命充五经篆文馆总裁官。

二、《郁单越经》《灵飞经》书者考辨

程瑶田跋文旨在考订《郁单越经》《七宝转轮王经》和《灵飞经》的书写者。前人如鲜于枢、袁桷、董其昌等均认为《七宝转轮王经》与《灵飞经》乃唐代的钟绍京所书。程瑶田在文中提出了不同意见。

鲜于枢认为《七宝转轮王经》出自钟绍京之手,董其昌《戏鸿堂帖》亦径题钟绍京书。钟绍京之生卒年,史无明文,两《唐书》本传只说他年逾八十而卒。程瑶田跋文中根据《七宝转轮王经》后所署抄写时间为"贞观廿二年","下数开元十五年丁卯岁,计八十年。绍京卒年逾八十,远在丁卯之后",从而得出贞观二十二年(648)钟绍京尚未出生的结论。故而程瑶田颇为自信地说:"执此以难鲜于困学诸人,其将何辞以对?"启功先生也曾指出:"无论《灵飞》之非绍京,藉使果属钟书,而贞观时人何从预学之?"[1]钟绍京卒年远在丁卯(开元十五年)以后,我们也可以从出土文献中得到验证。《唐代墓志汇编》收有钟绍京妻子的墓志铭[2],题为"银青光禄大夫行太子右谕德钟绍京妻唐故越国夫人许氏墓志铭",许氏卒于开元十七年(729),葬于开元十八年(730),享年六十。志文云钟绍京"昔岁甫上龙飞,有大勋,迁中书令,今为太子右谕德",所载均与两《唐书》的记载相吻合。抛开具体生卒年不论,至少开元十八年,钟绍京依然健在,正担任太子右谕德。因此,程瑶田跋文中的论断应当是符合实际情况的,他对鲜于枢、董其昌等人的反驳也是釜底抽薪式的。

将《灵飞经》断为钟绍京书的始作俑者乃元代的袁桷,其《题唐玉真公主六甲经》云:"《灵飞六甲经》一卷,唐开元间书。当时名能书者……独钟绍京守钟、王旧法。余尝见《爱州刺史碑》《黄庭经》,无毫发违越……此卷沉着遒正,知非经生辈可到,审定为绍京无疑。"[3]明代董其昌也持同样的看法,他先于万历二十一年(1593)在长安得见《灵飞经》,万历三十五年(1607)冬从吴廷处得到此经后,因其笔法绝似《七宝转轮王经》,故毅然定为钟绍京书:"右唐钟绍京书《遁甲神经》……笔法精妙,回腕藏锋,得子敬神髓……余从真迹临写数行。钟书世无传本,自此可以意求耳。"[4]既然程瑶田判定《七宝转轮王经》非钟绍京所书,故董其昌的看法也是不符合实际情况的。程瑶田在跋文中又说:"虚舟吏部然且疑其非是。""虚舟吏部"即王

---

① 启功《启功书法丛论》,文物出版社 2003 年版,第 207 页。

② 周绍良主编《唐代墓志汇编》,上海古籍出版社 1992 年版,第 1367—1368 页。

③ 袁桷《清容居士集》卷四七,浙江古籍出版社 2015 年版,第 1082 页。

④ 董其昌《画禅室随笔》卷一,上海远东出版社 1999 年版,第 68 页。

澍，王澍亦认为《灵飞经》并非钟绍京所书①。与王澍持相同意见的还有钱泳②，他认为：

> 有唐一代，墨迹、告身而外，惟佛经尚有一二，大半皆出于衲子、道流，昔人谓之经生书。其书有瘦劲者近欧、褚，有丰腴者近颜、徐，笔笔端严，笔笔敷畅，自头至尾，无一懈笔，此宋、元人所断断不能跂及者。唐代至今千余年，虽是经生书，亦足宝贵。往时云间沈屺云司马托余集刻晋、唐小楷，为其聚唐经七八种，一曰《心经》，即屺云所藏。一曰《郁单越经》，歙鲍席芬家所藏。一曰《转轮王经》，繁昌鲍东方所藏……生平所见者，不一而足，乃悟《灵飞经》之非钟绍京书，不辩而自明矣。③

对于《郁单越经》的抄写者，程瑶田并未明言，只是认为此经乃"唐人法书杰制"，与《七宝转轮王经》如出一手，最终还是遵从了孔子的"阙疑之训"。钱泳与程瑶田的观点一致，更是进一步指出《灵飞经》《七宝转轮王经》《郁单越经》等并非钟绍京所书，而是出自经生之手。这种看法也得到了后来者的支持。除程瑶田跋文以外，《郁单越经》卷末尚有嘉庆九年（1804）王芑孙跋两通和光绪五年（1879）吴云跋一通。王芑孙云：

> 余旧题《灵飞经》有句曰："不知袁桷缘何事，强换题签钟绍京。"盖十年前尝极意是经，寻其曲折中多褚法，故不信香光之说也。今睹歙鲍氏所藏是经，

---

① 王澍是较早反对《灵飞经》"钟书说"者，其《虚舟题跋》卷五"唐玉真公主《灵飞经》"条云："董思白云：'《灵飞六甲经》钟绍京书，为玉真公主写进明皇。前有宋徽宗标题，后有倪云林、虞伯生跋。'按卷末款书'大洞三景弟子玉真长公主奉敕检校写'，并无钟绍京代书之文。且既是奉敕书，决无倩人代书之理……不知何缘，遂目为钟绍京也。岂以书似绍京，故遂有斯目欤？唐世最尚书法，一名书出，千临百摹，必求其似乃已。绍京当时以工书直凤阁，凡明堂门额及诸宫殿门榜，皆使书之，则玉真公主私学其书，固自有之，而昧者不察，竟目为钟绍京也。款称奉敕书，思白言自写进，亦有误。据思白言，前有徽宗标题，后有倪云林、虞伯生跋，今皆未见。或由前人标目之误，而思白承其说耶？讹以袭讹，可为一笑也。董思白甚爱《灵飞经》，每欲书《法华经》，必凝观许时，然后书之，其持钟书之说甚坚。可大书世罕传本，比于新安吴氏见书《遁甲神经》真迹半卷，笔力秀劲，与此正同，故思白断然目为钟可大，亦犹《昭仁寺碑》之强名为虞永兴耳，实则非也。"（王澍《虚舟题跋》卷五，浙江人民美术出版社2015年版，第130—131页）其《竹云题跋》"唐经生书《灵飞经》"条又云："《灵飞经》自宋元来不著，至有明万历中始有名于时。董思白深爱此书，目为钟可大……余得唐经生书《三弥底部论》于淮阴，与此经字形笔法无毫发异，其非钟可大书无疑。又钟书《杨历碑》称义男钟绍京铭并书，历，中官杨思勖父也。可大身为宰相，取媚阉人，至以义父事其父，可谓陋矣，虽果出可大，吾犹削之，况决非是乎？思白位高名重，妄以己意题署，百余年来，无敢有异论，余故特正其讹。"（王澍《竹云题跋》卷三，浙江人民美术出版社2015年版，第321页）王澍在这两条跋语中从卷末题署书者身份、钟绍京的人品以及董其昌的率意等多个角度对"钟书说"进行了全盘否定。
② 钱泳，字立群，号台仙、梅溪。金匮（今江苏无锡）人，工篆、隶、诗画，精镌碑版，著有《履园丛话》等。
③ 钱泳《履园丛话》卷十，中华书局1979年版，第267—268页。

硬黄本坚緻,墨润如纸髓,而行笔正与《灵飞》法流相接,自是世间铭心绝品。因遂借留逾月,仿写五六通,能使旧时学《灵飞》所得一笔两笔复来捥下,其为唐人真迹无疑。唐经生书在世者多矣,又何必求其人以实之,而后为精鉴哉!乃用大藏诸经通例定其名曰《佛告比丘郁单越经》而为之书其后。嘉庆九年岁在甲子夏五月望后十日,长洲王芑孙审定于真州之乐仪书院。

又云:

安阳新出土唐永隆中傅党仁等造阿弥陀佛像款识,十四行小楷,其行笔结字与此宛肖,如出一手。永隆在高宗朝,具知欧、褚以后,颜、柳以前,唐人自有此一家书,而是钟非钟更无足问也。是岁六月既望芑孙又题。

吴云跋亦云:

唐世最重书律,经生书多有虞、褚风格。流传于世者虽不署书人姓名而具眼者辨其纸色,审其字体,参观其品韵,固一望而知为唐人所书。此《郁单越经》一百四十六行,行十七字,为顾亲家艮庵方伯所藏,嗣君骏叔中翰以重值购自同郡徐氏。笔意清逸之中饶有劲健之致。程易畴谓与《职思堂帖》所刻《七宝转轮王经》若出一手所书。余未见《职思堂帖》,见董思翁《戏鸿堂》第一卷刻有《转轮王经》数行,题为钟绍京书。与此经细校,易畴之言实获吾心,洵称确论。思翁刻《鸿堂帖》在万历三十一年,逾四年始得《灵飞经》,以笔法绝似《转轮》,故毅然定为钟绍京书,非拾袁清容牙慧也。

王芑孙、吴云都认为《郁单越经》“为唐人真迹无疑”“一望而知为唐人所书”,但与程瑶田一样,均不同意将抄写者定为钟绍京。况且王芑孙在未见到《郁单越经》之前已经因为《灵飞经》中多褚法而对袁桷“强换题签钟绍京”的看法提出了质疑。见到《郁单越经》之后方悟出“欧、褚以后,颜、柳以前,唐人自有此一家书,而是钟非钟更无足问”的道理,可谓一语道破六朝隋唐经生书的真相。

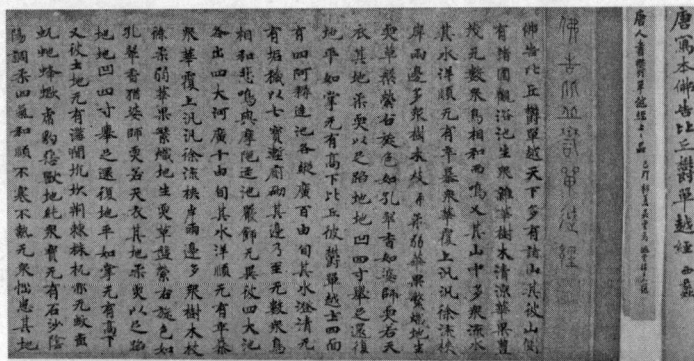

二六 上博附 02 (13838) 佛说长阿含第四分世纪经郁单曰品第二(卷首)

既然《灵飞经》乃经生所书,董其昌认为其笔法绝似《七宝转轮王经》,程瑶田又提出《郁单越经》与《七宝转轮王经》"字体、笔法、气韵一一相同,无毫发爽",若出一手所书,吴云也认为"易畴之言实获吾心,洵称确论",故而这三个经卷当同为经生所书。

顾吉辰先生曾总结唐代写经的特点:"唐人书手写经,多计字数。""唐人写经多有题识。"[1]但《郁单越经》既无字数,前后亦未署写经者姓名,我们虽然无法确定书写者究竟为谁,但由上述讨论来看,至少可以肯定不是钟绍京。唐代的经生书是敦煌藏经洞发现以后才引起学界关注的,程瑶田生活的时代敦煌藏经洞尚未打开,传世唐人写经仅有少数几种留存,藏家亦多秘不示人,乾嘉诸老能有这样的认识,诚属不易。而程瑶田之所以能够提出这种看法,当与他的书学造诣密不可分。

三、程瑶田的书学成就

陈冠明在《程瑶田全集·前言》中对程瑶田在训诂、义理、文章等方面的贡献都有详细论述,而独对程氏在书学方面的成就只字不提,这或许与程瑶田手迹留存较少有关。

实际上,清人对程瑶田的书学成就多有称誉,说他"隶书师晋、唐人,精妙无比"[2],"著书参洛闽,游艺擅钟王"[3]。许承尧更是对程氏的书学造诣赞不绝口,"以朴茂胜"[4],"以朴学并擅书名"[5],"旁及诗歌、书法,无一不精"[6],"研讨经史余暇,栖情篆刻,一以秦、汉为法……素工八法,颇得晋人笔法,著书五篇,以概其指"[7]等。程瑶田本人在《刻章小传稿草》中也说:"能篆刻,不欲擅场,故人无知之者。工书,自谓得晋人笔法,著《书势五事》以说其指。"并有自注云:"飞鸿堂主人索余刻章入谱,人各有小传,草此诒之。"[8]当代学者罗继祖云:"先生又精艺事、诗歌、书法、篆刻,无不工妙……所著《书势五事》,梁山舟侍讲同书谓皆发前人所未发。"[9]汪世清也说:"程瑶田之书法极具根底,笔法遒劲,兼有峭拔之势。"[10]他在评价程瑶田的草

① 顾吉辰《唐代敦煌文献写本书手考述》,《敦煌学辑刊》1993年第1期,第31页。

② 王藻《文献征存录》,载《程瑶田全集·附录》。程瑶田《程瑶田全集》第四册,黄山书社2008年版,第213页。

③ 如金《五排十韵》,载《通艺录·让堂亦政录》。程瑶田《程瑶田全集》第三册,第472页。

④ 许承尧《歙事闲谭》,黄山书社2001年版,第19页。

⑤ 许承尧《歙事闲谭》,第125页。

⑥ 许承尧《歙事闲谭》,第301页。

⑦ 许承尧《歙事闲谭》,第519页。

⑧ 程瑶田《程瑶田全集》第三册,第392页。

⑨ 罗继祖《程易畴先生年谱》。程瑶田《程瑶田全集》第四册,第199—200页。

⑩ 程瑶田《程瑶田全集》第四册,第247页。

书轴时又说："以书法而论,以八十一岁之老人而写得如此遒劲秀媚,更属难得。程瑶田颇重视其书法,自谓得晋人笔法。"①

程瑶田在书学方面的论著总名《九势碎事》②,其中收有《书势五事》及其他几篇论书的文章。《书势五事》从虚运、中锋、结体、点画、顿折五个方面阐述了程瑶田对整个书法创作过程的看法。程瑶田将他的理学观点运用到对书法的论证上来,特别强调虚实关系、体用关系、阴阳对立以及溯本穷源。如在论述肩肘腕指之间的虚实关系时说："以肩运肘,由肘而腕,而指,皆各以其至实而运其至虚。虚者,其形也;实者,其精也。其精也者,三体之实之所融结于至虚之中者也。乃至指之虚者,又实焉,古老传授所谓搦破管也。"③阐述顿折时特别强调阴阳对立："阴生于阳,阳生于阴,此天地之化,消息之道也。文字得之而为顿折焉……点画之属乎阴者也,而必始于阳,阳顿而阴折也。"④这些观点在《书势纂言》《论书示露孙》等文章中也有所申述,体现了程瑶田在书学方面的独特见解。

《郁单越经》卷后所附跋语,乃程氏真迹,为我们了解他在书学方面的成就提供了不可多得的材料。全文共44行,行17字。启首钤朱文印两枚:"程易""程寿",落款钤白文印三枚:"程瑶田信""让堂先生""辨谷老民"。此文乃程瑶田晚年所书,这时他的书风已经形成。全篇用行楷写就,细审其笔法,颇有二王笔意,起笔处尤为明显,其顿、折之处虽略带颜体,但从整体上来讲,仍不失魏晋风貌。正如刘声木所说"骎骎入晋、唐之室"也。程瑶田此跋文虽然笔力略嫌秀媚,但韵味十足。盖因老年所书,加之径书在《郁单越经》后,每行字数与经文相同。有此限制,故无法放手自由挥洒也。

四、其他

程瑶田云:"洪生受嘉自邗江见寄,言其内兄鲍子席芬收藏,将模勒上石,令余鉴别,为扬榷论之如此。"鲍子席芬即鲍漱芳,约生于乾隆二十八年(1763),安徽歙县人,自幼随父在扬州经营盐业,酷爱书画,所居斋名"安素轩",多藏宋元书籍、法帖、古器物等。鲍漱芳毕生搜集唐宋元明诸贤书法墨迹,经鉴定题跋,选其精者,汇为《安素轩法帖》,于嘉庆四年(1799)邀请扬州著名篆刻家党锡龄钩摹镌刻,至道光四年(1824)方才由其子刻成,为清代著名书法丛帖,影响较大。因其妹婿洪受嘉乃程瑶田门生,其父洪秕原生前又为程瑶田挚友,故经洪受嘉之手,约请程瑶田为其

① 程瑶田《程瑶田全集》第四册,第247页。
② 程瑶田《程瑶田全集》第三册,第265—267页。
③ 程瑶田《程瑶田全集》第三册,第265页。
④ 程瑶田《程瑶田全集》第三册,第270—271页。

所藏《郁单越经》作鉴定、题跋。

程氏此跋为澄清前人对于洪受嘉、洪黻等人的疑惑提供了原始材料。《让堂学案》云:"让堂所刻诸书,其《论学小记》《论学外篇》《禹贡三江考》诸目后,均有及门洪黻识语,《解字小记》《释虫小记》诸目后,均有及门洪印绶识语。惟二洪籍贯著作未详,志其姓名待考。"①罗继祖云:"嘉庆四年十月,所著《解字小记》付刊,门人洪印绶跋其后。按:《论学小记》及《论学外篇》在《通艺录》中刻最晚,跋者门人洪黻,此作印绶,不知是否一人,亦不知孰为洪杭原之子受嘉,或受嘉初名印绶,后易名黻,或其昆季均不可知,附记俟考。"②

按:罗氏此处推断有误,洪印绶与洪受嘉并非同一人。洪受嘉乃洪杭原之次子,程、洪两家交谊甚深。程瑶田在《五友记》中说:"杭原名性钠,歙之桂林人也。余长杭原一岁。岁乙丑,始相见……其后四年,应小试,同为博士弟子员……(杭原)少日为举子业,每考试,曹伍莫敢伦比。其文根柢经术,间以示余,未尝不望而畏之。好赋诗,格调高远,步趋韦孟间。一时文采风流,有凌轹今古之概……未及中身,倏焉厌世。"③《述约示儿子培理謇》中说:"年三十八岁,客扬州,主于洪杭原。与杭原共饮……又九年,庚寅岁,余年四十有六,举于乡。其明年,应南宫试,过扬州,与杭原别而北上。又明年,居京师……其年六月某日,杭原卒于扬州。某月某日赴至京师,余哭之。"④后来,程瑶田以孙女嫁洪杭原之孙。他在《修辞余钞》中说:"洪杭原,余孙女之祖翁也。"⑤

程瑶田在《通艺录》中也多次提及洪受嘉,如《论学外篇》所收《杭州留别洪生受嘉赠言》中云:"乾隆乙巳五月,故友洪杭原次子受嘉来杭州从余游。其明年春,余将上京,当别去,不可无言以赠之,况余与乃父为道义交,于死友之子,望之犹切。"⑥按:乾隆乙巳为乾隆五十年(1785),本文作于第二年程瑶田离杭赴京之时。

《程易畴先生年谱》载:乾隆五十九年(1794),洪受嘉慕陶靖节之为人,而兴仰止之思,菊花开时,罗列满室,召客赋诗,先生依韵和之,并为之序⑦。乾隆六十年(1795),门人洪受嘉请编历年所为文付梓,先生许之,总得若干首,名曰《非能编》,自为之序,"洪生受嘉,见而好之。请付开雕"⑧。

---

① 徐世昌《清儒学案》卷八十二,第 3224 页。
② 程瑶田《程瑶田全集》第四册,第 193 页。
③ 程瑶田《通艺录·修辞余钞》,程瑶田《程瑶田全集》第三册,第 312 页。
④ 程瑶田《通艺录·修辞余钞》,程瑶田《程瑶田全集》第三册,第 345 页。
⑤ 程瑶田《通艺录·修辞余钞》,程瑶田《程瑶田全集》第三册,第 329 页。
⑥ 程瑶田《程瑶田全集》第一册,第 105 页。
⑦ 程瑶田《程瑶田全集》第四册,第 190—191 页。
⑧ 程瑶田《通艺录·修辞余钞》。程瑶田《程瑶田全集》第三册,第 395 页。

程瑶田在《五友记》中又说："秕原死后，其子士清裒其遗文若干首，诗若干卷……叙而刊之。"①《杭州留别洪生受嘉赠言》又称洪受嘉为洪秕原次子，则洪士清当为其兄，亦非如罗继祖所言"其昆季均不可知"。

洪印绶则应为另外一人，他在《解字小记》题识中云："印绶从先生游，有见于是编引申之旨，所谓无尽藏者也。端有可因，委胡能竟，其是编也夫！亟请开雕，而附说之如此。嘉庆四年十月朔日，及门洪印绶谨识。"②洪印绶此文作于嘉庆四年十月一日，巧合的是程瑶田《郁单越经》跋文作于嘉庆四年十月十六日，而其文云："洪生受嘉自邗江见寄。"此时洪印绶为《解字小记》所作跋文已完成，程瑶田仍曰"洪生受嘉"而不云"印绶"，可见二人应非同一人。另据程瑶田自叙，《通艺录》刻成于嘉庆八年，虽然"《论学小记》及《论学外篇》在《通艺录》中刻最晚"，但至迟亦不得晚于本年。而《论学外篇》中有洪黻的题识，署曰"及门洪黻"③。《杭州留别洪生受嘉赠言》仍云"故友洪秕原次子受嘉来杭州从余游"。虽然此文作于乾隆五十一年，但若洪受嘉果然改名洪黻，洪黻又为此书题识，则刻入《通艺录》时当有所交待，否则容易产生误解。由此可证罗继祖"受嘉初名印绶，后易名黻"的推断不合常情，洪受嘉、洪印绶、洪黻应为三个不同的人物。洪氏在歙县为大姓，程瑶田本即歙县人，又是当时的中坚学者，歙县后学子弟多从其游，有几个洪姓弟子也就不足为奇了。

附记：

笔者发表在《文献》2016年第6期的《程瑶田未刊书画题跋辑释》一文中首次揭出此跋文，然限于体例，未能展开论述。因《郁单越经》中多次出现"郁单越寿命千岁"之语，今借薛天纬先生八十寿诞之机，略加阐释，为长者寿！

（作者单位：武汉大学文学院）

---

① 程瑶田《通艺录·修辞余钞》。程瑶田《程瑶田全集》第三册，第313页。
② 程瑶田《程瑶田全集》第二册，第510页。
③ 程瑶田《程瑶田全集》第一册，第134页。

嘉道时期的尊史思想与诗歌观念[*]

——以张维屏《国朝诗人征略》为中心

秦帮兴

一面热闹繁华、一面噤若寒蝉的乾隆朝过去,嘉庆、道光年间的文学与思想都呈现出了较大的变化,新兴的尊史思想是其中值得注意的一点。在史学界,影响较大的是章学诚《文史通义》中"六经皆史"的口号,其后龚自珍闻名一时,所作《尊史》等宏论起到了推波助澜的作用。观察这一时期的文学可以发现,思想界的波动同样也深刻地影响了诗学观念。粤东诗人张维屏所编的《国朝诗人征略》正鲜明地体现了这一点。

张维屏(1780—1859),字子树,号南山,又号松心子,广东番禺人。道光二年壬午(1822)进士,分发湖北,先后署黄梅、广济等县。丁艰服阕,捐升同知,分发江西,署南康府知府。57岁时罢归,遂不复出,以著述终老^①。现存所著有《松心文钞》《听松庐骈体文钞》《松心诗集》《松心杂诗》《松心十录》《听松庐诗话》《花甲闲谈》等,编撰有《国朝诗人征略》《国朝诗人征略二编》《艺谈录》。张维屏诗名甚著,《清史稿》称:"翁方纲赏异之。与黄培芳、谭敬昭称'粤东三子'。"^②其代表作《三将军歌》《三元里》早已被视作是近代诗史上的杰出作品。而除了诗歌作品以外,《国朝诗人征略》作为张维屏用力甚勤的一部诗话,其中也明显体现出了编者的诗歌观念与经世思想。结合嘉道时期兴起的尊史思想进行分析,从中可见嘉道时期诗话类著作的转型。

一

《国朝诗人征略》(下简称《征略》)是张维屏前后耗尽二十余年编撰的大型诗话类著作,分为《国朝诗人征略》(下简称《初编》)和《国朝诗人征略二编》(下简称《二编》)两编。《初编》六十卷,初次编定于嘉庆二十四年(1819),后续有增辑,至道光

* 基金项目:新疆大学博士科研启动基金项目"嘉道北京诗坛研究"(BS180117)。

① 参王锺翰点校《清史列传》,中华书局1987年版,第6029页。
② 赵尔巽等《清史稿》,中华书局1977年版,第13425页。

十年庚寅(1830)止。收入清代诗人九百二十九家;《二编》六十四卷,编定于道光二十二年,收入清代诗人二百六十二家,中与《初编》重出者数人①。从地域来看,《征略》所收诗人于广东最多。近代藏书家伦明《题冼玉清广东女子艺文考》自注云:"张子树维屏《诗人征略》初编粤人占十之二三,其二编占十之七八。合之几得半矣。"②这显然是因为张维屏久居广东,得地利之便而造成的。前后两编相较,《续修四库全书总目提要》云:"盖维屏晚岁,蒿目时事,有所触而涉笔及之,不复如初编之谨严。"③整体而言,该书卷帙浩繁、体例特殊,在清代诗话类著作中特点最为鲜明。

从大的体例上来说,《征略》具有明显的史志化倾向。中国古代的史书以纪传体为大宗,因人系事是一个重要特征。尽管这种史书体例也直接影响了一些中国古代的诗话类著作,产生了许多因人系诗的诗话。但相比之下,《征略》的特征仍十分突出。在《征略》的自序中,张维屏直言"意在知人,本非选诗,其中或因题,或因事,或己所欲言,或人所未言,意欲无所不有,不专论诗之工拙也"④。自序中表达了两个关键意思:第一,该书"意在知人",诗之工拙倒不在选者首先考虑的位置上;第二,该书在诗歌内容上求全,"意欲无所不有"。这样的选择标准可以说并不严格,从而决定了《征略》是一部卷帙浩繁的著作。这两点是张氏编纂诗话类著作一以贯之的思想。如其另一诗话著作《艺谈录》,卷下亦有作者识语谓:"勿徒以诗话视之。"⑤对张维屏来说,诗歌的价值更偏重于它是后世知人论世的文献材料,而非供人审美愉悦的文学作品。故而《征略》不像一般的诗话类著作那样注重诗歌本身,反而尽可能多地关注诗人的身世。以至于在张维屏编纂时,就有诗人家属主动将诗人的生平资料送给张氏。《二编》卷六十三记载,诗人蔡锦泉(号春帆)死后,其妻"一日语其姨甥刘庚曰:'人之生平不能载入国史,而省志、府志、县志亦难以行远,吾闻《诗人征略》一书,海内文人聚焉。子盍以《听桐馆遗诗》并事略送往,请辑入之,庶可传远。'庚承命,并述其言"⑥。这是非常生动的例证,它证明在当时人看来,《征略》更像是一部史志性质的书,而不是一部单纯的诗话类著作。

从小的体例上来说,具体到所选的诗人个体,《征略》的记录主要包括五个方

---

① 关于《征略》所收诗人的具体数字,平步青《霞外攟屑》卷六"诗人征略"条统计《初编》收诗人九百三十一人。此从点校本《点校说明》,张维屏编撰、陈永正点校,苏展鸿审定《国朝诗人征略》,中山大学出版社 2004 年版。

② 伦明著,东莞图书馆编《伦明全集》,广东人民出版社 2012 年版,第 174 页。

③ 张维屏编撰,陈永正点校,苏展鸿审定《国朝诗人征略》,第 7 页。

④ 张维屏《自序二》,张维屏编撰,陈永正点校,苏展鸿审定《国朝诗人征略》,第 7 页。

⑤ 张维屏《艺谈录》,舒位、汪国垣、钱仲联、郑方坤、张维屏著,程千帆、杨杨整理,杨杨编校《三百年来诗坛人物评点小传汇录》,中州古籍出版社 1986 年版,第 375 页。

⑥ 张维屏编撰,陈永正点校,苏展鸿审定《国朝诗人征略》,第 1245 页。

面:第一部分是张维屏所编撰的诗人小传;第二部分是张氏所编的诗人资料汇编,多取材于《四库提要》《国朝名家小传》《熙朝雅颂集》《国朝诗别裁集》《两浙𬨎轩录》《湖海诗传》等书。这部分的材料非常丰富,极具文献价值;第三部分是张氏引录自己的《松轩随笔》《松心日录》《老渔闲话》等书中内容,对该诗人的其人其诗作一评述;第四部分是张氏所选的该诗人代表作的诗题;第五部分是张氏所摘选的诗或诗句。这五个部分随人增减,有些诗人的资料并不全部覆盖以上五个方面,但就整体而言,这个体例还是贯彻得很完善的。值得注意的是,《征略》对大多数诗人的记录,其偏重点都在第二和第三方面,即辑录的生平资料和对其人其诗的评述上,而与诗歌直接相关的第四、第五方面,张维屏往往笔墨较少。可以说,通过《征略》,我们基本上可以对所辑录诗人的生平事迹有比较详细的了解,但对其诗作却很难产生一个较为切实的整体印象。

如此,在《征略》中,诗歌与历史已高度一体化。诗人必定能作诗这一标准被无限放低。张维屏自云:"观孔《疏》(指毛诗孔颖达疏,引者注)所称,诗人则周公、召公、卫武公、尹吉甫皆在其中矣。盖以人言,则智愚贤否,等有不齐;以诗言,则凡作诗之人,皆得谓之诗人。诗以人而重,人不以诗而轻也。"①不仅如此,张维屏甚至将一些他未见到有诗作流传的人也当作诗人收入了《征略》。例如著名的考据学家崔述,诗歌作品较少,但张维屏搜罗整理了其数千字的生平资料与评述,却没有一句诗歌,只录了一副楹联,并言:"未得见先生之诗,仅见此楹联,因录之。他日见诗,当再补录。"②可见张维屏的选录标准实际上消解了诗歌作为语言艺术的艺术性,而增强了其作为文字记录的历史性。这种将"诗"与"史"相统一的观念,正与其友人龚自珍的观念高度契合。《征略》初刻于道光十年之后不久,龚自珍即读到了这部著作③。在没有受到邀请的情况下,龚自珍作《张南山国朝诗征序》云:

> 周公何人哉?尹吉甫、谭大夫何人哉?逐臣放子,弃妻怨妇,举何人哉?周虽文,其殆无有诗人之名也。后之为诗,业之别有籍焉,成之别有名焉,二者辙孰旧?网取所无恩,恩杀,至所恩之人而胪之,高下之,名曰作史;网取其人

---

① 张维屏《自序一》,张维屏编撰,陈永正点校,苏展鸿审定《国朝诗人征略》,第5页。
② 张维屏编撰,陈永正点校,苏展鸿审定《国朝诗人征略》,第968页。
③ 陈永正先生认为龚自珍作《张南山国朝诗征序》是在道光三年,则龚、张相识不应晚于道光三年,但并未云所据。见陈永正《张维屏的〈国朝诗人征略〉》,《岭南文史》2001年第2期,第32—33页。笔者推测其理由当据《初编》自序得知张维屏编订完成此诗是在嘉庆二十四年,而龚自珍《张南山国朝诗征序》末云:"张维屏,字南山,番禺人,官黄梅令。"按之年谱,张维屏署黄梅县令是在道光三年,则该序作于道光三年。按,此说应误。龚自珍读到的《初编》当为道光十年的刊本而非此前的稿本或抄本,其《与张南山书》云:《诗人征略》一书,读之大喜,竟命笔伸纸,作一序文。"落款时间是"时辛卯九月望"。可知《张南山国朝诗征序》作于道光十一年。参樊克政《龚自珍年谱考略》,商务印书馆2004年版,第348页。

之诗而胪之，或留或削，名曰选诗。皆天下文献之宗之所有事也。二者名孰高？作史者曰：我古史氏家法，于史为大宗。选诗者则曰：孔子尝删诗矣！我七十子家法，于经为别子。二者指孰优？其名与实孰合分？龚自珍年三十四，著《古史钩沉论》七千言，于周以前家法，有意宣究之矣。既具稿，七年未写定。夫自珍之世，非周之世，天下久矣有诗人之名也；天下久有诗人之名，天下献宗选诗，固宜选诗矣。受而视其目，其真以诗名者，未尝漏焉。而不可名为诗人者十八九，是何人哉？自天聪、崇德，迄于今八朝，其姓名为专家诗人所熟闻者无几，诗人闻而咸异焉！曰举何人哉？自珍受而疑，俯而得其故，曰：若人殆乐网取其人而胪之，而高下之欤？殆非徒乐网取其诗也欤？然则若人号称选诗也何故？曰：是职不得作史，隐之乎选诗，又兼通乎选诗者也。其门庭也远，其意思也谲，其体裁也赅。吁！诗与史，合有说焉，分有说焉，合之分，分之合，又有说焉。毕触吾心而赴吾志，吾所著书益写定。伟夫若人！怀史佚之直，中孔门之律令，虎虎歃血龚氏之庭者哉！张维屏，字南山，番禺人，官黄梅令。

朱则杰先生已经指出："龚自珍该序标题称'国朝诗征'，不但与《国朝诗人征略》不符，而且很容易使读者误以为《国朝诗人征略》是一种严格意义上的全国类清诗总集。"①但龚氏所谓"国朝诗征"指的就是《征略》，这是没有疑问的。

在序中，龚自珍首先从源头上肯定了"选诗"与"作史"是同样的行为，二者"皆天下文献之宗之所有事也"。其次作者又论述了"职不得作诗，隐之乎选诗"，强调了二者在根本性质上是相通、相合的。最后作者极力称赞张维屏"怀史佚之直，中孔门之律令"，即既富有史家的忠直又具备解诗的素质，并说《征略》中表达的思想与自己所想完全一致，张维屏与自己已可以歃血为盟。总之，龚自珍的赞美是相当主动和真诚的。张维屏读到龚序后也回信说："大作《诗人征略序》，气体高妙，此书已有自序，他时续刻，当弁诸卷首。"②但后来刻本也并未见张维屏将此序弁诸卷首。其中缘由，樊克政《考略》引张维屏《松心诗录》卷首李长荣识语已经做过解释，其云："先生生平所有著述从不请人作序。……龚定庵舍人自珍有《诗人征略序》，先生皆感其意而不载其文。"③这个解释比较可信。虽然如此，但张、龚二人在对待"诗""史"关系的问题上仍是高度契合的，都显示出嘉道诗坛变革的鲜明特点。

对《征略》一书特殊的编辑思想所造就的特殊体例，评论家有赞赏也有批评。

① 朱则杰《清诗考证》，人民文学出版社 2012 年版，第 632 页。
② 张维屏《复龚定庵书》，张维屏撰，关步勋、谭赤子、汪松涛标点《张南山全集》第 3 册，广东高等教育出版社 1994 年版，第 395 页。
③ 樊克政《龚自珍年谱考略》，第 352 页。

赞赏者如刘声木《苌楚斋随笔》云："虽所采之诗未必尽当,然搜罗繁富,辨论详备,眉目清晰,便人检查,体例亦未尝不善。"①批评者如张寅彭："收辑又略见随意性,以致若干重要诗人如舒位、龚自珍等竟付阙如,是为一失。"②都是比较客观的评价。

二

除却体例,从内容上来看,《征略》也体现出张维屏作为修史者的志向,以及史学经世的价值追求。《征略》中既体现出对历史文献资料的刻意搜求,同时也体现出明确的修史般的历史责任意识。

《征略》虽在本质上仍属于诗话类著作,但张维屏并未止于谈艺,而是以所搜集的文献资料为基础,在其中有所申发,并寄寓了相当沉重的历史责任感。这首先表现在力求其全地收集关于诗人的资料,有为一代诗人保存行迹的志向。以诗人存诗,再以诗存史,这是中国古代一项悠久的文学传统。如元好问编《中州集》,搜罗了二百五十一位诗人的二千零六十二首诗歌,其中绝大多数都是金代的诗人诗作。而且该书的诗人小传也保存了大量的金代文献,向来不仅被文学研究者所关注,也同样是历史研究者的必要参考。《四库全书总目》就说它"大致主于借诗以存史,故旁见侧出,不主一格"③。这种志在以诗存史的做法流传到明末清初,又诞生了钱谦益所编《列朝诗集》这样的大型总集。另外,清初卓尔堪所编《遗民诗》的凡例云:"人与诗并重,然人更重于诗,其有以人传诗者,诗不过数首,虽有微瑕,亦所必录。"④从编著观念上讲,《征略》与《中州集》《列朝诗集》等诗歌总集不同,而与《遗民诗》较为相近,但在"存史"的路上走得更远更彻底。《征略》将"存人"作为全书的重心,诗歌甚至沦落成了配角,因而它的性质也只能算作诗话类著作。这也更好地突出了《征略》的特色,以及编者张维屏的诗学观念。

《征略》的历史责任感还体现在它记录人物资料时,刻意保存了相当广阔的社会历史图景,并寄寓了史学经世的价值追求。尤其是书中资料汇编的内容,最能体现编者张维屏对史学性的追求。举例来看,《征略》的初编卷五十一中记录了洪亮吉其人,且篇幅巨大。原因正在于编者张维屏十分仰慕洪亮吉的为人。洪亮吉,字稚存,号北江,晚号更生居士。他于嘉庆四年(1799)上书指斥朝政之弊,并把批评的矛头直指嘉庆皇帝,引起嘉庆帝震怒。洪亮吉也被交部议,拟以大不敬罪处斩立

① 刘声木著,刘笃龄点校《苌楚斋随笔续笔三笔四笔五笔》,中华书局1998年版,第171页。
② 傅璇琮总主编,刘德重分册主编《中国古代诗文名著提要·诗文评卷》,河北教育出版社2009年版,第531页。
③ 纪昀《四库全书总目提要》,河北人民出版社2000年版,第5138页。
④ 卓尔堪编,萧和陶点校《遗民诗》,华东师范大学出版社2013年版,第4页。

决,幸又被嘉庆皇帝加恩免死,只是流放新疆效力,且百日之后即被释放回籍。此事对洪亮吉而言固然是九死一生的经历,但此谔谔一疏为他赢得了直言敢谏的清名,一时士林都对其仰慕有加。张维屏也不例外,在他为洪亮吉所作的资料汇编中,他专门从洪氏的《卷施阁集》中择录了三大段古文,用来凸显洪亮吉其人的形象。尤其是第三段,选自洪亮吉的《胥吏篇》,其云:

> 官之累民者少,吏胥之累民者多。……今则不然,由吏胥而为官者,百不得一焉。登进之途既绝,则营利之念益专。姓名一入卯簿,则呼之为公人,咸不敢忤其意。其始,邻里畏之,四民畏之,甚至士大夫亦畏之。若有奸狡桀出,把持官府之人,则官亦畏之。……是其权上足以把持官府,中足以凌辱士大夫,下足以鱼肉里间,子以传子,孙以传孙。其营私舞弊之术益工,则守令间里之受其累者益不浅。况守令所以得罪者,大半由吏胥,及至守令陷于法,而为吏胥者不过笞杖而已,革役而已。至于新旧交代之时,则又夤缘而入。故吴越之俗以为有可避之官,无可避之吏,职是故也。然则有牧民之责者,可不先于胥吏加之意乎?①

尽管这段文字是由张维屏节录洪氏原文所成,但既保留了原文完整的意思,又能体现出洪亮吉为文慷慨激昂、雄辩滔滔的特点。读者读其文,便不难想见洪亮吉其人的风采。更重要的是,张维屏选录该文不只是为了让读者在欣赏诗歌时作知人论世之用,还显然是寄寓了对当时吏胥腐败、为害一方的批判,且对比来看,这后一层意思显然更加重要。张维屏对洪亮吉的为人无一贬词,对其诗的毛病倒是略无隐晦。在《征略》中,张维屏引自己的《听松庐诗话》云:"洪北江诗有真气,亦有奇气,时或如飘风骤雨,未免失之太快。"②对洪亮吉诗歌缺乏雕琢的弊病有所批评。由此可见,诗的水平仍不是张维屏首先考虑的入选因素,其人其事才是张维屏想要记录的重点所在。张氏在编选诗歌的行为上同时寄寓了史笔的褒贬。

再如乾隆朝的重臣阿桂。阿桂是满洲少有的俊杰,有出将入相之才,虽能诗但并不以诗名。《征略》中只摘选了他的四首诗,但却辑录了数千字的文献资料,对阿桂在收复新疆以及平定大小金川战役中的功绩进行了详细的记录。再如乾隆朝的名臣庄有恭,向以治水得力著称,诗歌本非其所长,但张维屏仍在资料汇编中为他大费笔墨,着重辑录了关于庄有恭治水方法和功绩的资料,用世之心是非常明显的。从这些张维屏所关注的重点事迹,我们也能看出他对国情世务的热切关心。又如诗人储大文,张维屏在评述中说:"储六雅文集有《取道》一篇,于西域道里其

---

① 张维屏编撰,陈永正点校,苏展鸿审定《国朝诗人征略》,第727页。
② 张维屏编撰,陈永正点校,苏展鸿审定《国朝诗人征略》,第728页。

详，历二十余年而稿乃定，于地理之学可谓勤矣。然详于古而略于今，其时准、回之地未入版图，无怪六雅之不能详也。今据《存研楼集》《新疆识略》二书，约举其要条列于左，既便于观览，且俾读史者知今地即古某地，亦易于考证焉。"①这体现出作者虽长期身处广东沿海地区，但对其时形势紧张的西域也十分关心。吴仰贤《小匏庵诗话》云："南山诗名尤盛，所辑《国朝诗人征略》，搜罗最广，别择綦严。凡名臣言行及有关国家掌故者，附采尤详，足备一代文献之征，不徒供吟坛捃撦已也。"②正道出了张维屏编纂时的良苦用心。

在各类对时事的记录中，最富时代精神的是张维屏对沿海局势及海外信息的记录。仍以洪亮吉为例，《征略》初编编定之后，张维屏对洪亮吉的资料又有搜集整理，故在《征略》二编中又作补充一则。前云："稚存先生既撰乾隆府厅州县志，于海内郡县朗若列眉矣。又作《西海释》一篇，盖欲穷海外疆域，于此篇引其端也。屏不揣固陋，取拙著《老渔闲话》中有话及海外者，录于《西海释》之后，话及则录话，未及则不录……"③下录《西海释》与《老渔闲话》六千余字，多是关于海外各洲的地理、历法、历史等方面的内容。尽管张维屏的记叙中还包含了一些身为天朝上国子民的骄傲与自大，但是对海事的留意不能不说包含了对现实的观察和思考。再如诗人钟启韶，因其作有《澳门诗》，张维屏在对其人进行评述时，竟脱离了钟启韶其人其诗，而是对沿海局势作了大段的论述，中云："今居澳者多西洋人，日久亦甚驯顺。惟英吉利贪顽而狡犷，彼见西洋人安居澳门，颇有歆羡妒忌之意，包藏祸心，殆不可测。是则慎固察奸宄，有守土之责者，其可忽哉！"④敏感地指出了英国对清帝国的侵略意图，实有先见之明。这体现了编者对国际形势的热切关注，十分难得的。

更直接的，张维屏还在《征略》中对鸦片流毒中华予以了严重警示。如在诗人刘大櫆条下，张维屏先是引刘大櫆《慎始论》之句云："举天下之无味而辛苦蜇其口，未有如烟草者也。自万历之季，闽人一食之，至于今，而天下之人无贵贱贤愚，鲜不甘而嗜之。"接着张维屏就此大加申发，其云：

> 夫烟草无甚害于人，而海峰已怪夫嗜之者之众，讵知淡巴菰之后，又有所谓阿芙蓉者，能使人食而嗜之，既嗜之，虽欲不食而有所不能，且一日不食而其人已如疾病在身，而形神为之不安，较之饥渴而有甚，是物之害人如此。而数十年来，天下之嗜之者日以众，虽才智之士或不免焉。有司屡奉旨严禁其来而

① 张维屏编撰，陈永正点校，苏展鸿审定《国朝诗人征略》，第 911—912 页。
② 吴仰贤《小匏庵诗话》，张寅彭主编《清诗话三编》第 9 册，上海古籍出版社 2014 年版，第 6575 页。
③ 张维屏编撰，陈永正点校，苏展鸿审定《国朝诗人征略》，第 1029 页。
④ 张维屏编撰，陈永正点校，苏展鸿审定《国朝诗人征略》，第 742 页。

仍未能绝。且闻内地禁之严,其夷船以此物来者,辄以海上交易,而渔利之徒亦潜于海上购之,以转贩于四处。夫以养人之财,易此害人之物,而流毒未知所底止,此亦有心者所为扼腕太息者也。①

张维屏的评述十分彻底地批判了鸦片的危害,并无情地揭露了沿海地区的鸦片交易情况。这明确体现了张维屏诗学观念中的经世精神。

以公羊学的崛起为代表,嘉道时期的史学思想开始具有干预社会现实的强烈精神。这一点也同样体现在《征略》当中。《征略》主张"诗"与"史"合二为一,因而在辑录相关诗人资料时,张维屏也突出了嘉道时期的社会弊端与危急形势,其中既有对事实的记录,也有对未来趋势的预判。一部诗话类著作,如此强烈地表现出经划世务的热情和理想,这在同类著作中是十分鲜见的。

作为一部诗话类著作,《征略》也表现了较强的文学史意识。这主要体现在张维屏所选录的诗和诗句当中。张氏既为那些诗坛影响巨大的诗人刻意多作摘句,动辄二三十联,旨在凸显其诗风特点及诗坛地位。如朱彝尊、王士禛(《征略》作"王士正")、查慎行、沈德潜、袁枚、钱载、蒋士铨、赵翼、黄景仁、黎简、张问陶、孙原湘等诗人,他们在清代诗歌史上的地位和影响都在《征略》中得到了鲜明的体现。同时张维屏还挖掘了很多平常不为人所经意的诗人,也刻意为他们多作摘句。如诗人黄任在众多的清代诗人中名气不算特别大,但张维屏对他的绝句情有独钟。在评述当中,张氏多有引录自己的《听松庐诗话》,中载黄任的七言绝句多达十一首,多能反映出黄任清新秀逸的诗风,如:

> 不须惆怅惜芳丛,把酒看花兴未空。看到秋江颜色好,芙蓉原不要东风。
> (《对花》)
> 旧时节序旧亭台,散尽欢娱独自哀。我亦譬如骑竹日,所思人本不曾来。
> (《所思》)②

再如诗人祝德麟,张维屏亦摘句三十余联,一些诗句如"读书才信童时易,忍事偏于醉后难","豕栅牛栏俱入画,半依修竹半桃花","我无姬妾相寒暖,不是君怜更有谁"③。再如诗人刘嗣绾,张维屏对其也很青睐,摘句达三十联,一些诗句如"风竹有声画,草虫无字诗","垂帘算弈留仙客,隐几看花当美人","一别也知如小死,再来难定是今生"④,工整妥帖又饶有意境,确实也能显示出选者高超的眼光。尽管相比

---

① 张维屏编撰,陈永正点校,苏展鸿审定《国朝诗人征略》,第398—399页。
② 张维屏编撰,陈永正点校,苏展鸿审定《国朝诗人征略》,第271页。
③ 张维屏编撰,陈永正点校,苏展鸿审定《国朝诗人征略》,第591—592页。
④ 张维屏编撰,陈永正点校,苏展鸿审定《国朝诗人征略》,第810—811页。

其他诗话类著作,《征略》所选诗句较少,但并不妨碍它具有一定的诗歌史的性质,原因即在于其选录的详略得当。

三

结合嘉道年间兴起的尊史思想来观察《征略》,可以发现它的体例、内容、旨趣都具有很强的典型性。

在传统的四部分类法里,史部长期居于经部之下,故又被称作乙部。但是,提高史部地位的呼声也从未间断过。从先秦时期的庄子开始,到后代的刘知几、郝经、袁枚等人,这样的思想一直代有传承①。到嘉道年间,尊史的思想在章学诚那里发扬光大,"六经皆史"的明确提出构成了史学思想的一次大震动。上古之经不再被单纯视作是义理之所在,而亦被当作是可靠的上古史的研究材料。这样一来,上古史研究的对象和方法都被大大拓宽了。而关于张维屏与龚自珍对"诗""史"关系的讨论,笔者认为这也是尊史说开始明确影响到诗歌观念的一个标志,《征略》可以被视作是这种史学思想与文学观念交汇的结晶。

置于嘉道时期的诗学史上来看,这一时期的诗话类著作普遍出现了一些新变。从思想倾向上来看,将经世致用的思想引入诗歌批评的领域中,是嘉道以后逐渐壮大的一股诗学思想潮流。除了本文所论的《征略》,再比如首刊于咸丰元年(1851)的《射鹰楼诗话》,著者林昌彝以"鹰"谐"英",表明了自己的抗英思想。这也是经世思潮影响诗歌批评的一个例子。

另外,对嘉道间的诗学转向,蒋寅先生有一个总体的概括。他说:

> 嘉道诗学整体上却有一个醒目的倾向,在某种意义上也可以视为清代诗学的转型,即诗学开始重视记录性而淡化了理论与评论色彩。我阅读此期诗学著述的印象是,探讨理论、技法与注重批评的诗话数量锐减,而宣称以表潜阐幽为主旨的诗话明显增多。以记录性为主的地域诗话和同人诗话成了诗话的主流,"以诗存人"或"以人存诗"成为诗话编撰的主要动机,记录逸事和标榜风流取代论才较艺而成为诗话的主要内容。②

"开始重视记录性而淡化了理论与评论色彩",这恰好也道出了《征略》的特征。其后,何曰愈的《退庵诗话》称赞《征略》"尤为有功文献"③,徐世昌《晚晴簃诗汇》称它

---

① 卢强《关于"六经皆史"渊源的几种说法》,《黑龙江史志》2015 年第 1 期,第 368 页。
② 蒋寅《清代诗学史(第一卷)》,中国社会科学出版社 2012 年版,第 56 页。
③ 何曰愈撰,覃召文点校《退庵诗话》,广东高等教育出版社 1996 年版,第 275 页。

"攟摭详备,有功文献"①,也都着眼于其极高的历史文献价值,而不是文学理论价值。这颇能说明《征略》记录性强而理论性弱的特点。

另外,嘉道时期的诗话著作虽然数量众多,但没有树立起影响力巨大的诗学主张。笔者认为,导致这种结果的一个直接原因就是此时的诗话类著作记录性增强而论才较艺的内容减少,而更深层的原因也与这一时期现实社会的忧患日深有关。嘉道时期内忧外患的加剧导致诗人们普遍产生了以余事为诗的价值追求。尤其在深受经世思想影响的诗人那里,诗歌的现实功用备受重视,而至于艺术风格、诗歌技法之类的内容则不再引人措意。这一点在《征略》中同样得到了充足的体现。进一步看,这也说明,我国古代的诗歌创作与诗学理论,从来都是具有热切的现实关怀的。在社会现实发生重大转变时,诗歌与诗学总是十分敏感地随之而变。我国古代的诗美理想,也从来不是建立在形式美学的基础上。近代西方出现了明确提出"为美而美"的唯美主义诗学,而在我国古代诗学史上,固然也偶有类似的诗学观念热闹一时,但绝称不上是主流,而只能是一种传统儒家诗教观念的补充。

《征略》一书内容丰富、体例新颖,是嘉道时期诞生的一部富有时代精神的、影响较大的诗话著作。李文泰《海山诗屋诗话》云:"张南山先生辑《国朝诗人征略》,论者谓其有功文献。其门人南海李子虎长荣亦辑《柳堂师友诗录》,所收至二百数十家。"②可知它的出现也带动了当时的编纂风气。另外,吴承学先生谓:"其书合传、论、选的征略体例可谓首创,更开清诗纪事类文献之先河,明显影响后来吴仲《续诗人征略》、施淑仪《清代闺秀诗人征略》、钱仲联《清诗纪事》等书。"③揭示了它的文学史影响。结合嘉道时期尊史思想与经世思想兴起的背景,笔者认为张维屏在《征略》中寄寓的著述理想一是辑录一代之文献,二是对现实之弊有所批判和揭露。它是嘉道时期的诗歌观念与尊史思想互动的产物,带有嘉道时期的特殊历史印记,也是我们今天考察嘉道诗风之变不可或缺的重要文献。

(本文写作过程中得到中国社会科学院王霄蛟博士的帮助,谨此致谢。)

(作者单位:新疆大学中国语言文学学院)

---

① 徐世昌《清诗汇》,北京出版社 1995 年版,第 2062 页。
② 李文泰《海山诗屋诗话》,《清诗话三编》第 9 册,第 6228 页。
③ 吴承学、程中山《岭南诗话与岭南诗学》,《学术研究》2020 年第 6 期,第 153 页。

王树楠在新疆期间与日本人的交游

林宏磊

引　言

王树楠（楠字多作枏、枬，1851—1936），字晋卿，晚号陶庐老人，河北新城人。清光绪十二年（1886）进士，授户部主事。历任青神、资阳、新津、富顺、中卫等县县令和甘肃平庆泾固道、巩秦阶道、兰州道官员，光绪三十二年至宣统三年（1906—1911）署新疆布政使。王树楠在新疆任职期间，正值外国人，特别是日本人到新疆实地考察、盗取文物、刺探情报的时期，因此王树楠在新疆遇到了多位日本人，并与他们有所交游。本文通过王树楠诗歌及日本人的游记，对王树楠与日本人的交游做一勾勒，并对王树楠与日本人交游的原因做一分析。

一、王树楠与日本人的交游

纵观王树楠的诗歌及到疆日本人的游记，王树楠在新疆期间共与 6 位日本人有过交往，从光绪三十二年至宣统二年，可以说贯穿了其整个新疆布政使生涯。

1. 波多野养作

王树楠在光绪三十二年赴任途中，于阜康遇到完成新疆游历将要返国的波多野养作，作《日本波多野养作君游历新疆返国，遇诸阜康道中，握谈而别，诗以赠之》诗赠之：

> 历历西天尽，匆匆东海归。相逢一握手，喜极泪沾衣。雪岭连天迥，风沙带石飞。知君泛槎去，袖内有支机。[①]

波多野养作是王树楠在新疆地面上见到的第一位日本人。波多野养作作为东亚同文书院第 2 期毕业生，被派遣到乌鲁木齐调查中国西北部边境地带俄国向中国的侵蚀情况。波多野养作自光绪三十一年（1905）八月自北京出发，经西安、兰州、安

---

① 《陶庐诗续集》卷三，《中国西北文献丛书·西北文学文献》第 15 卷，第 309 页。本文所引用诗歌未经特别注明者皆引自该书。另，笔者发现《中国西北文献丛书》本与其他版本个别用字有所不同，不再出注。

西、哈密、吐鲁番等地,最终到达乌鲁木齐,后又经兰州、青海、宁夏、河套地区、张家口,返回北京①。

据《陶庐老人随年录》可知,王树楠于光绪三十二年农历八月底抵达乌鲁木齐②。该诗所在的《陶庐诗续集》第三卷原作为《出塞集》,顾名思义,该卷中的诗是王树楠赴任新疆的途中所作。因此,王树楠与波多野养作相遇也应在农历八月份,董炳月考证为阳历 1906 年 10 月中旬③。其实,这并不是王树楠第一次见到波多野养作。王树楠任职兰州时,就曾见到过波多野养作,并有诗《赠日本波多野养作》④。因此,王树楠才会有"相逢一握手,喜极泪沾衣"之语。

2. 林出贤次郎

与波多野养作作为东亚同文书院同期毕业生的林出贤次郎于 1905 年 5 月被派往新疆伊犁,次年 4 月抵达目的地伊犁。在对中俄边境彻底调查后,于 12 月离开伊犁返回乌鲁木齐,受到了早已相识的王树楠的热情款待⑤。为了向日本外务省报告调查的情况,林出贤次郎于 1907 年第一次离开新疆。王树楠作《丁未,林出君慕胜壮游大宛、乌孙诸地,乌垣小憩,将返故都,于其别也,成四十字歌以赠之》赠之:

> 天上葡萄种,新从西极来。春风万余里,夜月一衔杯。毒海探骊手,长城
> 倚马才。明朝看日出,故国有蓬莱。⑥

丁未,即 1907 年。林出慕胜,即林出贤次郎。乌垣,当指乌鲁木齐。

林出贤次郎第一次在乌鲁木齐逗留期间,正值"清末新政"在新疆实施改革,早已见识其学识的王树楠极力邀请林出贤次郎担任法政学堂和陆军学堂教师。林出贤次郎盛情难却,与王树楠约定,若外务省批准,一定再次回到乌鲁木齐。1908 年2 月,林出贤次郎再次被派赴乌鲁木齐⑦,任教于新疆法政学堂和陆军学堂⑧。三年后,林出贤次郎聘期结束,王树楠再次送其东归,赋诗赠别:

---

① 详见［日］薄井田《东亚同文书院大旅行研究》,上海书店出版社 2001 年版,第 53 页。

② 王树楠《陶庐老人随年录》,中华书局 2007 年版,第 62 页。

③ 董炳月《王树楠写给入疆日本人的诗》,《文史知识》2013 年第 12 期,第 106—114 页。

④ 原诗为:"有客来仙岛,无闻愧后生。圣经皆法律,吾道得干城。诗酒三生梦,山河万里行。阳关歌一曲,幽抱与君倾。"《陶庐诗续集》卷二,第 301 页。

⑤ 王树楠早在兰州任职时就与林出贤次郎相识,王树楠有诗《日本慕胜君林出贤次郎来游陇上,将有新疆之行,席中赋赠》,《陶庐诗续集》卷二,第 301 页。

⑥ 《陶庐诗续集》卷四,第 310 页。

⑦ 关于林出贤次郎两次派赴乌鲁木齐的论述可参见房建昌《近代日本渗透新疆论述》,《西域研究》2000 年第 4 期,第 46—53 页;《东亚同文书院大旅行研究》,第 55 页;杨文炯、柴亚林《清末至民国时期日本在我国新疆的阴谋活动论述》,《中国边疆史地研究》2012 年第 4 期,第 110—117 页。

⑧ 《新疆图志》卷三十八《学校一》中有林出贤次郎教授课程的记载。详见王树楠等纂修,朱玉麒等整理《新疆图志》,上海古籍出版社 2016 年版,第 697 页。

冰雪满天地，斯人独远征。淋漓将进酒，睇笑若为情。文字三生契，风沙万里行。数君归去日，春色遍蓬瀛。

味道参三昧，传心证二官。人言乱朱紫，世事变青红。窈窕独予慕，垮修唯子同。高歌劳望眼，惆怅海门东。(《林出慕胜从余游三年，将东归，赋诗赠别二首》)[①]

匹马天山自去来，三年归兴满蓬莱。看君晞发扶桑上，携得虞渊冻日回。(《席中赠慕胜》)[②]

可以看出，王树楠对林出贤次郎的不舍之情。

提到林出贤次郎，就不得不提《林出贤次郎携来新疆省乡土志三十种》。尽管现有文献没有记载林出贤次郎带回日本的三十种新疆乡土志是因何机缘抄录，但必定与王树楠有关。《新疆图志》整理本主编、北京大学朱玉麒教授根据档案，判定新疆布政使衙门是纂修《新疆图志》的实际执行机构，下令下属官府采访资料以备采用，而时任新疆布政使的王树楠就成了具体纂修的倡议与组织者[③]。也就是说，各地官府所上交的材料(乡土志)最终汇集在王树楠的手里。

林出贤次郎任教乌鲁木齐期间，正是王树楠着手纂修《新疆图志》之际，各地的乡土志陆续汇集到王树楠手中。占据天时地利人和的林出贤次郎完全有机遇浏览新疆各地的乡土志，并延请他人抄录。当然，也不排除王树楠特意让林出贤次郎抄录的可能性。林出贤次郎在第一次逗留乌鲁木齐期间，王树楠就曾将自己所撰的《希腊春秋》赠予林出贤次郎[④]。鉴于此，林出贤次郎抄录的新疆乡土志原本完全有可能是王树楠借给他的。

3. 日野强、上原英东

就在林出贤次郎准备第一次返日的时候，公开军人身份的日野强和上原英东来到了新疆。日野强和上原英东于 1907 年 2 月 25 日，即光绪三十三年农历正月十三日，抵达乌鲁木齐。他们在翻越天山的途中偶遇了林出贤次郎，并在后者的引荐下，拜会了王树楠[⑤]。王树楠于正月十五日热情款待了他们：

走马天山下，相逢如故人。雪消金满谷，风度玉关春。万里笙歌夜，千年战伐尘。月中看宝剑，照见胆囷轮。(《正月元夜，日本南州少佐日野强来游西

---

① ② 《陶庐诗续集》卷四，第 316 页。

③ 详见《新疆图志·整理前言》，第 4 页。

④ 《林出君慕胜携余所撰〈希腊春秋〉归日本，文学士佐藤小吉为斠一通，诗以报之》，《陶庐诗续集》卷四，第 314 页。

⑤ 〔日〕日野强著，华立译《伊犁纪行》，黑龙江教育出版社 2005 年版，第 119—120 页。

域,索赋,赠之》)①

该诗也记载在了作为《伊犁纪行》附录的《新疆琼瑶》中,题目为《丁未元宵,赠南州少佐,即希吟正》②。在随后的20多天里,王树楠与日野强多有诗歌唱和:

> 新从海上斩长蛟,又向云间射巨雕。燕颔鸢肩飞食肉,骅骝生马逐天骄。
> 男儿生小带吴钩,来作人间汗漫游。美酒葡萄拼一醉,为君换取紫貂裘。
> (《和南州二首》)③

从诗中可以看出,王树楠与日野强的交情颇深,惜日野强的原作不存。又有《赠南州》:

> 与君杯酒话沧桑,塞草凄迷古战场。蛮触千年两蜗角,关河万里一鱼肠。
> 人生机事螳来雀,国有羶行蚁慕羊。青眼高歌望吾子,旧愁新绪独悲凉。④

王树楠在送别日野强赴伊犁时,又有《别南州》:

> 君去马如飞,行行何所之。沙连西域阔,春入北庭迟。风雪双蓬鬓,乾坤一卷诗。他年鸡黍局,瀛岛以为期。⑤

日野强是王树楠在新疆期间赠诗最多的日本人,可见两人交情不一般。王树楠返回内地与日野强仍有来往⑥。日野强对停留乌鲁木齐时与官员交往也有记载:

> 我在乌鲁木齐前后停留了27天,全然不觉得时间长。在此期间以伊犁将军(长庚,于赴任途中正好在此地满城停留)、新疆巡抚(联魁)、布政使(王树楠)为首,文武百官屈驾来访,为我洗远征之尘,解慰孤客旅情,又关心下榻旅店设施的完备,并为前方的旅程提供各种方便,甚蒙厚遇。⑦

可见,新疆官员对日本人的礼遇。接风洗尘、向日本人请教、关心或解决住宿条件、为考察提供方便等成为王树楠与日本人交游的标配。

据"丁未正月日本上原英东先生偕南州少佐日野强远踔北庭"⑧,可知上原英东

---

① ③ 《陶庐诗续编》卷四,第310页。
② 《伊犁纪行》,第463页。
④ 《陶庐诗续集》卷四,第310—311页。
⑤ 《陶庐诗续集》卷四,第311页。
⑥ 王树楠有诗《六月中旬,余有河南之行,日本日野南洲来访。余于石庄促谈一夕,即别而去》,《陶庐诗续集》卷七,第336页。
⑦ 《伊犁纪行》,第128页。
⑧ 《送日本上原英东之伊犁序》,《陶庐文集》卷三,第49页。

与日野强一同来到新疆。根据序文,可知上原英东受伊犁将军长庚的嘱托赴伊犁帮助教练新军。由此可知,上原英东即《新疆图志》中提到的担任伊犁武备学堂总教习的原尚志①。作为大谷探险队第二次西域探险队队员的野村荣三郎曾在乌鲁木齐见到过上原氏发给林出贤次郎的电报:

> (明治四十二年)一月六日　晴
> ……现居伊犁之日本人上原氏在给林出氏的电报中,称千余名俄国人移居特克斯河。……②

可见,上原氏于1909年尚住在伊犁。杨文炯、柴亚林提到,与日野强同行的是上原多市③。上原英东与上原多市是否为同一人,待考。

4. 橘瑞超、野村荣三郎

作为大谷探险队第二次西域探险队队员的橘瑞超和野村荣三郎于1908年6月16日自北京出发,途经外蒙、库伦、鄂尔多斯、乌里雅苏台、科布多等,于10月26日到达乌鲁木齐。尽管橘瑞超的旅行日记毁于火灾,但可以从野村荣三郎的记载中了解到他们与王树楠的交游。

> 十一月一日　晴　停留乌鲁木齐
> 承蒙布政使王方伯氏之厚意,我等借得布政使衙门之房舍一处。遂搬家。王氏遣人,或帮助搬运行李,或帮助打扫房间、帖壁纸,使房间焕然一新。……五时归寓所,王布政使答谢回访,以巴里坤汉唐石碑之拓片相赠。……④

这是王树楠第一次出现在野村荣三郎的日记中。王树楠邀请橘瑞超和野村荣三郎住在布政使衙门,赠送石碑拓片,对他们表现出了前所未有的热情。王树楠赠送的汉唐石碑拓片在日本龙谷大学藏有实物,且有王树楠题记⑤:

> 野村越山、橘登仙两君来游西域,因出《唐天山姜行本碑》持赠。请其归贻大谷伯爵。久闻
> 伯爵博古好学,藏之亦足备一格也。
> 王树楠识

---

① 《新疆图志》卷三十八《学校一》,第698页。
② [日]野村荣三郎著、董炳月译《蒙古新疆旅行日记》,新疆人民出版社2013年版,第126页。
③ 杨文炯、柴亚林《清末民国时期日本在我国新疆的阴谋活动论述》,《中国边疆史地研究》2012年第4期。
④ 《蒙古新疆旅行日记》,第100页。
⑤ [日]橘瑞超著、柳洪亮译《橘瑞超西行记》附录五小笠原宣秀《龙谷大学所藏大谷探险队带来的吐鲁番出土文书综述》,新疆人民出版社2010年版,第225页。

落款处钤有"晋卿""树楠之印"印章。据下文,越山为野村荣三郎的号,那么登仙也是橘瑞超的号。由此题记可知,野村荣三郎所记的汉唐石碑拓片当为《姜行本纪功碑》拓片。王树楠请橘瑞超、野村荣三郎将该拓片带给大谷光瑞。小笠原宣秀介绍此题记原为竖行,可见王树楠对大谷光瑞的尊敬。

根据日记记载的时间来看,野村荣三郎的日记缺记 10 月 27 日—10 月 31 日五天的内容。想必在这五天中,橘瑞超和野村荣三郎在林出贤次郎的帮助下结识了王树楠,并深得王树楠的欢心,才会有 11 月 1 日那样的记载。在随后至 11 月 8 日的日记中,多次记录了两人出入布政使衙门(瑟乌望,布政使衙门后院的碉楼)[①]、赴王树楠宴请[②]、与王树楠照相的情形[③]。

王树楠的热情不限于此。在野村荣三郎于 11 月 10 日动身前往吐鲁番考察之际,王树楠给当地官员修书一封,为其考察吐鲁番扫清了障碍:

> 十一月十六日　晴朗　今日起停留此地(吐鲁番)
>
> 正午至衙门访曾炳汉氏,呈示王布政使书信,述吾此行之目的。……[④]

曾炳汉,原文亦记"曾炳汉"[⑤],误,当为曾炳熿。曾炳熿,光绪三十三年至宣统元年(1907—1909)任吐鲁番直隶厅同知,纂修《吐鲁番厅乡土志》。正是王树楠的书信才使得野村荣三郎在吐鲁番的考察得以顺利开展。

在野村荣三郎前往吐鲁番考察的同时,橘瑞超在乌鲁木齐停留,直到 12 月 2 日才与野村荣三郎汇合于木头沟。尽管缺乏文献记载,但橘瑞超应该与王树楠有过多次的交往。

为取京都汇款,野村荣三郎子身于 1909 年 1 月 4 日返回乌鲁木齐,依旧住在布政使衙门。至 1 月 30 日离开乌鲁木齐,野村荣三郎共记录与王树楠交谈 3 次[⑥]。1 月 29 日,野村荣三郎离开乌鲁木齐前一天,王树楠特意题字相赠:

> 吾将出发,王布政使以书法作品相赠("越山"为吾之号):
>
> 胜金台畔树连柯,吐峪沟前水不波。夷国山川几陵谷,唐年经碣半刓磨。
>
> 坏墙穿穴巢蝙蝠,古佛埋沙载薜萝。手剥千秋苔藓迹,悬崖立马犹摹挲。
>
> 越山先生将逾天山而西前一日出纸索书赠作时乙酉一月九日也

---

① 《蒙古新疆旅行日记》"十一月三日",第 101 页。

②③ 《蒙古新疆旅行日记》"十一月六日",第 102 页。

④ 《蒙古新疆旅行日记》,第 106 页。

⑤ [日]上原芳太郎编纂《新西域记》,有光社 1937 年版,第 496 页。

⑥ 《蒙古新疆旅行日记》"(明治四十二年)一月四日",第 126 页;"一月十七日",第 127 页;"一月二十二日",第 128 页。

　　　晋卿王树楠呈稿①

落款后有钤印。薛,原文作"薜";摹,原文作"摩"②。1909年为己酉年,故乙酉当为"己酉","乙"与"己"字形相似,可能是野村荣三郎误抄。农历一月九日为阳历1月30日,不知是王树楠还是野村荣三郎把日期搞错。

　　王树楠赠送给野村荣三郎的书法作品,去掉落款,再将顺序调整,显然就是一首诗。如果将其看作是诗的话,那么这是王树楠赠送给野村荣三郎的唯一一首诗,且王树楠的诗集不载。《蒙古新疆旅行日记》中载有野村荣三郎多首诗,可以看出其有写诗的能力,但不知何因二人没有诗歌唱和。

　　王树楠的热情好客给橘瑞超留下了深刻的印象,以至于后者作为大谷探险队第三次西域探险队队员1910年第二次到达乌鲁木齐时称其为"乌鲁木齐的旧友",在回忆第一次的情景的同时,记载了这一次的情景:

　　　　这次林出君不在,我不想住在官府里增加麻烦,便住在城内的旅馆里。可是王布政使亲临住所亲切地对我说:"那年不是住在我那里吗?还住到我那里去吧。我们很久没有见面了,可以好好谈谈。"③

王树楠对橘瑞超的热情并没有因为时间的间隔而减弱。

二、王树楠与日本人交游原因探析

　　如前所揭,王树楠与日本人交游从其署理兰州道就开始了。他对日本人到新疆的目的了然于心,"于是其国豪俊智勇有志之士,联袂接武争赴新疆,觇俄人动静安危以定外交政策之所在"④,且对日俄战争后日本接替俄国继续租借中国辽东的事实提出了自己的担忧⑤。尽管如此,王树楠在新疆期间仍是对日本人表现出了热情和友好。

(一)王树楠认为俄国是新疆最大的外患

　　王树楠早在署理兰州道与陕西巡抚升允谈论西北大局时就指出:"俄人久抱并吞亚洲之志,其所力征经营,注意于朝鲜、印度,而我国与土耳其实当其冲。……俄

---

　　① 《蒙古新疆旅行日记》,第130页;此题字小笠原宣秀《龙谷大学所藏大谷探险队带来的吐鲁番出土文书综述》亦有记载,用字与之有所不同,碣,作"碍";刬,作"捌";摹,作"摩",《橘瑞超西行记》,第210页。
　　② 《新西域记》,第509页。
　　③ 《橘瑞超西行记》,第33—34页。
　　④ 《送日本上原英东之伊犁序》,《陶庐文集》卷三,第49页。
　　⑤ 《陶庐老人随年录》,第55页。

人经略中亚洲诸部,开边拓土,新疆一省久在其囊括之中。"①认为俄国无论是向东还是向南开拓疆土,新疆都首当其冲受到俄国的侵占。在《补过斋文牍序》中更是提出了俄人将新疆视为"直外府"②。王树楠坚信俄国是新疆最大的外患,提出了东联日本西缔英人的政策。

王树楠任职新疆后,更是亲身实地地感受到了俄人对新疆一省的蚕食。王树楠到新疆后,见到俄人既廉价又快速的邮政系统,王树楠不仅仅担心财政收入的减少,更担心的是"邮信利权悉入俄人之手"③。再意识到新疆西、北都被俄人铁路包围,而感慨仰赖内地输送军火粮饷兵员的新疆一旦开战朝不保夕。

鉴于此,王树楠对来疆不论是刺探俄人情报,还是实地考察,甚至是公开军人身份的日本人都给予了热情的招待和帮助。或许,这是王树楠个人对自己所提出东联日本政策的一种落实。

(二) 王树楠主张向日本学习来抗衡俄国

王树楠对来疆日本人表现出友好的另一个原因是学习日本来抗衡俄国。

王树楠曾在两江总督张之洞幕府中办理洋务、防务及奏折等事物,接触了洋务运动及新思想。甲午战争的失败,促使王树楠的思想发生了转变,忧患意识、国家意识、变法改革等思想开始出现。

王树楠署新疆布政使期间,正是"清末新政"如火如荼的时期。"清末新政"的本质就是向发达国家学习,对政治、经济、社会、军队等方面进行改革。由于地缘、文化及日俄战争中战胜俄国等因素,日本就成为王树楠学习的对象。伊犁将军长庚邀请上原英东教练新军、王树楠力邀林出贤次郎任教于法政学堂和陆军学堂即可证明。王树楠是继林则徐、魏源之后,对"师夷长技以制夷"观点的又一践行者。

(三) 王树楠对明治维新后的日本文化的推崇

王树楠与日本人交游及表现出的热情,再一个原因是其认为日本文化与中国文化同根。除了日本人,王树楠还与法国人、俄国人等都有过交往,但写诗相赠的只有日本人,这与王树楠认为日本文化与中国文化同源的观点是分不开的。不限于此,王树楠更是推崇明治维新之后的日本文化。明治维新之后,日本各方面的实力都远超了原本依附的中国,并在甲午战争中取胜,这极大地颠覆了中国士大夫阶层的观念。通过王树楠表现出的就是,他在兰州道第一次见到波多野养作和林出贤次郎时对他们及日本文化的赞誉和推崇,"世宙纵横见异才,无端孤抱为君开"

---

① 《陶庐老人随年录》,第 55 页。
② 《陶庐文集》卷十一,第 178 页。
③ 《陶庐老人随年录》,第 70 页。

"四明学术传来久,三岛人才晚更奇"①。随后,王树楠进疆,便有了与日本人一系列的交往。

王树楠在新疆期间与日本人的交游,可以说是新疆官场,乃至整个中国官场的真实写照,是清末民初这一中国近现代历史时期中国与西方列强国家交互往来的缩影。由于资料的限制,王树楠与日本人交游的许多细节还不甚明了。相信随着越来越多的到疆日本人资料的汉译,王树楠与日本人交游的细节会越来越清晰。

(作者单位:新疆师范大学图书馆)

---

① 《日本慕胜君林出贤次郎来游陇上,将有新疆之行,席中赋赠》,《陶庐诗续集》卷二,第301页。

以小正之，物别篇同：《夏小正》的丝路新篇

夏国强

  源于河洛的丝绸之路，是从贸易开始的文明传播之旅，与中华文明发达的农业、手工业密切相关。早在夏代，中国已有较为系统的农业生产经验总结，保留在《大戴礼记》中的《夏小正》篇中，成为中华礼仪文明的重要组成。《夏小正》是一部按月记录天象、物候的历书，《礼记·礼运》说："孔子曰：我欲观夏道，是故至杞，而不足征也；吾得夏时焉。"郑玄笺云："得夏四时之书也，其书存者有《小正》。"这个说法与司马迁《夏本纪》"孔子正夏时，学者多传《夏小正》云"相似，天时物候能够指导农业生产，安排社会运行，虽然《夏小正》还不算严格意义上的农书，但其中记录下的耕猎桑麻图景为我们保留了一幅人与自然共生的和谐图景。学者们在引述丝绸之路的开端时，也会用到《夏小正》中的养蚕采桑记载。此后，随着天文观测和农业技术水平的提高，《夏小正》的内容与形式都以不同的方式被增广继承，也被继续传递到丝路古道之上，唐代吐鲁番出土文书中的历日文书、高昌书仪中都有按月记录天文气候的模式。

  形式继承的意义不止于形式，更多的是文化精神的延续，而最能反映其传播特点的，是王树枬在宣统二年(1910)完成的《新疆小正》，王氏先将此书以《物候志》之名并入《新疆图志》中，1918 年又以《新疆小正》为名收入《陶庐丛刻》[①]。《新疆图志》本录有袁大化序，《陶庐丛刻》本篇末有王恩绶跋。其体例大致与《夏小正》相同，分为正文和传文。正文以二十四节气为纲目，分条叙天象、气候、物候，其下又有传文解读。撰者王树枬家学深厚[②]，深受中华文化浸润，取名《小正》，承继了《夏小正》"以小正之"的"正名"传统。在记录新疆农业生产生活的同时，又以细腻的笔触将中华文化之精神融会在边疆史志之中，写下了交流共融的篇章。

一、"以时正名"的历史回响

  《陶庐丛刻》本王恩绶在跋文中提到《新疆小正》命名原因说："是书稽物候，广

---

① 上海聚珍仿宋印书局所印《陶庐丛书·新疆小正》牌记为"戊午仲秋校印"，系 1918 年刊行。

② 王树枬《陶庐老人随年录》录其在家塾、书院学诗、属对、学文学赋事，中华书局 2007 年版，第 9—15 页。

异闻,专用羲和遗法,故亦以'小正'名其篇。"他明确指出本书体例用意与《夏小正》一致,因此取"小正"为名。王树枏于《陶庐老人随年录》"二年庚午六十岁"条云"余自撰成……《新疆小正》二卷",自述其编为《新疆小正》,且王树枏二十八岁校正过《大戴礼记》,三十二岁又对《夏小正》经传进行订补,对"夏小正"之名有自己的发见。其《校正大戴礼记》"夏小正第四十七"云:

> 朱子《仪礼经传通释》移"缇缟"下"何以谓之《小正》,以小著名也"二句于篇题下,金履祥《通鉴前编》同。又《蔡中郎集·明堂月令论》引《戴礼·夏小正传》曰:"阴阳生物之候,王事之次,则夏之月令也。"十六字,亦疑此处传文,今以意补在"以小著名也"下。又此文皆是解"夏小正"三字,则"何以谓之《小正》"上应有"夏小正"三字,后人因移其次,遂妄删,今补正。

王树枏所引朱熹所移之文,与今本《夏小正》"何以谓之,《小正》以著名也"相较,多出一个"小"字,应是朱熹为解释《夏小正》之名而改动的经文,这一认识为王树枏所认同[1]。"夏小正"之"正",是正时的月令。《汉书》颜注引李奇之说:"时政,月令也。"又《左传·文公六年》释"正时"云:"闰以正时,时以作事,事以厚生,生民之道于是乎在矣。不告闰朔,弃时政也,何以为民?"当时国政以农为本,《夏小正》的功能在于记录物候变化,管理者根据物候次序安排农事,使之符合自然规律。而"小"的含义则来自"以小著名",通过物候这样的微小征兆来为四季农时提供参证,使之正名不移。

古代先贤观象授时,从时空一体的角度建立"溥天之下,莫非王土"这一宇宙与社会同构模式:人类所能达到的地理空间有限,山川形貌、河流土壤各有不同,但观测的天空却有一致性;所能经历的时间有限,但日出日落,四季变换却周而复始,循环不变。因此,人类仰观于天,突破地理空间的限制,把天体运行作为恒定的法则,使空间认识趋向稳定可知;俯察于物,观测自然万物的变化,记录时间变动的次序,让时间认知得以重复循环。发现并利用时空运行的恒定规则,人类社会活动得以有序开展,文明才能逐步形成和发展。因此,中国的先贤把对时空的认知叫作"名",保持人事与自然规律的一致就是"正名",将"正名"用于人事就是政教的开端。在中国古代政治哲学中,常常可以看到这一观点。《春秋公羊传》:"王正月也,何言乎王正月,大一统也。"何休注:"统者始也,总系之辞。夫王者,始受命改制,布政施教于天下,自公侯至于庶人,自山川至于草木昆虫,莫不一一系于正月,故云政教之始。"管理者遵从自然,确定界限,受天改制,就是定"名";制定历法,分派任务,

---

[1] "缇缟"下原文作"何以谓之,《小正》以著名也",王引其文多一"小"字,断句也不同。

把万物都系在名下，彰明规律，是为"正名"；然后才能兴教化，行政治。物候虽小，却是自然规律的体现，是用来修正人事管理的基础，这就是"以小正之"的内涵。

王树枬传续正名之道，以《新疆小正》为名，兼具两重含义：一是指新疆月令与中原月令本是同源，夏王朝是《史记》记载的最早中国朝代，已经具有了较为成熟的礼制和文化形态。夏之月令制度移用于新疆，是源与流的具体表现。袁大化序《物候志》有云："天地之运，日月之行，寒暑之代谢气化，人物之始终生息，尽于此矣。"中原与边疆同处天下，皆是国土，遵从一样的自然法则，无疑有着共同的认识基础。在此基础之上，齐同风俗，一体政教，不分区域，无论民族，共是一家。正如《汉书·王吉传》所说："春秋所以大一统者，六合同风，九州共贯也。"

二是因地制宜的表现。王树枬光绪三十二年九月至新疆任布政使，于新疆物产颇有认识[①]。又以新疆地广教化不易，阐述了不拘定例的观念[②]。王恩绥跋文云："新疆去京九千里，北极出地四十四度，气候不同，物产亦异。先生仰观俯察，择要而书，质而文，简而有则，岂第善拟古人而已哉。"传承不是一成不变，王树枬一方面用"羲和遗法"，一方面又不全拟古人。虽然地域有别，物候有异，但"仰观俯察"的认知方法全然一致。在他看来，如果为政者详细观察治理区域的实况，用合适的方式，就可以达到"务使无病于民，无累于官，上下相安"的目的。《论语·子罕》记载孔子欲往东部各民族聚居的区域去，有人认为过于偏远。孔子说："君子居之，何陋之有。"先贤认为在政令教化施行的过程中，人的主观能动性可以克服地域的差别。只要把握住中国传统文化中人与自然和谐相处的先进经验，总能与具体实际相结合，找到恰当的治理办法。袁大化在《物候志》序中也表达了同样的想法："倘官斯土者，能曲体夫朝廷宵旰之意，不待物候之有变征，而惴惴焉无所不用其诚敬，将因人事以达天道，因一月之候以观夫世运会元，以探万物之幽赜，而穷造化之功用。则广袤二万里之疆域，皆将拭目而望隆平之有日矣，乌容以化外置之哉！"

二、"以文化人"的文脉延续

《新疆小正》命名的文化传承内涵在正文中表现得更为明显，在编撰体例上既保留传统，又结合现实。史明文指出《新疆小正》是在张应选《新疆物候表》实调的基础上，以《夏小正》的体例撰写。考察全文，其物候记载除了采用《夏小正》经、传模式，还吸取了《礼记·月令》的记录方式。现将三者比较如下：

① 王树枬《陶庐老人随年录》云："窃谓新疆地方二万余里，农田、水利、桑棉、瓜果之盛大，牧畜之繁，五金之矿，富甲海内。"第 69 页。

② 王树枬《陶庐老人随年录》云："新疆新设行省，本属特别之区。""务使无病于民，无累于官，上下相安，不必拘定通省一律之例。"分别见于第 70、第 66 页。

《夏小正》	《礼记·月令》	《新疆小正》
正月：启蛰。雁北乡。雉震响。鱼陟负冰。农纬厥耒。初岁祭耒始用畼。囿有见韭。时有俊风。寒日涤冻涂。田鼠出。农率均田。獭献鱼。鹰则为鸠。农及雪泽。初服于公田。采芸。鞠则见。初昏参中。斗柄县在下。柳稊。梅、杏、杝桃则华。缇缟。鸡桴粥。	孟春之月，日在营室，昏参中，旦尾中。其日甲乙。其帝大皞，其神句芒。其虫鳞。其音角，律中大蔟。其数八。其味酸，其臭膻。其祀户，祭先脾。东风解冻，蛰虫始振，鱼上冰，獭祭鱼，鸿雁来。……行冬令，则水潦为败，雪霜大挚，首种不入。	立春日在女。昏娄中，旦角中。阴弸于野。时有条风。冻雪载途。雨水日在虚。昏昴中，旦亢中。明庶风至。阳跃于渊。寒燠不恒。惊蛰日在危。昏参旗中、旦氐中。阴赤阳白。饮牛。黑鸟格。

《新疆小正》将"日所在"和"昏旦中星"的观测记录前置，又借用了《礼记·月令》每月首标太阳位置、昏旦中星，依次说明阴阳变化、气候、物候特征的整齐模式。但并不照搬《礼记·月令》中过于繁复的阴阳五行，更为客观自然。最终形成的先叙天象、后及阴阳气候、再至物候变化的"简而有则"空间结构。相较于《夏小正》原文中较为散乱的记录，这一结构体系化更强，使读者能清楚看出自然和人事之间的对应关系。

《新疆小正》的撰写体例并不以历法月名为开头，而是通过天文实测指向节气和月份，直接使用二十四节气分布全年物候，并配有较为详细的实测数据。"立春日在女"下传文云："《七政历》：日在女，三度。迪化省城太阳午正高三十度二十五分，摄氏寒暑表冰点下二十三度。"其中引用了时历《七政历》中的太阳所在星宿的具体度数、正午太阳高度以及每个节气日的摄氏温度，科学性显然更强。也是作者"拟古而不复古"，更注重与当时社会结合的体现。王恩绶在跋文中指出《新疆小正》所记太阳在黄道的位置并未机械承袭《夏小正》的记录，而是根据观测及时更动了数据①。这种动态认识在《新疆小正》序文中说的很明确："今志物候，以乌鲁木齐为率，其南北之特著者并记之。近十余年来，天气转寒为暖，物候为之一变。后此者不知更何如也。"②因此，详细地记下此时此刻的实况，可以避免后来者误读。《新疆小正》通过对《夏小正》《礼记·月令》形式的模拟，明确本书"道法自然"的传统文化认识本源。同时又体现了"法与时转则治，治与世宜则有功"的中国古代社会治理思想，保持了创新接受的活力，正是王恩绶所谓"岂第善拟古人而已哉"。

《新疆小正》行文古雅，虽然鲁靖康认为有刻意搬用《夏小正》之嫌。实则这种摹写正体现了作者"政教同风"的思想内核。中国各地拥有共同的自然基础，抬头所见的天空中，日行位置、昏旦中星，阴阳转化的规律都是一样。虽然具体表现各

---

① 王恩绶跋文云："又阅二千一百余年以至于今，列宿东移又一宫，故是书冬至日在尾，而立春则日在女。"

② 据史明文研究，此序言内容与张应选《新疆全省物候表》大致相同。

有不同，但通过观测物候引导人类活动，探知规律用以构建社会的自然与人事互动关系并无区别。

人与自然的和谐共生加强了传统农耕社会的稳定性，使得自然物候从身边实感上升为国家礼制，以教化的形式向四方传播，而不同的地域和物产又不停丰富着这一体系，呈现出中华文明"多元一体"的风貌。王利华在《〈月令〉中的自然节律和社会节奏》中论述了《月令》式农书具有教化地方、整齐风俗和塑模社会的功能，而"敬奉天时、顺时而动"的月令思想也促成了汉代及其后的各类月令式著述产生。这些著述各有特点，但其要旨皆同。袁大化在《物候志》序中说："气候之运行，由于天时，而实有关于人事。是以古之君臣，必谨修政令以奉若夫天道，默察气运以警惕夫人为。"《新疆小正》也不例外。

王树枏视《夏小正》为中华礼制代表，其语句有范式作用，袭用并非是炫耀才学，而是强调《新疆小正》的正统表达，以便撰者行使教化功能。尽管新疆气候与中原有别，物候早晚不同，甚至还有一些特有的物产和生产活动。但是作者在编写过程中，始终秉持"中华文化一体同源"的原则，其具体表现有以下三点。

第一，《新疆小正》记录物候直接引用典籍原文，申明同源关系。正文中两处言农，都是直引《夏小正》正月经文，区别仅在于时间不同：三月清明"农及雪泽"，四月立夏"农率均田"。尽管新疆与中原地区全年气温变化存在差异，但是看天时而尽人事的农业耕种及管理经验同样适用于边疆。《新疆小正》沿用《夏小正》经文，是中央政府颁布农书，讲求农政，推广经验，一体共融的具体外现。

第二，仿用《夏小正》语句，在凸显新疆本地特色的同时，又赋予其中华文化精神，异中见同。北疆冬季寒冷，恐怕桃树过冬不易。因此在农历九月后，把桃树压倒，覆盖草土，次年立夏后扶起。《新疆小正》称之为"启桃"。其意化自《夏小正》正月首句"启蛰"。"启蛰"指春天已至，万物复苏。而"启桃"是指将埋在地下的桃树扶起，如同冬眠后复苏。"启桃"这一特有的地域种植方式，在命名之后，就带有了生生不息、源远流长的共有文化精神。又如六月大暑"天汉㧑屋脊"引姚元之《竹叶亭杂记》云："《夏小正》'汉案户'，谓天河也。献山言吐鲁番于六月望，河乃当东厢屋脊，盖其地在天河之西也。"《夏小正》本句为七月经文，其传文云："汉也者，河也。案户也者，直户也，言正南北也。"张汝舟校释云："古人南其户，当户，则天河正指南北矣。"六七月星空璀璨，作者从地理角度记录新疆所处地势较高，所见河汉宽广[①]。

---

① 《竹叶亭杂记》记云："同年宝献山相国兴云：'此地高之故也。地高去天觉近，故望星之空处觉宽。'宝时自吐鲁番来，因言彼地望月中影似加明晰，望天河中白气乃是小星。吐鲁番较京师高一百五十余里，去天较京师将近一度。"姚元之《竹叶亭杂记》卷三，中华书局1982年版，第78页。

因此,仿拟《夏小正》的记录方式,写下河汉与人居处的相对位置。可以先想见,两个时代的记录者以所处之处为中心,跨越时空,一体仰望。无论中原还是西陲,都共处一片天空之下,正是《礼记·礼运》"天下为一家"思想的反映。

第三,在传文中写明文化传承与共融。《新疆小正》正文古奥,有王树枏自作传文帮助解读和传播。传文中引用清以前经史著作、诸子及诗赋40余种,充分展现了中华传统文化根柢。六月小暑"河柳华"传文记下了特有的河边柳树,当地人六月采柳花,用以代茶,胜于龙井。这正是"茶文化"的融入实况。十二月小寒"爝鱼"传文则写出利用鱼的向光性,在冰孔旁点燃火堆,引鱼自来的捕鱼方法。传文末按语以贾谊"爝蝉之术"点明了知物候明人事的道理。《荀子·致士》云:"夫爝蝉者,务在明其火,振其树而已。火不明,虽振其树,无益也。今人主有能明其德者,则天下归之,若蝉之归明火也。"贾谊《新书》中使用这一典故,指在边疆管理上,也要修明德行,则人民归附。王树枏将这些上及社会管理、下至生活风俗的中华民族优秀文化用传文活泼自然地呈现出来,诚如袁大化序文所说"因人事以达天道,因一月之候以观夫世运会元",承载着中华文明同风同俗的发展脉络也就更为清晰可见。

三、"因地因时"的时代转化

良好的传承需要与其时代发展相适应,《新疆小正》中也不缺乏时代特征。其传文中引用《广雅疏证》《乌鲁木齐杂记》《竹叶亭杂记》《天山赋》《三州辑略》等清人著作,更有纪昀、程瑶田、孔广森、王引之、薛福成等清代学者言论,可谓古今兼采。

而这些近期的研究成果,除了传统朴学语词考据外,还有丰富的实地考察内容。如纪昀对哈密瓜种植、存储的介绍;徐松对白草的特征描述;曹麟开《塞上竹枝词》中所记"一样地形天气异、庭州多雪火州炎"天山南北气候现场;叶城知县张应选亲见鸿雁夏季退毛场景等。作者本人也多次记录自己的所见所闻。其务实的精神,与刘向《说苑·政理》所言:"夫耳闻之,不如目见之;目见之,不如足践之;足践之,不如手辨之。"是为一源。《新疆小正》所本实践精神的现实发展还体现在以下两方面:

其一,尝试用科学的方式解释典籍内容或生活现象。清如三月清明"清明风至"条传文引薛福成"中国在海西北,东南风自海上来,故暖"的现代地理学知识解读《史记·律书》东南风主生万物之说;再如五月夏至"厥民窟居"以"凡人处热带之下,妇女容貌易衰"说明吐鲁番妇女早衰现象的原理。这些记录是中华民族对事物认识逐步科学化、系统化的真切反映。记录者从表象观测到理论类推,行走在辽阔疆域的同时,其格物致知的能力也随之增广,使得这些知识的文化内涵更为丰富且具有生命力。

其二，《新疆小正》以农牧业为根本，但顺应时代发展要求，兼及与物候相关的交通、商业和工矿业。三月清明"冻途"传文提到："北疆自清明以后雪消冻释，泥泞满途，车马阻滞。"十一月大雪"大雪壐山"传文云："十月以后，雪满山谷，道路不通，俗谓之封山。"五月芒种"茧成"传文详细说明了左宗棠设立蚕桑局，经营发展，售卖出境获利的过程，连售价利润都记录在案;四月立夏"金夫入山"，记有于阗大小金厂的位置。十二月大寒"硇硇砂"传文中也引《竹叶亭杂记》中徐松所述采砂之法，并作按语说明库车白硇砂，能够长途运输，可供电报局使用。记载地方社会经济状况是地方志的功能之一，而以物候为纲目，可使观者的时空代入感更为具体强烈，光绪三十一年(1905)六月颁发的《乡土志例目》中阐明这一地方志特点说："盖以幼稚之知识，遽求高深之理想，势必凿枘难入。惟乡土之事，为耳所习闻，目所常见，虽街谈巷论，一山一水，一木一石，平时供儿童之嬉戏者，一经指点，皆成学问。"于民众教育而言，贴近生活则更易接受。生活改变，但浸润在生活中的民本思想，务实精神的中华文化元素一直存在。《新疆小正》构建物候与民生的联系，并使之与时代变化相适应，而自古以来为政者顺应自然规律，注重社会发展的治理观念在这里也能得到体现。

作为丝绸之路重要节点，新疆既是中华文化传播交融的范例，又是一个新的起点。无论法古还是察今，《新疆小正》在编撰写作上都不离文化正名的主题。袁大化在序中说："离物以觇候，则智穷;泥物以觇候，则智更穷。惟必熟察夫天地纯杂之气，日月运行之度，星辰昏旦之次，风土燥湿之宜，使各了然于心目，而无少障蔽，然后形形色色，涵育于其中。"为政者需要了解物候变征的本质，才能正确地实施教化，亦是《汉书·艺文志》"观风俗知得失"的观念。《新疆小正》记录的天象物候对于具体生产生活有一定的指导作用。但从技术层面来看，仅是搭建框架，仍显疏阔。其中的实况描写诚如作者所言，不过记其代表，志其大略。而传承天下同一、顺应自然，和谐共融、务实力行的中华传统文化精神才是其本质所在。

（作者单位:新疆师范大学中国语言文学学院）

文学交融与文化传承的典范

——《历代白族散存诗文文献辑录及其叙录》前言

多洛肯

白族是世居我国西南边疆的少数民族之一,主要分布在以洱海为中心的大理地区。作为我国西南边疆地区较早接受并发展汉文化的少数民族之一,得益于独特的社会文化土壤,白族历史上涌现出一大批从事汉语诗文创作的文士,积累了丰富的文学成果。据相关史料记载,白族的汉文诗文创作始于汉代,发展于唐、宋、元,兴盛于明、清,有着清晰的历史演进脉络。《历代白族散存诗文文献辑录及其叙录》的编纂初衷,即在于忠实记录并还原历代白族的文学成果,以期生动呈现这一动态过程。不少诗文作品中已蕴含有现代意义上的中华民族共同体的内涵,体现出对中国传统儒家思想的持守与认同,对中原传统诗文理论的接受与传承,对中原主流诗文风格的追崇和创作方法的学习。

白族汉文诗文生成的历史文化语境

秦汉时期,在大理地区生活的"昆明之属"或"昆明诸种"即是白族及其他一些少数民族的祖先。它们大多数是"随畜迁徙,毋常处,毋君长"①的山居游牧部落,随着社会发展和文化传播融合,逐渐演变为从事农业生产的部落或氏族公社,同时也有了君长及不同的族称,如僰、巂(叟)、昆明等。西汉代秦以后,朝廷在大理地区设置郡县,也正是有赖于这些"君长"部落的存在;三国时代,在蜀国的身毒道开通后,地处古道要冲的大理成为内地汉族商贾往来的必经之地。往来于此的商人们不仅带来了先进的铁制用具和其他手工业产品,也带来了内地先进的汉文化。大理地区最早记录汉文化交流的歌谣是《行人歌》。据《后汉书·南蛮西南夷列传》载:"永平十二年(69)……置哀牢、博南二县……始通博南山,度兰仓水。行者苦之,歌曰:'汉德广,开不宾。度博南,越兰津。度兰仓,为它人。'"②这支歌谣不仅真实地反映了白族地区当时的交通、开放状况及阶级矛盾,也反映了汉文化在西南的传播与接

---

① 司马迁《史记·西南夷列传》,中华书局 1959 年版,第 2991 页。
② 范晔《后汉书·南蛮西南夷列传》,中华书局 1965 年版,第 2849 页。

受情况。汉末诸葛亮七次生擒孟获、平定南中之后,由南中大姓各自治理所在地区,并进一步推行郡县制,大兴屯田,政治与民族形势趋于安定,形成"纲纪初定,夷又初安"①的局面。

云南地处西南边陲,历来是多民族杂居的地区,云南的文化自然不可避免地呈现出多民族融合的特征。白族人民聚居的大理地区更是云南最早的文化发祥地之一,其文化生态更颇具特色,时至今日,我们仍能从白族地区的教育史中略窥一二。据《滇考》载:"夫滇与闽粤皆开自汉武帝,其时盛览、张叔已从司马长卿学赋受经。"②叶榆(今大理)人张叔、盛览到四川的若水(今四川西昌)学习汉学,"归教乡里",盛览还著有《赋心》4卷(已佚),这是关于白族先民使用汉文写作的最早记录。嘉庆《重修一统志》卷四百七十八《大理府·人物》也记载,张叔、盛览两人是最早进入汉地学习汉文化的僰族人。明代李元阳编纂的嘉靖《大理府志》载,东汉章帝元和二年(85),大理地区就开始"建学立师"③。至唐代,南诏建国,统治者积极推行汉语言文字,之后更是将其定为南诏国的通行文字。得益于文字之便,其与中原汉文化的接触和交流日益增多,汉化程度也不断加深,不少白族知识分子都能用汉文进行创作,以异牟寻、赵叔达、杨奇鲲等人为代表。异牟寻曾致书剑南节度使韦皋,作《与韦皋书》,韦皋后来在成都办学,专供南诏子弟学习,"教以书数",五十年间培养人才数千人④。唐末黄巢起义期间,唐僖宗偏安四川,派遣杜光庭出使南诏国,杜来到南诏国后,在玉局峰下开办书院,促进了白族地区文化发展。清代白族诗人赵廷玉曾留诗记史曰:"僖宗来蜀待云軿,一一红鸾驾未停。玉局峨岷书院古,至今人仰杜光庭。"⑤

有元一代,边疆政策有所改变。公元1253年,元忽必烈率军直下大理,灭段氏大理国,结束了白族的地方政权,使大理地区直接归属元王朝中央政权统治。元统治者以云南"远方蛮夷,顽犷难制,必任土人,可以集事。今或阙员,宜从本俗,权职以行"⑥。鉴于此,设置土官,起用原大理国的大小领主,重用段氏总管大理一带,创立了"蒙、夷参治"之法。元朝至元十二年(1282)在云南设置行省,原先的万户府、千户府和百户府被改编为路、府、州、县,并首先在云南开始实行土官土司制

① 陈寿《三国志·蜀书·吕凯传》,中华书局1982年版,第1046页。
② 云南省人民政府参事室、云南省文史研究馆编,李孝友、徐文德校注《滇考校注》,云南民族出版社2001年版,第343页。
③ 李元阳(嘉靖)《大理府志》卷一,大理白族自治州文化局1983年版,第8页。
④ 马曜《云南简史》,云南人民出版社1983年版,第77页。
⑤ 张培爵、周宗麟(民国)《大理县志稿》卷三十一,云南省图书馆藏。
⑥ 宋濂等《元史》卷二十六,中华书局1976年版,第589页。

度。土司制在使云南白族地区与内地的联系更加密切和牢固的同时,也促进了汉文化的传播。后忽必烈任西域回族人赛典赤为云南平章政事,在洱海区域设立了大理路和鹤庆路,并开科取士,提高了大理地区的汉文化水平。赛典赤重视教育,认为国家政事须以教育为根基,于是大兴学校,《元史·赛典赤传》即记载其创建孔子庙、明伦堂、购经史、授学田,极大地促进了文学艺术的发展。在赛典赤治理时期,云南的儒学教育得到了系统的开展,后人师范更盛赞其父子两代人"沛泽于滇"①。

明王朝建立后,设云南都指挥司和云南布政使司,并继承元代的土司制,"迨有明踵元故事,大为恢拓,分别司郡州县,额以赋役,听我驱调,而法始备矣。然其道在于羁縻。彼大姓相擅,世积威约,而必假我爵禄,宠之名号,乃易为统摄"②,对土司的承袭、衔品、考覆、贡赋、征调作了规定。然而,云南部族众多、文化参差,反叛不断,明王朝审时度势,又进一步推行"文德以化远人"③的文教策略,故"不以为光复旧物,而以为手破天荒,在官之典册,在野之简编,全付之一烬"④,继而"兴儒""传佛",欲彻底更替其文明。朱明王朝在云南府大办官学,到明中叶以前,凡府、州、县及军士卫所都普遍建立了学校。明天启元年(1621),云南的生员竟有12000人之多。洪武二十七年(1394)至万历二年(1574),云南士人考中进士科的有162人,乡举上千人⑤。从洪武到天启年间,云南共建府学16所、州学23所、县学18所、书院56所⑥。明嘉靖年间,杨慎谪戍云南,滇人多师从,涌现出李元阳、杨士云等一批著名文士,"文藻俱在滇南,一时盛事"⑦。

有清一代,在对边疆少数民族统治方面,仍沿袭前朝旧制。《清史稿》载:"清初,沿明制,置承宣布政使司为云南省。设巡抚,治云南府,并设云、贵总督,两省互驻。"⑧对云南"依明旧制",按省制管理,部分地区实行土司制度。孟森则道:"明虽数尽,清所假以驱除者,不能专恃八旗,旗军人数固不足,且尽用旗人敌汉,亦于招徕之道隔膜。故除用故明文臣任招抚外,亦用明旧帅旧军与旅距未服者,以声气相呼召。"⑨此间大理地区与内地的交往更加广泛深入,白族诗文创作取得了长足的发展

① 师范《二余堂文稿》卷五,嘉庆年间安徽望江县官廨刻本,云南省图书馆藏。
② 张廷玉等《明史》卷三百十,中华书局1980年版,第7981页。
③ 张廷玉等《明史》卷三百十八,中华书局1980年版,第8230页。
④ 师范《滇系》,光绪十三年云南通志局本,第33页。
⑤ 刘小兵《滇文化史》,云南人民出版社1991年版,第251页。
⑥ 刘文征撰、古永继点校(天启)《滇志》,云南教育出版社1991年版,第304页。
⑦ 杨慎《升庵全集》卷三十,商务印书馆1937年版,第285页。
⑧ 赵尔巽等《清史稿》卷七十四,中华书局1977年版,第2321页。
⑨ 孟森《明清史讲义》(下册),商务印书馆2011年版,第522页。

展,文士蜂出,佳作迭现。

由上述史料记载可知,汉文化在汉代以前就已传入云南,张叔、盛览是白族地区最早建学传授汉文化的教育家。而白族汉语文创作的繁荣从南诏大理国时期便初现端倪,涌现了段义宗、赵叔达等十三位用汉语创作的白族文人;元代是白族汉文创作兴盛的开始,出现了如段光、段功、段宝等一批汉语文创作文人共十四人;明清时期则是白族文学史上的创作高峰,也是白族文化发生重大转型的关键时期,这一时期大规模的汉族移民以及中原文化的深刻浸润,都使得汉文化与大理地区本土文化相交融,自此奠定了白族文学发展的基调和方向。另外,在特殊的社会政治背景下,明清白族作家文学涂染着鲜明的时代特征,出现了许多反映白族地区社会现实的佳作。

白族汉文诗文创作状貌

据《云南苍洱境考古报告》"苍洱境历史之沿革,考之史籍,似可概括为以下四期:(一)汉与魏晋南北朝时期,此时以前,杳茫难稽;(二)六诏分立或洱河蛮时期,值唐初;(三)南诏统一时期,值盛唐至晚唐;(四)段氏时期,值宋元二代"①的时代审定结论,徐嘉瑞先生研究认为大理"新石器时期尚无历史,所有片段记载,殊难征信。故苍洱境之有史时期,实自蒙诏时始"②。蒙诏即南诏,是一个建立在奴隶制基础上以国家形式出现的部落和部族的集合体③,社会生产力水平已经达到了一定的高度,文化也趋于繁荣。同时,汉语已经成为官府的通用语言,受汉文化影响较深的"白蛮"官员不仅通晓汉语,且他们创作的诗篇也并不亚于同时代的汉族诗人。《蛮书》卷八载:"言语音,白蛮最正,蒙舍蛮次之,诸部落不如也。但名物或与汉不同,及四声讹重,大事多不与面言,必使人往来达其词意,以此取定,谓之行诺。"④这段话中的"最正""次之""不如"表述了西南各少数民族说汉语的标准程度,"白蛮最正"则正说明当时在众多少数民族中,白蛮的汉语水平最高。随着大理与内地交往日益频繁,中原汉族文学中的文学形式也陆续传入大理地区。

具体到文学创作,最先传入大理地区的是散文,诗歌稍晚。据相关记载,南诏的书面文学始于异牟寻。异牟寻曾受教于郑回,《旧唐书》中称其"颇知书,有才

① 吴金鼎、会昭燏、王介忱《云南苍洱境考古报告》,民国三十一年本,第12页。
② 徐嘉瑞《大理古代文化史稿》,云南人民出版社2017年版,第2页。
③ 张文勋《白族文学史》,云南人民出版社1983年版,第67页。
④ 樊绰《蛮书校注》卷八,中华书局2018年版,第207页。

智"①,大历十四年(779)嗣南诏位。《新唐书·南诏传》载,贞元九年(793),异牟寻曾致书剑南节度使韦皋,《与韦皋书》文字朴实,谦辞恳切,行文婉约,已具有相当的文学水平。第二年,异牟寻与唐使崔佐时盟于大理点苍山神祠,又作《誓文》。在南诏书面文学作品中,以诗歌成就最大,出现了赵叔达、杨奇鲲、段义宗等诗人。赵叔达的《星回节避台风骠信命赋》是白族文人创作中见于书面记载的第一首诗,杨奇鲲、段义宗等人的诗作也颇具唐诗风韵。骈文在南诏时期也得到了一定的发展,从遗存的碑刻记事文字中可略窥当时的文学水平。碑文多是散文,时杂骈体,不乏佳句,如郑回《南诏德化碑》、赵佑《大理国渊公塔之碑铭》等。

元朝统一云南后,文轨统一,儒家文化在云南地区得到了广泛传播。自元世祖至元十九年(1282)夏四月命云南诸路建立儒学以后,大理亦建立庙学,在这一时期,原大理国段氏家族中出现了许多诗人,文学家族呼之欲出。其时段氏任大理总管,世代相传,其诗作现存十六首,统称《段总管诗》,另有文七篇、词一首、文集二部。元代诗人主要集中于段氏一门,有段光、段福、段世、段功、段功夫人高氏,还有段功的子女段宝、羌娜,另有段功部将杨渊海、高蓬等人。该时期是白族文学创作渐趋兴盛的起点,尽管此时白族汉文诗文创作仅在段氏少数统治阶层中产生,作品数量也相对较少,但元代的政治、文化、教育政策为明清白族汉文诗文的发展兴盛奠定了基础。

明清是白族汉文诗文创作的兴盛期。明王朝一面大兴官学,一面重开科举,《明史·选举志》卷六十九载,明太祖曾诏曰:"朕将亲策于廷,第其高下而任之以官,使中外之臣皆由科举而进,非科举者毋得与官。"②西南各少数民族历经二百年的儒家文化熏陶,终在文学创作上达到了前所未有的高度,涌现出杨黼、杨士云、李元阳等五十七位白族汉文作家,尤其是李元阳,不仅诗文创作颇丰,且有诗学理论著述行世。

清代,白族诗文创作得到了进一步发展,可以说清代是云南大理地区白族文学创作的极盛时期,师范、李于阳、赵藩等共一百零一位白族汉文作家纷纷崭露头角,留下了不少传世佳作。清代白族汉文作家在地区分布上,仍然以大理地区为主,但这些作家在活动范围上并不局限于家乡,而是积极地走出大理,充分接触和借鉴中原文化,推动了大理地区白族文学的持续繁荣。这些活跃于滇云文坛的白族文人创作出了不少融合汉文化和自身民族特色的作品,无论是质量还是数量都令人惊叹。清代的白族汉语文诗文创作,从整体来看较过去更为繁荣,作家众多,著作繁

---

① 刘昫等《旧唐书》卷一百七十九,中华书局 1975 年版,第 5281 页。

② 张廷玉等《明史》卷七十,中华书局 1980 年版,第 1695—1696 页。

盛，众体兼备，内容丰富，彰显了鲜明的地域和时代特色。就个体来看，清代白族诗文创作有突出成就的文人名士不在少数，甚至涌现出了数位享誉全国的著名作家，如李于阳、师范、赵藩等，其中尤以赵藩最为突出，现存诗歌作品仍有五千首之多；李于阳一生所著更是不可计数，从其现存的《即园诗钞》十四卷中便可窥得一二。大理白族地区代有女性诗人出现，活跃在各个时期的文坛上，清代更是涌现出周馥、苏竹窗、王漪、袁漱芳等多位女才子。她们大多出自书香世家，父兄夫子皆擅诗文，饱浸书卷气，其创作虽有限，但特色鲜明，在封建时代可谓难能可贵。这些白族女性作家以敏感细腻的心理，从独特的女性视角书写时代现实，对于研究清代白族作家文学具有特殊意义。值得一提的是，自元代段氏文学家族之后，大理白族地区历代相继出现了很多以家族形式进行文学创作的作家群，尤以清代最为突出。清代白族文学家族有太和杨氏家族、赵州龚氏家族、太和赵氏家族、赵州师氏家族、赵州赵氏家族、剑川张氏家族、鹤庆李氏家族等，这些文学家族往往家族内部文学氛围浓厚，一门父子、兄弟皆能诗，可谓一脉相承。总的来说，在与中原文化的历代碰撞、交融和整合的过程中，白族作家的汉语诗文创作迅速发展壮大起来。清代白族文学较之明代更为繁盛，并且日趋成熟，一方面反映社会现实的作品数量大大增加；另一方面也表现在文学理论的格外繁盛上，这一时期白族的文学理论也有了突波性的进展，出现了不少佳作。

白族汉文诗文著录及存世情况

白族地处边疆，人口数量较少，由于地域和政治因素，白族诗文作品在古代的传播多仅在云南一地，主要被本族文人创作的别集和地方性诗文总集收入，部分收录于官方史籍文献之中。由于年代久远，历经战乱、政治变革等浩劫，多数作品已散佚，仅有一部分以散存作品的形式行世。可以说自元至清，白族汉文诗文作品成果较为丰富，一部分或经自我裒辑，作装订册，或经后人搜罗，形诸别集；另一部分则散存于各时代文献当中。经对各类文献的全面搜集梳理，明前白族作家汉文著作曾有别集出现，惜已散佚不存，白族现存最早的别集是明代别集。

明清现存诗文别集主要收藏于云南省图书馆，个别藏于云南省大理白族自治州图书馆、中国国家图书馆等其他图书馆。现依据相关文献资料梳理如下。

序号	姓名	著述	现存情况
1	杨士云	著有《弘山先生文集》《杨弘山先生存稿》。	《弘山先生文集》十二卷、序目一卷，万历刻本、一册，云南省图书馆藏。《杨弘山先生存稿》十二卷，五册，民国元年(1912)刻本，云南省图书馆藏。
2	何邦渐	著有诗文集两部：《初知稿》《百咏梅诗》；文论两部：《法象论》《世纪录》；方志两部：（万历）《浪穹志》《宗月县志》。	《初知稿》六卷，一册，刻本，卷四、五、六系传钞本，云南省图书馆藏。《增订百咏梅诗》不分卷，一册，明末钞本，云南省图书馆藏。
3	何蔚文	著有《浪楂稿》《分〈浪楂一集〉〈浪楂二集〉》《稚翁》《独笑草》《破窗嘲咏》文集；诗话《年谱诗话》；传奇剧本《通一脚传奇》《摄身光传奇》《编瓦十四片传奇》《笔花梦弹传奇》《吹更弹传奇》；历史著作《浪穹志外志》。	《浪楂稿》二卷，清钞本，一册，云南省图书馆藏。《年谱诗话》一卷，附录一卷、清钞本，一册，云南省图书馆藏。
4	赵炳龙	著有《居易轩遗稿》八卷（诗，文各四卷）、随笔集《楸园杂识》，词集《宝岩居词》。	原稿毁于咸丰年间兵火，后人辑录为《居易轩诗遗钞》二卷，清钞本，光绪十四年(1888)刻本，云南省图书馆藏。
5	赵以相	著有《同心亭云心谈墨诗》。	《同心亭云心谈墨诗》一卷，清光绪二十九年(1903)钞本，一册，云南省图书馆藏。
6	艾自修	后人辑《艾雪苍语录》，包括《励志十条》《敬字三箴》《治心四戒》《体道五则》等；又撰修《邓川州志》。	《艾雪苍语录》一卷，一册，清嘉庆二十二年(1817)刻本，云南省图书馆藏。
7	艾自新	后人辑《艾云苍语录》，包括《希圣录》《教家录》《省身录》《荟长录》四篇。清光绪间合刊《艾云苍语录》与《艾雪苍语录》为《二艾遗书》，合刊其诗文为《钟山合璧》。	《艾云苍语录》二卷，一册，嘉庆十九年(1814)刻本，云南图书馆藏；另有清同治二年(1863)钞本，华东师范大学图书馆藏。《二艾遗书》不分卷，一册，清道光二十五年(1845)云南图书馆藏版，云南省社会科学院图书馆藏；另有《二艾遗书》二卷，木刻本，一册，民国三年(1914)云南丛书处辑刻，云南省图书馆、云南大学图书馆藏。《钟山合璧》，清同治十二年(1873)刻本，一册，华东师范大学图书馆藏。

（续表）

序号	姓名	著述	现存情况
8	李元阳	著有《艳雪台诗》《中溪家传汇稿》（又名《李中溪全集》《中溪传稿》）《大理府志》十卷，曾纂修《云南通志》十七卷。	《中溪家传汇稿》十卷，分诗四卷、文六卷，民国三年（1914）据大理人周霞所藏手钞本《中溪家传汇稿》刊印，收入《云南丛书》集部之六，云南省图书馆藏。《中溪传稿》不分卷，清刻本，四册，云南省图书馆藏。
9	陈时雨	著有《玉梅诗百首》。	《玉梅诗百首》不分卷，清钞本，一册，云南省图书馆藏。
10	杨应科	著有《雅言集》《立言文集》。	《雅言集》一集，清钞本，一册，云南省图书馆藏。
11	刘宏文	著有《绿影草》《藜馆集》。	《绿影草》二卷，清钞本，云南省图书馆藏。
12	李崇阶	著有《圣宗崇传》《儒学正宗》《正学录》等理学著作，《釜水吟》诗集《釜水吟》。	今存《釜水吟诗稿》二卷，清钞本，云南省图书馆藏。另收入《云南丛书》编集部之十八。
13	龚渤	著有《依云楼诗文集》，包括《使蜀吟》《使晋纪程》《塞上吟》《梅花百咏》《游燕草》《留粤草》《四书扼要》等。	《百梅诗》二卷，光绪十六年（1890）张锐手钞本，云南省图书馆藏。
14	陈振齐	著有《痴亭诗钞》。	《痴亭诗钞》六卷，光绪二十一年（1895）钞本，六册。
15	谷际岐	著有《五华山讲义》《西阿诗草》《彩云别墅存稿》《采兰集》《龙华山稿》，以及《学易秘旨》《历法秘旨》《声调谱》等，辑录《西阿诗草》、辑录《历代大儒诗钞》。	《龙华山草》一卷，嘉庆十二年（1807）刻本，云南省图书馆藏。《采兰堂诗文稿》不分卷，稿本，天一阁藏。《彩云别墅存稿》一卷，嘉庆十二年（1807）初彭龄校刻本，云南省图书馆藏，后辑为《西阿诗草》，编入《云南丛书》，国家图书馆、云南省图书馆藏，民国同刻，云南省图书馆藏。
16	赵廷玉	著有《求高文集》《晴虹诗存》《紫笈老人诗草》。	《紫笈诗集》不分卷，一册，清道光二十五年（1845）刻，袁嘉谷跋并批，云南省图书馆藏。
17	周馥	所著诗经其子辑录，筛选后编为《绣余吟草》。	《绣余吟草》，道光三年（1823）刻本，又有钞本，云南省图书馆藏。

（续表）

序号	姓名	著　述	现存情况
18	赵廷枢	著有《所园诗集》。	《所园诗集》四卷,清道光六年(1826)刻本,藏于云南省图书馆。
19	师范	著有《金华山樵诗前集》八卷,共十七部诗末:《幼学吟删稿》《紫薇山房删稿》《观海集删稿》《芙蓉馆存稿》《秋窗梦语删稿》《西轩汇稿》《研露集》《骈枝集》《金台折柳存稿》《出岫集》《弹剑集》《归云集》《剑湖外史集》《考绩吟》;《金华山樵诗后集》,共九卷:《朝天集》(上、下)《孤鸣集》(上、下)《嘉庆选人集》(上、下)《吾亦爱吾庐诗稿》《鹤鸯吟》《吴船居余录》《金华山樵诗内集》(以上所有诗集师范于嘉庆甲子(1804)春在望江县雕版刊印);《金华山樵诗外集》《泛舟集》(上、下)《嘉庆选人后集》(附癸亥除夕纪怀诗)《春帆集》后怀人诗《抱瓮轩诗汇稿》(四卷)《抱瓮轩文汇稿》后序。以上诗集均系依年代先后编排。著有散文集《二余堂续文稿》六卷,依年代先后编排、《抱瓮轩文稿》(一卷、今佚)、《课余随笔》三卷、《蔺椿书屋诗话》一卷。撰有历史著作《南诏征信录续编》(今佚)、《辑录历史》以上诗集,著作大多皆有刻本问世,少量仅有抄本,有的已散佚。辑录三部大型文史丛书:《历代诗文》(六十卷)、《国朝二十家古文钞》(二百卷)、《经史文钞》(四十卷)。以上作品今皆不存。	《金华山樵诗前集》八卷,清嘉庆九年(1804)二余堂刻本,八册;又有《金华山樵诗前集》二册,清初排印本,存卷二、卷五,云南省图书馆藏。《课余随录》三卷,红格钞本,一册,云南省图书馆藏。《二余堂诗稿》四卷,清嘉庆年间二余堂刻本,三册;又有《二余堂诗稿》二册,民国年间排印本,赵藩、李根源重校,二册,云南省图书馆藏。云南省图书馆藏其写本四种:一为《金华山樵诗内集》一卷,清钞本;一为《前怀人集》二卷,附其子道南《鸿洲天愚集》一卷,清钞本;一为《泛舟集》二卷,清钞本;一为《朝天集》存卷上,清钞本,一册。除钞本外,《朝天集》一卷,存卷下,云南省图书馆藏。《金华山樵诗后集》一册,清嘉庆年间刻本,存卷二,云南省图书馆藏。华山樵诗后集》一册,清初排印本,一册,云南省图书馆藏。《师荔扉先生秋岩高四十咏》一卷,嘉庆十四年至嘉庆十五年(1809—1810)所作,清钞本,云南省图书馆藏。《抱瓮轩诗文汇稿》一册,清初排印本,云南省图书馆藏。《嘉庆选人后集》二卷,清嘉庆八年(1803)望江二余堂刻本,二册,云南省图书馆藏。《孤鸣集》一卷,清嘉庆九年(1804)望江二余堂刻本,一册,云南省图书馆藏。《吾亦爱吾庐稿》一卷,清嘉庆九年(1804)望江二余堂刻本,一册,云南省图书馆藏。《吴船居余录》一卷,清嘉庆年间望江二余堂刻本,一册,云南省图书馆藏。《泛舟集》一卷,清嘉庆九年(1804)望江二余堂刻本,一册,云南省图书馆藏。

（续表）

序号	姓名	著　述	现存情况
19	师范	编辑刊刻三部大型丛书:散文集丛书《二余堂丛书》十卷,镌刻于嘉庆甲子年(1804)秋;《小停云馆芝言》等十二部文集,收录望江县及各地诗人 94 人诗作,为当时诗歌总集;《雷音集》十二卷,镌刻于乙丑(1805)年底,收录望江县历代诗人、作家诗歌。散文,前六卷为诗集,后六卷为散文集。辑录《筱南园遗集》二卷。	《春咍集》一卷,清嘉庆九年(1804)望江二余堂刻本,一册,云南省图书馆藏。《鹧鸪吟》一卷,清嘉庆八年(1803)望江二余堂刻本,一册,云南省图书馆藏。《师荔扉先生诗集残本》八册,民国初年排印本,云南省赵藩、李根源等辑,图书馆藏。《雷音集》十二卷,民国二十二年(1933)排印本,一册,存卷一至卷六,云南省图书馆藏。后辑其诗,编为《师荔扉先生诗集》二十八卷,有缺佚,民国十一年(1922)刻,卷二、卷七,卷九,卷十二、卷二十一凡五卷原缺刻,国家图书馆藏,收入《云南丛书》本。《二余堂文稿》六卷,孙琪为之序,录少年至嘉庆十三年(1808)所作,嘉庆间望江县官刻解刻,云南省图书馆藏文稿二卷,卷三、卷五,卷六及续文稿卷三、卷四,国家图书馆藏文稿三卷。后辑嘉庆十四年至十六年(1809—1811)所作文,编为《抱瓮轩文汇稿》二卷,嘉庆十六年(1811)刻本,国家图书馆藏。《二余堂丛书十二种》二十六卷,清嘉庆九年(1804)望江小停云馆刻本,十册,云南省图书馆藏。《滇系》不分卷,刻本,云南省官书局据清嘉庆二十二年(1817)刻本重印行世,残存十五册;云南省图书馆藏。又《荫椿书屋诗话》一卷,清钞本,一册;又《荫椿书屋诗话》刻本收入。
20	师箴	著有《大树山堂诗钞》。	《大树山堂诗钞》,清钞本,一册,云南省图书馆藏。
21	师道南	著有《鸿州天愚集》。	《鸿州天愚集》附其父师范《前启怀人集》之后,清钞本,云南省图书馆藏。
22	赵懿	著有《蓍渊诗钞》。	已佚。

（续表）

序号	姓名	著述	现存情况
23	杨名飏	著有《四书五经字辨异》九卷《学礼简编》《蚕桑简编》《关中集》。	《关中集》一卷,清道光刻本,云南省图书馆藏。
24	杨载彤	著有《嶰谷诗钞》。	《嶰谷诗钞》六卷,共收录诗歌八百六十二首,清咸丰年间刊印,六册,云南省图书馆藏。
25	王崧	著有《乐山集》《乐山堂集》《乐山堂稿》《乐山集逸文》《说纬》,编纂《云南备征志》《(道光)云南志钞》。	《乐山集》不分卷,有嘉庆十二年(1807)刻本,南开大学图书馆藏;嘉庆十九年(1829)刻本,云南省图书馆藏;道光九年(1829)刻本;民国刻本,云南丛书,丛书综录,台湾东海大学图书馆,台湾"中央研究院"历史语言研究所傅斯年图书馆,中国社会科学院图书馆藏。《乐山堂稿》二卷,嘉庆十五年(1810)刻本,云南省图书馆藏。《乐山集逸文》二卷,清钞本,云南省图书馆藏。《云南备征志》二十一卷,清道光八年(1828,1829)间编纂完成,初刻于道光十一年(1831),初刻本为十六卷,该书于宣统元年(1909)排字重印,至民国三年(1914)云南省图书馆重刻此书时,收入《云南丛书》初编。《说纬》二卷,附《乐山集》二卷,嘉庆二十三年(1818)刻本,山西图书馆,南开大学图书馆藏。
26	杨绍霆	著有《南来草》《仁湖集》《须江草》《抚城草》《将水联吟》等,后辑为《味苍雪斋高诗选》。	《味苍雪斋诗选》十二卷,清道光十一年(1831)刻本,四册,云南省图书馆藏。卷一、卷二、卷三、卷四、卷五,卷九,卷十、补遗。
27	李于阳	著有《倚红轩藩余小草》《即园诗钞》《即园文钞》。	《倚红轩藩余小草》一卷,稿本,云南省图书馆藏。《即园诗钞》十卷,嘉庆二十三年(1818)刻,光绪二十五年(1899)补修本,云南省图书馆藏。按:《即园诗钞》收《删草》《咏雪吟》《游子吟》《咏花人草》《半闲吟》《爱日吟》《紫云集》《秋声录》《续咏灯草》《梦笔小草》各一卷,民国三年(1914)刻,云南丛书初编本,日本京都大学人文科学研究院藏。《即园文钞》不分卷,钞本,云南省图书馆藏。

（续表）

序号	姓名	著 述	现存情况
28	赵辉璧	著有《古香书屋诗钞》，包括《课余草》二卷、《万里路草》二卷、《还山草》二卷、《出山草》一卷、《呻吟草》一卷、《再还吟草》一卷、《林下草》二卷；《古香书屋文钞》二卷。	《古香书屋诗钞》十二卷，有道光刻本和光绪十八年(1892)刻本，云南省图书馆藏，存八卷。《古香书屋文钞》二卷，有光绪十八年(1892)刻本，云南省图书馆藏。
29	董正官	著有《续漱石斋诗文稿》《蓝溪唱和集》。	《续漱石斋诗文稿》，民国十年(1921)董澄农资助刷石印本，包括赋一卷、各体诗一卷89题118首，各体文一卷23篇，藏于大理图书馆。《蓝溪唱和集》一卷，藏于大理图书馆。
30	杨景程	著有《知白轩遗稿》。	《知白轩遗稿》四卷，前四卷为诗，后二卷为文，清光绪十一年(1885)刻本，云南省图书馆藏。收入清代诗文集汇编第600册。
31	袁漱芳	著有《漱芳亭诗草》。	《漱芳亭诗草》一卷，袁漱芳之子谷涵荣辑，前有乔松年等人跋，其后涵荣撰恭人行述跋之，清道光年刻本，云南省图书馆藏；另有附于谷际恒所收《西阿诗草》《云南丛书》本之后。
32	李媲	著有《南安秋吟》。	《南安秋吟》一卷，光绪十一年(1885)云南刻本，云南省图书馆藏。
33	陈伟勋	著有《酌雅诗话》《味道轩诗》《训友语》。	《酌雅诗话》，道光二十九年(1849)刻本，云南省图书馆藏。又有民国三年(1914)《云南丛书》本，上海书店《丛书集成续编》本。
34	侯允钦	著有《艮其止室稿》(四卷)《梦醒余生草》《覆巢余生草》，纂辑《邓川州志》。	今存《覆巢余生草》一卷，清钞本，云南省图书馆藏。
35	杨柄程	著有《怡云山馆诗存》八卷，包括《桑梓慕云集》《万里瞻云集》《玉垒浮云集》《陇首飞云集》《蜀栈停云集》《潮海闲云集》《苍洱归云集》《试中试云草》各一卷。	《怡云山馆诗存》八卷，清光绪九年(1883)刻本，四册，云南省图书馆藏，另有《清代诗文集汇编》本。
36	周之烈	著有《鸿雪诗钞》，汇辑《身世明言》二卷。	《鸿雪诗钞》二卷，清刻本，云南省图书馆藏。

（续表）

序号	姓名	著　述	现存情况
37	赵联元	著有《拙修庵读书胜记》《剑川金华书院藏书目录》《向湖村赵氏族谱，辑《大错和尚遗集》《鉴辨小言》《郡郡诗征》《郡郡文征》。	《拙修庵读书胜记》稿本六卷、六册，云南省图书馆藏；另有红格写本、云南丛书馆辑订三十三册，《云南丛书》待刻本。《剑川金华书院藏书目录》清钞本，一册，云南省图书馆藏。《鉴辨小言》一卷，《郡郡诗征》十二卷，《郡郡文征》八卷，《大错和尚遗集》四卷，《云南丛书》本收入。
38	赵惠元	著有《蕙溪词》，辑《杨文充公写韵楼遗像题词汇抄》一卷。	《蕙溪词》一书未刻；《杨文充公写韵楼遗像题词录》一卷，《云南丛书》二编本收入。
39	杨宝山	著有《金华馆诗草》。	《金华馆诗草》二卷，民国十年（1921）其子杨鑫铅印，首都图书馆藏，云南省图书馆藏。
40	周榛	著有《巢云山馆诗存》。	《巢云山馆诗存》二卷，清光绪二十二年（1896）羊城刻本，青海省图书馆藏、云南省大理图书馆藏。
41	杨琼	著有《滇中琐记》《肆雅释词》《寄苍楼集》。	《肆雅释词》二卷，清光绪二十三年（1897）声龢堂刻本，一册，云南省图书馆藏。《寄苍楼集》十三卷，民国石印本，云南省图书馆藏；民国二年（1913）北京共和印刷公司铅印本，中国人民大学图书馆、徐州图书馆藏。
42	赵藩	著有《向湖村舍诗初集》《向湖村舍诗二集》《向湖村舍诗并和》《向湖村舍诗余著》《小鸥波馆词钞》《桐华馆梦缘集》《杨升庵高晓精合记》《剑川赵氏宗支革图》《晋专研斋胜录》《滇海莲因录》《莲洲法师立螺峰莲社碑记》《李洁清君墓姜孺人合葬墓志铭》《赵书（方农旱暮表张滇洲君合葬传）合册》《丽江杨小泉先生墓表》《保山王畔君墓志铭》《石禅老人歌枕山诗八章》《石禅老人入游鸡足山诗》《蒙自碑传记》《癸亥寿苏集》《甲子寿诗》《寿苏唱和诗抄》《寿苏集》《西林墓表	《向湖村舍诗初集》十二卷，光绪十四年（1888）刻本，上海图书馆、南京图书馆，广东省图书馆，四川省图书馆，云南省图书馆，湖南省图书馆，南开大学图书馆，复旦大学图书馆，华东师范大学图书馆，广州社会科学院图书馆，诸暨市图书馆，南京师范大学图书馆藏。《向湖村舍诗二集》七卷，民国刻本，《云南丛书》二编本藏。《向湖村舍诗并和》上、下卷，宣统元年（1909）刻本，云南省剑川县图书馆藏。《桐华馆梦缘集》二卷，民国间刻本，云南省图书馆藏。

（续表）

序号	姓名	著 述	现存情况
42	赵藩	宫保六旬小像〈宫保制府西林峰公勋德介福图序目〉〈岑襄勤公年谱〉〈宦蜀滇贤传〉〈昆明周氏殉难诗册〉〈云南咸同兵事记〉。辑有〈介庵函牍〉〈钱南园先生守株图词录〉〈滇词丛录〉〈介庵楹句辑钞〉〈介庵续编〉〈介庵楹句正续合钞〉〈会泽四秩荣庆录〉〈剑川封光禄大夫赵拙庵先生寿言汇编〉〈云南丛书总目〉〈鸡足山志补〉〈清六家诗钞〉〈呈贡文氏三遗集合钞〉〈骈文诗钞〉〈鹤巢集钞〉〈保山二袁遗诗〉〈剑川县志〉〈剑川罗杨二子遗诗合钞〉〈赵文恪公遗墨〉。在书画刻方面有〈介庵墨迹册子〉、〈瓜江书画册题跋汇存〉、〈金石书画题跋〉（残本）、〈袍螺碑印存〉、〈同人翰札〉、〈书札〉等。	〈小鸥波馆词钞〉六卷，附〈筒笛楼剩曲〉，民国三十二年（1934）石印本，云南省图书馆藏。〈杨升庵高晚精合订〉，一册，云南省图书馆藏。〈剑川赵氏宗支草图〉一卷，清钞本，一册，云南省图书馆藏。〈晋专研斋賸录〉一卷，清钞本，一册，云南省图书馆藏。〈向湖村舍二集待刊稿〉十九卷，红格写本，三十三册，《云南丛书》待刻本。〈滇海莲因录〈莲洲法师立螺峰莲社碑记〉〉民国初年拓本，云南省图书馆藏。〈李洁清君暨姜霈人合葬墓志铭〉拓本，云南省图书馆藏。〈赵书（方衣羃墓表·张滇洲家传）合册〉拓本，云南省图书馆藏。〈丽江杨小泉先生墓表〉民国五年（1916）石印本，一册，云南省图书馆藏。〈保山王府君墓志铭〉民国十五年（1926）石印本，一册，云南省图书馆藏。〈石禅老人款枕书片八章〉〈石禅老人游鸡足山诗〉均为影印本，云南省图书馆藏。〈蒙自碑传记〉一卷，清钞本，一册，云南省图书馆藏。〈癸亥寿苏集〉一卷、〈甲子寿诗〉一卷、〈寿苏集〉一卷，各一册，清钞本，云南省图书馆藏。〈西林宫保六旬小像〈宫保制府西林峰公勋慈介福图目〉〉拓本一册，云南省图书馆藏。〈岑襄勤公年谱〉十卷，清光绪十八年（1892）钞本，云南省图书馆藏。〈宦蜀滇贤传〉〈稿本一册〉一卷，清钞本，云南省图书馆藏。〈昆明周氏殉难诗册〉一卷，清光绪三十三年（1907）辑写本，云南省图书馆藏。〈介庵函牍〉不分卷，清光绪三十三年，民国十一年（1922）刻本三卷，《云南丛书》本收入。〈滇词丛录〉刻本三卷，《云南丛书》本收入。

（续表）

序号	姓名	著 述	现存情况
42	赵藩		《介盦楹句辑钞》一卷，清光绪二十九年（1903）排印本，（清）陈迪光、周钟岳同辑，一册，云南省图书馆藏。《介盦楹句辑钞续编》稿本一卷，赵士铭、周钟岳同辑，一册，云南省图书馆藏。《介盦楹句正续合钞》二卷，民国十四年（1925）排印本，（清）陈迪光、周钟岳同辑，云南省图书馆藏。《会泽四秩荣庆录》一卷，民国十二年（1923）石印本，一册，云南省图书馆藏。《剑川封光禄大夫赵曲庵先生寿言汇编》二卷，清钞本，二册，云南省图书馆藏。《云南丛书总目》民国三年（1914）刻本，一册，《云南丛书》本收入。《鸡足山志补》四卷，民国二年（1913）稿本，李根源同辑，云南省图书馆藏。《清六家诗钞》稿本六卷，二册，云南省图书馆藏。《鸡助篇》拓本一册，云南省图书馆藏。《呈贡文氏三遗集合钞》十二卷，《保山二袁遗诗》十二卷，《剑川罗杨二子遗诗合钞》二卷，《云南丛书》本收入。《介盦墨迹册子》拓本一册，云南省图书馆藏。《赵文懿公遗墨》民国二十四年（1935）手稿本，一册，云南省图书馆藏。《腾冲李氏碑志五种》（清）赵藩、章世钊、陈荣昌等校刊，赵藩等手书，李文汉藏本，残一册，云南省图书馆藏。《瓜江书画册题跋汇存》残本，民国间影印本，赵宗瀚补辑，云南省图书馆藏。《抱瑽堪印存》一卷，民国同辑本，一册，云南省图书馆藏。《同人翰扎》手写稿本十七卷，十七册，云南省图书馆藏。
43	赵垒	著有《移华书屋诗存》《移华书屋文存》；编纂《西阳酬唱集》《明清之际滇高僧居士传》。	《西阳酬唱集》一卷，清钞本，一册，云南省图书馆藏。《移华书屋诗存》四卷，民国十年（1921）排印本，一册，袁嘉谷校跋，云南省洱源县图书馆藏。

（续表）

序号	姓名	著　述	现存情况
44	赵甲南	著有《龙湖丛稿》《龙湖丛稿补遗》《龙湖外集》《龙湖诗草》《龙湖联语》《龙湖语体文》。	《龙湖丛稿》上函有《龙湖丛稿》上、下两卷，卷上 53 篇，卷下 49 篇；下函有《龙湖丛稿补遗》一册，藏于大理白族自治州图书馆。《龙湖补遗》一卷、《龙湖诗草》一卷、《龙湖外集》一卷，现藏大理白族自治州图书馆。《龙湖语体文》一卷，藏白族自治州图书馆。
45	李燮羲	著有《剑虹诗稿》。	《剑虹诗稿》一卷，云南省图书馆藏。
46	周钟岳	著有《惺庵回顾录》《惺庵回顾续录》《惺庵回顾录三编》《惺庵文稿四编》《惺庵尺牍》《惺庵日记》《漆室危言》，总纂《云南光复纪要》《云南通志》《新纂云南通志》，主编《新纂云南通志长编》。	《惺庵文稿》《惺庵诗稿》《惺庵日记》，稿本，云南省图书馆藏。
47	段居	著有《滇事大凡》《守愚稿初集》《松月楼诗初集》《松月楼杂作》《嘤嘤集》《松影山房诗初集》。	《松月楼杂作》，刻本；《松影山房诗初集》上、下卷（下卷附录《松影山房联话》，袁嘉谷跋），手钞本。均藏于云南省图书馆地方文献部。
48	师源	著有《二余堂诗续稿》。	《二余堂诗续稿》，民国十年（1921）刻本，云南省图书馆藏。

　　除了以上别集外,大多数白族作家的部分汉文诗文创作以散存的形式存世。据初步统计,自汉至清,有诗文传世者181人,汉代白族作家有1人;南诏大理国时期白族作家有10人,存诗共8首,文10篇;元代白族作家共有12人,存诗共15首,文3篇,赋1篇;明代白族作家共有57人,存诗共743首,文150篇,词2首;清代白族作家共有101人,存诗共1283首,文253篇,词4首。

　　这些散存作品收录在不同时期的文献史料中。南诏大理时期有诗文作品18篇,其中诗8首,文10篇,无文集。该时期诗文分别散存于(康熙)《云南通志》《滇南文略》,(康熙)《大理府志》《滇文丛录》,(清)袁文典、袁文揆辑《滇南诗略》,(清)师范辑《滇系》《滇略》等文献资料中。元代白族汉文诗文现存诗15首,文3篇,赋1篇,分别收录于《南诏野史》,(清)袁文揆辑《滇南文略》,(清)袁文典、袁文揆辑《滇南诗略》,(清)秦光玉《滇文丛录》,(康熙)《大理府志》等载籍中。明代滇云诗文繁荣,白族文人大量涌现,佳作迭出,创作出很多具有一定文学高度的诗文。散存诗743首,文150篇,词2首。该时期的诗文主要收录在(清)袁文典、袁文揆辑《滇南诗略》,(清)袁文揆辑《滇南文略》,(民国)陈荣昌辑《滇诗拾遗》,(民国)李坤辑《滇诗拾遗补》,(清)赵联元辑《郎郡诗征》,(清)赵联元辑《郎郡文征》,(清)王灿、刘琪、赵镜潜辑《滇诗粹》,(清)袁嘉谷等辑《滇诗丛录》,(民国)秦光玉《滇文丛录》,(康熙)《云南通志》,(康熙)《大理府志》,(雍正)《云南通志》,(光绪)《浪穹县志略》,(咸丰)《邓川县志》等文献典籍中。清代滇云汉文创作盛极一时,白族文人名士著作甚丰,体裁内容广泛,惜作品多散佚。据初步统计,清代白族作家共有101人,其散存诗文作品初步统计如下,存诗1283首,存文253篇,词4首,散存作品见于各地方性诗文总集、地方志等文献史料中,主要收录在(康熙)《大理府志》,(光绪)《浪穹县志略》,(康熙)《剑川州志》,(康熙)《鹤庆府志》,(道光)《赵州志》,(咸丰)《邓川州志》,(民国)《大理县志稿》,师范纂辑《滇系》,靖道谟纂、鄂尔泰等修(光绪)《云南通志》,龙云、卢汉修、周钟岳纂(民国)《新纂云南通志》,(清)袁文典、袁文揆辑《滇南诗略》,(清)袁文揆辑《滇南文略》,(清)黄琮辑《滇诗嗣音集》,(清)赵联元辑《郎郡诗征》,(清)赵联元辑《郎郡文征》,云南丛书处辑、周钟岳题签《滇文丛录》,(清)赵藩辑《滇词丛录》等文献载籍中。《历代白族散存诗文文献辑录及其叙录》一编,即致力于将散存各典籍中的历代白族汉语文诗文创作搜集整理,为后来者提供学习与研究之便。

　　[本文系国家社会科学基金重大项目"明代少数民族诗文文献辑录与文学交融及其资料库建设"(19ZDA282)阶段性成果]

(作者单位:西北民族大学中国语言文学学部)

吴世昌先生与海宁文化传统

陈才智

自昔硕儒大师,其地位何以确定?曰:须足以关系于一代学术盛衰,影响一代文化兴废也。具体而言,一方面须承续先哲将坠之业,另一方面更须转移一时之风气,开拓未来学术之域,以示来者以轨则。"学术盛衰,当于百年前后论升降焉"(阮元《十驾斋养新录序》),以此衡之,就形上之学而论,在近百年群星熠熠的学林中,窃以为如下人物无法绕过——章炳麟(1869—1936)、梁启超(1873—1929)、陈垣(1880—1971)、鲁迅(1881—1936)、马一浮(1883—1967)、刘师培(1884—1919)、陈寅恪(1890—1969)、胡适(1891—1962)、郭沫若(1892—1978)、顾颉刚(1893—1980)、吴宓(1894—1978)、钱穆(1895—1990)、冯友兰(1895—1990)、傅斯年(1896—1950)、朱光潜(1897—1986)、宗白华(1897—1986)、朱自清(1898—1948)、闻一多(1899—1946)、俞平伯(1900—1990)、吴世昌(1908—1986)、钱锺书(1910—1998)、饶宗颐(1917—2018)。

中国社会科学院文学研究所前辈学者吴世昌先生,字子臧,浙江海宁人。海宁之名,始见于南朝陈武帝永定二年(558),寓"海洪宁静"之意。地处长江中下游的海宁,为文化名邑。自唐宋以来,经济富裕,民风淳厚,文化发达,学风浓郁。与本所俞平伯、钱锺书等先生深受家学影响颇有不同,吴子臧先生自云,并非出身书香门第①。其问学历程,由于父母早逝和家境贫困,起步稍晚,除了在燕京大学接受近代教育之外,更深受海宁地方文化传统的滋养和熏陶。对子臧先生而言,海宁文化传统的影响是多层次的,以下主要从三个方面加以阐述。

一、地域文化影响之种种

影响吴子臧先生的海宁地域文化,涉及书院文化、藏书文化与家族文化。海宁位于浙江北部,地处长江三角洲核心区域,杭嘉湖平原南端,东邻海盐,西接余杭,北连桐乡、嘉兴秀洲,南濒钱塘江,与绍兴上虞区、杭州萧山区隔江相望,历史久远,是良渚文化发源地之一。海宁属《禹贡》所言扬州之域,春秋越御儿乡地,战国属

---

① 详见吴世昌《罗音室学术论著》第一卷《文史杂著·前言》,中国文联出版公司1984年版,第1页。

楚,秦会稽郡海盐县地,汉盐官地,后汉末置海昌县,属吴郡,三国吴为海昌都尉治,寻改盐官县,因此地有司盐之官得名,南朝时陈置海宁郡,为海宁得名之初,又改属钱唐郡。隋文帝开皇九年(589)灭陈,废钱唐郡,并桐庐、新城入钱唐县,割吴郡盐官(今海宁)、吴兴郡余杭,及富阳、於潜共五县置杭州,盐官始属杭州。唐武德七年(624)并入钱塘县,贞观四年(630)复置盐官县,玄宗开元二十一年(733)盐官属江南东道余杭郡,五代属吴越国杭州。北宋属两浙路杭州,南宋属临安府。元属杭州路,升盐官州。天历二年,改海宁州,明洪武二年降为县,属杭州府,清乾隆三十八年复升为州①。民国元年,称海宁县。

元明清以来,海宁建起多家书院,著名者有黄冈书院(元至正间)、正学书院(清康熙十三年置)、东山书院(清康熙间)、安澜书院(清嘉庆七年置)、仰山书院(清嘉庆七年置)、双山书院(清同治四年置)、龙山书院(清同治十年置)等,众多知名学者在此讲学授徒,如黄宗羲在海宁讲学达五年之久,培养了查慎行、查慎嗣、全祖望等一批优秀弟子②。书院之兴,带动起海宁不断发达的藏书文化,据吴晗《江浙藏书家史略》(中华书局1981年版),海宁藏书家计38家,在浙江仅次于杭州而居于第二位。据郑伟章《文献家通考》(中华书局1999年版),海宁文献家共计51位,仅次于杭州而居于浙江第二位。著名的藏书楼,有进士许汝霖所建"也园"、进士查嗣瑮所建"查浦书屋"、监生马思赞所建"道古楼"、进士查慎行所建"得树楼"、进士陈邦彦所建"春晖堂"、进士许惟楷所建,其子许勉焕扩建的"一可堂"、进士查嗣庭所建"双遂堂"、进士周春所建"礼陶斋"、贡生杨文荪所建"稽瑞楼"、训导钱泰吉所建"冷斋"、监生蒋楷所建"来青阁"、进士许焞所建"学稼轩"、陈鳣所建"向山阁"、诸生蒋光煦所建"别下斋"、贡生蒋光焴所建"衍芬草堂"、举人张宗祥所建"铁如意馆"等③。可谓绵延未绝,沿承有绪。

众多的书院和藏书楼,为海宁子弟提供了良好的读书环境,为未来取仕之途也打开了方便之门,同时营造了浓郁的文化氛围、深厚的人文积淀,孕育出众多文化名人。自唐至清末,海宁共考取进士366人。《中国人名大辞典》收录海宁籍130人,《中国近现代人名大辞典》收录海宁籍48人④。其中有东晋史学家和文学家干宝,唐代名臣许远,宋代著名女词人朱淑真,明代史学家谈迁和查继佐、戏曲作家陈

---

① 参见《(民国)杭州府志》卷一(民国十一年刊本)引《浙江舆图局图说·海宁州图说》。

② 参见金林祥《教育家黄宗羲新论》第五章"黄宗羲在海宁的讲学活动",青海人民出版社1993年版,第88—107页。

③ 参见顾志兴《浙江藏书家藏书楼》,浙江人民出版社1987年版。

④ 臧励和等编《中国人名大辞典》,商务印书馆1921年版。与其相衔接的是李盛平主编《中国近现代人名大辞典》,中国国际广播出版社1989年版。

与郊,清代名臣陈之遴、陈元龙、陈世倌,著名诗人查慎行,书法家陈奕禧、查升,医学家王士雄,数学家李善兰,近代国学大师王国维,诗人徐志摩,诗人兼翻译家查良铮(穆旦),军事理论家蒋百里,学者兼书法家张宗祥,训诂学家朱起凤,铁道学家徐骝良,艺术教育家兼剧作家沙可夫,植物学家钱崇澍,电影艺术家史东山,作家查良镛(金庸),文学家兼教育家陈学昭,篆刻书画家钱君匋等。

海宁地灵人杰,名贤辈出,这些名人往往具有家族效应和文化望族特色。如"明四家"(许氏、周氏、查氏、董氏),"清四家"(陈氏、祝氏、杨氏、蒋氏),即为其中代表。这些家族大都重视教育,以家族前辈榜样为激励,加之浓厚家学传统的熏陶,往往更利于造就和培养出类拔萃的人才。例如海宁袁花镇的查氏家族,即为明清远近闻名的世代簪缨和文学世家,明清两代考中进士20人,举人76人,人称"一门十进士,叔侄五翰林"。明代史学家查继佐、名列"清初六大家"之一的诗人查慎行、现代诗人穆旦(查良铮)、武侠小说家金庸(查良镛)等,皆为查氏家族杰出代表,康熙皇帝在查氏宗祠亲笔题封:"唐宋以来巨族,江南有数人家。"袁花查氏南支宗祠堂还曾书此以为楹联。乾隆皇帝则为查嗣瑮书写《用韬光禅师答乐天诗韵》,其中提到"海宁称好古"①。盐官镇陈家是明清著名科甲仕宦世家,出了清代"三阁老"陈之遴(1605—1667)、陈元龙(1652—1736)、陈世倌(1680—1758),一门三代,连续位极人臣,以"一门三宰相,六部五尚书"名噪海内,千年罕见。硖石镇许家、徐家、蒋家,盐官镇王家,路仲镇钱家、管家等,也是明清望族,涌现了礼部尚书许汝霖、诗人徐志摩、蒋光煦、蒋光焴、军事理论家蒋百里、近代国学大师王国维、近代学者管庭芬等杰出人才。他们生长于海宁,从海宁地域文化中的书院文化、藏书文化、家族文化中汲取丰富的营养,在不同领域做出不平凡成就,影响绵延至今。

硖石镇吴家曾走出藏书家、拜经楼主人吴骞(1733—1813),而吴世昌与其胞兄吴其昌也是硖石镇吴氏的佼佼者②。吴其昌(1904—1944),字子馨,号正厂,海宁硖石人。幼失父母,故生活困苦,虽眇一目,而好学刻苦。年仅8岁,即能日记数百字。16岁时考入无锡国学专修馆,受业于唐文治(1885—1954),好治宋明理学。因才思敏捷,当时与王蘧常、唐兰合称"国专三杰"。逢假值节,常怀烧饼,终日攻读于

---

① 爱新觉罗·弘历《用韬光禅师答乐天诗韵》:"苾刍林下创开泉,结得茅庵自在眠。官舍何妨辞玉粒,山池好在是金莲。想他谢往招来日,仍此行云流水天。何藉海宁称好古,苕华重见碧峰前。"诗注云:"诗为海宁查嗣瑮书。"(《文渊阁四库全书》本《御制诗集》二集卷七十)

② 硖石,唐代以来即为人文圣地,有硖石湖,在海宁东北10里,亦称硖川;又有紫微山,在海宁东北60里,长庆三年(823),白居易刺杭时,尝登此山望硖石湖(参清蒋宏任《峡石山水志》、秦瀛《硖石紫微山白刺史祠记》)。《海昌胜迹志》卷三引录白居易《登西山望硖石湖》诗云:"菱歌清唱棹舟回,树里南湖似鉴开。平障烟浮低落日,出溪路细长新苔。居民地僻常无事,太守官闲好独来。犹忆长安论诗句,至今惆怅独书台。"

图书馆。1923 年毕业后,至广西容县中学任教,资助弟妹求学。1925 年,考入清华大学国学研究院,从王国维治甲骨文、金文及古史,从梁启超治文化史、学术史及宋史。钻研不辍,时有著述发表,深得王、梁器重。1928 年,任南开大学讲师,后任清华大学讲师,1932 年任武汉大学历史系教授。抗战军兴,随校迁至四川乐山,兼任历史系主任,直至逝世。吴其昌一生爱国始终,就学无锡国专时,慨然于国事日非,上书政府,洋洋数千言。唐文治大为激赏,改杜甫《短歌行赠王郎司直》诗以赞之:"吴生拔剑斫地歌莫哀,我能拔尔抑塞磊落之奇才。"1926 年,参加"三一八"反帝大游行,扛大旗走在队伍前列。惨案发生之际,枪弹在耳旁飞过,他当即扑倒在地,幸免于难。"九一八"事变后,与夫人诸湘和弟弟世昌乘车南下,至南京谒中山陵,痛哭陵前,通电绝食,要求抗日,朝野震动,传为壮举。抗战开始,其昌患肺病咯血,仍以国难当头为念,坚持讲课写作。临终前一月,应约撰写《梁启超传》,上卷甫成而不幸早卒,年仅 40 岁。吴其昌是著名文史学家,生平著述颇丰,治学广博精深,著有《朱子著述考》《殷墟书契解诂》《宋元明清学术史》《金文世族谱》《三统历简谱》《北宋以前中国田制史》《子馨文存》等,涉及训诂、音韵、校勘、农田制度等各种领域。

与胞兄相似,同样生于贫素之家、自幼父母双亡的吴世昌,因家贫而辍学,只能当学徒和店员以维持生计,但是在 17 岁考入嘉兴秀州中学当"自助生"之前,一直刻苦坚持自学,浸润于海宁地域文化传统的滋养与熏陶,在各种有形与无形的地方文化资源中,培养起自己的性格、爱好与志向,积淀下日后文史研究的基础知识和良好修养。他的兄长吴其昌,自然更有责无旁贷的言传身教之功。1936 年,日本汉学家桥川时雄(1894—1982)编《中国文化界人物总鉴》(北平中华法令编印馆 1940年 10 月出版),曾专为吴其昌、吴世昌兄弟立传,称吴其昌为历史学家,更称赞吴世昌"就学期间以来,尝试多方面的著述,文、史无所不通"[①]。那一年吴世昌还未满而立之年,刚刚 28 岁。能够如此年轻即获得高评,与涵容着书院文化、藏书文化与家族文化的海宁地域文化,无疑有着密切的关系。

二、广采博纳与精深钻研

钱江潮涌,天下奇观,是海宁最负盛名的风景,唐宋便已盛行,"八月十八潮,壮观天下无。鲲鹏水击三千里,组练长驱十万夫。红旗青盖互明灭,黑沙白浪相吞屠。人生会合古难必,此景此行那两得"[②],至今仍吸引八方宾客,一睹涌潮奇景。

---

① [日]桥川时雄《中国文化界人物总鉴》,1936 年版,第 126 页。
② 苏轼《催试官考较戏作》,见孔凡礼校点《苏轼诗集》,中华书局 1982 年版,第 376—377 页。

海宁"潮文化"的核心内涵,笔者理解,一是浩瀚博大,二是浩瀚博大背后的精深积淀,而兼备这两种海宁"潮文化"精神内涵的代表学者即王国维。王国维(1877—1927),海宁盐官镇人,是近代少有的学术天才,其《海宁王静安先生遗书》43 种 104 卷,展现出全方位的学术成就。其中于吴子臧先生影响较大者,在文字学、词学与红学三个领域。

吴世昌的胞兄吴其昌,1925 年以第二名的成绩考入清华大学研究院①,成为王国维、梁启超招收的首届研究生,他从王国维治甲骨文、金文及古史,钻研不辍,时有著作发表,因此当吴世昌1930 年初冬在《燕京学报》第 8 期发表其成名作《释〈书〉〈诗〉之"诞"》时,钱穆等多误以为作者是吴其昌,直到本世纪依然有学者误弟为兄②。毕竟这是《燕京学报》第一次刊登大学生的学术论文,吴世昌当时还只是燕京大学英文系二年级学生。这篇《释〈书〉〈诗〉之"诞"》,源自吴世昌阅读《尚书·君奭》"诞无我责"时,感觉难以理解,因为历来治《书》《诗》的经学家们大都陈陈相因,将"诞"释作副词"大";世俗则用作"诞生"解;王引之《经传释词》说"诞"是发语词,也还不能叫人明白这个字的文法作用。于是吴世昌遍检《书》《诗》中的用例,提出"诞"应该释为"当"的看法,得到胡适的认可,将其与杨树达、丁声树并列为当时研究古代经书有成绩的三个代表③。吴世昌这篇处女作,随即被译成德文和俄文,轰动一时。紧接着,吴世昌以《〈诗经〉语词研究》为总题,陆续在《燕京学报》上发表系列论文《〈诗〉三百篇"言"字新解》《"即""则""衹""只""且""就"古训今义通转考》《释〈诗经〉之"于"》等,从传统国学的基础——经籍训诂入手,以一批扎实的学术成果为基石,在文史学界奠定了很好的开端。

吴世昌的这一路数,显然与胞兄其昌的引导有密切关系。吴其昌追随王国维多年,对谊属同乡的前辈导师充满敬仰和敦诚之情。但在当时天下鼎革之际,也曾与学弟谢国桢等,劝说导师与时俱进,剪去辫子,以免引祸,可是被其婉拒。就在王国维自沉颐和园昆明湖的前一夜,吴其昌与同乡赵万里还在王国维家宅叙谈,不料第二天却惊闻导师投湖噩耗,难免令人顿兴世事无常之感。作为最早赶赴颐和园奔丧的王氏弟子,吴其昌大恸,与随后赶来的清华师生唏嘘不置。在导师逝世周年,吴其昌撰写了《王观堂先生学术》《王观堂先生〈尚书〉讲授记》等。作为承继王国维学术事业的最佳接班人,即使在因南京中山陵"哭灵案"被清华解聘之后,1932

---

① 第一名是河南人刘盼遂,后来第二届第一名是河南人谢国桢,第二名则是浙江人刘节,当时遂流传有"河南出状元,浙江出榜眼"的佳话。

② 陈明远《知识分子的个性分析》(陕西人民出版社 2013 年版,第 117 页)即云:"吴世昌,1904 年生,于 1925 年以第二名的成绩考上了清华大学研究院,成为王国维与梁启超先生招收的首届研究生。"

③ 胡适《我们还不配读经》,《胡适论学近著》第一集,山东人民出版社 1998 年版,下册,第 546 页。

年被迫转任武汉大学历史系教授(后兼任系主任),吴其昌仍救国不忘治学,在甲骨文、金文等方面均颇有建树。当时学界公认,最有望传承观堂之学者即吴其昌。因为当时他已在上古史、古文字学、音韵学等方面相继撰成《殷墟书契解诂》《金文历朔疏证》《金文年表》《金文氏族疏证》《金文世族谱》《金文名象疏证》等一大批著述,此外还撰写了许多专题论文和论著,涉及目录训诂校勘、古代田制史和土地制度、宋明哲学史、边政史及东亚史等众多学术领域,还在武汉大学开设有"古文字学""商周史""中国通史""中国文化史""宋元明清学术史"等课程,培养出不少优秀的后学人才,在在表现出海宁王国维的学术流脉的传承。

王国维广采博纳与精深钻研的学术风范,通过其嫡传弟子吴其昌,对吴世昌产生重要的影响和启发。例如《殷墟卜辞"多介父"考释》一文,吴世昌鉴于杨树达、饶宗颐及兄长吴其昌等对于殷墟卜辞"多介父"一语理解有误,从而连带影响对于一些古籍的诠释,遂广征文献,综合古音学与文化人类学成果,做出新释。他运用古音学原理,指出甲骨卜辞中的"多介父"即"多个父","介"与"个"古语通假,因此"多介父"也就是"多父"或"诸父"。然后从人类学角度,与《周易·归妹》所反映的殷周婚姻制度彼此印证,确证"多介父"即后世的"诸父",指出《周易·归妹》卦记录的是殷王帝乙归妹于周的故事。"归妹以须,未当也",说明这次婚姻与礼制不合,因为让阿姊(须)去充小妹的媵(陪嫁丫头),长幼失序。因此,送亲队伍被打发回了娘家。"此卦透露了古代社会中一个婚姻问题的'个案',是古代文献中说到周朝以前的父系社会中一群少女嫁于另一个国家或部落的婚姻制度",而"这种制度,在人类学上称为外婚制(exogamy)"。从《周易》古注看,似乎只嫁于一个"君子",这表示当时社会已从群婚制进化到了一夫多妻制——尽管嫡妻以外的女子,在名分上都只是媵妾,而不是妻。如果一群少女(包括妹、须、娣)嫁于一群兄弟,则是原始民族普遍经历过的群婚制。从目前保存下来的亲属称谓看,中国在古代显然也经历过群婚制;而卜辞中的"多介父"恰可提供证据。吴世昌此文之考释,不仅探清一个古代语词的实际含义,并对一个卦名加以科学诂解,而且超越传统考据诠释词义、校正文字的范围,结合现代人文科学成果,展开广阔的思维空间,解决了文化史领域的问题,可谓见微知著,以小加大,这也是广采博纳与精深钻研的佳例。

《条件反射是谁先发现的》更别开生面地打破文理学科界限,利用中国古代文学作品和公私史乘提供的丰富材料,通过典型事例的征引和论述,填补了中国自然科学史研究的一个空白,令人信服地证明,远在俄国生理学家巴甫洛夫(1849—1935)创立"条件反射"学说之前 1000 多年,中国古人就已发现并记录了动物的"条件反射"现象,并一直不断地在实践中加以灵活运用。文中引用的事例,来自《世说新语》《太平广记》《赵氏孤儿》及正史、野史的各种记载,论述生动有趣,亦文学亦科学,二者完美融合在一起,更是广采博纳与精深钻研相互结合的最佳个案,当时就曾引起不小的轰动。

在六十余年的文字生涯里,吴子臧先生兴趣广泛,创作和研究兼顾,博采与精研结合,由文字学(涉及甲骨文、金文考释)起步,进一步扩及经学、史学、词学、诗学、红学、人类学、敦煌学、宗教学、考据学、校雠学、文物学、修辞学、目录学以至婚姻、民俗、烹饪、园林、科学等诸多领域,仅学术论文即 200 多万字,不仅面广,而且意新;非但成果众多,而且见解独到。他多次要求自己的学生:"不要做别人已经做过的题目,要敢于披荆斩棘,打开新局面。"并说:"你所写的论文,如果是在现有的一百篇当中,再加上一篇,成为一百零一篇,那就没多大意思;你所写的论文,应当是某一方面的第一篇。"①只有精深钻研,才能成为"第一篇"。文学所前辈余冠英(1906—1995)曾说:"吴(世昌)先生好辩论。"有关吴子臧先生好辩论的轶事,本所前辈中流传有多个版本。其辩论特色,正如已故蒋和森先生所云,"毫无圆通世故之处"。今存《罗音室学术论著》中,吴先生在学坛论争中纵横捭阖的印痕亦随处可见:论争对象包括胡适、郑振铎、杨树达等师辈和大家,意见涉及苏轼和豪放派词人代表之说,陶渊明传世作品之讹,对大家韩愈"不同寻常"的重新评价②等。

中年以后,由于环境和个人条件的改变,吴子臧先生逐渐由广采博纳转为精深钻研,将主要精力投入红学和词学两大研究领域,这是他实绩较彰、较显个性,影响也较大的两个研究方向,正如缪钺先生在挽诗中对其成就的概括:"深研红学超群类,更向词坛张一军。"吴子臧先生是继王国维、吴宓之后,把《红楼梦》推向世界的第三人,也是中国学者在海外用英语讲授《红楼梦》的第一人。其红学研究大致可以分为两个阶段,第一阶段以牛津大学出版社 1961 年出版的《红楼梦探源》(*On the Red Chamber Dream*)为代表,第二阶段则是《〈红楼梦探源〉外编》(上海古籍出版社 1980 年版)。

《红楼梦探源》是一部用英文撰就的红学著作,对《红楼梦》走向世界学术舞台有奠基之功,具有划时代意义,更为《红楼梦》的广泛传播以及中华文化与西方文化的对话与交流起到推动作用。同时,其价值又绝非仅限于此,它更是一部有着独到见解的学术专著,包括"钞本探源""评者探源""作者探源""本书探源""续书探源"五大内容,大体囊括了二百多年来红学的主要课题,架构起较为科学的红学研究体系。在此基础上,有学者又提出 21 世纪红学研究的突破与创新,应留意《红楼梦》

---

① 施议对《吴世昌先生小传》引,见《人物》杂志 1987 年第 3 期。参见刘扬忠《辛弃疾词心探微·自序》,齐鲁书社 1990 年版。

② 详见陈飞《偏见与执着——吴世昌评韩愈读后》,收入《纪念吴世昌先生诞辰 100 周年暨学术研讨会论文集》,后收入其《文学与文人》,商务印书馆 2011 年版。

文献整理与研究、渊源研究、影响研究、现象研究、比较研究、艺术研究、意义研究、综合研究、红学史等课题研究的进展①。其中,"续书探源"或后四十回问题延续至今,尚难定论。归纳起来,主要是两个问题:一是真伪之辨,二是优劣之争。吴子臧先生依据文本的内证认为,后四十回既有曹雪芹原稿,也有高鹗续作。同时依据实事求是的原则,提出客观评估高鹗续作价值。《红楼梦探源外编》所收 22 篇论文及附录 2 篇,总计约 40 余万字,涉及曹雪芹卒年、《红楼梦》成书、版本、后 40 回的"著作权"及后 40 回与前 80 回的关系等问题,更集中反映了其治学的严谨态度,求真求实的学术精神②。

吴子臧先生投入红学研究的机缘看似偶然,一是指导牛津大学学生研究《红楼梦》,二是撰写《汉学要籍纲目》中《红楼梦》提要,而若了解之前其前辈乡贤王国维对红学的贡献,尤其是其发表于 1904 年的《红楼梦评论》(被视为最早运用西方哲学观点评论和解读《红楼梦》的开拓之著),则海宁文化的传承因素亦不可忽略。这一点,从吴子臧先生对另一位海宁乡贤——清人周春《阅红楼梦随笔》的批点中,亦可见一斑。周春(1729—1815),字芚兮,号松霭,晚号黍谷居士、内乐村农,海宁盐官人,乾隆十九年(1754)进士,官广西岑溪知县,著有《十三经音略》等八种,汇刊为《周松霭先生遗书》,另有《耄余诗话》《辽诗话》《西夏书》《松霭诗钞》等。《清史稿》卷四八一有传。其父周文在(?—1757),字振之,嗜书史,尝手抄秘籍逾千卷,著有《香山诗评》一卷,编有《白氏长庆集选》二卷。作为索引派红学的开山鼻祖,周春是最早研究《红楼梦》的学者之一,乾隆五十九年(1794)写就中国第一部红学专著《阅〈红楼梦〉随笔》,其内容庞杂,分条评述,或三言两语,或二三百字,多是即兴式的评点,不乏可取之处,吴子臧先生撰写《红楼梦探源》过程中,在周春《阅〈红楼梦〉随笔》书上留下很多评语,虽多有批评,但足见其研究的取径所在③。

词学领域,吴子臧先生对前辈乡贤王国维既有推崇肯定,也有批评修正。其《〈罗音室诗词存稿〉初版自序》提到,常州词派盛行后,词坛风气渐坏,"独一二杰出之士,如吾乡王氏(观堂)以汉学之殿军,而未悔少作"④。对乡贤王国维的钦慕之情溢于言表。吴子臧先生在《我的学词经历》回忆到,在燕京大学英文系读书时,他常

① 梅新林《文献·文本·文化研究的融通和创新——世纪之交红学研究的转型与前瞻》,《红楼梦学刊》2000 年第 2 期。

② 参见董乃斌《吴世昌先生的学术品格》、刘扬忠《吴世昌的治学道路及贡献》、吴令华与田耕《吴世昌教授的学术贡献》等文。

③ 参见唐兆基《一往情深唯求真,莫道无人作郑笺——浅论吴世昌先生对周春〈阅红楼梦随笔〉的批评》,收入《纪念吴世昌先生诞辰 100 周年暨学术研讨会论文集》。

④ 吴世昌《罗音室学术论著》第二卷《词学论丛》,中国文联出版公司 1991 年版,第 11 页。

去国文系听顾随先生讲课,顾先生讲课,"常常拿一本《人间词话》随意讲"①。顾随一生服膺王国维词论,"以不曾拜在王氏门下为憾"②。初学词时,吴世昌常与兄长吴其昌切磋,"或和韵,或联句,共同探讨"③。吴其昌曾受业于梁启超、王国维,师生关系融洽。吴子臧先生也算与同乡王国维有间接师承关系。与王国维一样,吴子臧先生以"真"论词,推崇晚唐五代及北宋词。他专门撰有《评〈人间词话〉》④,其中评介道,有我之境,谓有作者自己之思想感情注入所写之境中;无我之境,但写客观环境之景物现象,自然高妙,但与我无涉。吴子臧先生肯定王国维"境界说"的成就,批评他否定《花间》及南宋词的观点。吴子臧先生重视词的原生态,求"真"而不避"俗",他批评王国维词史观的局限性,看到词为宋代"一代之文学"说对后世优秀词作的遮蔽。吴子臧先生重视"元批评"的价值,指出"境界说"非王氏首倡。他能摆脱常州派词论的影响,批评"境界说"的穿凿附会。他说:

> 静安以为东坡"杨花词""和韵而似元唱,章质夫词元唱而似和韵。才之不可强也如是!"此说甚谬。东坡和作拟人太过分,遂成荒谬。杨花非花,即使是花,何至拟以柔肠娇眼,有梦有思有情,又去寻郎?试问杨花之"郎"为谁?末句最乏味,果如是,则桃花可为离人血,梨花可为离人发,黄花可为离人脸,可至无穷。此词开宋——乃至后世——无数咏物恶例。但历来评者一味吹捧,各本皆选入,人云亦云,不肯独立思考,思想上为人奴仆,可笑可怜。⑤

又评《人间词话》"小山未足抗衡淮海"一则,谓:"以小山不足比淮海,静安非知小山者。"⑥评《人间词话》"诗词工拙"一则,谓:"静安论词此语自是卓识,但不能排除温、韦及《花间》诸大作家,否则数典忘祖矣。"⑦评《人间词话》"词忌用替代字"一则,认同东坡所讥秦观"小楼连苑"和"绣毂雕鞍",而吴世昌指出:"东坡此语殊误。'绣毂'乃车,非骑马过也。'绣毂'犹云朱轮,亦非代词,静安以东坡为是,何不思之

---

① 撰于 1933 年,见吴世昌《我的学词经历》,《文史知识》1987 年第 7 期。

② 顾之京《记先父顾随的一生》,《顾随全集》,河北教育出版社 2000 年版,第 4 册,第 642 页。

③ 吴世昌《我的学词经历》,《文史知识》1987 年第 7 期。

④ 收入《罗音室学术论著》第二卷《词学论丛》,中国文艺联合出版公司 1991 年版,第 499—522 页,又收入吴令华编《吴世昌全集》第 5 册《罗音室词札》,河北教育出版社 2003 年版,第 104—118 页。

⑤ 吴世昌著、吴令华辑注、施议对校《词林新话》,北京出版社 1991 年版,第 143—144 页。参见《吴世昌全集》第 5 册,第 108 页。

⑥ 吴世昌《评〈人间词话〉》,《吴世昌全集》第 5 册,第 107 页。参见陈才智《人间词话译注》,湖南师范大学出版社 2021 年版,第 94 页。

⑦ 吴世昌《评〈人间词话〉》,《吴世昌全集》第 5 册,第 115 页。参见陈才智《人间词话译注》,第 289 页。

甚也。"①其《有关苏词的若干问题》又云："苏东坡当然是个才华绝世、博极群书的大文豪,但何至连'绣毂'的'毂'字都不认得?秦少游的词明明说有车(毂)有马(鞍),怎么苏东坡不认得'毂'字,认为只有'一个人骑马楼前过'?编造这个故事的人,自己水平低得可怜,却冤枉苏东坡不认得'毂'字,瞎批评秦少游,而秦竟也不敢申辩。这个故事的编造者目的,当然是要拔高苏东坡,说他比秦少游高明多少倍,而实际上却贬低了苏东坡的文化水平。"②

正是在对王国维词学思想和某些具体观点的"扬弃"过程中,吴子臧先生形成了自己独具一格的词体结构论,成为与李清照"别是一家"说、王国维"境界"说并列的中国词学史上三座里程碑。③而无论在红学还是词学研究领域,吴子臧先生的学术路径是一以贯之的,即不尚虚谈,从具体问题入手,将文本与文化、文献与文学紧密结合起来,形成具有个人鲜明风格的学术研究。

三、经世致用和多尚事功

吴子臧先生年轻的时候,曾有一诗在师生间广为传诵,诗中感叹道:"文章余业真何用,掷与江潮万古鸣。"④这是以他家乡的钱江潮涌作喻,抒发希望学以致用的志向。而经世致用和多尚事功,正是海宁所在地"浙学"文化传统的核心要旨。朱熹(1130—1200)曾云:"近世言浙学者,多尚事功。"⑤又称"浙学却专是功利"(《朱子语类》卷一二三)。在学术史上,浙学的学术宗旨即经世致用,学术主题是心学史学,精神内核是实事实功,学术风格是兼综整合。

与文学所其他几位前辈,如王伯祥、俞平伯和钱锺书等不大一样,吴子臧先生不仅是优秀的学者,还是一位入世者和实干家。早在嘉兴秀州中学上学期间,他就积极参加社会活动,当选为学生爱国会会长,组织同学和好友刻印传单,到街头散发。在燕京大学就读期间,参加"一二·九"运动,组织罢课和游行,被推为燕京大

---

① 吴世昌《评〈人间词话〉》,《吴世昌全集》第5册,第107页。参见陈才智《人间词话译注》,第112页。

② 吴世昌《有关苏词的若干问题》,《文学遗产》1983年第2期。

③ 详见施议对《吴世昌论词学研究》(《福建论坛(文史哲版)》1985年第5期)、《吴世昌与词体结构论》(《文学遗产》2002年第1期)、《中国词学史上的三座里程碑:二十世纪海宁吴世昌教授的词学成就》(《学术研究》2004年第8期)、《二十一世纪词学研究刍议:人间词话三论》(《中国唐宋诗词第三届国际学术研讨会论文集》)。参见欧明俊《论吴世昌的词体观》,收入《纪念吴世昌先生诞辰100周年暨学术研讨会论文集》。

④ 吴世昌《与进之夜谈赋此》,《罗音室学术论著》第四卷,社会科学文献出版社1998年版,第921页。

⑤ 朱熹《〈范香溪先生〉小传》,见《范香溪先生文集》卷首,《四部丛刊》本。

学生抗日会第一届主席,主编抗日刊物《火把》,合编抗日通俗刊物《大众知识》,为《大公报》等多家报刊撰写时论杂文,颇受欢迎与关注[1]。

粉碎"四人帮"后,吴子臧先生除了担任中国文联全国委员会委员、国务院学位委员会学科评议组成员之外,还当选为全国人民代表大会常委会委员,一度担任教育科学文化卫生委员会副主任委员,全国政协第四、五届委员。在"人代会"上,他提出要为"四五事件"平反。1980年代初,社会上正在平反冤假错案,他提出冤假错案的赔偿问题。有法学家主张"社会主义制度下是不搞赔偿的",他针锋相对地说,这样的"社会主义"是没有希望的。

作为富有思想深度的学者,吴子臧先生步入学术研究之路起,就始终为追求真理的远大目标而苦苦探求,同时还在不同语境之下,疾呼培养、造就为探求真理所必须的道德、风气与环境。他认为,这是关系中国现代化前途命运的大事。他所撰写的时论杂文,关于中国现代化问题的讨论尤其令人瞩目。这部分内容,主要集中在《中国文化与现代化问题》[2]一书中,撰写于1945年至1947年之间,该书连带附录部分,共收录12篇时论杂文,系统阐述了吴子臧先生关于现代化的见解。

在《中国文化与现代化问题》一文中,他明确指出:"中国如要求生存,最迫切的是一个现代化的问题。……处在目前的世界上,谁都看得出来,中国今后的问题并不能任凭你来提倡复古,我来提倡实用科学,他来维持本位文化、特别国情。中国已不复是华夏、禹甸,而是现代高度科学的世界的一部分。这一部分能够赶上并适应,其余的大部分,便能生存繁荣,否则惨不忍言。要赶上适应,必须现代化。"现代化包含着科学与民主两个方面,"中国今日的问题,不但是个科学化的问题,而且更是个民主的问题"(《中国文化与民主政治》)这一论断,陶文鹏、张剑《论吴世昌先生对中国文化与现代化问题的思考》认为,既简明扼要,又切中肯綮[3]。

要引入现代化,就要破除与之相违背的旧观念。为此,对封建政治、文化制度的弊端,吴子臧先生给予不留情面的口诛笔伐。在《中国文化与民主政治》一文中,他说:

> 在原始的农业社会里,不但科学化是不必要的,玩物丧志是应深戒的,并

---

① 据王学泰《吴先生做学问的态度:兼论吴先生与〈观察〉杂志》,纪念吴世昌先生诞辰100周年暨学术研讨会发言,笔者记录(未刊),参见陈才智《纪念吴世昌先生诞生一百周年学术研讨会》,《文学遗产》2009年第2期。

② 吴世昌《中国文化与现代化问题》,上海观察社1948年6月初版,1948年7月再版,收入上海书店《民国丛书》第4039册。

③ 陶文鹏等《论吴世昌先生对中国文化与现代化问题的思考》,收入《纪念吴世昌先生诞辰100周年暨学术研讨会论文集》。

且民主也并不必要。近来有人提倡本位文化，说正统的儒家也有民主的常识，证据当然是孟子，他主张民为贵。当然，《书经》里还有"天听自我民听""民为邦本"的话，国策里也有先问"民无恙"后问"君无恙"的故事。但这至多只能说是民本思想，决不是民主思想。本是本钱，是资本，正是现代所谓政治资本，资本当然可以视为工具，工具只能为帝王所用，决不能作帝王的主人。……中国要求现代化，文化的遗产既阻碍自然科学的发展，也妨害民主政治的培养。民主政治的基础应建立在人权上，而中国却并没有把人民当作人看待。父母生了子女，把他养大，主要目的是要他孝，孝是子女应该给父母的报酬，所以养子女是投资，将来要收回利润的。……严格说来，在中国的家庭制度之下，以及家庭本位的文化之下，到现在还只有"家"人，没有"国"民。

吴子臧先生还指出，"民本思想决不是民主思想""民主政治的基础应建立在人权上"。在《中国文化与现代化问题》一文中，他说：

儒家以功利教人，其终极目的是"应帝王"，孔孟仁义之说，算是讲为人之道的精彩部分。然与客观的真理无关。宋人讲格物，已受外来思想之影响。而格来格去又格到心上，仍离不开人，所以也不能走上科学之路。老庄要去"是""非"观念，使后世以"是非"为"口舌""麻烦"的同义词。法家对治道虽有贡献，而先要教人揣摩心理，谄谀权贵，狎弄人主，然后能行其政策（见韩非《说难》），并且法家也注重功利。总之，中国的传统文化教忠教孝，最好的效果只有为一姓之争而甘诛十族，为伦理上的尊长而卧冰割股，却没有为客观的真理学术而奋斗牺牲，像苏格拉底、葛理略之所为。（六朝至唐的高僧大德间有此精神，但以宗教为动力，并且公然脱离固有文化。）因此，探求真理的工作，纯粹科学的研究，其出发点既与伦理无关，其精神与方法尤与功利无关，在中国文化中自不能发达，既偶尔有杰出人士为之，亦必为传统文化所压迫而为萎缩放弃。梁漱溟先生在研究中国文化的特征时，深致怪于"中国不能有科学成功"，数千年"退而不进的现象"。我想，中国传统文化的本身，即已回答了这个问题。

子臧先生主张正视现实，放弃陈旧的观念和生活方式，吸收现代文明的原则，重建符合现代化观念的新权威，在《中国需要重建权威》一文中，他说：

自从西洋人用炮舰送进了新旧约《圣经》和商品以后，直至五四运动，越过了辛亥革命，大多数中国人始终没有智识或勇气承认旧权威已经没落，必须接受西洋科学文明的挑战，吸收现代文明的原则，刻不容缓的来建立一个新的权威。直到抗战前一二年，还有人闭着眼睛在喊本位文化。他们根本不知道现代的英美苏法诸国,没有一国的文化和思想渊源是纯粹本位的,他们甚至于不知道中国文化最光辉的时期——战国,没有一国的文化和思想渊源不受别的国乃至夷狄的影响和融合。他们听见过英本位文化、美本位文化或齐本位文化、赵本位文化没有?

吴子臧先生认为,现代化和建立现代科学的道德基础是分不开的。如何谨守学术道德呢,他在《论学术道德》提出四点具体要求:

> 第一,学术是最客观的,所以要屏绝一切主观与成见,尊重客观的证据。……有许多人因为某种目的,不惜抹杀或歪曲客观证据,故作违心之论,那就不仅违反学术道德,简直连人格都发生问题了——这是就律己方面说。第二,学术是最不势利的,所以研究的人也要屏绝势利,只求真理。不论是老师、尊人、名人,或显要的意见,如果与真理冲突,那也只好舍前者而取真理。即使是父亲也不例外。清代的朴学家是有此精神的。……在学术范围之内,只有真理,只有是非,没有权贵,也没有冤亲,违背了这个原则,也是不道德——这是就对人方面说。第三,研究学问虽不讲势利,不讲情面,却要有点风度,有点雅量。学术上的意见不妨各异,受人批评也是常事,但不必,亦不可,牵涉到感情上去。第四,研究学问要对自己忠实,最忌取巧。……一个人的学术工作是不一定有人监督的,所以要全靠对自己忠实。

以上见解来自一位优秀的人文科学学者的深思熟虑,可谓洞若观火。吴子臧先生的思考,不停留于揭示表面现象,而是穷追学理,刨根问底,富有思想穿透力。"平生未作干时计,后世谁知定我文",这联句子出自其《鹧鸪天》一词,词前小序云:"余自英返国十五年矣,客有问余侨寓旧况者,赋此答之。时丁巳中秋。"吴子臧先生回忆:"我前几年写的'今老矣,复何云,臣之壮也不如人',平伯(智按:指俞平伯先生)说:太低沉,令人丧气。但他看到下联'平生未作干时计,后世谁知定我文',说这联使全首振起。"①词如其人,颇见磊落之襟怀,坦荡之心胸。

在六十余年的著述和教学生涯中,吴子臧先生学术上的建树可谓举世瞩目。从"文史无所不通"的青年学子,到蜚声海内外的红学家、词学家。学界通才,盖棺论定;道德文章,人共敬仰。然而,吴子臧先生经世致用和多尚事功的一面,还远未得到充分的认识,有待进一步推重与发扬。他所深思的问题,还有很多直到今天还没有完全解决。其人品和学问,尤其是不为名、不为利,不凑热闹、不赶浪头,不作"干时计",为文化教育、民主建设等,兢兢业业、努力奋斗。用子臧先生自己的话

---

① 吴世昌《致李方吾》,《吴世昌全集》第三册,河北教育出版社 2003 年版,第 154 页。

说,即"我愿意把我的文章算作铺路的砖石,让这方面的学者踏着走到更远的目标","也许他们走到目标时,我这砖石已经踏得稀烂了。我这样希望着"①。这种铺路石的精神,对于有志于经世致用的人文科学研究者而言,可谓最恰切的激励和写照。

　　总之,海宁文化传统对吴子臧先生的影响,体现在深厚久远的书院文化、藏书文化与家族文化等地域文化之种种因素,更在于传承乡贤王国维等奠基的精深钻研与广采博纳相结合的学术路径,以及经世致用、多尚事功的研究宗旨。合此三者,包容并举,融而为一,成就了吴子臧先生特有的学术品格。吴子臧先生是富有思想深度的优秀人文科学学者,立足书斋,而不囿于书斋,刻苦追求,大胆探索;求真求是,自得创新;广采博纳,兼收并蓄;不仅爱国热情与经世治学精神完美统一,及时回应现实问题,学术研究与社会生活紧密结合,而且宽广视野与精深研究亦和谐一致。吴子臧先生在与海宁文化传统保持血肉般紧密联系的基础之上,转益多师,最后形成了自己独特的治学道路和学术品格,这就是他留给我们后辈同人最重要的人生启示和学术启迪。

（作者单位:中国社会科学院文学研究所）

---

① 吴世昌《诗与语音》《〈诗与语音〉篇的声明和讨论》,《罗音室学术论著》第一卷《文史杂著》,中国文联出版公司1984年版,第252、259页。

学海弦歌

恩师薛天纬

柳镇安

1969年我们上初中了。自从1966年"文化大革命"以来,我们这群当时上小学四年级的毛孩子已经在社会上游荡三年多,这期间以小学生的身份,我们经历了"文化大革命"的各个阶段,学业完全荒废了。

我们初中就读于新疆第一师范学校附中班,我们二连(年级)四排(班)的排长是薛天纬老师。薛老师当时大概二十六七的年纪,瘦高个,老成持重,不苟言笑,有威严,但也透露出浓浓儒家知识分子的风度气息。新疆第一师范学校在"文革"以前主要培养具有中专和大专学历的学生,为新疆培养中小学教师(当时新疆还没有师范大学)。所以学校聚集了一批国内名牌大学毕业的非常优秀的老师。例如薛天纬老师、周蓉老师、王茹静老师、王佑夫老师等等(后来这些老师无一例外都成为新疆师范大学的教授)。因为"文革",社会上积压了大批学生,大中专又不能招生,因此第一师范临时成立初中班,我们有幸成为这些优秀老师的学生。反之,今天看来老师们也一定是老革命遇到了新问题,成为我们这一批受"文革"荼毒的孩子们迷途知返的领路人。

我们的初中生活主要是在学工、学农、挖防空洞、大批判中度过的。1969年到1972年"文革"还未结束,不提倡传统文化知识和理工科知识的学习,也不敢提尊师重教的概念。薛老师带领我们学工,我记得是去新疆十月拖拉机厂实习,并且还开发研制了球磨机,后在实习总结大会上献礼。学农,薛老师数次带领我们去小地窝堡等农场割麦子,和我们一同住在农场的大仓库中打地铺。为了反修防修,全国都在挖防空洞,我们学校也不例外。学校给每个连每个排都分配了任务,组织学生两班倒挖防空洞。薛老师身先士卒,带领我们一身土一身泥按时完成了防空洞接龙,然后报喜庆祝。现在回忆起初中阶段,似乎社会活动多于课堂学习。薛老师通过带领我们参加这些集体社会活动,谆谆教导,循循善诱,为我们树立了集体观念和劳动观念,树立了集体荣誉感,洗脱了身上的野性。通过斗私批修,让我们掌握了批评与自我批评的精神,明白班级里同学间在集体生活中,互相帮助、团结协作的重要性。这对我们今后的一生都有重要帮助。通过忆苦思甜,让我们懂得珍惜幸福生活,要有先天下之忧而忧,后天下之乐而乐的情怀。薛老师严谨认真的工作态度,吃苦耐劳,不怕苦不怕累的工作作风,给我们留下了深刻印象,成为我们终身工作学习的楷模。

　　时间过得飞快,我中学毕业后加入了上山下乡的大军,后来参加工作。1978年考入新疆大学化学系学习,再后来调到海南师范大学工作至退休。这期间与薛老师的联系就较少了。只是间或听说薛老师当了新疆师范大学的中文系主任、教务处长、新疆师范大学的副校长,博士生导师,是中国研究李白与唐诗的著名权威。我的每一步成长与薛老师的培养教导相关。薛老师的进步我认为与他一生任尔东西南北风,总是工作认真踏实,为人谦虚谨慎,以及严谨的治学风格相关,是实至名归、水到渠成的事。

　　2018年,我已经退休,与薛老师和师母李大夫在海口相遇。我和妹妹一同请老师吃饭,说起了五十多年前的旧事,不胜感慨。在送老师伉俪回北京去机场的路上,薛老师问我退休后的生活是如何安排的。我说旅游,写写旅游体会的古体诗,也看看英语,锻炼锻炼身体。薛老师敏锐地问我,你写古体诗讲究平仄吗?我回答:"我只懂押韵不懂得平仄,平平仄仄太复杂了,让人头疼。"薛老师认真地说:"平仄规律很简单,多看多练,熟悉了就容易掌握。"没想到从此开始了我和薛老师的第二段师生缘。

　　我从小在父母的教导下,喜欢古诗词。就像现在社会上年轻的父母们总会让孩子背几首古诗以启蒙心智一样,但只是喜欢而已。送走薛老师以后,我常常琢磨"平仄规律很简单",我不妨认真学学,看看是否能掌握。通过微信,我请薛老师给我推荐一本初学者古诗词韵律入门方面的书。毕竟现在图书出版泛滥,有钱就能出书,害怕看错了书,更搞不懂该掌握的知识。薛老师立即从微信上给我发来几帧书的封面照片,为我推荐了几套权威的丛书。我购买其中的一套,仔细认真地学习。至今自我感觉似乎入了点门,也非常认可薛老师对古诗词韵律的评价。

　　有一次,我读到孟浩然的"洛阳访才子,江岭做流人。闻说梅花早,何如北地春"这首诗,第一句的平仄似乎是错了。但又不相信著名诗人的这首著名的诗是不合乎平仄规律的,百思不得其解,钻进了牛角尖。最后微信发给了薛老师请教,薛老师立刻给出答案,说这是一种诗家都承认的习惯用法,也可以认为是救拗的一种。我豁然开朗,再去查书,薛老师说的完全正确。真是佩服薛老师专业功底的深厚扎实。

　　2019年,在新疆乌鲁木齐一场小范围的初中同学聚会上。我和薛老师伉俪又见面了,记得是高瑞玲同学做东。大家叙述着往事,喝着伊犁老窖,薛老师表扬说我的小诗写得有点味道,并鼓励我说按着平仄规律来写诗,一定会越写越好。在与薛老师的聊天中,我知道了新韵与旧韵的区别与如何标注、入声字的出处、七律对仗的一些规律以及七律诗中的用典。薛老师勉励我今后要在用典方面的努力。我非常感谢老师对我的帮助和教诲,感谢薛老师又帮助我开启了一扇知识的大门。

我至今认为律诗的用典很难,因为需要古典文学知识的长时间积累,要功底深厚。我们这一代人,说实话自己知道,没有经过系统的文化知识教育培养,在文化内涵修养上是有缺失的。小学没读完,中学阶段处于"文革"中。人文学科在"文革"中是重灾区,那时古典文学一概被划为封资修的糟粕。我清楚地记得,在高中时期,我好不容易抄来一首古代诗词(记得好像是柳永的《八声甘州》),很稀罕。课堂上悄悄问老师其中某句的含义,被老师当堂大声叱责:"这是黄色诗词,你在看黄诗!"并且根本不予解释词义,转身离去。好尴尬啊!就是在这样的人文教育环境中,这一代人中学毕业走向社会。其中后来能考上大学的人是幸运者,实属不易。

这两年新冠疫情泛滥,出国旅游困难,我常在国内自驾游。祖国的大好河山,无限辽阔,阳光灿烂。我经常写些旅游感想类小诗,发在微信上。如果能得到薛老师的点赞我就非常高兴。因为我知道薛老师的秉性是严师,不会轻易附和点赞,特别是在古诗词这个他的专业领域方面。薛老师的点赞就是对我初级水平的认可,如果微信上没有薛老师的反应,我就要多检查几遍,看看诗意的表达、平仄韵脚方面是否有不合适的地方。总之,薛老师对我的帮助良多,我庆幸此生能成为他的学生。在薛老师八十寿诞之际,衷心的祝愿薛老师健康长寿,全家生活幸福。

(作者单位:海南师范大学化工学院)

西行至天山　缔结诗仙缘

——由薛天纬先生邀我赴疆参会说起

崔际银

在二十年前的世纪相交之时，出生于上世纪五六十年代的学界同仁中，有一大批已经赢得很好的学术声誉、确立了牢固学术地位，甚至成为学界的将帅之才；当时同样年逾不惑的我，只不过是刚刚获得博士学位，尚未真正融入学术界的新兵。因此，自己非常急切地希望参加学术活动，借以开阔眼界、提高学术认知研修之能力。

2004 年 11 月，我到广州华南师大参加"唐代文学学会第十二届年会"，会议期间的某日晚饭之后散步，偶遇薛天纬先生并简短交谈。他告诉我：2005 年暑假，"李白研究会年会"将在新疆师大召开，问我是否愿意参会。这样的消息，是求之不得的，我当即满口答应。不过，当时与薛先生并不熟悉，对能否获邀赴疆参会，并未抱有太大的希望。但是，从广州返回不久，我就收到了新疆师大寄来的会议邀请函。自此为始，我与薛先生、薛门弟子、李白学会及诗仙李白的缘分，便得以确定且日益密切。

在应薛先生邀请赴新疆参加李白会议之前，我虽然一直承担唐代文学教学工作，在讲课时设有专章介绍李白，但对其并未过多关注，甚至对其"狂傲"有所不满。至于相关研究，除了在 20 世纪 90 年代发表过一篇《李白诗歌中酒与月》的小文，再也没有其他成果。因此，当收到新疆师大的邀请函时，我赶紧找了些李白的资料，写了一篇题为《论唐人小说中的李白故事》的论文。这篇约有 15000 字的论文，其质量暂且不论，至少写作态度是认真的，主要是为了感谢薛先生邀我参会的厚意。

到达新疆师大之后，得知薛先生担任副校长、日常公务极为繁重，我不便过多打扰，见面时只是简短地表达了受邀与会的谢意，而后就按照会议安排参加各项活动。会议的具体事务，主要是由薛先生的高足海滨老师率领的团队负责。海滨老师以其过人的组织能力、真诚态度与热切情感，感动着每一位与会的人员。参加这次李白会议的接近两百人，据称是历届李白年会人数最多的。在薛先生的领导下，海滨老师及其会务团队，将各项工作都安排得井井有条。会议除了在乌鲁木齐市举办之外，还分别安排了前往伊犁、吐鲁番等地的学术交流及参观考察活动。正是在由乌鲁木齐前往伊犁的行程中,使我与薛先生、海滨老师乃至李白学会,真正地加深了情感。

由于参会代表较多,会议安排了三辆大客车去伊犁,我乘坐的是第三辆车。原计划从乌鲁木齐出发,在晚饭前后可达伊犁。但是,当车队行至天山山口顶部时,被告知前方封路、只能绕行。于是,车队只好从山上退回,绕了一个很大的弯子再向前行。就在这期间,我们乘坐的汽车陆续出现了空调不制冷、车门关不严等问题,在修理过程中耽搁了行程。随着天色渐晚、行程受阻,开车的冯师傅和车上部分老师的情绪也受到了影响;而随车为大家服务的女同学小陆,则有点儿不知所措(她是尚未毕业的研究生)。看到这种情况,我稍加思索就站了起来,对大家说:"各位老师,我协助小陆同学为大家服务,可以吗?"马上就得到了大家的同意。考虑到当时已经天黑,主要的问题是确保行车安全,我和最前排与司机相邻座位的老师调换了座位,以便及时与司机交流。同时请老师们安心休息,因为大家确实都很疲惫了。此后的行程,基本上是在司机我俩的交流中进行的。我身边放着香肠、辣肉条、馕、水瓶,眼睛始终盯着开车的冯师傅。看到他似乎要打盹儿,我就说"冯师傅,来喝口水吧"等,他马上就回过神儿来。有时候他也提出:"崔老师,给我一点儿辣肉。"我就剥开辣肉的包装、送给他吃,以使他保持着清醒的状态。大约在凌晨两点钟的时候,我们这辆车到达了目的地。在伊犁安顿好大家的住处之后,冯师傅坚持不让我离去,将车又开到大巴扎,单独请我喝了俄式饮料格瓦斯。估计是小陆同学向海滨老师作了汇报,海滨老师要求我参与此后行程中的服务工作,我也就愉快地答应下来、成为一名"编外"的会务成员。

在此后几天,我与司机冯师傅及同车老师们相处得极为融洽。在学术交流之余,一起游览了那拉提草原、塞里木湖、天池、交河故城等地。其间不但与吴相洲、沈文凡、阮堂明等好友相见,也结识了一大批新朋友。特别难忘的是同车共行的马鞍山市人大的苈家培副主任(李白研究所的老领导)、万州师院(今三峡大学)谢建忠教授。苈主任在到达伊犁第二天出行的车上对我说:"小崔,现在像你这样做事(指昨晚在车上帮助小陆)的人很少了。"我笑着说:"是不是我有点儿出风头啦。"他马上严肃地说:"不是的,你这样做是对的。"苈主任的话,使我很受感动(后来我去马鞍山参加李白的活动,见到苈主任时,他一下子就记起了我)。谢建忠教授,年龄长我几岁,在那拉提草原观览时,当他看到我丢失了草编的帽子(小礼帽)之后,特意跑到农贸市场买来一顶送给我。我心里明白,这是对我在同车共行之时,为大家做的那点儿微不足道小事儿的肯定与鼓励。我非常感谢他们两位! 感谢同车的老师们对我的支持!

不过,在到达吐鲁番的时候,也出现了一点儿状况。事情是这样的:当天上午,海滨老师告诉我,他很长时间未曾拜见父母,想去探望住在吐鲁番附近的二位老人,让我在午餐时帮忙招呼一下(饭店及用餐均已提前预订)。于是,在进入饭店用餐时,我就协助会务组安排了大家的餐位。这个饭店是涉外饭店,当时有一些外国人也在用餐,而我们的部分老师在进餐时谈笑的声音很高。由于这个原因,饭店的大堂经理找到了我(他以为我是负责人),希望我提醒大家交谈时适当降低些音量。我见其态度诚恳,而且我们确实有人的嗓门很大,就向会务组的老师作了汇报,那位老师要我给大家讲一下。于是我到每个餐桌前、用低声向大家作了提醒,也起到了一定的作用。用餐之后,就继续了下午的行程,直到会议结束,我也从未觉得其中有什么问题。在从新疆返回内地途中,我与一位相熟的老师同行,他偶然间说起,有人对我在吐鲁番饭店提醒大家"放低说话音量"的举动很有意见,认为我并非会议组织人员,没有资格向大家提要求,甚至学会秘书长李子龙教授亦有同感(我在新疆期间未曾与其熟识)。听到这样的话语,我觉得有必要将当时的情况作些解释。于是在返家之后,我给时任马鞍山市李白研究所所长、主持中国李白学会日常工作的李子龙秘书长写了一封信,详细说明了我在吐鲁番所作所为的有关情况。李所长并未给我回信,但是不久后收到由其发来"2006年海南李白学术研讨会"的邀请函。当我转年(2006年)7月到达海南参会时,李子龙所长对我十分热情,从此我与他建立起了真挚的友谊,直至其后来的英年早逝;而与马鞍山李白研究所各位同仁的情谊,则一直持续至今。当然,有了新疆之行的经历,我与薛先生及其同门弟子的情感,更是与众不同(多年之后我到北京开会,遇到在中国社科院读博的小陆,她还提起了当初赴伊犁之事);特别是与海滨老师性格情趣甚契,成了最好的朋友。

说句私心的话,当时我到新疆参加会议,很大原因是为了观览大西北的自然风光,未曾有过深入研究李白、继续参加李白学会活动的想法。只是由于在新疆的上述经历际遇,使我与薛先生、薛先生的门内弟子、马鞍山李白研究所、中国李白学会,建立起了日益紧密的联系。在新疆李白会议之后,凡是李白学会的活动,除非遇到极特殊的情况,我都会积极参加。我也开始认真地重读李白诗歌,搜集李白的相关资料,陆续写了十几篇研究李白的论文;自己也真正成为尽力接近李白、用心诠释李白、真诚热爱李白的人。同时,我还得到薛先生及几任学会领导及同仁们的厚爱,参与了学会安排的一些具体工作。

回想起来,如果没有在广州偶遇薛先生而获知李白会议信息,没有赴伊犁途中我出了一下"风头"而与海滨老师结谊,没有得知吐鲁番饭店引发"误会"而致信李子龙所长;那么,新疆之行以后与李白相关的一切,都不可能发生,至少不会长期延续。上述多少带有传奇色彩的小"桥段"及引发的事情,均源自薛先生邀我到新疆参会之机缘。

　　这十几年来,我与薛先生见面的机会不少。每次见面,都为他深厚的学术功力、娴熟的组织领导能力、宽仁的人格魅力所深深感动。我也时常庆幸最初与薛先生的相遇、感谢他邀我赴新疆参会,进而成就了与李白学会、与诗仙李白的情缘。但是,我与薛先生私下的交往并不多,甚至未曾单独坐在一起作过交谈。可是,我始终将薛先生视为师长,作为自己学习的榜样。

　　其实,我当面从不称呼薛先生或薛校长,而是以薛老师相称的。之所以如此,是因为我在对他"望之俨然"的同时,更多地感受到"即之也温"的暖意。我特别尊敬薛老师这样充盈着仁爱温暖的前辈师长,自己也想努力地成为能够给大家带来温暖的人。

　　　　　　　　　　　　　　（作者单位:天津财经大学人文学院）

圣贤饮者一流人

——献给老师薛天纬

张　欢

今天薛老师给我发了个短信,"你在乌市还是昆明?我三月底要去浙江参加一个学术会议"。我回信说:"三月底我在昆明,离得近了一些,我请您来讲学?"他没回话。过后我在想,老师也是一种提醒,说好的写一篇老师的文章,拖到现在还没成文,惭愧加内疚,都是酒惹的祸,天天在年内,今日复明日的。

时间过得真快,薛老师就要八十岁了,他的学生要出一本纪念文集,他们大都是在文学界的知名教授,我是学音乐出身的,顶多算是音乐人中的文学爱好者,常常"舞文弄乐"一番,把握不准的时候还总是请薛老师把把关。但还是想写,因为是老师。

用文学的方式我不敢,用音乐的形式人家也不太懂,想来想去还是用教育、用老师的写法大家可能都明白。就这样还是"压力山大",毕竟是文字符号在交流,在表达,自从决定写的那天起,"此时此夜难为情!"

薛老师没有给我上过一节课,但我还真不认为给我上过课的都是我的老师,从小学到大学能记住老师名字的学生,大家都明白,没有几个。不是说这些老师不敬业,是我们这些学生不努力。在那个贪玩的年龄,也不是每个老师都把学生当孩子,老师的精力也是有限的,大部分就当差事吧。学生之所以记不住,是因为对学生的人生成长没有明显地起作用。

过去的薛老师,真的是敬而远之,遥望不可及,大家只知道新疆师大有一个薛天纬,是青年才俊,年轻的时候气质儒雅,举手投足加上谈吐,给了所有的师范生努力的方向,客观地说形象也是很英俊。他原来的一个老学生,后来也是新疆重要领域的领导跟我说,他们当时去薛老师的宿舍,床铺干干净净,可床单却很破旧。薛老师当时只为了学习,没想别的。

原来是青年教师,改革开放初期就考上了硕士研究生,毕业回校先后任中文系主任、教务处长、副校长。墙内开花墙外香,据说当副校长还是兰州大学来了调令,他自己也写了请调报告,新疆教委赶紧提拔。

我应该是被薛老师拉到喜欢写作的"不归路"的典型代表。1998年我的班主任、著名钢琴教育家孟秦华老师退休,当时我已经担任音乐系主任,我说给老师写一篇文章吧,以资纪念。这篇文章发表在新疆师大的学报。有一次在学校机关开会,见到薛校长,他说:"我一般看文章就看标题,有兴趣的才看一头一尾,你这篇文章写得好,我看完了。"这番话,对我这样的年轻人无疑是注入了强大的精神动力。

高高在上的薛老师都表扬了,我只好沿着轨道往前走。

1999年我邀请杨鸿年教授执棒,带领新疆师范大学合唱团去意大利比赛,获得了男声、女声、混声三项金奖,66个国家参赛我们第一,在国内外引起巨大轰动。三年后申报了自治区教学成果奖,在填写申报书的过程中,真切感受到薛老师的功力。他是分管副校长,逐字逐句给我们提炼,"三个开放一个综合",最后的本子完美无缺,最终获得自治区有史以来唯一的特等奖,自治区学术委员会全票通过,后来获国家级二等奖。在这个过程中,他结结实实地当了一回我的老师。

后来他"涨停了"(退休了),我的年龄也越来越接近涨停,共同的话语也就越来越多,每天微信互动无数,就这样薛老师还是不忘在学术上领着我玩,有一次他的《李白诗选》出版,亲自给我题字,并送到我办公室。看到那娟秀的笔迹写的"美酒文章千古事,圣贤饮者一流人",我差一点流泪,这是老师送我的诗,更是老师在教我做人做事。

有一次我给薛老师送了一本尚未出版的我的国家社科项目的成果,因为是中外乐器方面的,过了几天薛老师给我送来了《全唐诗简编》上下册,还把其中描述音乐的诗句都画出来,让我再完善。哪找这样的好老师啊!

老师职位退了,学术工作没有停止。每年都会有一部书,每年我也都会有新的收获。可以这样说,最爱看的书就是老师的书,没有咬文嚼字,没有矫揉造作,只有学术和研究,当然更有人。这些年出的《李白诗选》《从长安到天山》《八里桥畔论唐诗》都是百读不厌的精品。

2018年我去上海音乐学院工作,给老师汇报之后,他很高兴,因为他知道上音意味着什么,又赠了我一首《浣溪沙》词:"丝路迢迢万里通,中原西域互交融,胡姬胡舞胡旋风。 乐感双重木卡姆,长歌一曲动苍穹,天山直下大江东。"这是老师用心的鼓励,是老师的爱。

这里我还要多说几句。新疆师范大学是伴随着改革开放的东风成立的,建校很晚,但没过多少年就已经有六个硕士点招生。后来就更不用说了,我们这些博导已经几十个了,这其中的领衔学科始终是人文专业,正是薛老师担任主管校长时期打下的坚实基础,其中培养了无数的省级领导和国内各领域顶尖的专家。

我们都是受益者,不能不感谢在此事业中起着关键作用的薛老师,因为他懂教育,是真学者。要知道在20世纪90年代初期,学科、专业的提升绝不是"跑"出来的,没有干货只能晾在干滩上。

当下最大的问题是教育问题,教育最大的问题是老师的问题,假如我们的老师都像薛老师,我们的教育还会有问题吗?

薛老师的成就远不止这点。他曾任中国李白研究会会长,中国人民大学国学院特聘教授和华东师范大学的博导,为国家培养了大量的高水平人才。可在我心中他还是位老师,一位朴素、真心、爱喝酒却从不喝醉的老师,这才是圣贤,这才是一流人。

君不见,黄河之水天上来……

献给我的老师!

（作者单位:新疆师范大学、聂耳音乐学院）

瑞鹤仙·贺薛天纬教授八秩大寿

杨晓霭

　　壬寅虎年顺,正八旬耄耋,少年滋润。京华逸游讫,指天山塞上,庠宫督尹,执鞭雷震。唐诗路、歌行长引,异外声、太白高岑,热海轮台勤敏。　　神韵。光明学人,丹州才子,长安侠俊,红心一寸。国家重,鞠躬尽,岂以年龄论。征途万里,再把青春唤问。对南山、八里桥畔,瑞云远近。

(作者单位:兰州理工大学文学院)

高山仰止

——恩师薛先生印象

朱自力

"骑白马,扛洋枪,三哥哥吃了八路军的粮,有心回家看姑娘,呼儿嗨呦,打了鬼子顾不上……"这是我在 20 世纪 80 年代留校工作后,作为中文系办公室的"新丁",去魏玉芬老师家里参加教师春节团拜小聚时,头一次听到薛天纬先生用正宗陕西腔亲口唱的陕北小调。据薛先生说,在我们小时候便耳熟能详、人人会唱的经典歌曲《东方红》,就是脱胎于此。后来每到系里举办教职工团拜活动时,我们一帮年轻人就纷纷起哄,请薛先生"唱一个",但他并不一定会欣然"就范"呢!

时光一晃几十年过去,我这个当年薛先生的学生,居然也到了退休年龄,而先生已然八十高寿。回首自己在新疆师范大学历时四十余年的学习、工作乃至生活方面的种种经历,多多少少留下了经由薛先生耳提面命,甚至可谓"庇荫之下"的点点印记。久而久之,我对薛先生的为人和学问,不仅越来越有"高山仰止"的崇敬心态,还因为自己在学问上无所建树,至今仍是一枚远离学术圈的"白丁",而只能在内心和举止上,对先生保持了一种"敬而远之"的状态了。而这,大概就相当于《论语·子罕》中,颜渊喟然叹曰"仰之弥高,钻之弥坚"吧。

一、初识先生

我是 1980 年 10 月就读于新疆师范大学中文系汉语言文学专业的。这所地方性高校,是乘着十一届三中全会改革开放的东风,在原乌鲁木齐师范学校基础上,与原新疆教师培训部于 1978 年 12 月合并而成,校址在北门,也就是如今的新疆教育学院。到了 1982 年,新疆师范大学整体搬迁到了昆仑路的新校址。至 2002 年经政府批准,将位于喀什东路的原黄金学校并入,于是增加了文光校区;之后是位于观园路的温泉校区,在 2014 年 11 月投入使用,由此形成了现在"一校三区"的格局。而我的工作岗位,也在三个校区之间辗转腾挪了若干次。

记得还是在读本科的时候,当时给我们上课的诸位老师中,不乏落实政策的资深学究,他们各自习惯使用的山东、四川、陕西等地的家乡方言,确实让我们这些莘莘学子在听课时感到有些费解而造成分心。其中一位在给我们讲授杜甫的《石壕吏》时,大概是为了达到通俗易懂的目的,就用浓重的陕西话说:"贼个石壕吏嘛,斯个撒形象捏? 手里提了一个皮鞭子,腰里还别了一个盒子炮!"呃,虽然形象生动,但硬生生地把我国使用现代制式武器的时间,从晚清给提前到了唐代!

在我大二下学期的时候,系里来了一位身材瘦高的年轻男老师,给我们用比较标准的普通话,讲授唐代文学的"李白研究"选修课,他就是薛天纬先生。班主任李振坤老师说我们挺有福气,因为他本来就是第一师范的老师,现在又是西北大学"魏晋南北朝隋唐五代文学"硕士,标准的"科班出身"呢!

在我的印象中,薛老师上课时基本没有笑容,用语相当简洁而且绝对精准,从不东拉西扯多说一句。只有讲到某个有趣的典故时,才会浅笑着侧脸看看窗外,嘴里发出两声短促的"呵呵"声。他经常会随机提问,答上的他会点点头表示认可,而答不上的,他会露出失望的眼神,但并不批评斥责。于是我们同学之间便形成了共识:其他的课程可以想办法糊弄,像俄语吧,反正也学不进去,到了考试的时候基本就仰赖传纸条好了。但薛老师的课,那可真不敢走神,不然一旦被拎起来,杵在那儿也太难堪了! 想来也正是在这个时段里,注重学问、专一学习的理念,已经在薛先生和其他老师的潜移默化下,给逐渐地建立起来。尤其是薛先生不说废话这个特点,对我影响至今,甚至每每在他面前,都有点不敢说话了呢! 呵呵(模仿一下先生的举止)!

到我大学毕业前,薛老师已经是中文系的领导。是他跟我谈话,问我愿不愿意留校做教学秘书,而且三年内不能"跳槽"转岗! 并叮嘱我一定要回家跟父母商议后,做出决定再回复他。我呢,心想着自己做事情虽然比较踏实,但相对周围人的思辨能力,感觉确实有所差距,即便是实习成绩和毕业论文都是优秀,但如果非要按照母校的"培养目标"去做一名人民教师,真怕站在讲台上会不小心露出马脚,保不定啥时候会把哪拨孩子给耽误了。做教学秘书这事儿,既能随时向先生们请教学问,还能为教过自己的老师服务,何乐而不为? 于是跟父母一合计,就这么答应薛老师了。然后我就从 1984 年 7 月至今,在母校里持续从事不同岗位的行政工作直到现在,再没出过校园这个圈子。若是从这一点上来自我吹嘘一下,那还真是忠于职守、敬职敬业呢! 呵呵(此处继续模仿一下薛先生)!

二、先生爱才

从 1985 年起,拥有汉、维、蒙三个语言文学专业,属于新疆师范大学中规模最大的教学单位——中文系,在薛老师的力主下,陆陆续续来了很多年轻人。比如刚从南京师大本科毕业的朱玉麒(薛老师给我看过朱玉麒写的信,对他的一手好字赞不绝口,连说"这人我要定了")、四川大学的陈勇、福建师大的蔡兴水和黄磊……还有按届次选择留校的师弟、师妹们，那时真可谓人丁兴旺呢！

薛先生对所有的年轻人，都是一个"简单"的要求：多读书，读好书。这多读书嘛，容易做到。但读好书，我的理解应该包含两个意思，即不仅要读正统的、名家的书，还要读懂、吃透其中的精髓呢！

虽然当时大家的工资都相当有限，从开始时的78元到几年后的285元，但都喜欢去几家新华书店买书，或是到小十字的古旧书店淘书（便宜嘛，呵呵）。其中以陈勇表现最甚——满宿舍到处是书，只能长期借用系里的铁书架，不然人都走不过去。而且他还在书架上贴张手写体告示：借书如借命！薛先生对此也只是"呵呵一笑"。

当买书、囤书成为共同爱好之后，又带来新问题——放床下怕被暖气跑水淹了，放床边码放多了影响休息，而且也不安全嘛！于是薛先生便"利用职权"，特意批准从昌吉一位吉姓木工那儿，定做了一批木制书架，专门配发给系里的年轻人每人一个，170元只需交个半价！后来这位老实巴交的木工也发达了，把手工作坊传给两个儿子吉瑞、吉祥去继续扩展，成为如今的规模企业、创税大户——新疆昌吉吉瑞祥集团。在母校的教室、办公室和公共区域里，现在随处可见吉瑞祥标牌的产品呢！

好像扯远了，咱赶紧回来。呵呵（请允许我再模仿一下薛先生笑的样子）！

也正是在薛先生"主政"中文系期间，考虑到学校距离内地太远，经费也十分有限，但"搞文学的"又不能与做研究的同行少了交流，于是便请了不少"大家"，万里迢迢来到中文系讲学。比较早的时候，就有冯其庸、陈忠实、叶嘉莹等多位学术"大腕儿"。其后即便是薛先生转任教务处长，直至成为母校的副校长，对学术交流活动也没按过暂停键。从中文系到人文学院，乃至以学校的名义，更是举办过林林总总、学者众多的全国性多专业学术研讨会。

而我每每看着先生们在会议上谈笑风生、侃侃而谈，只能庆幸自己又完成了一桩任务，因为我常常是被薛先生钦定的某个会议的会务组负责人，经常带着几个师弟师妹去做一些"鞍前马后"的事务性工作。这其中的一位，就是当时在校就读的本科生，现在海南大学的"海盗船长"——海滨教授。

除了这种"请进来"的学术交流方式，薛先生还坚持"利用职权"，有意地陆续将年轻人"送出去"学习，在提升个人学历的同时，扩大社交层面并加深研究领域。母校发展到现在，教师队伍里硕士仅仅是入校的最低门槛，而博士更是屡见不鲜。而这，绝对跟薛先生在1988年转任学校的教务处长，而后在1994—2002年担任了主管教学副校长有关！

三、先生认真

我在 2003—2005 年间,有过两年多的校长办公室副主任经历。但那时薛先生已经从副校长岗位上退休,所以未能实现给先生拎包打杂的愿望。后来先生的儿子在北京工作并成家生子,先生就携妻去了北京,过起了一边含饴弄孙,一边潜心学问的舒心日子。我也因为"轮岗"而换了两个工作地点,却一直没有去北京出差的机会,所以无法谋面。倒是听过不同的人多次讲述,先生那个"孙子才是北京人"的经典段子。呵呵!我又忍不住笑了。

在此期间,薛先生曾给我说过一件事,那就是在母校官网的"学校概况"中,有个"其前身是乌鲁木齐市师范和新疆教师培训部……"的表述,不应该出现那个"市"字,历史上就没有这个称呼,要么是"乌鲁木齐师范学校",要么就是按民间俗称"乌鲁木齐第一师范",所以这个"市"字不仅纯属多余,而且还无形中拉低了学校的级别——由"省级"降为了"市级"呢!

说实话,因为"灯下黑"的缘故,我作为一名在职在岗人员,还真没注意过这个细节。赶紧打开学校网页一看,果然!问问与此相关的校办和宣传部,都说不知道为啥要这样表述。于是我本着必须尊重历史,不能以讹传讹的原则,逐一陈述了需要立即纠正的理由,可谁听了之后都说自己做不了主。即便是我以教代会代表的身份,在会议上予以公开提出,还书面提交给"相关部门"转呈"主管领导",均无任何反应。甚至还有人给我带话:不就多一个字嘛,何必那么认真,谁会注意呢!把你该干的事情做好,不就行了嘛!

本以为此事相当简单,却一直迟迟无果,而且一拖就是几年。我也不好回复薛先生,怕惹他生气,只好闷在自己心里,想着等我有机会把它改正了,再给先生一个交代吧。

转眼到了 2016 年,来了一纸"校长办公会纪要",把我从文光校区综合办主任转岗到温泉校区担任"校史馆与博物馆筹建办"的负责人(呃,至今也没见到正式文件。特予说明)。于是我这个"三无"机构(无人员编制、无预算经费、无展馆场地)的"负责人",便两手空空地带着两位"临时外聘"人员,开始白手起家了。

既然本人已经顶了"校史馆负责人"这个虚衔,那么第一件要做的事情就是"正史"了。所以不仅依据《新疆师范大学校史(1978—1998)》,还托同事帮着查找了一些涉及新疆师范历史沿革的参考材料,诸如《新疆图志》卷三十八《学校一》,《新疆图志》卷三十九《学校二》,《补过斋文牍·甲集·下·呈报办理教育情形并拟实行扩充各办法文(民国六年四月二十二日)》等文献中的记载,得出"其前身是创办于1906 年的新疆师范学堂,1934 年更名为省立迪化师范学校,1954 年更名为乌鲁木齐第一师范学校,均无'市'字之说"的结论,提交给主管领导参考。

这次的引经据典有了效果,宣传部随即修改了网页上的这个错误。随后我又在列席参加"关于《新疆师范大学章程》审议会"上,再次现场提出并纠正了这个不起眼的谬误。时至今日,在每年制作的校级宣传品上,再没出现过这个错误。

大概在 2017 年夏季的一天,我因为出现"心脏前下降支血管堵塞"症状,正在医科大一附院住院检查,接到了师兄弟的电话,说是薛老师回来了,大家中午一起坐坐……于是我挂着动态心电图检测仪立马到场。见了薛先生赶紧抢话说,您让纠错的那件事,我已经完成了! 先生点点头说,这就对了!

然后先生笑眯眯地拎出来一个玻璃酒瓶,一看居然是青海出的"互助青稞大曲",酒色已经微微泛黄。先生得意地呵呵笑着说,是他搬家时在地下室里翻出来的,已经放了二十多年了,今天开心,大家一起干了它! 此情此景之下,我立刻把"住院期间禁止饮酒"的医嘱抛到了九霄云外,明显比别人多占了先生的"恩泽"。只是到了第二天,主管医生叫我去谈话,你昨天干啥事儿了,记录的数据高得离谱,难道仪器坏了? 我自然不敢正面回应,嗫嚅着:可能是坏了吧……嘿嘿,真正的原因,哪敢明说啊!

正是这次小聚,我还加了薛先生的微信,联系起来就更便捷了。

做校史馆这个大活儿,我也是人生头一次。自忖如果仅仅是像前两次那样(即建校二十年和三十年校庆),罗列各类图片加上说明文字,再摆上一大堆明晃晃的奖杯奖牌,感觉也过于普通和平淡了,得拿出些重量级的实物性展品,才能达到潜移默化的"传承"效果。于是就想到了老教师的手稿和使用过的教学用具,因为当时不像现在,还没有出现电脑和网络,老师们但凡上课出书,都是要辛辛苦苦地做"手工活儿"呢! 便大胆地向薛先生提出,索求亲笔手稿,因为他是母校的第一批教师之一嘛! 先生应允:我回去整理一下。

没想到几天后,薛先生真给我拎来了一大包——既有他上课时手书的教案,也有出版专著后留存的原稿,还有其他小物件。微微泛黄的薄薄的稿纸上,可都是"价值无可估量"的真迹呢! 每页纸上的字迹,看着都那么的工整和清晰,还有那些显然不是出自同一时段,密密麻麻添加的眉批和补注……这都是薛先生做学问的真实记录,也只有达到了如此认真的程度,才能做出真正的学问啊!

薛先生馈赠的这些手稿,现在依然摆放在位于昆仑校区主楼一楼校史馆的玻璃展柜里,成为实实在在的"镇馆之宝"。可惜这个"四十年校庆"展馆,体量实在太小。如果能够整体搬迁到温泉校区,扩大了规模之后,就可以允许少部分参观者,戴了白手套后取出先生的手稿,近距离观赏和触摸一下了。我想,所谓文化传承,这就是其中的方式之一。

此后我就以薛先生的馈赠作为实证,开始理直气壮、红口白牙地多方讨要了。其实在这段"征集史料"过程中,如果说我是在"空手套白狼",可能更加准确,因为压根儿就没有哪怕一分钱的补偿费用!好在人脉尚可,加上微信圈这个便捷的渠道,很快便得到了大量的实物展品。比如多位同门、校友成箱送来的部编教材、讲义和作业,其他退休先生捐赠的自编教材、手刻工具、油印讲义、自制教具和盘式录音机、电唱机等。现在这些实物性展品,都静静地摆放在校史馆展柜里,默默地起着抚今追昔、潜移默化的作用。

自 2018 年 9 月 10 日校史馆正式展出之后,"校史馆与博物馆筹建"工作,应该只完成了"母校对外展示的名片"中的一半,而属于另一半的博物馆,尽管逐年收集了硕大一个库房的实物(包括很多要添加进校史馆的老物件),却因为没有合适的场地,以及疫情此起彼伏的干扰,迟迟不能示人,成为我报效母校的一个心结。加上几个月后就到了退休时限,故而大有扼腕之感。

自从我在 2020 年 9 月兼任了温泉校区管委会常务副主任一职之后,频繁的核酸检测和校园疫情防控,便成了我的主业,而心心念念的校友会提升和博物馆筹建,则因为条件受限而只能退居其次了。薛先生是我的微信"圈中人"之一,时常会用点赞、评语的方式鼓励一下我,尤其关注我家孩子的成长过程。看他点评的时间往往是在午夜,北京与新疆还有两个小时的时差,这只能说明先生仍在孜孜不倦地进行着学术研究。而我能做到的,便是在发圈时尽量不出文字错误,免得被先生笑话而汗颜。还有就是保持一种信念不放弃,继续寻机报答母校了。

我不一定是个真正意义上的好学生,但我是薛先生教过的学生;我也确实不是一个做学问的人,但我知道谁是真正做学问的人,值得我此生永远尊崇。

写于 2022 年 5 月 3 日住校封闭期间

(作者单位:新疆师范大学校友会、温尔校区管委会)

仁如山　智若水

——记薛天纬老师

李芳民

薛天纬老师是陕西人，20世纪60年代初毕业于西北大学中文系。因为是陕西乡党，又毕业于同校同系，所以与他初接触我便有一种天然的亲近感。不过我认识薛老师却比较晚，薛老师长我约二十岁，大学毕业后即分配到乌鲁木齐第一师范学校（今新疆师范大学前身），而我则是他毕业十七年后，才入西北大学学习的。1970年代末，他回母校上研究生，1981年毕业时我尚是大一学生，所以也无缘拜识他。毕业后他再回新疆师大，据说临别时老校长郭琦先生曾特意对他说："你过几年还可以再回来嘛！"大有不舍其才之意。后来我从与他同门的阎琦老师那里知道，他们那一届唐代文学方向的研究生四人，学业优秀，都有留校资格，但当时留校名额有限，而薛老师又是新疆师大领导专门向郭校长所要的人才，所以才有了临别时郭校长这特殊的赠别语。

我认识薛老师，大概是1986年吧。那年春天，中国唐代文学学会第三届年会暨国际学术讨论会在洛阳举行，薛老师参加了这次年会。不过他的行程是由乌鲁木齐先到西安，然后与西北大学的几位老师一起乘火车赴洛阳的。我那时刚留校不久，有机会参加学术会议，感到特别高兴。不过就在我们准备出发时，忽然接到已先至洛阳的景生泽先生来电，说此次年会同时还举办了唐代文学讲习班，参加讲习班的为高校青年教师与研究生，对我们唐代文学研究室所编的《唐代文学论丛》很感兴趣，因命我带几百册至洛阳。我那时缺少经验，对带几百册书上路，一时不知如何处理，颇感焦虑。后来薛老师和我一起将书运到火车站，记得办完托运手续后，他说："年轻人都是经过办事儿才锻炼出来的。"我一方面感激薛老师的帮助，另一方面对他的这句话也印象深刻。赴洛阳的火车上，大家聊天当然不离学术，薛老师一直做李白研究，话题也就与李白相关。记得他当时谈论李白生平研究中的分歧问题，有一句话我也印象深刻，大意是说，研究中的这些分歧，也是李白研究的魅力所在，如果定于一尊了，研究也就没有什么意思了。我那时在学术上尚未入门，这句话却让我对学术之义有了一些感受。会议之后，薛老师回新疆，不久阎琦老师捎给我一张照片，说是薛老师让交给我的。照片是薛老师给我在西大红楼前（西大老办公楼)照的,我都忘了,他却还记着并专门让阎老师转交给我,我对他的待人之诚,既感念又感动。

上世纪末至本世纪以后,我与薛老师见面机会多了起来,原因是参加学术会议的机会多了。唐代文学年会与李白研究会年会皆每两年一次,又刚好是交叉进行,这样每年都有学术会上见面的机会。由此我也越来越感受到了薛老师个人魅力:为人随和却又不失原则性,宅心仁厚而又特别关爱后学。

有一年我们参加唐代文学年会,我与陕西的一位编辑同住,恰好出版社约了薛老师一本书,这位编辑是责编。会议空闲时薛老师来到我们住的房间聊天,把一部分书稿给我们看,也时不时会流露出对他解诗与行文某些地方的得意与自豪。我们一边闲聊,一边议论书稿内容,既轻松又自然。后来他忽然说,我累了,在你们床上躺一下吧。我心里说,薛老师真率性呀!其实,这种率性,我从阎老师那里也曾听说过。他们当年做《李白全集编年注释》,四个人围坐在安先生家的小圆桌边讨论,时间长了中间休息,薛老师会打起瞌睡来,这时候安先生会嘱咐说,不要打扰,让他多睡一会儿。可当大家讨论开始,他马上就精神抖擞地加入进来。阎老师说,薛老师有一个特点,睡觉特别快。快速睡,快速醒,醒来后脑子特别清醒。

不过薛老师率性随和,原则性却是很强的。阎老师说,有一次李白研讨会上,一位学者的论文观点不严肃,薛老师和他觉得在学术原则问题上不能含糊,就提出了严厉的批评。这只是听说,具体情景没有见,但有一年李白研究会的理事会上,我对他在学术上的严肃认真与责任感,则由耳闻而目睹了。当时研究会准备换届,薛老师提出将不再担任会长一职。告别的那天晚上,大家欢聚聊天,话题不觉转到李白研究上来。薛老师郑重地谈到李白研究一个重要的学术问题,谓有学者在这个问题上的观点比较离奇,他看到后,感到不能听任随之,便很快写了驳正的文章发表,以正视听。由此他严肃地说,我们李白研究会的理事与负责人,要坚守守望之责,要让李白研究沿着健康的路子走,我们都要有学术责任感。我当时听到他的话,陡然感到了学术的严肃与庄重,也一下子对作为理事的职责有了醍醐灌顶般的认识。我想,这是薛老师在他卸任会长前给研究会理事的一个郑重提醒与嘱咐吧!而这也正体现了他重责任、有担当与坚持原则的个性。

但是我感到薛老师最大的一个特点还是为人仁爱宽厚,对青年后学奖掖不遗余力。朱玉麒教授当年大学毕业后,由江南远赴新疆师大工作。玉麒兄毕业于南京师大中文系,深得郁贤皓先生欣赏,故郁先生写信给薛老师特为介绍。薛老师说玉麒兄到校后,他特别关注与留意,后来发现玉麒兄教学科研表现都很突出,也就青眼有加,对他特别喜欢。他如何喜欢玉麒兄,我当然不甚清楚,但一次和阎琦老师闲聊,却使我对此有所体悟。阎老师告诉我,一次在新疆开会,会议由玉麒兄负责，玉麒兄在台上主持，他们坐在台下听，他感到薛老师看玉麒兄的眼神很特别，那是一种融合着赞赏、喜爱、引为自豪等感觉的眼神。我一面感受到了阎老师的心细，同时也感受到了薛老师对年轻后辈的那种大德之爱。

因为和薛老师接触多了，也因为和他有特殊的亲近感，所以我后来有新写的论文就常发给他，请他批评指点，他每次都会很认真地审阅，并把详细意见发给我。这里我谨将他给我的一封复信移录于下，以见他的胸襟品德：

芳民兄：

我以往是怎样称呼你？一时想不起来。称"兄"是套话，今后称"弟"如何？亲切，也符合实际。你可以称我为"兄"。

论文仔细读过了，很赞同你的分析，也颇有收获。没有修改意见。一处原文疏误"浮云""云浮"，微信已讲了。又发现一处，"车驾"误为"车架"，改过即可。

第四部分，揭露"历代帝王一方面提倡儒家的道德治化，另一方面又颇重法家之治术，而就其内心而言，法家有关维护与保证君王威严的主张，更为其所看重"，极有见地。儒家对他们来说是装门面的，甚至是骗人的，他们的本质是屠夫。

我额外的收获，是杜甫《奉谢口敕放三司推问状》，"状"中"臣以陷身贼庭，愤惋成疾，实从间道，获谒龙颜"数语。我2017年撰写《杜甫"陷贼"辨》一文时，着眼点只在杜诗，而忽略了杜文。所以，把"陷贼"说的源头追溯到王洙那里。现在看来，杜甫自己"陷身贼庭"一句话是绕不过去的，是必须加以解释的。

王洙原话是"独转陷贼中"。我的文章分析说："仔细推究'陷贼'二字，除了指明杜甫身在贼中之客观事实外，似还包含了杜甫其实是陷于叛军之手这层意思。"而后，到了《新唐书·杜甫传》，就把"陷贼"发展成了"为贼所得"。接下来，就有后世的"俘获"等说法。

我的文章说到了，"杜甫在稍后的诗作中回忆身处沦陷中的长安这段经历，有如下表述：'昔没贼中时，潜与子同游。'（《送韦十六评事充同谷郡防御判官》）'况我堕胡尘，及归尽华发。''翻思在贼愁，甘受杂乱聒。'（《北征》）'没贼中''堕胡尘''在贼'云云，都是说自己身在叛军占领的长安，但并没有被叛军俘虏的意思。"现在来看，杜甫文章中"陷身贼庭"一语其实与"没贼中""堕胡尘""在贼"等说法意思相同，并不是说"被俘"。"陷身贼庭"，就是陷身叛贼占领的长安，杜甫强调的是未能扈从于皇帝身边，所以下文接着说"实从间道，获谒龙颜"，即从"贼庭"回到皇帝身边。

总而言之，我的基本观点、基本判断是不变的，但没有使用杜甫状文，是一个严重的缺陷，我拟日后设法补救之。感谢你文章的客观提醒我。

　　复信中说到"称呼"，也使我想起了以前的一件事。2012 年在新疆师大开唐代文学年会，在薛老师和玉麒兄的精心组织与安排下，会议开得非常成功，我因为首次到新疆，趁便参加了赴南疆的访古之游，会后写了一首诗以表达感谢，题目是《西行访古纪行感怀呈地主薛天纬师朱玉麒兄兼寄学界同道师友》。诗写好后发给薛老师，他回信说称"薛天纬师"不妥，改"先生"或"教授"等都可以。我说我称他为师，应该不算错吧？他坚持说，没有教过我，不能简称"师"。后来他赠我书，或称我"学弟"，或称"教授"，或称"教授弟"。现在他回信又风趣地说到称呼，我在微信上"狡辩"了半天，他还是坚持应以"学长学弟"论，我只好说："老辈学人常称学生为弟，但对学生而言，老师则永远是老师，这样您和我的称呼也都有理据，合理也合情了。"而从复信他对文章的审阅意见，又可以看出他是如何的认真，又是如何宽厚地奖掖后辈了。

　　和薛老师、阎老师他们来往中，常被他们那种关爱后学、关爱学生的精神所影响，所以在日常工作中，也就常对好学的青年学生特别用心。我为一个本科生指导毕业论文，题目与李白有关，毕业后这个学生对李白研究特别有兴趣，凡写了论文习作，常发给我看。后来这个学生写了一篇涉及李白行踪研究的论文，颇有新意，但我对论文的结论，一时吃不准，不好对学生给出肯定的回复，于是便把论文发给了两位老师。发过之后，又有点后悔，觉得不该拿这事儿麻烦两位长者。可两位老师不仅认真看了，而且不久都做了回复，薛老师的回复如下：

　　　　对于李白生平事迹的研究，因为史料有限，人们大都转向李白诗篇的深度解读，以寻求"内征"。但这种探索存在先天的局限，得出的结论往往只是一家之言，而难于成为"共识"。所以，当下对于李白事迹的研究一则仍有不少空白，二则研究成果呈现"模糊性"，线条较粗，不是"铁板钉钉"那种确切无疑的结论。比如，李白在安史乱起时的行径，人们就没有共识。郁贤皓先生一直持有自己的看法，直到其最终成果《校注》，但学界并未普遍接受（这种情况与他对"一入长安"的考证完全不同，因为他发现了《张说墓志》）。本文参考了郁说，又提出了一些自己看法，当然有一定学术价值，其对《北上行》的解读更是新见，亦"可备一说"罢！

　　　　如果给文章一个评价，则"达到了发表水平"。
　　　　行文的语言须再锻炼。
　　　　年轻学人对李白研究保有如此热情，值得鼓励！

　　读完复信，我真是感慨万千！这样的大德胸怀，我不知用什么词来表达我的感受。

　　岁月如梭，时光如流，三十多年忽焉间就过去了。但每次与薛老师相见，他都是步履轻健，思维敏捷。前两年他还做了一次自长安至西域的访古游，写了一本

《从长安到天山:丝绸之路访唐诗》的著作。他不仅时常活跃于学术会议,而且每次参会都很认真地撰写论文,因此我对他的年龄变化也就没有什么感觉。不久前忽然接海滨兄微信,说薛老师将迎来八十大寿,想庆祝一下,顺便问我能不能写一点文字。我接微信后,脑中忽然冒出了孔子"一则以喜,一则以惧"的古训,可是薛老师哪里像近八十岁的人呀!一位文化名人曾以"公岁"论年龄,我想这样论起来,薛老师实际上才不过四十岁嘛!但是,我还是感到了海滨兄作为薛老师得意弟子对老师的一番深情厚意,而当此喜庆之时,我也很想把我对薛老师的感受与认识写出来,并感谢他多年来对我的帮助与厚爱。

《论语》记载樊迟问仁,孔子说:"爱人。"又说:"夫仁者,己欲立而立人,己欲达而达人。"薛老师岂非孔子所说的"仁者"?!《论语》中还说:"智者乐,仁者寿。"其实,薛老师不仅是出色的学者,且他还当过多年的新疆师大副校长。主校政期间,胸襟宽阔,眼界高远,无论是对于学校的行政管理还是处理各方面的关系,都表现得既明达又睿智,可谓是难得的仁而且智者。因此,值他寿过八秩之际,我愿借《论语》中夫子之语,以为南极仙翁寿,祝愿他:

福乐若海,比寿容彭;诗笔永健,翰墨常新!

并奉《敬贺薛天纬老师八十华诞》一首,以为寿庆:

题名雁塔少年郎,[①]耆宿抡才举上庠。[②]
七载西京承灌顶,[③]卅年塞外育兰芳。[④]
贤仁祭酒留名久,[⑤]锦绣文章垂辉长。
八里桥边耕未辍,[⑥]谪仙彩笔盛华章。

注释:

① "题名"句:薛老师年十六考入西北大学中文系,是同班年最少者。

② "耆宿"句:指研究生招生制度恢复,西北大学傅庚生、刘持生等大家名德招收弟子,薛老师复以优异成绩被录取。

③ "七载"句:指本科、研究生七载,在西北大学承学傅庚生、安旗两师,获硕士学位,并承继安旗先生以李白研究为终生学术研究方向。

④ "卅年"句:薛老师二十岁毕业至新疆师大,从教四十余载。

⑤ "贤仁"句:薛老师曾主政新疆师大多年,令誉颇著,深得拥戴。

⑥ "八里桥"句:薛老师新疆师大荣休,定居京郊八里桥畔,依旧笔耕不已。

2021 年 10 月 10 日

(作者单位:西北大学文学院)

学养才情俱佳的李白研究大家

——兼忆与薛天纬先生的学术交往

王友胜

薛天纬先生是我素来特别尊敬的前辈学者。他长期担任新疆师范大学教授，耆耋生涯数十年，扎根西域，兼职沪上、北京，又将学术的薪火传播海南，在祖国的版图上画上了一个大圆圈。唐代诗圣杜甫有云：酒债寻常行处有，人生七十古来稀。薛先生今年已届杖朝之年，欣开九秩，桃李满天下，"酒债"自然不会负，且人寿书丰，令人羡慕、值得庆贺。

一

我有幸认识薛老师已有二十余年，而得知其大名，拜读其大作，则有三十余年。我在安徽大学读研究生时，因写作毕业论文《李白歌诗中的神仙世界》，于 1991 年 12 月赴西北大学拜访李白研究著名学者安旗先生。安先生对我论文的框架结构、研究内容提出了很多宝贵建议，赠给我她出版不久的大作《李白研究》，委托我去黄山书社代送致友人信函。同在西北大学任教的阎琦老师当时刚好有事串门来到安府，安先生即予介绍，并顺便提到在新疆工作的另一高足薛老师。也就是说，我在没有见到"真人"前，已经得知薛老师的大名与学缘关系。因为这一特殊缘分，我后来的毕业论文写作中，薛老师与安先生合著之《李白年谱》、与安先生及阎琦老师合著之《李诗咀华》，参与完成安先生主编之《李白全集编年注释》等，自然成了主要参考读物。

千禧年之际，李白国际学术研讨会暨中国李白研究会第七次年会在我的母校安徽大学召开。我受邀第一次参加李白研究会议，也第一次见到仰慕已久的薛天纬先生。他那时大约就是我现在的年龄，身材高大，然脸庞白净、举止斯文，是西北汉子，又不失书生本色。薛老师提交的会议论文《李杜歌行论》是他即将重点研究的唐代歌行中的部分内容。我后来才知道，这篇文章其实在会前已经发表在《文学遗产》1999 年第 6 期上。那次会议安排的学术考察分黄山与九华山两条线路。我选择的是九华山，从留存至今的照片看，我与他应该不在一个组，从而失去了深度接近薛老师的好机会。2001 年 10 月 25 日，中国李白研究会、马鞍山市人民政府联合主办纪念李白诞辰 1300 周年国际学术研讨会。我再次与会，并被吸收为研究会第四届理事。这是我与薛老师第三次见面，彼此渐趋熟络。我的博士论文《苏诗研究史稿》已于年前出版，遂在会上面呈给他，以求教正。作为副会长，薛老师在本次会议上撰写并宣读《李白诞辰 1300 周年祭文》，热情颂赞太白的理想与诗风，"功业理想之宏大，如鹏戾九天；自由欲望之恣肆，如鹤渡沧海"，"五岳为辞锋，四海作胸臆"，"盛唐气象，发为青春少年之歌唱；谪仙才调，铸成豪放飘逸之诗风"，感慨其不遇于时，"以诗人之气质，谋政治之成功，无异南辕而北辙，缘木而求鱼"，褒奖其声誉与影响，"无敌之誉，雄视一代；诗仙之名，遍播人寰。采石矶头，高悬明月；青山脚下，长栖诗魂。日月经天，江河行地；诗人李白，万古芳馨"。（原载《马鞍山日报》2001 年 10 月 26 日）该文写出了李白的生平与诗才，写活了李白的心性与精神，既见学力，又富才情。我对薛老师多才多艺的印象就是那次会上留下的。

二十余年来，我与薛老师互通书信，互赠著作，偶有电话，结下深厚情谊，允为忘年交。因为研究方向的原因，我们的见面主要在李白会议或唐代文学会议上。其中印象最深、对我帮助最大的主要是两次李白研究年会：一次是新疆师范大学与伊犁师范学院联合承办的中国李白研究学会第十一次研讨会，另一次是湖南科技大学承办、吉首大学协办的中国李白研究会第十三届年会暨成立二十周年纪念大会。前次会议于 2005 年 6 月底 7 月初召开，薛老师接替郁贤皓先生出任会长之职，我则忝列常务理事，并任研究会会刊《中国李白研究》编委。会议内容丰富，学术氛围浓，参会人员多，学术考察地域跨度大，从乌鲁木齐到伊宁、新源、霍尔果斯，再折返经独山子，到天池、吐鲁番，往返两千余公里，组织任务极其繁重。作为会议承办方，薛老师统领的团队十分敬业，服务无微不至，会议井然有序。我因此前到过吐鲁番，参观天池后，与李德辉兄提前离会。薛老师毫无迟疑，当即派车送我俩至火车站。我后来自己也办过几次会，现在回想起来，真后悔当时不该提出那样的要求。我在这次会议上被薛老师安排两次登台"表演"，担任大会主题发言的讲评人，又作为下次会议承办方代表，在伊犁师范学院召开的闭幕式上介绍我校概况与拟办李白会议计划。后次会议于 2007 年 8 月底在湘潭市召开，由我具体操办。因为本次年会同时又是中国李白研究会成立 20 周年纪念大会，薛老师特别慎重，当年 1 月底即安排研究会专职副会长、秘书长李子龙先生来我校检查指导会前准备工作，并由我陪同，前往吉首大学考察。遗憾的是，李子龙先生没有参加正式会议。我后来才知道，他早已患病，会前服用进口药，精神稍见恢复，期待出席会议，然终未能成行。本次会议规格高、规模大，参加会议者除各高等院校、科研机构及各地李白纪念馆的专家外，还有港台及国外专家，前会长郁贤皓、中国社科院文学所陈铁民、学会秘书处所在地马鞍山市副市长陈苏汉等先生莅临大会，学会顾问王运熙先生发来贺函，由我在开幕式上代为宣读，中国唐代文学学会、中国韵文学会、湖南省古代文学学会亦委派代表或负责人李芳民、徐炼、蒋长栋三教授到会祝贺。薛老师作为会长在开幕式上作了题为《纪念中国李白研究会成立20周年总结报告》的长篇发言，高屋建瓴，系统总结学会成立20年来所取得的各项成绩。与会海内外专家的论文综述发表于《中国韵文学刊》2007年第4期。我之前多次参加学术会议，但自己办会还是大姑娘坐轿头一回。薛老师充分信任我，让我放手干，大事会议定，具体工作不干涉。最令人感佩的是，薛老师全程参与学术会议，亲临讨论小组指导，带头缴纳住宿费、会务费，不搞特殊化，此事至今记忆犹新。我顺利、圆满地完成了学会与薛老师交代的办会任务，为李白研究同仁搭建了学术交流平台，扩大了我校古代文学学科在学界的影响，自己也从中得到了一次开展学术活动的历练，为后来主办学术会议积累了经验。

二

薛老师1963年毕业于西北大学，接受祖国分配，至乌鲁木齐第一师范任教。1982年1月西北大学研究生毕业，返回乌鲁木齐任教于新疆师范大学。他从1984年春至2002年底先后担任中文系副系主任（主持工作）、教务处长、副校长等职。尽管教学行政管理工作繁忙，薛老师仍然坚持治学，教研与管理两不误，研究李白的痴心不改。刚毕业不久主要参与业师安旗先生主持的李白研究项目，后期主要围绕李白与唐诗进行研究，发表数十篇高质量学术论文。2002年卸任后，转为全职教师，遂潜心科研，当年即整理出版发表过的系列论文而成《李太白论》一书，由太白文艺出版社出版。全书分为"生平漫论""创作综论""作品例论"及"研究方法讨论"四辑，为其李白研究的第一部个人著作。其间先后申报立项并独立完成两项国家社会科学基金项目，结题成果为《唐代歌行论》与《李白诗解》两本学术专著。前书分《溯源篇》《衍流篇》《正名篇》三大部分，溯源探流，条分缕析，宏微并著，收放自如，允称唐诗研究的力作。后著从实证角度解读李白诗歌，解诗299题485首，占李白全部诗歌半数。诗前设"题解"，诗后有"句笺""义释"，凡此或考订诗人事迹与诗歌所涉史事，或校订诗歌文本，或训释语词与诗旨。全书前八卷为编年诗，第九卷为古风，第十卷为未编年诗，按体编排。每卷之后列"本卷讨论的主要问题"与"本卷所采撷论著"两项，使读者明要点、知出处。方法上或截断众流，自立新见，或广集众说，供人采择。他曾应三秦出版社稿约，完成《高适岑参诗选评》一书的写作，其中对高、岑二氏边塞诗所涉地名之注释多有发明。2009年底退休后，薛老师再次整理出版《李太白论》之外的李白研究论文及其他唐诗论文，成《李白·唐诗·西域》一书，由上海古籍出版社2011年出版。2020年，薛老师的第三本个人论文集

《八里桥畔论唐诗》由凤凰出版社出版。按作者在该书《后记》中所言,"八里桥畔"是其晚年"栖老"之地,收入集中的论文也是在此写作。其中"唐诗散论"24篇,多为近几年所作;"怀师念友"写安旗、傅庚生、裴斐、詹锳、王富仁、赵昌平等先生,事迹感人,亲切可读。又应人民文学出版社稿约,选注李白诗289题343首,按年编排,析为"蜀中时期""'酒隐安陆'时期及初入长安前后""移家东鲁及供奉翰林时期""去朝十年""从璘及长流夜浪前后""晚年"及"未编年"等七个部分,合为《李白诗选》一书,收入《中国古典文学读本丛书》,流传甚广。

《李白·唐诗·西域》一书的三个关键词:李白、唐诗、西域,集中反映了作者唐代文学研究的视域与重点。薛老师为陕北人,在西安读书,长期在新疆工作。这一特殊的人生经历铸成了他唐诗研究,特别是李白研究的独特角度。作者不仅在该书中收录《岑参诗与唐轮台》《黄昏饮马访交河》等五篇涉及西域诗歌、西域地名研究的论文,还不顾年迈,花费大量精力沿丝绸之路,考察与唐诗有关之遗迹遗址,撰成《从长安到天山:丝绸之路访唐诗》一书,北京大学出版社2020年出版。作者从唐代首都长安出发,沿途重点考察大明宫遗址、大雁塔、麦积山石窟、玉门关遗址、交河故城、高昌故城、北庭故城、克孜尔尕哈烽燧及吉尔吉斯斯坦共和国的碎叶城,一路高歌,一路艰辛,或考古迹、发今情,或析唐诗、证史事,对沿途边塞诗、西域诗思想意蕴、所涉地名的阐释与考证深入透彻,知识性、趣味性与学术性并具,附图151幅,给读者以清晰的现场感。非身临其境者,非挚爱故土者,一般无法研究得如此细致入微,表述得如此活泼生动。

三

薛老师2011年开始寓居北京,我则多年不参加李白与唐代文学研究会议,彼此见面的机会少。借助现代科技,我们近几年来又成了微信上的好朋友,经常通过微信聊生活、谈学问。他自己很少发朋友圈,却对我的朋友圈内容特别关注,经常点赞、评点,鼓励我取得的些小成绩。有童幼之真,无骄矜之态。薛老师退而不休,老有所乐、老有所研,古稀之年后仍坚持自己钟爱的李白与唐诗研究事业,担任中国李白研究学会会刊《中国李白研究》执行主编,关爱提携李白研究青年学人,成果迭出,学行两得,在学界特别是李白研究同仁中颇有人缘,广受称誉。薛老师的著作出版后,大多寄赠与我。这笔宝贵的精神财富启发我从事李白与唐诗研究,激励我晚学不止、努力向前。因为我也不再年轻,也曾长期溺于所谓的"行政管理工作"而耽搁学业,也到了即将退休的年龄。

何时一樽酒,重与细论文。薛老师之于我,亦师亦友,君居其北,我则僻处湘中。我与薛老师不得见,无法请益问学,屈指数来,已有八个春秋。愿薛老师笔体双健,如西域的胡杨,人生不老,学术之树常青。

薛老师八十华诞之际,谨借晚清重臣李鸿章晚年手书联语一帧,以为寿庆,并以自勉:

享清福不在为官,只要囊有钱,仓有米,腹有诗书,便是山中宰相;
祈寿年无须服药,但愿身无病,心无忧,门无债主,可为地上神仙。

再奉《致敬中国李白研究会原会长薛天纬先生八旬寿诞》一首为贺:

跋涉疆京六十年,精勤仕学两优先。
歌行探赜寻玄理,太白商研创巨编。
我乏浊醪凭月寄,公多新句待风传。
欣开九秩体康泰,更祝期颐霞满天。

辛丑年孟冬于湘潭之听雨楼

(作者单位:湖南科技大学人文学院)

放马天山　荡舟东海

——致敬我尊仰的薛天纬先生

吴振华

　　去年十二月十九日，突然接到海南大学海滨教授要求加我微信好友的信息，非常激动，海滨教授这几年在学术界风生水起，特别是他编辑的《赵昌平文集》最近获得了大奖，可见用功颇深，为弘扬赵昌平先生的学术精神做出了重要的贡献，由于对赵昌平先生的尊敬，自然也就对海滨教授佩服起来。如今，他主动要求加我微信，怎能不令我激动万分呢？更何况他是薛天纬先生招的第一个博士呢！

　　随即，海滨兄就发给我一个会议通知，原来是明年将在海南举行"山高水长"——薛天纬先生学术与人生研讨活动及《凌云集》首发式。承蒙海滨兄的不弃，约我写一篇文章，我当然愿意，因为薛天纬先生是我尊仰的学术前辈，二十年来对我关怀有加，虽然未能成为薛师的入室弟子，但薛师对我的学术研究还是不吝赐教，随时向他请教，都会立即得到回复。我的李白研究虽然成绩平平，但每一篇文章几乎都是在薛师指点或鼓励下完成的。更何况我曾经那么强烈地想成为他的弟子。转眼之间，薛师就八十大寿了，遥想最初与薛师相见的情景，仿佛还在昨天，不禁感叹时光流逝，于是，浮想联翩，与薛师交往的点点滴滴，自然涌现在眼前。

　　让时间回到 1998 年 10 月，有一天我在安师大图书馆里看到一本书《李白》，作者是安旗先生，那时刚刚读研，对李白相当陌生，当然对安旗先生更一无所知，但被优美流畅的文笔所吸引，一口气将这本李白传记读完，从此对李白产生了浓厚的兴趣，如果不是因为后来被研究韩愈、李商隐弄得无法脱身，我想我肯定会研究李白的。因为对安旗先生的崇拜，于是向导师询问，得知安旗先生不平凡的革命经历和作家兼学者的身份，更是惊叹不已。后来又知道了薛天纬先生就是安旗先生的高足，于是对薛天纬先生也崇拜起来。薛师跟我的导师余恕诚先生是好友，于是我和薛师也就逐渐熟识起来。

　　2002 年 10 月，安师大举办李商隐学术研讨会，记得《文学遗产》的主编陶文鹏先生来了，薛师也参加了这次会议，提交了一篇论述李商隐诗歌"清"境的论文，该文很快就在《安徽师范大学学报》发表了。我记得薛师坐在我的导师刘学锴先生旁边，发表论文时态度非常谦逊，与会学者都非常尊敬他，我当时刚出茅庐，还是一个愣头青,最后一个发言,既站着说,又声音很大,弄得大家非常惊奇地看着我像个"怪物"似的,我当时的想法很简单,就是希望这些学术界的大家能够注意我的存在。果然,陶文鹏先生就对我非常关注,不仅几次称赞我的论文,此后还专门给我写信鼓励,我的硕士论文差一点就被《文学遗产》录用了,成为我终生念叨的往事。我想薛师那天也一定知道我了,不知道在他心里是一个什么样的印象。总之,我与薛师就这样第一次见面了,虽然我们未交一言。

2004年4月,当我看到华东师大中文系的博导名单中出现薛师的名字时,我不知道哪里来的自信,就要报考他的博士,那时高校刚刚进行转轨,正是学历要求提高的关键时期,安师大文学院在余恕诚师的努力下刚刚获得博士招生资格,但与导师商量后,还是建议我考外校。当得知我报考薛师博士时,余师很高兴,不知道私下跟薛师推荐了没有。我怀着"放马天山,荡舟东海"的学术宏愿,走进了华师大的考场,我当时的想法是,薛师是新疆师大的副校长,又是华师大的博导,应该在上海和新疆两地各读书一段时间,如果如愿,我就有机会去新疆读书,顺便在辽阔的草原走走唐诗之路,看看李白曾经生活过的苍茫西域。但由于英语太差,无法与更优秀的海滨和郑慧霞竞争,于是铩羽而归,只能老老实实龟缩在安师大继续默默无闻地读书教书。但那年华师大考博,复试英语时我写的自我介绍题目"放马天山,荡舟东海"至今仍牢牢地记得,尽管是没有实现的愿望,毕竟也是我的愿望啊!虽然不能成为薛师的入室弟子,但此后依然有很多机会得到薛师的教诲,也算没有遗憾了。

此后四五年中,我的研究兴趣在韩愈和唐代诗序方面,又在读博期间,没有时间关注李白,也就没有机会跟薛师见面请教了,但我心里却时时记得他,相信还有机会见到薛师。果然,2009年5月,在襄阳参加王辉斌先生主持的孟浩然国际学术研讨会,再次看到了薛师。我们同住南湖宾馆,记得每天早上,薛师都起得很早,沿着湖边散步,我们悄然相遇了,我向他问好,本以为他已经忘记我了,谁知他一口就叫出我的名字,并慈祥地微笑着问我现在研究什么内容,并说他一直在关注我的学术研究,这让我大为震惊!薛师当时任李白研究会会长,我向他表示想加入李白学会的愿望,因为读了几年李白的文集,也有若干想法,于是就向薛师请教。他对我研究李白的用典很感兴趣,鼓励我动笔,并说以后李白会议邀请我参加,还推荐我看《裴斐文集》。原来,裴斐先生早就关注过这个问题,只是裴斐先生研究的角度与我略有不同,但由于我天生愚钝,至今还没有完成这篇论文,每次参加李白会议都感觉对不起薛师。

2011年在北京宽沟参加王维国际学术研讨会,住在北京最豪华的招待所,每天早上到松林里散步,再次与薛师相遇,我们坐在林间的木凳上,讨论李白的话题。

我说李白与江河似乎很有关系，问薛师能否写成论文，薛师说当然可以，于是指导我进行研究，这次没有让先生失望，终于完成了《论李白笔下的江河》，发表于《杜甫研究学刊》，得到了薛师的肯定。

2012年10月，薛师已经从新疆师大的副校长职位退下来了，但仍然坚持唐代文学研究年会在新疆师大召开，并主动向我发出参会的邀请。这是第一次得到邀请，虽然我也向唐代文学研究学会提交了入会申请，并被吸纳为会员，但每次会议举办学校不同，一般不会主动给我发邀请函，大约我对唐代文学的研究不够突出，很难获得这样的邀请吧。自己也很知趣，不敢索要邀请函，于是错过了很多机会。新疆的会议机会非常珍贵，我想这是薛师在鼓励我吧。那次会议认识了一大批唐代文学研究的大家，对我影响很大。"放马天山"虽然谈不上，但游览天山天池、喀纳斯湖、魔鬼城、北庭都护府遗址等，总算让我看到了辽阔广袤的西域风采，也算不虚此行，心中对薛师的感激更是难于言表。

此后的李白学术研讨会我基本上都参加了，中央民族大学的李白研究会议上，我提交了论文《论李白〈秋浦歌〉与王维〈辋川集〉的异同》；马鞍山的李白研讨会上，我提交了论文《论李白的〈姑孰十咏〉》；西安的李白研究会上，我提交了论文《李白〈望庐山瀑布二首〉与审美距离说》。虽然这些论文创见不多，但都是我研读李白的心得，都无一例外得到薛师的肯定与鼓励。到此为止，在薛师的指导下，我也撰写并发表了关于李白研究的论文十余篇，有15万字左右，可以说，如果不是薛师一次次邀请我参会，这些论文绝对不会产生。感恩薛师！

2017年李白研讨会在芜湖安师大举行，因为我得了一场大病，未能参加，记得薛师还问我的同事："振华为什么没来参会呢？"言外之意，对我没有参会表示遗憾。我知道像我这样的不入流学者，参不参会是无关大局的，但薛师认为我应该参会，这本身就是对我极大的肯定啊！

2018年之后，我就没有再参加任何学术会议，无缘再见薛师。

2019年，我在韩国外国语大学任客座教授，记得在撰写《那年长安》期间，写到李白与杨贵妃的时候，还向薛师请教过李白《清平调三首》的问题，文章完成后，第一时间发给薛师审阅，薛师指出了几处错误，此文后发表于《古典文学知识》。

2020年疫情暴发，蜗居在家。认真拜读了薛师的一些著作，将《李白全集编年校注》翻了一遍，还有《李白诗选》《高适诗选》等，尤其他的国家社科基金项目成果《李白诗解》，精深浩博，洋洋大观，堪称李白研究的集大成之作，深受启迪，因为对薛师学术成果的评价已经很多，尤其海滨教授的论文已经相当全面深刻，我就不敢多言了。

2021年，我又被派往乌克兰扎波罗热国立大学孔子学院从事文化交流工作，更是远离了学术界。由于所有书籍都丢在家中，在这里无法从事学术研究，也是非常遗憾的事情。

薛师是当代学术界的谦谦君子，不仅为人正直敢言，而且治学严谨，维护学术的尊严，他代表了学术的良心。我相信有薛师及像他一样的学者们在，中国唐代文学研究一定会健康推进，至少李白的研究不会走向歧途。薛师对我具有深远的影响，至少我的李白研究不会说一些梦呓似的话语。

薛师几次会议上都朗诵他自己的诗作，其中印象最深刻的一句是"我戴天山明月来"，这句诗对我来说，有几重意义，当今的学术界确实需要这一轮"天山明月"的朗照。首先，"天山"是我理想中的一座圣山，因为"放马天山"曾经是我的理想；其次，"天山明月"代表了一种圣洁的明净境界，既是学术界需要的清光朗月，也是人生境界的象征；第三，这句诗颇有李白的雄姿壮彩，能在我心中刻有一个永远崇敬的伟岸豪迈、光风霁月的薛师形象。

此刻，我身居欧洲乌克兰第聂伯河边扎波罗热的雪域迷城，四周凝寒沉寂，疫情还在汹汹不休，肆意蔓延，时刻都有感染的风险，想到此时国内的和平安宁，真的要为我伟大的祖国点赞！每天打开手机，当我发表每一条消息时，都能看到薛师的点赞，说明虽然不能见面，薛师依然在关注我，这回不仅是关注我的学术，更关心我的生命安全了。我无法用言语来表达对薛师的感激，只能在心里默默祈祷："尊敬的薛师，祝您万寿无疆！"

谨以此文为薛师寿！

2022 年 1 月 2 日

（作者单位：安徽师范大学文学院）

却顾所来径　苍苍横翠微

——我学术道路上的薛天纬老师

朱玉麒

一

岁月飞逝，对我而言，没有比这十年更快的。薛天纬老师八十寿辰的到来，让我感觉好像时间提前了一样。在他七十岁那年夏天，我们在天池边上为他庆贺的情景，犹自宿醒未醒，历历在目。再往前追忆我从二十岁开始认识薛老师的岁月，很多片段也仿佛昨天发生的那样清晰。

写下这篇文章的过程中，我常常会想起在薛老师学术研究的主业——诗人李白的作品《下终南山过斛斯山人宿置酒》中"却顾所来径，苍苍横翠微"的诗句，干脆就拿来做了篇题。

1985 年 8 月，我第一次出门远行。四天三夜的火车，将我带到了万里之外的新疆。

在乌鲁木齐南站的台阶上，我看到了举着牌子接我的人，便很自然地走进了他们之中，走进了新疆师范大学，从此在那里从事教学科研，长达四分之一世纪。

我能够那样从容地远行，是因为还没有见过面的薛老师，早就帮我安排好了一切。中间的过程，在 2011 年，我为郁贤皓教授的八十华诞写庆寿文章《轻舟已过万重山》时，曾经提到。我大学毕业，发愿到新疆去。郁老师听说了，主动帮我联系他的学术同道——新疆师大中文系的负责人薛天纬老师。薛老师热情地将我引进到了新疆师范大学，我得以毫无后顾之忧地奔赴新疆，开始了自己新的人生。

我到新疆的时候，薛老师正在长江沿岸进行李白游踪的调查。正式见到他的第一面，是三个月后的 11 月 17 日，和中文系的青年教师一起去车站迎接他归来，送他到家，还在他家看了中国和古巴的女排世界杯比赛。

因为郁、薛二位老师是唐代文学的同道，我也不由分说被安排到中文系的古代文学教研室，开始隋唐五代文学的教研活动，薛老师成为手把手指导我走上专业道路的导师。

所以，我是在 20 岁走上学术道路的开始，就与万里之外的薛老师相识。这一因缘际遇,在古典语汇里,被称为"识荆"。这个词,也是李白作品《与韩荆州书》中"生不用封万户侯,但愿一识韩荆州"的概括。在我之后的人生经历中,薛老师的影响始终存在。

如今回顾留在我记忆深处的薛老师,似乎就看到了一个少年的我——从万里天山到八里桥畔——跟在他的身后逐渐成长的历程。他是我学术生命中的"韩荆州"!

二

我在新疆师大的 25 年,大概可以分为三个阶段。在我 1994 年负笈京师之前的 9 年,是第一个阶段,我担任薛老师的助教。

现在想起来,真是一个非常美好的成长时期。虽然也急于成才,急于出人头地,可是急也没用,在唐代文学的教学中苦读了几年,根本形成不了什么有创新的想法,甚至觉得自己可能就不具备研究的素质。好在那时看到所有前辈学者的经验,都是要求年轻人认真读书,恢复研究生制度后,老一辈的导师中还有禁止自己的研究生在读期间发表文章的。薛老师在他的《七十自述》中也说到他对于论文的态度:"我做研究、写文章,坚持一个原则,就是言之有物,不说无谓的话,不说无个人看法的话。"夫子自道,想来也是这样对待我们的后辈。没有今天高校青年教师、研究生那样发表的压力,是多么宽松的学术环境!剩下的便是自己克服焦虑,认真读书,培养基础。

我在那样氛围下的 9 年里,主要是通过两种方式进行学术积累:一是在薛老师指导下备课教书,二是跟着薛老师做集体项目。

我来师大之前,隋唐五代文学的课程(下面简称"唐代文学")由薛老师承担。后来栾睿留校,从西北大学进修归来,先我一年担任了 84 级的课程,从此我和她轮班授课,薛老师去开辟更为缺乏师资的"宋代文学"并讲授"李白研究"等选修课去了。我听了栾睿一学期的课程,便开始写教案。所以栾老师也是我的老师。当时"中国文学史"有两个学年,是中文系的主干课程,唐代部分占一个学期,周四学时,文学史和作品赏析穿插,比现在的课时量富裕得多,可以讲得比较透彻,当然对教师的要求也更有挑战性。

1987 年,我开始担任 85 级的唐代文学教学老师。薛老师确实认真履行了指导的职责,首先是上课之前一段段地帮我看教案,在发黄的教案上还留下了他的批注。其中"祆教"的"祆",在我现在的"西域文史"专业里,是个常识,看到别人写成"祅教",会嗤之以鼻。可是 22 岁的我第一次把它写进教案时,也一样犯浑,是薛老师及时纠正了我的错误。

然后，正式开始上课了，薛老师便坐在教室的最后一排，跟班听课，课后给我提示。我还记得前两次课下来，他对我说："历史背景讲得太多了。"有半个学期左右他时不时就坐到后排来听。10 月中旬，看我还在王维的"山色有无中"徘徊，便比较严厉地说讲得太慢了，要我订出每周详细的计划。此后，按照几次纠偏的结果，他觉得可以放任我讲下去了，便不再要求看教案、不再来听课。

我至今还是有点遗憾，因为既然薛老师不看教案了，我在唐代文学后半学期的内容，就写得比较潦草，不似前期那样工整，有的甚至是语不成句的半成品。500 多页的教案，几个学期重复上课，修修补补，却始终没有上心重新誊抄一遍。

根据我自己的感受，作为一个文学史研究的学者，参与过教学，是看不见的重要经验。搭建一个历史的框架，并经过自己的叙述、与学生的问答，养成一种文学史模式，对于后期的提升，是非常重要的训练。一些文学史的问题，也会在备课中冒出来。刊登在《文教资料》1992 年第 2 期上的《"喜雨"别解》，是我最早发表的文章，就是准备杜甫的作品赏析时发现的问题。后来我到北京大学，给历史系开设"唐诗与唐史"课程，第一讲"喜雨——重农背景下的唐诗语境"，仍然是这个问题的继续生发。

我在新疆的几年里，还担任过几次自学考试的中国文学史课程，从上古到近代一路串讲下来，总体的文学史脉络和概念就比较清楚。后来报考研究生，几本文学史教材已经非常熟悉，无书可看，就买了《中国大百科全书·中国文学卷》，按照词条逐一温习。

从"助教"的本意来说，应该是我协助薛老师从事教学；但在 80 年代这样一个高校教育百废待兴、师资紧缺的时期，作为助教的我，反过来却由薛老师帮助，走上了教学第一线。

三

除了教学工作之外，我在新疆师大的第一个阶段，就是有机会参加了薛老师组织的一些科研项目。其中有两项印象最为深刻，即《中国文学大辞典》《新编全唐五代文》的编纂，它们对我之后的学术道路产生了重要影响。

《中国文学大辞典》是中国社科院文学所组织的新中国最大规模的一部文学工具书。1988 年，薛老师受聘担任编委，负责隋唐五代文学部分，便召集新疆高校这一方向的古代文学教师分工合作。我大概是当年 9 月接受这个工作的，在薛老师的指导下，花了一年多的时间，撰写了将近 170 条中晚唐文学家的传记词条。

最近我找来这本辞典，看我写过的部分。如果不是条目下署我的名字，早就忘记那是我做的了。但从事这一件工作的过程，以及在唐代文学研究领域获得的一些知识和方法,潜滋暗长,深刻影响了我后来的学术思维。

　　我记得当时的工作程序,首先是根据分配的唐人姓名,用傅璇琮、张忱石、许逸民三位先生编撰的《唐五代人物传记资料综合索引》,将传记信息抄录下来,然后逐一去看原书,并做摘抄。最后,根据这些文人的文学贡献大小,写成数百到一千字的不同等级的词条,并由薛老师来进行修改、定稿。当时每个人写成的词条都是由他来做定稿工作的,他的这个编委,不是挂名,而是从条目分配到最终修改付梓,始终参与。

　　薛老师的修改过程,对于训练我文字表达的能力、看待作家作品的视角,都有很多启发。他也和大家商量过一个原则,凡是改动三分之一以上的条目,才共同署名,否则绝对是义务劳动。我现在手头还有一些底稿,是因为经他修改后,需要重新抄写,才意外保留下来的。有些底稿,由他修订、补充了一半以上,但和正式出版的词条去核对,还是由我独立署了名。合作署名的,只有12条,大多是唐代的大家如许浑、杜牧、李绅、李商隐、李德裕、贾岛、温庭筠等人。这些在唐代文学史上研究比较充分的作家,确实不是初窥门径者能够把握的,薛老师几乎是重写了词条,捎带署上了我的名字。

　　过去常说"言传身教",薛老师在词条编撰中这一"身教"行为,给我的记忆是终生的。后来我也参加过很多集体活动,见过许多与薛老师风格不同的主编,便不以为然。等到自己承乏担任各种主编工作,就奉行了他的原则,特别是对年轻的同事和学生,尽己所能地参与修订,但绝不贪功。

　　"言传"的例子就更多了。在这一工作的后期,薛老师注意到北京语言学院编纂、四川人民出版社出版的《中国古代文学辞典》是一部很认真的工具书。其中1983年出版的古代第二分册,是唐代作家700多人的小传,对照我们写的部分词条,很多地方还没有达到那部辞典的水准。薛老师立即就把这部辞典拆成若干份,把相应的词条分给撰写者,请大家参考那些条目的线索,做出增补和改写。我现在还留着他给我改写、重抄的一个批语:"现在看来,当初不参考这本书,是极大的失策。凡做事,为达到既定目的,必得争取恰当的'策',不讲'策',必定事倍而功半。"他的批语不啻当头棒喝。经此返工,让我认识到阅读原始文献,自是一切研究的前提,但关注、借鉴前期成果也同样重要,是后来居上的不二法门。

　　那时因为我正好在上着唐代文学的课程,词条编纂也加深了我对讲课内容的理解,虽然很忙,却很愉快。就是在这个过程中,那些我撰写过小传的唐人作品,都会在《全唐诗》《全唐文》中通读一遍,尤其是诗歌。吟咏之际,会在常规的文学史和作品选之外,发现很多意外的、触动我个人强烈共鸣的佳作,便情不自禁地抄录下来。方干的诗句"身贵远离行乐辈,才高独作后人师",就是那时看到的,觉得特别适合我心目中的薛老师形象。中心藏之，直到 2012 年，写成了寿联，献给了薛老师的古稀庆典。

上个世纪八九十年代，是中国出版界编纂工具书的"辞典热"时代，我也参与过其他很多类似的文学词典编纂。只有这一次，规模最大，我从基本的材料读起，提炼成文，又经薛老师的斧削，初知门径，所以印象特别深刻。

而在使用《唐五代人物传记资料综合索引》等工具书的过程中，我也注意到唐代同人异名、同名异人现象在《索引》和史传典籍中的失误，对考订作家生平产生了兴趣。后来还把与《索引》相关的 30 多则写成了一篇勘误文章，寄给了张忱石先生，希望索引将来增订时能够用上，他还专门写信来表示了感谢。

四

我参加的另一项《新编全唐五代文》（以下简称"《新编》"）的工作，紧随其后，是在 1991 年 3 月开始的。陕西师范大学和西北大学都在西安，那里是唐代都城长安的所在地，两所名校也一直是唐代文学研究的重镇。由霍松林先生领衔，两校的古代文学专业合作启动了《新编》工作。薛老师被邀请参加编写，他也帮我报了名，由我协助他在新疆一起工作。

《新编》启动的原因，当然是因为晚近以来新发现的唐文增多，而清人所编《全唐文》又有很多的缺陷，其中文章不明出处，是亟待补正的一个方面。我们的工作，就是将分配到的作家、作品，根据信实可靠的传世典籍和出土文献，重新撰写作者小传、校订作品并出具来历。我在薛老师指导下，首先做这些作家的小传、作品的普查工作。

有了《中国文学大辞典》的编纂经验，小传写作便比较顺利。不过这次需要略具文言，繁体竖写。我抄写之后，都经过薛老师的改正。有些自己都觉得表达不畅之处，拿去时，专门请薛老师关注这些内容，希望他改定，他会认真看一下，说一句："这样表达太笨拙了。"下次从他那里拿来重抄，那个小传确实就精当而凝练，仿佛嘉庆年间全唐文馆的徐松一辈的手笔。后来我在北京读研究生期间，薛老师的公子薛原刚来北京工作，说起这些往事，他瞪大了眼睛连连追问："我爸是这样跟你说的？"大概是遗憾自己的作文从未得到父亲如此精心的指点吧！不过他的文章仍有家传，上岗不久，就成了《人民日报》体育部的"笔杆子"。

作品的普查工作也是如此，开始用了《唐五代人物传记资料综合索引》，找出两《唐书》等典籍中的直接引文，后来又将《通典》《唐会要》《唐大诏令集》《文苑英华》《唐文粹》等都过了一遍。又偶然在《册府元龟》里也找到了相应的奏疏，向薛老师汇报，经他授意，也过了一遍。《册府元龟》不似《文苑英华》那样有标题、有索引，明版的影印本,甚至看不出每一篇的开头,如果正好末行也刻满字,与下一篇就更分不清起讫了。新疆师大中文系资料室正好有一套《册府元龟》,我就和资料员黄磊商量,为了避免遗漏,允许我在上面做出起讫标志。我在每一部类的开头,首先找到唐代事迹的第一篇,从那里开始,在每篇第一个字上面的栏外用红笔标一个圆点,然后逐篇标记,排查与我们编撰的作者相关的材料,一直到五代结束。现在的新疆师大中文系屡屡变更,资料室也数度分合,如果这套书还在的话,会看到我当时做排查的记号。

在《册府元龟》的通检中,看到许多与《新编》无关的材料,有时也会发现问题。譬如举进士及第者,对照《登科记考》以及时贤的补遗篇,发现没有被记录,便增加对其中所有登科记载的通检,最后就发现当初徐松编撰《登科记考》时,只是集中使用了《册府元龟·贡举部》的材料,其他各部因为体量太大,并未一一检核。我把这些材料也摘录出来,去除重复,可以补遗、订正《登科记考》的内容有 20 多则,加上在其他典籍中找到的新材料,写成了《〈登科记考〉补遗、订正》的文章。

这一期间,薛老师个人的藏书《登科记考》和《唐代科举与文学》一直被我借用,前前后后读了很久。这篇文章寄给曾经做过类似补遗工作的张忱石先生指正,经他推荐,发表在了《文献》1994 年第 3 期上。那年我到北京读研究生,这篇文章正好发表,心里当然很高兴。

在这篇文章的引言里,我专门写道:"笔者从薛天纬先生学习唐代文史,于唐人登科,也陆续有新的发现。"事实也确实是这样,如果没有薛老师带着我从事《新编》的工作并肯定我的发现,我是不会去通览这些典籍并做出摘录的。孟二冬先生后来出版《登科记考补正》,也将我的这些成果吸收到了他的著作中。

五

我们被分配的《新编》若干卷中,集中了一批唐代道士的文章。正好此时新疆师大图书馆新进了上海书店影印的《道藏》,我也到工具书阅览室,把 36 册正统《道藏》和万历《续道藏》翻了一遍。看起来清代《全唐文》的编纂者也做过这样的工作,大部分唐代道士的单篇文章就在其中找到了它们唯一的出处。这个过程中,我也偶尔用郁贤皓老师的《唐刺史考》验证了一下有关唐代刺史的事迹,发现有些刺史记载没有被郁老师收录,因此写信给他。郁老师很高兴,因为编著《唐刺史考》时,大部分单行出版的唐代道书他检用过,仅见于《道藏》者,却没有来得及利用。我在普查《道藏》唐文的同时,就将唐代刺史的记录汇集起来,对《唐刺史考》做了补遗、订正。这篇文章经由薛老师改订、郁老师推荐,以《道藏所见唐刺史考》为题,在《南京师大学报》1992 年第 4 期上发表了。之后我还在《中国道教》1995 年第 2 期上发表过《唐代道教人物三考》，考叶法善的生卒年、考史崇玄避讳后的异名、考吴筠卒葬的天柱山。这些问题的发现，告诉薛老师，都得到他的鼓励，培养了我写考证文章的能力。

读《道藏》的那几个月，回想起来也很有趣。有时候到了下班时间，就商请工具书阅览室的张江焉老师允许我借回去，晚上以及周末利用。有一次去还书，江焉老师就对着书架那边喊："钟老师，朱玉麒来了！"于是历史系的钟国发老师从书架后走出来，也拿着一册《道藏》。江焉老师说："全师大就你俩在用《道藏》，钟老师发现总是少一册，所以我介绍你们认识一下。"钟老师和薛老师一样，都是改革开放后第一届研究生。他是唐长孺先生的开山弟子，是真正研究道教的专家。只是我认识他不久，他就调离师大了，没有机会请益。我对于《道藏》的翻阅，就停留在唐代文献的考证上，把《道藏源流考》看得很熟。期间受郁老师、薛老师研究李白的影响，也辑录了其中的李白资料，写了《道藏所见李白资料汇辑考辨》一文，是我发表最早的李白研究文章。

《新编》过程中，我也在薛老师的引导下，熟悉了从事唐代研究很多重要的文献。后来考古典文献学的博士生，复习文献学方面的教材，遇到介绍重要的典籍，都是自己曾经使用过的，就不觉得需要死记硬背。譬如《金石萃编》《八琼室金石补正》的重要性，就是在《新编》中通检了的。记得那时新疆并没有这些书，薛老师专门请西北大学的阎琦老师帮忙，从他们的导师安旗先生家复印了《金石萃编》的目录寄来，供我们逐一查阅。

《新编》工作，究竟产生了多少副产品，我自己也不记得了。去年年底，我现在北大历史学系的同事朱青生老师忽然给我发来一段微信：

> 两《唐书》对韩休卒年的记载有开元二十七年和开元二十八年之说，朱玉麒老师考证过韩休卒年，认为是开元二十八年。韩休志文记载："开元廿八年（740）五月十日遘疾薨于安兴里之私第，春秋六十有八。"则应以墓志文为准，并可推知其生于咸亨四年（673）。韩休墓志出土证实《韩休卒年考辨》中的论断。（《江海学刊》1996年第5期，第60页）

我才想起来，《韩休卒年考辨》是我和薛老师做《新编》的韩休小传时发现的问题，当时写了两则小考证，一并寄给《江海学刊》的许总先生，他拆开后作为该刊的补白，发了出来。韩休的卒年记载不是两《唐书》之间的矛盾，而是《旧唐书》本身两处记载的矛盾，岑仲勉的考证以《韩休传》卒年开元二十七年为是；我则通过他所引用的例子，反证《玄宗纪》所载开元二十八年为是。2013年韩休墓葬被发现，壁画精美，尤其东壁上一幅红框山水图，被认为是首次发现的唐代独屏壁画，成为近年中国画史上的关注点。朱青生老师大概是在他的艺术史圈内看到有文章顺带讨论韩休墓中的墓志时，提及与我早间根据传世文献推断的结论相同，故此发给我以示祝贺。没想到这样的饾饤之文，竟然也会在某个合适的时间，进入学术史。

六

当初由文献入手，在薛老师指导下写了几篇考据性的文章之后，我总是想着对于唐代文学的研究，如何从文学史和文学作品的思想性方面能够有所讨论。在以上项目整理的后期，我开始学着撰写一点研究性论文，最初的范本也都是薛老师的文章。那时，薛老师在承担繁重的系务，后来是教务，再后来是校务工作之余，从事学术研究仍不放松。虽然文章不多，一年也只是一两篇，但持续不断，在唐诗与李白研究方面总有创见。这样的文章，每篇我均得以先睹为快并认真揣摩。从《"太白遗风"论》到《"李白热"的反思与期待》，都成了我写论文的营养源，对他写作的语言风格和论证的逻辑思辨，深为叹服，包括他在楷隶之间清秀的笔迹，似乎都印在我的脑子里。后来我自己担任研究生导师，在"古代文学研究方法论"课程中，还选了薛老师《"李白热"的反思与期待》作为综述文章的范本，给学生进行分析。

1995 年，我参加第三届中国李白研究国际学术研讨会，提交了《李白〈贞义女碑〉考辨》的文章。拿它和薛老师在 1991 年提交首届中国李白研究国际学术研讨会的论文《〈梦游天姥吟留别〉诗题诗旨辨》比较一下，就可以发现在文章结构上，用得上"亦步亦趋"这个形容词。薛老师的文章分为"诗题辨"和"诗旨辨"两个部分，前者考证诗题，后者讨论诗歌的主旨。我的文章也一样分成两个部分，上篇"碑刻源流考"，考订今存碑刻，对碑刻流传做出描述，下篇"碑文主旨辨"，论述李白碑文首倡"义女型"文本、对其积极影响给予阐发。这种考论相结合的篇章，在薛老师只是一种体式，对于学步的我来说，却是较好掌握的结构。拜薛老师的范文所赐，让我在力不能及的情况下，为在文本的形式与义理方面都有所发明而找到了渠道。

后来我完成硕士论文《唐代贬谪与诗歌》，回新疆即面呈薛老师一册。过几天向他请教，他只说了一句："文字已经有自己的特点了。"我心下大安，感到很温暖。即使这只是一种勉励，我想经过他多年的调教和示范，我的写作大概也比他耐着性子改我词条的时候，多多少少有了一点进步。

我现在还保留着当年他要找我说词条问题时，用红笔写下的提示纸片："1. 语汇、说法。2. 长句子。"这些，大概都是我词条初稿在文字表达上的通病。读薛老师的文章，你会觉得作为一个文学史的研究者，不能用清隽的文字和清晰的逻辑征服读者，就不是一个成功者。这些，至今还是我"心向往之"的境界。

七

我在新疆师大跟随薛老师从事的科研工作,除了潜移默化培养了我的研究能力之外,其实也直接圈定了我后来在北京攻读硕士和博士学位的方向。

1994年我考上研究生,去北师大读书。我们的《新编》当时也都已经交稿,薛老师又帮我领回了一个新任务——点校其中的张说文,并说明这次他不再参加,由我带去北京独立完成。所以我到北京之后,就开始做张说版本的调查,忽然就觉得这是我应该做的一个大题目!张说现存的诗歌300多首、文章200多篇,是入唐以来保留诗文最多的作家。处于初盛唐之际的转型期,张说的文学贡献自不待言。1982年,陈祖言先生在复旦大学完成的硕士论文,就是《张说年谱》(1984年在香港中文大学出版社出版),之后他去美国留学,在1989年完成的博士论文,也是以张说为主题(Impregnable Phalanx and Splendid Chamber: Chang Yüeh's Contributions to the Poetry of the High Tang/《坚阵与华屋:张说对盛唐诗的贡献》),足见文学史研究开始注意到张说的重要性。而在当时,还没有任何一个整理本。

不久之后,《新编》项目突然停了下来,我却没有为多年的工作付诸东流感到遗憾,反而感谢它提供了一个让薛老师指导我成长的具体路径,也送给了我一个出乎意料的研究题目。关于后者,我决定不仅是张说文,包括张说的诗歌,应该做一个完整的整理本出来!我到北京后,就和硕士生导师赵仁珪老师说起这个意向,打算用张说集来做硕士论文。赵老师有一次花了整整一天的时间,在北海的北图古籍部调阅了几部张说集的版本。第二天,他告诉我,张说集版本研究的体量太大,让我以后再说。所以我的硕士论文就做了调整,当初读张说集最深刻的印象——贬谪对于诗歌的影响——成了我的研究对象,我因此写了《唐代贬谪与诗歌》的硕士论文。

1997年,在赵老师的推荐下,我考上了启功先生指导的古典文献学方向的博士生。没过多久,我就和先生确定了以张说集作为博士生期间的研究对象,最后以《张说集版本研究》答辩毕业。我在论文后记的致谢中,特别提到薛老师对我的学术提携和指引:"薛天纬先生最早推荐我为《新编全唐五代文》的张说部分作校勘,使我由此注意到张说研究的价值。"

在张说集版本研究的过程中,我也以清代椒花吟舫影宋钞本《张说之文集》为底本,做了张说集的初步整理工作。之后我从事博士后研究,做徐松与《西域水道记》的研究,暂时放下了张说集的研究。但是完成张说集版本源流的研究和张说集的整理,仍然是我目前一直在从事的工作。

八

从 1994 年到 2000 年,北京求学 8 年,是我在新疆师大工作的第二个阶段。这样说,是因为当时报考了定向研究生,我依旧拿着新疆师大的教师工资,也承诺毕业返回原单位工作,寒暑假返疆,新疆师大的工作也或多或少地做一些。

这一时期,薛老师也担任了新疆师大的副校长,分管全校的教学和科研工作。这样,他有较多的出差机会来北京公干。每次来,都会以新疆师大校方的名义,召集在北京读研究生的青年教师一起餐叙。时间宽裕,他也会来北师大,带着我去见见他在西大读研究生的同学王富仁和罗钢老师。有时,他还选择住在北师大的招待所,朝夕相处几天,说说北京的学术圈和新疆师大的变化,非常愉快。寒暑假我回新疆,也总会到薛老师那里坐坐,和他的研究生们聚聚,赶上他主持操办的学术会议,也会参加。

这个时间段,也是新疆师范大学的学科建设更上一个台阶的时期,学校从 1993 年起,获得了硕士单位授权,薛老师到北京的很多工作,就是硕士学位点建设,并利用各种机会,为那些尚未获得硕士学位授权点的专业,找教育部和相关专家争取授权。其中的甘苦,在他七十寿辰时,曾经在校办工作的杨勇写过文章追忆,确实令人感动。我自己参与的一次,是为音乐系的专业点拜访中央音乐学院的专家。他给我打电话约到新疆办事处,说空手去也不合适,买了一箱库尔勒香梨,委屈我提上,陪同他前往。我想想也确实如此,一个校领导西装革履扛上一箱梨,实在不像样,便欣然做了"跟班"。双方见面,也都客客气气,专家非常诚恳地听了介绍,留了材料。不久,音乐系的音乐学专业确实就凭借实力获得了硕士学位点。

这个工作,有点像唐代科举考试中的"干谒",在考试前"行卷"(提交习作),让能够影响"知贡举"(判卷者)的"朋友圈"了解考生的平时成绩,形成印象分,在判卷时可以有所依凭。薛老师带去的那些材料,就是"行卷";提去的香梨,也就是一件"伴手礼"。我想真正感动专家的,是一个校领导愿意为本校的学科建设亲自上门,并且作内行的介绍,让他们看到边疆高校对学位点建设的重视和努力。后来,这种跑学位点在地方高校风行起来,"跑点"成了一个热词,"行卷"之风变质,都忙在了礼品的变本加厉上。我每每看到这些消息,就会想起薛老师与专家之间不卑不亢但是热情诚恳的"行卷"一幕,好像回到了法制比较健全、信誉等同生命的唐朝。

这时的薛老师,一点也没有放下对我的关心。8 年当中,他主动帮我解决与妻子两地分居的工作调动,安排我从筒子楼到家属区的住宅,以自己的项目经费资助我参加学术会议,给校党委说项批准我继续在北大做博士后,落实自治区教育厅的规定办理我的副教授和教授待遇。这些与生活、学术息息相关的事情,都是他亲自帮我操心,解决了我的后顾之忧。这些工作的背后,薛老师一定顶着很多的压力。因为内地和边疆地区的条件悬殊,定向研究生以各种原因不能返回的情况也频频发生。薛老师帮我落实"政策",必定带给办事人员很多的顾虑。但是,他从来没有和我谈起过什么学成归来的保证,我也没有向他私下表达过毕业返校的诺言。

我总是记得大学毕业的那一年前后,正好赶上边疆地区急需人才,我得以以本科生的资历直接获得了新疆师大高校教师的教职,其实无论是教学还是科研,我都欠缺很多。如果没有薛老师费心费力的提携、新疆师大宽松和谐的氛围,我是很难在学术研究中走到今天这一步的。我对新疆和新疆师大的感情,确实已经不需要语言来承诺,而是希望用行动来践约的。

九

2002 年,我在北京大学博士后出站,回到原来的工作岗位,这是我在新疆师大后续 8 年的第三阶段。此时的薛老师,年届六十,年底从副校长的行政岗位退下,返回中文系古代文学的教学科研第一线,也将我推上了这一学科建设的前沿。

我在新疆师大的这些学术发展,自己没有操心过,都是薛老师在安排指导。我记得最早在 1985 年到师大工作的时候,按照学校的规定,需要去附中锻炼一年。那时的新疆师大附中也是刚刚成立,缺少师资,所以我就去带了一年的初二语文,小学缺课,也去顶替一下。半个学期下来,觉得备课、教书,特别适应、特别愉快,附中的书记、校长看我做事认真,从不推三阻四,就劝我留下来。我也懵懵懂懂,觉得听从学校的安排,当个中学老师没什么不好。但是,薛老师坚决不同意。有一次星期三回系里开会,系秘书朱自力对我说:"附中的李书记上午又来找薛老师,要把你留在附中,说你也同意了。薛老师对李书记说:你再提这个要求,我们下个星期就把他撤回来。"这件事我后来没有找薛老师求证,但是内心很感动,自己的专业道路,是有前辈在关照着,任其自然即可。一年后从附中回来,我就被薛老师直接扶上了大学讲台。

现在,从 2002 年开始,我又在他的扶持和指导下,推动新疆师大的古代文学学科建设。他首先是不由分说,让我开始带研究生,一如我当初本科毕业就上本科生课程一样,现在研究生毕业不久也就担任了研究生导师。惶恐确实是惶恐,但当年如此,现在也就赶鸭子上架,继续努力吧。

其时,新疆师大已经有了自治区唯一的古代文学专业硕士点,从 1995 年开始,连续招生多年,优秀的毕业生多有考入内地名校攻读博士学位或者留校任教的。如何使得这一学科与内地高校接轨,并获得博士学位授予权,上一个台阶,更好地服务于边疆教育建设,是薛老师操心的事情。

　　其中的一个建设方案,就是利用新疆独特的地域文化风情,与内地著名的文学研究期刊、高校对口专业、国家级学术团体合作,在新疆师大举办高层次的学术会议,让内地学者了解新疆师大的学科建设,也扩大本校研究生的学术视野,为新疆高校搭建学术交流的平台。从2003年开始,以古代文学学科为支撑点,我们每年都会举办一次大型学术活动:

　　2003年,邀请了《文史知识》编辑部来师大交流,随之组织了自治区内外的西域文史专家撰稿,在《文史知识》2005年第5期出版了"西域文化专号";

　　2004年,与《文学遗产》编辑部合作,举办"《文学遗产》西部论坛",会后出版了《中国文学与地域风情:〈文学遗产〉西部论坛论文选萃》的论文集;

　　2005年,与中国李白研究会合作,举办"中国李白研究会第十一次学术研讨会",《中国李白研究·2005年集》发表了会议论文;

　　2006年,利用全国第十六届书市在乌鲁木齐举行的机会,与中国出版协会古籍出版工作委员会和国家图书馆出版社合作,举行了"西域古籍整理与出版研讨会";

　　2007年,与《文学评论》编辑部合作,举办了"中国西部文学学术研讨会";

　　2008年,与首都师范大学文学院、《文艺研究》杂志社合作,举办了"文学与文学研究的公共性"学术研讨会。

　　这些会议,大部分由薛老师牵头,从邀请对象到邀请函的措辞、议程安排,他都会亲自过问。特别是作为校领导的开幕式欢迎词,一般都有会议承办单位提供初稿,需要将新疆师大的形象、会议的意义等都高屋建瓴、要言不烦地突出出来,这是我开始办会最怵的事情。没有想到从一开始讨论,薛老师就说:"我来写!"我们这些年轻的办会者相视一笑,松了一口气。

　　后来再办会议,薛老师不在,我也学着说:"我来写!"于是,在比我年轻的办会者眼神里,也看到了我当时的心情。再过若干年,我回新疆师大参会,他们都已经能够非常老练地写出新一代有气象的发言稿了。

　　我在新疆的第一个阶段里,印象最深刻的,就是薛老师每年都会到内地参加学术研讨会,对应于他研究的唐诗和李白,基本上是中国唐代文学学会和中国李白研究会组织的。这两个学术团体每两年在不同的地点与当地高校或文化机构举办一次会议,时间正好错开。每次他从会议上带来的掌故和论著,确实对我们了解学术动态有很大的帮助;而举办会议的高校,也因此而在唐代文学方面俨然重镇,令人起敬。

　　唐代经营西域,设立安西四镇,疆域原届葱岭以西;李白出生碎叶,明月、天山更是唐代文学不可或缺的意象。种种因缘,使我觉得身在新疆从事研究,承办一次中国唐代文学学会和中国李白研究会的年会,是我们应尽的职责。相信从两会成立就开始参加活动的薛老师,更会有这样的使命感。

因此,2005 年"中国李白研究会第十一次学术研讨会"先期在新疆师大召开,薛老师也实至名归,接任了中国李白研究会会长。十年之后的 2015 年,新疆师范大学和中国李白研究会再度合作,甚至把李白研究的学术研讨会开到了李白的出生地——吉尔吉斯斯坦的碎叶城。

2012 年,在薛老师的推动下,中国唐代文学学会第十六届年会暨"唐代西域与文学"国际学术研讨会也终于克服重重困难,在新疆师大举办。那一年薛老师行年七十,会议的圆满举行,堪称他在新疆半个世纪的学术历程中,为中国古代文学的学科发展和新疆师大的教研事业鞠躬尽瘁的完美谢幕。对于我个人而言,那次会议是他在新疆对我屡屡提携之后的再一次推手——他申请退出唐代文学理事会,而推举我担任了常务理事。

<h1 style="text-align:center">十</h1>

2012 年唐代文学学会在新疆举办之前,薛老师已经于 2009 年办理退休,并很快被冯其庸先生礼聘到中国人民大学国学院,担任特聘教授;我也于 2010 年调动到北大。但是我们都意识到在新疆师大的事业远远没有结束,后续与新疆师大的联系也源源不断。

最值得一说的是,薛老师是我唐代文学方向的导师,即使我后来兴趣转移,从事西域文史的研究,薛老师也一直乐观其成,随时助力。就在我们已经离开新疆师大之后,在新疆现代史的领域,还会不期而然地再次交集。

2012 年,我因为参与了新疆师大黄文弼特藏馆建设的原因,兼任了师大的相关工作,与西域文史研究中心的年轻同事继续合作从事西北科考团学术史研究。而薛老师也在暑期返回乌鲁木齐度假,像一个普通观众一样参加了特藏馆的成立仪式,捐赠了两方台湾朋友赠送他的出自蓝田辋川的唐砖给新成立的特藏馆。

2016 年夏天,黄文弼特藏馆在新校区兴建,场地比原来扩大很多倍。薛老师夫妇也搬入了他们夏天来新疆度假时居住的新校区家属院——"今生不放过乌鲁木齐的夏天"是薛老师的名言,也是老一辈乌鲁木齐人对这个宜居环境的挚爱。看完特藏馆的场地,我去他们的新居拜访。开阔通透的客厅里,唯一不搭的是一口硕大的老式皮箱,即使躺在安静的角落里,依旧扎眼。问过薛老师的夫人李医生,说是她父亲在民国年间担任塔什干外交官,从阿拉木图带回来的老货,当时是用整张的马皮制作,十分结实耐用。现在也没有什么用,扔了又可惜。

我想起扩大了几倍的、比她家客厅还要空旷的黄文弼特藏馆。因此问:"捐给黄文弼怎样?"——虽然不是黄文弼的,至少是黄文弼那个时代的物件啊!李医生一叠声答应："那是太好了,还能派上用场!"

于是那口皮箱,就被安置在黄文弼特藏馆巨幅的西北科考团行程图下,仿佛万里长征之后,刚刚从驼背卸下的行囊。此后我也一直和新疆师大的同事共同整理1927—1935 年间深入西北考察的"中国西北科学考查团"的文献,为新疆师大筹建"中国西北科学考查团纪念馆"。

2020 年 6 月,因为疫情汹涌而很久没有见面的薛老师从城东来北大,一起在附近的蓝旗营餐叙。我忽然想起最近刚刚校订完的西北科考团成员刘衍淮的《丝路风云:刘衍淮西北考察日记(1927—1930)》,因问薛老师:李医生的父亲民国时候担任中亚地方的外交官,应该在新疆也是有名望的民国老辈吧? 您稍后把名讳告诉我一下,看看在我看到的资料里是否有他。

他在回去的地铁上,发来短信:"李如桐,字峄山。有出典。"——嗯,这个出典我知道,跟着薛老师当助教很多年,李白的作品还读得比较熟,1993 年在山东参加李白研讨会,去峄山,还专门为人写了李白《琴赞》:"峄阳孤桐,石耸天骨。……秋月入松,万古奇绝。"知道是语出《尚书·禹贡》。

我迅速在刘衍淮的日记中检索,于是看到了"李汝同"的名字,他是新疆省政府外交署的年轻科员,因为西北科考团属于中外合作组织,并且频繁通过塔城、喀什等口岸出境入境,少不了经常和外交署打交道。《丝路风云》里三次记载到的李汝同,在《中瑞西北科学考察档案史料》中正写作"李如桐",也屡有记录,如 1931 年 7 月 2 日、9 月 3 日、10 月 16 日、11 月 19 日,均可见袁复礼等报请查验离境物品,稍后外交署报送金树仁的呈文,有类似"兹据李科员如桐回处面称,此次学术团运往北平采集品箱件共九十二只,内衣服、书籍五箱,业经一一详细检查,并无何项违禁物品,已验讫封固,并粘贴办事处封条"云云的字样。这一方面说明科考团确无违碍物品携带出境,另一方面也说明李汝同为人厚道,未见任何留难之词。

在得知李医生父亲名字的当天,我曾给黄文弼中心的微信群发消息说:"一个下午,查到了李老先生确实是杨增新时代俄文法政专门学校的第一期毕业生,毕业典礼正是杨增新被刺杀的 1928 年 7 月 7 日。外交部公报上查到他曾代理塔什干副总领事。然而最重要的,在出任中亚各地领事之前,任新疆省署外交处科员,果然与西北科考团有交集。看来,将来新疆师大黄文弼中心与西北科考团有密切关联的,就是李医生和捐赠的那口马皮箱子了。"

2021 年 3 月,美国《丝绸之路》的主编郑智明(Justin Jacobs)忽然寄给我一张照片,附信说:"我在伦敦皇家亚洲事务学会的档案里发现了一张非常珍贵的杨增新的照片,我从来没有在中国国内外的任何出版物上看到过这张照片。如果它是真的,那么一定是在 1928 年 7 月 7 日杨遇刺前几个小时拍的。"我打开照片,发现正是

1928年俄文法政专门学校第一期本科毕业典礼的合影,是无可置疑的新疆现代史上最重要的瞬间之一。我当即给郑智明回信,约定合作研究这张照片背后的故事。而我首先想到的,是请李医生确认一下。李医生果然一眼便认出了她的父亲李如桐先生,一个21岁的青年学子,长袍马褂,站在右边门柱的内侧,也站在新疆现代史的风口浪尖上……

李医生大名李锦秀,曾经是新疆师范大学的校医,担任过卫生科科长,也就是现在的校医院院长。她是"文革"中新疆医学院的"老五届"毕业生,在师大校医里,是非常专业和敬业的医生。我当班主任时候的学生张国强,遇到和李医生在一起餐叙的场合,第一杯酒总是敬给李医生。因为他留校工作后,有一次眼睛不舒服,到卫生科去请李医生给她随便开点眼药水。李医生仔细看过他的眼睛,说:"不像是一般的炎症,是肌无力的症状。我给你开转院证明,去医学院看去。"结果不出所料。医学院的大夫在确诊后,还一个劲地问:"你们的校医也是这样诊断的?"

十一

在薛老师定居北京的最近这十一二年中,他的学术成果也厚积薄发。新见迭出的论文集《李白·唐诗·西域》《八里桥畔论唐诗》,别出心裁的唐诗选本《高适岑参诗选评》《李白诗解》《李白诗选》,还有一本出色的唐诗行记——《从长安到天山:丝绸之路访唐诗》,都在最近这个阶段里出版,体现了他壮心不已的学术追求。

1985年我到新疆之后,和薛老师的联系,虽说不上朝夕相处,也总是隔三差五,每周能见。除了系里公开的场合,也常常直接登门。开始是跨过一条街,就从校园里的筒子楼到了教工住宅区的他家。后来我也搬到了住宅区,相隔几幢楼,似乎也不用提前打招呼,你来我往,叩门无时。因此在他七十寿辰的庆典上,我夸口说:我在他身边受教的时间,超过了他的儿子加孙子。

2010年,我庆幸和薛老师先后到了北京,简直是无缝对接,仍旧可以随时求教。但到了北京的这些年,有时一回首,竟连续几个月没有去向他请益,深感歉仄。期间他又添了一个孙子,儿子、孙子三个人加在一起,迅速超过了我和他在一起的光阴。

而且,无形的幸福洋溢在他们身边,两个孙子竟然传承了他的文学基因,轻松自如地就开始了古代文学的童子功训练。一个眼见为实的亲历就发生在近前,让我为他感到欣欣鼓舞。

2020年7月,我和孟宪实去八里桥看望薛老师夫妇。家里只有他们和六岁半的小虎薛云棣在,我带给大孙子虎头薛雨铮一副"映阶碧草自春色"的对联,祝贺他初中毕业。李医生问我卷轴里的内容,我说是杜甫的对联"映阶碧草自春色",那边的小虎就说:"《蜀相》唐杜甫,我会背。"就从"丞相祠堂何处寻"开始背了下来。薛老师说,他已经认了很多字,背了一百多首诗歌。我问他最长的,说是《岳阳楼记》,我起首"予观夫巴陵胜状",他又顺着往下背了下来。他背诗也不是薛老师教的,是他哥教的。还告诉我,他哥能背《琵琶行》。

我也不知出于什么目的,顺嘴便说:"嗯,你下次背《长恨歌》,我也给你写一幅。"让我愕然的是,他竟然不以为意地点头答应了下来。

一个月不到,8月中旬,薛原忽然发来了薛云棣的视频,缺了一颗门牙,正是所谓髫龀之年。他也全然不知背诗为何物似的,时不时擦一擦口水,一句赶一句地在3分1秒间背诵完了《长恨歌》。我只好讪讪地回复说:"连听两遍,如闻仙乐耳暂明!孺子可教也!愿听薛雨铮《琵琶行》视频,也赠一幅拙字。"薛原回了句"就来"。半个小时后,发来了薛雨铮的视频。好多年不见的虎头,除了背诵时偶尔露出孩子般的笑意,让我看到小时候的一点点表情外,已经长成了我不熟悉的模样。他坐在一张小板凳上,两条大长腿杵在镜头前,像中场休息的姚明。用比弟弟稳当多了的语调,在2分14秒间背下了《琵琶行》。

有图有真相!我欣喜地保存了他们背书的视频。

这回,轮到我欠下他们《琵琶行》和《长恨歌》的长卷了。

2022 年 5 月 4 日,北大朗润园

(作者单位:北京大学历史学系暨中国古代史研究中心)

古之学者

——回忆在薛老师治下中文系的读书生活

戴云波

读书时读到"古之学者为己，今之学者为人"这句话，总觉似懂非懂，没有什么真切的感受。等到自己成年以及也有机会与众多的学者学人打交道时，对这句话的感触就愈发的深切。

以我的理解，并不能把今日学界江湖之种种怪象全归罪于学者之奔竞于名利而不能专心治学求道，因为现下的社会就是一个惟恐"人之不己知"的社会，学界江湖的选拔机制也是一个鼓励出风头、迷信名人、崇尚轰动效应的机制。所以，过于偏僻的性格取向与"世人皆醉"的人生态度或许也可算作一种不识时务的表现。

但是，倘若能遇到一位学养深厚，不但专心治学、在学术的领域里自得其乐，而且淡于名利、谦逊随和、责己严而待人宽的学者，并且能够成为自己的师长，那就可以说是一种际遇、一种人生的幸运了。

薛天纬老师可以说就是这样的一位学者。

一

在上世纪 80 年代，读中文系似乎是一件很风雅、时尚的事。很多人甚至是带着一种要当作家的心愿来到中文系的。结果后来有机会听到一位北大教授来我校讲学时说的话，谈及中文系的功用，他说他当年的北大中文系主任曾经对入学的新生说：谁要想当作家，就给我滚！

对于新疆师大这样一个地处偏远的学校来说，办学条件、师资力量与内地的名牌高校自是无法比拟，但从今天的角度来看，这样也至少产生了几个意外的好处：

一是学校小，师生距离近，更容易当面请益，耳濡目染；

二是条件有限，业余的活动少，更没有什么网络游戏之类的东西，而且是固定教室，大家可以心无旁骛地读书；

三是至少还保持着对学问、对名师的一种敬畏之心，有所追求。

薛老师当时已经是校内较大牌的学者，这不仅因为他是系主任，更因为他读过研究生，那时的研究生可是很稀罕的。所以大家见到薛老师都是带着仰视的目光，他又总是一副不苟言笑的样子,让大家愈发地感到敬畏。

那时的中文系差不多可能都是各个师范院校的王牌院系,所以学校对中文系也很看重。记得学校搞什么活动、评奖,总是中文系唱主角。而且中文系在古典文学、现代文学、古代汉语、文艺理论、批评史等学科的确有一批骨干教师,这里最出名的当然就是"西北五才子"。"西北五才子"是指早期60年代从西北大学中文系毕业的五位教师,薛老师无疑是其中最杰出的,此外还有古典文学的胥惠民、张玉声,批评史的李沛、王佑夫。这几位老师个性迥异,但都治学用功,而且很有为学生负责的精神。

今天的中文系可能首先会让人诧异的是女老师之数量众多,那时的中文系女老师很少,而且基本集中在当代文学、写作等科目中。在某种意义上,这或许也是一种时代转换的标志。

对于中文系的作用与意义,以及培养学生的途径和方法,不管在当时还是在后来都有很多的讨论与争议,而且我后来也见过不少因为正统的中文系不断沦落,以致被新闻传播系或出版专业吞并的现象。可是略感慰藉的是那时新疆师大的中文系师生不但有一种胸怀天下、舍我其谁的胆魄,而且的确是认真读书的。《论语》、《孟子》《诗经》《楚辞》、先秦散文,特别是唐诗宋词,这些都是古文化中最为精粹核心、光辉灿烂的内容,值得大家认真学,因此学风很正。

当时师大中文系每年都会组织一次内部的学术论文汇报会,老师们可以上去讲解自己的研究心得,下面有很多的学生听。这个学术汇报会是很重要的,尤其对那些还不知治学为何物而只知写点赏析文章的学生而言,是一个很好的启蒙。薛老师作为领军人物无疑发挥了重要的作用,他总是亲自登台,讲解他的文章。

可是学好中文究竟有什么用?这是每位同学甚至老师都无法回避的问题。记得那时的学校学生会往往以此为号召,提倡大家注重所谓能力的培养,积极面向社会。其实,人上一百,形形色色,不可能要求每个人都做到八面玲珑、神通广大、气场充沛、领袖群伦。以我或许偏颇的观点看(此点与我素来敬仰的钱理群先生观点相通),就是所谓学生会的意义就在于早早地把一些将来的政客推上了演武台。他们开始学习如何投机、如何媚上、如何培植圈子与势力,等等。倘若一个高校过于看重和发挥学生会以及学生会干部的作用,那这个高校的学风也是令人怀疑的。所幸在师大中文系虽也有几个学生会的"风云人物",但主流的还是倡导读书,特别是后来感到了就业压力的巨大,一些出身贫寒且地处偏远乡下的子弟不得不将目光投向了考研这条路。

二

今日回想起来,虽然我的大学本科都是在以薛老师为系主任领导下的中文系度过的,但做为一个普通学生,与薛老师本人却并无更多的交集机会。他的治学方向或者说强项当然是唐代文学特别是唐诗,可我们这门课却偏偏并非他执教,大约是为了突破自己的学术畛域,薛老师给我们讲的是宋代这个文学时段。如果一定要回忆有什么鲜明印象的轶事,有这么两件可以说说。

一件是关于一个字的记忆。在完成薛老师布置的一篇作业后,其他同学很快都得到了薛老师的讲评或反馈意见,而我却迟迟没有。正在我纳闷的时候,忽然一天薛老师叫人带话让我晚上去他家一趟。我在傍晚惴惴不安地来到薛老师家,他正在书房里批改学生论文,见我进来就很直接地打开我的作业,问道:"这个'格守'是你的笔误吗?"我摇头而不能作答,他说看来你是不知道这个字,这个字的正确写法是"恪",念"kè"。之后他对我的文章做了一些别的点评。点评的内容我早已忘却,但这个"恪"字我却一直记着,也不敢忘,因为作为一个从事文字工作的人,任何一点小的疏忽都可能引发更大的麻烦。

另一件事是薛老师曾在我大三的时候来我们班训过一次话。读文科的人,特别是学中文的一些人,大概是古代戏曲、章回小说看得多了,自命风雅、多愁善感的毛病很重,早早的情窦初开,屁也不懂便要寻死觅活地搞"爱情"。不知是不是我们班风气特盛,以致惊动了薛老师,特意到我们班来训话。他说的并不严厉,但很重,大意是年轻人要有志向,要有责任感,不要这么没出息,正是要读书的时节非要在个人问题上钻牛角尖。可能当时有的同学听了薛老师的训话颇不以为然,但直到今天,想起薛老师说的"年轻人不要这么没出息"这句话,仍觉得是真正的"金玉良言"。

大约是如老子说的"大巧若拙,大辩若讷",薛老师并非如一些名师那样"善辩"、口才流利而滔滔不绝,他总是很低调、沉稳的样子,说话时每一字都很有分量。也正是他这种不怒自威的气质,使得当时不仅学生怕他,据称有些年轻老师也会怕他。可实际上打起交道,薛老师又是一个十分随和、讲道理并且往往能设身处地、从他人的角度看问题的人。也因此,很多学生毕业后,包括调离的老师,往往在回到母校的时候都会去看望薛老师。今天想来,就我本人而言,亲耳聆听薛老师教诲的机会并不多,但他的这种内敛、朴实无华、坦然自若的人格形象却始终是值得我学习的典范。

薛老师的个人情趣爱好,我做为普通学生虽无从了解,但仍有几点留有深刻印象。一是薛老师爱猫。一次他在与几个老师、学生交流的时候,说到养猫,他说自己家养的猫总是在外边滋事生非,准备把它送到派出所拘留几天。大家听了笑不可支。二是薛老师喜欢"与众乐乐"的感觉。记得年末的班级晚会,他能去的都尽可能去,还有一次居然随着大家的舞步也跳起了舞。三是可能因为专业的关系,薛老师对李白情有独钟,曾经有一次专门在我从教的学校文学院做了一次关于李白的主题讲演,讲演很精彩,从中也可窥见薛老师仍然是一个颇具古风、追求无所羁縻的自由心性的人。

没想到这么快薛老师也要进入耄耋之年了,感叹之余,仍然要祝愿薛老师永远年轻,永远那么温暖亲切!

（作者单位:研究出版社）

七律·颂天纬先生寿

张骏翚

德高峻望真先生，学苑诗国两擅声。
子厚高风长影响，太白豪气与争鸣。
青春挥斥阳关道，晚耄激扬紫禁城。
此奉金觞为祝颂，边疆海上共倾情。

（作者单位：四川师范大学文学院）

山高水长

——薛天纬教授侧记

米彦青

初识薛天纬老师，是在 2011 年，因为当时在研究的清代诗人梦麟创作了大量的歌行体诗，研究中时时想起曾经读过的薛老师《唐代歌行论》的部分章节，但记忆又不够明晰，遂勾起重新系统阅读这部书的念头。网上购买无果，学校图书馆的书又被人借走了，从罗时进老师那里拿到了薛老师的联系方式后，忐忑着把电话打给薛老师。薛老师问明我的情况，非常爽快地答应了赠书给我，并告知书中印刷有误之处。不久我就收到了署有"彦青学弟惠正，薛天纬辛卯夏"字样的著作，而且有正误便笺夹放于扉页。我很珍惜薛老师千里之外寄来的书，也珍存了前辈的一份谨重，仔细拜读了这部书。是年秋天，我前往中国社会科学院文学研究所做访问学者，住在赵家楼饭店。上次通话时知薛老师新近供职人大国学院，很想借这次入京机会请薛老师吃饭，以表谢忱。电话打去，薛老师问明我在哪里，很爽快地答应了，并且体谅我不识路，说他和师母一同过来。让长辈奔波，我于心不安，但真跟薛老师夫妇见了面，却又不知如何表达，只讷讷地招待薛老师夫妇吃饭。薛老师善解人意，看出我的困窘，主动调解席间气氛，问起我家庭、单位情况，看摆了酒，又问我会不会喝酒。我不会饮且因为是过敏体质不能饮，他便不督促，自己也没有喝，只闲话久住饭店不合适等。饭罢看我张皇地问他是不是可以把酒带走，就不推辞，解除了我的尴尬。秋日午后的建国门地铁站口，紫藤婆娑，阳光斑斓，送薛老师夫妇进了地铁站，看着他们的背影，我心里涌动着暖流，祈愿这对善良的老人永远安好！

2012 年 8 月新疆师大主办中国唐代文学会第十六届年会，我从来没有去过新疆，在我心里，新疆是遥远、美丽而神秘的地方，我很想和我爱人同行，但也深知学术会议带家属前去实在不妥。犹豫再三，我还是跟薛老师提了此事，并一再说明此趟行程我爱人食宿自理。电话中薛老师有些为难，但还是答应了我的请求。行前有点家事我爱人没有与我同行，会场上见到薛老师，他一再追问怎么不来了，是不是有什么事情，长辈殷殷情谊，让我很是感动。那年的唐代文学会，是我继安徽师大主办的唐代文学会后第二次参加唐代文学会年会，会议上被安排主持小组讨论，会议闭幕式上又被安排小组汇报发言（为此还意外地收到了薰衣草伴手礼），虽然那时我已经是教授、博导，但在大咖林立的唐代文学会，资历实在太浅，所以对于薛老师的提携后辈之情，感铭于心。那年与会代表一百四十多人，大家对新疆都葆有热望，办会的难度可想而知。同学刘振伟时任新师大社科处副处长，会议间宴请苏大师生，说起薛老师办会的种种不易，让我愈加感喟，百忙之中，对我这无名小辈，薛老师都能如此礼遇关心，其为人之笃挚周详可见一斑。

匆匆岁月，倏忽间就不见了，其后六七年间跟薛老师偶尔在某个学术会议上碰见，我仅以晚辈身份问安拜见，但都没能有时间详谈。

2019年10月16日，应刘锋焘老师的邀请，我前往西安参加陕师大举办的"丝绸之路与唐代文学高端论坛"，刘老师周到，行前特意询问是否愿意到延安玩一趟，因为出行是使用刘老师的重大项目经费，我担心给他添麻烦，电话中有些踌躇。刘老师是解人，说他要筹备会议，不能前往，此行并非专为我而设，有薛天纬、高建新老师同行。我想就当自己陪同薛天纬老师和高建新老师考察了，稍微心安些。这一趟文化之旅，我们去了延安羌村、杜公祠、芦子关，因为有薛老师在，这些和杜甫有关的文化符号不再是简单的符码，阐释见证了千年之前的诗圣流离岁月，也让我省视杜甫生命中重要的印迹。数年未见，薛老师虽然不似从前那般矫健，但一路行来跟高老师谈笑风生，依旧精神如常，人也愈发慈祥。会议后我们又同行游览西安昭陵博物馆、香积寺等处，西安这个承载唐诗的场域，也流动着唐代文学研究者不竭的记忆和精神。

西安会后凛冬来临，伴随着严寒的还有肆虐的新冠病毒。庚子年，我收到了高建新老师托人转来的薛老师的新著《八里桥畔论唐诗》《从长安到天山：丝绸之路访唐诗》。高老师退休后很少来学院，薛老师的赠书初秋发出，待我兜兜转转拿到已是深秋，忐忑时日的深秋犹如斑斓渐逝的残梦，薛老师的书成为梦中的明媚亮色。疫情犹炽中看到著作，可知师友不但身体康泰，心灵亦安适，非常快慰！

庚子、辛丑两年间都在筹办唐代文学研究会第二十届年会，被疫情困扰，会议延期通知发出三回，因为薛老师是特邀代表，三次延期，三次更改行程，每一次都是重新来过，反反复复令我很羞愧，感觉给薛老师的生活增添困扰，可是每一次薛老师都温言以对，当终于不得不在线上召开会议前几日，薛老师更从议程、追思图片、文稿等多处给我建议，长者春风化雨，后辈自当更加勤慎，这届特殊的唐代文学会年会的汗水中有薛老师及众多师友的情谊在。

忆念和薛老师交往的十余年，始终是长沟流月去无声般的疏淡情谊，然而先生之风，山高水长。

（作者单位：内蒙古大学文学与新闻传播院）

颂德赋

——为薛天纬先生八十寿诞而献

李振中

逾古稀又十年，去期颐僅廿载。年刚八旬，将献瑶池之瑞；寿开九秩，更添海屋之筹。体貌魁杰，风神高迈。清如水镜，皎若冰壶。音仪莹朗，与秋月而共明；雅韵冲和，等春光之起润。青松独茂，黄陂万顷；学行孤高，声实双秀。万里瀚海，文翁美化是遵；千年诗坛，太白仙藻攸挹。人难其才，共称远大。敏洽天成，词华世许。位以德进，膺辟雍之亚卿；才因时选，执学会之牛耳。尽其力而济美于人，殚其才以用心于事。莅职如新刃发硎，洁己似寒泉清洌。确乎坚正，介然方严。嫉恶如仇，与国同忧；视人如伤，与民同乐。不汲汲于荣禄，不惶惶于声利。混流俗而不染，处污浊而能洁。景行山高，心规海映。众誉洋溢，合声升腾。出言可则，立行成范。模楷当代，规矩后昆。温良为行己之资，诗书是立身之务。积学富于丘山，摛文周于锦绣。发言则藻思泉涌，下笔则落纸云飞。词彩盈胸，精神满腹。学以润身，教以育人。勤于笔耕，文章争传九州；善于教诲，桃李早满天下。闻善若惊，见贤思齐。刮目待人，平心鉴物。和风入林，不辨嘉木与众薪；细雨化物，何分膏壤与沙碛。学人响赴，若寻桃李之蹊；弟子星奔，似入芝兰之室。辅仁弘道，长培杏坛之英；积庆延祥，永固松龄之寿。门生云集，葵心向日。祈童颜之久驻，预后福而无疆。仆虽不敏，曾因私淑，便得谬赏，奖掖提携，视同及门。爰属庆诞之日，谨献颂德之文。

2021 年 12 月 6 日

（作者单位：汕头大学文学院）

跟着薛老师走路

蒋文燕

我是北京外国语大学中文学院的一名普通教师,深知资质愚钝,却能在偌大京城谋得一份体面的教职,衣食可求得安饱,识得一生的良朋益友。因为工作原因也曾有机会出国,去看花花世界。因疫情所受的影响与其他行业相比可以忽略不计。每每念及于此,常倍感幸运,心怀感恩。而这一切都得益于师长们不断地教导、帮助和提携,如果没有他们,那个当年大学毕业的我,不知道会在哪里,过着怎样的生活。薛老师无疑是使我个体命运发生转折的指路人。

1992年秋天,大学第四年,我准备考西北大学中文系先秦两汉方向的研究生,但是对报考哪位导师一头雾水。那时幸运地得到我的古代文学任课教师朱玉麒老师的帮助,他推荐我去找薛老师。薛老师当时担任新师大教务处处长,我早就听朱老师说过他是新师大的"一支笔",又是西北大学安旗先生的高足,而我一个普普通通的学生,真是带着十分的惶恐第一次去拜见薛老师。印象中薛老师平和又严肃,他询问了我的学习情况,还让我对自己的学习规划写一个说明。等再见面时,他不仅仅帮我修正了学习计划中的错字,还递给我一封写给西北大学中文系李志慧老师的推荐信。因为这样的推荐,我后来在西北大学读书时,老师们听闻我是从新疆师大考来的,第一反应都是:"哦,从薛天纬那儿来的娃。"我也因此得到老师们更多的照顾。现在想来就好像一个孩子在走路,总有诚朴、热忱、慈悲的长辈用各样的方式护持着他,无论远近。

我和薛老师真正熟悉起来是他到人民大学国学院担任特聘教授的时候。2014年的秋季学期,我每个星期去人大听薛老师"李白研究"的课。我一般先去办公室与薛老师会合,然后陪薛老师去教室,下课后再走回办公室,时间合适的时候还互请吃饭。记得有一次和薛老师吃饭时,他说到自己经历过"三年自然灾害",所以从来不浪费粮食。听闻此,我赶紧低头扒光了碗里的剩饭。这样来来回回,跟着薛老师走路,从秋天到冬天,一路上听薛老师讲李白研究,讲陕西求学生活的回忆,讲新师大的往事,讲要准备写的书,讲关心的时事政治,讲两个可爱的孙子……薛老师的步伐比我快,有时我需要一点小跑才跟得上。记得上一次这样陪着老师走路,还是在北大跟着褚斌杰先生读书的时候。那时真的觉得薛老师是自己的老师了!也因此发现原来印象中那个严肃温和的薛老师，还有着幽默犀利的一面。他不仅仅钻进象牙塔深入研究古代中国的文化文明，也对中国社会的未来发展有着一份郑重深切的关注，但听者的忧虑又仿佛能被薛老师笑眯眯的眼神和宽和的笑容所平复。我甚至觉得薛老师的面容现在看起来越来越有佛相了，着实让人心安。

这样跟着薛老师走路，对我来说还有一个额外的收获，就是我居然斗胆陆续撰写了两篇有关李白诗歌英译的论文，并且就文中的具体问题向薛老师请教，后来还参加了 2015 年由西北大学和延安大学联合举办的李白研究年会。回到陕西，就回到了薛老师的主场，记得当时会议主办方带领参会者参观延安的一处苹果园，远望着黄土高坡上那纵横交错的沟壑，薛老师和我说起上初中时他们全校师生如何翻越沟壑，徒步往返五天，每天五十华里，从宜川县城走到壶口瀑布的往事。我由此想到薛老师的文学研究，不仅仅是对文学文本的解读与考证，更饱含着他个人丰富的生活体验和深刻的社会观察。记得有一次薛老师讲起陶诗"盥濯息檐下，斗酒散襟颜"，他说自己"文革"时参加劳动后在树下歇息，一下子体会到这两句诗的精妙传神处。所以薛老师的研究是将文学与自己的个体经验、生命体验相联结，再通过话语、文字、行为影响着那些或相识、或未曾谋面的其他生命，从而使后来者可以参照，得到启发，受到影响。这或许才是文学研究最根本的价值和意义所在吧。

如今薛老师自诩是"老北漂"，"客寓"在京东八里桥畔。以前每个学期我都约蓝旭师兄去看望薛老师和师母，记得薛老师还专门带我们去参观新旧八里桥。虽然是"客寓"，薛老师也总能在周围环境中发现一些古意。但疫情的起伏让这个习惯受阻。可是我心里总惦记着什么时候再去看望他，和薛老师一起说说话，跟着他一起走走路。

（作者单位：北京外国语大学中文学院）

生命的文学　文学的生命

——师父薛天纬教授李白研究启思小录

郑慧霞

在时光永无止息、悄无声息地流逝中，并非所有的一切都可以随着时光一起流逝，总有一些是时光无法带走的。曾经存在过的、正在存在着的、曾经发生过的、正在发生着的，无论可视还是非可视，都会以自己的方式或痕、或迹、或影存在或者被存在——或隐或显、或浓或淡、或深或浅，所谓"星沉海底当窗见，雨过河源隔座看"，一切当作如是观。天上人间的一切象、象与象之间相互的生发一直就在生发着，这些生发才是生命之所以为生命的要义。"谁言寸草心，报得三春晖"，"忽如一夜春风来，千树万树梨花开"，"好雨知时节，当春乃发生。随风潜入夜，润物细无声"，是天地人广袤无垠的时空界域中时时处处"物象"与"物象"之间关系的生发，"春草"与"阳光"之间、"雪花"与"北风"之间、"好雨"与"时节"之间，这种物物之间的生发被文学书写者敏感、易感、多感的心感知到、捕捉到而书写着，是如此地真切、如此地鲜活、如此地生动，仿佛就在眼前、心间、身边正在生发着，"寸草""雪花""梨花""好雨"的芬芳不受时空的局限可以直到永远终至永恒（相对意义上的），如此才是文学的经典——生活的自然被自然地呈现出来，天地人元气淋漓弥满四散，诗意着世界、滋养着心灵、涵育着精神，浩然之气就生于兹、长于兹、成于兹。在这个意义上，我们方可谈到文学经典的人文化成即尘嚣的世界上终究还是存在着一方可以"诗意地栖居"之地，这对于生命的意义是不言而喻的，然并非是个生命都可领悟得到的：在每一个朝霞映照的清晨，在每一个晚霞轻笼的黄昏，曾经有多少曼妙灵动地生发过和正在生发着："若是晓珠明又定，一生长对水精盘"，"日暮乡关何处是，烟波江上使人愁"，"秋阴不散霜飞晚，留得枯荷听雨声"，又重在"物象"与"文学书写者"（同时又是文学中的抒情者）之间关系的生发，是"物象"刹那间唤起此在的文学书写者彼在或在在皆有的情感——自然是彼在的生命呈现所自带的"个生活"情态，诸如无常、漂泊、孤独、感伤、念远等欲想言说而无可言说的怅惘。此者自属"耳目之所接者，杂然有触于中，而发为咏叹"之作，是"缘情而绮靡"的"个生活"书写——而这种"个生活"又极其容易、极其普遍、极其隐秘地唤起"众生活"的"共情""共鸣""共识"。试想，谁不曾为生命中的美如露珠般易变、易消、易逝而叹惋；

谁不曾在夕阳西下时分莫名地生出一丝此生犹在漂泊的惆怅；谁不曾在秋阴水亭边对着看不见的无涯洪荒发呆，所以这些书写就是如此因为生命的无限相似（古往今来的诗意者谁不如此呢）而鲜活在"众生活"里成为关于生命记忆的文学经典。

　　关于生命、关于生活、关于人生就是如此被"见"着、被"看"着、被记忆着，不管有意还是无意，雪泥鸿爪还是惊鸿一瞥，天地人或者更有这之外的一切的象在以无限的可能、无尽的呈现、无穷的形态发生在"见"者、"看"者、记忆者的"视"（眼耳鼻舌身意）阈中：就这样形成了无穷尽、无限多、无休止的生活的历史——和生活关系最有意味的存在之象毫无疑问是文学。文学的书写者（真正无愧于此称号者）本身就是生活万象中的一象，因为置身其中、深潜其中、扎根其中而与众生活成为一体——"个生活"与"众生活"——文学书写者和生活的关系姑且可以如此称谓。"个生活"呈现着"众生活"必须具备的一切诸如人间烟火的日常、七情六欲的内在、风花雪月的诗意和远方等，但"个生活"自然须有"个"的鲜明与迥异于"众"的独特与真切即只能是"个"的属性而绝对不可能是属于第二个或者 Ta 者的属性——正如黛玉的个性只能是黛玉自"个"儿的绝对不可能属于 Ta 者一样，否则黛玉的形象塑造就是彻底失败的，自然也就不可能成为经典的文学人物形象。长久以来，我们已经习惯于"寓景于情""咏史怀古""怀才不遇"等浮泛的所谓"研究"文学的类语言（或可称之为群语言），这些可以无差别地用于多个象、多种象的语言表述本身就是对文学之象的不尊重——正如薛宝钗看所有的年迈之人都应该喜欢甜烂食品、喜欢听热闹戏文一样，是毫无真诚的客套话、应酬语，充斥着最虚伪、最浮泛、最乏味根本从没有上过心的冰冷与敷衍——但又似乎是无可挑剔的完美与正确，毫不夸张地讲是在亵渎文学和文学研究。事实上，文学的书写无一不是书写者对自我生命的一种有意味的书写，书写者自始至终都隐身在自己的文学书写中，Ta 无处不在、无时不在、无象不在地活在自己的文学中，与其说是以"文学书写者"的身份存在毋宁说是被文学书写的"众生活"推着书写即"被文学书写者"更恰切些。因为真正意义上的文学，书写者一旦置身其中，就如文与可画竹一样，"与可画竹时，见竹不见人。岂独不见人，嗒然遗其身。其身与竹化，无穷出清新"（苏轼《书晁补之所藏与可画竹》）。所以，与可与"竹"的关系，并非单单是主体和客体的关系、观照者和被观照者的关系。好像是与可画"竹"，事实上，"竹"是与可内在世界的局部甚或全部呈现即"竹"是与可精神的外化或者视觉化。所以，与可的"竹"是鲜活生命的自然呈现，只不过这种呈现不会随着与可肉体的消亡而消亡，会成为与可及其相关时代的一种鲜活记忆留存下来，鲜活在人类的情感史、精神史、心灵史等史中。文与可画"竹"，是因为胸有成竹自见于目前，故得自然而然地书写出"竹"。画画与作文同理，正如苏轼《江行唱和集序》所谓"未尝有作文之意"而文意自见于眼前：

"夫昔之为文者,非能为之为工,乃不能不为之为工也。山川之有云雾,草木之有华实,充满郁勃,而见于外,夫虽欲无有,其可得耶?自闻家君之论文,以为古之圣人有所不能自已而作者。故轼与弟辙为文至多,而未尝有作文之意。己亥之岁,侍行适楚,舟中无事,博弈饮酒,非所以为闺门之欢;而山川之秀美,风俗之朴陋,贤人君子之遗迹,与凡耳目之所接者,杂然有触于中,而发为咏叹。……将以识一时之事,为他日之所寻绎,且以为得于谈笑之间,而非勉强所为之文也。时十二月八日。江陵驿书。"眼见目接的山川之色、人物之美、风云之变和心领神会的风俗之朴、世情之繁、幽情雅意等,不同的文学书写者有着不同的文学书写,正如苏洵、苏轼与苏辙同游而对所见书写各异一样,虽然均是"得于谈笑之间,而非勉强所为之文"之妙品,但各有各的妙而已。这就是文学研究必须针对"个生活"研究而绝对不能无差别地用类语言、群语言来批评一样。任何成功的文学事实上文学书写者都在与文学(人、景、物等)同呼吸共命运着,这才是文学经典能够历经滚滚历史长河依然鲜活从而成为经典的关键,我们可以称文学书写者在文学中是文学之眼。"文学之眼"对于"众生活"之象有意无意地选择,会呈现在文学中,而这种选择已经自然而然呈现出"个生活"的特质:同样的"月",在李白的诗中、在苏轼的诗中是不同的;同样的"众生活",李白更关注的和苏轼更关注的也是不同的。书写者一方面期待自己的书写能被好好地解读;一方面又希望着自己书写中呈现的某种隐秘的生命体悟免被读出,如此就造成文学(在此指的是经典文学)的书写多是一看即可明了、细思内蕴却极深奥,正所谓"平淡却山高水深"的呈现。基于此,我们会理解《红楼梦》"满纸荒唐言,一把辛酸泪。都云作者痴,谁解其中味"的深慨幽叹——渴望着被读懂的知音又害怕着遇见一语道破天机的知音和这种纠结所产生的强大的张力,本身就规定了研究文学者须自具灵妙的悟性和渊博的学识。古代文学的研究者尤需如此,因为其发生的场域已经距离当下如此遥远,虽然有"史"类的存在,但往往是"书到用时方恨少"。加之"史"多微言大义且只记录宏大的君国大事和大人物,重心在于"秉笔直书"以"资治通鉴",故可谓之"时代史""国史"或者更细致类化为"科技史""艺术史""军事史""思想史""文学史"等,但这绝不是生活,至少距离人间烟火的日常甚远或者说是严重的缺失。这对于文学的研究来讲是无法给予可考的细腻、生动与鲜活的——当然,"史"学中也并非无有文学书写,只是相对于"比树叶还稠"的生活来讲太稀缺而已。文学之所以是文学,关注的更应该是大众的日常(毕竟大人物、大事件史已有且现实生活中平凡的老百姓才是主体)如柴米油盐酱醋茶的繁琐单调、贫贱夫妻百事哀的粗茶淡饭、张家长李家短的街谈巷议、风花雪月诗酒茶的逸怀文思、疆场科场官场情场名利场的酸甜苦辣等,都可以见在文学者的眼前胸中而被书写出来,如杜甫的"三吏""三别"等书写老百姓生命存在的痛就因为有着自身的真切生命体验而一直鲜活着："发愤著书"也好、"不平则鸣"也罢，当都不排除"穷而后工"的可能性——毕竟，"月有阴晴圆缺，人有悲欢离合，此事古难全"，才是人世间的常态。

文学即"人"学。文学必须注重生活，把生活沉潜内转后才可能以文学方式呈现出来，注重生活即是注重"人"。在以上诸多文学和生命关系言说的基础上，我们重新发现了薛天纬先生关于中国古典文学研究尤其是李白的意义所在——先生对文学与生命关系的关注，在《李白年谱·前言》中如是表达："李白事迹及作品多无确实年月可考。……然窃以为诗为心声，李白之诗尤多系至情之流露，而至情之流露又多缘感遇而发。其笔底之波澜，即胸中之块垒；其胸中之块垒，即生活之坎坷；其生活之坎坷，即时代之潮汐。吾人循其声则得其情，循其情则得其实，虽不中，当亦不远。"诚哉，先生此言！

文学在书写生活的同时，必须和生活同体，或者可以换一种说法即体验生活。我之所以这样说，是因为自己作为一名因为喜欢而从事文学研究的工作者——确切一点讲，作为一名女性文学研究者，尤其是在成为一名妻子进而成为一名母亲后一位以文学为毕生追求的文学工作者来说，会特别深切地体悟到"真正意义上的文学是生活"，在这一点上，我领会到中国古典文学的灵魂所在。古代文学名家，一定特别热爱生活——"热爱"的具体表达方式和途径和呈现自然因人而异：以"热"表达"爱"或以"冷"敛藏"爱"，或笑或泪或歌或默或无可言说，都缘于真情深情痴情！唯有此等"情"，才会让一颗心丰盈起来，才会带领一个人的灵魂穿越无尽的辽远和黑暗——"情"使得"漂泊"有一个意念中可以皈依的诗意的远方——即便明知道"诗意"永远都属于"太虚幻境"或者"桃花源"，但这又能怎么样呢？依然不可遏止对"远方"的憧憬和梦想——就像凝望永不消逝的地平线。"情"既如此，我们才会有屈原、陶渊明、王维、李白、孟浩然、杜甫、白居易、苏轼、李清照、陆游、辛弃疾、曹雪芹这样真情深情痴情的文学人。因为真而切，所以在认真地生活，在茫茫的人海、滔滔的人流之中，始终是一个"我"：做着"我"、说着"我"、写着"我"；无论是爱恨情仇，无论是风花雪月，无论是对酒悲歌，无论是幽夜听歌，都在以"我"的姿态生活着，所以他们的文字是"我"化的，元气淋漓且真情弥满！天地之间的一切，甚至天地之外的一切，他们都真切地"我"化着，"我"在选择——从此"我"成了天地万物、天地之外、万物生命中的必然，屈原的香草美人、王维的南国红豆、李白的玲珑秋月、孟浩然不觉的春晓、杜甫的夜雨春韭、白居易的红泥火炉、苏轼的缥缈孤鸿、李清照比人瘦的黄花、陆游不卷留香久的重帘、辛弃疾的妩媚青山、曹雪芹的赤瑕神宫和绛珠仙草！因为"痴情"，所以会与天地共情同情一情——"庄生晓梦迷蝴蝶"与"埋香冢飞燕泣残红"一样，是"我"在写"我"，因为"我"就是"蝴蝶"而"蝴蝶"就是

"我"、"我"就是"飞花"而"飞花"就是"我","我"是如此热爱生活、热爱生命全身心投入生命者,所以会有从"香草美人"以至"绛珠仙草"的发现!得是什么样丰盈的心、什么样有趣的魂、什么样颖悟的情,才会有如此唯"我"而伟大永恒的发现!因为这些有趣伟大美妙的发现,生命才会如此热烈、灵魂才会如此优雅、生活才会如此缤纷地曾经进行、已经进行和正在进行着,天地自然的风花雪月、自然节序的春夏秋冬、人间烟火的日常生活,才是活着的!说了这么多,其实我真正想表达的是,伟大的文学人发现了生活,生活通过伟大的文学人而成为有诗意的生活。那么,是谁发现了这些伟大的文学人呢?是谁在发现这些作家伟大的文学呢?当今天的我们沉浸在这些伟大作品中的时候,真正的幕后英雄应该是这些伟大文学人、伟大文学作品的发现者和再发现者!

在群星璀璨的伟大文学人中,毫无疑问李白当是集众璀璨之璀璨于一点的那颗顶级璀璨者,师父正是以李白为主要研究对象的古代文学研究者——我总不由自主地会想"师父的李白""师父发现的李白",因为师父有着发现李白的敏锐卓异的学科敏感,有着一颗丰富包容的真情满满的心,有着有趣可爱优雅的灵魂。选择谁作为研究对象,一定是因为生命中的机缘。有点像宝玉初见黛玉会脱口而出"这个妹妹我曾见过的"一般——无论机缘因何而来,研究对象的精神气韵肯定和研究者之间有着千丝万缕的契合点,一定是研究对象的哪一点或者哪些点,在某个时刻或者经常的时刻,深深触动着研究者:一见如故或者相见恨晚,类似此缘的眼缘、学缘和研缘,都会是如同玉川喜逢郑三一样的"相逢之处花茸茸"——伟大遇见伟大、有趣遇见有趣、热爱遇见热爱,才会风生水起,才会触处生春,才会带给这个世界以生命的非同寻常的大欢喜。

(作者单位:河南大学文学院)

算　卦

刘飞滨

1998 年,我到新疆师范大学读研。刚入校,就面临着一个非常大的压力——英语过六级。学校规定,研究生的英语水平必须达到六级,否则中期考核不合格,延期毕业。我的上两届就有师兄师姐因为英语没达标,最终没有拿到毕业证。因此,我们这些新生自然是无比紧张。平时的学习,除了专业课必须完成的任务,大量的时间都花在了英语上。从早到晚,听力、词汇、阅读、作文,各项训练如火如荼……

对于英语六级考试,我是完全没底的。因为,我只在初中学过三年英语,初中毕业后读中师,学校没有开英语课;中师毕业后保送读大学,读的专科,学校也没有开英语课。后来考研,英语都是自学的,别说六级,四级考试都没有参加过。所以,忐忑自知啊。

十二月中旬,我参加了第一次考试。成绩下来,几个同学通过了。我只考了 32分。看到成绩的时候,我真怀疑是阅卷老师打错分了。十二月的乌鲁木齐大雪纷飞,考前我还和一些同学激动于"千树万树梨花开"的美景,去踏雪,去在雪中高喊几声。现在,不管"梨花"如何盛开,我再没有了先前的激情。

放寒假前一天,我惴惴不安地去和薛老师告别,想着说几句话就走,生怕薛老师提到六级考试的事。然而,薛老师和我说的都是专业的事情,关于六级考试,他什么也没说,似乎不知道一样。我一边纳闷,一边暗暗发誓,一定要把六级给过了。

乌鲁木齐冰雪未消,第二个学期的学习又开始了。和第一学期一样,我的重点依然是六级。从早到晚,听力、词汇、阅读、作文,各项训练如火如荼……

六月中旬,我参加了第二次考试。成绩下来,又有几个同学通过了。我考了 46分。当时,我的心一下沉了下去。只有一次机会了,再不过,就要延期毕业了。可这个成绩,下一次能不能过,真是不敢说。

那段时间,我非常沉重,非常茫然……

有一天,和薛老师见面,薛老师笑道:"不错,提高了十几分,再提高十几分,六级就过了。"

第三个学期,还是那样,听力、词汇、阅读、作文,各项训练如火如荼……

转眼间,又到了十二月中旬。考试的前一天晚上,我的心莫名地慌乱了起来。

这次能过吗？不知道啊。待在宿舍，心神不宁，索性到校园里转悠。在校园里走了一圈又一圈，想这想那，心里乱糟糟一片。努力想让自己平静下来，可怎么也做不到。最后一次机会了，考不过怎么办？怎么面对家人、老师、同学、朋友呢？今后的路怎么走？转来转去，脑子里回荡的就是这些问题，又理不出个所以然来。鬼使神差地，我给薛老师打了个电话，说想去他家玩一会儿。薛老师说，你来吧。

到了薛老师家，又不知道要和薛老师说什么，就有一句没一句地和薛老师扯闲篇。对话断断续续，一会儿沉默一下，有点小尴尬。

又一次陷入沉默的时候，薛老师问我："明天要考试了？"

我说："是的。"

沉默……

薛老师突然道："我给你算一卦吧。"

我感到非常惊讶："薛老师，您还会算卦？"

薛老师"呵呵"一笑，说："我看着书可以算。"说着，他走到了书架跟前，抽出一本《诸葛神算》拿了过来，笑着对我说："我算算你明天考试能不能通过。"

我有点小激动，忙道："好啊，您算算，看怎么样。"

薛老师先是确认了一眼此刻的具体时间，接下来就是"哗哗"地前后翻书。一边翻书，一边"喃喃"地说着一些内容，看样子似乎是书中显示出来的。薛老师说的话，我已经记不清了。只记得他每前后翻查一次他的《诸葛神算》，就会念出一句七言的诗。这样前后反复翻查了四次，便凑出来一首"七言绝句"。"绝句"齐备后，薛老师就连起来念给我听。那四句诗我也记不清了，只记得大概的意思是说：一条小船在河里行驶，因为河面不够宽阔，所以小船摇摇晃晃的，但最终驶向了前方。薛老师把诗面的意思一句一句解释给我听，解释完毕，他说："根据卦象的显示，你明天的考试虽然得不了高分，但最终是能通过的。"

我一下来劲儿了，像一个溺水的人突然抓住了一根救命稻草似的说："薛老师，这卦真的说我能过吗？"

薛老师又看了看他的《诸葛神算》，说："分不高，但能过，卦上是这么说的。"说着"嘿嘿"笑了起来，"我算卦还没有不准过。"

我一下松了口气，说："分高不高无所谓，能过就好。"

薛老师笑道："卦上都说能过了，你明天好好考就行了。"

我坚定地说："好，我一定好好考，争取这次过了。"

从薛老师家走出来，我感觉特别轻松，一路上回想着薛老师给我算的卦，心里有点乐滋滋的。

回到宿舍，我给何涛说，薛老师给我算了一卦。何涛一下子眼睛睁大了："什么？薛老师还会算卦？"我把薛老师算卦的具体情况给何涛说了一遍。

何涛感叹道："薛老师高啊，我都不知道他会算卦。看来你这次应该是没问题了。"那天晚上，我睡得很踏实。

可第二天一进考场，我还是不由地紧张起来。几次深呼吸，尝试让自己放松下来，却都无济于事。后来，我想到了薛老师的卦，心想《诸葛神算》都说我能过了，应该没问题。不用紧张，不用紧张。慢慢地，我的心平静了下来。

从考场走出来的路上，我反复回想自己答题的情况，估计的分数时高时低，一会儿能过，一会儿又不能过了，搞得心里七上八下的。

寒假回到西安，在忐忑不安中等到了正月初八。这一天，可以查成绩了。因为我是在新疆考的试，考试成绩只能在新疆的系统查询。我把考号给了李培峰，让他帮我查。不一会儿，李培峰的电话就打过来了："过了，62.5分。"

终于过了！

开学后见到薛老师，薛老师也很替我高兴，说："这下可以放心了。"

我总感觉自己是险之又险地渡过了一劫。

2001年，我研究生毕业，到陕西师范大学读博。有一天，薛老师和师母来西安，我们在陕师大校园里见了面。我们坐在一张长椅上，我给薛老师和师母汇报了我的学习情况和自己以后的一些想法。说话间，我又想起了薛老师给我算卦的事情，便问道："薛老师，您真的会算卦吗？"薛老师"嘿嘿"笑了起来，不说话。师母说："你不要信他，他是乱说的。"我疑惑道："我前年考六级，薛老师给我算的那一卦很准啊！"薛老师笑着说："我哪儿会算什么卦，那都是乱说的，乱说的，搞着玩的。"我有点云里雾里了，薛老师究竟是会算还是不会算呢？

博士毕业后，我到四川师范大学文学院工作。有一年，海滨参加党校学习，巡回到了成都，我们相约喝酒。师兄弟见面，自然分外高兴。喝着酒，我又说到了薛老师给我算卦的事。海滨哈哈大笑："薛老师也给我们说过这事儿。"我疑惑的很，追问海滨："薛老师给我算的卦到底是真的还是假的？"海滨笑道："我也不知道啊。反正你六级过了，没必要再纠结这事儿了吧。来，喝酒，喝酒。"

一晃又是多年过去了，如今我也到了知天命的年龄。回想薛老师给我算的那一卦，心中无限感慨。今年，薛老师八十岁了。我希望我的老师身体健康，永葆吉祥！下次见了面，我一定要请老师再给我算上一卦。

（作者单位：四川师范大学美术学院·书法学院）

致恩师华诞

梁桂芳

廿载一别梦犹牵,瀚海行舟忆流年。
健笔丹心孺子志,妙语杏坛授华篇。
朽木不弃循循诱,顽石只堪细细研。
浮世方知鞭意远,扣祈恩师鹤寿延。

（作者单位:福州大学人文学院）

问渠那得清如许,为有源头活水来

蔡建东

海滨说:"我导师薛天纬先生,是人品好、学问好、酒量好的三好导师!"从他喜形于色的言表中,感觉像师父,又像父亲。我是音乐工作者,海滨是我好哥哥,薛先生是海滨导师,我也自许为薛先生的弟子。海滨多讲一次薛先生的故事,我对薛先生自然就多了一份好奇,总想一睹先生的真容。

机会终于来了! 2012 年 8 月,薛先生七十寿诞提前在新疆举办,众弟子相约天山天池——周穆王会见西王母的瑶池。海滨从小生活在多民族地区,虽然学习古典文学,也是文艺范儿十足,迈克尔·杰克逊、《我爱你中国》、回族花儿,都是信手拈来。师父寿诞,又在新疆举行,自然不能没有音乐。于是乎,我得以跟随薛门众弟子,混迹在贺寿的队伍中。

活动共有三个环节,其中合影留念、献书与赐书是在新疆师范大学校园内进行,而后众弟子簇拥着薛老师,驱车奔赴天山天池,开始寿宴环节。

天山天池很美,弟子们侍奉左右,薛老师和师母攀石阶,坐游艇,一路上谈笑风生,很是开心。我跟随队伍前行,想着车上海滨说到师父嘱曰:"寿诞勿奢,送个书,合个影,上个山,吃个饭,足矣。"想象不出,待会儿将是怎样的场景。游赏毕,大家步入宽敞明亮的哈萨克毡帐,进入寿宴酒会。

酒会分为敬桃献花、唱颂寿联、烛光祈愿、各诉心曲四个环节。

敬桃献花环节,童子为恩师献花祝寿,开心的薛老师和师母满饮杯中酒!

唱颂寿联环节,薛老师的老友、南京大学莫砺锋教授辞曰:"太白才情骥跃龙腾驰瀚海,文翁教泽兰芳蕙茂满天山。"薛老师曾经的助手、北京大学朱玉麒教授,勤于书法数十年,又侍坐于启功先生门下,手书唐代诗句"身贵久离行乐辈,才高独作后人师",装裱妥当,再拜敬上。薛老师均一饮而尽!

烛光祈愿环节,该我一显身手了! 我现场伴奏,弟子姚佳带领大家为薛老师献上生日歌。吹蜡烛、戴桂冠、切蛋糕,美酒飘香,干!

各诉心曲环节,大家各秀其才,为恩师贺寿。致辞的、唱歌的、念诗的、鞠躬的……

看着弟子们真诚温暖的笑意,听着弟子们发自心底的言语;看着先生灿烂如孩童的醉颜,惊叹先生一杯一杯复一杯,不输太白的豪情,突然想起一句歌词"吐鲁番的葡萄熟了,阿娜尔罕的心儿醉了"……

2016年暑假,我的导师张欢教授申报的国家艺术基金《多民族地区乐舞艺术评论人才培养》项目,在新疆师范大学音乐学院启动。课程学习中,真正见识了薛老师。

薛老师当天以"西域乐舞,唐诗寻踪——从唐诗中寻找丝绸之路上的乐声舞影"为题,借唐诗的视野引领我们窥见到盛唐的西域乐舞艺术。先生一边读着唐代著名诗人们的诗句、解释着诗词寓意,一边向我们娓娓讲述着西域乐舞在唐代宫廷音乐中的影响和民间的盛行,如数家珍地陈说着觱篥、胡笳、羌笛、羯鼓、胡琴等古老乐器的来源和流传,以及胡旋舞、柘枝舞在中原地区曾经的盛行。

从张籍《凉州词》"无数铃声遥远碛,应驮白练到安西",到南宋郭茂倩《乐府诗集·近代曲辞序》"唐武德初,因隋旧制,用九部乐。太宗增高昌乐,又造宴乐,而去礼毕曲。其著令者十部:一曰宴乐,二曰清商,三曰西凉,四曰天竺,五曰高丽,六曰龟兹,七曰安国,八曰疏勒,九曰高昌,十曰康国,而总谓之燕乐。声辞繁杂,不可胜纪"。

从白居易《立部伎》中乐舞形态的生动形象描写,到《隋书·音乐志》"今曲项琵琶、竖头箜篌之徒,并出自西域,非华夏旧器",再到《旧唐书·音乐志》《新唐书·礼乐志》中描述的"舞急转如风,俗谓之胡旋""胡旋舞,舞者立毯上,旋转如风"。

从白居易《琵琶行》"大弦嘈嘈如急雨,小弦切切如私语。嘈嘈切切错杂弹,大珠小珠落玉盘。间关莺语花底滑,幽咽泉流冰下难",到李颀《听安万善吹觱篥歌》"枯桑老柏寒飕飗,九雏鸣凤乱啾啾。龙吟虎啸一时发,万籁百泉相与秋。忽然更作渔阳掺,黄云萧条白日暗",从李白《少年行》"五陵年少金市东,银鞍白马度春风。落花踏尽游何处?笑入胡姬酒肆中",到李端《胡腾儿》"扬眉动目踏花毡,红汗交流珠帽偏。醉却东倾又西倒,双靴柔弱满灯前"。

先生深入浅出的讲解像一把闪烁着历史光芒的钥匙,徐徐开启了古老而又辉煌的西域乐舞大门。一时间浓郁的西域风情扑面而来,那些被定格在历史文献记载中的音乐、舞蹈,瞬间将我们包裹在一个个巨大的乐舞盛景中,将这种时间和空间的艺术在诗歌中化为一种动态活泼的永恒。

品读聆听一首首诗,仿佛让我们感觉到热烈欢快的音乐中,来自西域的胡姬或在宫廷,或在民间,或吹奏着笙箫、胡笳和羌笛,或演奏羯鼓、琵琶与胡琴,挥袖起舞,左旋右转不知疲,千匝万周无已时。长安城里,西域与中原的文化交融,在这曼妙的乐舞中一步步地走向深入。

一首首古老的唐诗,是散落在瀚海戈壁的明珠,是埋藏在叶尔羌河的玉石。先生就是导游,引领着我们触摸这片神秘的土地!

一支支充满了激情浓烈的西域乐舞由此渐渐变得清晰。我们瞬间领悟了守望这片土地的人们的质朴善良、勤劳不屈。他们以苦为乐,用乐舞表达着他们的精神诉求,虔诚的信仰是他们对美好生活的追求和向往。

丝绸之路的核心就是交流。交流能够增加理解,带来尊重。交流打通了东西方文化的根脉,使人们在丝绸之路这漫漫古道上创造出丰富多彩的文化艺术。突然领悟了我的导师张欢教授 2009 年率领新疆师范大学民族乐团赴香港参加香港中乐团"穿越时空——丝绸之路"专场音乐会的初衷,也瞬间理解了导师时常教诲我从"技能思维"转换为"理论思维"的良苦用心。难怪导师时常训责我是"勺子","抱着屎撅子,给个麻花都不换"。原来有高人指路呢,大手笔!

海滨 2012 年 10 月上岛,多次邀约相聚海南岛,均未能成行。2018 年春节,海滨说,薛老师和师母李阿姨来海岛过年,约?这么好的机会,自是不能错过。

海滨大哥做了严丝合缝的地接计划。听着计划我迫不及待地飞到海岛,大哥却笑容满面地告知,他不慎摔成粉碎性骨折,急需手术,陪同薛老师和师母的重任,就交给我和政源两个好弟弟了!瞬间头大!先生的气场,我哪里接得住?习惯了躲在大哥臂膀下的我,此刻,只能快速长大啦!

薛老师从北京到海口的航班是三点落地。两点半我和政源到达机场,我负责在出口迎接,政源在机场周边,接到信息第一时间出现在出口位置。盯着大屏幕航班到达的信息,始终联系不到薛老师。政源则是一遍遍打电话,询问现场实况。三点十分薛老师和李阿姨走出候机楼,上车后不停致歉,原来手机放在了行李架上,没有能第一时间联系到。听了政源关于下午游览海大校园、晚上在具有南洋风格的骑楼老街用餐的行程安排,薛先生问:"建东晚上想喝啥酒?我陪你。"

当晚,海口骑楼老街的春风中,先生酒量奇好,半小时一分酒器见底,我和政源面面相觑,都不敢端酒杯。抓紧微信跟海滨沟通,海滨回复,"师父酒量的确好,但也适量控制,老人家安全第一。我的心情,建东理解,每次给先生杯子里少倒点"。先生看出了我和政源的担心,提出今晚定量,喝两分酒器。一瓶酒 6 分酒器,平均一分酒器 80 克,160 克的标准,再次汇报大哥后指示三点:1. 控制总量;2. 悄悄问问李阿姨,是否再倒酒;3. 行程才开始,适可而止。政源不失时机地开始向先生请教,话题开始从新疆、从师大、从海滨、从海瑭、从张欢,转向了李白、杜甫、苏轼,酒至酣处,先生提议,建东给咱们来首新疆民歌吧?我片刻迟疑借着酒胆唱了首《塔里木》:"如果你来塔里木,我手捧美酒迎接你……"

按照计划,23 日,我们一家三口陪同海滨母亲一起返回乌鲁木齐。薛老师提议,22日中午给我们送行。经过几天的相处,我和政源也都放下了拘谨,聊到旅途间的种种趣闻,谈笑间两瓶见底,何时醉去,全然不知……

醒来时老婆一脸坏笑地看着我,知道怎么回家的不? 你们两个都是我们搀扶着回家的,薛老师一定不要我们送他,反复叮嘱回家把你们照顾好……

2018年暑假在师父张欢家里喝酒,兴致浓时,师父说,让你看个宝贝。进入卧室,得意地捧出一个卷轴,徐徐展开:"丝路迢迢万里通,中原西域互交融,胡姬胡舞胡旋风。 乐感双重木卡姆,长歌一曲动苍穹,天山直下大江东。"

"看到没有,薛老师赠我的《浣溪沙》,朱玉麒手书,勺子!"

(作者单位:海南职业技术学院艺术学院)

跟随薛老师求学琐忆

陈 龙

　　记得 2003 年 9 月，我只身坐着著名的"绿皮车"去新疆师范大学报到。全程总共需要 48 小时，从太原到西安 12 小时，从西安到乌鲁木齐 36 小时，当时还没有从太原到乌鲁木齐的直达车，必须在西安换车。那时还没有像 12306 这样的购票平台，只能到售票口买票。当我坐了一晚硬座到达西安，挤到售票窗口时，售票员冷冰冰地告诉我："15 日之内，没有从西安到乌鲁木齐的车票。""那请问什么时候有？""不确定。"当我被后面的人挤出购票通道后，我懵了。我没想到我的第一次出省之行，会是这样一个不知所措的开端。

　　接下来的选择似乎只有两条：第一，找个旅店住 15 天，其间天天来窗口购票，碰运气，看什么时候能买到票；第二，找熟人、托关系甚至找票贩子，尽一切可能搞到票。但我很快意识到，第一个选择不大可能实施。首先，作为一个学生，我没有这 15 天旅店住宿的预算；其次，马上要开学了，我也没有在这里等待 15 天的时间。关键是，15 天之后是否能买的着票，只有天知道。所以，只能剩下了第二个选择：找熟人和关系。但作为一个刚毕业不久的大学生，熟人和关系恰恰是最为缺乏的，何况还要"跨区域作战"——在西安找熟人。还有一个选择就是找票贩子，当时虽说年纪不大，但已有的沉痛教训告诉我，绝不能和他们打交道。所以，当我住在西安火车站门口最便宜的招待所的 6 人间铺位上时，我脑子里如同还在火车上一般嗡嗡作响。后来，不记得是求助于谁，终于买到了票，挤上了西安往乌鲁木齐的火车。在招待所的住宿绝非什么美好回忆，有点像《人在囧途》中王宝强住的那个环境，因而睡眠不好也是必然的。我在头晕脑胀中再次登上火车，第一次见到了茫茫的戈壁。火车在戈壁上走了很久很久，窗外荒凉一片，寸草不生，景色几乎都一模一样。我感觉马上就要到达世界的尽头，不久我会见到《西游记》里孙悟空一个筋斗翻到天边所见到的撑天柱。昏昏沉沉中我又一次睡去，再次醒来已经是第二天早晨，当我睁开眼睛时，我惊呆了。窗外的景色居然和昨天看到的几乎一模一样，依然是茫茫戈壁。天啊，难道火车一晚上停运了吗？在我咨询了乘务员之后，才知道，我正置身于一片连火车一晚都走不出的大戈壁之中。

　　当到达乌鲁木齐时，我觉得我穿越了时空，到达了另一个世界。2003 年的乌鲁木齐火车站正在维修，地板上铺着印有人字形图案的钢板。众多行李箱在上面拖动时，发出飞机起飞一般巨大的轰鸣。周围人的穿着打扮充满了异域风情，语言更是我完全听不懂的。我当时真有再买车票回去的冲动，但想了想，大老远的来都来了，好歹也要去看看新疆师范大学长什么样子吧。我终于拖着行李坐上了"停靠在八楼的二路汽车"（具体几路实在记不清了，姑且这样称呼吧），到达了位于新医路的师大。到达师大后终于看到了熟悉的情形：宽敞的校园，高大的教学楼，说着标准普通话的同学。我终于慢慢安定下来。很快，学院安排了导师见面会，当我真正见到久仰大名的薛老师时，真是感慨万端。

很快，从开学后的第一个教师节开始，我们这些"天边求学"的孩子终于逐渐地感受到了来自老师的实实在在的温暖，而且这种温暖一直持续了三年。三年中，难忘朱玉麒老师屡次盛情款待，难忘栾睿老师亲手做的美味抓饭，更难忘与薛老师的多次开怀畅饮。毕业很多年之后，当时读书时的一些逸闻雅事都为我津津乐道，许多场景在我的学生中都传为美谈。正因为有了这些可敬可爱的老师，才让我在寒冷的新疆如沐春风，虽然艰辛，但愉快而顺利地完成了学业，至今记忆中都是满满的美好回忆。

从研一开始，就有许多薛老师的课。记得上过《隋唐五代文学思想史》《隋唐五代文学史料学》等课程。其间还多次聆听了薛老师关于李白的讲座，真正受益匪浅。印象最深的是薛老师手把手教我们怎样撰写学术论文。当时薛老师是把一篇自己写的论文进行了拆解，从前到后，如同厨师讲解一道菜的制作过程一样。首先，为什么要写这篇文章，当时遇到的什么样的问题。其次，为什么这样开头，关键是中间的材料，作为作者，自己当时是否有这样的积累，查找了什么史料和工具书，如何抽丝剥茧如同探案一般一一解决问题。最后，得出了怎样的结论。如同一道菜，如何寻找食材，使用了哪些调料，如何加工制作。这样的拆解使我茅塞顿开，跃跃欲试。终于在反复斟酌之后，写出了第一篇学术论文。

　　除了严谨的教学环节,读研期间的校外考察更令人难忘。当时我们大多数同学都选择了唐代诗人做个案研究,我的硕士论文题目是《白居易的诗歌创作及其东都洛阳生活》。2004年秋,在业师朱玉麒教授带领下,我们围绕唐代首都长安和东都洛阳考察了诸多古迹,还参观了陕西历史博物馆。

　　考察之余,薛老师还带领我们拜见了当时学界泰斗,著名的霍松林先生,我们也有幸进入"唐音阁",有了这张和霍老的亲切合影。

　　记得晚上,我们还参观了西北大学,入住了西大的招待所。2006年我考入西北大学攻读博士学位,这和这次考察中西安古城和西北大学在我脑海中留下的美好印象不无关系。

　　2009年博士毕业后,我回到了忻州师范学院中文系任教。2013年11月,有幸邀请薛老师来校指导学科建设工作,还邀请薛老师为同学们作了讲座。讲座之后,薛老师还亲切地莅临寒舍,与犬子合影留念。

　　之后,我邀请狄宝心教授陪同薛老师考察了位于忻府区的元好问墓和祠堂以

及代县的雁门关。

晚上回来以后,我把晚餐安排在忻州一个古香古色的四合院,还邀请了当时中文系的诸多老师陪同。当时我准备了汾酒 50 年陈酿,酒有没有 50 年窖龄倒在其次,关键是喝得非常开心,聊得非常畅快,宾主尽欢,令人难忘。据说薛老师回京之后一段时间内,对这次小聚还偶有提及,我也甚感欣慰。记得后来,2018 年我在加拿大 UBC 访学期间,还请薛老师帮过忙。薛老师对我的指导和帮助是灌注一生的,如春雨般润物无声,绵绵不断。

作为学生,我亲眼见证了新疆师范大学古代文学专业是如何一步一步从硕士点到博士点的。薛老师不但和王佑夫、胥惠民、王星汉、栾睿等老师最早撑起了古代文学专业,而且培养了一代又一代,留得住用得上的优秀研究生。我当年留校的师兄弟们,都已成长为学院的骨干力量:徐军华、魏娜、孙文杰、吴华锋等,许多同学都已成为教授、博士生导师,在自己专业领域卓有建树。薛老师在文学院硕士点、博士点的从无到有、从有到强的过程中起到了中流砥柱的作用。作为新疆师范大学的校领导,他更扎扎实实地推进了学科发展和科研工作。薛老师 2010 年从新疆师范大学荣休之后,从 2011 年至 2016 年,担任了中国人民大学国学院的特聘教授,又培养了一批优秀的博士生。

回忆起近 20 年前的求学往事,许多片段仍历历在目。知者乐,仁者寿。现在薛老师已至耄耋之年,真可谓著作等身,功成名就,他无愧于自己的专业和青春。作为学者,他永远是我们心中的楷模。衷心祝愿薛老师安享晚年,健康长寿!

2022 年 1 月 9 日于忻州师范学院

(作者单位:忻州师范学院中文系)

藏书上的薛老师

杨向奎

　　2013 年夏,薛天纬老师将部分藏书捐给了石河子大学中文系,图书主要有部分唐代别集,1980 年至 2010 年的《文学遗产》全套,1981 年至 2007 年的《文史知识》全套,1996 年至 2010 年的《古典文学知识》全套,《汉语大词典》全套,《中国文学大辞典》全套,《学林漫录》一到十六集等。在翻阅的过程中,会碰到与这些书籍有关的书信或记录,从中颇见时代风气,薛师交游、风神和学术贡献等,是重要的史料。今移录如下,供我辈瞻仰并贺薛师八十寿。

　　1. 刘开扬《高适诗集编年笺注》,中华书局,1981 年。扉页有阎琦先生印章并记:以此书纪念天纬学兄、杨军学弟与吾在唐代文学学会成立大会简报组的一段生活,并在会后合写了一篇小通讯。阎琦,八二年七月。

　　2. 李景白《孟浩然诗集校注》,巴蜀书社,1988 年。扉页有薛师手记:1988 年10 月,在成都改稿期间,周道贵同志所赠。

　　3. 陶敏、王友胜《韦应物集校注》,上海古籍出版社,1988 年。扉页有陶敏先生亲笔:天纬兄教正,陶敏,2002 年二月廿日。

　　4. 朱金城《白居易集校笺》,上海古籍出版社,1988 年。《琵琶行》篇前夹有从《光明日报》1983 年 12 月 6 日"文学遗产"栏目裁剪下的文章:宋红撰《〈琵琶行〉"冰下难"有版本依据》。同书第 652 页夹有从《光明日报》1996 年 2 月 24 日裁剪的文章:楚庄撰《"惩尤物"异议》。

　　5.《学林漫录》二集,中华书局,1981 年。扉页有薛师记:中华书局《学林漫录》所赐,张忱石同志随信寄来,一九八一年十一月二十五日收到。

　　书中夹有张忱石先生信:天纬同志:大作《"乌纱帽"小考》一文将刊载在《学林漫录》六集,该集近日内即将发稿。等校样来后再请你审阅。今送赠《学林漫录》二集一册。《学林漫录》三集将于本月内可以见书,我处服务组办理邮购,定价 0.63元。匆此,顺颂　撰安。张忱石,1981.11.20.

　　6.《学林漫录》五集,中华书局,1982 年。扉页有薛师记:张忱石同志寄赠,82年 9 月 14 日收到。书中夹有忱石先生信:薛天纬同志:五集已出版,今送赠一册。匆此,顺颂　教祺。张忱石,9.4.

　　7.《学林漫录》六集,中华书局,1982 年。扉页记曰:八二年十二月三十日收到。

书中《"乌纱帽"小考——从李白一首诗谈起》一文末有薛师手录白居易《感旧纱帽》诗,似补此文材料:"帽即故李侍郎所赠。昔君乌纱帽,赠我白头翁。帽今在顶上,君已归泉中。物故犹堪用,人亡不可逢。岐山今夜月,坟树正秋风。"(全集卷八、闲适四、第一册p151)

8.《学林漫录》七集,中华书局,1983年。扉页有记:忱石同志寄自北京,1983.8.16日收到。书中夹有忱石先生信:天纬同志:谢谢你送我大作《李白年谱》。奉上七集,请批评。匆此,顺致 敬礼。张忱石,8.8/83.

9.《学林漫录》八集,中华书局,1983年。扉页有记:忱石同志所寄。84.1.25收到。《学林漫录》十一集,中华书局,1985年。扉页记曰:86.5.13日收到。

10.《学林漫录》十二集。扉页有薛师手记:1988年10月2日,太原会以后,余经临汾,度吕梁,涉黄河,返宜川探望萱堂后,至西安,阎琦弟以此书相赠。琦与余同赴太原会,9月28日又同离太原,余中途于临汾下车,琦则先至西安。会议期间,游大同,于大同车站候车时,苏仲翔老持此书示众人,吾与山西大学傅如一于长椅上曾共读书中苏老文。10月30日夜追记。

11.《中国文学大辞典》。中夹有印刷款邀请函一通:

薛天纬同志:《中国文学大辞典》是当代编纂的规模最大的一部专业性工具书,由中国社会科学院文学研究所刘再复、马良春等人主持,天津人民出版社出版。全书包括中国历代作家、作品、思潮、流派、社团、期刊、事件、运动等,以及文学理论、少数民族文学、港台文学、民间文学等约45000余条目,共2000余万字。预计于1990年成书。

目前,条目审定工作已经完成,编写体例细则业已拟定。现通过古代部分主编杨镰请您参加撰写释文,希望能得到支持。

呈上《释文编写体例细则》及各类样稿,望严格按编写体例细则要求参照样稿进行工作,确保质量,并能按各部分主编要求,按时分期交稿,以利早日成书。

所撰稿件,在按时保证质量的情况下,出版社将按国家有关辞书稿费的标准,从优计酬。此致 敬礼。天津人民出版社,1988年6月。

邀请函签章位置左侧有手写文字:特聘薛天纬同志为唐代段的学术负责人,负责组织、审阅唐代段文稿。

2022年2月20日录定

(作者单位:石河子大学文学艺术学院)

君子不轻誉

靳　良

子曰:"吾之于人也,谁毁谁誉? 如有所誉者,其有所试矣。"君子不轻誉他人,我虽不是君子,但也深深懂得,轻誉于人,于进德无益。这个道理,非读《论语》得来,而是我的老师,薛天纬先生对我的教诲。

新疆,西域,天山,对于这些字眼,我的最初印象是在读我舅收藏的金庸小说《书剑恩仇录》中,天山雪莲有起死回生奇效。当时的感受是,这天山真的是太神秘了。一直到参加工作,我也没有想过自己有一天能西出阳关,来到这个神奇而美丽的地方。

我是参加工作后考的研究生,当年因为英语的分数不够,我只能调剂到 C 类地区的高校。我就在网上寻寻觅觅,一边找学校,一边打电话。生命中所遇,都是最好的安排,我新疆三年的所遇,正是如此。我打通了新疆师范大学研招办的一位刘老师的办公电话,刘老师和声细语,非常热情和耐心,给我讲解调剂的情况。这就是我的新疆初印象,新疆人真好啊,我一定要努力调剂到新疆师范大学去。我是幸运的,九月份,我告别父母和新婚一年的妻子,辗转西游。

记得入学的第一堂课,学院安排两位德高望重的老师和我们见面。我们班级十五位同学,在教室里,忐忑不安,等待老师们的到来。这是我第一次见到薛老和佑老,佑老是王佑夫先生,我的师祖。二位先生端坐于前,和我们聊了起来,让我们随心畅谈。轮到我发言,我随口说了句"我们是见到了大师了。"当时薛老马上说,不能这样称呼我们,我们可不是大师。我又马上说了一句,二位先生就是我心目中的大师。其实我这么称二位先生为大师,绝不是奉承之言,我北方伧人,读书不好,见到二位先生,对我来说,真的是发自内心的仰慕。但是,我后来觉得自己很是肤浅,初次拜见老师,就轻许老师为大师,实为不妥。人之大患其一,在重名,名实累人。薛老却不为浮名所累。在薛老为我们讲解之后,我牢记于心,再不轻易为轻许他人之言,一是容易给人以奉承之嫌,二是无端溢美于人,无益。

薛老为我们授课,为了我们查找资料方便,就带着我们去家里学习,薛老富于藏书,我们需要什么资料,就在家里书架上自行取来使用,师母在另一个房间给我们倒好水,我们能算是"登堂入室"吗? 哈哈! 课间其乐融融。晚上的时候,薛老会带着孙子去师大的操场散步,我和路元敦师兄,陪着老师聊天散步,老师有时候和我们唠家常,有时候授我们读书之法。不知不觉,来到了三年级,当时我们的毕业论文上交给学院,由老师们为我们批阅,但是大家都不知道自己的论文是由哪位老师批阅。在师大综合楼的一楼,有文学院的资料室,有一次我去查阅资料,恰逢薛老也在伏案工作。我走近拜见老师,发现老师正在批阅我的毕业论文,顿时慌得六神无主,就想赶紧逃离,因为自己实在不够努力,写得一塌糊涂,怕挨批啊。后来我还是立于老师身旁,看到老师写下了很多细小的批语,甚至某些词语运用的不合适,老师都加以说明。老师又为我讲了很多学术论文的要求,如何论述,包括词语的使用等等。我的内心非常感激,又非常惭愧。

毕业之后,我回到东北工作。离开了新疆,那里的人是那么的淳朴,那么善良,我的老师,我的同学,我的朋友,无不让我魂牵梦绕,只因留在那里许多情。回来后,想再见到老师不知是何时了。直到有一天,薛老和师母来黑龙江避暑度假了。那是2017年10月6日,在这一天,薛老和师母来到了牡丹江旅游,而就在这一天,我犯了个错误,让我懊恼了好久。这一天,我出门忘记带手机,晚上五点多才回到家中,拿起手机一看,有薛老的来电,我赶紧给老师回了电话,老师说现在和师母在牡丹江,来旅游了,知道我在这里生活,想见见我。我当时自责不已,怎么偏偏就今天忘记带手机,真是感慨,沟通能不能靠吼,高科技有时候也不助人为乐,我赶紧去拜见老师。近十年未见了,见到老师,真的是很激动和高兴。薛老和师母没太大的变化,薛老还是笔直的身板,当时已是晚上,薛老依旧很精神,师母还是那样雍容慈祥。我陪着老师和师母用了晚餐,然后到牡丹江的八女投江纪念碑前留影。第二天,薛老和师母就要随旅游团返京了,我定要去送别,薛老让我别耽误工作,不用相送,以后再聚。

毕业回来工作之后,我和薛老一直保持着联系,感念老师对我的教育,不敢忘记。薛老则不断为我寄来他的著作:《李太白论》《唐代歌行论》《李白诗选》《李白诗解》《李白·唐诗·西域》《从长安到天山:丝绸之路访唐诗》《八里桥畔论唐诗》,后五部著作都是薛老退休之后的学术成果,先生应是尽享含饴弄孙之乐的时候,但依旧笔耕不辍,在其喜爱的唐诗研究领域里不断探赜,实在使人敬服。

与薛老上次一别,又近五年了,感慨时光的匆匆流逝。于此,愚钝学生,惟愿师健康长寿,普泽学林,于唐诗再生新解,以启我等之愚鲁。最后,我还要向薛老保证,学生以后一定手机充足了电,带在身上,随时等您来电。

愚钝靳良记于大湾村

(作者单位:牡丹江师范学院文学院)

问余何意栖新疆

和　谈

我本鲁人,每遇同乡,问及为何离家万里长居新疆,余初搪塞几句,无非说新疆景美、物美、人美之类。再问,则回以某不才,长安米贵,不得安居,新疆僻远,聊可生存耳。盖言愈多,辞愈费,而问者轻忽鄙薄之意亦时时而生,诚无足与论也。

此时便想起李白《山中问答》:"问余何意栖碧山? 笑而不答心自闲。"笑而不答,即不可与言,亦无可言者。

于是想到薛天纬师。原因有二,一是薛老师是李白研究大家,是中国李白研究会原会长,是《李白全集编年笺注》的主要编撰者,有《李太白论》《李白诗选》《李白诗解》《唐代歌行论》《八里桥畔论唐诗》《从长安到天山:丝绸之路访唐诗》等享誉天下的著作。夜静人闲,翻读太白诗,桌上即是薛老师的书。当然,还因为这些书都是薛老师郑重签字赐予,值得珍视捧读,且在书架或书桌之上,随手可取。第二个原因,也是最重要的原因:薛老师是我的老师,给我帮助甚多,对我留在新疆影响亦甚大。

这要从 2003 年说起。

我资质愚笨,初中毕业就考取了师范,毕业后分配到山东省新泰市的乡镇当小学老师。尽管没上过高中,也没上过大学,但我胆子不小,在自学拿到本科毕业证后,于 2003 年报名考研,总成绩竟然侥幸超过国家分数线 20 多分。由于我没学过高中英语,更没学过大学英语,自己在乡镇小学一边当"孩子头",一边自学考研英语,无人辅导,英语成绩自然要差,所以当年考研英语成绩仅得了 53 分,比东部地区分数线 55 分差了 2 分,但比西部地区分数线 50 分高 3 分。要想读研,只能调剂。打了几所西部高校研招办的电话,无果。最后试着拨通新疆师范大学研招办的电话,调剂成功。当年因为"SARS",复试是通过电话进行,也顺利通过。9 月开学,与导师见面。当年新疆师范大学中国古代文学专业导师阵容可谓空前,大约也可能是绝后:导师有薛天纬教授(时为华东师范大学兼职博导)、王佑夫教授(时为苏州大学兼职博导)、胥惠民教授、星汉教授、栾睿教授、朱玉麒教授(现为北大教授、博导)、多洛肯教授(现为西北民大教授、博导)、刘坎龙教授(刘老师为新疆教育学院教授,为新疆师大兼职硕导)。各位老师开设课程齐全,授课各有特色。当时上课,或在教室，或在教研室，或在资料室，或在老师家里，不拘形式，关系融洽，有子路、曾皙、冉有、公西华侍坐之风。如星汉老师上课，多半是在他家客厅，大家围坐在桌旁，星汉老师沏好茶，我负责给大家倒茶，边品茶边上课。到刘坎龙老师家上课，大家就略显拘谨，不如在星汉老师家那样"放肆"。栾睿老师上课方式比较超前，精心制作了多媒体课件，视听觉效果绝佳，课后也会请学生到她家喝奶茶。多洛肯老师在家上完课，则请学生一同做饭吃饭，边吃边聊，吃完饭才算真正下课。朱玉麒老师要求颇严，布置作业较多，让基础较差且生性懒散的我心生敬畏之心，他的课我没敢选，但多次随他的研究生蹭饭蹭酒，听朱老师饮酒论学，亦是一大乐事。

　　薛天纬老师上课，通常是在学院资料室。他先后给我们讲授"中古诗歌通论"和"隋唐五代文学思想史"两门课。资料室书架林立，空间略显狭窄，但进门处有一长条大阅览桌，可坐十余人，大家围坐在薛老师身边，听他讲或者我们讲，其乐融融。因为薛老师此前曾任副校长，学校各部处领导见了他都恭恭敬敬，十分拘谨地喊一声"薛校长好"。我们则全然没有大小，有说有笑，无拘无束，薛老师也总是和颜悦色，兴致高的时候还会讲些掌故或笑话，全然感觉不到薛老师做校领导的威严。在资料室上课往往极有收获，讲课时凡所需要的图书资料，皆可随时查找取阅。记得有人曾说，导师指导学生就像猎人教徒弟打兔子，硕士研究生学习阶段，导师会告诉学生兔子在哪里，以及捉兔子的方法；博士阶段导师只能告诉你某个地方有没有兔子，至于怎么去找兔子、如何捉兔子，则主要靠学生自己去想办法尝试。薛老师上课，经常带着问题，告诉我们"兔子"就在那里，然后给我们"枪支"和"弹药"（图书资料和研究方法），告诉我们学术大家怎么"打兔子"，我们的学长怎么"抓兔子"。我们为此十分受益，不少同学因此学会了"打兔子"。我对陶渊明的学习和研究也始于此时。薛老师每次上课都拎着一个帆布袋来，里面全是上课的图书资料。讲陶渊明时，就带了很多关于陶渊明的书籍。他从陶渊明的生平讲到作品，再讲到钟嵘《诗品》对陶渊明的评价。其中，讲陶渊明生卒年时，专门讲了袁行霈先生提出的观点，并与其他几种观点进行了比较。在比较之后，薛老师说："没有定论的问题一定有值得探究之处，一定有其学术价值。同学们如果感兴趣，可以研究一下这个问题，或许能有新的发现。推荐大家读逯钦立、王瑶、袁行霈、龚斌等先生的注本。"我当时心生疑惑：一个作家的生卒年竟然如此难以确定？到底是什么原因？能找到正确答案吗？

　　下课之后，我直奔图书馆，按图索骥，把这几本书借来。袁行霈先生的《陶渊明集笺注》在图书馆没找到，我在师大图书馆一层半的一心书店徘徊半日，跟老板软磨硬泡谈价钱，省下一周吃饭的钱，花50元"巨款"买下（当时的西域春酸奶才0.5元一瓶，羊肉才17元一公斤）。我从图书馆借了几本相关的图书，按照薛老师教的方法,把陶渊明的诗文全部读完,果然发现了问题。下节课讨论,我把自己抄写罗列的资料一一分析比较,得出自己的结论。同时,结合自己的阅读体验,提出对陶渊明咏贫诗的分类解读想法,得到薛老师的表扬,并鼓励我进一步做下去。下课后,本硕都在师大读的同学孟祥光和付江调侃说,很少见到薛老师表扬过哪个同学,你小子不错嘛,"遭到"薛老师的表扬啦。我当然有些得意,能被薛老师首肯,小辫子必须要竖起来!实话说,因我没上过高中和大学,读研之前还只是个乡村中学老师,读书少,眼界窄,此前连大学老师都没见过,哪里受过系统的学术训练?所以根本不知道学术研究为何物,内心确实有些自卑。我的学术研究兴趣,我的被自卑包裹着的自信,就这样被薛老师的课堂表扬激发出来了。多年以后,我准备考博,薛老师在推荐信中,还特意提及此事,尤让我感动。

说起考博,薛老师对我帮助也极大。我于2009年上半年到武汉大学文学院访学,导师是尚永亮老师。我原计划当年12月报考武汉大学的博士,继续跟随尚老师学习。但当年乌鲁木齐突发事件,网络通讯全部中断,考博计划被打乱。2010年1月,经新疆大学研究生院与西北大学研究生院进行沟通协商,为新大考博教师免除了网上报名环节,提供专门的报名渠道,在3月8日前完成报名手续即可。于是我转而报考西北大学。在找专家写推荐信时,我想到了薛老师。这一方面是因为薛老师给我上过课,对我有一定的了解;另一方面则主要是出于功利性的考虑:薛老师本科、硕士都毕业于西北大学,跟西北大学的老师们交谊很深,有他的推荐信,分量自然就比较重。再加上我报考的导师是李浩老师,李老师对薛老师十分敬重,有薛老师推荐,分量自然是很重的。初试成绩出来,在报考李浩老师的学生中,万德敬兄排名第一,我排名第二,获得复试资格。在复试时,我的表现不错,给复试的老师们留下了较好的印象,但万德敬兄似乎表现更好,总成绩依然排第一。李浩老师当时被派往国家教育行政学院封闭学习半年,不在学校,未能参加我们的复试。回新疆后,我向薛老师汇报了考试的情况,估计排名第二,录取的可能性不大。薛老师把我的情况给西大文学院的阎琦老师介绍了一下,托阎老师向李浩老师打听打听,看他当年招生名额是一个还是两个。

我因为觉得自己排名第二,有可能落选,所以又报考了新疆大学的博士。初试成绩出来,我排名在前;复试之后,即确定拟录取。5月底,就在我已准备好读本校博士的时候,李浩老师跟我工作单位新疆大学联系,说他当年确定有两个招生名额,让我跟研究生院方面联系,办理相关拟录取手续,以及与新疆大学签订在职读博协议等。我心里清楚,这是薛老师、阎老师、李老师鼎力促成了这件事,我终生感恩!虽然读本校的博士有诸多便利条件,但我还是毅然放弃。为了梦回大唐,梦回长安,也为了不辜负薛老师、阎老师和李老师的殷切期望!

　　9月份开学，我到西北大学报到，正式拜在李浩老师门下读博。第一学期，我们经常到西大老校区上课。有次，万德敬兄和高春燕师姐带我去陕西省交通医院，去看望将近九十岁的安旗先生。安旗先生和傅庚生先生是薛老师的硕士导师，李浩老师也是安旗先生教过的学生。李浩老师经常去医院照顾安旗先生，我们这些学生也受到影响，会偶尔去看看。当时安旗先生的记忆力严重衰退，据说已经不认识自己的亲人和学生了。我们去看望她，她也没有话。但是，当高春燕师姐介绍我，说我是从新疆来的，她竟然坐了起来，眼睛里放出光芒，问我："你认识薛天纬吗？他现在好吗？还在新疆师范大学吗？"我赶忙回答："薛老师是我的老师，他现在很好，他被中国人民大学国学院聘去当特聘教授了。薛老师特意让我来看看您，向您问好。"安旗先生有了兴致，连说好好好，又说了一些话，具体细节我已经记不得了，主要是说薛老师人好、学问好，本科毕业就响应国家号召到了新疆，在西大研究生毕业后也可以留校任教，但他毅然又回到新疆师范大学。这么多年来一直待在新疆，也确实不容易，她很牵挂这个学生。说了好长一段时间，安旗先生似乎有些累了，就又不再说话，恢复了面无表情的状态。我们就告辞离开病房。高春燕师姐出门之后十分惊讶，说她受李浩老师嘱托，经常来看安旗先生，很少能听到先生说话，大家都觉得她可能已经完全失忆了，但没想到她还记得薛老师，竟然还说了那么长一段时间的话，简直是个奇迹。我们皆感叹唏嘘：师生情谊之深，莫过于此。薛老师年龄再大，在他的老师安旗先生眼里也还是个学生嘛！按说安旗先生暮年已了无牵挂，但实际上，她内心深处还一直牵挂着自己远在新疆的学生！

　　安旗先生九十寿辰，中国李白研究会、西北大学文学院联合举办了一场学术研讨活动，学术研讨会可谓盛况空前。这次会议隆重推出了修订版的《李白全集编年笺注》，作为向安旗先生祝寿的大礼。薛天纬老师、阎琦老师、房日晰老师和李浩老师全力以赴，成为光耀学术界的盛事。

　　薪尽火传。学术传承如此，人文精神如此，读书人的家国情怀更是如此。每每念及薛老师等前辈老师扎根边疆，奉献聪明才智，都不禁为其胸怀和担当感动，"高山仰止，景行行止"，在薛老师八十大寿之际，诚心祝愿薛老师与师母寿比南山、福如东海。

2022 年 6 月 2 日草就，7 月 31 日修改

（作者单位：新疆大学文学院）

铭记那些改变并支撑你的人

——写在薛师天纬教授八十寿诞之际

王　伩

我是在乌鲁木齐市第八中学念的高中，那所中学曾经有不错的传统，你可以好好学习，也可以使劲造，我可能更倾向于后者，于是高中三年我把更多的精力用在了跟学习无关的事情上，当然，现在回想起来也不是件坏事。1996 年，我有幸被新疆师范大学录取，学校意外地给了我选择，英语系或中文系。我当时就觉得学英语还需要去个系？于是就选择了中文系，谁知道这三个字改变了我的人生。

我对新师大一直到 1999 年都没有什么特别的记忆，就在那可能剩下的短短一年里，我的生命中仿佛突然出现了许多有情、有义、有才、有趣的师大人，正是他们让我意识到人生才刚刚开始。我至今忘不了宋晓静、沈黎江、李梅、金波、蒋开山、王伟国等同学，因为他们一直都与我的生活相伴；更忘不了那个节点上的引路人栾睿老师，正是他鼓励和引导我走进今天的主题。感谢他们给了我自信、勇气、坚韧和快乐。

应该是 1999 年一个初冬的夜晚，好像没有下雪，但很冷。我坐在栾老师的书桌旁，房间很小，灯光不那么亮，彼此最清晰的就是脸庞，但结局却豁然开朗。我没有选择就业，而是选择了考研，并大胆决定报考栾老师推荐的"王者"——薛天纬教授的研究生。截至那一刻，我只近距离见过薛老师一次，记忆中大概是 10 米左右的距离，那次好像是旁听某师兄的硕士论文答辩；当然更没听过薛老师讲课，对我们那几届本科生来说，那完全是个传说。

读硕士期间，恐惧大于自信。薛老师的课基本在家里上，头几次我基本上是懵圈的状态，一堆古籍文献和工具书，我根本没接触过，就连类书都是第一次需要面对的概念。那时想要解决这些障碍，除了花时间读书，没有别的办法。有一次课上，薛老师让我们查检《初学记·兽部》中的"虎"，结果没查到，当时大家都觉得有点儿意外，不知道为什么没有收录这么重要的兽类。那段时间，我正在阅读费正清、崔瑞德主编的《剑桥中国史》，刚刚读完隋唐史，隐约记得唐高祖李渊的祖父好像叫李虎，于是我大胆猜测或许是出于避讳的原因而未收录，当时薛老师立刻给了我积极的回应。虽然只是上课期间的小插曲，但对我却是莫大的鼓励，我开始发现通过读书来解决问题是一件非常快乐的事。

读硕士期间，我开始尝试学术研究，记得在《古典文学知识》2002年第4期发表的《浅谈钟嵘对陶渊明诗的定位》就是我发表的第一篇论文。发表这篇小文章对我的影响非常大，因为在撰写和发表的过程中，我真切地感受到薛老师严谨的学术作风和对学生在学术进步上的殷切期望。那时候薛老师还在担任新疆师范大学副校长职务，日常行政工作分散精力，但在教学科研上没有一丝懈怠，对学生的要求更是出了名的严格，据说曾经有学生被薛老师训哭过，我虽然没有目睹，但至今想象起那种画面还是心有余悸。在学术研究上，薛老师不反对学生大胆假设，但更重视小心求证。在没有充分储备的前提下，大胆假设很容易造成主题先行而后拼凑证据，这是方法论大忌；而不敢于大胆假设又会限制学生的学术智慧和灵感，变成一个不动脑筋死读书的人，终究不会有前途。就我个人的感受而言，薛老师给了学生较为宽松的大胆假设空间，而在小心求证方面则眼不着砂，在他的心中，假设和求证之间一定有一个平衡点，这个点并不完全体现在科研规律上，而更着力在教育规律上。

"未觉池塘春草梦，阶前梧叶已秋声。"现在想起来，三年的时间短得就像这诗句给人的感受。又到了需要抉择的时候，但这一次我似乎没有三年前那么困惑。薛老师对我打算继续攻读博士学位的想法非常支持，而且在考哪里、考谁的博士等问题都给予我明确的指导。现在我还记得薛老师在家里跟我说过的一句话："这是最后一个学位了，要决定考，就选择最好的。"那天朱玉麒老师也在，他给了我同样的建议和鼓励，如果没有老师们给我的精神支撑，很难想象我会有勇气下定决心。2003年初，我拖着满满一行李箱的书来到北京，一个人住在宾馆里，一住就是38天，期间我说过的话总计不会超过100句，因为我不想跟任何人主动说话，当然也没有什么人跟我说话，每天除了看书，似乎对吃饭，甚至对那时严峻的SARS疫情都没有什么印象，时间对于我来说已经跟老师的期望捆绑在了一起。考试之后等待的日子才是最煎熬的，薛老师一直在用不同的方式给我信心，我还记得他曾用一种有趣的方法推演出一首五言绝句送我，给我打气，现在那首老师的亲笔诗还压在我新疆家里书桌的玻璃板下面，今天想起来，那岂止是一首诗，简直就是一颗心。直到有一天，我突然接到袁行霈老师的电话，才明确知道自己已经被北京大学录取了。通话结束后，我第一时间拨通了薛老师的电话，那一刻我能感觉到他比我的父母还要开心。

2003年7月，硕士毕业典礼在新师大田家炳教学楼前的小广场隆重举行，我代表03届毕业生发言，还记得我引用过这样一句话："勇气从来不是参天大树，俯瞰风暴来来去去，而是绽放在冰天雪地中的柔弱花朵。"那天我很激动，因为我知道薛老师就在主楼9层的办公室里,他能听见,而且我的父母也在毕业典礼现场,那天我们四个人拍了一张合影,大家都笑得那么年轻。

在北大读书的日子里,我一直跟薛老师保持着联系,在学术研究的道路上,薛老师始终没有停止对我的悉心指导,甚至在我的博士论文选题、撰写和出版上都给了我许多宝贵的建议和帮助。我曾在论文成书出版后记中写过这样的话:"在本书即将出版的时候,我的心中充满着感激和敬畏。从五年前完成这篇博士论文到今天修订成书,这期间有太多需要感谢的人,他们的无私关怀令我感动不已。我认为在这件事上,没有人有义务关心我,这正是我至今心存感激的原因。回想起在北京大学中文系那段单纯而平静的学习生活,我有一种无法形容的眷恋之情。我相信快乐的秘诀不是做自己喜欢的事,而是去喜欢自己做的事。"现在想想,曾经在新疆师范大学的读书经历又何尝不是如此呢?

适值薛师天纬教授八十寿诞之际,学生只想对老师说:祝您永远健康快乐!

(作者单位:对外经济贸易大学国际学院)

记薛师的一次泰山之行

路元敦

我自 2007 年 7 月硕士毕业以后,一直跟薛师保持着密切的联系。除了逢年过节的问候,我还经常就学术上的一些问题向老师请教,薛师都给我以指导点拨,如同在校时一样。特别是在我人生的一些重要事项上,如访学、考博、课题的申报、个人的发展等等,薛师都给予我很多支持和帮助。每当回想起这些,我的内心充溢着温暖与感动。毕业近 15 年来,在我的记忆中,跟薛师有关的往事有很多,但是有一件事给我的印象最深、最难忘怀,那就是薛师和师母的一次泰山之行。

那是 2011 年 5 月下旬的一天,我接到了薛师的一条短信,告诉我,他计划于 6 月初到泰山进行李白学术考察。看到短信后,我的心情自然是开心的、兴奋的。我立刻打电话过去,询问具体情况。薛师对我说,打算跟师母一起来爬泰山,实地感受体会一下李白的相关泰山诗;顺便见一见我校的周郢老师和新近认识的山东农大孙金荣老师,不必惊动学校和学院。我高兴地回答薛老师:"欢迎您和师母来泰山游玩,弟子安排好。"

接下来,我跟学校泰山研究院的周郢老师联系,表达了薛师此行要见见他的心意。没想到,周老师很快跟学校分管科研的副校长、泰山研究院院长王雷亭教授作了汇报。同时,我也跟我所在的汉语言文学院(现已更名为文学与传媒学院)院长刘欣教授作了汇报。最终,在王副校长的安排下,由科研处和汉语言文学院负责接待,薛师给学院师生作一场学术报告,由我和一位同事陪同爬泰山,看日出。

6 月 2 日上午 11 点 47 分,薛师和师母乘坐 D29 次动车抵达泰山站。我和孙金荣老师早早就在出站口等候。远远看到薛师和师母走过来,我俩赶快走上前去,接过他们的背包和手提袋。看上去,两位老人的身体和精神状态都很好。在车上,薛师对我说:"手提袋里是十几本刚出版的《李白·唐诗·西域》,送给你们学校的领导和老师。"我连忙表示感谢。入住泰山国际饭店后,就到了午餐时间。午餐由王副校长、刘院长、孙老师和我陪同。

当日下午 3 点,"敦聘中国李白研究会会长薛天纬教授为泰山学院兼职教授仪式暨薛先生学术报告会"在我校国际交流中心举行,仪式由刘院长主持,王副校长出席仪式并为薛师颁发聘书。学院在读本科生 200 余人,以及我院分管科研的副院长、古代文学教研室部分老师和泰山研究院周郢、陈伟军老师等参加了此次活动。聘任仪式后,薛师作了题为《李白诗文与行迹的几个问题》的学术报告。

薛师首先声明,报告题目是 2010 年 12 月在台湾大学中文系所作报告的题目,所以当时请一位同事制作了繁体字版的 PPT。报告共有七个部分。在引言部分,薛师指出,在上世纪 70 年代后期(1978 年)之前,大陆学界关于李白的实证性研究很少有人措手,成果也寥寥。1978 年之后,在学术复兴的大背景下,关于李白诗文与行迹的实证性研究取得了自清代王琦注李白集以来最为显著的进展。这一进展在唐代文学乃至整个古代文学研究领域都是最突出的。

接下来,薛师分七个问题,择要介绍相关研究成果。"一,李白的《别匡山》诗",介绍了最早披露该诗的陈广福《李白的〈别匡山〉诗考》一文,梳理了该诗被历代文献载录的情况,分析了认定该诗为李白佚诗的原因;"二,李白'两入长安'",介绍了稗山(刘拜山)、郭沫若、郁贤皓等人对证成此说做出的重要贡献,并结合李白部分诗作进行了具体分析;"三,李白寓家东鲁之'沙丘城'及奉诏赴京之'南陵'",介绍了安旗《李白东鲁寓家地考》的结论以及该结论得到出土刻石印证的情况,介绍了刘崇德、葛景春《李白由东鲁入京考》的主要观点;"四,李白在朝之'翰林学士'身份",介绍了傅璇琮《李白任翰林学士辨》、李厚培《此学士非彼学士》的主要观点,简单提及毛蕾、赖瑞和在相关论著中的研究情况;"五,李白的《梦游天姥吟留别》",介绍了薛师本人的《〈梦游天姥吟留别〉诗题诗旨辨》的观点,认为该诗诗题应从胡震亨《李诗通》中的题目《梦游天姥吟留别东鲁诸公》,其诗旨可以用"世间行乐亦如此,古来万事东流水"二句来概括。由于时间关系,薛师对以上五个问题作了较为详细的讲述,尤其是对第二个问题展开得比较充分,对"六,李白从璘及流放夜郎""七,李白的卒年"只大略谈了谈主要成果及其观点。

在互动环节,与会老师和学生有多人进行提问,薛师逐一作了耐心细致的回答。整场报告,薛师娓娓道来,高屋建瓴,持续了两个多小时。薛师以他对李白的衷心热爱,以他对材料的高度熟悉和对某些问题新颖深刻的见解,感染、征服了在场的师生。报告会在一片长久而热烈的掌声中落下帷幕。薛师的报告给泰山学院带来了一场学术盛宴,廓清了大家对李白研究中一些具有争议话题的认识,得到了与会师生的高度评价,取得了巨大成功!

6 月 3 日的行程是爬泰山。早上 8 点,我和教研室的王伟老师准时赶到酒店。接上薛师和师母,由王老师开车,一会儿就到了红门停车场。将车停放妥当,我们步行至红门。担心两位老人途中可能会行走不便,我给他们每人买了一根手杖。购票、检票后,在 9 点之前,我们一行出发了。我跟薛师、师母商量,从红门到中天门,我们步行上山,到中天门后,坐缆车到南天门,这样会比较从容。两位老人都同意我的安排。这时,薛师给我和王老师讲了一件往事,1994年8月,中国李白研究会第四次年会在兖州召开,他和阎琦老师乘便来爬泰山,阎老师爬了一段就走不动了,薛师则一人徒步到达山顶。我暗暗佩服薛师的体力和毅力。

我们走的红门→中天门→南天门一路,又称泰山御道,是一条古老的登山主道。沿途树荫夹道,石阶盘旋,峰峦竞秀,泉溪争流,自然景观雄奇秀美;沿途还分布着古建筑、碑碣、摩崖刻石等众多遗迹,文化韵味浓郁。这条线路是泰山的精华之所在,最能集中体现泰山自然与文化双遗产的魅力。

我们沿着石阶而上,边走边观赏,走累了就停下来歇歇,聊会儿天。薛师带了相机,随时可以拍摄他喜欢的景色。犹记得,过了斗母宫后,我们去经石峪观看大字石刻,在那里逗留了好大一会儿,薛师和我各自拍了一些照片。红艳的大字隶书《金刚般若波罗蜜经》刻于暖坡石坪之上,确实给人以震撼!

快到壶天阁时,已经过了11点半,我们找了家路边的风味特色菜小店,在露天的桌椅前坐定,稍事休息,准备吃午饭。要上一壶泰山女儿茶,先喝着。这女儿茶的外形像野草,跟山下的不太一样,但口感确实不错,甘甜爽口。薛师连连称好。点了四盘菜,记忆中有蘑菇、豆腐、野菜之类,主食是面条和煎饼,也可能还有馒头,已记不清了。再加上我从山下带上来的黄瓜、苹果等,就这样简单地吃了午饭。

午饭过后,我们继续前行,接下来的一段路,石阶比较密,山势更加陡峭。我们还是边走边歇,终于在下午2点半左右到达中天门。在中天门停留了一段时间,转一转,看一看,拍一拍风景照、个人照和合照。之后,坐缆车直达南天门。

南天门的游客很多,人来人往,甚是热闹。我们逐一观赏了南天门、天街、碧霞祠、瞻鲁台、玉皇庙等景点,以及沿途分布的唐摩崖还有"日高月同""山河一览""登峰造极"等多处石刻。置身岱顶,大家都会有这样一种感觉:集自然与人文景致于一身的岱顶,真乃天下一大奇观!

下午6点前,我们赶到提前预订好的神憩宾馆,办理住宿,安排晚餐。作为岱顶唯一一家三星级酒店,神憩宾馆位于玉皇庙前,东临日观峰,西接孔子庙,前瞰碧霞祠,是游客看日出选择住宿的最佳场所。

晚饭后,薛师提议到天街走走,我和王老师陪着,师母则回房间休息。走在天街上,享受着天然的凉风,特别惬意。来到一处景点,大家正在交谈着,薛师突然说:"忘了做颈椎保健操了,现在补上。"说完,他立即做起操来。注视着薛师做操的样子,我心里想,老师做事真是持之以恒啊,到了泰山顶还不忘做保健操,怪不得他老人家做了多年行政工作,学术上还推出了一系列有分量的成果,尤其是在他退休以后,更是成果频出。

我们走着,聊着,不一会儿就来到南天门牌坊下。我们三人并排坐在门口的石阶上,伴着呼啸的山风,默默地眺望着泰安城。不多时,一阵更猛烈的山风刮过来,忽听到薛师自言自语地说:"体会到了,体会到了。"在回宾馆的路上,我和王老师都没有问薛师到底体会到了什么。

第二天凌晨,我们到日观峰看日出。4点起床,在宾馆租了军大衣,径直前往日观峰。我们到达时,已经有很多人在那里守候了。我们选定位置,翘首以待。那天凌晨,天公作美,我们看到了日出的完整过程。我生性愚钝,笔头枯涩,难以用诗意的语言描绘泰山日出的盛况,愿借用姚鼐与徐志摩文章中富有激情和文采的句子,呈现那天泰山日出壮观、华美的场面。

> 亭东自足下皆云漫,稍见云中白若樗蒱数十立者,山也。极天,云一线异色,须臾成五采,日上,正赤如丹,下有红光,动摇承之。或曰:此东海也。回视日观以西峰,或得日,或否,绛皓驳色,而皆若偻。(《登泰山记》)

> 玫瑰汁、葡萄浆、紫荆液、玛瑙精、霜枫叶——大量的染工,在层累的云底工作,无数蜿蜒的鱼龙,爬进了苍白色的云堆。

> 一方的异彩,揭去了满天的睡意,唤醒了四隅的明霞——光明的神驹,在热奋地驰骋……

> 云海也活了:眠熟了兽形的涛澜,又回复了伟大的呼啸,昂头摇尾的向着我们朝露染青馒形的小岛冲洗,激起了四岸的水沫浪花,震荡着这生命的浮礁,似在报告光明与欢欣之临莅……

> 再看东方——海句力士已经扫荡了他的阻碍,雀屏似的金霞,从无垠的肩上产生,展开在大地的边沿。起……起……用力,用力。纯焰的圆颅,一探再探的跃出了地平,翻登了云背,临照在天空……(《泰山日出》)

看到日出,游客们欣喜异常,一些人甚至欢呼起来。对着东方那轮冉冉升起的红日,薛师拍了一些照片,录了像,我也拍了一些照片,以作为永久的纪念。

从中天门坐着大巴下山时,薛师对我说,这次泰山之行很有收获,真切感受到了李白泰山诗的妙处,如愿看到了日出;他和师母都很愉快。听到这番话,作为学生的我,更觉开心和幸福! 在送别的午宴上,我曾向薛师和师母发出邀请:泰山之外,徂徕山也与李白有着密切关系,请老师和师母时间方便时再来徂徕山转转。当时在场的周郢老师也附和我的提议。薛师答应了。

薛老师,您还记得弟子的邀请吗?

(作者单位:泰山学院文学与传媒学院)

温故而知新

——薛师天纬八十寿诞之际忆二三事

郑　升

一

　　2022 年元旦之后,开始布置新居,再一次翻动书箱,索性给新旧存书分类做一个目录,希望不再出现为找一个材料或一本书而翻箱倒柜颇为耗时甚至影响心情的低级错误。于是,再次翻到了薛天纬师的赠书和著作:《文献学概要》《李太白论》《唐代歌行论》《李白诗选》《李白诗解》。其中,《文献学概要》是杜泽逊编著,我读硕士时第一次上薛老师课获赠。当时的情景现在依然有印象,薛老师言:你是班长,要做表率,文献学要多了解,这本书送给你了……而薛老师每次上课,或课前,或课上,或课后,大都会从随身带来的手提袋里拿出几本或一摞与课程、课堂相关的书籍,一边举起来翻动,一边介绍作者、出版社或者书的特点。这个环节每次时间不长,但一些曾经陌生的名字、信息逐渐增多,入耳入脑,比如安旗、詹锳、林庚、冯其庸、程千帆、傅璇琮、萧涤非、罗宗强、陈尚君、李浩……文化学研究,科举与文学,幕府与文学,文学家族研究……李白研究会,唐代文学研究年鉴,人大报刊复印资料,中华诗词学会,中华书局,中国古典文学基本丛书,国学宝典……《文学遗产》《文史知识》《古典文学知识》……面对这些信息,当时在课堂上还没太多想,但后来当自己第一次去检索、翻阅这些信息,并在后来的学习和工作中由此出发和拓展时,逐渐感受到其中的启示和意义,比如要注意版本,要细读自己领域内的重要别集,要了解和熟悉学术史,要时常研究范文等等。

　　记得研二开始,大家分方向上课,除明清方向课程,我决定还是随唐宋方向的同学去听薛老师的所有课程,并认真完成了课程考核。因此我得以在薛老师的带领下逐字逐句研读了罗宗强的《隋唐五代文学思想史》,通读了《唐才子传》和袁行霈、逯钦立、龚斌等学者对《陶渊明集》的笺注或校注,后来不断体会到这一过程的意义,即:走进前一段"学术史"、重要别集对于"研究""后一段"文学、文论,不仅是知识、视野的沟通,也是思路、方法的开示。重视言之有物是薛老师一直所看重的,但如何言其实也是他所关注的。印象中,薛老师提到萧涤非和罗宗强诸先生时,神情和语气是极为重视的,"罗氏笔法"即是第一次从薛老师这里听闻。他对罗宗强先生文笔文采的高度赞赏引起我的注意和好奇。现在想来,此后我持续阅读罗宗强先生系列著作,不时赞叹于论文原来可以这样写,研究对象也由小说转向诗学,源头当从选修薛老师课开始。

而《李太白论》这本书则是硕士期间、硕士毕业和读博期间时常会拿出来读读的一本书。虽然第一次看到这本书,我对它的封面设计、内页纸张和出版社直觉上不满意,觉得太简陋,似乎与薛老师的级别名望不太搭,但书中的文章却逐渐吸引到我,以至于后来我在和同学、学生提到这本书时会笑言:不要小瞧这本书呦,不要被书的外貌影响,若读懂这本书,若对这本书有感觉,就说明你对古代文学,特别是古代文学研究有感觉了。这本书的内容和风格是朴实的,言之有物,富有新见,由此具有了厚重感。同时,体例也全面,既有《乌纱帽小考》《李白二次进长安》这样见微知著的考证类文章,也有李白特质与大唐盛世关系论述这样的大文。是书不仅有知识、思想和问题意识,不仅有史料挖掘、视角创新,亦有理论的观照、论文的谋篇布局、行文的笔法和情思灌注,极具范式色彩和价值,值得学习与体会。

因着赠书或者和同学一起帮薛老师取书、提书,也便有了多次和薛老师一起,或者和向奎等同学一起走过新师大老校区到师大教师家属区薛老师家的机会。距离不长的路上或顺道拐进文学院资料室翻翻新书,或听薛老师讲学界新信息,或听一本新书出版的消息,或听薛老师讲他与西北大学以及新师大由小到大的发展历史,或一睹薛老师家中的藏书⋯⋯现在想来,这未尝不是一种涵养和习得,对于治学和书籍的感知,对于古代文学研究的认识、理解和尊重正是在这些点点滴滴中逐渐丰富和建立。许多事情,薛老师不会反复强调,但一切都在点点滴滴的具体行动里面,需要你去体悟,如同一坛佳酿,要去品,且常品常新。

二

硕士毕业时本有机会进陕西理工学院,后来心动于云南的蓝天白云,便报名参加云大辅导员和昆明十中的招聘考核。机缘巧合而注意到玉溪这样一座城市和玉溪师院,最终选择远赴玉溪师院任教。工作的第二年开始考博,直到2015年考取,每一次的专家推荐书,除请过刘坎龙师,就是邀请薛老师。薛老师大都第一时间发来邮件,文风一如既往地朴实,有章法且有温度。你会发现和感受到,即使是一篇例行公文,薛老师也是认真和严谨的,有理有据,还有温度。前者在于每一个观点之后或结论之前,往往有例子或细节,读来可信;后者在于巧妙地褒扬、鼓励或期望,如同薛老师在背诵、讲述古诗词或自己创作的古诗词,或在讲述一个文坛学林的掌故佳话,或去餐厅打饭时和我们分享什么时候去、打什么菜最好时,你就会在薛老师或微笑、或爽朗大笑中感受到他在严肃、认真和严谨之外,还有另外一面,比如谐趣、机趣。每每这时,我们也不再紧张拘束,多了一份轻松、会心或者其乐融融。

读博期间,也就是 2017 年的暑假,我第二次去国图查阅文献,这也是硕士毕业 7 年后第一次见薛老师。记得那天约好在北师大老校区见面,各自路途遥远,见面后先在师大校外找了一家包子铺补了早饭,然后一起走过北师大校园,边走边聊。薛老师鬓边有了白发,但精神很好。听我第一次来北师大,他兴致勃勃当起了导游,启功塑像、育才讲堂、文学院楼……基本上将师大溜达了一遍。期间,薛老师问了我的学业、工作和生活,介绍了《文献》杂志的特点,鼓励我多写文章多发表。也许是看着我有些单薄,临别时还提醒我努力加餐饭。确实,读博三年是压力至大的阶段,2017 年也正是最为艰苦的一年,能够从艰苦中走出来,战胜挑战,北京之行和状态的调整无疑起了积极作用。

三

博士毕业之际,我向薛老师报告了自己的工作打算和去向,他听后笑言:你这是为稻粱谋啊……有一年开全国韵文学会议好像就在这所学校。我亦笑言:经济基础决定上层建筑,老马的哲学要践行啊。话虽如此,但实际上依然是认真对待生活和工作,也许这已成为一种习惯或者理念,也许这就是陕西人的一种特点。博士毕业后在新环境各种忙碌,和薛老师联系少了,但好在有微信的便利,时常会看到薛老师的动态和朋友圈的点评,注意到薛老师定期会返回新疆度假,也获悉他荣退受聘人大国学院以来,依然笔耕不辍,继续从事研究和写作,《李白·唐诗·西域》《李白诗选》《李白诗解》《八里桥畔说唐诗》《从长安到天山:丝绸之路访唐诗》等佳作就是在这个阶段陆续出版。

2022 年将在海南举办薛老师八十华诞祝寿及活动文集首发式,应海滨老师邀约,特成此文,略表心意。借此机会,敬祝薛老师八十寿诞喜乐,幸福安康,学术之树常青!并向海滨兄前后张罗的辛劳及邀约深表谢意!

山高水长,期待下一个十年,大家再相聚!

(作者单位:重庆工商大学文新学院)

记薛天纬先生二三事

刘佩德

2007年9月,我进入新疆师范大学跟随海滨教授攻读硕士学位,由此也与新疆师范大学文学院诸位师长结下不解之缘。在三年的学习生活中,薛天纬先生、朱玉麒教授、栾睿教授、王星汉教授等诸位师长的谆谆教诲,对我以后的学习生活影响很大。薛天纬先生对于唐代文学研究,尤其是李白研究,有筚路蓝缕之功。我作为先生的再传弟子,自是由衷感到自豪。今适值先生八十寿辰,受业师海滨教授之邀,特记与先生交往之二三事,以感念求学之时先生对我的教导。

2007年4月,我赴新疆师范大学参加硕士研究生面试。列车带着我无限的憧憬和希望飞速驶入新疆维吾尔自治区首府乌鲁木齐。初到新疆,我却丝毫没有陌生感,好像回到多年前生活的地方一样,或许冥冥之中自有安排,我将在这里度过三年的学习时光。复试当天先参加了笔试,随后进行面试。彼时对诸位师长一无所知,心情忐忑不安。轮到我时,进入教室,看到最前面坐着一位老先生,鬓发斑白,但精神矍铄,双目炯炯有神,给人一种无法言喻的深邃之感。当时虽然不知这位老先生即是薛天纬教授,但感觉得出来当时在座的老师中,这位老先生应当是泰山北斗式的人物。先生首先发问:"第一志愿报考的哪个学校啊?什么专业?"声音洪亮,既有威严之感,又使人倍感亲切。我答曰:"华南师范大学,专业是先唐文学。"然后先生又问读过什么书,我回答说读过《老子》《庄子》,先生随后又说:"背一下《老子》第一章吧。"当时虽然吃惊,但很快平静下来。从初中时即喜读《老子》,有一个暑假曾抄录《老子》原文,虽不能全文背诵,但对第一章则记忆犹新,于是不假思索地随口背诵。因为先生坐在第一排,课桌紧挨讲台,我站在讲台上看到先生随手记录着什么,我心里想可能是对我的评价吧。

2007年9月,我带着无限的期待和渴望踏上了三年的新疆求学之路。入学之后,记得第一次见面时海师就问我毕业论文写什么,我当时没有任何想法。海师说:"我在写博士论文的时候经常接触唐代诗人张祜,你先了解一下,感兴趣的话可以作为毕业论文选题。"后来广泛搜集资料,对于张祜有了初步认识,也确定了此后毕业论文的选题。可能是出于对徒孙辈的爱护吧,当时就感觉薛先生对我们海门弟子关爱有加。记得有一学期先生给我们讲授《文献学》这门课,由于前期协助海师查阅资料,我对《四库全书》的使用已经非常熟悉,先生让我在文学院资料室给其他人讲如何查阅《四库全书》。先生坐在资料室一张椅子上,目光和蔼可亲地看着。下课后与先生聊起了毕业论文,我说海师让我了解唐代诗人张祜,我通过前期搜集资料觉得可以作为论文选题,我打算通过诗歌写他的思想。先生听了不住点头,又问我有没有好的注本。我说现在只有尹占华的《张祜诗集校注》,我觉得这是目前搜集和注释张祜诗最为完备的一个注本。先生随后说:"嗯,尹占华老师是西北师大的唐代文学研究专家,他注释的本子确实不错,但可能也会存在一些遗漏,你如果能把尹占华老师遗漏的一些地方增补出来,会是比较有价值的一篇论文。"先生的话虽然不多,但确实点中了要害。无奈当时能力所限,始终觉得尹占华的注本已经非常全面,没有可增补空间。后来有一次下课后与先生走在一起,先生又问起补注张祜诗集之事,我自感非常惭愧,只好如实回答。先生笑着说:"现在的选题也不错,好好写。"虽然后来我勉强完成了硕士论文,但深感对张祜的研究不够深入。尤其是先生提到的补注问题,当时始终觉得先生是有所期待和有所指的,只是限于我自身的能力未明言罢了。虽然博士阶段我转入先秦不再研究唐代文学,但对于张祜研究,一直都在关注最新的研究成果。每每想起先生的话便如芒刺在背,坐立不安。

2015年我从华东师范大学历史系博士后流动站出站,随后入职泰州学院。在经过两年的稳定期后,我决心重拾张祜研究,也算是对先生的一个交代。重读《张祜诗集》,确实发现尹占华先生在校注中有许多地方未能考证清楚。今年上半年,偶然在网上看到2020年尹占华先生新修订的《张祜诗集校注》,随后购买此书。买到后逐一翻阅,又想起先生的话,于是下决心在硕士论文基础上重做张祜研究,并将张祜诗集的编年作为附录。大约花了一周时间将书稿框架构思完成,并用了将近一个月时间,断断续续写了一万多字的张祜诗歌编年。以尹占华新修订的《张祜诗集校注》为基础,对于张祜诗集中能够考知写作年代的诗作予以编年,同时增补和修订尹注中未能详考或著录有误之处。此时突然接到海师的信息,2022年适逢先生八十寿辰,初步确定在海南大学召开学术研讨会为先生祝寿,并谈及欲出版论文集,我随即告知海师近期的打算,并将初稿奉上。

对于先生的学问,我之前只是从别人口中听说。先生曾担任李白研究会会长,在任职新疆师范大学副校长期间仍然笔耕不辍,硕果累累。硕士期间仅翻阅过先生的《唐代歌行论》,由于学识所限,不能通读,更无法领会先生的深厚学养。我购买了先生的著作,尤其看到先生于2016年出版的《李白诗解》一书,深感先生治学之精深。此书以文献考证为基,结合对李白诗作的解析,通过史料分析李白诗歌,读之令人回味无穷,也启发了我对于张祜诗歌的研究。

先生不仅在治学上一丝不苟，兢兢业业。在生活上，对于我们后生晚辈也是关爱有加。记得有一年冬天我们同级的学生帮先生做事，先生晚上带我们到八楼猪蹄店去吃猪蹄。提到八楼，可能很多人都不知道怎么回事。新疆籍歌手刀郎有一首歌叫《2002年的第一场雪》，其中有一句歌词是"停靠在八楼的二路汽车"。到了乌鲁木齐，你就会知道，八楼是一个公交站名，在公交站对过有一家猪蹄店比较出名。先生约我们在学校门口见面，还专门从家里带了一瓶酒。吃饭的时候先生不断叮嘱我们不要拘束，随便一些，我们也与先生谈天说地，气氛融洽。虽然曾经身为厅级领导，在学术上影响颇大，但言谈举止间和蔼可亲，没有一点架子。

回首往事，自离开新疆已经十年有余，此后再未与先生见面，有时在海师空间看到先生的照片，虽然鬓发如霜，但依然精神矍铄。前一段时间买到先生多年前出版的著作告知海师，海师说正巧刚与先生通完话，先生还特意问起我明年是否去海南。虽然每年春节都问候先生，但还是深感惭愧。韩愈说："师者，所以传道、授业、解惑也。"先生以其深厚的学养对后生晚辈殷殷关切之情，着实令我感激涕零。作为先生的嫡传后辈，但我想先生之学识和人品是我终生学习的榜样。

（作者单位：泰州学院人文学院）

幼苗幸得苍松护　稚雀喜随鸿鹄翔

——祝贺薛天纬教授八十华诞

马　睿

与同龄人比，我的爱好比较怪——自幼就喜欢读古书。我读小学的时候，全班的男同学都喜欢打电子游戏《魂斗罗》，唯独我喜欢成天窝在家里读古书。

遗憾的是，在阴差阳错的命运安排下，我无缘进入大学中文系求学，也未能从事任何与古典文学相关的工作，而是考入机关当了一名公务员。尽管如此，我对古典文学的爱却痴心不改，平时的工资除去生活必需外基本上都买书了。

在中国古代众多的诗人中，我最偏爱的就是李白。一是因为我是地地道道的江油人，与李白是老乡；二是因为有机会接触到江油历代地方志，对研究李白占有地利优势。

一　初识薛老

2015 年 9 月，江油举办"李白故里文化旅游节暨李白文化高端论坛"。我时任中共江油市委宣传部新闻股股长，有幸忝列论坛。

在此之前，我读过几本薛老关于李白文化的著作，便提前把这些书籍背到签到处，恳请薛老在扉页上签名留念并加上了微信，成了"忘年交"。

在李白文化研究领域，我的主攻方向是李白诗歌背景。也就是说我不做诗歌的赏析、注释、校勘、编年、评点、翻译和考证，而只关注李白诗歌诞生的文化、历史、地理、政治、经济、军事、心理、社会等背景知识。这好比别人研究花朵，我则研究培育花朵的土壤、水、阳光、空气和肥料。

之所以这样做，也是为了扬长避短。与大学中文系毕业的本科生、硕士生和博士生相比，我没有受过任何专业的学术训练，所读的古书也没他们多。但我长期在机关工作，对李白在政坛所遭受的挫折、磨难、困境及其所带来的心理变化，则比象牙塔中的学子们理解得稍微深一些。

我有时会把自己的文章发到朋友圈，薛老从不嫌拙作稚嫩，时常点赞，给予鼓励和鞭策。

2017 年 8 月，我将 30 篇(18 万字)诗歌背景汇集成册。怀着忐忑不安的心情，通过电子邮箱发给了薛老,希望薛老能帮忙为我这本"野路子"书作序。

薛老不辞辛劳,用了大半年时间通读书稿后欣然赐序,在序言中薛老对拙作的研究特色、文献运用和学术价值都给予了充分肯定,老前辈的鼓励和鞭策为拙作增色不少,但也让我倍感汗颜。

二　推荐入会

在结识薛老之前,我只是凭兴趣利用业余时间研究李白,偶尔在《绵阳晚报》《今日江油》的副刊上发表一两篇豆腐块文章,从未在专业学术刊物上发表过论文。

由于我的"野路子"研究方式得到了薛老的肯定和鼓励,遂信心大增,便壮着胆子询问薛老:可否将《〈蜀道难〉诗旨新解——对"蜀独"问题的忧虑》在《中国李白研究》上发表?

薛老不仅是中国李白研究会的老会长,也是德高望重的权威专家,当时还兼任《中国李白研究》的执行主编,在他的推荐下,拙作很快被编辑部采用,发表在《中国李白研究(2017年集)》上。

从此以后,我胆子就更大了,又陆续发表了《临终之际的强烈控诉——读〈临路歌〉》(2018年集)、《上贼船容易下贼船难——读〈永王东巡歌〉之二》(2019年集)等文章。

2017年,又是在薛老的介绍下,我向中国李白研究会递交了《入会申请书》。经审查批准后,正式加入中国李白研究会,成为会员之一。这对于我这样一个业余文学爱好者来说,真是既激动又兴奋更惶恐。

我当时就暗暗决心:今后一定要多读点古书,争取在李白研究的道路上继续走下去。

三　研究杜甫

2017年12月,因工作需要,我从江油来到成都工作。

不久,薛老应邀来成都杜甫草堂参加一次学术会议。为了感谢老前辈的鼓励和鞭策,我赶到酒店,准备宴请一下老前辈。

在酒店大厅等待之际,我们遇到了杜甫草堂博物馆的领导和《杜甫研究学刊》编辑部的众多专家。看在薛老的面子上,主办方便邀请我也入席。晚餐时,薛老便向大家简要介绍了一下我,没想到馆领导一听,当场就表态要把我调入草堂工作,这足以证明草堂领导对薛老的信任与爱戴。

我自参加工作以来,见过无数各式各样的领导,能如此求贤若渴的领导却不多,尽管此事因我不愿放弃公务员身份而作罢,但馆领导礼贤下士的品格和求贤若渴的态度让我深深感动,心中便想为草堂做一点事情,也是以报薛老的引荐之情。

在此之前,我只是零星背诵过一些杜甫的代表作,并未作过专门的研究。我在业余时间喜欢捣鼓一下书法和绘画,偶尔也会买一些中国古代书画方面的书在家看着玩。想来想去,为了扬长避短,我便写了一份《对杜甫草堂的几点建议》,分别就杜甫草堂博物馆馆藏所陈列的字画、古籍、图片的标识牌和文字说明提出了一些浅见,呈送馆领导参考。

后来,应杜甫草堂一位讲解员的要求,我又壮着胆子写了一篇 20 多万字的《杜甫草堂新版讲解词》,从头到尾把杜甫草堂内的楹联匾对、文物字画、重要碑刻和景点进行了介绍,后来草堂讲解部将这份资料作为新讲解员入职培训班的教学用书。

通过撰写这份《讲解词》,我对杜甫和他的诗歌有了许多新的认识与感悟,从此便踏上了杜甫研究之路。

2018 年 12 月,我应邀列席了四川省杜甫学会第十九届学术年会。在会上,通过薛老的引荐,我先后结识了杨明、胡可先、邝健行等众多学界大咖和名家。

由于薛老经常把我引荐给学界前辈,以至于很长一段时间内,学界的许多专家都误以为我是薛老门下的博士生。其实,我只不过是一个业余文学爱好者,顶多算是薛老的一名"私淑弟子"。

回想起我与薛老相识、相交五六年来的许多往事,不禁感慨万千。薛老不仅是学术上的良师,也是我生活上、工作上的导师,每当遇到困难、挫折或迷惘时,我总会首先在微信上问一问薛老的意见。

我这个人说话比较直,加之性格不太好,拙于人际交往和饭局应酬。但这些年来,我与薛老却是无话不谈,话题涉及家庭、育儿、书画、政治、军事、外交、历史、地理、文化……薛老总是能够给我以新的启迪和指点,当新著出版时薛老也常惠赐于我,令我先睹为快,受益匪浅。

"幼苗幸得苍松护,稚雀喜随鸿鹄翔。"结识薛老是我的福气和幸运。值此薛老八十大寿之际,我衷心祝愿薛老健康长寿,也祝愿老前辈不断创作出更多新的学术成果,嘉惠学林!

2021 年 11 月 2 日

(作者单位:四川省供销社)

木笔铎声开九秩　示范学人世所崇

——我心目中的薛天纬老师

孙文杰

二十多年以来，在我学习与成长的过程中，有幸得到过很多老师的帮助、指导与鼓励，铭感不忘。在这些老师中，我虽非薛天纬老师"入室弟子"，但步步趋行却又是有幸承受其浩瀚师恩一路指导的学生之一。薛老师七十华诞时，我曾写下《祥开八秩　人寿书丰——我心目中的薛天纬老师》来回顾师生情缘（赵立新、海滨《力耕集——薛天纬教授七十寿辰学术纪念文集》，学苑出版社2012年版）。而在薛老师八十寿辰之际，脑海里不由地涌出"木笔铎声开九秩　示范学人世所崇"十四个字，遂以此为题，继续回顾与薛老师近十年的师生情缘。

一

我在北京师范大学读博士期间，薛老师对我的学习与生活都特别关心，曾多次在周末时召唤我前往北京"八里桥长桥园"聆听教诲并改善生活，这让我三年的博士生活充满了幸福感。现在还记得特别清楚的是，2014年6月4日我博士论文答辩，北师大文学院邀请时任中国人民大学国学院特聘教授的薛老师担任答辩委员会主席，由于考虑薛老师当时已七十高龄，可能会在答辩前后需要休息，就提前在北师大东门励耘学苑9楼开了一间房。

没想到的是，薛老师在上午十一点左右即已从40公里之遥的通州八里桥乘坐公交车到达海淀北太平庄，且毫无疲惫之感，进房间坐了一下便表示根本不需要休息，随后我们师徒二人便下到励耘学苑二楼的御马墩午饭。点餐之后，因为下午三点我还要参加答辩，便试探性地询问薛老师是否要喝点。薛老师曰："都点了日本刀鱼，喝点就喝点。"要了一瓶老青花二锅头后，师徒两人分酌之际，薛老师就博士论文答辩种种需要注意的事项对我进行了详细的指导，并帮我操心着细枝末叶的问题。此间，薛老师温和平易而又渊雅宏博，更像是家里的长辈。两点左右，薛老师说"你年轻，你多喝点"后，又对一瓶酒已入肚十之六七的我说："喝点酒，晕乎乎的，兴奋，内心的东西就能表现出来。"这时，我只是稍稍明白薛老师为何在六月北京的闷热天气里不顾七十高龄如此之早行抵北师大的原因。

薛老师为何不在房间稍事休息，又为何让我在博士论文答辩这么重要的场合前喝酒等种种疑惑，是在下午接受答辩委员会各位老师"狂轰乱炸"之际，才真正明白过来，也才真正懂得薛老师对我的关心与爱护。薛老师单纯而又富有童心的语言，自信而又极其谦虚的方式，让我意识到读硕士期间认为薛老师是"学问高深，要敬而远之"的人，实属鄙陋无知。相反，薛老师是一个率真、坦诚、爽直的人，同时也是一个可爱、亲切、有趣的人。这一切，都让原本处于答辩前特别紧张状态的我，顿时感觉很轻松。

下午三点，博士论文答辩在北师大前主楼七楼700A文学院励耘学术报告厅开始后，我又感受到薛老师除了平易随和、关爱晚辈外，治学态度还是一如既往的严谨，并没有因为和我的熟稔而打算"放过"我。我在博士论文中分析和瑛诗歌《鸭子泉和常中丞原韵》时，引用"驿客停骖弦月皎，羌儿叱犊戍楼闲"句，其中"闲"字因底本所用"閒"对应"間"与"閑"两字，由于我的鄙陋无知，便录成"戍楼间"，且直至答辩时还没发现错误。薛老师用该诗"不观海市游沙市，才别金山到玉山。六十年来风景换，阳春万里出阳关"句，对"间"字进行理校，指出和瑛任职西域时，适逢清朝统一新疆六十年之际，经过清政府六十年的治理与经营，统一之后的西域"风景已换"，不再是"春风不度玉门关"，而是"阳春万里出阳关"，边疆地区各族人民安居乐业，这里早已是安定祥和之地，呈现出一幅长治久安的盛世景象。因此，戍楼才"闲"，而绝非"间"。

我在讨论清代西域诗中有关西域民俗事时，为增加例证，引用了元陶宗仪《辍耕录》："回回地，年七八十岁老人，自愿舍身济众者，绝饮食，惟澡身啖蜜经月，便溺皆蜜。死则殓以石棺，用蜜浸。百年后启封，则蜜剂也，名木乃伊，治人损伤肢体。"因纯属我鸢鸠笑鹏，而将"年七八十岁老人，自愿舍身济众者，绝饮食，惟澡身啖蜜经月，便溺皆蜜"误句读为"年七八十岁老人，自愿舍身济众者，绝饮食，惟澡，身啖蜜，经月便溺，皆蜜"，若非薛老师如炬目光，我的博士论文恐怕早已是学界笑柄。

2014年6月4日的北京，天气赫赫炎炎；在室内接受答辩委员会各位老师如泰山压顶式"质询"的我，如牛负重，简直喘不过气来。但薛老师的指导，却让我感受到在这炎热夏季的答辩房间内，仿佛有一股初秋的凉风吹进，突然体验到了这人世间之前不曾体会过的美好。

二

博士毕业后，我如期返回新疆师范大学继续从事古典文献学的学习与教学工作。但远在北京的薛老师仍然持续的关爱、关心着我，每当遇到困难时，薛老师也总是会伸出援手。如2013—2015年，由于我个人的懒惰与不上进等各种原因，虽连续三年参评副教授,却均未能获得通过,内心极其痛苦难过却又表面故作坚强。因为一直以来都觉得薛老师等老师们是纯粹的读书人、纯粹的学者,内心早已完全被崇高的学术追求与学术道德所充盈,再加上顾虑老师们时间宝贵、自己心虚担心被批评等原因,故也未向薛老师等老师们汇报,以老师们可能均不知此事为借口而自我故作镇定。2015年10月15—16日,由吉尔吉斯斯坦国立民族大学、中国新疆师范大学主办,吉尔吉斯斯坦国立民族大学孔子学院、新疆师范大学文学院、北京大学中国古代史研究中心、中国李白研究会共同承办的"'李白与丝绸之路'国际学术研讨会"在吉尔吉斯斯坦举办,我有幸得到会务组织者朱玉麒老师的邀请与资助,也前往赴会。10月14日,在前往吉尔吉斯斯坦首都比什凯克的飞机上,恰好与薛老师邻座,薛老师语重心长地主动与我谈起职称评审事,安慰之余,也详细地嘱咐我需要注意的一系列事项,并鼓励我一定不要气馁,明年要继续申报。惭凫企鹤的同时,我也感到非常温暖。

更让我感到温暖的是,2016年11月16日,当我正在提交职称申报材料时,突然接到薛老师在北京发来的短信:"文杰,今年你申报职称了吗?"我如实汇报后,薛老师在主动询问新疆师范大学该年职称评审的相关情况后,也并没有多说什么,只是让我好好准备。但让我压根没有想到的是,一周后的11月23日,突然接到薛老师微信转发的他与新疆师大相关部门、相关老师沟通的短信截图,年过古稀且不是特别熟悉现代通讯使用方式的薛老师,可能也不是很清楚怎么截图,尽管发来的20余张截图并不清晰,甚至也称不上美观,但薛老师与新师大相关人员往来沟通的细节却十分清晰可见。仿佛老天也在悲悯第四次参加副教授评审的我,当年的新疆冷的极早,十一月底的乌垣已经折胶堕指,但薛老师的手泽,却让我感到非常温暖,感到极为亲切,受到巨大关怀。在薛老师的持续关心、帮助与呵护下,在2016年的12月4日,我也终于通过了副教授的评审。

薛老师对我成长的关心远不止于此。2021年4月,在学院相关领导的支持下,新疆师范大学中国语言文学学院与西域文史研究中心拟于6月26日至7月2日,在新疆师大联合举办"'文化润疆视域下的西域文学与文献'学术研讨会",在邀请了四十余位专家学者后,学院领导出于进一步提升学院学术影响力、搭建多学科交流的学术平台、促进西域文学与文献研究领域学者的互动,准备再邀请在学界享有盛誉的郭英德老师、杜桂萍老师、李浩老师、左东岭老师、詹福瑞老师等莅会,但我作为学界晚辈,与李浩、左东岭、詹福瑞几位先生仅有几面之缘而已,是绝对不可能完成任务的。无奈之下,我想到只能向薛老师求助,薛老师在学术界德高望重,只要他愿意伸出援手,几位先生赴会的问题也就迎刃而解。但在向薛老师汇报之前,我心里还是暗暗犯嘀咕:薛老师已从学院退休将近二十年了,还会愿意帮忙吗?又让我没想到的是,薛老师爽快答应之后立即与三位先生联系相关事宜,在第二天即沟通好三位先生会准时拨冗莅会。尽管后来由于各种原因,此次学术研讨会并未能成功举办,但薛老师对学院的感情之深、对学院工作的支持力度、对晚辈的提携帮助,都让学院师生非常感动。

因此,尽管薛老师已从文学院退休近二十年,但不管是之前的文学院,还是当今的语言学院,尽管很多新进教师因为专业原因仅仅只是听说过薛老师大名,但整个学院的师生都从心里尊薛老师为师。其中鄙陋如我,虽没能在薛老师门下"入室",但十七年来,在我心目中,薛老师一直是我的恩师之一。我也深知,在成长与学习的道路上,我最大的幸运与机遇之一,就是薛老师多年以来持续的指导、帮助与鼓励。

三

鲁迅先生说:"我们自古以来,就有埋头苦干的人……这就是中国的脊梁。"薛老师道德文章,学界早有定论,不需我再赘述。而薛老师的勤奋与毅力也是学界有目共睹的,也是我最为景仰的。

众所周知,包括李白研究、杜甫研究在内的唐代文学研究之所以难做,难以创新,一个重要的原因就是缺少新史料的发掘。薛老师在退休前即已誉满天下,退休后本应含饴弄孙,颐养天年,但他并没有满足于已经取得学术成就,凭着学术研究的执着精神,给自己设定了很多"小目标",在完成一个"小目标"后,立即查找资料伏案写作,着手进行下一个"小目标",永不知倦,继续为包括李白研究、杜甫研究在内的唐代文学研究的推进而苦心孤诣。

薛老师在七秩之庆后的近十年间,仅知网收录的文章就有二十余篇。其中,薛老师《人性与李白的爱情观》《李白精神的现代意义》等文章,在对学界过往有关李白研究状况进行梳理与总结的同时,也为将来的李白相关研究奠定基础;《杜甫"陷贼"辨》《〈梦游天姥吟留别〉诗题辨误》等文章,通过对诗歌文本及基本史料的细读,进而对千年以来学界的共识提出更为切合实际的新叙事与新解读;《代复元古 大雅振新声——李白〈古风〉(其一)再解读》《关于〈古风五十九首〉研究的三个问题》等文章,则在博采诸家研究成果的基础上,融入自己独特的看法,形成了对于李白诗歌研究中一些疑难问题的新解读;而《李杜互通互补论》等文章,针对千百年来不绝如缕的"李杜优劣论",在前人研究的基础上,使用"李杜互通互补论"这样一个新的话题,来表述对李、杜的新认识。

此外,在近十年间,薛老师也有《李白诗解》(中国社会科学出版社,2016 年 11 月)、《八里桥畔论唐诗》(凤凰出版社,2020 年 6 月)、《从长安到天山:丝绸之路访唐诗》(北京大学出版社,2020年9月)等大著贡献学界。其中,《李白诗解》是"对20世纪及本世纪前10年学界诸家著述中涉及李白诗歌的实证性研究以及立足于实证性研究的诗旨阐释的成果作了尽可能全面的检视,广泛汲取各家原创型成果,并融汇自己的研究所得,对所涉及的李白诗歌做出了不同程度的新解读,以集大成求实证画句号善创新的明显特征,洵为李白研究学术史上具有标志性意义的重要成果"(海滨《李白研究学术史上的标志性成果——评薛天纬〈李白诗解〉》,《绵阳师范学院学报》2019年第7期)。《从长安到天山:丝绸之路访唐诗》则是"在丝绸之路与唐诗研究的永恒波光中投注了一丝灵动的涟漪,采用'实证性'的写作方式——从长安出发,到热海(今伊塞克湖)而止,结合实际城市与地面历史遗存的考察,对丝路沿线的唐诗创作进行了一次精彩纷呈的巡礼,为我们开启了一段别样的唐诗之旅"(吴华峰《别样的唐诗之旅——读〈从长安到天山:丝绸之路访唐诗〉》,《中华读书报》2021年1月20日10版)。可见,退休之后薛老师的日常生活看似水静无波,但他这些必传之作却蕴含着静谧生活、惬意人生的非凡荣耀。

作为晚辈后学,我为薛老师这样的老一辈学者对学术的执着追求与献身精神而感动,也不禁为自己的浮漂、怠惰与散漫而羞愧。再想起鲁迅先生那句话,我想,或许以薛老师为代表的老一辈学者可能就是中国人文社科的学术脊梁吧。

在薛老师八十寿庆来临之际,其实我们已经看到"矍铄薛公气浩然,驰骤学界一鞭先",他又欣开九秩学术华章!

衷心祝愿薛老师健康长寿!

（作者单位:新疆师范大学中国语言文学学院西域文史研究中心）

桃李芳华　下自栖人

——忆自薛天纬教授八十华诞之际

司艳华

　　十年前,我正在读研究生,恰逢薛老师七十寿诞之年,一张雪天师生合影留在了纪念文集的扉页里,也深深地印在了脑海里。未曾回忆过,却也不曾忘记过。那相片里的雪花,似乎从未停止过飘洒,只是寒来暑往,已经十度春秋。

　　毕业后,曾经的校园生活渐渐远去,而那曾经在三尺讲台、一方书本中为我们擘画未来的老师们也被深深地藏在了心底。本就讷于言辞,更因着这些年里的一事无成,便更加远离昔日的一切,逐渐困守在家与单位的两点一线,将过往的一切都装进了时间的行囊里。如果听到老师们的消息,会觉得兴奋,但如果要直面老师,却又会觉得紧张,不自觉地想要逃避。很多年前,我的导师朱玉麒先生曾经说过:这是一种学生的心态。现在,已近不惑,却依然是学生心态,确实是没有长进。

　　就在这没有长进的日子里,有一天,突然见到了薛老师。那是一个盛夏的上午,阳光穿过老榆树繁密的树叶,在地上投下斑驳的光影。我怀抱着刚刚四十二天的小婴儿正在医院等待例行体检,忽然听见一个熟悉的声音在问路,我犹疑地向门外望去,站在光影下的,正是薛老师,只是岁月在老师的额间又加深了印记。我抱着熟睡的婴孩快步迎上已经准备离开的老师,喊道:“薛老师!”在老师看过来的瞬间,我知道,老师并不记得我。老师从教几十年,育人无数,不记得也很正常,只是他一定不知道,在他教育过的学生里,或多或少,都会在内心珍藏着一段记忆,一个片刻,一句感动很多年的话。我看着老师略显蹒跚的步履,忍不住请求,希望可以护送老师到需要检查的科室。但老师拒绝了,他的目光看向我怀抱中的小婴儿,眼光非常柔和,轻声问道:“这么小,刚满月吧?不要吹到风了。”然后便缓慢地离去了。看着老师的背影,真想继续请求:“薛老师,我是朱老师的学生,您就让我送您去吧!”可是,这句话终究没有勇气喊出口,我怔怔地看着薛老师远去的背影,伫立良久。直到多年后想起,依然深悔没有坚持护送薛老师。老师当时穿着病号服,一定是在住院,而作为学生,竟然没有去护送老师,而是让老师在病痛中独自摸索着寻找检查室。于是,这个蹒跚而去的背影便清晰地印刻在了记忆中,每次回想起,都会带着自责和些许遗憾,那句没有勇气喊出口的话便会在内心再度响起。总是觉得,也许知道了我是朱老师的学生,他会愿意让我护送,可是这个也许,也只是个也许。这个十年里唯一的一次见面,便因着这遗憾而深深地、清晰地、如昨日般地留在了头脑中。

其实,这个也许,确实只是个也许。薛老师是严厉的老师,但也是慈爱的老人。记得曾经上课时,一位老师谈到薛老师,说到薛老师在学问上的严格和严厉,但是,面对小孙子时,那种慈爱又溢于言表。严师之严和慈爱之慈,从来就不是冲突的。这两者在我们当年于薛老师家上课时便完美地呈现了。当时,我们一行几人在薛老师家上课,老师治学严谨,一丝不苟,我们深怕有所错误,大家稍稍有些紧张。然而在这紧张的背后,却是满壁儿童的涂鸦,不禁让人看到一幅老人慈爱地看着孩童在墙壁涂抹的画面。也许,在老师那里,拒绝我的护送不过是怕幼小的婴儿吹到风。这份慈爱,怀中婴孩尚无法自知,而与我,则更平添几分愧疚。

时光匆忙,十年光阴弹指间。记忆的车轮不断远去,当年在课堂上学习的知识早已经模糊,即便是面对老师时那小小的紧张,也已经碾碎在往事不断前行的车辙里。以为一切最终都会成为一场记忆,以为曾经学过的专业知识最终都会揉散在工作、生活中,最终不知所踪。直到有一天,专业知识的大门偶然被打开,才陡然发现,模糊的只是知识,而清晰印刻在那里的是老师对知识的孜孜追求与热爱。而这份热爱和追求,正是老师留给我们最宝贵的礼物。这份礼物一直栖居在内心深处,纵然时间流逝,世事纷扰,这份热爱依旧如种子般深埋于心底,只待时机到来,便会生根、发芽、恣意生长。而浇灌这颗种子的,正是为师的严谨与对待后辈的慈爱。虽然,种子未必能够伸展了枝丫长成参天树木,但吸收了阳光与雨露,凭借着这份礼物,终有一天,它会钻出泥土,长出绿叶,成为一株迎风而立的小草。在老师从教的生涯里,芳华流布,桃李无数。而更多的,则是在那芳华之下静静栖居的茵茵草地。芳华不知,而下自栖人。许多梦想的坚守,许多人生的向往,总是与最初的耳濡目染息息相关。

而今,薛老师八十华诞即将临近,做学生的,既感光阴易逝,更为老师即将到来的喜庆之日倍觉欣喜。桑榆未晚,为霞满天。唯愿老师寿年永固、硕德流芳。

(作者单位:新疆医科大学图书馆)

我心目中的薛老师

赵士城

　　微信群里看到薛老师八旬寿诞的信息,那段和薛老师短暂而深刻的相处日常开始在脑海中回荡,那谆谆教诲至今仍记忆犹新。和薛老师的相识源于十二年前本科毕业时的论文指导,由于本科期间未见过薛老师真容,也未听过薛老师的授课,至今还记得第一次接受薛老师的指导时,我和另一位同学在路上的忐忑紧张,可接触后薛老师的睿智和广博的知识量,那深入浅出的讲解指导,一针见血的批评引导以及那温文尔雅的气质深深打动着我们,本来异常紧张的思绪也转化为平和温馨的师生学科知识探讨。可大四的自己被太多学业以外的事务搅扰,用在毕业论文上的精力微乎其微,现在回忆起来异常惭愧于当时的莽撞,后来才得知自己是薛老师在师大指导的最后一届本科生,而自己却没有拿出百分百的努力完成那篇有关唐诗与酒的论文。尽管如此,年近七旬的薛老师却能洞悉学生内心的矛盾与挣扎,在找工作方面提供意见建议,在准备研究生复习考试过程中给予鼓励和帮助,同时尽心竭力、循循善诱,帮助我完成本科毕业论文。在和薛老师的相处中,他的人格魅力一直感染激励着我,成为我为人师后的榜样。

一、不怒自威初体验

　　集学校副校长、全国李白研究会会长等多种头衔与荣誉于一身的薛老师,没有丝毫的官架子,当然,这些头衔以及薛老师的学术成就都是我后来在论文指导过程中通过网络才知道的。谦虚而又低调的厅级干部、学术上著作等身的专家学者在指导本科生毕业论文时,依然是那么严谨而又耐心十足。可是当时的自己正处于找工作的迷茫期,犹如醉酒中的莽夫,一心只顾着自己的人生大事,游走于乌市的大街小巷,盲目地寻找着糊口的生机,草草应付着本科毕业论文。真是羞愧至极,忝列于薛老师的学生中。

　　犹记得当时走进薛老师家中时的惴惴不安,犹如初次面试时上讲台讲课的状态,声音都是发抖的。手中拿着那篇连自己都不能说服的初稿颤颤巍巍地准备接受应得的训斥,可等来的确是老先生和风细雨般的指点迷津,甚至连参考文献都一一列出,谈笑间文稿的问题一一化解,思路逐渐廓清,更有幸的是薛老师还赠送几本和论文相关的带有作者签名的藏书。当然,文稿必定被薛老师修改的面目全非,实令坐在旁边的我汗颜。此后的论文修改,我再不敢敷衍应付、马虎对待,薛老师真可谓不怒自威了。

二、无微不至的关怀

当年秋季学期,有幸留在本校继续读书深造,开学后和薛老师有了更多的接触、更深的探讨,当时的课表中虽没有薛老师的课,但薛老师仍然会接受慕名而来的同学们的"围追堵截",并乐于为同学们答疑解惑。作为专业小班长而又和薛老师有过师生之谊的我自然成了联络员,经常把同学们的疑惑汇总向薛老师汇报,总能得到薛老师的积极回应。当然,近水楼台先得月,我就成了班里和薛老师走的最近的人,自然得到的关心也就最多了,从导师分配、方向选择、读书范围等都是薛老师关心的话题,每次都是事无巨细地问一遍,并进行有针对性地指导。

和薛老师联系最密集的是在研一刚开学的那段时间。当时班里同学们本科毕业于不同的专业,对于专业方向还没有明确的打算,对自己的学术生涯也没有明晰的方向,对于读书还没有建立起专业的系统思维和思考问题的方法,薛老师得知后,以自己读书和研究问题的方法为例,现场给同学们做了一次辅导。当时的薛老师已退休,可对帮助我们这些刚入学、还处于迷茫期的学生们,却是乐于付出的,对大家的关心更是无微不至的。

三、老当益壮的"黄牛"

我在薛老师家待的最多的地方是书房,虽去的次数不多,但书房的布局至今仍记忆犹新。书房两面墙壁满是书架,处处散发着书香,隔着玻璃橱窗望去,一排排古籍文献错落有致,一条条突出的书签格外醒目,摊开在书桌上手写的文稿是薛老师正在"作战"的战场。这就是学术的魅力,年近七旬的老人仍然为之努力。

薛老师移居北京后,虽然联络几乎中断,但关注薛老师的动态成了我不自觉的习惯。在中国人民大学的授课,在全国各地高校的讲座,在各大网络媒体现场的演讲,出版的著作等等,退休后的薛老师依然饱含激情地活跃在学术的前沿阵地,为后学们指点迷津、传薪递火,指引着往学术高峰攀登。习近平总书记提到"为民服务孺子牛、创新发展拓荒牛、艰苦奋斗老黄牛"精神,在网络上看薛老师在各大报告会现场精神矍铄地侃侃而谈,成篇的诗歌仍然能够脱口而出,那种老当益壮对学术钻研的劲头,不就是总书记说的老黄牛精神嘛!这种活到老、学到老、奉献到老的精神是我们后辈学习的典范。

(作者单位:新疆师范大学中国语言文学学院)

我戴天山明月来

——薛天纬教授访谈录

杨阿敏

杨阿敏：请谈谈您的中小学经历。您在西北大学中文系读书期间是如何度过的？当时的大学是一种什么状态？有哪些老师给您的印象比较深刻？

薛天纬：我是陕西人，家乡在延安地区的宜川县，唐代叫丹州。宜川在黄河边上，隔着黄河，东岸就是山西。黄河壶口瀑布就在我们县，上初中的时候，全校师生徒步去壶口旅行，县城距离壶口一百里地，往返五天。1942 年农历十月初一，我生于宜川县城七郎山下。我父亲是商人，曾任宜川商会会长。1948 年冬，我随家人回到故乡云岩镇永宁村，我在村里的小学上过一年学。我出身于一个大家庭，父兄从小教我认识了不少字。1950 年春季，我到云岩小学上学，因为识字较多，所以直接上了三年级。我记得云岩小学的大门上有一块匾额，上书"横渠遗风"四个大字，我当时并不懂这几个字的意思。直到很久之后读了乾隆年间编成的《宜川县志》，才知道北宋大儒张载（横渠）做过云岩县令，于是不由得内心生出一些自豪。

1953 年夏，小学毕业，进入宜川中学读书。初中时候，教语文的赵如彬老师，端午节他会给我们讲屈原的诗歌，读《国殇》和《哀郢》，还读郭沫若的译诗，留下了深刻的记忆。他教作文，引导我们不要写套话，比如那时人们写信，一开头总要问候"近来身体健康吧，饮食增加吧"。赵老师拿了一封信给我们读，信是一位朋友写给他的，开头是："本来不想这么快就给你回信，因为上次你给我的回信拖了很久，但一想，好人总是要原谅病人的（赵老师当时生病了），所以就没有报复你。"赵老师读的这封信给我的印象太深了，而且从那时起懂得了写作文不能写套话。许多年以后，我已经当教授了，有次回延安，在延河边上遇到赵老师，他退休前在延安教师进修学院任教，我说："是老师您的影响，使我选择了读中文系。"他说："这话我相信！"

我读高中是在延安中学。我读高中时，从 1956 年到 1959 年，国家提倡"向科学进军"，人人都知道这口号，叫作"知识就是力量"，所以学校的教学是比较正规的。大概从我们那届开始，在高中阶段，语文分为文学和汉语两门课，文学课本（记得是张毕来主编)像文学史的作品选一样,从《诗经》的"关关雎鸠"开始讲起,一直到明清小说,系统地学了一遍。对于我这样 1949 年以后才开始读书的人来说,没有上过私塾,高中那一段文学课的学习,使我对中国古代文学的东西有了一个比较系统的了解。高中阶段赶上了"大跃进"和"大炼钢铁",1958 年夏天我们没放暑假,参加修延惠渠的劳动。冬天又去距离延安六十里的建设煤矿参加了一个月炼焦劳动,就是炼焦炭,焦炭是用来炼铁的。炼焦是土法,在半个篮球场大小的坑里,装满原煤,封起来从下面烧,煤就变成了焦炭,再挑水把火浇灭。这次劳动十分艰苦,天气又冷,但大家热情很高,我用《我是一个兵》的曲子改填了词:"我是一个兵,来自中学生。昨天放下手中书,今天做炼焦工……"登在"延安中学炼焦营"的油印小报上,被同学们排成节目演唱。过后,我写了一篇作文,记叙炼焦劳动,这篇作文被延安广播站播出,又登在《延安报》上,我因此拿到了生平第一次稿费 2 元钱。巧的是1959 年 7 月高考,作文题目是《记一段最有意义的生活》,我原封不动地把那篇文章凭记忆重写了一遍,据说得了高分。

　　我从小几乎没有什么阅读经验,即使有一点也基本上可以忽略。比如我小时候,应该是在七八岁的时候,用毛笔写大字,叫"写大仿",有一个老先生给我写了一个样本,叫"仿格",把它垫在白麻纸底下,在上面描。那位老先生给我写的是《千家诗》里面朱熹的诗:"胜日寻芳泗水滨,无边光景一时新。等闲识得春风面,万紫千红总是春。"还有一首是程颢的《春日偶成》:"云淡风轻近午天,傍花随柳过前川。时人不识余心乐,将谓偷闲学少年。"这两首诗就会背了,但不懂意思,当时也不知道作者是谁,也不知道《千家诗》。

　　1959 年高中毕业我考到西北大学中文系。西北大学在西安。西北大学是抗战时期的西安临时大学,后来改名西北联合大学,继而又改为西北大学。50 年代的时候,西北大学是教育部直属的综合大学之一。但是,1958 年陕西省把西北大学要回去了,变成了省属,直到现在。

　　上大学期间,虽然政治活动及劳动不少,但 1960 年赶上"三年困难时期",在这个情况下,国家实行"调整、巩固、充实、提高"的八字方针,大学里面开始比较重视教学。"全国文科教材会议"之后,教育部组织专家编写大学文科教材,我们正好赶上这批教材出版,学校里面强调读书,劳动减少了,社会活动、政治活动也减少了,我们安心读了两年书。当时出的这批教材,至今还在我书架上,比如王力主编的《古代汉语》,朱东润主编的《中国历代文学作品选》。文学史当时有两种,一种是中国社科院文学所编写的,还有一种叫五教授本,即游国恩、萧涤非、王起、季镇淮、费振刚五位教授主编的文学史教材。还有《中国历代文论选》,是复旦大学郭绍虞教授主编的。教材封底上印着"高等学校范围内发行",当时社会上是买不到的。

读本科期间,我们的课程安排是很系统的。比如,除《古代汉语》之外,还开了文字学、音韵学和训诂学。学了文字学,知道了《说文解字》及段注,虽然没有通读,但把任课老师推荐的王筠《文字蒙求》从头到尾照描了一遍。学了《训诂学》,知道了"高邮王氏",当时节衣缩食买的一本杨树达的《词诠》作为工具书,至今仍在书架上。学了《音韵学》,知道了守温和尚及"三十六字母"等知识,记得杨春霖先生在课堂上举例,说:"陕西话有'bia'这个发音,把一张纸贴到墙上,陕西话说'bia'到墙上,'bia'其实就是'敷',古无轻唇音,把'f'读'b'。"古代文学课课时相当多,为了配合古代文学教学,系里的古典文学教研室自己编了一本作品选,是由校印刷厂用很黑很粗糙的纸张印刷的,书很厚重,一册在手,从先秦到近代的作品形成一个完整而简洁的系统,很实用。刘持生先生开了一门《汉魏六朝散文选读》,选目自出心裁,比如王褒《僮约》,读过终生不忘,后来我写关于"太白遗风"的文章,便引用了《僮约》。傅庚生先生给我们讲授唐代文学这一段。傅先生是著名的杜甫研究专家。"文革"之前,全国的大学教授中搞杜甫研究最著名的两个,一个是山东大学的萧涤非,一个是傅庚生。本科期间,我认真读了萧先生的《杜甫研究》(上下册,上册是论述,下册是杜诗选注)。1962年,当杜甫诞生1250周年之际,杜甫被列为"世界文化名人",学术界展开了相当热烈的纪念活动。傅先生在《光明日报》等报刊相继发表《沉郁的风格·闳美的诗篇》《探杜诗之琛宝·旷百世而知音》等文章。傅先生还著有《杜甫诗论》《杜诗散绎》等著作,在国内有广泛影响。1962年上学期,傅先生为我们班上《中国历代文论选》,虽然因为课时有限,上册都未能上完,但真是受益匪浅。傅先生挑选了教材中他认为最重要的篇章,详细讲解,给我们留下了极深的印象。正是在上这门课期间,我背诵了《典论·论文》《文赋》《文心雕龙·神思》等经典之作,背诵的东西,化成了自己的血肉,可以灵活运用,受用终生。

"文革"结束以后,1978年我又回到西北大学读研究生,导师是傅先生,他把我们招进去,专业方向是魏晋南北朝隋唐五代文学。有一次在他家里看到陈贻焮先生送给他的一本书,前面写着"庚生师",后面签名是"一新",傅先生说,"一新"就是陈贻焮。当年傅先生在北大教书的时候,陈贻焮是他的学生。傅先生教我们做研究,常说"伤其十指,不如断其一指",即抓住一个问题,一定要研究透彻,而不要把面铺得太开,浮光掠影,最终什么问题都没解决。他也教我们如何做人,教诲我们说:"做人不能俗。"他最看不起"俗"人。

杨阿敏:大学毕业后,您即分配到新疆工作,研究生毕业后又重返新疆。请讲述一下您在新疆的工作经历。

薛天纬:大学毕业国家统一分配,我们同班14个同学去了新疆。我与另外3位同学分配到乌鲁木齐第一师范任教。第一师范建校是清末光绪年间的1906年,历史很老,是自治区教育厅的直属学校。1963年秋天刚工作,教一个师范短训班语文课,学生是乌鲁木齐市的应届高中毕业生,招进来培养一年,进行一些专业训练,然后去做小学教师。

这里要重点说说的,是1964年夏天,我有幸参加了在西安召开的"第4次全国普通话教学成绩观摩会"。全国每个省(市、自治区)都有一个代表团参加观摩交流,新疆代表团共5人,其中有教育厅一位干部领队,新疆文改会(研究维吾尔文字改革的机构)专家魏萃一。我之所以能有机会参加这个会议,是因为第一师范是教育厅直属学校,而推广普通话是师范学校的重要工作,至于学校为什么选派我这个刚刚任教一年的青年教师去参加会议,当时没有细想,至今回忆起来仍没有答案,但觉得真应该感谢学校领导的青睐。另外还有两个参加普通话汇报表演的学生,一位汉族小学生,叫王源,是铁路小学的女孩;另一位少数民族女中学生,名字好像是叫玛依拉,她朗诵郭小川写新疆的诗歌,全场听众都惊讶她普通话讲得好,其实她是全国政协副主席鲍尔汉的孙女,就是在北京长大的。这个会是在西安人民大厦开的(那个时候全国每个省会城市都有这么一所标志性建筑,重要会议都在那里召开,比如新疆就是乌鲁木齐的昆仑宾馆,俗称"八楼")。会议十分隆重,国家文字改革委员会主任、党的"五老"之一吴玉章亲临大会。开幕式入场的时候,时任教育部副部长的叶圣陶,童颜鹤发,站在会场入口与每一个进场的人,不论大人小孩,一一握手。那次开会,除了大会之外,有分组讨论,我所在的小组里面,有国家文字改革委员会的多位语言文字学家,至今眼前仍能浮现他们的面容,有周有光、林汉达、倪海曙、徐世荣、杜松寿等。其中朗诵专家徐世荣和陕西籍的杜松寿曾于我读本科时到西北大学中文系做学术讲座,其他专家则是久闻大名而第一次得见其人。那真是一次难得的机会,也算是我参加的第一个学术性会议。

这个会议之后,我就参加新疆自治区招生工作组,到天津去招生。招生对象是天津当年高考没有录取的应届高中毕业生。那个时候大学招生数额非常少,而且招生首先一个条件是政审,就是家庭出身有没有什么问题。天津这个地方之前资本家比较多,考生家里稍微有点什么问题都可能落榜。但是这些年轻人文化基础非常好,高中上得非常扎实。招到新疆去,上两年学,培养目标是民族中学汉语教师,毕业后给少数民族学生教汉语。学制是正规的两年制专科。那一届招了100名学生,分为三个班,简称维专一、二、三班。我担任维专三班的班主任,同时给三个班上语文课。这门课的名称应该叫"阅读与写作",没有课本,而是从报刊上找一些比较好的文章,也包括一些文学作品,作为范文学习,以提高学生的分析能力和写作能力。维专班同学两年的修业时间并没有全部拿来学习,他们还到兵团农场摘棉花,到自治区展览馆做"新疆维吾尔自治区成立10周年大庆"的讲解员,到"七一纺织厂"参加社教,等等。他们1964年入学,应该1966年暑期毕业,但还没毕业"文革"就爆发了,所以他们一直到1968年才分配到天山南北去工作。后来,他们一大半调回了天津,但也有同我一样在新疆工作至退休的。维专班同学基本是1945年前后出生,我与他们当时是师生关系,但事实上属于同一年龄段,他们毕业后我都视为朋友。2014年9月,维专班同学在天津聚会,纪念进疆50周年,我应邀前往,曾赠给他们一首七律:

> 倒转流光五十年,津门儿女竞翩翩。辞亲不畏征行远,出塞唯期天地宽。
> 国是无常谁可问,予生有梦自能圆。古稀翁妪重逢日,执手同歌相见欢。

1968年秋冬之际,第一师范的毕业生都分配离校了,学校当时也归属了乌鲁木齐市。积压了三年的小学毕业生要上初中,第一师范就招初中生。那个时候不叫一年级、二年级,都军事化的,叫一连、二连,我带那个班,叫二连四排。这个排的"战士"们入学时年龄十二三岁,我当排长。当时上课就读语录,每天读语录,写"红色日记"。还要参加劳动,挖防空洞,夏收等。两年后,开始比较全面地复课了,又要培养教师,第一师范开始从下乡知青中招收师范生,办了语文班、数学班等,学生属于工农兵学员,但因为第一师范本身不是一个大学,学生后来都给了中专待遇。我给语文班上过课,也做过班主任。

新疆的高等师范教育,在"文革"前有过一些反复,当初有过新疆师范学院,后来又被撤销了,因为当时新疆大学的基本任务就是培养师资的,不需要再设一所师范学院。新疆师范学院被撤销后,一部分合并到新疆大学,一部分迁到喀什,1962年成立了喀什师专,现在叫喀什大学。所以新疆在"文革"结束时,就筹备成立一所新疆师范大学。

邓小平决定恢复高考,是1977年冬天的事。新疆也组织了第一次高考,入学的学生叫77届,实际上1978年春天入学。这个时候新疆师范大学还没有成立,但是就先招生了。77届大学生入学,就在第一师范的校址。到1978年上半年,78届又招进来了。77届、78届招进来的时候,新疆师范大学还没有成立,两个孩子的出生其实先于母体。1978年12月,教育部关于成立新疆师范大学的文件下达。教育部的文件明确"乌鲁木齐师范学校"(即第一师范)及"新疆教师培训部"(其前身是教育厅的"中小学教师进修部",也曾设在第一师范)是成立新疆师范大学的基础。所以,新疆师范大学的校史可以追溯到1906年,也是百年老校了。1978年上半年,我给中文系77届上过古代文学课,我手里有古代文学的老教材,作品选与文学史是揉在一起上的。

杨阿敏:您为什么选择考研究生?傅庚生、安旗先生是如何指导学生的,请谈谈您对两位先生的认识,并谈谈您读研究生时的具体情况。

薛天纬:1978 年的春天,得到研究生恢复招生的消息。一翻招生目录,有母校西北大学傅庚生先生的招生信息。我当时也没别的想法,也没有想到其他城市去,就想回到西安,回到母校。傅先生给我们讲唐诗的印象太深了,我的愿望就是跟傅先生学唐诗。

研究生招生考试我记得比较清楚。考俄语,我的成绩考得不错。俄语我们上高中读了三年,大学又读了两年,学了 5 年俄语。当时的俄语水平能阅读俄文《真理报》与《文学报》,常跑到钟楼邮局买这两份报纸来读。俄语大概考了七八十分,我清楚地记得阅读与翻译题的题目是列宁的名言:"学习学习再学习。"专业课考试,我选了关于李贺诗歌的题目。我大学时读了《三家评注李长吉歌诗》,印象比较深。"文革"中间,唐代的诗人都被分成儒家和法家,李贺是"法家",他的作品可以公开合法地读。研究生考试的时候,我把李贺诗歌大段地写了上去,甚至把杜牧给李贺诗集写的序都默写进去了,所以考试比较顺利。1978 年的夏天,到西安去复试,傅庚生先生亲自主持复试,在"西树林"的树荫底下,大家席地而坐。傅先生说到我试卷上居然能背那么多李贺的诗歌,表示很赞赏。那一届,中文系招了 14 名研究生。跟着傅庚生先生的一共 4 个人,除了我之外,还有阎琦、李云逸、韩理洲。我们的专业方向是魏晋南北朝隋唐五代文学。但到秋天,我们入学时,傅庚生先生身体就不行了,卧病住院了,没有办法再工作。

在这个情况下,当时西北大学的校长郭琦,从延安过来的一位老教育家,他是四川人,1979 年夏,他把安旗老师从成都调到西北大学,后来安旗老师就成了我们 4 个人的导师,所以我读研究生应该是前后两位导师。

安旗老师本来在西安工作,她是成都人,后来调回成都,这次又从成都回到西安。安旗先生来的时候没有职称,因为她没在高校工作过,她是全国著名的文艺评论家,五六十年代就出了多种诗歌评论集,在全国广有影响。1962 年,纪念杜甫诞生 1250 周年时,在傅庚生先生发表许多纪念杜甫文章的同时,安旗先生也在《四川文学》杂志发表了《"沉郁顿挫"试解》一文,文中将"沉郁顿挫"四个字解释为"忧愤深广,波澜老成"八个字。这篇文章我当时就拜读了,印象十分深刻。文章收进了中华书局编辑的《杜甫研究论文集》。安旗先生调来西大前,已经开始了李白研究,来西大时带着写好的书稿《李白纵横谈》。

我们读研究生期间,导师怎样指导学生,据我的印象,除了外语课是按课表上课,有教科书,其他的专业课都没有课堂教学,都是师生相互接触、交谈。你写你的文章,你读你的书,写出来后,和老师去交流讨论。写的文章也不一定是老师讲过的东西,比较自由。大家读的书很多,如饥似渴地读书。在一次与安旗老师进行了关于李白《将进酒》的讨论后,安老师鼓励我进行系统的李白研究。当时,在西大图书馆没有找到詹锳先生的《李白诗文系年》,我就到陕西师大图书馆找到这本书,在馆里用了大约一周时间,把全书基本上摘抄了一遍。当时,安旗先生对李白的生平与创作已经形成系统看法,在此基础上,她决定撰写一本《李白年谱》,并交给我来执笔。安老师修改定稿,并精心撰写了《前言》。这本8.8万字的书,于1981年秋脱稿,1982年由齐鲁书社出版。

我的硕士论文题目,遵照安老师意见,写李白,题目是《李白诗歌思想综论》,大概写了七八万字。论文都是手抄的,用方格稿纸手抄,然后复印出来。当时整个西北大学大概也就是图书馆有一两台复印机。80年代中期我与阎琦、房日晰在安旗先生带领下,进行《李白全集编年注释》的工作,稿子也全是手抄。前些年搬家,翻出那时的稿子,我非常惊奇,自己当时怎么能写那么漂亮的钢笔字。现在写不了了,自从用电脑打字,写字退化得很厉害,连签名都签不好了。

我们答辩应该是1981年11月份前后的事情。我从乌鲁木齐到西安来,那时候交通不像现在这么方便,宝鸡到天水之间这段铁路,到秋天一下大雨就被大水冲断,火车就不通了。我到兰州就无法再前行了,到不了西安。怎么办呢?生平第一次坐飞机,就是读研究生最后一个学期,1981年的秋天,为了赶回西安完成硕士论文答辩,从兰州坐飞机到西安,飞机票是28元,现在随便打个出租也不止这个钱吧!我们的硕士论文答辩,请了中国社科院文学所的吴世昌先生来主持,吴老的研究生董乃斌已经完成了答辩,就陪着他来到西安。乃斌兄与我同为1942年生人,他"文革"期间曾在西大工作数年,这一次也是故地重游。

答辩完以后,就毕业了。我们是"文革"后的第一届研究生,毕业以后,很多地方和单位都可以去,不回新疆完全可以。但是,当时新疆师范大学成立了,我的工资也一直是新疆师范大学在发,当然我有义务回去继续给新疆服务。新疆师范大学也盯得很紧,要求我回去。那个时候我也成家有小孩了,所以我又回到新疆去了。我记得十分清楚,1982年元旦那一天,我"二出阳关",登上了从西安开往乌鲁木齐的火车。数箱书籍,是同窗费秉勋用"零担"帮我托运回乌鲁木齐的。这一年,我将满40周岁,已经没有了21岁时出塞的豪情,甚至还生出几分悲凉。当时也有诗,其中一首写道:"已把青春逐塞寒,阳关重度意萧然。苍茫云海天山月,照我梦魂返长安。"从1982年回到新疆师范大学开始,一直到2009年12月退休,加上读研究生之前在新疆的15年,我把46年的岁月献给了新疆的师范教育事业!退休以后,因为儿子在北京工作,就住到北京来了。2011年,冯其庸先生推荐我到中国人民大学国学院做特聘教授,前后5年,至2016年聘期结束。

杨阿敏:您在人大国学院曾开设古诗文写作课,请问如何才能走进诗词写作的大门,写出合格的作品?您如何看待当下的旧体诗词写作现象?

薛天纬:学会写作古诗词,首先要读得很多,背得很多。即使不懂格律,但是脑子里背了好多唐诗,有了这个基础,然后再去学习格律,就容易了。掌握诗词格律很简单,一个小时就可以把格律讲清楚,这个不是问题。我上课时是复印了裴斐先生《诗缘情辨》所附"诗律明辨"作为教材,裴先生把诗词格律讲得简明而又通达,一看就懂。

时下写作旧体诗的人很多,作品多到难以数计。在我看来,今人写作的旧体诗总体上可分为两大类:一类是"大众的",一类是"小众的"。"大众的"诗俗,"小众的"诗雅。"小众的"诗即文人诗。大众的诗可能他也学了格律,写的也符合格律,但是你一读,觉得诗的气味"俗",没有文人气。当下大学教授中写诗的人不少,但都是把写诗当成教学科研的"余事",甚至是写着玩儿。我也写,但写的不多。我的朋友周啸天先生可能算是个例外,他是以旧体诗词写作获得"鲁迅文学奖"的唯一之人。他真正把诗词创作当作一个事业来做,不但写,也做这方面的研究,有许多著述。我的学生王星汉(以笔名"星汉"行),是新疆师大1977届的学生,他酷爱旧体诗词写作,水平也很高,而且是中华诗词学会的创会副会长之一,被誉为"新边塞诗派"的代表作家。星汉也是把诗词写作当成事业做的。我参加过几次中华诗词学会的活动,诗词界诸人指称我为"星汉的老师",以为识别。

杨阿敏:作为硕士和博士生导师,您是如何指导学生读书治学的?

薛天纬:新疆师范大学是1993年12月获准为硕士学位授予单位的,"中国古代文学"是首批6个授权专业之一。1994年的招生没有赶上,首届硕士生是1995年入学的。我在新疆师大培养的硕士研究生比较多,给他们开的一门最重要的课程,是"唐诗史料学"。学了这门课程,就迈过了唐诗研究的门槛。上课就在我家里,因为所有资料都在我书架上。然后就让他们去读书,必须读大量的作品。罗宗强先生《隋唐五代文学思想史》出版后,我为此专门开了一门课,精读罗先生的书,逐章逐节的读,凡书中征引的原始文献,一段段布置给研究生自己先阅读,每人一段,课堂上做重点发言,大家一起讨论,疑难处我作讲解,这样既培养了学生阅读古籍的能力,又学习了罗先生的著作。罗先生的书我先是买了一本,精读时用红铅笔画了线,写了批注,后来,罗先生赠书到了,我就把原先精读过的那本送给我的第一个研究生,他把我原来的红线和批注全部"影写"照搬到了罗先生的赠书上。这个研究生毕业后考了陈伯海先生的博士。

2003年到2008年这5年间,我在华东师大招过两届博士生,招生的方向是"唐诗研究",培养了三个博士生。因为我是兼职导师,每学期大概有一个月时间去上海指导学生,真正上的课程,实际只有一门,就是"古代文学研究前沿",介绍学术动向,学习最新研究成果,一起讨论研究方法。我给他们现身说法地谈做学问的体会。花力气最多的,是指导他们做好学位论文。3个博士生,一个做卢仝研究,一个做唐诗与西域文化研究,一位做唐代落第诗研究。答辩都是"优秀"等级。在中国人民大学国学院,我只招过一个博士生,但入学一年后我的聘期就满了,便把他交给另外的导师了。当然,我给国学院的博士生上过一些课。

杨阿敏:注释是阅读鉴赏诗歌的重要参照,当下的注本质量参差不齐,现状堪忧。您不仅参加了李白诗歌的编年注释工作,还注评过高适岑参诗,您认为如何才能做好注释工作? 扩大一点说,您是如何研治古典文学的?

薛天纬:我读研究生的时候,王利器先生去给我们上过课,他讲过一句话:"一定要把卡片做起来!"并且讲了做卡片的注意事项,比如卡片必须一样大小,等等。我以前也做卡片,有电脑以后就不做了。做卡片,可以积累知识,更重要的是围绕一个特定的问题来积累材料,最终达到解决问题的目的。进入专业研究之后,一定要想问题,遇到一个感到有疑问的问题,要准备解决它,就得先做卡片。读研究生期间我写过一篇文章:读李白的诗,有一首《答友人赠乌纱帽》:"领得乌纱帽,全胜白接䍦。山人不照镜,稚子道相宜。"出来了"乌纱帽"这个词。大家现在还说"乌纱帽"是吧? 保乌纱帽,丢了乌纱帽,等等。乌纱帽就是官帽。当时我读李白的诗,产生了疑问:如果乌纱帽是官帽,只能朝廷授予,怎么能由"友人赠"呢? 那么,在唐诗里"乌纱帽"到底是什么东西? 我就翻阅各种文献资料,特别是查阅唐诗中出现的"乌纱帽",遇到一个个实例,就用卡片记下来,卡片积累得差不多了,问题的答案就出来了,于是,我就写了一篇文章,题目是《"乌纱帽"小考》,结论是,乌纱帽在唐代不是官帽,是老百姓都可以戴的帽子。文章不太长,发表于中华书局编辑出版的《学林漫录》第六集。这算是比较正规的学术文章,是我读研究生期间写的东西。后来有两本书把这篇文章收进去了,一本是王春瑜先生所编《新编日知录》,另一本是王子今先生所编《趣味考据学》。这是我发表的第一篇学术性的东西。读研究生期间,其实我还写过一篇文章,题为《李白"游仙醉"问题初涉》,发表在西北大学学报 1980 年第 2 期,我刚才百度了一下,文章还能查到。陈毅元帅有诗《冬夜杂咏·吾读》:"吾读太白诗,喜有浪漫味。大不满现实,遂为游仙醉。"我文章的题目即取自陈毅诗句。这篇文章,我在后来的论文集中没有收入,因为进入专业研究后,我觉得这篇早期的文章没有什么学术性,算不了研究成果(但在当时,应该说达到了发表水平),敝帚不自珍,我自己把它否定了。

我做研究、写文章,坚持一个原则,就是言之有物,不说无谓的话,不说无个人看法的话。因此,我做的题目无论大小,写的文章无论长短,自己觉得绝无虚文。举例来说,我们仍然说李白的诗,大家也都很熟悉李白的一首《行路难》:"金樽清酒斗十千,玉盘珍羞直万钱。停杯投箸不能食,拔剑四顾心茫然。欲渡黄河冰塞川,将登太行雪暗天(满山)。闲来垂钓碧溪上,忽复乘舟梦日边。行路难!行路难!多歧路,今安在?长风破浪会有时,直挂云帆济沧海。"什么叫"歧路"?现在人们还在用这个词,谁走上歧路了,误入歧途了。这不是个好词,是吧?犯错误了。李白诗中的"歧路"是什么意思?"多歧路,今安在",什么叫"今安在"?就是"如今在哪里",诗人在寻找"多歧路","歧路"显然不是个贬义词,而是李白寻找的、追求的对象。他一时找不到出路,但他相信将来一定有出路,所以接着说"长风破浪会有时,直挂云帆济沧海"。《行路难》诗中的"歧路"这个词从来没有人注释过,也从来没有弄清楚。你去查收词最多的《汉语大词典》,"歧路"有多个义项,但放在李白诗中都讲不通。既然前人没有给我们留下关于"歧路"的正确解释,那么,只有自己去解决这个问题。解决的方法只有一个,就是到唐诗中寻找"歧路"这个词,把各个诗例排列起来,累积起来。一条、两条、三条,八条十条以后,答案自然就出来了。唐诗里的"歧路"是什么意思?歧就是路,路就是歧,"歧路"也常说成"路歧",在这里其实就作"道路"解,由地面的道路借喻仕进之路。李白另有一首《行路难》,开头直呼:"大道如青天,我独不得出!""歧路"的意思,正与"大道"仿佛。"多歧路",就是一条条道路,许多条道路;然而"多歧路,今安在",自己却寸步难行,处处碰壁,硬是找不到出路在哪里。我在前两年出版的《李白诗选》(人民文学出版社)中,对"歧路"的注释引用了几个诗例,这里就不重复了。我写成的文章叫《"歧路"解》,发表在《古典文学知识》上。这篇文章也不太长,但这个问题从放在脑子里面到最后解决,大概有10年以上的时间。问题放在这里,我不可能为了解决这一个词,把《全唐诗》翻一遍。但是这个问题放在脑子里面,我不断地在阅读,发现一条诗例就把它记下来,这个问题就好像一块磁铁一样,不断地把有用的东西吸过来,积累到一定的时候,结论就出来了。现在有了电子检索,输进去关键词,唐诗的例子都出来了,只费吹灰之力就可以获得许许多多例子,做事情容易得多了,当年的感受却没有了。

由"歧路"我想到对工具书的使用。读书,做学问,谁都离不开工具书,尤其是专业工具书。但是,又不能过于依赖工具书,因为工具书有时解决不了你的问题,比如上面说的"歧路",《汉语大词典》就解决不了你的问题。非但如此,工具书有时候还会给你一个错误的解释。比如,白居易诗中有"云母粥"一词,什么是"云母粥"?注家没有解释。你去查《汉语大词典》,倒是有这个词,解释说"云母粥"是"白米粥的美称"。那么,亿万国人早餐喝白米粥,今后咱们都改叫喝"云母粥"吧,都用这个"美称"吧!其实,《汉语大词典》在这里犯了一个极不严肃、极不负责任的错误。服用"云母粥"是白居易在修炼道教时养成的一种生活习惯,"云母粥"是用云母粉作原料煮成的粥。云母无毒，喝了对人无大害。我在查阅了道籍后，写过《何物"云母粥"》一文，解决了白居易诗中的一个具体问题，也纠正了《汉语大词典》的一个错误。

那么，如此说来，工具书就不可信了？非也！有时候我们恰恰是因为没有很好地使用工具书，才使阅读与研究中遇到障碍而得不到解决。比如，李白的重要诗篇《古风》其一"大雅久不作"，诗中"扬马激颓波，开流荡无垠。废兴虽万变，宪章亦已沦"几句，"激"是什么意思？人们曾费了许多探求的工夫，不断地向最终的解释靠近，却没有走到终点。其实，做文史研究最离不开的工具书《辞源》，解释"激"的第一义项，就是"遏制"。我们常说的成语"激浊扬清"，就是遏制浊流，播扬清流。李白诗句"扬马激颓波"，就是扬马遏制了颓波。一方面遏制了颓波，一方面开启了汉赋之流，成就了王国维所说的"汉之赋"这"一代之文学"。所以，我们既离不开工具书，又不能太依赖工具书、太相信工具书。此中道理，只有到研究实践中去体会。

说了半天，原来几十年就是在几个字词的解释上下了点工夫？那倒也不是。你要求我谈谈注评高适岑参诗的问题，我就着这个话题说说。我给三秦出版社做《高适岑参诗注评》这本书，对岑参诗中的"轮台"，做了明确判断，轮台就是北庭，是北庭节度使驻节的地方，即今天的全国重点文物保护单位"北庭故城"。当然，我先是写了一篇比较长的文章《岑参诗与唐轮台》，发表在 2005 年的《文学遗产》上。有兴趣的读者，可取之一读并共同讨论。我还给这本书写了一篇序，其实是一篇文章，题为《高岑与盛唐边塞诗的人性内涵》。这篇文章曾被《唐代文学研究年鉴》关注，文章的基本观点，就是盛唐人踊跃赴边，是为了实现自己的人生价值，是为了满足"发展"的人性需求。我甚至还说过："对于古代文学作品来说，是否表现了人性以及表现的程度如何，是决定其价值的关键。"我还多次说过，"李白是张扬人性的一面旗帜"。要而言之，我的学术研究，其实是义理、辞章、考据都做一点的。

我近年发表过的一些观点，自信"真理掌握在自己手里"，期待得到学术界的认同，甚至期待得到文化传播界的采纳。比如，李白名篇不要再被误称为《梦游天姥吟留别》，而恢复其本来面目《梦游天姥吟留别东鲁诸公》，简称则为《梦游天姥吟》。再如，不要再说杜甫是被叛军俘虏后押回长安，他是自己主动返回长安的，等等。

如果从 1982 年研究生毕业返回新疆师范大学算起，我从事学术研究至今近 40 年。1982 年 5 月，西北大学郭琦校长亲自策划了"中国唐代文学学会成立大会"，那时我刚回到新疆师大不久，去西安赴会时，途中火车上吟成一首七绝：

母校频招游子回，阳关古道正东开。长安此日逢嘉会，我戴天山明月来。

这首小诗的末句得到安旗师激赏。此后,我说自己是每参加一次学术会议,就戴一回天山明月。四十年间,总起来说,是在唐代文学的范围内兜圈子。2006 年我出版的《唐代歌行论》,虽然"溯源篇"是从先秦开始的,但重点仍是唐代。因为这本书的写作,我后来在说明自己的研究方向时,往往表述为"唐代文学及中国古代诗学"。2008 年我写过一篇文章《师范渊明　唯取一适——苏轼为什么要写〈和陶诗〉》,算是突破了唐代的疆界,上挂魏晋南北朝,下连宋,而且一下子就论及了陶渊明和苏轼这两位时代的顶级作家。我自己想到这一点,就觉得好笑。

杨阿敏:您治古典文学数十年,与学界交往应该不少,可否与我们分享一些您经历过的"新世说新语"呢?

薛天纬:这个话题可以说的内容就太多了,而且是个说不完的题目。我随意说一点,比如 1982 年 5 月,西北大学郭琦校长亲自策划了"中国唐代文学学会成立大会",会址是西安城内的"芷园",即杨虎城公馆。会议前前后后发生过数不清的学人逸事。我当时在会务组服务,留下了许多美好记忆。这里说几条。

1. 安旗先生是会议东道主,她准备了一个精美的册页,让我们代她拜望各位老先生,并请他们在册页上留下墨宝或赠言。詹锳先生题写了两句联语:

久困樊笼荒旧业;欣开眼界识新朋。

上句说自己。詹先生出身西南联大,在那里完成了《李白诗文系年》《李白诗论丛》两种现代李白研究的奠基之作。后来,到美国留学,学了心理学,50 年代初回国后,在天津师范学院教授心理学,是之谓"荒旧业"。直到"文革"结束后,才在河北大学重新开始古典文学研究。"久困樊笼"不用解释。詹先生与安旗先生是初次见面,所以有联语下句。大家看看这联语的绝妙之处:上句仄仄平平平仄仄,下句平平仄仄仄平平,声律自不待说,上、下句语词的对仗极其工整,妙处尤在上句"久""旧"二字,下句"欣""新"二字,本句中同音字重现,上下句又在相同位置构成严整对仗。2016 年 9 月,在河北大学举行的"詹锳先生诞辰 100 周年纪念及《詹锳文集》首发会"上,我在发言中讲到这件事,并说此联语实可以补入"文集"。

2. 会务组到老先生处登记返程火车票(当时航空极不发达,人们没有乘飞机的概念),詹锳先生写了一个纸条:"我年老体弱,身胖腿短。"接着一句是:"请订下铺。"

3. 购卧铺票实在不易,散会那天,会务组把苏仲翔(渊雷)先生送到火车站,没想到下午老先生又回来了,原来他独自在小酒馆里饮酒,误了车。苏先生随身带一个小酒壶,餐桌上剩的酒,就灌进去,随时取饮。

4. 大家到华清池考察,并体验了温泉洗浴,我与姚奠中先生等数人在"九龙汤"共浴,姚先生看着大家赤条条地,笑言:"我们是九条龙啊!"

5. 80年代初,知识分子意气风发,王达津先生在小组会发言,激昂慷慨,声如洪钟:"我们这个时代,要的是高适、岑参,要的是李白,要的是早年的杜甫!"

顺便透露一点私藏:我在简报组工作,收集了一些老先生们投来的诗稿,有的写在小纸片上,有的写在台历页上,有的写在香烟盒上。日后,我将择机逐步公之于众。

(作者单位:《中华瑰宝》杂志社)

师父的师父，是个传说

匡冰鑫

之前网上流传一个段子，说大学的老师分三等：第三等讲教材，第二等写教材，第一等被教材讲。我师父的师父，薛天纬先生，大概就属于被教材讲的那一类。如果提到李白研究，但不知道薛天纬老师，那么可能是"伪李白研究"吧。薛爷爷的 title 又多又长，师父常戏称，目前爷爷是全天下最了解李白、最了解李白研究的人，此言不虚。致力于深耕李白研究，我想这应该是爷爷最爱干的事情了吧。我不太乐意说爷爷在这个领域坚持了多久，热爱是不需要坚持的，因为热爱本身就是最持久的动力。

但是，以学术为志业，光有热爱哪够！师父曾经与我们小辈分享过几件关于薛爷爷的趣事。那时年轻的师父陪爷爷赴沪开会，亲眼见证、亲身经历了致力于学术研究的先生的作息。凌晨三四点的时候，你在干什么？这或许是个比较蠢笨的问题。古有司马光以圆木作枕、发奋读书之事。君实先生寐时稍动，圆木则动，动即醒，醒即读书。师父说，爷爷不用警枕催促读书。师父说，他也不知道爷爷是几点醒来的。师父说，只看到爷爷凌晨三点的时候端坐在书案边。凌晨三点日复一日的勤奋，听来好像是传说，但这是爷爷的日常，也是师父的日常。

我师父是很精致、懂生活、爱生活的优雅先生，比如，不管多忙拍照前也一定要刮胡子。但是，师父在刮胡子这件事情上却好像没那么优雅——在不涂抹任何剃须泡的情况下，用刀片直接刮。我问师父，这样不疼吗？师父说，不疼啊，薛爷爷就是这么刮的。刚开始听到的时候，我没有那么明白，甚至还有点奇怪。怎么可能不疼呢？明明有一千种、一万种方式使自己免受皮肉之苦，为何偏要自讨苦吃呢？或许师父和爷爷是为了节省时间，节小事之时以补大事之需，也或许正是这种自讨苦吃的坚韧精神帮助爷爷和师父翻过了一座又一座学术大山。

爷爷是李白的解音人，是直接刮胡子的硬汉，还是不浪费的可爱先生。有次薛爷爷来海南开会，小辈第一次有幸近距离接触薛爷爷。在吃饭的时候，爷爷一再叮嘱少点菜，不能浪费，吃不完的东西必须打包。师父说，爷爷向来如此。王安石只吃眼前食,看样子爷爷也不在意口腹欲,因为心中已有足乐者。

工作后,有次给师父留言说,师父是榜样,是力量。因为知道师父的样子,所以知道优秀老师的样子,我才能一步一步学着成长。但是后来师父淡淡说,他只是照着薛爷爷的样子在做。

师父是榜样,是近在眼前的力量。师父的师父,是个传说,是远处的泉源。

(作者单位:华东师范大学澄迈实验中学)

书评辑录

略论歌行体的音乐性

——兼评《唐代歌行论》

王红霞　刘铠齐

一提到"歌行"二字，许多流传千古的名篇便会浮现于脑海，使人不由得想起"少壮不努力，老大徒伤悲"的《长歌行》，曹丕"牵牛织女遥相望，尔独何辜限河梁"的《燕歌行》，李白"五花马，千金裘，呼儿将出换美酒，与尔同销万古愁"的《将进酒》，杜甫"安得广厦千万间，大庇天下寒士俱欢颜"的《茅屋为秋风所破歌》，白居易"千呼万唤始出来，犹抱琵琶半遮面"的《琵琶行》。

然而，当我们回过头反思什么是歌行体的时候，却发觉很难给出一个明确的定义，长久以来，它在诗歌史上处于一种似是而非的状态。歌行体形成于汉魏，于唐代达到鼎盛，自宋代以降，人们才开始对其诗体进行正式的分类和界定，但歌行与乐府诗、七言诗的关系始终混淆不清。

薛天纬先生在《唐代歌行论》中这样形容道："歌行这种诗体似乎与生俱来地具有某种质的不确定性，使人们对它的认识在很大程度上处于模糊状态。"[1]这是因为歌行既是一个后起的概念，又是一个变动的概念，在历代的诗论者眼中，有不尽相同的内涵和外延，直至今日仍然未能在学界形成共识。

今人对歌行的研究起步较晚。陈延杰于1926年在《东方杂志》发表的《论唐人七言歌行》一文，较早地关注到了唐人的歌行体诗歌，但并未引起学术界的广泛响应。直到上世纪末，关于歌行的研究才日渐回暖，在本世纪初形成热潮，其中比较有代表性的论文有王志民《唐人七言歌行论略》《唐人七言古诗论略》、王从仁《七言歌行体制溯源》、薛天纬《李杜歌行论》《歌行诗体论》、葛晓音《初盛唐七言歌行的发展——兼论歌行的形成及其与七古的分野》、林心治《歌行的基本含义及其由来——唐歌行诗体论之一》《〈文苑英华〉歌行体性辨——唐歌行诗体论之二》《歌行含义的衍变兼论歌行之体格——唐歌行诗体论之三》等。上世纪80年代，日本学者松浦友久更是在他的专著《中国诗歌原理》的第八篇《诗与音乐》中，谈到了乐府、新乐府、歌行三者在表现功能上的异同，为界定歌行体裁开拓了崭新的视野。

---

① 薛天纬《唐代歌行论》，人民文学出版社2006年版，引论第1页。

而薛天纬先生的《唐代歌行论》，则是目前学界第一部，也是唯一一部从宏观角度对歌行进行专门研究的学术专著，具有里程碑式的意义。下面先简要谈一谈《唐代歌行论》对于歌行体诗歌研究的指导作用。

一、《唐代歌行论》述评

薛先生在《唐代歌行论》的引论中，将"非格律诗的歌行"与"格律诗"一起作为有唐一代最具代表性的两种新兴诗体，肯定了歌行体在文学史上的价值和地位。

《唐代歌行论》以一种兼容并包的态度来看待歌行的模糊性和不确定性，创造性地提出了"大歌行"与"小歌行"并行的歌行观念。一条"大歌行"观决定其外延的"上限"："歌行是七言（及包含了七言句的杂言）自由体（即古体）诗歌"[1]；四条"小歌行"观决定其内涵的"下限"："以不用乐府古题为歌行的必备前提"，"以'律化的歌行'为歌行之定义"，"以'歌辞性诗题'为歌行的必备条件"，"以第一人称抒写主观情怀的七言体古诗"[2]。这样一来，就给歌行体的内涵与外延划出了范围，为解决歌行体裁问题上的学术争议提供了重要的参考范例，有力地推动了歌行研究的进一步深化。

全书分为上中下篇三个部分，上篇"溯源"，从先秦、汉、魏晋、南北朝及隋四个时段分析歌行的形成与发展；中篇"衍流"，重点研究了初、盛、中、晚唐四个时期的歌行创作；下篇"正名"，梳理了唐、宋、明、清历代论者的歌行观并对"歌行"的诗体学名称进行辨析和总结。尽管该书以唐代歌行作为研究主体，却兼及唐以前和之后的历代歌行发展，论证翔实，体大虑周，实是一部中国古代的歌行史研究力作。

1. "溯源篇"辨析唐以前各体歌行

在"溯源篇"中，薛天纬先生划分了唐以前七言古歌、乐府歌行、骚体歌行、文人歌行等不同类别的歌行体，并提出了许多具有启发性的见解。

首先，《唐代歌行论》一书突破传统文学史观念对歌行兴起于汉魏的认识，将歌行体的发源追溯至先秦，称七言古歌才是最早的七言歌行。书中不仅关注到了原始歌谣中的七言句，还以《列女传》《吴越春秋》中所载的《河激歌》《穷劫曲》《采葛妇歌》等齐言体七言古歌为例，证实歌行早在春秋时代已在民间出现。

其次，该书将汉代视为乐府歌行的形成期，分"骚体歌行"和"非骚体歌行"两类。薛先生针对汉乐府的诗题展开考察，辨析"歌""行""歌行"等歌辞性诗题，肯定

---

① 薛天纬《唐代歌行论》，人民文学出版社 2006 年版，第 497 页。
② 薛天纬《唐代歌行论》，人民文学出版社 2006 年版，第 497、498 页。

了古汉乐府中的"歌行"属于"行"的观点（葛晓音先生①、林心治先生②都在各自的论文中讨论过这一问题），他认为"歌"与"行"的区别，在于"歌"是一次性原创，而"行"可以被重复拟作。

再次，该书将魏晋视为文人歌行的形成期，在论及"第一首成熟的七言诗"——曹丕《燕歌行》时，指出了《燕歌行》在形式上彻底摆脱了"骚体"的影响；在音节上与五言诗之顿挫更为接近；在诗题上继承古乐府命题模式而自拟新题，从而肯定了其在歌行史上的开创性意义。薛先生结合各个时期诗歌创作的典型作品，深入发掘七言歌行的形成与发展情况，由此发现了魏晋乐府随着抒情性的增强，"歌"与"行"的界限趋于消失的现象，对于歌行研究和乐府研究都具有一定的启发性。

最后，在南北朝及隋代部分，薛先生指出"非乐府歌行"大盛，有逐渐取代"乐府歌行"成为歌行创作主流的整体发展趋势。他认为"歌行'常调'出现于梁、陈时期诗歌声律学日渐成熟起来的基础之上。鲍照的《拟行路难》'别调'则代表了歌行发展过程中的一个过渡性环节，它处于魏、晋'乐府歌行'的缺少法度和梁、陈'乐府歌行'趋于律整之间，在歌行发展史上具有重要意义"③。可见薛天纬先生在对鲍照歌行创作进行考察时，还联系到了七言诗和格律诗发展的大背景，将具体歌行问题置于诗歌的宏观研究之中，"正""变"结合，既把握住这一时期的歌行创作的主体情况，又关注到个别具有标志性意义的新兴作家作品。

除此之外，该书还认为歌行体的确立发生于梁、陈之际，《玉台新咏》第九卷收选了 74 首七言抒情诗，标志着七言歌行的诗体独立。《宋书·乐志四》所载的"鞞舞歌行""铎舞歌行""杯盘舞歌行"等，是"歌行"最早作为诗体概念出现，唐代称乐府诗为"歌行"也由此肇始。然而本文以为，这一观点恐怕还有待商榷。第一，《玉台新咏》第九卷收诗虽然以七言诗为主，但却并未单独将七言诗作为一卷，而其他九卷皆为五言诗，不能视为该书区分出了七言诗体，更不能因为收选的七言诗都是抒情诗，就代表了七言歌行的独立，况且《玉台新咏》根本未提及"歌行体"这一概念。第二，《宋书·乐志四》中，"右五篇鞞舞歌行"题于《魏陈思王鞞舞歌》五篇末，"右二篇铎舞歌行"题于《铎舞歌诗》二篇末，"右杯盘舞歌行"题于《杯盘舞歌诗》篇末，皆非正题，其中或有包含七言的杂言诗，但数量不多，其余都是以四、五言为主，并无明确的七言歌行体特征。又联系《宋书·乐志四》后文的"右初之平曲""右战荥阳曲"来看，这里的"歌行"仍为乐府诗题，恐不能将之视为一种诗体概念。

① 葛晓音《初盛唐七言歌行的发展——兼论歌行的形成及其与七古的分野》，《文学遗产》1997 年第 5 期。

② 林心治《歌行的基本含义及其由来——唐歌行诗体论之一》，《渝州大学学报》1996 年第 4 期。

③ 薛天纬《唐代歌行论》，人民文学出版社 2006 年版，第 66 页。

2. “衍流篇”突出歌行抒情方式的发展

在“衍流篇”的主体部分中,《唐代歌行论》以“七言”为线索,立足于歌行体创作的具体作品,吸收松浦友久《中国诗歌原理》中的观点,从表现方式入手,紧紧围绕歌行的抒情性特点,对歌行体在黄金时代的发展情况进行考察。

其一是从抒情的程度上着眼,分为泛抒情与个人抒情两方面,由此来考察以“王、杨、卢、骆”为代表的初唐时期的歌行创作。该书认为杨炯与王勃的歌行创作较少,真正对歌行发展做出历史性贡献的是卢照邻和骆宾王。“卢诗的抒情是一种泛抒情,而骆诗则是在很大程度上体现了诗人自身特点的个人抒情”①,这二者的区别在于,泛抒情是“群体的代言人”,个人抒情完全属于诗人自己。在论述中能够看出,薛先生肯定了在歌行创作中带有强烈主观个性色彩的个人抒情,而一定程度上否定了泛抒情这种类似于比兴的手法,将所表达的感情虚化、泛化了。

他指出初唐时期的歌行创作中,泛抒情的作品占据优势,有表现女性生活、感叹年华易逝、渴望入仕进取等几个类似的主题;而一些新制“歌辞性诗题”的歌行,反映出了泛抒情向个人抒情的过渡。薛先生以抒情的两方面为线索,把握住了歌行的主体特点,也符合当时的创作实际,为我们揭示了唐代歌行的变化。但可能忽视了某些作品之间的个体差异。比如骆宾王《畴昔篇》的超高水平也不仅仅是因为他强烈的个人抒情色彩,还有其宏大的规模、工整的对偶、跌宕的叙事等因素在其中。而有的比兴委婉、想象奇特、余味不尽的泛抒情作品也不失为歌行体中的佳作,如卢照邻《长安古意》、张若虚《春江花月夜》等,恐不能一概而论。

其二是从抒情与叙事的表现方式入手,来看盛唐、中唐的歌行创作对初唐的超越。书中认为个人抒情已成为盛唐歌行的创作主流,抒情与叙事的结合也成为“高、岑、王、李”诸家歌行最主要的共同特征,可以说很好地揭示了唐代歌行发展的本质特点——叙事性增强。如盛唐诗人岑参的歌行创作《白雪歌送武判官归京》,在个人抒情中融入客观叙事和景物的描写,使人有身临其境之感。中唐诗人白居易的歌行创作《长恨歌》《琵琶行》,叙事婉转,以小见大,更有“诗体小说”之称。

其三是从抒情的视角上入手,分自诉式抒情与旁白式抒情,以此比较李白与杜甫的歌行创作。该书称:“在以歌行抒情的前提下,李白更侧重表现自我,而杜甫更侧重反映社会。李白的自诉式和杜甫的旁白式开拓了歌行的抒情双轨并进的广阔道路。”②薛先生紧扣问题核心,深入分析了李、杜歌行创作中视点和场面的不同。李白以其真率天成的才性和喷薄的主观情感,直抒胸臆,将歌行自由抒写的艺术特

① 薛天纬《唐代歌行论》,人民文学出版社 2006 年版,第 108 页。

② 薛天纬《唐代歌行论》,人民文学出版社 2006 年版,第 239 页。

征发挥到了极致;而杜甫则以其高超的艺术技法和深沉的爱国情怀,刺美时政,使歌行带有"散漫中求整饬"的骈俪化效果。二者同为"歌行之祖",由两条不同的路子共同开创了歌行体的盛世。

3. "正名篇"对歌行体的辨析和归纳

该书对历代歌行观进行了精炼的归纳:自歌行体独立以来,唐人将新题乐府视为歌行,宋人强调歌行的"歌辞性诗题"并注意区分歌行与乐府,明人主要对歌行与七言古诗进行辨析,清人几乎将歌行等同于七言古诗。

尽管这其中亦有值得讨论的地方,比如明代许学夷《诗源辨体》曰:"唐人五七言古,高岑为正宗……五言古,高岑俱豪荡……七言歌行,高调合准绳,岑体多轶荡。"①薛先生认为这里是将"七言古"概念换成了"七言歌行",恐未必如此。但我们仍可以学习《唐代歌行论》的研究方法,结合书中梳理的歌行观,进一步对宋、元、明、清历代的歌行创作开展深入的考察。

最为可贵的是,《唐代歌行论》一书继承和发展了古人开放性的"大歌行观",在把握抒情性核心的基础上,极大程度地反映出了歌行的自由体特点。

二、歌行体的音乐性传统

日本学者松浦友久在《中国诗歌原理》一书中称:"如何把握乐府、新乐府、歌行的相互关系的问题,是中国诗歌研究的基本悬案之一。"②他将古乐府的表现功能分为三点:一是对乐曲的联想,二是视点的第三人称化和场面的客体化,三是表现意图的未完结化。从第一点上看,新乐府可以播于乐章歌曲,歌行虽采用了歌辞性诗题,但无史料证明它们实际上曾被歌唱演奏。从第二点上看,新乐府和歌行多采用第一人称视点,将个人的主体经验直接关联于客体场面。从第三点上看,新乐府与歌行的表达更为直接、明确,表现意图大体由作品本身来完成。

由此不难发现,《唐代歌行论》在辨析古乐府、新乐府和歌行三者时,是以《中国诗歌原理》中关于"诗型与表现功能"的观点为基本参照的。薛先生还创造性地以"抒情性"为核心,对松浦友久的理论进行了改良,将第一人称和第三人称视点的转化发展为自诉式抒情与旁白式抒情,将表现意图的完成和未完结化发展为泛抒情与个人抒情,还增加了抒情与叙事的相关讨论,清晰地呈现出歌行体的主体特点。

在此基础上,本文拟从"对乐曲的联想"一点入手,对歌行的音乐性展开讨论,以期能对歌行体研究有些许补充。

---

① 许学夷《诗源辨体》,人民文学出版社 2001 年版,第 156 页。
② [日]松浦友久著,孙昌武、郑天刚译《中国诗歌原理》,辽宁教育出版社 1990 年版,第 270 页。

1. 歌行诗、乐、舞合一的传统

宋人姜夔《白石道人诗说》云："放情曰歌。"①明人徐师曾《文体明辨序说》云："放情长言，杂而无方者曰歌，步骤驰骋，疏而不滞者曰行，兼之者曰歌行。"②可见，歌本来就具有自由放纵情感而不受约束的特点，后世的歌行亦是原始古歌演化的结果。

我们知道，早在上古时期就有诗、乐、舞结合的传统，文学与音乐、舞蹈密不可分，代表着感情的抒发和个性的张扬。《尚书·尧典》早有记载：

> 帝曰："夔！命汝典乐，教胄子，直而温，宽而栗，刚而无虐，简而无傲。诗言志，歌永言，声依永，律和声。八音克谐，无相夺伦，神人以和。"夔曰："於！予击石拊石，百兽率舞。"③

舜帝命夔掌管音乐，以诗歌唱情志，夔演奏着石磬的同时，众人效仿百兽起舞；反映出诗、乐、舞相结合的作品具有一定的表演性，通常在一些隆重的场合由多人演奏，声情并茂，规模宏大。

《毛诗序》亦曰：

> 诗者，志之所之也。在心为志，发言为诗。情动于中而形于言，言之不足，故嗟叹之，嗟叹之不足，故永歌之，永歌之不足，不知手之舞之，足之蹈之也。④

由于那时的文学表达能力有限，仅靠作诗不足以抒发心中的情感，于是嗟叹歌唱，还不尽兴，便只好手舞足蹈，随之起舞。这既是情感的泛滥，也是表达的需要。

早期的"骚体歌行"也带有这样的特点，屈原的《九歌》就是其中最典型的代表。王逸《楚辞章句》曰："《九歌》者，屈原之所作也。昔楚国南郢之邑，沅、湘之间，其俗信鬼而好祠，其祠必作歌乐鼓舞以乐诸神。屈原放逐，窜伏其域，怀忧苦毒，愁思沸郁，出见俗人祭祀之礼，歌舞之乐，其词鄙陋，因为作《九歌》之曲，上陈事神之敬，下见己之冤结，托之以讽谏。"⑤《九歌》本是由楚人的祭祀乐歌所改编，因为楚地深受巫文化影响，在祭祀的同时还需要进行舞蹈表演，故而《九歌》也保留着诗、乐、舞相结合的传统。

不过，原始的祭祀歌曲多以四言为主，《九歌》中的篇章则以五、六言为主，唯独《山鬼》《国殇》二篇为齐言的七言诗。《唐代歌行论》指出《山鬼》《国殇》通篇均为七

---

① 何文焕《历代诗话》，中华书局 1981 年版，第 680 页。
② 徐师曾《文体明辨序说》，人民文学出版社 1962 年版，第 104 页。
③ 孔安国传、孔颖达正义《尚书正义》，上海古籍出版社 2007 年版，第 106 页。
④ 毛亨传、郑玄笺、孔颖达疏《毛诗正义》，北京大学出版社 1999 年版，第 6 页。
⑤ 王逸《楚辞章句》，上海古籍出版社 2017 年版，第 42 页。

言句式,虽然不完全成熟,但已形成了"二二三"的节奏且具有抒情性,蕴含歌行的基本因素。例如《国殇》一篇:

> 操吴戈兮被犀甲,车错毂兮短兵接。旌蔽日兮敌若云,矢交坠兮士争先。凌余阵兮躐余行,左骖殪兮右刃伤。霾两轮兮絷四马,援玉枹兮击鸣鼓。天时怼兮威灵怒,严杀尽兮弃原野。出不入兮往不反,平原忽兮路超远。带长剑兮挟秦弓,首身离兮心不惩。诚既勇兮又以武,终刚强兮不可凌。身既死兮神以灵,子魂魄兮为鬼雄。①

《国殇》既是楚国阵亡士族的悼亡诗,也是纪念他们英灵的祭祀诗。诗中描写了楚国将士奋勇争先的战斗英姿和悲壮惨烈的战争场面,歌颂了他们的顽强勇气和爱国雄心。该诗在形式上为七言句,每句中间都带有一个无实义的虚字"兮",形成节奏上的顿挫感,纵情唱叹,代表了早期"骚体歌行"与音乐的紧密联系。

又如刘邦的《大风歌》,据《汉书·高祖本纪》记载:"高祖还,过沛,留。置酒沛宫,悉召故人、父老子弟佐酒。发沛中儿得百二十人,教之歌。酒酣,上击筑自歌曰:'大风起兮云飞扬,威加海内兮归故乡,安得猛士兮守四方!'令儿皆和习之。高祖乃起舞,慷慨伤怀,泣数行下。"②此曲被收入《乐府诗集·琴曲歌辞二》中,题作《大风起》。

明人胡应麟曾在《诗薮》中说:"歌行兆自《大风》《垓下》《四愁》《燕歌》而后,六代寥寥。"③《大风歌》虽然只有三句,但都是七言句,并且具有强烈的抒情性。汉高祖刘邦战败淮南王英布,已然是威加海内,统一了天下。荣归沛县故里的他,意气风发,满怀雄心壮志。然而高处不胜寒,当他回顾自己戎马半生,又不禁感慨世事变幻莫测,要到哪里去找猛士来替自己镇守四方,永保江山?刘邦自己吟诗歌唱仍不足以宣泄满腔情感,便又找来一帮小儿与其唱和,自己更是随之翩翩起舞。由此亦可反映出"歌"的音乐性和抒情性特点,而在乐曲的引导下,情感则更容易抒发。

2. 歌行的歌辞特质

《唐代歌行论》认为:"乐府产生后,流传的歌行基本归入其中,乐府成为歌行的基本载体,由此形成了'乐府歌行'。"④自汉武帝设立乐府,采诗被以管弦后,汉代的乐府歌行就都成了歌辞。

前文提到,汉乐府所题"歌行"者,皆属"行"类,如"短歌行",应作"短歌—行"理

---

① 王逸《楚辞章句》,上海古籍出版社 2017 年版,第 64 页。
② 班固《汉书》,中华书局 1942 年版,第 328、329 页。
③ 胡应麟《诗薮》,吴文治《明诗话全编》,江苏古籍出版社 1997 年版,第 5476 页。
④ 薛天纬《唐代歌行论》,人民文学出版社 2006 年版,第 239 页。

解。赵敏俐在《如何利用出土文献进行古代文学研究》一文中表示:"这些标有'行'字题目的乐府歌诗也代表了汉代诗歌艺术表现的最高形式,所以后人便把由此引申而来的乐府体诗歌也称为'歌行'。"[①]可见,这一时期的"行"类歌辞,实际上就是歌行体的前身。

《唐代歌行论》在评价魏晋拟汉乐府古题诗时,称:"拟汉乐府古题的'行'诗已摆脱了原题的音乐性要求,不复具有歌辞性质。"[②]尽管如此,曹丕的《燕歌行》二首却是个例外:

> 秋风萧瑟天气凉,草木摇落露为霜。群燕辞归鹄南翔,念君客游思断肠。慊慊思归恋故乡,君为淹留寄他方。贱妾茕茕守空房,忧来思君不敢忘,不觉泪下沾衣裳。援琴鸣弦发清商,短歌微吟不能长。明月皎皎照我床,星汉西流夜未央。牵牛织女遥相望,尔独何辜限河梁。

> 别日何易会日难,山川悠远路漫漫。郁陶思君未敢言,寄声浮云往不还。涕零雨面毁形颜,谁能怀忧独不叹。展诗清歌仰自宽,乐往哀来摧肺肝。耿耿伏枕不能眠,披衣出户步东西。仰看星月观云间,飞鸽晨鸣声可怜,留连顾怀不能存。[③]

该诗仿乐府而自创新题,在句式上抛却了骚体的"兮"字,在音节上更接近于五言诗的顿挫,成为七言歌行体的滥觞。《燕歌行》二首为《宋书·乐志》所收录,证明其仍然具有歌辞性质,可以入乐。二首俱写思妇,情辞婉转,缠绵悱恻,诗中每句押韵,节奏和缓,想必其唱法与曲调更比前不同。

到了南北朝至隋朝时期,文人歌行的快速发展使得乐府歌行的歌辞性逐渐淡化,然而格律的发展和永明体的兴起,又给歌行的音乐性增添了新的色彩。如陈叔宝《玉树后庭花》:

> 丽宇芳林对高阁,新妆艳质本倾城。映户凝娇乍不进,出帷含态笑相迎。妖姬脸似花含露,玉树流光照后庭。花开花落不长久,落红满地归寂中。[④]

《玉树后庭花》,又称《后庭花》,原为乐府民歌,此曲经陈后主改编后,成为著名的亡国之音。杜牧《泊秦淮》亦有"商女不知亡国恨,隔江犹唱后庭花"二句,足见此曲的影响深远。与鲍照《拟行路难》十八首和庾信《燕歌行》相较,《玉树后庭花》的主题

---

① 赵敏俐《古典文学的现代阐释及其方法》,商务印书馆 2013 年版,第 282 页。

② 薛天纬《唐代歌行论》,人民文学出版社 2006 年版,第 55 页。

③ 沈约《宋书》,中华书局 1974 年版,第 609、610 页。

④ 郭茂倩《乐府诗集》,上海古籍出版社 2016 年版,第 600、601 页。

由抒发个人抱负转向描写宫廷生活,篇幅大大缩小,辞藻靡丽,体制精巧,并出现了对偶工整的律句,更显得圆润婉转,清雅凄美。

3. 歌行宜于歌唱的特点

《钦定曲谱》曰:"自古乐亡而乐府兴,后乐府之歌法至唐不传,其所歌者皆绝句也。"①说明古乐府的乐曲和歌法在唐代时已经失传,歌行也逐步脱离了歌辞性质,成为徒诗。

可是,不入乐歌唱并不代表歌行体完全丧失了音乐性,它仍然保留着宜于歌唱的文体特点,这或许就是松浦友久所谓"对乐曲的联想而产生的歌辞的流动感"②。

比如白居易的《新乐府》五十首中的《太行路》:

> 太行之路能摧车,若比人心是坦途。巫峡之水能覆舟,若比人心是安流。人心好恶苦不常,好生毛羽恶生疮。与君结发未五载,岂期牛女为参商。古称色衰相弃背,当时美人犹怨悔。何况如今鸾镜中,妾颜未改君心改。为君熏衣裳,君闻兰麝不馨香。为君盛容饰,君看金翠无颜色。行路难,难重陈。人生莫作妇人身,百年苦乐由他人。行路难,难于山,险于水。不独人间夫与妻,近代君臣亦如此。君不见左纳言,右内史。朝承恩,暮赐死。行路难,不在水,不在山,只在人情反复间。③

《太行路》为白居易自拟的新乐府题目,诗中以太行山、巫峡水的曲折比喻人心反复,表面上是在写男女爱情,实则又以夫妇喻君臣,以男子移情别恋来形容君心难测,讽喻委婉,体现出他"文章合为时而著,歌诗合为事而作"的文学主张。全诗以七言为主,又包含三言、五言,句式灵活,节奏变幻,章法复沓层递,还运用了顶真、回还、对偶、呼应等修辞手法,读之婉转如歌,一唱三叹。白居易在《新乐府序》中这样评价自己的创作:"其体顺而肆,可以播于乐章歌曲也。"④

歌行由先秦至唐,进入了黄金时代,体式更加无拘无束,文学的表达能力不断提升,使其抒情特质达到了顶峰。正因为歌行在内容上的纵情和形式上的自由,导致了它的感情表达容易泛滥不止,其结果就是使人忍不住去歌唱甚至舞蹈;这也反过来说明了歌行的"可歌性"。

---

① 王奕清等编《钦定曲谱》,永瑢《四库全书总目》(第 199 卷),清乾隆五十四年武英殿刻本,第42 页。

② [日]松浦友久著、孙昌武、郑天刚译《中国诗歌原理》,辽宁教育出版社 1990 年版,第 270 页。

③ 谢思炜校注《白居易诗集校注》,中华书局 2006 年版,第 315、316 页。

④ 谢思炜校注《白居易诗集校注》,中华书局 2006 年版,第 267 页。

三、歌行体的文学性独立

罗根泽《乐府文学史》将唐代乐府分为两个时期：一是诗乐分立时期，即模仿时期——自唐初至李白；二是诗乐合一时期，即由分化而至衰落时期——自杜甫至元白[①]。在汉代以乐府为基本载体的歌行体，发展到了唐代，文学性已完全独立于音乐性之外，无复依傍，而歌行也逐渐与七言古诗混杂在一起，难以分清。

清人徐大椿《乐府传声序》曰："汉魏之乐府，唐不能歌而歌诗；唐之诗，宋不能歌而歌词，宋之词，元不能歌而歌曲。然歌曲之声固即歌词、歌诗、歌乐府之声也。"[②]可以说，音乐性的丧失是导致歌行体处于模糊状态中的重要原因。

歌行体至唐大盛的原因，除了永明体的诗律影响外，或许与古乐的丧失和隋唐燕乐的兴起也有一定关联。有趣的是，在歌行失去音乐性成为徒诗的同时，以辞配乐的曲子词又出现了，让诗与乐以新的方式再度结合。况且不论是在句式上、章法上、修辞上还是表现方式上，词与歌行的体式无疑是具有许多相似之处的。它像是从歌行体中分离出的一部分灵魂，又在音乐中获得了重生。唐代以后词、曲的兴盛与歌行的衰落，似乎在为我们揭示一个道理：文学与音乐息息相关。

吴相洲在《乐府歌诗论集》中谈到诗与乐的关系时，这样说道："诗与乐是两种艺术，各自可以独立存在，其形式就是纯粹供人们阅读的诗和没有歌词的音乐。然而当这两种艺术结合到一起时，会产生更加美妙的效果。"[③]反观中国当代的诗歌，抛却格律、抛却声韵、抛却一切形式上的条条款款，可谓是达到了真正的自由体。但歌行体的发展史告诫我们，诗歌是"带着镣铐跳舞"，正如书中所说："诗需要乐，诗待乐而升华，而传播，而实现感人心的价值。"[④]

（作者单位：四川师范大学文学院）

---

① 罗根泽《乐府文学史》，东方出版社 2012 年版，第 228 页。
② 徐大椿《乐府传声》，清光绪崇文书局刻正觉楼丛刻本，序第 1 页。
③ 吴相洲《乐府诗歌论集》，商务印书馆 2013 年版，第 147 页。
④ 吴相洲《乐府诗歌论集》，商务印书馆 2013 年版，第 155 页。

四美具 二难并

——评安旗先生主编《李白全集编年笺注》①

海 滨

李白的诗，易解，亦费解。

比如，《静夜思》，明明白白是写乡愁的，是谓易解；然而，大家如今朗朗上口的诗句"床前明月光""举头望明月"，在宋人的刻本中却写作"床前看月光""举头望山月"，是什么时候改了，为什么改？是谓费解。

比如，《蜀道难》，这是一首充满了想象和夸张的浪漫主义代表作，是谓易解；但是，此诗的主题，聚讼纷纭，莫衷一是；唐代诗人姚合《送李余及第归蜀》诗中有云"李白蜀道难，羞为无成归"，"羞为无成"所指为何呢？是谓费解。

比如，《上李邕》《东海有勇妇》二诗，前者诗名直道李邕，后者诗句写道"北海李使君"，可见李白与李邕渊源，是谓易解；可是，二诗中李白对李邕的口气态度明显不同，似乎创作于不同的人生阶段或者情境，能否具体求证落实呢？是谓费解。

《静夜思》文字变化的费解，需要依靠版本考察和文字校勘来寻找答案；《蜀道难》主题歧出的费解，需要从比兴寄托和赏鉴评论入手来探讨；李白写给李邕的两首诗的明显区别，则要多方考察文献并进行知人论世的分析才能了解。

正如杜甫在其诗《不见》中对李白的感叹"敏捷诗千首，飘零酒一杯"，李白现存诗文千余篇，虽经历代学者爬梳剔抉，笺注补订，依据诗体归并分类，形成了今日可见的李白别集的格局，但大多数李白诗却依然处于难以编年和难以一气贯通的"飘零"状态。

大面积解决了李白诗文"归队"定位的编年问题并以一条红线将李白的人生、思想、创作连缀贯穿起来的，系统地为李白诗文的"费解"提供了比较信实的参考答案或者比较有效的解决方法的，是《李白全集编年笺注》。

---

① 《李白全集编年笺注》，安旗主编，安旗、薛天纬、阎琦、房日晰笺注，袁行霈题签，李天飞责编，中华书局2015年10月版。本书第一版《李白全集编年注释》，由巴蜀书社1990年出版；经修订，本书第二版《新版李白全集编年注释》，由巴蜀书社2000年出版。此为第三版，收入"中国古典文学基本丛书"。为行文节俭，本书第三版以下简称《笺注》。

作为中华书局"中国古典文学基本丛书"系列之一的《李白全集编年笺注》,以清通简要的校勘、精警畅达的笺注、条贯融通的年谱、雄健飞扬的序跋,具足四美;编著者直面李白集编年之繁难、工作坊模式之艰难,始则筚路蓝缕以启山林,继以扫叶拂尘踵事增华,三十春秋,如琢如磨,三次付梓,精益求精,终成今日之格局——"李白其人及其诗,在很大程度上,以我们前所未窥的新面目呈现出来"。①

一、校勘:有的放矢,清通简要

因为本书校勘的目的是笺注与编年,所以编者在保证底本纯正、校本全面的前提下,有的放矢,不蔓不枝,清通简要,以扎实精审、惜墨如金的态度形成了独树一帜的校勘成果。

唐人裒辑的太白别集,已知的有魏万本、李阳冰本、范传正本,惜今不见。宋朝以后编集笺释者,固无法与杜集之盛况相比,然亦代不乏继,积薪而上,渐次有成,通行诸本中,以乾隆刊本王琦注《李太白文集》为最善,此本征引繁复,考索详博,注释精审,持论公允,衡镜有度。《李白全集编年笺注》即以王琦注本为底本(简称王本),用现存较早的两种宋刊本和六种明清以来刊刻影印本进行校勘,并采《敦煌唐诗写本残卷》《文苑英华》等唐宋两代总集及选集参校。

面对众多版本所呈现的并存在歧出的李白创作文本形态,编者并未一一罗列异文以求其全,而是一一甄辨异同以臻其善,求全本已不易,臻善更何其难! 所以,出校的文字虽少,但却是基于浩大的辑录辨析原文的工作量的。可以说,每一篇作品都经历了由"瘦"(底本原文)到"肥"(裒辑校本异同文字)再到"瘦"(精审出校)的过程,实现这一过程,依靠的就是编者对有关文献的熟稔程度,对具体作品的理解把握,尤其是编者的考据功夫与洞察力、鉴别力。

以一个烂熟的学界话题为例,《静夜思》在传播过程中逐渐形成了两个文本形态系统,传世的各版本的李白别集和《乐府诗集》《唐诗品汇》等选集都依循现存的宋本写作"床前看月光,疑是地上霜。举头望山月,低头思故乡",堪称宋本原创经典版;而《唐人万首绝句选》《唐诗别裁集》等选集将"床前看月光"改成了"床前明月光",明代李攀龙《唐诗选》和清编《唐诗三百首》则不仅延续了第一句的更改,而且将第三句"举头望山月"改成了"举头望明月",就变成了今天中国民众耳熟能详的这个版本:"床前明月光,疑是地上霜。举头望明月,低头思故乡。"可称明清选本改造版。国人陌生的经典版和熟悉的改造版,自有其存在的历史合理性。关于这个版本校勘的话题,台湾学者薛顺雄曾发表论文《谈一首讹字最多的李白名诗——

① 安旗《李白诗秘要》前言,安旗《李白诗秘要》,三秦出版社2001年版。

〈静夜思〉》①，本书编者之一、业师薛天纬先生曾发表论文《漫说〈静夜思〉》②，日本学者森濑寿三曾发表论文《关于李白〈静夜思〉》③，均有认真详细的讨论；进入新世纪，又有陈尚君先生《李白〈静夜思〉不存在中日传本的差异》④、薛天纬先生《关于〈静夜思〉的前话与后话》⑤、《〈静夜思〉的讨论该划句号了》⑥等文章发表，这既是他们当时分别作为唐代文学学会会长和李白研究会会长尽守望之责回应社会关切的职责所在，也再次从文献刊刻传播和文学传播接受等不同角度进行了视野更广阔、层次更深入的研究。

而这个问题，在完稿于 1987 年出版于 1990 年的本书最早版本《李白全集编年注释》中是这样处理的：本诗保持了宋本原创经典版的原貌，并出校曰：

> 【看月光】瞿、朱云："各本李集均作看月光，王士祯《唐人万首绝句选》及《唐诗别裁》均作明月光，疑为士祯所臆改。"
>
> 【山月】《唐宋诗醇》作明月，当为臆改。⑦

校勘严守"底本与校本异文两通，虽不致歧解，然文字差异较大者"方才出校的凡例原则，保持底本形态，列出可资参看的异文，慎重表示异文系臆改，又并未彻底否定广为人知的异文。经过世纪之交的学界研讨，这个校勘个案是经得起历史检验的。

李白诗歌中，开篇即以"弃我去者，昨日之日不可留；乱我心者，今日之日多烦忧"而引发历代读者激赏的一首七言歌行，在底本中题作《宣州谢朓楼饯别校书叔云》，编者所作题解曰：

> 詹锳云："此诗《文苑英华》题作《陪侍御叔华登楼歌》，当以一作为是。……"詹氏另有专文考辨诗题，可从。⑧

詹锳先生的专文即《李白〈宣州谢朓楼饯别校书叔云〉应是〈陪侍御叔华登楼歌〉》⑨，本书编者深以为是，但根据凡例，"底本题目文字虽有误，为不致淆乱读者耳目，均

---

①　台湾薛顺雄《谈一首讹字最多的李白名诗——〈静夜思〉》，刊于 1980 年 6 月 19 日的《台湾日报》副刊。

②　薛天纬《漫说〈静夜思〉》，刊于《文史知识》1984 年第 4 期。

③　日本森濑寿三《关于李白〈静夜思〉》，在 1990 年 11 月召开的中国唐代文学学会南京会议上提交论文，收入《唐代文学研究》第三辑，广西师范大学出版社 1992 年版。

④　陈尚君《李白〈静夜思〉不存在中日传本的差异》，刊于 2008 年 2 月 15 日《东方早报》书评周刊。

⑤　薛天纬《关于〈静夜思〉的前话与后话》，刊于 2009 年 6 月 14 日《东方早报》。

⑥　薛天纬《〈静夜思〉的讨论该划句号了》，刊于《文史知识》2011 年第 12 期。

⑦　《笺注》，第 86 页。

⑧　《笺注》，第 1051 页。

⑨　詹锳《李白〈宣州谢朓楼饯别校书叔云〉应是〈陪侍御叔华登楼歌〉》，刊于《文学评论》1983 年第 2 期。

不作改动,仅出校记予以说明",表示诗题"可从"詹氏说法。为坚其意,次首即编以五言《饯校书叔云》并加按语曰:

> 前篇题误,或因此篇所致,故附于此。①

此校书叔云不是彼"校书叔云",按语可谓曲尽人情;为坚其意,在本书第二个版本《新版李白全集编年注释》于 2000 年付梓的次年出版的安旗先生《李白诗秘要》的正编诗选部分,本诗题即径作《陪侍御叔华登楼歌》并做校勘说明②。

学术乃天下公器,在校勘方面,编者海纳百川,唯善是从,前诗肯定瞿蜕园、朱金城先生《李白集校注》的意见,后诗赞成詹锳先生的看法,虽然殊途同归,不谋而合,但不掠他人之美。同时,编者不仅在更多的诗文中,考证比勘,形成自己的观点,而且,将校勘、笺注和编年等结合参证,取得重要突破,甚至补充历代别集之所未收,如《别匡山》一例。其题解曰:

> 此诗诸本均未收录,唯见于《彰明县志》《江油县志》及北宋《敕赐中和大明寺住持记》碑。碑载此诗无题,题始见于县志。《四川通志》卷五九金石二引《碑目考》称之为"出山诗"。李白《上安州裴长史书》云:"以为士生则桑弧蓬矢,射于四方。故知大丈夫必有四方之志,乃仗剑去国,辞亲远游。"此诗即其去蜀辞乡之作。文据宋碑。③

《别匡山》是李白蜀中故里诗歌作品中重要的一篇,诗以尾联"莫怪无心恋清境,已将书剑许明时"影响最巨。本书将此诗辑佚、定位、归队,纳入编年集内,编者有长文《李白出蜀漫议》④进行了充分的讨论,兹不赘述。

上述三例校勘,每一个都依托着前贤时俊和编者自己深入细致的考证、感悟和思索,论其文字篇幅,动辄数千上万字,而凝结到本书校记中则是寥寥数语,殊为不易。这惜墨如金的校勘文字,往往精审警辟,一语中的,令读者豁然开朗,中通外直,不蔓不枝,形成一种清通简要的思想与文字之美。

二、笺注:详略有度,精警畅达

以题解、注释、集说、按语等有机结合而成的笺注,至少实现了三个功能。

其一是解决了部分考证问题,如《南陵别儿童入京》中,关于南陵的注解如下:

---

① 《笺注》,第 1056 页。
② 安旗《李白诗秘要》,三秦出版社 2001 年版,第 199 页。
③ 《笺注》,第 21 页。
④ 薛天纬《李白出蜀漫议》,《中国李白研究(1997 年集)》,安徽文艺出版社 2010 年版,第 98—112 页。

【集说】詹锳云:盖白由会稽入京,行至南陵(唐宣州宣城郡),乃与妻子相别也。……

【按】旧说谓白本年有越中之游,奉诏后自宣州南陵别儿童入京。然白是年游泰山自春徂秋,设南下游越,须先寄家宣州,而后只身赴越,奉诏后又返回宣州南陵,始别儿童入京,计其时日,实难通融。近有葛景春、刘崇德撰《李白由东鲁入京考》一文,倡白自东鲁入京说,可从。葛、刘以为《南陵别儿童入京》诗题讹误,应作《古意》。然南陵既在东鲁(见前《酬张卿夜宿南陵见赠》诗按语),则诗题作《南陵别儿童入京》不误。①

《酬张卿夜宿南陵见赠》②按语从略,诗题有南陵,诗句有云:"月出鲁城东,明如天上雪。鲁女惊莎鸡,鸣机应秋节。"显然,此南陵系宣州之外、位于东鲁的另一个叫南陵的地方;其诗又云:"与君各未遇,长策委蒿莱。……一朝攀龙去,蛙黾安在哉?"与《南陵别儿童入京》所谓"仰天大笑出门去,我辈岂是蓬蒿人"一拍即合。编者关合这两首南陵诗进行比勘注释,不仅准确定位了宣州之外的东鲁南陵,并且自然而然地为两诗解决了编年问题。

其二是帮助读者疏通文字、理解作品,如《早发白帝城》题解说明"白帝城",注释说明"三峡",按语说明李白遇赦事,集说三则中,最是郭沫若的看法有助于读者准确理解作品。其辞曰:

郭沫若云:在近于绝望的心境中,忽然在半途遇到大赦,李白的高兴是可以想见的。……这首诗,有人说是开元十三年(七二五),李白初出夔门时所作,也有人说是乾元二年遇赦离白帝城东下时所作,都没有说准确。他们都忽略了第二句的一个"还"字和第四句的"已过"两个字。那明明是遇赦东下,过了三峡,回到了荆州时作的。(《李白与杜甫》)③

着墨不多,恰得要领。

三是引导读者探寻作者作时作意,启发读者深入思考,共同推进对李白诗文的深层次解读。如《蜀道难》,本书系于开元十九年,注释主要疏通文字;题解回溯源流、概述作时作意,曰:

《蜀道难》,《乐府诗集·相和歌辞》名。唐写本作《古蜀道难》。梁简文帝、刘孝威、阴铿诸作,皆备言蜀道艰险之状。阴诗之末有句云:"蜀道难如此,功

---

① 《笺注》,第 405—406 页。
② 《笺注》,第 398 页。
③ 《笺注》,第 1391 页。

名讵可要?"已寓功名难求之意。本篇则纯用比兴,借蜀道之巉岩畏途以喻仕途之坎坷,借旅人之蹇步愁思以喻失志之幽愤。作于本年将离长安时。①

集说用三千字篇幅择要胪列了自唐代殷璠至当代詹锳诸家对本诗的评价、理解,为按语张本;按语则以千字篇幅展开讨论,为篇幅经济,隰栝如次:《蜀道难》是李白首屈一指之名篇,千载以来,诸解纷纭,莫衷一是,詹锳先生综合为四说并驳破之;本书详考李白自弱冠至本年(开元十九年)之经历,置此诗于其"初入长安"诸作之后(初入长安之说,本文第五部分详论);白辞亲远游以来,虽遍干诸侯,历抵卿相,仍南徙莫从,北游失路,孤剑谁托,悲歌自怜,尤以此次入长安之遭遇最为难堪;此行乃白出蜀以来最大波澜,虽已至天子足下,然君之堂兮千里,君之门兮九重;贵公子既愚弄于前,五陵豪复欺凌于后,卿相实无荐贤之心,诸侯唯有嗟来之食;李白徘徊魏阙之下,不得其门而入,故时结幽思,屡兴浩叹,多以"行路难"为主题创作,比兴寄寓,遥深难测,故世多误读;姚合《送李余及第归蜀》诗云"李白蜀道难,羞为无成归",可谓道破深衷:李白借蜀道之艰难,状世途之坎坷,抒胸中之愤懑②。

围绕此诗,编者不惮其烦,以五千余字的篇幅铺排讨论,非唯确定作品创作时间地点,更为探究作者作意,启发读者深入思考。

因此,郁贤皓先生《李白大辞典》评价如是:"本书注释,一改旧注唯注出处而不涉及作者本意之作法,简而明晰,详而不冗,时时点透作意,以助读者理解。其题外之旨,则在编者按语中出之。其注释、按语文字,时有精警之语,启示读者处良多。"③故可谓本书笺注详略有度,颇具精警畅达之美。

三、年谱:文史兼备,条贯融通

本书附有一万五千字的李白简谱。本书编者安旗先生、薛天纬先生有《李白年谱》④,齐鲁书社 1982 年 8 月出版。《年谱》共八万八千字。每年分年代、时事、事略、备考铺排。年代之下,时事叙政治格局变化及天下大事,事略陈李白行迹并以诗文系年,备考则略述重要文人行踪及关涉李白的创作。本书最早版本《李白全集编年注释》于 1990 年出版时,李白简谱即附入,系《李白年谱》之缩编修正版。简谱以年代为序,简述李白人生轨迹,进行作品系年,除了个别作品系年微调,李白卒年改定为广德元年(763)之外,略同于年谱。贯通全书者,有三条红线,一是李白人生

---

① 《笺注》,第 161 页。
② 《笺注》,第 171—173 页。
③ 郁贤皓《李白大辞典》,广西教育出版社 1995 年版,第 323 页。
④ 安旗、薛天纬《李白年谱》,齐鲁书社 1982 年版。

阅历与行迹变化,二是李白思想发展与情感起伏,三是李白诗歌创作主题与风格的嬗变。此简谱与正编相表里,清晰简要地展示李白人生,是贯通全书的首要红线。可与正文印证,可作读书指南,可以随时备查。独立考察简谱,充分体现了文史互证的学术底蕴,呈现出条贯融通、一气呵成的特点。

现以李白与李邕关系为例,略作说明。李邕,《文选》注家李善之子;武后时为左拾遗,中宗时为殿中侍御史;开元中为陈州刺史,十三年,玄宗东封泰山,邕于汴州谒见,屡上辞赋称旨;邕才高行直,重义爱士,有美名;然为时相所忌,又以性豪侈,不能治细行,故频被贬斥。天宝中为北海郡太守,因事下狱,李林甫使酷吏罗希奭就郡杖杀,时年七十余。

李白有诗歌《上李邕》《东海有勇妇》《答王十二寒夜独酌有怀》《送王屋山人魏万还王屋》《题江夏修静寺》皆关涉李邕,据其语境声口,后三首当作于李邕身后,前两首当作于与李邕谋面之际。《答王十二寒夜独酌有怀》,以李白冬日寒夜所作,以诗中所言陇右节度使哥舒翰攻屠吐蕃石堡城在天宝八载六月,以所悲叹"君不见李北海,英风豪气今何在"之前北海太守李邕在天宝六载被害,此诗系年于天宝八载,严丝合缝[1];《送王屋山人魏万还王屋》,以本诗序及魏万诗《金陵酬翰林谪仙子》,可知李白与魏万相逢扬州同游金陵,以魏万后来所著《李翰林集序》中曰"解携明年,四海大盗",可知此次同游在安史之乱爆发之前一年,此诗系年于天宝十三载金陵作,又以王琦在本诗"路创李北海"句下注曰"李白自注:李公邕昔为括州,开此岭路",可知李白对李邕念念难忘[2];《题江夏修静寺》,王琦本此诗题下注引原注"此寺是李北海旧宅",诗首联曰"我家北海宅,作寺南江滨",尾联曰"平生种桃李,寂灭不成春",李白于乾元元年自浔阳长流夜郎,途中盘桓江夏久,多有触景感怀之作,此诗临昔日李邕古宅今日修静寺而徒生知音难得之惆怅、旧好隔世之悲叹[3]。这三首诗充分显示李白素仰李邕德风,邕殁后尤甚,与李白在天宝四载同友人游济南谒李邕所作之《东海有勇妇》盛赞李邕"北海李使君,飞章奏天庭。舍罪警风俗,流芳播海瀛"一脉相承[4]。此四首作品,历史人事与文学表达互相印证,恰切确当。然而,五首诗中,唯独《上李邕》一首口气迥然不同,题目即直呼"李邕",不似李公邕、李北海、李使君、我家北海之雅敬亲切,诗句"宣父犹能畏后生,丈夫未可轻年少"更是以狂傲不逊的口气向李邕表示委屈和不满;其以大鹏自比的自信抱负、莽撞唐突的态度和"年少"等语汇似乎表明这首作品可能是李白年轻时与李邕另一次谋面而作。

---

① 《笺注》,第 840—846 页。

② 《笺注》,第 1089—1098 页。

③ 《笺注》,第 1371 页。

④ 《笺注》,第 673—678 页。

为文学角度的这种理解所迫,从两《唐书》李邕李白本传和传世别集考察,二人似乎再无交集,史料似乎山穷水尽;更广泛深入查找文献,则柳暗花明了。《资治通鉴·唐纪》载,开元六年十一月,宋璟奏:"括州员外司马李邕、仪州司马郑勉,并有才略文词,但性多异端,好是非改变。若全引进,则咎悔必至;若长弃捐,则才用可惜。请除渝硖二州刺史。"此史料不但印证前揭"李公邕曾为括州",而且补充了《唐书》记载之缺,若宋璟所奏获准,李邕应该做过渝州刺史;无独有偶,《金石萃编》卷七十一《修孔子庙堂碑》(今碑石犹存,在曲阜孔庙),碑末款识云:"朝散大夫持节渝州诸军事守渝州刺史江夏李邕文","开元七年十月十五日立"。碑记至少传达了两个意思:其一,李邕在开元七年十月已然是渝州刺史;其二,《修孔子庙堂碑》由李邕撰文,可见其时李邕文名已盛。李白在开元七、八年之间拜谒渝州刺史李邕以求汲引,合情合理。而政坛耆宿文坛领袖苏颋则是在开元八年正月罢相,顷出任益州长史,李白路谒苏颋得其盛赞;李白拜访李邕却可能受冷遇,冷热之间,年轻的李白以《上李邕》回复李邕,自然不过了。故此诗系于开元八年渝州作①。

李白李邕交往关系就此厘清,五首作品各得其所,此李白简谱文史兼备,条贯融通,可见一斑。

此外,简谱前尚附录《草堂集序》《李翰林集序》《故翰林学士李君墓志》《唐故翰林学士李君碣记》《唐左拾遗翰林学士李公新墓碑》,以备参考,兹不赘述。

四、序跋:深衷恳切,雄健飞扬

本书前有编者《第二版前言》、安旗先生《论李白(代前言)》,后有阎琦先生《后记》、薛天纬先生《第三版后记》四篇,皆文字清畅,情怀恳切,如促膝晤谈,行云流水,娓娓道来。其中,《第二版前言》《第三版后记》详细介绍了本书的前生今世:如何由第一版巴蜀书社 1990 年《李白全集编年注释》(上中下)、第二版巴蜀书社 2000年《新版李白全集编年注释》(上下),发展到第三版中华书局 2015 年《李白全集编年笺注》(一二三四)并收入"中国古典文学基本丛书";既表达了本书作为国内第一部李白作品编年集得以三次出版的编者之喜悦,也叙及了本书历经三十年沧桑的一些重要掌故,更再三希望得到同行赐教是正。

国内大多数版本嘉善、笺注精审的古代文人别集,往往都有以一篇长文"论某某"作为代前言的惯例,本书安旗先生《论李白(代前言)》亦如此。这类长文"论某某"往往采取概述时代、作家、思想、艺术、渊源、传承、历史影响等面面俱到的方式来展开,安旗先生此文则并非如此,而是主动回应千余年来李白研究的问题,有的

---

① 《笺注》,第 12—15 页。

放矢,亮明观点。安旗先生认为:

> 过去一千多年来对李白的研究很不够。他的生平事迹多不详,他的作品也多有未解或解而有误,致使其人及其作品没有得到充分的介绍和准确的评价,甚至还遭到歪曲。

因此,安旗先生要在自己与学界同仁所做的学术新贡献的基础上以此文为李白、李白思想、李白作品正名,为学界和广大读者提供关于李白的"新常识"。文章第一部分《关于李白的生平》,以略带抒情性的叙事文体展示了李白坎坷曲折的一生,为全书诗文编年铺排的开展而张本,与书后《李白简谱》相呼应,三位一体,相得益彰,并明确表示:"其中不少地方和前人的介绍颇有出入。凡有重大出入的地方,将在这部编年全集中得到说明。"

第二部分《关于李白的思想》,安旗先生认为,"李白的思想在复杂性中自有他的单纯性,在矛盾性中自有他的统一性",即:"要实现伟大的报负,要建立不朽的功业,一念之贞,终身不渝,欲罢不能,至死方休。在这一点上,他同屈原一样,同杜甫一样,同一切伟大的历史人物一样,他们的一生都像是一场热恋,一场苦恋,一场生死恋。"接着,入情入理地透辟地探讨了世人对李白的错觉、误解和模糊认识:

关于错觉,安旗先生说:

> 李白一生好漫游四方,有人便以为他一生优哉游哉,超然飘然,似乎是一个无所事事的安乐公子、富贵闲人,其实并非如此。
>
> ……
>
> 他的政治抱负和用世热情使得他不得安生,在唐王朝的广大国土上,在六十三年的人生道路上,他实际上是在不停地奔波,寻觅,追求,奋斗。

关于误解,安旗先生说:

> 又有人认为李白是一个"只知狂醉于花月之间,苍生社稷曾不系其心膂"的人。其实恰恰相反。
>
> ……
>
> 按着年代先后考察李白诗歌,可以发现一个耐人寻味的事实:开元前期,唐王朝阳光璀璨,李白诗歌中也呈现出一派天朗气清、风和日丽的景象。……开元中期以后,唐王朝本来潜伏着的阴影逐渐出现,李白的诗歌中也呈现出明暗交错,悲欢杂糅的色调。……天宝中,唐王朝乌云满天,黄风匝地,李白的诗歌中也出现了阵阵闪电和雷鸣。……到了天宝季叶,大乱前夕,唐王朝已是危若累卵,祸在眉睫,李白诗歌中也出现了前所未有的忧愤深广的特点,有些诗

简直是血泪交织。……李白的诗歌同唐王朝的时政和国运,真是如月在水,如影随形。

关于模糊认识,安旗先生说:

> 又有人以为李白思想中存在着入世和出世的矛盾,这种看法也似是而非。
> ……
> 他几乎是一边说着出世的话,一边又在做着用世的打算。使人感到他所谓的出世云云,往往是作为暂时的自我缓解,说说而已,甚至是其言愈冷,其心愈热。

回应了世人对李白的种种偏见,安旗先生坚定地认为:

> 归根结底,李白是抱有伟大理想的人,富于用世热情的人,对国家和人民的命运极为关心的人。为了实现他的理想,他一生追求不已,奋斗不止。虽然屡遭失败,经历坎坷却是九死不悔,直到生命最后一息。

安旗先生的这些看法,不仅文笔雄健,文采飞扬,更是振聋发聩,掷地有声。这些看法,也随着广大读者对李白诗文越来越多的了解,随着学界同仁相关研究的推进,大部分已经深入人心,成为关于李白的"新常识"。

第三部分《关于李白的诗歌》,安旗先生并未全面展开,而是牢牢抓住了比兴言志和乐府歌行两个方面深入阐述,认为这是我们掌握李白诗歌命脉的锁钥与关键。李白继承了中国古代比兴言志的诗歌传统并以自己的丰富而成功的创作发扬光大,沿着这个思路,安旗先生得出了《长相思》不是爱情诗、《蜀道难》不是山水诗、《梦游天姥吟留别》不是游仙诗、《梁园吟》《襄阳歌》《将进酒》等不是糟粕,而是"在深婉的比兴中蕴藏着政治内容或社会内容"等一系列看法,并表示将在本书正文中一一展开讨论,真是引人入胜,欲罢不能。安旗先生又敏锐地抓住李白大量学习和创作乐府诗的问题,特别强调李白对歌行的贡献,这一观点成为近三十年来李白研究以及唐诗研究极其重要的学术增长点,吸引了不少著名学者的高度关注,也催生出一批很有分量的乐府歌行的研究项目和成果。这些看法,为广大读者所了解和接受,可能尚需假以时日和传播途径,但在唐代文学研究界尤其是李白研究界,也已经成为"新常识"了。

略异于安旗先生的诗情飞扬,阎琦先生《后记》以语迟声缓的口吻和雄健沉实的笔触围绕李白集编年这样一项前无古人的文献与文学工程进行了更为理性的总结。阎琦先生认为:"要完整而不是支离地了解诗人行迹、生平、交游及当时故实,要系统而不是零散地了解诗人思想的渊源肇始、发展变化及其情绪高涨颓落的原因,要全面而不是片面地了解诗人艺术风格的发展、演变以至于老成的轨迹,最好的编集方法自然是编年集。"在回溯学界就李白诗文系年和李白生平研究的成果基础上,在回顾了四位编者完成本书的全过程后,阎琦先生精到地总结了体会和作法:"既要有考订者微观的目光,还要有评论者宏观的目光,再加上艺术鉴赏者的目光。以微观考订其作品中的人、时、地、事,以宏观考察其思想发展的轨迹、情绪抒发的规律,复以鉴赏明其艺术风格形成的阶段。将考证、评论、鉴赏的方法结合起来,大面积地解决李白诗文系年始有可能。"这种以编年为核心的文献整理方法,不仅仅对于李白别集有效,在更大的范围内也是具有普遍的示范或启发意义的。

以上序跋,围绕李白集编年这个核心展开,文笔雄健,辞采飞扬,又饱含着恳切诚朴的学术情怀,即使独立于本书之外,也是情理并茂启人心智的好文章。

合以上校勘、笺注、年谱、序跋诸方面,本书四美已具足。而这最终呈现出来的四美又与本书编撰传播过程中的二难密切相关:一是难在编年体别集的实际操作,二是难在工作坊模式的持续展开。

五、编年体:功夫兼修内外,不畏蜀道之难

李白诗文编年,是个知易行难的学界老话题。李白的诗本来是按年代先后出现的,因此它的合理次第应该是按年代先后编排。只有这样的编排本才能使李白的生平经历、思想脉络、作品真谛、创作规律等显现出来,从而使人认识李白其人及其诗的庐山真面目。宋代曾巩、薛仲邕,清初王琦,晚清黄锡珪,虽然都在这方面都有努力,但成效有限;詹锳先生《李白诗文系年》奠定了现代李白研究的基础,其系年的规模和准确性已较前人明显跨越;瞿蜕园、朱金城二先生《李白集校注》虽非编年本,然其评笺及按语中时有真知灼见,已有效解决了部分作品的编年问题。但本书之前,国内始终未出现能大面积解决李白诗文系年问题的整理本。其一,难在李白生平的历史记载模糊不清,仅依据传世和出土文献尚不足以解决所有问题;其二,难在李白的作品多比兴寄托,文学感悟鉴赏评论又往往见仁见智,难以取得共识。此种编年之难,唐代著名诗人中,唯李商隐可与比肩,而其人生轨迹尚比李白清晰许多。

研究对象决定研究方法。王国维在《人间词话》中曾将诗人区分为"客观之诗人"与"主观之诗人",很明显,李白属于"主观之诗人"。对于李白这样的诗人,既要重视和发掘其现有史料的价值和意义,做足"诗外功夫",又要充分考虑到文学作品的文学性,从诗文本身入手,做足"诗内功夫"。安旗先生和薛天纬先生在《作品分析与〈李白年谱〉的编写》①中认为,"诗外功夫"就是:

---

① 安旗、薛天纬《作品分析与〈李白年谱〉的编写》,《辞书研究》1989 年第 3 期。

从史籍及文物资料中搜求有关记载,从其与作家作品的纵横关联中寻找坐标,坐实作家的行止出处及作品的作时作地。这是一种从史料出发的逻辑推理方法,是非文学的方法。

"诗内功夫"就是:

> 转向作品内部,探求其底蕴,寻绎其联系,发见其规律,从而对其写作背景(包括作时作地)及作家事迹行状做出大体的判断。这是一种从辞章出发的鉴赏分析方法,是文学的方法。

而本书的编者正是要兼修诗内诗外两种功夫,将文学的方法与非文学的方法结合,实现突破。在安旗先生和薛天纬先生合作编写的《李白年谱》的《前言》中,就曾表达了这种方法论意义上的思考:

> 李白事迹及作品多无确实年月可考。……然窃以为诗为心声,李白之诗尤多系至情之流露,而至情之流露又多缘感遇而发。其笔底之波澜,即胸中之块垒;其胸中之块垒,即生活之坎坷;其生活之坎坷,即时代之潮汐。吾人循其声则得其情,循其情则得其实,虽不中,当亦不远。[①]

《周易》六十四卦中,有些卦很相似但又有着细微差别,比如"小畜""大有""大畜""大壮"四卦,虽然都与积累发展有关,但仔细分析,其阶段、情形、程度不同;比如"屯""坎""蹇""困"四卦,虽然号称四大困卦,都是困境,但认真考察,其原因、情境、应对方法有别。这就需要丰富的阅历、敏感的悟性和对六十四卦全面通晓的基础,才能把握其深隐的细微差别。解读古代文学作品时,遇到这种问题亦然。钟嵘说阮籍《咏怀》诗"厥旨渊放,归趣难求",元好问说李商隐无题诗"独恨无人作郑笺",皆可作如是观;而善于比兴寄托"主观诗人"李白的作品,则尤其如此。阅读李白诗文,我们常常有类似的困惑,有些作品,初读粗读,都与长安有关;多读细读,又发现这些作品反映出来的时序、地点、境遇、情绪是有差别的。求之于史料考证,在诗外下功夫,答案自然失之于简。关于李白的生平经历的传世史料,李白族叔李阳冰所作《草堂集序》、仰慕者及好友魏颢所作《李翰林集序》,曾与李白后人有所接谈的范传正所作《唐左拾遗翰林学士李公新墓碑序》,以及两《唐书》中的本传,都只记载了李白天宝初曾奉诏入京一事。所以,历来人们都认为李白生平只有这一次长安之行,而且,李白集的编注者,虽然也有质疑,但囿于史料,只能止步。当代学者中,瞿蜕园、朱金城先生在《李白集校注》中首次明确对几首诗作表示质疑,如《酬坊

---

① 安旗、薛天纬《李白年谱》,齐鲁书社 1982 年版。

州司马与阎正字对雪见赠》按语曰"白之游邠州坊州必非在天宝初出京后"①,《春陪商州裴使君游石娥溪》按语认为李白在天宝初出京后取道商州东行,则必无法同时有邠州坊州之游以事干谒②,《春归终南山松龙旧隐》按语认为这首归隐作品无法与其他几首终南山诗作同时创作于天宝初李白供奉翰林时,推测"盖在其初次入关时,特不能确定为何年耳"③,按照传世的说法,这些作品无法和另外一些可以确知的天宝初在京作品做到内在统一,质疑之外,瞿蜕园、朱金城先生推测李白可能有天宝初年之前的另一次入关进京之行。1962 年,稗山先生发表《李白两入长安辨》④,从诗歌内部的感悟理解角度入手,认为《酬坊州王司马与阎正字对雪见赠》等作品"表现为穷愁潦倒、渴望遇合,显示出进身无门、彷徨苦闷"的思想感情,"这和他那些待诏金门、春风得意的作品,固然迥不相同,就是和那些受谗被放以后之作,也有严格的区别",再加以逻辑推理,比较系统地提出了李白两度入长安的说法,将瞿朱说法坐实并向前推进一步。此后,郭沫若著作《李白与杜甫》⑤,郁贤皓先生撰写《李白两入长安及有关交游考辨》等系列论文⑥,相继对李白"一入长安"问题做了进一步研究,将"一入长安"的时间定为开元十八年。郁贤皓先生以充足的史料,考证分析了李白此次入京的干谒对象,断定了《蜀道难》正是"一入长安"期间所作,诗中"寄寓着功业难成之意"。本书编者未敢止步,继续进行深入探讨。认为,李白的确存在开元十八年"一入长安"的失败经历,其在自安陆入长安之前作《上安州裴长史书》曰:"何王公大人之门,不可以弹长剑乎?"其在京畿等待干谒机会时作《玉真公主别馆苦雨赠卫尉张卿》曰:"弹剑谢公子,无鱼良可哀。"其在将出长安时作《行路难》其二曰:"弹剑作歌奏苦声,曳裾王门不称情。"先后三用冯谖客孟尝君弹剑作歌的典故,情绪由自信、抱怨到悲愤,正昭示了李白"一入长安"以干谒求仕进的初怀、遭遇和结局。编者进一步论证,"一入长安"的失败,给李白身心带来初次重创,因而也造成了他的一个创作高潮,高潮的主题就是"行路难":

> 一方面感叹人间行路难,一方面又对未来仍寄于希望……这种失望与希望交织、诗末拖一条光明的尾巴的情形,呈现为一种规律,为李白此期诗作所特有。盖缘李白"一入长安"涉世未深,又未接近朝廷,因而对圣明天子与王朝

① 瞿蜕园、朱金城《李白集校注》,上海古籍出版社 1980 年版,第 1110—1111 页。
② 瞿蜕园、朱金城《李白集校注》,上海古籍出版社 1980 年版,第 1170—1172 页。
③ 瞿蜕园、朱金城《李白集校注》,上海古籍出版社 1980 年版,第 1335—1336 页。
④ 稗山《李白两入长安辨》,刊于《中华文史论丛》第二辑。
⑤ 郭沫若《李白与杜甫》,人民文学出版社 1971 年版。
⑥ 郁贤皓先生于 1978—1980 年间,先后发表《李白两入长安及有关交游考辨》等十余篇考证文章,1982 年陕西人民出版社将这些文章结集为《李白丛考》出版。

盛世仍充满希冀和憧憬,迥不似天宝间出长安后心情之几于绝望矣。①

在这个"行路难"主题的统摄下,《行路难》其一、其二,《梁园吟》《梁甫吟》,甚至《蜀道难》等作品,自然而然地找到了定位;而《邠歌行上新平长史兄粲》《赠新平少年》《酬坊州司马与阎正字对雪见赠》等作品,也在作者情绪状态和行迹方位两个层面合情合理地落实在了"一入长安"系列中。与这一组作品相区别,《南陵别儿童入京》《玉壶吟》等奉诏入京供奉翰林春风得意的作品,《宫中行乐词》《龙池柳色初青听新莺百啭歌》《清平调》等宫中词臣应景的作品,《还山留别金门知己》《初出金门咏壁上鹦鹉》《古风》之二十二("秦水别陇首")等离京时满腔悲愤的作品也就明确地落实到"二入长安"系列中,更进一步,幻灭之后的东行归鲁的行迹和大梦方觉的极度悲哀,自然凝结成了《梦游天姥吟留别》。

开元十八、九年与天宝初的两次长安之行,带来了李白两个诗歌高潮,原先散落在李集中的作品比较清晰地形成了两个聚落或者集群,这两个高潮向前后辐射,又带动解决了一些作品的系年问题;长安系列之外,李白早期蜀中生活、江南漫游、酒隐安陆、出入山东,以及后来的幽州之行、离乱避难、从璘罹难、长流放还、晚岁当涂等人生比较重要的环节皆可参照"复制"这种诗内诗外功夫兼修的攻略,克服史料缺乏和模糊带来的文献整理的"蜀道之难",大面积地解决编年问题,绘制出一幅总体上写意、细节上工笔的李白诗歌地图。

子曰:"吾自卫反鲁,然后乐正,雅颂各得其所。"(《论语·子罕》)虽有千余年"蜀道之难"横亘眼前,但编者孜孜矻矻,弘毅艰卓,使得九成的李白诗文在本书中各得其所。

六、工作坊:同心勠力择善,难在和而不同

工作坊是目下学界对于"以文会友、以友辅仁"的学术合作模式的概括,用来描述本书编撰团队围绕李白集编年研究自上世纪80年代至今的学术历程,倒也是再准确不过了。为行文便捷,径称安旗工作坊。安旗工作坊模式是典型的分工合作,始终坚持和而不同,择善是从;安旗工作坊精神基于每个团队成员对李白和李白研究的挚爱与执着,可谓"吾道一以贯之","吾将上下求索";安旗工作坊胸怀是对天下李白研究的尊重和兼收并蓄,可以用李白诗句概括为"黄河落天走东海,万里写入胸怀间"。

工作坊模式:和而不同,择善是从。安旗先生一生有李白的影子,身为巾帼,本

---

① 安旗、薛天纬《作品分析与〈李白年谱〉的编写》,《辞书研究》1989年第3期。

是旗人，祖上于咸丰间入川；生于成都，幼承庭训，家教严格，就学私塾，传统文化根基深厚，不屈不挠个性顽强；长而就读四川大学英语专业，半工半读，克勤克俭，亦中亦西，钟情中外诗歌，长于独立思考，自出机杼；青春热血，投身革命，以唯一女子成员加入赴延安队伍，成为"彭大将军麾下一小卒"，"上马击狂胡，下马草军书"，赤胆忠心，侠骨飘香；共和国新造，先后担任陕西省、四川省委宣传、文化部门官员，不以宦海为务，潜心翰墨文章，撰写大量文艺评论，专注中外诗歌而于中国古典尤甚，旁及书法金石，与丈夫戈壁舟先生琴瑟连理，风雅弦歌；"文革"浩劫，磨难深重，十年摧残，创巨痛深；枯木逢春，西北大学延聘西席，重返长安，早年属意之李白研究已呼之欲出，以《简论李白和他的诗》发表于停刊十六年之久的《光明日报·文学遗产》复刊第一期，洋洋洒洒半版篇幅，标志着安旗先生李白研究自此大张旗鼓。总而言之，私塾功底，西学影响，军旅生涯，宦海沉浮，浩劫坎坷，文艺研究，大学执教，文博金石，杂学旁收，安旗先生这种传奇经历、丰富阅历和卓越才华都为其后半生的李白研究奠定了极其重要的基础。

前贤有例，终身坚守书斋天地，心无旁骛专意治学，固是古典学术研究之坦途；而以大开大阖之阅历赋学术以生气活力，以艰难苦恨之人生赋予学术以温情敬意，未尝不是一种修成学术正果的正道。安旗先生正是以这样的学术实力与人格魅力成为西北大学唐代文学学科建设和巴蜀书社古籍整理出版计划不谋而合的交集，《李白全集编年注释》工作坊四人组就此成立，1984年秋冬之际开始运行。工作坊四君本身都是研治太白学问有年的学者，安旗先生与薛天纬先生、阎琦先生有师生之谊，又与房日晰先生和留校任教的阎琦先生有着志同道合的同事之好。又兼，此前，1982年安旗先生与薛天纬先生合作出版《李白年谱》，1984年安旗先生、薛天纬先生、阎琦先生合作出版《李诗咀华——李白诗名篇赏析》；此后，1998年，安旗先生与阎琦先生合作出版《李白诗集导读》。因此，四君合作，自是天衣无缝。但在具体的生平辨正、作品系年等方面，大至"三入长安"说、李白卒年，小至个别章句，大家还是有着不同看法，而安旗先生秉持学术民主，绝不勉强其事，四君畅所欲言，形成共识，谨慎其辞，再写入定稿，真正体现和而不同的胸襟格局。仅以李白卒年的论定为例。阎琦先生在《安老师侧记》中回顾：

　　在撰写初稿时，我感觉学术界公认的李白卒于代宗宝应元年（762）之说并不尽正确，李白晚年在当涂度过了两个年头，应该是卒于宝应二年（763），于是重新调整了李白晚年宣州、当涂诗，并写了一篇题为《李白卒年刍议》的论文。因为安先生早年的《李白年谱》亦持此说，事关重大，我向安先生先行汇报，安先生说文章写出来再说；文章写出来以后，安先生大致同意，于是我按此说撰写了初稿。初稿讨论时，薛、房二位均表示疑虑，独安先生表示支持，同意按我的观点重新编年,并且此后在她的所有著作中采用此说。我在这里说及此事,与前李白三入长安一样,亦无关学术,只是想借此说明安先生在学术问题上的民主态度和对学生的宽容。①

公元763年,系代宗宝应二年,七月改元广德,李白卒于冬,故定稿中统一作广德元年。《四川大学学报》(哲学社会科学版)2005年第5期发表了舒大刚所撰《再论李白生卒年问题》一文,提出"李白应生于神龙初年(约705),卒于大历初年(约766)"的"新说"。稍后,中国人民大学复印报刊资料《中国古代近代文学研究》分册又在2006年第1期全文复印了"舒文",引发学界关注。时任李白研究会会长薛天纬先生,为尽学林守望之责,也为切磋琢磨学术,在《新疆师范大学学报》2006年第4期发表《关于李白卒年问题的再讨论》,有理有据地反驳了这一观点。并在文章最后注释道:

> 上世纪80年代中期,笔者与西北大学阎琦先生共同参与安旗教授主持的《李白全集编年注释》编写组的工作,其间,阎琦先生提出李白卒年为广德元年(763)的看法,并撰写了《李白卒年刍议》一文,发表在《西北大学学报》1985年第3期。在安旗教授主持下,编写组经过认真讨论,采纳了阎琦的观点,将李白去世定为广德元年(763)冬事。《李白全集编年注释》于1990年由巴蜀书社出版时,至少有三处反映了这一观点:安旗撰写并署名的《论李白(代前言)》中,编年诗中,由笔者执笔的《李白简谱》中。

两段文字,人格映照成辉,学问愈辨愈明,和而不同,择善是从,堪称李白研究史佳话。

工作坊精神:吾道一以贯之,吾将上下求索。从1984年秋冬之际安旗工作坊启动,到2014年6月薛天纬先生写完第三版后记,其间三十春秋,工作坊集中工作主要有两次,但四君专注李白,一以贯之;上下求索,未尝懈怠。就编年集修订而言,安旗先生多次感叹:如扫落叶,方扫落方;如拂案尘,随拂随生。故是编三修三付梓,终以今日中华书局"中国古典文学基本丛书"系列之《李白全集编年笺注》之面目而呈现。就工作坊每位先生个人而言,或以李白研究为志业,上下求索,九死不悔;或以李白研究为中心,恢弘其学术;或在其研究领域,始终为李白留一方珍爱的心田。安旗先生在完成本书二版修订的同时,就出版《李诗秘要》,将之界定为"李集编年本"之袖珍本,并一发不可收,不顾年事已高,探终南山玉真公主别馆,访"饭颗山",以"双目奉青莲",几成瞽叟,终将《李太白别传》斟酌修订,两次付梓。薛天纬先生,不唯以其李白研究之成果,更以其学术谨严、格局宽广、德风嘉善为学界所

① 《花开花飞九十秋——安旗:我的文学自传》,第262—277页。

推重,职李白研究会会长则当仁不让守望有责,奖掖后学勤此不疲,前此后此则总是澹荡其怀,倾其心力于李白、唐诗与西域研究,出版《李太白论》《李白·唐诗·西域》以及《唐代歌行论》,其《唐代歌行论》弘扩安旗先生《论李白》高度重视太白乐府之观点,肆及整个唐诗研究,建树甚伟。阎琦先生,虽以韩愈研究为重心,但始终关注李白研究,其《识小集》收录了他关于李白最重要的研究成果,其发表于《花开花飞九十秋——安旗:我的文学自传》的《安老师侧记》则不啻一篇厚重沉雄娓娓道来的私人学术小史。房日晰先生,学术视野广阔,著述颇丰,不唯作《李白诗歌艺术论》以凝结其李白研究之精华,还时时关注李白研究动态,数次发现并辑校太白佚句,为学界提供新材料。仅就此而言,三十春秋的不离不弃恐怕也是四君对李白的一场热恋,一场苦恋,一场生死恋。

根据薛天纬先生的第三版后记,本书与2000年的第二版相比,最明显的变化是《戏赠杜甫》一诗之编年与注疏据安旗先生新说改过。安旗先生力主李白于天宝十二载曾"三入长安"之说,《戏赠杜甫》一诗的研究成果为这一说法提供了重要依据。这一成果的获得,不但凭借了文献考据及文本解析,更是安旗先生实地考察的结果。2001年,七十五岁高龄的安旗先生不顾身体孱弱,在西安东郊踏勘长乐坡,将历史事件、古今地名以及地形变迁相互参照,得出"所谓'饭颗山'者实即上有太仓之长乐坡也","'饭颗山头逢杜甫'亦即'长乐坡前逢杜甫',二而一也"的结论,从而对《戏赠杜甫》一诗做出了全新的解读,并为天宝十二载"李杜二人重逢于长安",即李白"三入长安"找到了一条有力的证据(引文均见《李太白别传》)。吾道一以贯之,吾将上下求索,薛天纬先生在后记中引述安旗先生《长乐坡前逢杜甫》一文结尾的感慨恐怕是最能表达这种安旗工作坊精神的:

> 探索未已,感慨转深。恨不能起闻一多先生于地下,请他用诗人之笔为李杜重逢再一次大书而特书。前一次初逢用的是金墨,这一次重逢应该用朱砂,赤红如血的朱砂,像他们在长乐坡前生离死别的眼泪。

工作坊胸怀:黄河落天走东海,万里写入胸怀间。学术者,天下之公器,可以私心黾勉以求之,未敢私藏私珍私享之。这是渗透在本书字里行间的胸怀气质。本书初版之前,除前揭古籍外,已有詹锳先生《李白诗文系年》,瞿蜕园、朱金城先生《李白集校注》,早稻田大学教授大野实之助《李太白诗歌全解》,同时及之后,尚有郁贤皓先生等李白研究的重要成果,以及詹锳先生《李白全集校注汇释集评》陆续面世。这些研究成果,或为本书奠定基础,或启发编者思路,或与本书不谋而合。本书序跋、正文以及其他场合发表的文字中,均予以充分的尊重。例如,在《论李白》的最后,安旗先生坦诚地表达了"同之与异,唯务求是"的学术态度:

> 有同乎旧谈者,非雷同也,势自不可异也。有异乎前论者,非苟异也,理自不可同也。

可见,本书编撰者对于学界同行的成果,既能自信地同而非简单雷同,又能自信地异而非刻意苟异,坦荡磊落如是。对于本书自身存在的问题,编者亦如司马迁著《史记》,不虚美,不隐恶,在本书《二版前言》中说:

> 拙编曾于一九九零年由巴蜀书社初版,并两次印行。虽然曾获好评,毕竟遗憾良多,有负读者厚爱。因此在旧版本基础上又经为时数年之琢磨,加以修订。诸如前此未能编年或编年有误者,今已予以补正;前此当注而未注,或虽注而未善,以及注文繁简失当者,今已加以处理;前此有数诗,因比兴未明,虚实莫辨,表里不分,以致失其真谛,甚至影响前后若干作品者,今已有所省悟。从而使李白其人及其诗之庐山真面目得以进一步显现。

> 虽然如此,此项工程亦难以臻于完善,拙编仍是一家之言,一隅之见。衷心希望在新的世纪中能有较完善的李集编年本问世。

此一番谦谦君子的诚朴态度,也为后学者留下精益求精的学术空间。从这个意义上讲,工作坊早已超越四君组合,是对天下学术在李白研究方面的成果的总览与检阅。

天眷太白,地不爱宝。近年来新出土碑志为李白生平研究和作品系年提供了更多有所助益的线索,仅据浙江大学胡可先先生《新世纪出土文献与唐诗研究综述》引述,朱玉麒在《唐研究》第 17 卷发表《许圉师家族的洛阳聚居与李白安陆见招——大唐西市博物馆藏〈许肃之墓志〉相关问题讨论》,通过新出土的《许肃之墓志》探讨了李白、许浑与许氏家族之间的关系,以尽可能还原历史中的李白原貌,诸如《许肃之墓志》所记载的许圉师四世孙许肃之,是李白夫人许氏在洛阳的一个远房侄子;咸晓婷在《文学遗产》2010 年第 2 期发表《李白赠何昌浩诗系年》,利用新出土的《何昌浩墓志》以探讨李白与何昌浩的交往,进而考定李白《赠何七判官昌浩》《泾溪南蓝山下有落星潭,可以卜筑,余泊舟石上,寄何判官昌浩》二诗作于至德二载,由此连带解决了安史之乱后李白行踪的一些问题;李秀蓉在《绵阳师范学院学报》2013 年第 1 期发表《从〈刘复墓志〉试探李白、王昌龄的江宁之会》一文则利用新出土《刘复墓志》探讨了刘复在天宝六载曾访王昌龄、李白于江宁,从而考得李白于天宝五载春下吴越,曾与王昌龄相会于江宁王昌龄任所,天宝六载夏秋之际离开。这些成果从不同角度对本书的材料、观点进行了完善①。

---

① 胡可先、杨琼《21 世纪出土文献与唐诗研究综述》,《中国诗歌研究动态》第十六辑古诗卷,学苑出版社 2015 年版,第 3—32 页。

　　因此,在未来的学术研究中,补充材料是尊重,完善观点是尊重,修正结论是尊重,对走过九十春秋的长者安旗先生的尊重,对历经三十春秋的这本书的尊重,对光焰一千三百春秋的李白的尊重。唯其如此,我们才能借用李白自己的诗句评价安旗工作坊这样一种开放式的学术胸怀:"黄河落天走东海,万里写入胸怀间。"

　　嘤其鸣矣,求其友声;李集整理,嘉音频频。在本书出版不久,复旦大学陈尚君先生在2015年12月复旦大学"文本形态与文学阐释"工作坊发表《李白诗歌文本的多歧状态分析》表示,其以个人之力完成全部唐诗的校订工程的一项重要工作——李白诗的辑校已经完成;在本书出版的次年,2016年4月,郁贤皓先生《李太白全集校注》皇皇八册出版。

(作者单位:海南大学人文学院)

《李白诗选》编辑阅读琐记

李　俊

我与先生结缘是因为编辑《李白诗选》。2014 年 2 月编辑部安排我编辑先生的《李白诗选》，经过三年多的审、校和编辑，该书于 2017 年 10 月出版，三年多的往复沟通交流也让我对先生有了较为亲切的了解。先生为人谦逊温和，对"白丁"如我常以温语勖勉，令人如沐春风，这让我一直心存感激！今值先生八秩荣庆，晚辈自应勉力为文，以介眉寿。但是，我自知对先生的精神和学术领悟非常有限，不敢妄作品评。今仅就编辑《李白诗选》时的阅读感受，略作汇报，希望读者能够借此稍稍了解本书，并进而领略先生从事选注《李白诗选》时严谨而敬业的精神。

先生从事李白研究四十多年，他将自己研究李白的成果大多融入《李白诗选》注释之中了，这本《诗选》基本体现了先生对李白其人其诗的理解。后来进一步拜读先生的《李白诗解》，与《李白诗选》对比阅读，这才又了解到，《诗选》还广泛吸收了学术界近五十年来李白研究的成果。所以，对普通读者来说，这是一本比较理想的李白诗歌阅读的入门读物——它提供了我们当代读者应该认识的李白及其诗歌的基本情况。尽管《诗选》提供了很多新的知识和认识，但是先生从不高自标置，表达平和，因此，这本《诗选》的文字风格显得温和冲淡。下面我们就来结合实例略述该书的内容特色。

一、诗歌编年更加准确

通读先生这本《李白诗选》，窃以为其最显著的优点是编年更加准确。编年又称系年，即确定作品创作的时间和地点。此乃老生常谈，何以谓此是《诗选》最突出的"新意"呢？这是因为李白诗歌编年自古以来就非常困难。今存有关李白生平事迹的记载以唐宋之人所作的几篇序文、传记最为重要，但是这些文章基本上都是重视提炼和表达人物精神风貌的诗性文本，并不在意一枝一节的忠实记录，李白生平事迹因此多有语焉而未详，或者笼统概括式的表述。或许有人会觉得，只要诗写得好，写诗的时间和地点并不重要。这种看法对"为艺术而艺术"的诗人来说或许是有一定道理的，但是李白并不是"为艺术而艺术"的诗人，而且他的创作大多受现实环境的促动，同时又表达了强烈的现实关切，因此，系年是我们理解李白诗歌的必要前提,它会影响我们对李白诗歌内涵的理解。举两个例子,《玉真公主别馆苦雨赠卫尉张卿二首》《酬坊州王司马与阎正字对雪见赠》这两首诗,前诗中的玉真公主别馆在终南山,后者坊州在离长安不远的北边,这两个地方都在关中。对李白来说,他只有在游历关中或长安时,才有可能到这两个地方。上世纪 60 年代以前,人们一直以为李白一生仅在天宝元年被玄宗征召,待诏翰林,故这两首诗只能系在天宝元年李白到长安以后,然而这两首诗中的低沉落寞的情感和求乞干谒的言辞与诗人待诏翰林前期的春风得意抑或后期的幻灭失落之感都不协调,故长期以来,人们对此颇感困惑。这个问题直到当代学者揭示李白开元十八年秋曾有入长安求仕而不成的经历后,才获得较为合理之解释。开元十八、九年李白第一次入长安求仕是当代李白研究的一大创见,发千年之覆,改变了李白众多诗歌作品的编年。

准确系年为诗歌解读确定了方向,《玉真公主别馆苦雨赠卫尉张卿二首》作于李白刚入长安的开元十八年的秋天,诗题中的卫尉张卿,据郁贤皓先生考证,乃玄宗开元时期的名相张说之子张垍①。李白第一次入长安本想求见张说,可惜张说不久病故,他只能转而干谒张垍。该诗二首,其一中有句:"吟咏思管乐,此人已成灰。独酌聊自勉,谁贵经纶才。弹剑谢公子,无鱼良可哀。"太白入长安之前曾作《上安州裴长史书》,在文章结尾,他慨叹道:"何王公大人之门不可以弹长剑乎!"这句话与上诗"弹剑谢公子,无鱼良可哀"二句意思适相呼应。由此我们也可以知道这首诗的背景和情感,"李白与张垍之关系,乃白为门客,垍为主人,张垍正是李白干谒的对象,亦即李白意欲投靠之'王公大人'。公子,指对方在其家中的身份地位,此正与张垍切合。此时李白遭到冷遇,故有'无鱼'之叹"②。该诗其二有:"丹徒布衣者,慷慨未可量。何时黄金盘,一斛荐槟榔。"诗中的丹徒布衣是化用古典,指南朝刘宋时期的刘穆之,他"是辅佐宋武帝刘裕的重臣,官至相位。家贫时,常往妻兄江氏家乞食,江家有庆会,穆之食毕求槟榔,江氏兄弟戏之曰:'槟榔消食,卿乃常饥,何忽须此?'后穆之为丹阳尹,召江氏兄弟,乘醉命厨人以金盘贮槟榔一斛进之"③。太白化用此典也是发泄对张垍的不满。《酬坊州王司马与阎正字对雪见赠》作于开元十九年早春,诗中说:"主人苍生望,假我青云翼。风水如见资,投竿佐皇极。"这也是祈求对方援手的干谒之辞。这两首诗都是诗人第一次入长安时心情的真实写照。

下面我们再以太白的代表作《蜀道难》为例进一步说明编年的重要性。这首诗

---

① 详参郁贤皓《李白与张垍交游新证》,载《南京师范学院学报》1978 年第 1 期,修改稿编入《李白丛考》,陕西人民出版社 1982 年版,第 27—32 页。

② 薛天纬《李白诗解》,中国社会科学出版社 2016 年版,第 35 页。

③ 薛天纬《李白诗选》,人民文学出版社 2017 年版,第 25 页。

的主题,古人的阐释莫衷一是。明代的胡震亨就曾总结说:此诗说者不一,"有谓为严武镇蜀放恣,危房琯、杜甫而作者,出范摅《云溪友议》,新史(俊按:指《新唐书》)所采也。有谓为章仇兼琼作者,沈存中、洪驹父驳前说而为之说者也。有谓讽玄宗幸蜀之非者,萧士赟注语也"①。胡震亨认为以上这三种说法与史实相距甚远,皆不可信,他认为:"《蜀道难》自是古相和歌曲,梁、陈间拟者不乏,讵必尽有为而作。白蜀人,自为蜀咏耳。言其险,更著其戒,如云'所守或匪亲,化为狼与豺'。风人之义远矣。必求一时一人之事以实之,不几失之凿乎?"②稍微解释一下胡震亨的意思,他说《蜀道难》是前代乐府的旧题目,李白就题发挥,感慨蜀道艰险实际上只是泛泛而论,诗中所表达的朝廷应该委派值得信任的人扼守蜀道之险的看法,也只是古人讽谏文学传统的一种常见表达罢了,不应该跟唐代某个特定的历史人物或历史事件关联起来。相较前三说,胡震亨的看法更为通达,摆脱了死扣史实的拘束。

虽然如此,《蜀道难》是不是一点时事背景都没有呢?恐怕也不尽然。当代学者于此仍有新说生发,如詹锳先生,他一方面认为胡震亨的观点是合理的,"蜀道难,敦煌唐写本诗选残卷作'古蜀道难',则其本为规模古调可以想见",另一方面,他认为这首诗与《剑阁赋(送友人王炎入蜀)》创作时间接近,"王炎入蜀,或为求取功名,但功名终不可得"。詹先生说:"苟能贯通全集并详考太白之身世,则此诗旨背景亦可探悉。"③詹先生的探索显然比胡震亨更加具体,薛先生后来平议詹说,认为他确定此诗"规模古调"的写作原则,以及将诗与《剑阁赋》《送友人入蜀》合勘,已探索到了解读《蜀道难》的路径,但与此诗之真正背景尚有一间之隔,主要原因是詹先生发表此文时,李白于开元十八年第一次入长安说尚未提出,因此并不能确定李白何时何地在长安送他的朋友王炎④。

那么,在"两入长安"的背景下解读,该诗的主题又是什么呢?郁贤皓先生以李白开元十八年初第一次入长安求仕为立足点,认为《蜀道难》寄寓着诗人功业难成的感慨⑤。安旗先生稍后又做了更加生动的发挥,她说:"《蜀道难》是一首悲歌慷慨的诗篇……它的主题有两层,表面上是写蜀道艰难,实质上是指仕途坎坷。它是李白在开元年间第一次入长安的产物,反映的是他此期屡逢踬碍的生活经历,抒发的是理想幻灭的痛苦,报国无门的悲哀,以及初次接触到社会阴暗面时的惊愕和愤

---

① 王琦《李太白全集》,中华书局 1977 年版,第 162 页。
② 王琦《李太白全集》,第 162 页。
③ 詹锳《李白〈蜀道难〉本事说》,《李白诗论丛》,作家出版社 1957 年版。
④ 薛天纬《李白诗解》,第 53 页。
⑤ 郁贤皓《李白两入长安及有关交游考辨》,载《南京师范学院学报》1978 年第 4 期,修改稿编入《李白丛考》,第 39—64 页。

慨。正由于要反映的生活内容丰富而又深刻,要抒发的思想感情强烈而又复杂,难以直言,因此诗人采取比兴手法曲尽其意。借蜀道之畏途巉岩,状其一入长安种种难写之景! 借旅人之蹇步愁思,抒其明时失路种种难言之情。"①由此可见,编年更加具体,我们对该诗的解读便会更为具体、深刻。后来薛先生又据欧阳修《太白戏圣俞》"开元无事二十年,五兵不用太白闲。太白之精下人间,李白高歌蜀道难。蜀道之难难于上青天,李白落笔生云烟",推测欧阳修或许认为《蜀道难》创作于开元二十年前后②。欧阳修是北宋知见广博精深的文坛宗主,他的见解或许可采,新版《李白诗选》遂将此诗排在第一次入长安的末期。新版《李白诗选》《蜀道难》第一条注释是关于该诗的题解,内容如下:

> 蜀道难,乐府古题名,在《乐府诗集·相和歌辞》中。梁简文帝、刘孝威、阴铿等所作,均写由秦入蜀道路的艰险,阴铿诗云:"王尊奉汉朝,灵关不惮遥。高岷长有雪,阴栈屡经烧。轮摧九折路,骑阻七星桥。蜀道难如此,功名讵可要。"李白诗以蜀道之艰险寄寓仕途艰危之意,对阴铿诗意借鉴尤多。诗当作于"初入长安"失意后。其时有友人前往蜀地,李白作《送友人入蜀》诗(见下篇),继而又作《蜀道难》,以送友人口气抒写自己"初入长安"的感受。孟启《本事诗·高逸》:"李太白初自蜀至京师,舍于逆旅。贺监知章闻其名,首访之,既奇其姿,复请所为文。出《蜀道难》以示之,读未竟,称叹者数四。号为'谪仙',解金龟换酒,与倾尽醉。期不间日,由是称誉光赫。"李白同时代人殷璠编《河岳英灵集》,评曰:"至如《蜀道难》等篇,可谓奇之又奇,然自骚人以还,鲜有此体调也。"可见此诗一经问世即产生了巨大影响,获得时人激赏。③

这段题解应是我们当代读者对该诗的基本认识。编年准确与否直接影响了我们对诗歌的理解。以上这些是以前未能探明系年而如今基本可以系年的作品。太白尚有一些诗歌做具体编年仍是比较困难的,不过,先生认为但凡能根据诗歌内容、主题、情感等因素大体摸清写作时段的作品,也按照时段做了排比(这对读者也是非常有帮助的),如《古风》五十九首,这是一组按照"咏怀"传统编辑的组诗,虽然没有确切的创作时间,先生选录了 23 首,仍做了大体编年,使我们大体明白它们在太白个人创作史中的位置。实在无法编年的作品,先生亦不强做编年,这就是阙疑待考、实事求是的学术精神。

---

① 安旗《〈蜀道难〉求是》,《唐代文学论丛》1982 年第 2 期。
② 薛天纬《也谈〈蜀道难〉寓意》。以上文字对薛天纬《李白诗解》中《蜀道难》部分多有参考。此前有不少选本将《蜀道难》编在天宝三载,李白待诏翰林后期,赐金放还之前。
③ 薛天纬《李白诗选》,第 35 页。

先生的这部《李白诗选》在编年上主要参考了先生导师安旗先生主编、先生也为主要撰稿人之一的《李白全集编年笺注》。

二、充分吸收学界文献、名物、史迹研究新证

先生《李白诗选》第二个比较突出的特点是对新发现的文献、新出土的文物以及遗迹考察新进展之成果的关注与汲取。新文献如书中选录的太白早年诗作《别匡山》，这首诗"出于李白故里四川江油唐大明寺遗址所存北宋熙宁元年（1068）刻立的《敕赐中和大明寺住持记》碑，原无题，清编《彰明县志》《江油县志》收录时题作《别匡山》。传世的北宋宋敏求所编《李太白文集》不载此诗，此集亦编成于熙宁元年，因此可以推断，虽然宋氏在《后序》中明言'刻石所传'是收录李白诗的来源之一，但他事实上没有机会看到《敕赐中和大明寺住持记》，所以《李太白文集》未收录此诗"[1]。"该诗于 20 世纪初面世，首见于安旗《李白纵横探》"[2]，此后才被学界同仁所知，并被陈尚君先生收入《全唐诗续拾》，今人整理李白诗集也都加以收录。

出土文物如《鲁郡尧祠送窦明府薄华还西京》"门前长跪双石人"之"双石人"，前人多未获确解。1993 年 3 月，在山东兖州金口坝附近曾出土一汉代石人像，呈跪姿，与李白诗所写完全一致。至此人们才明白"双石人"所指。

李白有《赠内》一诗，乃其早年隐居安陆时期写给妻子许夫人的作品。许夫人据李白自述乃高宗时宰相许圉师孙女，但此女与许圉师的亲疏如何，前人多不能明。朱玉麒先生以 2007 年大唐西市博物馆收藏的《许肃之墓志》为切入点，"以《唐两京城坊考》等历史地理著作为基本参照，辅以相关文献资料，全面考察了许圉师家族的兴衰史及其成员的个人状况，得出'许圉师家族确实定居两京、最后以洛阳为先茔所在'的结论，从而对李白自述婚姻状况的'许相公家见招，妻以孙女'之说做出了合理解读，指出'所谓的"孙女"是许相公远房的亲戚'，李白'正当是从许圉师在安陆老家已经破落的他房孙辈中，获得了第一次婚姻'"[3]。这也是由新发现的碑志文献研究带来的新认识。先生吸收这一新的研究成果，用在《赠内》注释中。

遗迹新考的例子，如《戏赠杜甫》（饭颗山头逢杜甫）。"此诗首见于唐孟启《本事诗》，又见于五代王定保《唐摭言》。欧阳修《六一诗话》引'借问别来太瘦生，只为从来作诗苦'二句。"[4]该诗虽然屡见于唐宋笔记，但是长期以来人们认为其为后人

---

① 薛天纬《李白诗选》，第 5 页。

② 薛天纬《李白诗解》，第 14 页。

③ 薛天纬《李白诗解》，第 31 页。详参朱玉麒《许圉师家族的洛阳聚居与李白安陆见招——大唐西市博物馆藏〈许肃之墓志〉相关问题考论》，载《唐研究》第十七卷，北京大学出版社 2011 年版。

④ 薛天纬《李白诗选》，第 198 页。

附会之作。安旗先生发现"饭颗山头"四字,在清乾隆丙子(二十一年)雅雨堂本《唐摭言》中作"长乐坡前"。根据这个信息,她在西安附近做实地考察,发现"长乐坡今犹在,在西安东北朝阳门外七公里","所谓'饭颗山'者,实即其上有太仓之长乐坡也"。因此,这首诗不仅不是伪作,而且还是李白天宝十二载"三入"长安的重要文献证据①。薛先生秉承师说,将此书录入《诗选》,但是安先生的"三入长安"说目前还只是其一家之言,还需要更多的证据支撑,在学界尚未获得广泛认同,故薛先生对此又做了折中处理,未把"三入长安"作为太白人生轨迹中一个特别的时间段落予以突出。这种折中处理的方式体现了先生既尊重师说又照顾学界主流意见的严谨性,作为诗词普及本,这种平衡的精神特别难得,也是特别应该提倡的。

新文献、新文物的发现,新史迹的考明,都使李白诗歌细节解读更为准确。

三、细读文本,烛幽照微

以上两个方面主要是先生吸收学界同仁研究成果的情况。先生在李白研究方面长期耕耘,成果丰硕,成就卓著,实为当代李白研究之代表性的学者,并曾因此被同仁推举为中国李白研究会会长,所以,先生关于太白诗的胜解自然是特别值得期待的。就笔者的阅读感受而言,窃以为先生优胜处在文本细读,其功力令人叹服,下面来看几则具体的例子。

第一,关于《梦游天姥吟留别东鲁诸公》的诗题,一般版本多从宋代蜀刻本作"梦游天姥吟留别"。不过,先生认为诗题应从胡震亨《李诗通》。我们知道,胡震亨是明代人,在古典文献研究界流传一句俗语,说"明人刻书而书亡",这是因为明人好乱改古书文字,甚至作伪。宋刻本在古典文献研究者心中享有崇高的地位,宋本不仅以严谨著称,而且它也更接近作者的时代,所以,宋本往往是学者信据的首选对象。李白诗文宋刻,今存南宋时期蜀刻本和南宋咸淳年间刻本两种,既然如此,那么先生为何偏偏要取胡震亨的意见呢?细按先生之意,其实胡震亨的意见也只是文献上的一个依据而已,更主要的理由是先生认为"诗题中'留别'之后无施与对象,这不符合李白及其他唐代诗人写作歌行类诗篇的命题方式,故实为误题。考李白诗乃至唐诗中,七言歌行之诗题中如有'歌辞性字样'(题为"××歌""××行"等),其结撰方式不外两种:或为无附加成分的歌行本题如《襄阳歌》《玉壶吟》《江夏行》,或在歌行本题后附加施与对象如《西岳云台歌送丹丘子》《万愤词投魏郎中》

---

① 安旗《长乐坡前逢杜甫》,载《李白诗秘要》,三秦出版社 2001 年版。参见薛天纬《李白诗解》,第168—169 页。

《峨眉山月歌送蜀僧晏入中京》》①。这是就唐人及太白本人同类作品归纳的文本特征，是该类文本的"共相"，其说服力更强。而"胡震亨注《李诗通》，即氏著编纂《唐音统签》中之李白诗，编在'丙签'。胡震亨乃编纂'全唐诗'之开山祖师，收诗当有所本"②，故可信以为据。

第二，关于《行路难》（金樽清酒斗十千）诗中"行路难，行路难，多歧路，今安在"之"歧路"的理解。歧路，此非难解之辞，故古今鲜有注释，读者一般大多按照字面理解为岔路，但在先生看来，作"岔路"解实不准确，应解作"道路"或"大道"。

> 歧路：道路，犹前诗"大道如青天"之"大道"，此指仕进之路。"歧路（或路歧）"一词在唐诗中常见，与道路同义，且往往用来喻指仕进之路。如骆宾王《叙寄员半千》："嗟为刀笔吏，耻从绳墨牵。歧路情难狎，人伦地本偏。"吴商皓《宿山驿》："歧路辛勤终日有，乡关音信隔年无。"杜荀鹤《下第东归别友人》："年华落第老，歧路出关长。"曹邺《杏园即席上同年》："歧路不在天，十年行不至。一旦公道开，青云在平地。"③

这是在读者不经意的地方提出的新见，然而此种新见并非标新立异，而是以严密的逻辑和丰富的例证做支撑的平实之论。类似的例子还有关于《答友人赠乌纱帽》中"乌纱帽"的考订："乌纱帽，并非后世所谓官帽，而是各种身份的唐人日常所着便帽。五代后周马缟《中华古今注》：'武德九年十一月，太宗诏曰："自今以后，天子服乌纱帽，百官士庶皆同服之。"'"④古代名物，时过境迁，隔膜遂生，容易误解，只有着眼于服饰风俗历史语境做严谨考订，才能去除误解。

第三，关于《永王东巡歌十一首》其十一"试借君王玉马鞭，指挥戎虏坐琼筵"的理解。一般注家认为这二句为李白以谢安自许的话，其中第一句"君王"指永王。以"君王"指永王，先生认为此解实不可从，"盖'君王'一词，屡见于唐诗人笔下，无不指皇帝。李白诗中用'君王'一词不下二十处，均指玄宗皇帝"⑤。例证如"君王赐颜色，声价凌烟虹"（《东武吟》）、"春风吹落君王耳，此曲乃是升天行"（《春日行》）、"君王多乐事，何必向回中"（《宫中行乐词》）、"君王虽爱蛾眉好，无奈宫中妒杀人"（《玉壶吟》）、"一朝君王垂拂拭，剖心输丹雪胸臆"（《从驾温泉宫醉后赠杨山人》）、"谁道君王行路难，六龙西幸万人欢"（《上皇西巡南京歌》），等等。"永王固可

---

① 薛天纬《李白诗解》，第146页。
② 薛天纬《李白诗解》，第146页。
③ 薛天纬《李白诗选》，第32页。
④ 薛天纬《李白诗选》，第64页。
⑤ 薛天纬《李白诗解》，第222页。

称'贤王''英王'或径称'王',而断不可称"君王"①。这组诗创作于太白加入永王李璘幕府平定安史乱军时期,是关涉其晚年政治思想的重要文献,如以"君王"指永王,则是公然的僭越。太白虽对当时朝廷政局变化缺乏敏感,但还不至于貌视玄宗,而且该组诗其五"二帝巡游俱未回","二帝"指玄宗、肃宗,并皆尊崇,所以,"君王"只能指玄宗。先生认为:这组诗"诗题明确揭示组诗以歌颂永王东巡为主旨,十一首诗均围绕这一主旨展开"②。这个例子说明,先生讨论"君王"所指,实际上是从太白本人的众多诗作中归纳其思想意识特征和遣词用语的习惯,从而求得合理之解释,此即"以太白证太白",这是比较可信的。这与前文介绍先生提炼文本"共相"的思路颇为相似。

注"试借君王玉马鞭","以太白证太白"只是意义层面,先生还常以此作为品鉴诗歌艺术的手段,如《闻王昌龄左迁龙标遥有此寄》"随风直到夜郎西",先生说:"明月在天空西移,原不凭借外力,诗人却想象月是被风吹着移动,'直到'友人所在的地方。这样一来,'风'于'寄愁心'也预有力焉。李白诗中多有此例,如'狂风吹我心,西挂咸阳树'(《金乡送韦八之西京》),'南风吹归心,飞堕酒楼前'(《寄东鲁二稚子》)。"③又如《宣州谢朓楼饯别校书叔云》"抽刀断水水更流,举杯消愁愁更愁",注释曰:"酒的遣愁效应很快消失,诗人重又陷入愁城。前《月下独酌》其四云:'穷愁千万端,美酒三百杯。愁多酒虽少,酒倾愁不来。'极写酒的消愁效果,此处又云'举杯消愁愁更愁',与前诗恰成悖论。悖论之两端,俱见人生之无奈。"④通过一个例子,串讲一类现象,此种贯通理解诚为先生细读文本、烛幽照微的体现。

当然,如有必要,先生也会毫不犹豫地越出太白的范围,从更为广阔的视野中寻求互证的例子,如上文所举"歧路"的例子。此外如《沙丘城下寄杜甫》"鲁酒不可醉,齐歌空复情",注释"鲁酒",先后引《庄子·胠箧》:"鲁酒薄而邯郸围。"庾信《哀江南赋序》:"楚歌非取乐之方,鲁酒无忘忧之用。"随后辨析"此处鲁酒、齐歌天然成对,又切合诗人所在之地,所以不将'鲁酒'视为用典亦可"⑤。如此注释既是注典故、诗意,同时也是玩味诗艺。又《闻王昌龄左迁龙标遥有此寄》"我寄愁心与明月",先生的注释说:"愁心,实即对友人被贬的同情心。寄愁心,希望'愁心'为友人所知。'愁心'无形,实不能寄,便付诸想象。明月,在诗人们的想象中历来是

---

① 薛天纬《李白诗解》,第 222 页。
② 薛天纬《李白诗选》,第 248 页。
③ 薛天纬《李白诗选》,第 164 页。
④ 薛天纬《李白诗选》,第 216—217 页。
⑤ 薛天纬《李白诗选》,第 143 页。

超越空间、寄托情思的载体，如鲍照：'朱城九门门九开，愿逐明月入君怀。'（《代淮南王二首》）南朝民歌《读曲歌》：'春风难期信，托情明月光。'王昌龄《送柴侍御》也有句：'明月何曾是两乡。'"①这样的例子书中时时可见。先生的生发议论，令人兴味益然，读先生的注释就好像是捧手随行，每阅胜解，辄有欣然忘食之感。

以上几例可以见出先生对太白诗歌理解的深细程度，若再枚举例证，只会增加本文冗长的篇幅。最后，我还想特别提一个比较有趣的地方，即先生以亲身经历印证太白之诗的例子。《梁园吟》"玉盘杨梅为君设，吴盐如花皎白雪。持盐把酒但饮之，莫学夷齐事高洁"。先生证以闻见，"'玉盘'四句：铺写饮酒情景。杨梅，佐酒之物，味酸。吴盐，吴地所产海盐。饮酒时以盐调和杨梅的酸味。注者亲见今苏州一带夏季产杨梅的地方，食用杨梅仍要用盐水中和酸味"②。读到这里，笔者顿感亲切，恍然觉得古人之诗仿佛正待今人默契。这也应算是一种绝妙的注诗方法吧③！

先生尝说："解读李白诗歌，从不同角度看，可以得出易与难两种相悖的结论。"④李白的诗大多平易晓畅，甚至明白如话，但是，如着眼于实证性研究，有关太白事迹的考订、诗歌文本的校订、诗篇所涉史实的考订、诗中语词的训释以及诗歌主旨的阐释等，又非常困难。然而，如不以实证研究为前提，我们对诗歌的理解和体味又很难准确、深刻。1962年稗山先生发表的重要论文《李白两入长安辨》是当代李白研究的重大成果。1978年以后三十多年间，"以实证性研究和立足于实证性研究的诗旨阐释为基本取向的李白诗歌解读，取得了自古及今最重要、最明显的进展。这一进展，在整个唐诗研究领域都是最突出的"⑤。先生这本《李白诗选》即以当代李白实证研究成果为基础，力求以简约的方式把我们应该了解的有关李白及其诗歌的基本情况呈现在我们面前。书中的注释也确实达到了用语精炼、简约有味的境界，凡征引古典也多以概述、转述的方式表达，绝不偷懒，把艰涩的古文扔给读者自己解决，同时又十分克制，不做过多的发挥。

《李白诗选》出版后获得了很好的反响，至2021年11月，已累计加印7次。

---

① 薛天纬《李白诗选》，第164页。
② 薛天纬《李白诗选》，第38页。
③ 前人亦有如此者，尝读俞陛云《诗境浅说》，其解宋之问"野含时雨润，山杂夏云多"时说："余尝于六月登太行南天门，望天表白云，与群岫参差竞出，叹此句之工也。"解储光羲"碓喧春涧满，梯倚绿桑斜"，则曰："余行栈道，见村民跨溪架屋，借水力转轮，以春米麦。白雪翻飞，晴雷互答，为溪山增趣。下句言采桑，忆舟行江浙间，桑畦弥望，当朝阳初上，露气未干，儿女青红，登梯采叶，时闻剪刀声出烟霭间，储诗雅能状之。"亦以亲身经历印证诗文，鉴赏绝妙！
④ 薛天纬《李白诗解》，《前言》，第1页。
⑤ 薛天纬《李白诗解》，《前言》，第2页。

2021 年 3 月，全国古籍整理出版规划领导小组办公室组织开展经典古籍版本推荐工作，为广大读者遴选中华优秀传统文化的"最要之书""最善之本"。首批向全国推荐的 40 种经典古籍及其 179 个优秀整理版本中就有先生的这本《李白诗选》。

　　作为该书的责编，我在第一时间阅读该书，并能随时从先生请益，此种机缘，实属难得，亦倍感荣幸。该书出版之后，先生与我们一直保持着密切的联系，并给予我们很多帮助，因此无论于私于公都特别感谢先生！

（作者单位：人民文学出版社）

李白研究学术史上的标志性成果

——评薛天纬《李白诗解》

海　滨

薛天纬先生《李白诗解》对 20 世纪及 21 世纪前 10 年学界诸家著述中涉及李白诗歌的实证性研究以及立足于实证性研究的诗旨阐释的成果作了尽可能全面的检视,广泛汲取各家原创型成果,并融汇自己的研究所得,对所涉及的李白诗歌做出了不同程度的新解读,以集大成、实证性、划句号、善创新的明显特征,洵为李白研究学术史上具有标志性意义的重要成果。

考镜源流　细大不捐——集百家之大成

本书从一千三百余年来李白诗歌流传的实际出发,从一百多年来现代学术意义的李白研究的实际出发,从作者数十年潜心研究李白的实际出发,对千首传世李白诗歌逐篇把脉、推敲,对于诗篇所涉及史实的考订、诗人事迹的考订、诗中语词的训释等,凡有疑问者必着意探究,或广采学界诸家持之有故、言之成理的独创型成果,或出以作者自己多年治李白诗歌之创获,融会贯通,爬梳剔抉,考镜源流,广纳百川,细大不捐,释千古之纠缠,集百家之大成。

全书选入李白诗歌 298 题 484 首,约为李白诗歌总数的一半。入选解读的诗歌,至少涉及了李白研究的数百上千个各类实证性问题,比较典型的如《古风》一题之下,或做题解,或做句笺,或做义释,就有不少于 59 处需要解读的问题。根据作者自己的归纳,本书所讨论的李白研究学术史上最主要的问题有 27 个,其中,围绕李白人生经历展开的讨论有以下 10 端:李白婚于许氏的事实;李白"一入长安"之经历;李白在东鲁的寓家之地"沙丘"所在;李白奉诏入京之地"南陵"所在;李白在朝的身份,称其为"翰林学士"所指谓何;李白的幽州之行;李白之"三入长安";李白被流是否到了夜郎;李白从李光弼军事;李白的卒年。围绕李白诗歌解读展开的讨论有以下 17 端:《别匡山》等故里诗作的真伪;《上李邕》的写作年代;《峨眉山月歌》的解读;《蜀道难》《行路难》等诗篇的解读;《清平调词》是否李白所作;《梦游天姥吟留别东鲁诸公》诗题、诗旨之辨;《戏赠杜甫》解读;《宣州谢朓楼饯别校书叔云》诗题之辨;组诗《秋浦歌》的解读;《永王东巡歌》的解读;李白陷浔阳狱时诗作的解读;

《上皇西巡南京歌》的解读;《古风五十九首》的编集;《古风》"其一"(大雅久不作)的解读;宋蜀本"感遇"类诸诗与《古风》的共同性;《静夜思》文本演变及"床"之解读;《菩萨蛮》《忆秦娥》词的真伪。

以李白生平经历研究中聚讼纷纭的"两入长安"问题为例,作者在本书第二卷"酒隐安陆及初入长安之什"中,围绕《酬坊州王司马与阎正字对雪见赠》和《玉真公主别馆苦雨赠卫尉张卿二首》等作品,进行了两方面的解读。一方面,引诸家独创成果,如瞿蜕园、朱金城先生推测李白可能有天宝初年之前的另一次入关进京之行;1962年,稗山先生发表《李白两入长安辨》,从诗歌内部的感悟理解角度入手,认为《酬坊州王司马与阎正字对雪见赠》等作品"表现为穷愁潦倒、渴望遇合,显示出进身无门、彷徨苦闷"的思想感情,"这和他那些待诏金门、春风得意的作品,固然迥不相同,就是和那些受谗被放以后之作,也有严格的区别",再加以逻辑推理,比较系统地提出了李白两度入长安的说法,将瞿朱说法坐实并向前推进一步;郭沫若在《李白与杜甫》一书中将李白初入长安定为开元十八年事;郁贤皓先生撰写《李白两入长安及有关交游考辨》《李白与张垍交游新证》等系列论文,对李白"一入长安"问题做了进一步研究,不但坐实了"一入长安"的时间为开元十八年,而且明确了李白此次入京的干谒对象是张垍,这是确立"两入长安"说的突破性进展。另一方面,融入个人研究所得,薛天纬先生认为,李白自安陆入长安之前作《上安州裴长史书》曰"何王公大人之门,不可以弹长剑乎",其在京畿等待干谒机会时作《玉真公主别馆苦雨赠卫尉张卿》曰"弹剑谢公子,无鱼良可哀",其在干谒无成将出长安时作《行路难》其二曰"弹剑作歌奏苦声,曳裾王门不称情",先后三用冯谖客孟尝君弹剑作歌的典故,情绪由自信、抱怨到悲愤,正昭示了李白"一入长安"以干谒求仕进的初怀、遭遇和结局。作者由此进一步论证,"一入长安"的失败,给李白身心带来初次重创,因而也造成了他的一个创作高潮,高潮的主题就是"行路难"。由此,学界关于李白"两入长安"之说得以坚实透辟地证成。

作者专门设置了《古风之什》卷,着力解决《古风》五十九首中的"问题",其中本卷"题解"和《其一》的"句笺""义释"篇幅之巨为全书之最。关于"古风"组诗的命题及编集者问题,作者在介绍了两种观点对立但学理自成体系的判断之后,以"纬按"的方式洞幽烛微厘清源流,认为是李白自己命题和编集了《古风》,但当时未必即编就"五十九首"的格局;进而条分缕析地梳理了从李白"枕上授简"于李阳冰以来,在李白别集经乐史、宋敏求、曾巩、晏知止等渐次编辑刊刻过程中,《古风》逐步扩容并有个别篇章出入变动的整个过程。这是截至目前学术界对这一聚讼纷纭的问题所做的体系完整、线索清晰、逻辑严密、考证细致的最彻底的一次梳理。特别值得注意的是,作者还为这一过程提出了非常重要的旁证:成书于北宋大中祥符四年

(1011)的姚铉编《唐文粹》中所收李白《古风十一首》,其排序依次为王注本《古风五十九首》的第1、8、9、10、11、14、15、18、21、27、49篇,而此序列排定于乐史与宋敏求所业之间,可知,在宋敏求《李太白文集》编成之前,"古风"至少已有四十九首,而且已排定后世所见编次。

另一个堪称"解人难"的"古风"研究"问题"即是《古风》其一(即"大雅久不作")的题旨如何理解。薛天纬先生的看法是:此诗从社会与文学两方面标举的最高理想是西周,其文学为大雅;其次是在历史上亦堪称盛世的汉武帝时代,其文学为扬、马之赋;与此同时,诗人对唐王朝的盛世寄予极高期望,既望其政治清明,亦望其文学昌盛;他明显是将"圣代"拟为西周,又将诗歌在当代的振兴拟为"大雅"重现,即:圣代复元古,大雅振新声。得出这一结论的关键环节是对"扬马激颓波"中"激"的理解,作者在袁行霈、林继中等先生推倒众家贬语旧说而正面解读"扬马激颓波"意涵的基础上,引经据典,详尽辨析,认为此处"激"字当作"遏制"解,"扬马激颓波"即扬、马以其宏大的辞赋成就遏制了文学衰颓的趋势。此句含义由是通达,上下诗句各得其所,全篇意脉自然连贯,可谓千载疑案一朝遽解。

辨章学术　言之有物——为实证之学问

薛天纬先生曾在其《七十自述》中表达自己的为学原则:"我做研究、写文章,坚持一个原则,就是言之有物,不说无谓的话,不说无个人看法的话。因此,我做的题目无论大小,写的文章无论长短,自己觉得绝无虚文。"

薛先生的为学原则落实在本书中,就是作者在前言里反复强调的实证性研究,具体有三大类:诗篇所涉及史实与诗人事迹的考订,诗中语词的训释,诗篇题旨的探究。

安旗先生和薛天纬先生在《作品分析与〈李白年谱〉的编写》中曾认为,李白研究要同时做足"诗外功夫"与"诗内功夫"。所谓"诗外功夫"是指"从史籍及文物资料中搜求有关记载,从其与作家作品的纵横关联中寻找坐标,坐实作家的行止出处及作品的作时作地。这是一种从史料出发的逻辑推理方法,是非文学的方法"。所谓"诗内功夫"是指"转向作品内部,探求其底蕴,寻绎其联系,发见其规律,从而对其写作背景(包括作时作地)及作家事迹行状做出大体的判断。这是一种从辞章出发的鉴赏分析方法,是文学的方法"。兼修诗内诗外两种功夫,将文学的方法与非文学的方法结合,有助于实现李白研究,尤其是在诗篇所涉及史实与诗人事迹考订方面的突破。

例如,李白从璘获难,向来迷雾重重。作者在大量文史研究成果中辨析考量,主要征引郭沫若《李白与杜甫》、乔象钟《李白从璘事辨》、邓小军《永王璘案真相——并释李白〈永王东巡歌十一首〉》、李子龙《李白与高适的政治得失刍议》等成果与作者自己的论文《李白与唐肃宗》,从不同维度尽可能还原历史事件的真相与李白行迹的细节。类似的问题案例,本书中所在多有。

李白诗中语词的训释也是本书着意进行的实证性解读的大宗。李白诗歌中,不少貌似司空见惯的语词,细绎古来诸家注释,或被不同程度地误解,或被有意无意地忽视。作者以披沙拣金的耐心与功夫,或自出机杼,或择引高见,进行了合情合理切中肯綮的训释与解读。比较典型的,如李白《行路难》其一中的"歧路",作者从大量诗歌文献实例出发,比勘追索,探究其义,提出了在《汉语大词典》所列"歧路"与"岐路"诸多义项之外的界定:"道路,此处指仕进之路。"再如李白《翰林读书言怀呈集贤诸学士》所涉"翰林"一词的理解,作者征引傅璇琮《李白任翰林学士辨》、李培厚《此学士非彼学士》、赖瑞和《唐代待诏考释》诸家看法,并进一步辨析,得出公允合理的结论,这对于了解李白行迹、理解李白诗歌都有极其重要的助益。其他如《古风》其四十六"五凤楼"之训释,征詹福瑞《李白〈古风〉其四十六试解》的"五凤楼在洛阳"的说法,《宴陶家亭子》"破颜花"之注释,引李浩《李白诗中"破颜花"正诂》而不取诸家注释所宗的典出宋人著作《五灯会元》的看法等,皆为的解。

正如安旗、薛天纬《李白年谱·前言》所云:"李白事迹及作品多无确实年月可考。……然窃以为诗为心声,李白之诗尤多系至情之流露,而至情之流露又多缘感遇而发。其笔底之波澜,即胸中之块垒;其胸中之块垒,即生活之坎坷;其生活之坎坷,即时代之潮汐。吾人循其声则得其情,循其情则得其实,虽不中,当亦不远。"诗篇所涉及史实与诗人事迹的考订、诗中语词的训释,这两项实证性研究又在很大程度上推进了对于李白诗歌题旨由外在到内在的、逻辑的而非臆测的探究。如对《梦游天姥吟留别东鲁诸公》诗旨的理解,作者将自己所撰《〈梦游天姥吟留别〉诗题诗旨辨》与竺岳兵《〈梦游天姥吟留别〉诗旨新解》融汇辨证,得出了令人信服的结论,有力地否定了通行的、包括一些《中国古代文学史》教材的说法。

截断众流　划上句号——尽守望之职责

"追随蜀道心犹健,独立朔风意转寒",春秋近七十有六的薛天纬先生从攻读研究生起即追随安旗先生,矢志李白研究,黾勉以求,长期浸淫其间,将李白研究融入其生命生活,以李白研究作为其人生价值的依归。从 1982 年研究生毕业即出版《李白年谱》(与安旗合著),到 2017 年《李白诗解》《李白诗选》相继面世,薛天纬先生未敢懈怠,未坠素业,不仅完成了《李诗咀华》(合著)、《李太白论》、《李白·唐诗·西域》和大量独创性的李白研究论文,更在其业师安旗先生领衔下与阎琦、房日晰等先生倾尽心力完成李白诗歌的编年笺注工作。该编第一版《李白全集编年注释》，由巴蜀书社 1990 年出版；经修订，第二版《李白全集编年注释》，由巴蜀书社 2000 年出版；第三版《李白全集编年笺注》，收入"中国古典文学基本丛书"，由中华书局 2015 年出版。《李白全集编年笺注》与前此出版的《李白集校注》（瞿蜕园、朱金城校注，上海古籍出版社 1980 年版）、《李白全集校注汇释集评》（詹锳主编，百花文艺出版社 1997 年版）和其后出版的《李太白全集校注》（郁贤皓校注，凤凰出版社 2015 年版），成为当代李白研究最权威的四种"今注本"。薛天纬先生作为《李白全集编年笺注》第二作者，对李白诗歌的研究做出了重要贡献。

不仅如此，1987 年中国李白研究会筹备成立时，薛天纬先生即担任理事；其后陆续担任常务理事、副会长、会长，2013 年卸任会长之后又担任学术咨询委员会专家至今，始终承担着不同程度的守望之责。同时，薛天纬先生还长期负责《中国李白研究》的责任主编，通览历届中国李白研究会年会论文，关注各种李白研究动态。此外，由朱玉麒和孟祥光两位先生承担的从 1994 年启动的旷日持久的《李白研究论著目录》编著工作，薛天纬先生或"谋划启动"，或知晓进程，或通读书稿，并最终为之序。这些职志所在的"被动"的守望之举，与薛天纬先生为国家社科基金课题"李白诗歌解读"而"主动"所做的对近现代，尤其是进入"新时期"以来的李白研究成果的全面考察，双途并进，长期坚持，可以毫不夸张地说，薛天纬先生了解和掌握李白诗歌研究动态的几乎所有"家底"。

正是薛天纬先生对李白、对李白诗歌、对李白研究动态的熟稔与精深，才有可能出现《李白诗解》的"截断众流"的景观与"划上句号"的绝妙。

本书在解读李白诗歌的诸多问题上做到了"截断众流"，"划句号"则是由薛天纬先生的一篇文章《〈静夜思〉的讨论该划句号了》而引发的对"截断众流"更加形象的表达。

34 年前，薛天纬先生在《文史知识》1984 年第 4 期发表论文《漫说〈静夜思〉》，讨论过几种宋元刊本中《静夜思》第一句均作"床前看月光"、第三句均作"举头望山月"的问题。

10 年前，因为一位在日本留学的华裔中学生在教科书中读到如上版本的这首诗而质疑中日传本不同，引起媒体跟风炒作，时职中国唐代文学学会会长的陈尚君先生发表了《李白〈静夜思〉不存在中日传本的差异》，职中国李白研究会会长的薛天纬先生发表了《关于〈静夜思〉的前话与后话》，二位先生恪尽守望之责，回应了媒体与读者大众的关切。

因为这首《静夜思》已成为国民唐诗的特殊性，薛天纬先生索性为之进行了更加彻底的学术史梳理，撰写了长文《〈静夜思〉的讨论该划句号了》，刊于《文史知识》2011 年第 12 期，在详细梳理该诗版本流传变化的基础上，结合薛顺雄及森瀬寿三等学者关于《静夜思》的研究成果,融汇自己的研究心得,进行了充分的解读,重点讨论了为大家所关切的"明月"和"床",得出的结论是:《静夜思》文本两个"明月"的出现,从文献角度可追溯至署名明代李攀龙的《唐诗选》,而《静夜思》"民间口传本"实际上是后世大众读者"再创造"的产物。至于诗中的"床",因为《静夜思》是李白自创的"新乐府辞",乐府诗的传统写法是"拟"前代之作,而"乐府古辞"以下的前代相关文人诗作及乐府民歌无不将"明月"与"卧床"相联系,所以,《静夜思》中的"床"只能理解为"卧床"。至此,《静夜思》的实证性研究划上了"截断众流"的句号。

必也正名乎!可以举例的类似重大成果还有李白《梦游天姥吟留别东鲁诸公》诗题的校勘。这是薛天纬先生从上世纪 90 年代初发现、思考、探索、求证,一直到 2013 年才彻底解决的问题,集中反映在《〈梦游天姥吟留别〉诗题诗旨辨》(《中国李白研究》1991 年集)、《〈梦游天姥吟留别〉诗题辨误》(《文学评论》2013 年第 2 期)中。薛天纬先生的研究令人信服地得出了此诗题目当作"梦游天姥吟留别东鲁诸公"而并非宋本"梦游天姥吟留别"的结论。因此,在入选《李白诗解》时,此诗的题目径作《梦游天姥吟留别东鲁诸公》,这又划上了"截断众流"的句号。

事实上,本书讨论的李白研究学术史上最主要的 27 个问题,除了"三入长安""长流夜郎"等尚待讨论外,大多数都在《李白诗解》中划上了"截断众流"的句号。

因此,称《李白诗解》为"李白研究学术史上的标志性成果",并不过分。

创新体例 精心结撰——可闻一而知三

本书是薛天纬先生 2007 年申报立项的国家社科基金一般项目"李白诗歌解读"的结题成果。该成果完成于 2010 年 6 月,2014 年 1 月通过鉴定,获"优秀"等级。作为相对小众的科研项目,"李白诗歌解读"的表达形式较少顾忌,可以比较自由地展开;但作为面向广大学者和更多普通读者的出版物,《李白诗解》则需要妥善解决一系列的问题,建构最合理的体例才能获得最佳的表达与传播效果。

问题之一,诗歌篇目的选择与安排。入选本书的篇目必然是"有问题"的,所以才需要解读。这里的问题(实证性的),有普通读者认知层面的,比如什么是乌纱帽;有专业人士研究层面的,比如李白"两入长安"。而问题被发现,首先是因为作品被阅读,其次是因为作品被广泛阅读和反复阅读,再次是因为作品与作者行迹、历史事件密切相关。一路逆推下来,"有问题"的作品往往是接受面广、影响力大的名篇佳作。这些作品采取一种什么样的编辑方式来安排呢?作者采取了以编年为主并兼顾李诗复杂性的原则来安排,按照李白生平比较明确的八个时期分八卷编选,依次为蜀中及出蜀之什、酒隐安陆及初入长安之什、寓家东鲁之什、供奉翰林之什、去朝十年之什、安史乱中与从璘之什、长流夜郎之什、晚年之什;因"古风"五十九首以及类"古风"作品情况复杂但又风貌相近,单列为一卷;其余的诗篇根据诗体列为一卷。既收录了李白诗歌几乎全部名篇,又主要按照创作时间来编排,这样妥善周到的安排,研究性解读之外,仅就诗歌作品而言,实际上已经为读者提供了一册经典的"李白诗歌编年选辑"。

问题之二,诸家成果的征引与评判。根据作者所列,本书参考书目,除常用基本文史典籍外,有157种;作者在行文中注明的引用著述,有257条次,其中作者自己的著述24条次。引用如此多的文献著述,若不得法,容易成为资料堆砌的流水账。而作者一方面采取了行云流水、随物赋形的策略来汲取诸家研究成果,在明确标注文献出处的同时,或征引原文,或撮取大意,"无缝"嵌入作者正常的行文中,另一方面又不是机械地罗列,而是以"纬按"的方式对征引材料进行整理、归纳、总结、申说、评价,做到了解读行文与征引材料的水乳交融。当在征引他人著述的过程中发现原作者的失误时,薛天纬先生也以"纬按"的方式如实注明,比如《上之回》"义释"引用李子龙先生著述"陈沆(纬按:应作魏源)《诗比兴笺》云……"。更值得注意的是,作者对所征引诸家学者表示了极大的敬意与尊重。行文中征引材料,除了随出随注外,还特地在每一卷末设置"本卷所采撷论著",胪列所有征引文献。根据《凡例》所确定的"本书采撷他人观点,一般只取自己所认可的一种而不事争论"的原则,薛天纬先生在本书中不惜放弃自己以往的重要研究成果,如2005年,有学者根据李士训《记异》文字提出李白生卒年的新看法,颇有些"推陈出新"的翻案意思,时任中国李白研究会会长的薛天纬先生当仁不让地发表《关于李白卒年问题的再讨论》积极回应,有礼有节地回应了不同学术观点,起到了正李白研究界之视听的积极效果。但在本书讨论到李白卒年时,作者并未引用和列出自己的这篇文章,而是引用了首倡"广德元年"说的阎琦先生两篇文章《李白卒年刍议》《再论李白不卒于宝应元年》,并评价阎琦先生"其说甚辨"。这种种努力,无疑又给有心的读者提供了一册"李诗研究动态要览"。

问题之三,诗歌解读的方法与行文。作者反复强调本书的解读属于实证性,那么这种实证性的解读如何展现呢?作者采取了"题解""句笺""义释"三项依次进行,也有个别诗篇有"题校"如《梦游天姥吟留别东鲁诸公》,有"句校"如《静夜思》。诗篇所涉及史实的考订、诗人事迹的考订,主要集中在"题解","句笺"也颇有涉及;诗中语词的训释,主要集中在"句笺";而题旨的探究,则主要集中于"义释",题解也颇有涉及。这种三项式的解读方法是基本模式,但并非每首诗皆如此,而是从诗歌存在的"问题"实际出发,有的放矢。通过反复阅读体会,这种方法堪称解读李白诗歌的妙招。在具体行文过程中,作者依然从实际出发,有话则长,挥毫泼墨,下笔千言;无话则短,惜墨如金,寥寥数语,这大概也是一种从必然王国上升到自由王国的

"此中有真意"的行文态度。因此可以说,作者在解决问题之三的过程中,无疑又为我们提供了很有效的方法论参考,可以名曰"李白诗歌研读法"。

李诗如海,其解汪洋,本书篇幅有限,个别问题未能展开,在读者看来,未免略有遗憾。如《行路难》其一"长风破浪会有时,直挂云帆济沧海"之解读,赵昌平先生在其《李白诗选评》及《唐诗三百首全解》中均认为"一旦能如宗悫那样建功立业,便当功成身退,似夫子、鲁仲连一样,乘舟浮海而去"。就类似观点,薛天纬先生曾在《李白诗四解》"长风破浪会有时,直挂云帆济沧海"与裴斐先生有过详切讨论,在本书本诗的句笺中也提供了《李白诗四解》的线索。但如果作者能就此问题在"句笺"或"义释"中略作辨析,稍展篇幅,读者就可以知晓关于此二句更多不同的见解并进行更深一层的思考了。

另,本书在编辑校对过程中,还有些许未尽之处。如,第 232 页,倒数第五行末字"涛"误,当作"陶";第 364 页,"题解"下首行,第 395 页,倒数第四行,"诠选"误,当作"铨选"。

《李白诗解》既是对于过往李白诗歌研究状况的梳理与总结,更是在为未来的李白诗歌研究奠定基础,正如作者所言,"李白诗歌解读是一个尚未完成的过程,本著只是对这一过程的阶段性回顾和总结。本著的完成,同时也是对李白诗歌研究新成果的期待。如果这里所提供的学术信息能够对新成果的出现有所助益,那将是本著的价值在更高层面上的实现,是所至企"。因而,我们不排除并期待薛天纬先生继续写作《李白诗解》的续篇。

(作者单位:海南大学人文学院)

别样的唐诗之旅

——读《从长安到天山：丝绸之路访唐诗》

吴华峰

喜欢唐诗的人，对"无数驼铃遥过碛，应驮白练到安西"（张籍《凉州词三首》其一）一定不陌生。安西即安西都护府的简称，贞观十四年（640）设于西州（今吐鲁番），贞观二十二年（648）迁至龟兹（今库车），是唐代的丝路重镇。作为中国古代西域经营最为辉煌的时代，唐朝的政治辐射力其实远远超越了安西都护府的管辖范围。张骞历尽艰险开辟的丝绸之路在盛唐气象的笼罩下早已化作坦途，荷戈远征的将士、贩运丝绸的商旅、虔诚求法的僧侣、羁旅漂泊的行者在这条道路上东来西往，推轮记里。大量的丝路元素也随之涌入诗歌，推动了唐诗高潮与经典的进程，使古代丝绸之路成为名副其实的文化之路。

薛天纬教授的新著《从长安到天山：丝绸之路访唐诗》（北京大学出版社出版，2020年9月）在丝绸之路与唐诗研究的永恒波光中投注了一丝灵动的涟漪。他采用"实证性"的写作方式——从长安出发，到热海（今伊塞克湖）而止，结合实际城市与地面历史遗存的考察，对丝路沿线的唐诗创作进行了一次精彩纷呈的巡礼，为我们开启了一段别样的唐诗之旅。

一

本书的酝酿要追溯到多年前。2014年6月22日，在联合国教科文组织第三十八届世界遗产委员会上，中国、哈萨克斯坦、吉尔吉斯斯坦三国联合申报的"丝绸之路：长安—天山廊道的路网"世界遗产项目获得立项。"从长安到天山"的书名正是受此启发而生。如所周知，唐代丝绸之路的起点西京，即今西安。但唐代诗人们却不约而同地以汉代的长安指代它。无论是出于"以汉代唐"的修辞手法，抑或文化心理的惯性使然，汉唐丝绸之路的一脉相承都赋予了唐诗更加深厚的历史底蕴。

在这座诗意盎然的城市里，作者浓墨重彩地历叙了描写大明宫、兴庆宫、大雁塔、芙蓉园、曲江池、华清宫、西市等地的诗作，立体性地还原了唐代长安的宏伟景象。他特别注意发掘长安与"外来"文化之间的关联，"落花踏尽游何处？笑入胡姬酒肆中"(李白《少年行》)的诗句,仿佛又把读者拉回到那个胡风盛行、胡店林立的时代,让人真切体会到丝路交流所带来的唐代的开放气势与经济文化的繁荣。

唐代"平时开远门外立堠,云去安西九千九百里,以示成人,不为万里行"(白居易《西凉伎》)。自长安开远门出发,渡渭水至临皋驿,就真正踏上了丝绸之路西去的行程。一曲"劝君更尽一杯酒,西出阳关无故人"(《送元二使安西》)的绝唱,既展现了唐代西行者去国怀乡的怅惘,也引发历代无数文人的塞外憧憬。饮尽王维杯中之酒,经过陇山、秦州(今天水),再向西就要穿越河西走廊。自汉代起,河西走廊就是丝绸之路东段的必经之路,馆驿关津密布。大名鼎鼎的凉州(今武威)、甘州(今张掖)、酒泉、敦煌,更为唐诗提供了不可或缺的重要素材。

从地理位置上看,河西走廊东起乌鞘岭,西达玉门关,南有祁连山,北为合黎山。甘州城中举目可见的祁连山,匈奴语意为天山。自此就引出了本书的另外一个关键词——天山。不过需要澄清的是,古称天山的祁连山,与今天横跨吉尔吉斯斯坦、哈萨克斯坦和中国新疆的天山山脉是不同的概念,后者范围更加宽广。在丝绸之路漫长的发展与演进过程中,亘古不变的天山甚至屹立为它的精神象征。古代西域诸民族的繁衍栖息虽然屡经沧海桑田的变化,但丝路通道、城市总是延展于天山脚下。唐诗在丝路上的流动自然也与天山紧密契合。

作者笔下的天山从唐代伊吾(今哈密)开始,将唐诗之旅延伸到丝绸之路新疆境内的每个角落。向南连缀起吐鲁番的交河故城、火焰山、高昌郡,以及库尔勒的铁门关、库车龟兹古城。向北串联了巴里坤的蒲类津、大河古城、甘露川、吉木萨尔的北庭故城,一直到达吉尔吉斯斯坦的碎叶城(今托克马克阿克·贝希姆古城)和热海。山脉中沟通南北的"白水涧道""天山路"(一称金岭道、他地道,今车师古道)等若干孔道,与南北两条干线组成经纬交错、四通八达的天山路网。在书中,"白日登山望烽火,黄昏饮马傍交河"(李颀《古从军行》)、"银山碛口风似箭,铁门关西月如练"(岑参《银山碛西馆》)等脍炙人口的名篇佳句,便顺着天山纷纷落入作者追寻的视野。

二

正如本书副标题"丝绸之路访唐诗"所示,全书处处紧扣一个"访"字。作者的写作初衷并非要对诗歌进行单纯鉴赏,或静态地探讨唐诗与丝路的关系。他要"尽最大的努力,把这条古老的丝绸之路尽可能完整地走一回",站在创作的现场,指点人们身临其境地感受丝路唐诗的印记。

薛天纬教授与唐诗和丝绸之路的不解之缘由来已久。上世纪 60 年代,他于西北大学中文系毕业后随即西出阳关,执教新疆。70 年代末又曾回到西安读硕士,研治唐诗。所以这本著作虽于六年前动笔,对于唐诗与丝路的挚爱无疑才是其写作的根本动力。从西安到河西走廊、从玉门关到伊塞克湖,但凡书中涉及的地点,无论"早已亲历,甚至相当熟悉",抑或从未履足,这次他都设法一一走遍,并获得了许多新鲜的感悟:流连于天水夜色,让他真切领略到杜甫"无风云出塞,不夜月临关"(《秦州杂诗二十首》其七)是如何把月光如昼的秦州城描写得活灵活现,而"不夜"并非"夜晚尚未降临"。徘徊在玉关戈壁,让他深刻领悟王之涣"黄沙远上白云间"(《凉州词》)中的"黄沙"一定不是"黄河"。通过躬亲实践的踏访与体验破解了这些唐诗解读的"争议"问题。

再回到本文开头提及的安西。很多人都去过库车,知道这里就是大名鼎鼎的古龟兹,但是可能很少有人会想起这里还曾是唐代安西都护府的驻地。去库车的人自然少不了参观苏巴什古城,或一览天山神秘大峡谷的雄奇风光,但是可能很少有人会关注县城西部皮朗村内一段倾圮的汉唐城墙。正是这段残垣断壁承载着安西都护府的辉煌,承载着岑参"弥年但走马,终日随飘蓬"(《安西馆中思长安》)的惆怅与孤寂。跟着作者在安西都护府墙角下品味这些诗作,思绪也仿佛回到了唐代。

值得一提的还有作者 2015 年的吉尔吉斯斯坦之行。唐代诗人当中,除了出生在碎叶城的李白,目前行迹可考到过此地者只有骆宾王,在此留下《在军中赠先还知己》《久戍边城有怀京邑》两首作品。岑参两次亲历西域也没有到达热海,只能通过"侧闻阴山胡儿语,西头热海水如煮"(《热海行送崔侍御还京》)的想象之辞来刻绘伊塞克湖的奇异之景。而读者们却有幸跟随薛天纬教授站在碎叶城遗址上凭吊李白,漫步在遥远而迷人的伊塞克湖畔,去弥补岑参不能亲至的遗憾。

徜徉在诗意丝路的旅程中,作者每每凭借诗歌的媒介与唐人进行时空对话,文中场景常常在现实与过去中跳跃穿梭。同时又不时地穿插个人早年的经历,如追念自己 1982 年结束研究生学业后二出阳关之际,对"西出阳关无故人"的深切共鸣。2018 年再度探访交河故城时,对二十多年前叶嘉莹教授在交河乘兴赋诗往事的回忆,都使得全书洋溢着一丝亲切而温暖的情怀。而本书精心选配、大多由作者亲自拍摄的一百六十余幅图片,更以图文并茂的方式给大家增添了一份"卧游"之资,为激发每位阅读者"思接千载,视通万里"的遐想提供了直观的视觉动力。

《从长安到天山:丝绸之路访唐诗》文笔流畅,可读性极强。薛天纬教授强调本书并非严格意义上的学术著作,在一定程度上带有游记的性质。不过由于作者深厚的古代文史修养,使本书依然无法抹去其学术痕迹。最有创见的部分是对岑参"轮台东门送君去,去时雪满天山路"(《白雪歌送武判官归京》)、"轮台城头夜吹角,轮台城北旄头落"(《轮台歌奉送封大夫出征》)等诗作中"轮台"意象的解读。作者认为这里的"轮台"并不是唐代北庭都护府下属的轮台县,而应代指北庭节度使驻地(今吉木萨尔县的北庭故城),他曾撰《岑参诗与唐轮台》一文对此进行过周密的论证。本书中结合对北庭故城的实地考察,再次明确"轮台"的意指问题,不仅解决了岑参诗阅读中的若干疑难点,也真实还原了唐代北庭城及其周边的自然环境。这些具有启发意义的见解,都让我们深刻感受到,除却史料记载与出土文献(物)的实证,唐诗将永远是我们想象、了解和走进丝绸之路的宝贵资源。

(作者单位:新疆师范大学中国语言文学学院)

回到现场：我所读过的第三种"西游记"

海　滨

这是一本拿起来就不想放下的"西游记"，这是一本读过后还想再反复翻阅的"西游记"，这是我读过的第三种"西游记"，它带给我最强烈的感受就是：回到现场。

我读过三种"西游记"，第一种是《长春真人西游记》，记录了金元之际道教全真派教长长春真人丘处机受成吉思汗邀请，从山东莱州昊天观赴中亚兴都库什山下的蒙古大营，传授长生之道的经历，作者李志常，是丘处机的弟子；第二种是众所周知的小说《西游记》；第三种则是业师薛天纬先生的《从长安到天山》（北京大学出版社，2020 年 9 月），这部插图版"西游记"，是诗游记，也是私游记。

薛著"西游记"中的打卡点，与前两种《西游记》有不少重叠与交叉，给读者一种"回到现场"的感觉。薛天纬先生从小说《西游记》唐僧原型唐玄奘法师西行求法的起点长安出发，一路上基本与玄奘法师同步定位，途经河西走廊，出阳关，来到天山南麓的吐鲁番高昌区，在玄奘法师驻锡讲经的高昌国故地怀古探幽，又到达了小说《西游记》中的"火焰山"的原型——真实的火焰山；接下来，路分两头，一头继续沿天山南麓迤逦而去，"飞越"冰山后，来到了西天山脚下的碎叶，玄奘法师曾在这里会晤西突厥可汗，而薛天纬先生则与同行的学者在这里依循吉尔吉斯斯坦的礼节，朝天空鸣枪，向大诗人李白致敬；另一头则翻越天山，到达天山北麓的吉木萨尔，与《长春真人西游记》的丘处机行迹重合，这里是唐代的北庭故城、元代的别失八里故地。与玄奘法师和丘处机一路同游的主要是门下弟子，而与薛先生一路同游的，更多的是学界同道，比如霍松林先生在交河城头的正午写下"阳光如火烤头颅"，叶嘉莹先生则在同地的日暮慨叹"饮马黄昏空想象，汉关秦月古沙场"，比如"在书山与瀚海之间"探索丝路文化的老友杨镰先生；遗憾的是，薛先生的西游行程没有遇到白龙马，但也邂逅了玉门关城墙洞穴的两头羊，这可是有图有真相的。

这本书的副标题是《丝绸之路访唐诗》，这部"西游记"是一本名副其实的"诗游记"。全书九章三十七个小节（篇）的标题都以唐人诗句命名，正文中李白、杜甫、王维、高适、岑参、白居易等诗人的名篇奔竞而来，李世民、骆宾王、王之涣、王梵志等诗人的佳句络绎不绝。更重要的是，薛先生以自己长期从事唐诗研究尤其是李白研究的开阔视野、硬核学问与学术新鲜感，为读者进行了很有趣味的唐诗导读，让读者在"跳起来摘桃子"的过程中再次"回到现场"。作者在长安城的翰林院里梦李白，展示李白《清平调》所蕴蓄的大唐王朝文化软实力；在解析李白哭晁衡诗作的来龙去脉后，感叹李白的泪虽然白流了，但却意外地收获了诗；在解读祖咏的《终南望余雪》时顺便讨论了唐朝空气的能见度；在流连于西安的大唐西市博物馆时，提及馆藏碑刻《许肃之墓志》经学者解读后刷新了学界对李白与许氏夫人婚姻状况的认识；在螯屋话及白居易《长恨歌》时，不经意举出 CCTV 电视节目《经典咏流传》关于上海老中医王之炀谱曲《长恨歌》瞬间走红网络的案例；在探讨杜甫于天水写作"罢官亦由人，何事拘行役"时，顺手普及了"罢官"有罢官和被罢官两种理解的学界讼案；在《成纪》篇中，除了普及李白身世之外，更以谚语"秦安的褐子清水的麻，天水出的白娃娃"聊了聊"释褐"话题；在《凉州》篇，围绕高适《无题》"一队风来一队砂"，作者补充了两个硬核知识点：传世《高适集》原无此诗，孙钦善《高适集校注》据敦煌残卷伯 3619 补入；"一队"就是"一阵"，诗人这里用了西北方言。再比如，关于"长河落日圆"长河所指为弱水、"黄沙（河）远上白云间"、骆宾王从军西域、唐玄奘与高昌国王麹文泰、李白出生地碎叶等一系列学术问题的研讨成果，在作者笔下都如盐入水一般，不知不觉地渗透在西游过程的行文中，堪称一种学术"轻奢"风。

在这诗游记中，最能体现这种学术"轻奢"风且最能显示"回到现场"效果的文字是《高昌》和《北庭》两节中的特别学术分享。《高昌》篇，谈到阿斯塔纳古墓群的吐鲁番出土文书，薛先生分享了北京大学中国古代史研究中心朱玉麒教授的研究成果——《吐鲁番文书中的玄宗诗》，朱玉麒教授长期浸淫唐诗和吐鲁番文书研究，凭着对唐诗的亲切和对吐鲁番出土文书的熟稔，他敏感地发现两张分别来自英国图书馆和日本某书道博物馆的吐鲁番文书残片可能是同一张书写着唐诗的吐鲁番文书被拆分的两部分，于是大胆尝试将两张残片的图版缀合，结果竟然就是唐玄宗《初入秦川路逢寒食》诗在西域的手抄本，这个抄件"展现了大唐帝国开元、天宝时代的君主李隆基在西北边州地方文学影响的实际存在"，这是多么有意义的丝绸之路"访"唐诗！《北庭》篇，薛先生解释了广大读者在高中学习《白雪歌送武判官归京》时就遇到的困惑——岑参明明是在唐代的北庭都护府写这首离歌，为什么结尾却把送别地写成"轮台"东门呢？薛先生道：因为岑参诗中的"北庭"与"轮台"是同义语，均指北庭节度使驻地。岑参西域诗总是以"轮台"指代"北庭"，这是岑参沿袭了长安人士的话语习惯，他说的是"长安话"，其背后是唐人深刻的汉唐历史认同情结。关于这个问题，薛天纬先生是最有发言权的，他发表在《文学遗产》2005 年第 5 期的《岑参诗与唐轮台》就从文史考证的角度清晰而彻底地进行了辨析并得出了令人信服的结论。

薛著"西游记"还是一部私游记，有少小离家老大回的私人感受，有学者漫游丝路的私人体验,有作者诗兴大发的私人情致,但这一次次回到现场的私游记,却暗含着激发公共兴趣的可能性。假如当代也有《世说新语》,以下的私游记案例或可悉数收录:

《大明宫》:1979 年,薛先生和研究生同窗李云逸先生探访大明宫遗址,看门大爷说:"这地方是只给搞研究的人看的,你们既然来了,就进去看看吧!"令这两个唐代文学的研究生忍俊不禁。

《兴庆宫》:薛先生回忆,自己在西北大学读本科时,听说西安交大的学生佩戴校徽就可以免票进兴庆公园上自习,令其他高校学生羡慕嫉妒。

《兴庆宫》:2016 年,薛先生再访兴庆宫旧址,发现公园牌匾由"兴庆公园"改为"兴庆宫公园",多了一个"宫"字,不禁感慨:这就与 1300 年前的唐代直接对接了。

《秦州》:从天水城区到天水南郊的石马坪李广衣冠墓拜谒,出租车司机不打计程表,而是一口价"十块钱",原因是要爬山,吃力耗油,所以比平常的起步价贵了一倍。

《同谷》:凤凰山腰建有"杜少陵祠",拾级而上,共 59 级台阶,纪念杜甫享年59 岁。

《南郭寺》:南郭寺中有一棵树龄 2500 年的春秋古柏,盘桓树下,手抚树身,想象当年杜甫在此吟诗,不觉感慨:树"能"如此,人却不堪,人的生命未免太短促!

《麦积山》:沟通秦州与麦积区的 17 公里长的高速公路被戏称"吉尼斯"纪录中世界上最短的高速公路。

《凉州》:当年乘火车从西安到乌鲁木齐,曾多次经过乌鞘岭,山高坡陡,火车爬山很吃力,在弯道上有时透过车窗能看到两个火车头,一个在前面拉,一个在后面推,列车如老牛拉车一样"呼哧呼哧"地缓慢前行。

《张掖》:河西学院,用学院人骄傲的说法,她是兰州以西直至乌鲁木齐 2000 公里内唯一的高等学校。

《酒泉》:酒泉是全国唯一以"酒"为名的城市。

《敦煌》:白天,出租车司机曾好意提醒不要到夜市上吃饭,但我们还是去一家烧烤店自投罗网:口味一般,价格昂贵,每人另收 5 元餐具费——这恐怕是全国首创。

《巴里坤》:据出租车司机说,巴里坤县城总共有 90 辆出租车。

《龟兹》:第二次国共合作时期,1938 年共产党人林基路曾任库车县长,为库车县的进步和发展做出了积极贡献。

《西天山》:飞越葱岭,口占一绝:"凌山万仞入苍穹,匝地群峰冰雪封。我自乘风云外过,朝霞喷出满天红。"

《碎叶》:吉尔吉斯斯坦小学生用汉语朗诵李白《静夜思》。

《碎叶》:"这是我生平第一次放真枪,万没想到竟然是在碎叶古城。"

读到这些私游记,我们可能会一粲、一叹、一赞,也可能会遐想、流连、神往。当然,最具有公共性质的私人现场体验是薛先生作为严谨的唐诗研究学者为丝绸之路上的这些景点纠错或者"打补丁":

《终南山》:仙游寺博物馆线刻《长恨歌》连环画,抄录原文时错将"金屋"写成"金星",将"未央柳"写成"未杨柳"。

《交河》:记得20世纪80年代,李颀的《古从军行》曾被书写在故城城门外的崖壁上,但作者"李颀"被错写成了"李欣"。

《铁门关》:铁门关山崖岩壁上刻岑参《题铁门关楼》,"不可思议的是连题目不过45个字,居然有3个错字"。

《火焰山》:在火焰山脚下的地下通道墙壁上仔细搜寻发现岑参诗《使交河郡郡在火山脚其地苦热无雨雪献封大夫》写火焰山的六句:"奉使按胡俗,平明发轮台。暮投交河城,火山赤崔巍。九月尚流汗,炎风吹沙埃。"其实,接下来两句"何事阴阳工,不遣雨雪来"也是写火焰山的,却被惜墨如金地省略了。

与这"西游记""诗游记""私游记"的文字相协调的是本书大量的图版,本书的封套内面是一张精美的《丝绸之路访唐诗示意图》,以便读者按图索"记";本书内附的大量图版,或示意,或印证,或助读,大大地增强了现场感。

阅读薛著"西游记",这一番"回到现场"的感觉,正应作者所言——"一方面目击现实,一方面追忆过去,还要穿越回溯到1300年前的唐朝。纪实与想象叠加,将贯穿我以西安为起点的全部行程和我即将写下的全部文字。"

如果说,对这部"西游记"有什么期待的话,第一,再版;第二,再版时,《铁门关》一节,在记述"库米什"或者"库木什"时,可以补充如下文字:这是突厥语发音,汉语意思为"银",恰与"银山"印证。

(作者单位:海南大学人文学院)

读《从长安到天山：丝绸之路访唐诗》有感

金　波

　　丝绸之路，自汉代张骞"凿空之旅"后，历史文献记录上说它是"使者相望于道，商旅不绝于途"。对于这条连接中西文明的神秘古道，从学术界直到民间历史文化爱好者都十分关注，它是中华民族往日荣光的不朽记忆，是中国各民族交流融合的历史见证。随着中国和平崛起不可阻挡的历史进程不断向前推进，中华民族伟大复兴在即，以习近平同志为核心的党中央结合新的历史条件，继承和发扬丝路精神，提出"一带一路"倡议，唤起了沿线国家的历史记忆，赋予丝绸之路以全新的时代内涵，丝路精神被纳入中国共产党人精神谱系，这是人类历史发展的必然，是中华民族绵延 5000 年辉煌历史的新起点，是构建人类命运共同体的精神纽带。

　　提起丝绸之路，最近最热的词莫过于"一带一路"，这是国家话语体系下的宏观叙事，对于个人而言，丝绸之路更多的可能就是沿着这条路来一场说走就走的旅行了。在遥远的过去，丝绸之路是商旅交通的路线统称，是沿线各国经济文化交流的生命线。不同文化背景的人们通过这条路彼此增进了解，留下很多传说、故事和歌谣，其中不乏流传千古的文学作品，这当中最有中国特色的恐怕要属唐诗了。

　　薛天纬先生的这本书，为广大读者开启了一个全新的视角，让丝绸之路在普通人的生活里有了通过读诗"打卡"丝路历史的新价值。此前从未有人专门以第一人称的视角带领我们观察、了解、回忆、品味唐诗和这条路的关系。在书里，读者将跟随作者一起从西安出发，沿着丝绸之路直达吉尔吉斯斯坦，寻访这条路上那些光耀万古的唐诗佳作名篇。

　　在这本书的"开首语"中，薛天纬先生专门提到关于丝绸之路申遗的重大事件："2014 年 6 月 22 日，在卡塔尔多哈召开的联合国教科文组织第三十八届世界遗产委员会会议上，中国、哈萨克斯坦、吉尔吉斯斯坦三国联合申报'丝绸之路：长安—天山廊道的路网'世界遗产获得成功，这一文化遗产项目列入了《世界遗产名录》。这项遗产有 33 处遗产组成，其中有 22 处在中国。"正是这些属于全世界的文化遗产，共同构建了人类文明对于中华盛唐的共同记忆，伴随遥远的歌谣和驼铃声声，薛天纬先生将用娓娓道来的文字一步一步带领你从长安开始，穿越历史地理，拜访丝路古迹。这些不朽的诗篇，也是世界文化遗产不可分割的一部分。

薛天纬先生早年在西北大学读书，对于这条古道的起点西安是再熟悉不过了。随着毕业工作，他沿着丝绸之路来到乌鲁木齐，教书育人近五十载。谈及母校，他写诗道："母校频招游子回，阳关古道正东开。长安此日逢嘉会，我戴天山明月来。"文字风趣幽默，一如这本书的行文风格，通篇以文化导游的口吻来向读者介绍沿途的自然地理和历史名胜，对于诗文涉及的历史地理、风土人情、建筑古迹、奇闻异事不乏考证，有理有据，趣味性和知识性兼具，才情横溢，是一部不可多得的"大家小书"。

薛天纬先生是陕西宜川人，自 1963 年西北大学中文系本科毕业后至退休，一直在新疆师范大学教书育人。1978 年至 1981 年先生在西北大学师从傅庚生、安旗研读中国古代文学，毕业获硕士学位后重返新疆。先生于李白研究成果斐然，曾任中国李白研究会会长。唐代诗仙李白就是从丝绸之路的碎叶城一路回到长安，纵横天才，挥洒自如。可以说，先生和丝绸之路结缘不浅，和唐诗结缘不浅，和李白结缘不浅。

所谓丝路精神，窃以为一定包含着传承和奉献。自从李希霍芬提出"丝绸之路"这个概念之后，这条曾经风光无限的古道才再次焕发光彩，从尘封的辉煌历史中又一次迸射出万丈光芒，令世人瞩目。李希霍芬的学生斯文·赫定，追随老师的足迹多次深入亚洲腹地探险，在前后近半个世纪的时间里，他因发现了楼兰古城、丹丹乌里克等丝绸之路遗址而名扬天下。杨镰教授在斯文·赫定《亚洲腹地探险八年》中文版的序言中写到，斯文·赫定是中亚最后一位杰出古典的探险家，也是第一位使其探险活动与时代的、社会的进步步调一致的现代中亚科学考察的组织者。2016 年杨镰教授因车祸魂断西域，他的墓就在天山北麓松树塘的万山丛中。这次从长安到天山的寻访唐诗之旅，薛天纬先生专程赶到老朋友的墓前，"我肃立墓前，给这位老朋友献上了一束野花"。在伊吾县杨镰教授衣冠冢的墓碑上写着："在书山与瀚海之间。杨镰教授，中国古典文学研究专家，西域历史文化研究及探险考古专家。"

青山埋忠骨，山河念英魂。这条充满魅力的丝绸之路上，有无数的人民英雄前仆后继，用生命谱写了不朽的诗篇。

薛天纬先生于 1993 年获教育部及人事部授予的"全国优秀教师"称号。笔者有幸成为先生的学生，跟随先生读研学习中国古典文学。我作为一名"疆二代"，侨居北京多年后辗转回到家乡工作，丝绸之路国内这一段可以说是跑了个遍。翻开先生这本《从长安到天山：丝绸之路访唐诗》，我仿佛又回到当年的课堂，在先生谆谆教导下，重读经典。开卷追随先生寻访唐诗之路，似有先生在耳边讲故事一般，带领我通过先生的眼睛、思绪、见识，点点滴滴重温一首接一首的伟大唐诗作品。师者，所以传道授业解惑也。秉承丝路精神，我辈如有幸不负师恩和家乡养育之恩，一定要为丝绸之路上的明珠——新疆的建设贡献一点绵薄之力。

（作者单位：新疆飞马智旅游科技有限公司）

八十自述

薛天纬

人到这个年龄，才真正体会到了俗语所说的"光阴似箭，日月如梭"，2012年我写成《七十自述》，似乎并没过多久，这就又要写《八十自述》了！"自述"的内容，后者接续前者。

先要回顾2012年8月的事情，在这里记下来：当时趁着新疆师大文学院承办"中国唐代文学学会第16届年会暨'唐代西域与文学'国际学术研讨会"的机会，师大文学院及我的老学生们"假公济私"，为我举办了颇为隆重的寿庆活动，并出版了纪念文集《力耕集》。在学会理事会上，我宣告退出，陈尚君会长代表学会给我赠送了纪念品，我在理事会28年的经历画上圆满句号。葛景春教授书赠我一首七绝："莫言七十古来稀，百岁于今不为奇。兄寿古稀年仍少，尚堪挂帅领征旗。"莫砺锋教授赠我贺联："太白才情骥跃龙腾驰瀚海，文翁教泽兰芳蕙茂满天山。"朱玉麒教授书赠贺联："身贵久离行乐辈，才高独作后人师。"（用唐人方干赠姚合诗句而改动了两个字）赵立新、海滨二贤弟牵头在天山天池为我举办了盛大而热闹的庆寿活动，海滨写有纪实文字《瑶池能享春万寿，王母千觞不醉人》。这些，我都铭记在心，没齿不忘。

当时，我正在中国人民大学国学院特聘教授的聘期中。2013年元旦前夕，国学院国文教研室欢聚，庆贺傅璇琮先生八十大寿，也捎带了我的七十寿庆。其时，傅先生在受聘于清华大学的同时，也是人民大学国学院特聘教授，我极其荣幸地与他同事了一些年头。我即席读了一首七律，诗题似序：

2013年元旦前夕，人民大学国学院国文教研室欢聚，
庆贺傅璇琮先生八十大寿。余以七十之年附骥焉

七十贱辰何足言，扰民一路到年关。诸君照拂情怀切，不佞追随步履艰。余热尚存三十度，月酬愧对四千元。璇公马首容瞻拜，倾倒超巫玉座前。（杜甫诗："还来谒大巫。"傅先生之学术地位更高于大巫，故用时语"超"称之。）

我自1982年5月在中国唐代文学学会成立大会上拜识傅先生，三十余年来多受教益。傅璇琮先生不幸于2016年1月23日病故，我在深切的悲痛中于1月25

日晨写成一首七绝悼诗：

悼傅璇琮先生

熔裁文史一炉中，旷代宗师岂自雄。不信舟沉人已去，千帆竞过破严冬。

我受聘于中国人民大学国学院五年，聘期始于 2011 年 9 月，于 2016 年 8 月结束。五年间我担任了本科班、硕士班以及博士生的若干门课程，并招收过一名博士研究生，聘期结束时这位博士生就转到其他导师名下。五年间发表了多篇学术论文，我比较看重的，有以下几篇：

《李杜互通互补论》，刊于《杜甫研究学刊》2015 年第 1 期；

《〈梦游天姥吟留别〉诗题辨误》，刊于《文学评论》2013 年第 2 期；

《圣代复元古　大雅振新声——李白〈古风〉（其一）再解读》，刊于《江淮论坛》2012 年第 1 期，并收入袁济喜、诸葛忆兵主编《国学视野之下古代文学研究》，中国社会科学出版社 2016 年版）；

《〈静夜思〉的讨论该划句号了》，刊于《文史知识》2011 年第 12 期。

2013 年 10 月，由中央民族大学文传学院承办的"中国李白研究会第十六届年会"在北京召开，我在这次年会上退出理事会，自然也卸下了会长职务。新任会长朱易安教授建议组建研究会的"学术咨询委员会"，我遂成为其成员。中国李白研究会的会刊《中国李白研究》（其实是每次年会的论文汇编），一向由会长担任主编，所以，继我之后的主编是会长朱易安及现任会长钱志熙，但他们都太忙，所以，至今仍由我担任执行主编。

这期间，还要重点记下来的一件事情，是安旗主编《李白全集编年注释》新版的问世。此书是先师安旗先生研究李白最具代表性的成果。自 2000 年巴蜀书社出第二版（也称"新版"）后，安旗先生一直希望能重印，但没有机会。2015 年，安旗先生迎来了九十华诞，中国李白研究会第十七届年会在西北大学召开，时任副校长、也是安旗先生硕士生的李浩教授全力争取，西北大学为《李白全集编年注释》提供了专项资助，同时转由中华书局出版，易名《李白全集编年笺注》，列入"中国古典文学基本丛书"。我为此撰写了《第三版后记》，并据安旗先生关于《戏赠杜甫》一诗的研究成果，改写了这首诗的编年与注释。10 月下旬年会如期举行，新出的《李白全集编年笺注》在分赠与会学者的同时，作为最好的寿礼送到卧于病榻的安旗先生手中。此前，应《文史知识》编辑部之约，我撰写了《花开花飞九十秋——记著名李白研究专家安旗教授》一文，安排在第 10 期刊出，我与编辑部商定，将稿费折合成 100 本刊物，也在年会上分赠与会者。2019 年 6 月 27 日，安旗先生以 94 岁遐龄辞世。2020 年《李白全集编年笺注》重版，我与阎琦、房日晰共商，本着对学术负责也为安旗先生负责的精神,根据前些年出土的《唐故邓州司户参军何府君墓志铭并序》,由我执笔改写了《赠何七判官昌浩》等诗篇的编年与注释,并以我们三人名义撰写了《第三版修订后记》。《李白全集编年笺注》初版于 1990 年,30 年后算是画上了圆满句号。

2016 年 9 月之后,我成为彻底的"自由人",学术上则成了散兵游勇。读书、写作、思考专业问题的惯性运动并没有停下来,也"根本停不下来",因为这已经是我的生活常规和习性,不需要动力,不需要目的。加之居住在北京,信息与交通方便,与学术界联系较多,所以直到今天,始终没有闲下来,有时甚至有点忙不过来。回头看看,这几年留下痕迹的事情有:

出了四本书:

《李白诗解》,中国社会科学出版社 2016 年 11 月出版。这是我 2007 年申报立项的国家社科基金一般项目"李白诗歌解读"的结题成果,成果于 2014 年 1 月通过鉴定,"鉴定等级"为"优秀"。感谢中国人民大学国学院将这项成果纳入"大国学研究文库",因而得到中国人民大学专项资金的支持。兹转引封二所载"内容简介"如下:"本书对 20 世纪及本世纪前 10 年,重点是 1978 年以来诸家著述中涉及李白诗歌实证性研究(包括诗篇所涉史实的考订、诗人事迹的考订、诗歌文本的校订、诗中语词的训释等)以及立足于实证性研究的诗旨阐释的成果作了尽可能全面的检视,广泛汲取各家原创性成果,并融汇自己的研究所得,对所涉及的李白诗歌作出了不同程度的新解读。全书选入李白诗歌 298 题 484 首,约为李白诗歌总数的一半。"

《李白诗选》,人民文学出版社 2017 年 10 月出版。此书列入"中国古典文学读本丛书",迄今已印了 7 次。这套"丛书"是人文社的老品牌,其中的《李白诗选》,1961 年初版,当时我正在读本科,是当作课本一样捧读的,书的署名为"复旦大学古典文学教研组",其实主要是王运熙先生的劳动成果。20 世纪 80 年代起,我在中国唐代文学学会及中国李白研究会的活动中多次面谒王先生,受教良多。这次之所以要重做《李白诗选》,是因为 80 年代以来李白研究的新成果太多,必须通过新选本吸收进来。感谢责编李俊编审尽心尽力的劳动,他是人民大学国学院袁济喜教授门下博士,所以作者与编辑之间始终有一种特殊的亲切感和信任感。2021 年 3 月 3 日,全国古籍整理出版规划领导小组办公室公布首批向全国推荐的 40 种经典古籍及其 179 个优秀整理版本,《李白诗选》列在推荐目录中,这使我深感欣慰。

《八里桥畔论唐诗》,凤凰出版社 2020 年 6 月出版,列入"凤凰枝文丛"第一辑。承蒙丛书主编朱玉麒、孟彦弘二位教授及凤凰出版社倪培翔社长垂顾,也感谢责编李相东编审的辛勤付出。此书是继 2011 年 3 月上海古籍出版社所出《李白·唐诗·西域》之后,我这些年所写长短文字的结集。书名之"八里桥畔",指我在北京的居处。

《从长安到天山：丝绸之路访唐诗》，北京大学出版社 2020 年 9 月出版。事情可追溯到 2012 年 8 月的中国唐代文学学会乌鲁木齐年会，北大出版社徐迈编辑在年会的考察活动中萌生了这本书的创意，觉得我有长期在西域生活的经历，是比较合适的作者。我接下这件事后，获得新疆师范大学西域文史研究中心的立项支持，一系列实地考察活动得以顺利进行。尤其幸运的是，2015 年 10 月，新疆师范大学与吉尔吉斯斯坦国立民族大学联合举办了"李白与丝绸之路国际学术研讨会"，由此我得到前往吉尔吉斯斯坦考察碎叶遗址和伊塞克湖的机会。来到此地，唐诗中的丝绸之路就算走到头了！这本小书的特点是图文相辅，照片多为自摄。书出版后，出版社又安排我于 2021 年 4 月在北大"博雅讲坛"做了一次以"丝绸之路上的唐诗悬案"为题的线上讲座。

2016 年以来写的文章其实也不少，但应景者多，新创者少。比较重要的一篇，是《杜甫"陷贼"辨》，刊于《杜甫研究学刊》2017 年第 4 期。流行的说法，"安史之乱"中的杜甫是被叛军俘获押送长安，我一向觉得此说无根据，经不起推敲，说者只是辗转相抄而已。我论证的结果是杜甫将家小安排在羌村后，主动返回，或曰潜回沦陷的长安。此中原因虽然不容易说清，但我们确实不能低估了杜甫的胆识和勇气。学刊负责人彭燕博士对我说，"我们很久没发表过这样重要的文章了"，我相信她绝不是也没必要故意讲好话给我听。老友葛景春私下对我说："看来这就是定谳了？"我真希望更多的杜甫研究者认同并采纳我的说法。稍后我还要就这个题目再写一篇续作，使自己的论述更趋周到严密。

我还写了《请让"诗仙"李白的生命延续一年》一文，刊于《古典文学知识》2019 年第 1 期。这篇文章是与阎琦共同署名，因为此说是他最先提出，所以发表时他是第一作者。文章标题就是文章结尾的一句话，我特意加括号标明"安徽师范大学胡传志教授语"。我真希望更多的李白研究者认同并采纳我们关于李白死于公元 763 年的说法。当然，我也真希望更多的李白研究者认同并采纳我《〈梦游天姥吟留别〉诗题辨误》一文的结论，将这首李白名篇的诗题正读为《梦游天姥吟留别东鲁诸公》，或如冯其庸先生那样简读为《梦游天姥吟》。

再说说学术活动。国际的，除了上面说过的 2015 年前往吉尔吉斯斯坦参加了"李白与丝绸之路国际学术研讨会"之外，2016 年 10 月，应韩国釜庆大学之邀，前往釜山参加了"中国学教学的理论和实践"研讨会，发表了题为"李白精神的现代意义"的讲演。一起赴会的是北京大学杜晓勤教授。

国内的，参加了中国李白研究会历次年会及各地关于李白的学术活动，到成都杜甫草堂参加了两次学术会议。我还参与了卢盛江先生受竺岳兵先生之托筹办

"唐诗之路研究会"的事情。2019 年 7 月 6 日,竺岳兵先生辞世。我与竺岳兵相交25 年,我视他为学术研究的"奇人",他也视我为挚友,在病榻上留下遗言,嘱我为他书写墓碑。在他辞世的前几天,我将笔端蘸满敬重与痛惜之情,用隶书写下"白杨老人竺岳兵之墓"一行大字,抬头写的是"唐诗之路发现与首倡者"。卢盛江先生则用端庄的颜体楷书,为竺岳兵墓题写了对联:"自称岳将之兵心比剡溪映月,首创唐诗之路功如天姥摩云。"又在书形纪念碑上写下了竺岳兵自律的名言:"做人要比强者更强比弱者更弱。"2019 年 11 月,我参加了唐诗之路研究会在新昌召开的成立大会,卢盛江先生被选举为会长,我被聘为顾问之一。次年,大会论文集出版,又遵盛江会长之嘱,用蹩脚的隶书题写了书签《唐诗之路研究》。

这些年,参加各类学术活动,除了上面说到的,我凭记忆梳理一下,凡第一次涉足之地,大致有:天水,杜甫会议;张掖,中华文学史料学学会年会;榆林,中华诗词学会会议;巩义,杜甫会议;新乡,海峡两岸唐诗会议;漯河,地方文化会议;南宁,孟浩然会议;西昌,李白会议;温州,夏承焘纪念会;连州,刘禹锡会议;铜仁,中国社科院文学所的会议;渠县,周啸天诗词会议;儋州,苏轼会议。此外,老学生陈龙邀请我去忻州师范学院做了一次讲座。会议往往伴随着游览,在天水看了麦积山石窟,在南宁看了德天大瀑布,在铜仁登了梵净山,在忻州看了雁门关,江油李白会议曾往剑门关。

2021 年,新冠疫情仍旧蔓延,学术会议多在网上举行。我于 12 月间连续参加了两个线上会议:一次是"2021 年第 124 次韩国中国文学理论学会国际学术大会",大会主题是"中国文学与人生——激情之升华与崇高",一起参会的有詹福瑞、钱志熙等先生;另一次是内蒙古大学文学与新闻传播学院承办的"中国唐代文学学会第二十届年会"。2012 年乌鲁木齐年会之后,近十年我没有参加过唐代文学学会的年会,这次是例外。明年是学会成立四十周年,当年我参加了在母校举行的成立大会,这次赶上学会换届,我作为参会人员之年齿最长者,在网上发表了"身历唐会四十年"的发言,并被学会理事会聘为顾问之一。

还做了一件极有意义的事情,是经中国人民大学历史学院副院长、唐史专家孟宪实教授推荐,我撰写了李贺新墓碑。李贺故里河南宜阳县,在洛阳西七十公里。当地近些年在弘扬李贺文化方面建树颇多,当下又规划重建李贺墓园。李贺故居昌谷,旧有"学士坟",传为李贺墓,墓碑的尖顶幸运地存留至今。2021 年 10 月,我与中国社会科学院文学所陈才智教授及河南大学文学院郑慧霞副教授专程去宜阳考察。洛阳隋唐史学会会长王恺先生是宜阳人,他策划了李贺墓园重建事宜,这次还引领我们参观了白居易的履道里遗址。我在撰写墓碑时充分吸收了吴企明先生的研究成果,吴先生是我十分尊敬的师长,多年未能面聆教诲,祝愿他身心康泰!

南开大学卢盛江教授将为墓碑书丹。期待明年李贺墓园顺利落成。

也还参加过一些并非正统学术性质的活动，比如，2021年6月，我受诗人屈金星先生之邀，去了一次茅台镇。此地一位企业家，同时也是诗人的徐章富先生，在企业园区的山头上塑了一座李白像，我参加了塑像的揭幕仪式。此行增长了关于茅台酒的知识。何谓茅台酒？其定义是凡产于茅台镇周边7公里范围内、以赤水河水酿造的酱香型白酒，均可称茅台酒。而飞天标志的"国酒"茅台，仅是茅台之一种。

还做了一件类似于教学性质的事情：经钱志熙教授推荐，北京丹增文化有限公司与我签订了一份"课程录制合同"，以"唐代歌行"为题，我撰写了10讲约10万字的系列讲稿，并在2021年夏天完成了录制。撰写讲稿的过程中，增进了对歌行体艺术特质的若干思考与认识。丹增文化公司是中国诗歌学会会长黄怒波先生所创办，我与黄先生至今尚无直接交往，他赠我一册新出小说《珠峰海螺》，我赠他一册《李白诗选》。

上面写了这么多，好像我每天从早到晚都在读书写作，其实完全不是这样。随着年龄日增，我深感体力和精力大不如前。以前的习惯是凌晨起床做事，然后睡"回笼觉"，现在不行了，起不来了。现在的情况是，每天起床后，先要做归我做的家务，做事的动作又越来越慢，加上读手机微信，一天之中剩下的有效读书写作时间少而又少。回头盘点一下，这些年从头到尾读完的书，大约只有王水照、崔铭《苏轼传》，卢盛江《从煤矿工人到大学教授》，厚夫《路遥传》，黄怒波《珠峰海螺》，肖瑞峰《湖山之间》等几本，都是传记或小说。暑期回乌鲁木齐则读了周涛的小说《西行记》。学术界的新鲜研究成果，主要从微信中获得并下载阅读，有些及时读了，但实际上也是存得多而读得少。近来开读詹福瑞先生所赐新著《诗仙·酒神·孤独旅人》，我十分赞赏书中观点，也非常喜欢福瑞教授的文笔，争取早日读完。

上面已经言及家务。我很赞同并且在努力实践一种观点，说老年人在力所能及的情况下，日常生活中应该最大限度地自力更生。这样做的好处，一是延缓衰老，二是减轻子女的负担，三呢？好像为时尚早，暂时不说吧！今年10月至11月间，家里完成了三件大事：换了房门，重装了厨房的橱柜，重装了卫生间的洗手盆和镜子。第一及第三件比较简单，第二件就费事了，前前后后有以下工序：到农展馆的家博会挑选厂家并签协议；公司上门设计；亲自到公司看设计图并挑选材料和交款；施工前若干天陆续搬出橱柜中东西；施工第一道，工人来拆旧；第二道，完成新橱柜的木工活；第三道，装新橱柜的石材台面；第四道，装洗菜盆；然后是清洗新橱柜，并一样样归置厨房的东西。这中间还请小区物业师傅上门三次。全部工程完成，人真累趴下了。橱柜更换后的效果特别好，厨房面貌焕然一新，连带得所有房间似乎都变了样,虽无贵客光临,蓬荜却生了辉,甚至感觉所谓"生活质量"都有了提高。这件事很有成就感。

除了自己的家务事,每周基本有三天要接小孙子放学。微信中常看到有人揶揄中国老人做这件事,这是因为他没有亲身体会。其实,这是我最乐意做的事。小孙子是 2014 年出生,正读小学二年级。每当他看到我后,从队列中快步跑过来,肩膀一斜把沉甸甸的书包转到我手上,一溜烟就和玩伴们跑得不见影了,我心中充满了幸福感。回家的路上,他把小手递到我手中,一路手牵手,我真切地感受到祖孙之间血脉的交流。亲情是人性,更往本质上说实际是人的动物性。把亲情用老一代的付出来计较,是忽略了人性这个根本。

时下家人给长者过大寿,往往提前一年,我明年满八十周岁,今年就提前给我过了。我的生日是农历十月初一,辛丑年十月初一是公历十一月五日,星期五,为了上班上学的方便,寿筵订在了次日。那天是立冬节气的前一天,北京下了第一场雪,傍晚时分雨雪交加,儿子开车全家老少去酒店,途中小孙子展示了他事先写好的一首诗:"十月初一烛光亮,全家老小围桌旁。正中一人顶皇冠,八十大寿喜洋洋。"我说:"你在车上再现作一首。"小孙子稍加思索,脱口而出:"十月初一天气寒,狂风暴雨走艰难。一张桌上八根烛,点燃全家心中欢。"会押韵,能掌握七言句二二三的节奏。小孙子的诗给大家带来许多欢乐。

我是喜欢旅游的人。除了上面说到的参加学术活动顺带的旅游,此外单纯的旅游,基本是两种形式:一是全家人一起旅行,如 2018 年夏天去日本,春节去香港、澳门。2019 年岁末去意大利,往返 10 天。庚子年的春节是在米兰过的,当时疫情已经开始,能安全回来,真可庆幸。二是与老伴李锦秀出行,重要的几次是:2014 年春去江西,历经南昌、共青城、九江、井冈山、鹰潭,去共青城是为了瞻拜耀邦墓;2017 年秋去东北,历经吉林市、牡丹江市、哈尔滨市,游览了长白山天池、镜泊湖和五大连池;2018 年春节去海南,历经海口、澄迈、文昌、陵水、三亚;2021 年"五一"去沈阳。

进入"80"后,我的生活方式不会有什么改变。我最大的愿望,是写成两本书:一本是 90 年代初某出版社的约稿,已经写了约 30 万字,终因行政事务繁忙而未能蒇事。今年,我开始检点旧稿,边录边改,再接着写剩余部分,争取两三年内完成书稿,偿还这笔旧债,了却一桩心事。还想写一本关于歌行艺术的书。感谢胡可先教授不弃,在他与陶然教授合著的"大学通识课程系列教材"《唐诗经典研读》(商务印书馆 2015 年版)之"附录二 唐诗经典研读推荐阅读书目 100 种"中,列入了拙著《唐代歌行论》。我在深受鼓励的同时,萌生了做一本此书之"姊妹篇"的想法,在梳理了歌行之起源与发展史的基础上,对歌行的艺术特质做更深入的探讨。两本书的写作计划如能实现,再无其他奢望。至于积年萦绕于心的岑参西域诗及"天山唐诗之路"这个课题,得依赖新疆师大的年轻学者们去完成,我只能做些配合罢了。

今年5月,我们把户口从乌鲁木齐迁到了北京。迁户口没有什么实际意义,因为最基本的两项生活资源,一是养老金,二是医保,都在原地原单位。迁户口虽占了"京籍"而无任何实惠,反过来,倒使我失去了"北漂"身份,只好把微信名"老北漂"改为"八里桥畔"。我住的小区叫长桥园,近旁的八里桥是北京现存的三座古桥之一,建于明代正统十一年(1446),桥下是大运河的支流通惠河,当年漕运的主要河道,这些年正在不断整修美化。"80"后的我将长期栖居于此(除了夏天回乌鲁木齐避暑)。当我结束这篇"自述"时,2021年即将过完,新的一年即将到来,唯愿疫情早日结束,普通人的生活回归正常,是所至祈!

2021年12月31日晚8时半写讫

后　记

庾信文章老更成，凌云健笔意纵横。

薛师笔健，万里写入胸怀间；薛师心平，闲来垂钓碧溪上；薛师气和，青冥浩荡不见底；薛师神俊，笑而不答心自闲。

薛师为我辈传道授业解惑赋能，我辈谨奉一帙《凌云集》为先生寿。

要特别感谢薛师曾经滋兰树蕙的新疆师范大学中国语言文学学院，在刘宏宇院长主持下，依照《新疆师范大学中国语言文学学院退休教授纪念文集、学术著作出版资助基金管理办法》，大力支持本书出版，并纳入新疆师范大学"中国语言文学"博士点研究文丛，刘宏宇院长亲自作序，继承和弘扬了学院崇尚学术、敬重学者的优良传统。我们还要感谢学院的夏国强教授和焦梦娟老师，他们为本书的出版承担了大量联络、沟通的冗杂事务。

要特别感谢薛师的"年轻"朋友们！春风桃李花开日，天下谁人不识君。薛师步履纵横四海，无往不适；奖掖后学，无微不至；很多学者，以各种缘分成为薛师的朋友，其中不乏"年轻人"。这些"年轻"朋友，以赐稿先后计，王友胜、李芳民、崔际银、李德辉、高建新、陈才智、米彦青、李俊、孟国栋、张骏翚、杨阿敏、王红霞、刘铠齐、马睿、周相录、张海、吴振华、蓝旭、李肖、廖志堂、梁森、孟宪实、多洛肯、张欢、杨晓霭、蔡建东，一片冰心在玉壶，为《凌云集》贡献了华彩篇章。

我们也要感谢诸位师兄弟姐妹！大家同领薛师教诲，各修其身其业，虽远隔千山万水，但能四海一心，共襄此举，以师道存焉！随着时间的推移，我们都渐渐变成了薛师的"老学生"。这本书的作者中，最资深的"老学生"要数已经从海南师范大学退休的师兄柳镇安教授，柳师兄1955年生人，1969年成为薛师的嫡亲学生，薛师是他当年的"排长"。我们期待，每年的秋冬之际，都有一拨儿接一拨儿的"老学生"，陪着"老神仙"薛师，彩衣娱亲，怡怡复熙熙！

要特别感谢北京大学中古史研究中心朱玉麒教授！江南才子、西域汉子、京华君子朱玉麒教授是薛师的资深同事、长期助手、四时"备顾问"，他与我们共同策划《凌云集》，撰写两篇文章达三万五千字，并挥毫题写书名。

要特别感谢倪培翔社长并凤凰出版社！性情宽厚、格局大气的倪培翔社长及历史悠久、学界称誉的凤凰出版社与薛师长期合作，2020年将薛师《八里桥畔论唐诗》纳入《凤凰枝文丛》出版，这次又以特别的策划、精良的编辑、高端的规格出版《凌云集》，体现出倪培翔社长礼敬长者的仁义情怀、凤凰出版社厚爱学人的儒雅风范。

要特别感谢凤凰出版社李相东编审，本书从最初的动议、方案的确定到每一个编辑细节，以及出版相关的程序，都离不开温和、宽厚、严谨的谦谦君子李相东编审的倾心倾力投入，因我们组稿迟滞影响到编辑、出版进度，李相东编审克服重重困难，想方设法提高效率，推进工作尽快完成。

我们还要感谢郑慧霞、孟祥光、刘佩德为本书的策划、编辑、校对所付出的辛勤劳动。

当然，作为主编，我们更要极为郑重地感谢薛师，十年前，薛师为《力耕集》撰《七十自述》；今年，薛师为《凌云集》撰《八十自述》；我们期待薛师源源不断的新的自述！

2022 年 8 月 28 日